JN394446

세상의 속도를
따라잡고 싶다면

Do it!

LLM을 활용한 AI 에이전트 개발 입문

이성용 지음

GPT API + 딥시크 + 라마 + 랭체인 + 랭그래프 + RAG

이지스퍼블리싱

세상의 속도를 따라잡고 싶다면 **Do it!**
변화의 속도를 즐기게 됩니다.

Do it! LLM을 활용한 AI 에이전트 개발 입문

Do it! AI Agent Development for Beginners with LLM

초판 발행 • 2025년 5월 9일
초판 3쇄 • 2025년 8월 29일

지은이 • 이성용
펴낸이 • 이지연
펴낸곳 • 이지스퍼블리싱(주)
출판사 등록번호 • 제313-2010-123호
주소 • 서울특별시 마포구 잔다리로 109 이지스빌딩 3층(우편번호 04003)
대표전화 • 02-325-1722 | **팩스** • 02-326-1723
홈페이지 • www.easyspub.co.kr | **Do it! 스터디룸 카페** • cafe.naver.com/doitstudyroom
인스타그램 • instagram.com/easyspub_it | **엑스(구 트위터)** • x.com/easys_IT
페이스북 • facebook.com/easyspub

총괄 • 최윤미 | **기획 및 책임편집** • 이소연 | **기획편집 2팀** • 신지윤, 박재연, 이소연
교정교열 • 박명희 | **표지 디자인** • 김근혜 | **본문 디자인** • 트인글터, 김근혜 | **인쇄** • 미래피앤피
마케팅 • 권정하 | **독자지원** • 박애림, 이세진, 김수경 | **영업 및 교재 문의** • 이주동, 김요한(support@easyspub.co.kr)

ISBN 979-11-6303-705-7 13000
가격 35,000원

머리말

GPT API, 딥시크, 라마, 랭체인, 랭그래프, RAG를 활용해
일상을 바꾸는 AI 에이전트 만들기

챗GPT가 등장한 후 입이 떡 벌어질 만큼 놀라운 AI 기술들이 매일 새롭게 등장하고 있습니다. 과거에는 일부 기술자나 공학자, 과학자만 활용했던 기술이 이제는 우리의 일상을 바꾸고 있습니다. 학생이 숙제할 때, 대학 교수가 연구할 때, 프로그래머나 데이터 분석가가 일할 때, 방송 작가가 글을 쓸 때 등 AI는 사람들의 일상과 일하는 방식을 변화시키고 있습니다.

최신 방법론으로 시작하는 AI 에이전트 개발

2024년 초까지는 전 세계 기술자와 개발자가 GPT와 같은 대규모 언어 모델(LLM)을 어떻게 써야 할지 탐색하고 고민하던 시기였습니다. 하지만 최근 들어 대규모 언어 모델과 생성형 AI 기술의 활용 방법이 빠르게 표준화되고 있습니다. **이 책은 대규모 언어 모델을 활용하는 최신 방법론과 개념을 체계적으로 소개합니다.** 실습을 따라 익히다 보면 현재 기술을 이해하는 것은 물론이고 앞으로 계속해서 등장할 신기술을 쉽게 받아들일 수 있는 토대를 마련할 것입니다.

맞춤형 업무 자동화 프로그램부터 멀티에이전트까지

이 책은 **오픈AI의 API를 활용한 업무 자동화부터 랭체인과 랭그래프를 활용한 멀티에이전트 개발, 언어 모델과 임베딩 모델의 로컬 사용법**까지 차근차근 다룹니다. 첫째마당에서는 LLM이 무엇인지 알아보고 AI 에이전트를 개발하는 파이썬 환경을 구축합니다. 둘째마당에서는 GPT API를 활용해 논문 요약, 회의록 작성, 주식 분석 등 다양한 업무를 자동화할 수 있는 프로그램을 직접 만듭니다. 셋째마당에서는 랭체인과 RAG를 활용해 멀티에이전트를 구현하고 딥시크 언어 모델을 로컬에서 사용해 봅니다. 넷째마당에서는 랭그래프를 활용해 목차를 작성하는 멀티에이전트를 만들고 로컬에서 보안 걱정 없이 라마 언어 모델과 임베딩 모델을 활용하는 방법을 익힙니다.

저자의 경험과 문제 해결법으로 익히는 실전 AI 개발

파이썬은 경험해 보았지만 AI 에이전트 개발 기술을 아직 접해 보지 못한 동료에게 편지를 쓴다는 마음으로 이 책을 만들었습니다. GPT API, 랭체인, 랭그래프, RAG 등 AI 관련 기술을 다루는 문서는 인터넷에 넘쳐납니다. 하지만 날마다 새롭게 쏟아지는 정보 속에서 어디서부터 어떻게 시작해야 할지 갈피를 잡지 못하는 연구자와 개발자를 많이 보았습니다. 이 책은 단순히 매뉴얼을 알려 주는 데 그치지 않고, **실제 개발 과정에서 일어날 수 있는 문제와 이를 해결하는 과정까지 담아 실전 기술을 체득할 수 있도록 돕습니다.**

이 순간에도 전 세계에서 수많은 혁신이 일어나고 있습니다. 여러분이 이 책을 펼친 바로 지금이 AI 기술을 배울 최적의 시기입니다. **이제 막 표준화되고 있는 AI 개발 방법론을 미리 습득한다면 다가올 기회를 누구보다 빠르게 선점할 수 있습니다.** 저와 함께 이 책을 따라 한 발짝씩 나아가다 보면 여러분이 속한 분야에서 이전에는 상상조차 하지 못했던 창의적이고 생산적인 결과물을 만들어 낼 수 있을 것입니다.

이성용 드림

추천사

AI 기술과 일상을 연결하고 싶은 분들에게 강력 추천합니다!

《Do it! LLM을 활용한 AI 에이전트 개발 입문》은 **AI 기술과 일상을 연결하고자 하는 분들에게 꼭 필요한 실전형 안내서**입니다. 문서와 이미지 처리부터 RAG를 통한 검색 기반 챗봇 설계, 랭체인과 랭그래프를 활용한 워크플로 구성, 멀티에이전트 시스템까지 LLM을 업무에 적용하는 데 필요한 주요 개념과 구현 방법을 체계적으로 담았습니다. **단순한 기능 설명을 넘어 실제 현업에 적합한 활용 시나리오와 접근 방식으로 자신만의 자동화 전략을 설계할 수 있도록 이끕니다.** 이 책은 AI 도입을 고민하는 실무자와 팀에게 실질적인 방향과 해답을 제시해 줄 것입니다.

✦ 김준영 박사(삼성리서치, LLM 개발자)

알렉스넷의 이미지넷 우승으로 딥러닝 시대의 문이 열렸고 알파고를 통해 인공지능의 가능성이 대중에게 각인되었습니다. 그리고 챗GPT의 등장은 AI 없이는 일상을 상상할 수 없는 시대를 앞당겼습니다. 이 책은 하루가 다르게 새로운 기술이 쏟아지는 지금, **AI에 휘둘리지 않고 내 일의 도구로 삼아 주도적으로 활용할 수 있도록 돕는 필독서**입니다. 날마다 데이터와 함께 치열하게 살아가는 여러분께 자신 있게 추천합니다.

✦ 김태곤 교수(전북대학교, 스마트팜학과)

AI 기술을 업무에 어떻게 이용할지 고민하던 저에게 이 책은 오랜 가뭄 끝에 내리는 단비였습니다. 이 책은 **상세한 설명, 기본 원리와 함께 AI 기술의 다양한 활용 방법**을 알려 줍니다. 프로그래밍에 익숙하지 않더라도 이 책으로 함께 공부하면 AI 기술을 일상에 적용할 수 있을 것입니다.

✦ 이상률 변호사

이런 분들께 추천해요!

LLM을 활용한 **AI 에이전트를 실무에 적용**하고 싶은 분

LLM, 생성형 AI 등 **최신 AI 기술을 체계적으로 이해**하고 싶은 분

AI 서비스를 구상하고 개발해야 하는 개발자나 기획자

책 미리 보기

체계적인 4단계 코스로 공부해요!

오픈AI의 API를 활용한 업무 자동화부터 랭체인과 랭그래프를 활용한 멀티에이전트 개발까지!

1	첫째마당 **LLM과 친해지기**	✦ LLM 알아보기 ✦ 개발 환경 준비하기 ✦ 간단한 챗봇 만들기
2	둘째마당 **오픈 AI의 GPT API를 활용한 업무 자동화**	✦ PDF 문서 전처리하고 요약하기 ✦ 음성을 텍스트로 변환하고 화자 구분하기 ✦ 이미지 분석 요청하고 퀴즈 만들기 ✦ GPT와 미국 주식 이야기하기
3	셋째마당 **랭체인을 활용한 에이전트 개발**	✦ 랭체인 알아보기 ✦ LCEL, RAG, 랭체인 도구로 멀티에이전트 만들기 ✦ 로컬에서 딥시크 사용하기
4	넷째마당 **랭그래프를 활용해 협업하는 AI 팀 만들기**	✦ 랭그래프 알아보기 ✦ 랭그래프로 책 목차 쓰는 멀티에이전트 만들기 ✦ 로컬에서 라마 사용하기

이 책에서 만드는 AI 에이전트 미리 보기

PDF 문서를 전처리하고 요약하는 AI 연구원

회의록을 정리하는 AI 서기

이미지를 분석하고 문제를 만들어 주는 AI 이미지 분석가

최신 주식 정보를 알려 주는 AI 투자자

문서, 유튜브, 인터넷을 검색해서 답변하는 맞춤형 AI 에이전트

책과 보고서의 목차를 작성하는 AI 에이전트

책 미리 보기

이 책, 이렇게 공부하세요!

1 친절한 코드 설명으로 제대로 이해하기

초보자도 쉽게 따라 할 수 있도록 실습 과정과 코드를 친절하게 설명해요! 중요한 코드는 번호를 붙여 더 자세히 설명해서 실습 과정을 제대로 이해할 수 있어요.

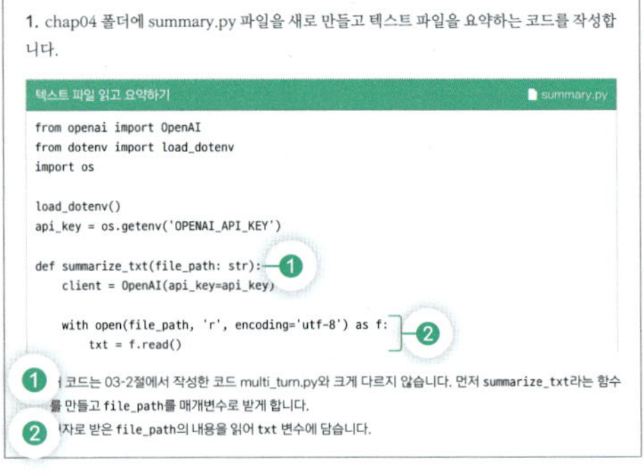

2 결과 파일과 비교하며 막힘없이 공부하기

실습마다 제공하는 결과 파일과 자신이 작성한 코드를 비교하며 학습해 보세요! 주피터 노트북 파일에서 작성한 코드는 코드 박스의 오른쪽 위에 표시한 셀 번호를 참고해서 쉽게 확인할 수 있어요.

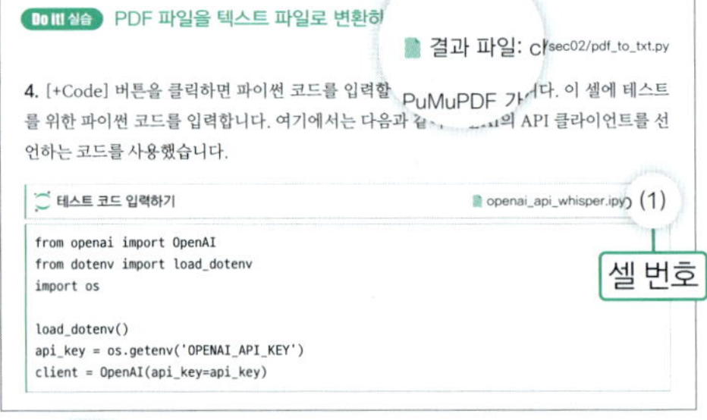

3 〈한 걸음 더!〉 코너로 레벨업하기

AI 에이전트 개발 실력을 '한 걸음 더' 내딛고 싶다면 꼭 읽어 보세요! 헷갈리는 개념 정리는 물론, 실력을 키울 수 있는 팁까지 모두 담았어요.

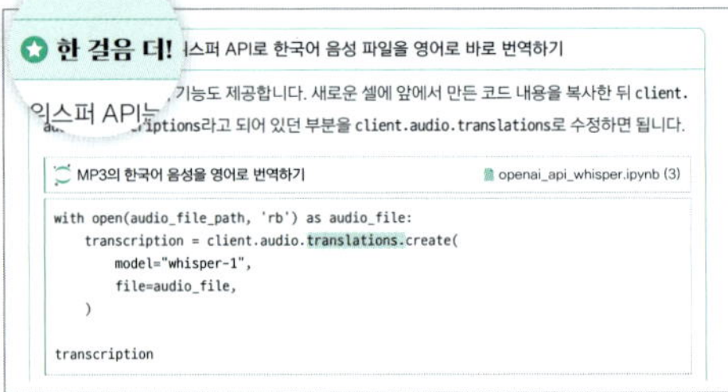

이 책에서 사용하는 서비스와 소프트웨어 버전을 확인하세요!

- ✦ 이 책은 오픈AI의 API 서비스를 활용합니다. 이 서비스는 사용량에 따라 요금이 청구되는데, 이 책을 실습하는 데는 몇천 원 정도면 되니 비용 걱정은 하지 마세요! 결제 수단을 등록하는 방법부터 결제 제한을 설정하는 방법까지 차근차근 알려 줍니다.
- ✦ 이 책의 코드는 다음 버전을 기준으로 작성했습니다. 각 소프트웨어의 용도는 본문에서 자세히 설명합니다.

파이썬 3.12 | opanai 1.58.1 | 랭체인 0.3.18 | 랭그래프 0.2.74

- ✦ 그 외 소프트웨어의 버전 정보는 저자 깃허브에서 제공합니다.
github.com/saintdragon2/gpt_agent_2025_easyspub/blob/main/requirements.txt

독자 지원

실습 파일 제공

이 책에서 사용하는 소스 파일을 내려받으세요

이 책에서 사용하는 실습 파일과 결과 파일을 준비했으니 이지스퍼블리싱 홈페이지나 저자 깃허브에서 내려받으세요. 자신이 직접 작성한 실습 파일, 결과 파일과 비교하며 공부하면 학습 효과를 거둘 수 있을 거예요!

✦ 이지스퍼블리싱 홈페이지:
www.easyspub.co.kr → [자료실] 클릭 → 이 책 제목으로 검색

✦ 저자 깃허브:
github.com/saintdragon2/gpt_agent_2025_easyspub

이지스 플랫폼

연결하면 더 큰 가치를 만들 수 있어요

이지스 유튜브 구독하면 IT 강의도 무료 수강!

youtube.com/easyspub

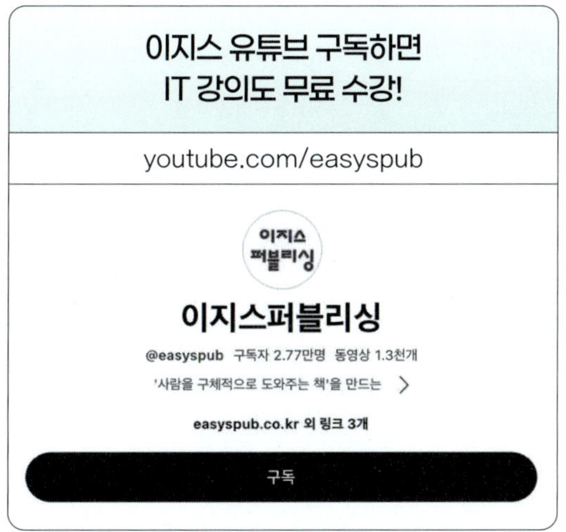

'Do it! 스터디룸' 카페에서 친구들과 함께 공부!

cafe.naver.com/doitstudyroom

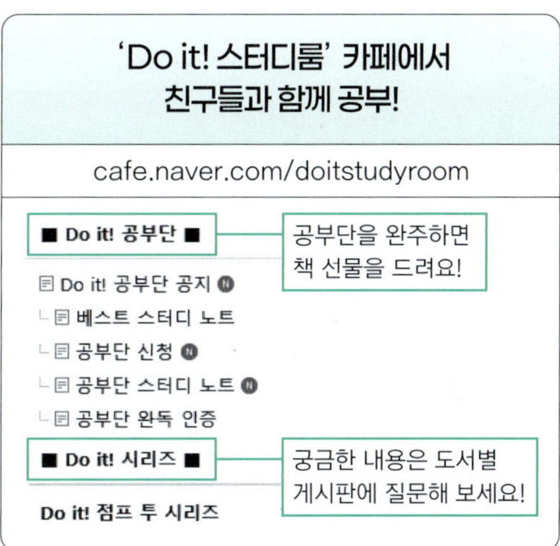

인스타그램 팔로우하면 이벤트 소식 확인!

instagram.com/easyspub_it

easyspub_it

810 게시물 | 6,248 팔로워 | 36 팔로잉

이지스퍼블리싱
도서
사람을 구체적으로 도와주는 책!
이지스퍼블리싱 출판사 IT실용서입니다
Do it! 시리즈 | 된다! } 시리즈
이지스퍼블리싱
마포구 잔다리로 109 이지스빌딩 3층, Seoul, Korea
linktr.ee/easyspub_it

독자 설문 참여하면 6가지 혜택!

의견도 보내고 선물도 받고!

1. 추첨을 통해 소정의 선물 증정
2. 이 책의 업데이트 정보 및 개정 안내
3. 저자가 보내는 새로운 소식
4. 출간될 도서의 베타테스트 참여 기회
5. 출판사 이벤트 소식
6. 이지스 소식지 구독 기회

학습 계획표

AI 에이전트 개발 입문, 혼자서 어떻게 공부해야 할지 막막한가요? 학습 계획표를 따라 체계적으로 공부해 보세요. 초보자라면 30일 동안 차근차근 배우고, 개발 경험이 있는 중급자라면 15일 동안 핵심을 빠르게 익혀 보세요. 실력에 따라 계획을 세워 공부하고 나면 LLM 개발이 무엇인지 이해하고, 자신이 원하는 맞춤형 AI 앱을 만들 수 있을 거예요!

✦ 초보자를 위한 30일 진도표 | 혼자서도 체계적으로 공부해요!

회 차	진도	회 차	진도
1일(/)	01 ~ 02장	16일(/)	10-1 ~ 10-2절
2일(/)	03장	17일(/)	10-3절
3일(/)	04장	18일(/)	10-4절
4일(/)	05-1 ~ 05-2절	19일(/)	11장
5일(/)	05-3 ~ 05-4절	20일(/)	12-1절
6일(/)	06-1절	21일(/)	12-2 ~ 12-3절
7일(/)	06-2절	22일(/)	13-1 ~ 13-2절
8일(/)	07-1절	23일(/)	13-3 ~ 13-4절
9일(/)	07-2절	24일(/)	14-1절
10일(/)	07-3절	25일(/)	14-2절
11일(/)	08-1 ~ 08-2절	26일(/)	14-3절
12일(/)	08-3절	27일(/)	14-4절
13일(/)	08-4 ~ 08-5절	28일(/)	15-1절
14일(/)	09-1절	29일(/)	15-2절
15일(/)	09-2 ~ 09-3절	30일(/)	15-3절 ~ 16장

✦ 중급자를 위한 15일 진도표 | 강의에도 활용할 수 있어요!

회 차	진도	회 차	진도
1일(/)	01 ~ 03장	9일(/)	11장
2일(/)	04장	10일(/)	12장
3일(/)	05장	11일(/)	13장
4일(/)	06장	12일(/)	14-1 ~ 14-2절
5일(/)	07장	13일(/)	14-3 ~ 14-4절
6일(/)	08장	14일(/)	15장
7일(/)	09장	15일(/)	16장
8일(/)	10장	✦ 나만의 AI 에이전트 완성! ✦	

차례

첫째마당 | LLM과 친해지기

둘째마당 | 오픈AI의 GPT API를 활용한 업무 자동화

셋째마당 | 랭체인을 활용한 에이전트 개발

13장

랭그래프를 활용한 멀티에이전트 RAG 만들기

14장

랭그래프로 목차를 작성하는 멀티에이전트 만들기

첫째마당

LLM과 친해지기

첫째마당에서는 GPT 같은 대규모 언어 모델을 사용해서 어떤 챗봇과 애플리케이션을 개발할 수 있는지 알아봅니다. 그리고 언어 모델을 활용한 개발에 앞서 알아 둬야 할 배경지식을 공부하고, 어떤 과정으로 LLM 개발 경험을 쌓아 나갈지 소개하겠습니다.

LLM으로 어떤 일을 할 수 있을까?

이번 장에서는 대규모 언어 모델, 즉 LLM이 무엇인지 살펴보고 LLM을 활용해 프로그램을 개발하는 경험이 필요한 이유를 알아봅니다. 그리고 이 책에서 다루는 LLM을 활용한 개발 기술은 어떤 단계로 이루어지는지 살펴보겠습니다.

01-1 챗GPT로 시작된 생성형 AI 시대

영화 〈아이, 로봇I, ROBOT〉에서는 윌 스미스와 인공지능 로봇이 대화하는 장면이 나옵니다. 윌 스미스는 AI 로봇에게 "넌 인간을 흉내 낸 기계일 뿐이야. 로봇이 작곡을 하나? 그림을 그릴 수 있어?"라고 묻자, 인공지능 로봇은 "당신은요?"라고 되묻습니다. 이처럼 사람들은 얼마 전까지도 '컴퓨터는 계산을 빠르고 정확하게 하는 대신 창의적인 작업은 할 수 없다'고 여겼습니다.

최근 머신러닝과 딥러닝 기술이 발전하면서 인공지능 활용 분야가 넓어졌지만, 전에는 주로 사진을 분류하거나 공장 생산 라인에서 불량품을 찾아내는 단순하고 반복되는 일에 사용되었죠. 하지만 2025년 현재 컴퓨터는 생성형 AI 기술을 통해 쉽게 그림을 그리고 작곡을 하고 그림을 그릴 수 있습니다.

채팅(챗GPT)

음악 생성 (스노 AI)

이미지 생성 (미드저니)

동영상 생성 (Veo2)

2023년 챗GPT의 등장은 전 세계인에게 충격을 주었습니다. 불과 몇 년까지만 해도 머신러닝과 딥러닝은 일부 IT 전문가만 사용하는 기술이었고 알파고의 충격도 바둑판 위에서만 의미가 있었습니다. 하지만 챗GPT가 가져온 변화는 인터넷을 사용하는 모든 사람에게 영향을 끼치고 있습니다. 친구와 채팅하듯이 챗GPT와 대화하면서 인공지능을 직접 사용할 수 있게 되었으니까요.

챗GPT 같은 생성형 AI에 기반한 서비스는 LLM이 어떻게 활용될 수 있는지를 보여 주는 좋은 예입니다. 인공지능에 기반한 서비스는 사용자와 자연스럽게 대화하고, 대화의 맥락과 요구 사항을 제대로 파악할 수 있는 방향으로 발전하고 있습니다. 수많은 연구자와 기업에서 언어 모델을 활용한 새로운 서비스를 개발·제공하고 있으며, 앞으로도 이런 변화는 더욱 활발해질 것입니다.

대규모 언어 모델, LLM은 무엇일까?

인공지능과 생성형 AI 그리고 대규모 언어 모델에 대해 알아봅시다. 인공지능Artificial Intelligence, AI은 넓은 개념으로 보면 사람의 지적 능력을 모사하는 컴퓨터 기술을 의미합니다. 예를 들어 이미지 속의 글자나 사과, 오렌지 등의 사물을 인식하는 기술이나, 머신러닝과 딥러닝을 기반으로 사용자의 취향 데이터를 분석해 성향을 분류하고 상품을 추천하는 기술들이 인공지능에 해당합니다. 또한 규칙 기반 시스템을 사용해 게임에서 특정 거리 안에 들어온 적을 추적하거나 에너지가 부족할 때 도망가는 등의 동작을 하도록 기계적으로 설정한 것도 저수준의 인공지능으로 볼 수 있습니다.

생성형 AIgenerative AI는 새로운 데이터를 생성하는 능력에 초점을 맞춘 인공지능입니다. 텍스트를 입력하면 그 텍스트를 음성 데이터로 변환하거나 사용자가 입력한 텍스트에 적합한 이미지를 생성하는 인공지능이 생성형 AI에 해당합니다.

대규모 언어 모델Large Language Model, LLM은 방대한 양의 텍스트 데이터를 학습하여 인간의 언어를 이해하고 생성할 수 있습니다. 예를 들어 챗GPT가 활용하는 GPTGenerative Pre-trained Transformer는 대규모 언어 모델의 존재를 일반 대중에게 알린 대표적인 모델입니다. 이 모델은 학습한 텍스트 데이터의 일부를 지운 후, 그 안에 어떤 말이 들어갈지를 확률적으로 예측하고 실제 답과 비교하는 방식으로 학습되었습니다.

정답지

A: Hi. How are you?
B: I' m fine. Thank you, and you?

빈칸 채우기 학습

A: Hi. How are you?
B: I' m fine. ____________

1) Thank you, and you?	81%
2) I' m fine.	50%
3) How much?	10%
4) Get out!	3%

주어진 텍스트의 빈칸을 채우는 데 최적화된 GPT 학습 방식의 예시

GPT와 같은 대규모 언어 모델은 일반적으로 스스로 생각하거나 인터넷을 검색하여 답변을 생성하지 않습니다. 그 대신 주어진 질문에 가장 적합한 답변을 예측해 생성하는 방식으로 작동합니다. GPT가 대부분의 질문에 적절하게 답할 수 있는 이유는 앞 내용을 바탕으로 그에 이어질 내용이 무엇일지 확률적으로 판단하여 그럴듯한 문장을 만들어 낼 수 있기 때문입니다.

하지만 이 과정에서 잘 모르는 내용인데도 사실이 아닌 잘못된 정보를 생성하는 환각 현상 hallucination을 일으킬 수 있습니다. 이러한 문제는 GPT만의 특성은 아닙니다. 여러분도 비슷한 경험을 했을 것입니다. 예를 들어 확신이 있어서 어떤 주제에 내기를 했다가 실패한 적이 있거나, 학생 시절 시험에서 모르는 문제가 나왔는데 그럴싸한 답을 써본 경험 말이죠. GPT도 이와 비슷한 문제를 겪고 있습니다.

GPT 모델은 외부와 단절된 상태의 사람을 상상하면 쉽게 이해할 수 있습니다. 학습을 완료한 후 그 시점에 머물러 있기 때문이죠. 즉, GPT는 인터넷 검색이나 시계 확인 등을 할 수 없는 상태입니다. 예를 들어 GPT 모델을 활용한 챗GPT가 처음 대중에게 공개되었을 때 현재 시간을 묻거나 지난 주 빌보드 차트에서 1위가 누구였는지 물어보면 제대로 답하지 못했습니다. 그 모델이 학습을 마친 시점 이후의 정보는 전혀 알지 못했기 때문입니다.

어둠 속에 갇혀 있는 사람과 비슷한 챗GPT

최근에는 챗GPT에게 최신 정보를 물어보면 인터넷에서 검색하거나 복잡한 계산을 할 때 파이썬 코드를 작성하여 계산하고 답변해 주기도 합니다. 이런 기능은 GPT 자체의 발전 덕분이라기 보다는 챗GPT에 인터넷 검색 기능이나 파이썬 코드 실행 기능을 추가하고 GPT가 이를 실행할 수 있도록 제공한 결과입니다.

이제 GPT와 챗GPT의 차이점을 명확히 설명할 수 있겠죠? GPT는 대규모 언어 모델 그 자체이고 챗GPT는 GPT를 기반으로 다양한 분야에서 활용할 수 있도록 필요한 기능을 덧붙여 제공하는 채팅 형태의 서비스입니다. 대규모 언어 모델은 오픈AI의 GPT 이외에도 구글의 제미나이, 앤트로픽의 클로드, 메타의 라마 등이 있습니다.

LLM의 종류

지금까지 GPT를 주로 다뤘지만 이 외에도 다양한 회사에서 여러 언어 모델을 출시해 경쟁하고 있습니다. 오픈AI OpenAI에서 개발한 GPT는 현재 가장 널리 알려진 언어 모델입니다. GPT는 폭넓은 지식과 유연한 언어 구사 능력을 갖추어서 글쓰기, 번역, 요약뿐만 아니라 코딩에서도 탁월한 실력을 자랑합니다. 최근에는 텍스트뿐만 아니라 이미지와 비디오, 음성까지 활용할 수 있는 멀티모달 모델 multimodal model로 발전하고 있습니다.

제미나이Gemini는 구글이 개발한 언어 모델로 GPT의 대항마로 자리 잡고 있습니다. 제미나이 역시 텍스트, 이미지, 오디오, 비디오를 모두 처리할 수 있는 모델로 발전하고 있으며 한국어 처리도 수준급입니다.

제미나이 로고

라마Llama는 메타에서 발표한 언어 모델로 높은 성능을 자랑하며 오픈소스를 지향합니다. 그래서 이 모델을 구동할 수 있는 컴퓨터 하드웨어를 갖추고 있다면 무료로 사용할 수 있습니다. 물론 고성능 모델은 막대한 컴퓨팅 자원이 필요하므로 일반 PC에서는 실행할 수 없습니다.

메타 로고

라마는 일반 PC에서 실행할 수 있는 소규모 언어 모델도 제공합니다. 이 모델은 로컬 환경에서 실행할 수 있어서 외부로 데이터를 전송할 필요가 없고 비용도 들지 않는다는 장점이 있습니다. 2024년 기준으로 한국어 처리에 아직 부족한 점이 있지만 로컬 환경에서 사용할 수 있다는 장점 때문에 기대를 받고 있는 모델입니다.

클로드Claude는 오픈AI에서 뜻을 달리하고 나온 직원들이 설립한 앤트로픽Anthropic에서 개발한 모델입니다. 이 모델은 성능과 크기에 따라 하이쿠Haiku, 소네트Sonnet, 오퍼스Opus 등을 제공합니다.

클로드 로고

✦ 클로드에서 제공하는 모델 중 오퍼스가 가장 고급 모델이며 다음으로 소네트, 하이쿠가 있습니다.

딥시크DeeSeek는 2025년 초, 중국에서 오픈소스로 공개된 언어 모델로 고성능 언어 모델은 마이크로소프트, 구글, 메타 같은 대기업만 개발할 수 있다는 생각을 깨고 전세계에 충격을 주었습니다. 딥시크는 단순히 다음 단어를 예측하는 수준을 넘어 답변을 생성하기 전에 추론 과정을 거쳐 더 나은 답변을 만드는 추론형 모델 딥시크-R1을 공개했습니다. 이로 인해 미국 중심의 언어 모델 시장에 큰 변화를 일으켰고 더 많은 오픈소스 모델이 등장하는 계기를 마련했습니다.

딥시크 로고

✦ 딥시크-R1 모델은 11장에서 실습합니다.

이 밖에도 여러 종류가 있지만 어떤 언어 모델이든 하나를 충분히 익히면 다른 모델도 그 경험을 바탕으로 빠르게 적응할 수 있습니다. 이 책으로 언어 모델을 활용하는 방법을 익힌다면 다른 모델도 큰 어려움 없이 사용할 수 있을 겁니다.

LLM을 활용한 생성형 AI 서비스의 종류

챗GPT 로고

챗GPT는 대규모 언어 모델을 활용해 어떤 서비스를 만들 수 있는지를 보여 주는 대표적인 예시입니다. 챗GPT는 대규모 언어 모델인 GPT를 기반으로 이미지를 생성하는 달리Dall-E, 영상을 생성하는 소라sora 등 다양한 생성형 AI 모델뿐만 아니라 인터넷 검색, 간단한 파이썬 코드 생성 및 실행 등의 기능까지 결합하여 어떤 서비스를 제공할 수 있는지 보여 줍니다. 이 외에도 생성형 AI에 기반한 서비스는 다양하게 출시되어 있습니다.

퍼플렉시티 로고

빙 로고

최근 인기를 끌고 있는 퍼플렉시티perplexity는 인공지능을 기반으로 하는 검색 엔진입니다. 전에는 구글이나 네이버에서 키워드로 검색했지만 퍼플렉시티는 사용자의 질문을 이해하고 관련성 높은 답변을 정리하여 제시하며 출처도 함께 보여 줍니다. 빙Bing에서도 비슷한 방식으로 검색 서비스를 제공하는데, 이런 방식이 인기를 끌자 챗GPT도 검색 버튼을 추가했습니다.

SKT 에이닷 로고

문서 요약이나 회의록 작성 같은 서비스는 이제 셀 수 없이 많은 회사에서 제공하고 있습니다. 국내 통신사인 SKT의 에이닷은 통화 내용을 텍스트로 정리하고 요약하는 서비스를 제공합니다. 또한 온라인 미팅을 할 때 회의록을 자동으로 작성한 뒤 요약해서 참석자에게 이메일로 송부하는 서비스도 등장했습니다. 온라인 미팅의 대표 주자인 줌Zoom은 'AI Companion'이라는 이름으로, 삼성SDS는 'Knox 미팅'에서 이 기능을 제공합니다.

IT 강의 서비스 플랫폼인 인프런은 강의 질문에 답변해 주는 '인프런 AI 인턴' 서비스를 도입했습니다. 사용자가 동영상 강의를 시청하다가 궁금한 점이 생겨 게시판에 질문을 남기면 인프런 AI 인턴이 내용을 빠르게 파악하고 기존 질문을 검색한 후 적절한 답변을 생성해 줍니다. 저도 인프런에서 동영상 강의를 제공하는데 AI 인턴이 저보다 더 빠르고 정확한 정보로 답변을 제공해서 깜짝깜짝 놀라곤 합니다.

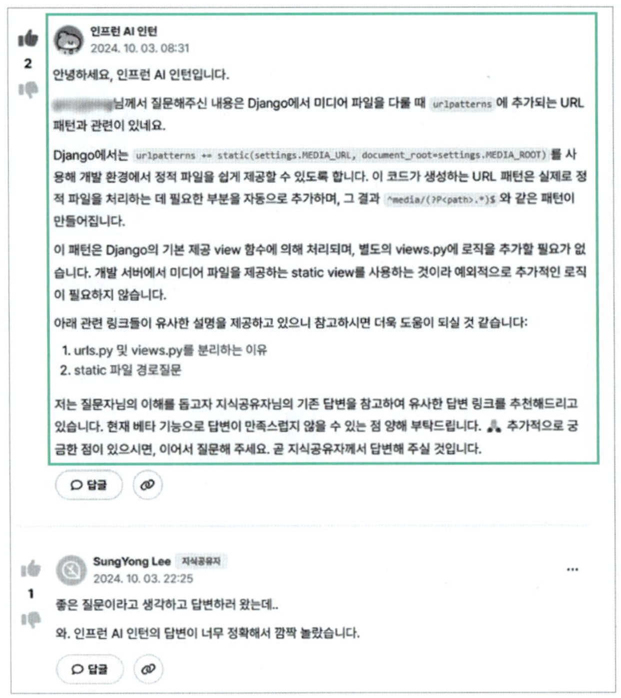

대규모 언어 모델을 활용해 AI 인턴이 답변 서비스를 제공한 모습

이처럼 LLM을 활용한 서비스는 앞으로 계속 쏟아져 나올 것입니다. 만약 이런 서비스들이 어떤 방식으로 동작하는지 이해하지 못한다면 그저 마법처럼 느껴지거나 지나치게 크게 기대했다가 실망할 수 있습니다. 따라서 이와 유사한 서비스를 직접 개발해 보면서 원리를 이해한다면 기존 서비스도 더 효과적으로 사용할 수 있을 것입니다.

01-2 LLM을 왜 공부해야 할까?

지금은 그야말로 GPT로 대표되는 언어 모델과 생성형 AI 시대입니다. 인터넷에서 조금만 검색해도 오픈AI API, 랭체인, 랭그래프, RAG 등 여러 기술의 최신 정보가 쏟아집니다. 인터넷에도 관련된 문서들이 많이 있지만 대규모 언어 모델을 처음 접하는 사람은 어떤 기술부터 익혀야할지 몰라 배우는 데 시간이 오래 걸릴 수 있습니다. 이 절에서는 이 책에서 배우게 될 기술과 학습 목표를 살펴보겠습니다.

LLM 프로그래밍 경험이 필요한 이유

이미 시중에 회의록 작성이나 문서 요약 같은 기능을 제공하는 수많은 생성형 AI 서비스가 있는데, 대규모 언어 모델을 활용한 프로그래밍을 왜 경험해야 하는지 의아한 분도 있을 것 같습니다. 하지만 실제 업무는 기업이나 개인의 특수한 요구에 맞춰 추가 작업이 필요한 경우가 많습니다. 예를 들어 회의록을 만들 때 단순히 회의 내용을 요약하는 것을 넘어 기존 이메일에 있던 자료를 함께 검토하고 누락된 내용이 있는지 확인해야 할 수도 있고, 관련 정보가 기밀이라 생성형 AI 서비스에 자료를 업로드할 수 없는 경우도 있습니다.

이런 상황이라면 대규모 언어 모델에 기반한 챗봇이나 AI 에이전트를 직접 개발하거나 외주 개발사를 통해 만들어야 합니다. 하지만 외주 개발을 맡긴다고 해도 개발 과정이나 기술에 관한 이해가 부족하다면 요구 사항을 적절히 제시하기 어렵습니다. 만약 기존 서비스를 이용하더라도 어떤 방식으로 동작하는지 이해한다면 서비스의 강점과 약점을 잘 파악할 수 있으므로 과도하게 기대하거나 과소평가를 하지 않고 서비스를 효과적으로 사용할 수 있습니다.

이 책의 목표는 대규모 언어 모델을 활용해 업무를 자동화하거나 챗봇을 만드는 과정을 직접 경험하면서 생성형 AI와 언어 모델의 장점과 한계를 이해하는 것입니다. 그리고 이러한 한계를 극복하기 위한 기술을 알아보고 어떻게 조합할 수 있는지 체계적으로 파악합니다. 따라서 단순히 여러 기술을 소개하는 데 그치지 않고 실전 문제를 해결하면서 기술을 체득할 수 있도록 구성했습니다. 매 단계마다 여러 기술을 조합해 목적에 맞는 프로그램을 완성해 나가며 단순히 이론적으로 개별 기술을 배울 때는 경험할 수 없는 문제들을 다룹니다. 발생한 여러 문제를 어떻게 보완하고 해결할 수 있는지 배우고 나면 이후에 프로그램을 만들 때 겪을 수 있는 다양한 상황에서도 효과적으로 대처할 수 있을 것입니다.

어떤 언어 모델을 선택해야 할까?

현재 우리가 일상에서 사용하는 노트북이나 PC 환경에서 대규모 언어 모델을 만드는 것은 불가능에 가깝습니다. 웬만한 대기업조차 수집하기 어려운 양질의 텍스트 데이터가 필요하고 이를 학습시키려면 개인이 감당하기 어려운 수준의 컴퓨터 자원도 필요하기 때문입니다. 또한 학습을 완료한 GPT 같은 대규모 언어 모델을 구동할 때에도 대규모 컴퓨터 자원이 필요하므로 일반 PC 혹은 워크스테이션에서 독자적으로 실행하는 것은 거의 불가능에 가깝습니다.
따라서 GPT와 같은 대규모 언어 모델을 발표한 기업들은 모델 자체를 자사 서버에서 구동하고 사용자가 해당 서버에 요청하면 응답해 주는 API 서비스를 제공합니다. 오픈AI와 같은 서비스 제공 업체는 사용한 만큼 비용을 지불하는 방식으로 운영합니다.
이 책에서는 현재 가장 널리 사용하는 GPT 언어 모델을 사용합니다. 언어 모델이 제공하는 다양한 기능을 직접 경험하기 위해 오픈AI의 GPT API를 활용할 예정입니다. API 사용량에 따라 비용을 지불해야 하지만 이 책의 실습에서 사용하는 비용은 몇천 원 수준이므로 그다지 부담스럽지 않을 것입니다.

✦ GPT API는 02장에서 자세히 배웁니다.

한편 대규모 언어 모델을 사용하는 것이 부적합한 경우도 있습니다. 예를 들어 외부로 유출하면 안 되는 회사의 기밀 자료를 GPT와 같은 대규모 언어 모델에서 사용하면 해당 정보가 인터넷을 통해 서비스를 제공하는 서버로 전송되어서 문제가 발생할 수 있습니다. 그리고 API를 지나치게 많이 사용하면 비용이 과도하게 발생할 수 있습니다. 이런 경우에는 로컬에서 사용할 수 있도록 경량화된 소규모 언어 모델Small Language Model, SLM을 고려할 수 있습니다.
소규모 언어 모델을 이용하면 사용자의 컴퓨터에서 언어 모델을 구동하여 필요한 기능을 이용할 수 있습니다. 소규모 언어 모델의 성능이 빠른 속도로 발전하고 있지만 GPT와 제미나이 같은 대규모 언어 모델에 비할 바는 아닙니다. 그렇지만 보안이나 비용 등의 이유로 소규모 언어 모델을 사용해야 한다면 이 책의 11장과 16-1절을 참고하기 바랍니다.

LLM의 한계를 보완하는 기술 6가지

대규모 언어 모델은 뛰어난 능력을 갖추었지만 한계도 있습니다. 이를 보완하기 위해 프롬프트 엔지니어링, 파인 튜닝, RAG, 펑션 콜링과 도구 호출, 랭체인, 랭그래프 같은 기술을 사용합니다. 대규모 언어 모델의 한계를 보완하고 다양한 작업을 효과적으로 처리할 수 있도록 돕는 기술 6가지를 간단히 살펴보겠습니다. 이 책에서는 파인 튜닝을 제외한 5가지 기술을 실습합니다.

프롬프트 엔지니어링

프롬프트 엔지니어링prompt engineering은 언어 모델의 답변을 최적화하기 위해 입력 프롬프트를 설계하는 것을 말합니다. 프롬프트는 언어 모델에게 일종의 업무 매뉴얼을 제공하는 지시문이라고 생각하면 됩니다. 언어 모델이 아무리 똑똑하다고 해도 제대로 된 답변을 받으려면 가이드가 필요합니다. 예를 들어 전화 상담 같은 새로운 업무를 맡길 때 업무 매뉴얼을 제공하는 것과 비슷합니다. 업무의 목적과 대화 방식 등이 업무 매뉴얼에 자세히 적혀 있다면 신입 직원도 더 쉽게 적응할 수 있겠죠.

✦ 프롬프트 엔지니어링은 이 책의 03장에서 배웁니다.

파인 튜닝

일반적으로 대규모 언어 모델은 광범위한 문서를 학습하지만 특정 분야의 전문 지식이나 특정 언어에 취약하기도 합니다. 파인 튜닝fine-tuning은 이미 학습된 언어 모델에 원하는 분야나 특정 용도에 맞게 추가 데이터를 학습시키는 기법입니다. 파인 튜닝은 전체 모델을 재학습시키는 것이 아니므로 새로운 모델을 처음부터 만들 때에 비해 시간과 비용을 적게 들여도 특정 분야에 맞게 최적화할 수 있다는 장점이 있습니다.

이 책에서는 파인 튜닝을 다루지 않습니다. 대규모 언어 모델 자체가 우리가 흔히 사용하는 PC에서는 구동조차 되지 않으므로 파인 튜닝을 실습하기는 어렵습니다. 그리고 특수한 상황이 아니라면 대부분의 문제는 프롬프트 엔지니어링과 RAG를 이용해 개선하는 방법이 더 효율적입니다.

RAG

대규모 언어 모델은 학습을 완료한 시점 이후 생성된 외부의 정보는 알지 못합니다. 예를 들어 2024년 중반에 발표한 GPT-4o 모델은 모든 정보를 다 학습한 것 같지만 2024년 후반에 발매된 로제와 브루노 마스의 'APT'라는 곡은 전혀 알지 못합니다. 또한 인터넷에 업로드 되지 않고 내 컴퓨터에만 저장된 PDF 문서를 기반으로 답을 해주지도 못합니다.

RAGRetrieval Augmented Generation는 필요한 정보를 검색해서 답변할 때 활용하도록 돕는 기술입니다. 질문이 들어왔을 때 외부 문서나 데이터베이스에서 관련 정보를 찾고 그 내용을 토대로 답변을 생성하게 만듭니다. 즉, 언어 모델이 최신 자료, 기업의 내부 자료, 전문적인 참고자료 등을 바탕으로 답변할 수 있게 해줍니다.

✦ RAG는 9장과 13장에서 자세하게 다룹니다.

펑션 콜링과 도구 호출

대규모 언어 모델은 기본적으로 텍스트에 기반하여 다음에 나올 말이 무엇일지 예측하는 방식으로 동작합니다. 따라서 현재 시각이나 위치, 날씨, 주가 같은 내용을 질문하면 답변하지 못합니다. GPT는 컴퓨터이니 복잡한 계산도 정확하게 할 것이라고 기대하지만 실상은 그렇지 않습니다. 대규모 언어 모델 자체는 앞의 문장을 바탕으로 그다음 내용은 무엇일지 추측하는 모델이기 때문입니다. 펑션 콜링function calling과 도구 호출tool call은 대규모 언어 모델이 단순 답변에 그치지 않고 외부 API나 직접 만든 함수를 호출하여 그 결과를 바탕으로 답변할 수 있게 하는 기술입니다.

✦ 펑션 콜링은 7장, 도구 호출은 8장에서 자세하게 다룹니다.

랭체인

랭체인LangChain은 대규모 언어 모델을 활용하여 애플리케이션을 개발하는 프레임워크입니다. PDF 파일이나 웹 사이트 검색 결과를 언어 모델에 활용하려면 PDF를 전처리하여 텍스트로 변환하거나 웹 사이트의 텍스트를 가져오는 등의 기능을 개발해야 합니다. 랭체인은 대규모 언어 모델과 이런 기능을 결합해서 사용하기 편리하게 해줍니다. 또한 대규모 언어 모델은 문장 생성에만 초점을 맞추므로 특정 양식으로 답변하기 어려울 수 있는데, 랭체인을 이용하면 답변 형식을 강제할 수 있어서 불확실성을 줄여 줍니다. 그뿐만 아니라 GPT로 개발한 애플리케이션을 제미나이와 같은 다른 언어 모델로 교체하고 싶을 때 랭체인을 활용하면 대규모 언어 모델의 선언부만 변경하면 바로 적용할 수 있어서 편리합니다.

✦ 랭체인의 사용법은 8~10장에서 자세하게 다룹니다.

랭그래프

대규모 작업을 할 때 여러 사람이 역할을 나눠 협업하는 것처럼, 인공지능도 각기 다른 역할을 부여받은 AI 에이전트들이 협력하여 일을 처리하면 복잡한 작업도 안정적으로 수행할 수 있습니다. 이렇게 여러 AI 에이전트를 만들어 협업하도록 시스템을 구성하는 방식을 멀티에이전트multi-agent라고 합니다. 멀티에이전트를 구현하는 방법은 여러 가지 있으며 이때 사용하는 프레임워크도 랭그래프LangGraph, 크루crewAI 등 다양합니다. 이 책에서는 랭그래프를 이용하여 대규모 언어 모델에 기반한 여러 AI 에이전트에 임무를 부여하고 서로 협업하는 시스템을 개발합니다.

✦ 랭그래프의 사용법은 12~15장에서 자세하게 다룹니다

한 걸음 더! **펑션 콜링과 도구 호출의 차이점이 있나요?**

펑션 콜링function calling과 도구 호출tool call은 외부 함수나 API를 활용한다는 점에서 비슷한 역할을 하므로 기술 문서에서 이 두 용어를 혼용하는 것을 볼 수 있습니다. 엄밀히 말하면 펑션 콜링은 주어진 함수의 매개변수 형식을 명확하게 정의하고 그 구조에 맞춰 함수를 호출하여 결과를 사용하는 방식입니다. 도구 호출은 랭체인과 같은 대규모 언어 모델 기반 프레임워크에서 텍스트로 요청을 보내 함수를 외부 함수나 도구로 실행시킨 후 그 결과를 처리하는 방식입니다.

아직 랭체인과 GPT API 사용법을 배우지 않아 이 두 개념을 구분하기 어려울 수 있습니다. 대규모 언어 모델만으로는 해결할 수 없는 문제를 외부 도구를 이용해 처리한다는 점에서 두 방식은 같은 기능을 수행한다는 정도만 알고 넘어가도 됩니다. 즉, 지금은 이 두 용어를 동일한 개념으로 생각해도 무방합니다.

환경 설정하고 GPT API 시작하기

이번 장에서는 처음으로 GPT API를 활용해 인공지능의 답변을 생성해 봅니다. 독자 여러분이 학습하는 데 도움되도록 최대한 동일한 환경에서 프로젝트를 진행할 수 있도록 소개하겠습니다.

02-1 파이썬 프로그래밍 환경 설정하기

대규모 언어 모델 기반의 애플리케이션 개발에는 파이썬이 가장 널리 사용되고 있습니다. GPT를 만든 오픈AI는 파이썬 기반 라이브러리를 제공하며 언어 모델을 쉽게 사용할 수 있도록 돕는 올라마, 랭체인, 랭그래프와 같은 라이브러리나 프레임워크도 모두 파이썬에서 활용할 수 있도록 만들어졌습니다. 이 기술에 대한 문서들 역시 대부분 파이썬을 중심으로 작성되어 있죠. 따라서 이 책에서도 파이썬을 기반으로 실습합니다.

실습하기 전에 파이썬과 비주얼 스튜디오 코드를 설치하고 프로젝트에서 사용할 가상 환경을 설정해 앞으로 사용할 라이브러리 버전을 프로젝트별로 관리 할 수 있도록 해 보겠습니다.

Do it! 실습 파이썬 설치하기

먼저 파이썬을 설치하겠습니다. 이 책은 파이썬 3.12 버전 환경에서 진행했습니다. 만약 다른 다른 파이썬 버전이 설치되어 있다면 3.12 버전으로 설정하길 바랍니다.

✦ 이 책에서 사용하는 라이브러리 가운데 일부는 파이썬 3.13 버전에서 아직 호환되지 않습니다.

1. 파이썬 공식 웹 사이트(https://www.python.org/)에 접속하고 [Downloads] 버튼을 클릭합니다.

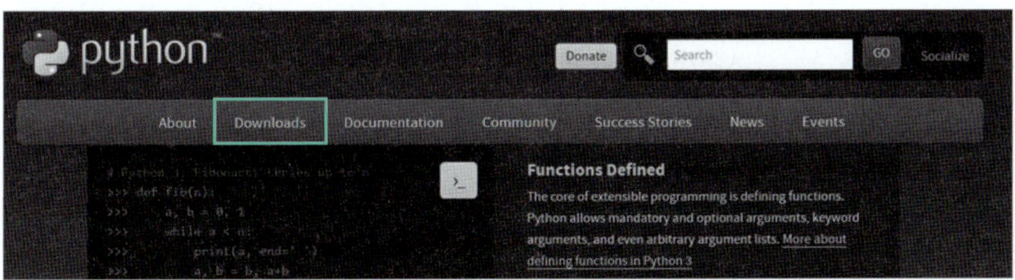

2. Release version에서 [Python 3.12.9] 버전을 찾아 [Download]를 클릭합니다.

Python releases by version number:

Release version	Release date	
Python 3.13.2	Feb. 4, 2025	Download
Python 3.12.9	Feb. 4, 2025	Download
Python 3.12.8	Dec. 3, 2024	Download

3. Files에서 컴퓨터 환경에 맞는 설치 파일을 클릭해 내려받습니다. 자신의 PC가 윈도우 환경이라면 [Windows Installer (64bit)]를, 맥 환경이라면 [macOS 64-bit universal2 installer]를 선택해서 내려받으세요.

✦ 이 책은 윈도우 환경에서 실습합니다.

Files

Version	Operating System	Description	MD5 Sum
Gzipped source tarball	Source release		ce613c72fa9b32fb4f109762d61b249b
XZ compressed source tarball	Source release		880942124f7d5c01e7b65cbad62dc873
macOS 64-bit universal2 installer	macOS	for macOS 10.9 and later	fe3db9abb5c61010a9050d83bfcf8372
Windows installer (64-bit)	Windows	Recommended	1cfb1bbf96007b12b98db895dcd86487

4. 설치 파일을 실행하고 [Add python.exe to PATH] 앞을 클릭해 체크 표시한 뒤 [Install Now]를 클릭합니다.

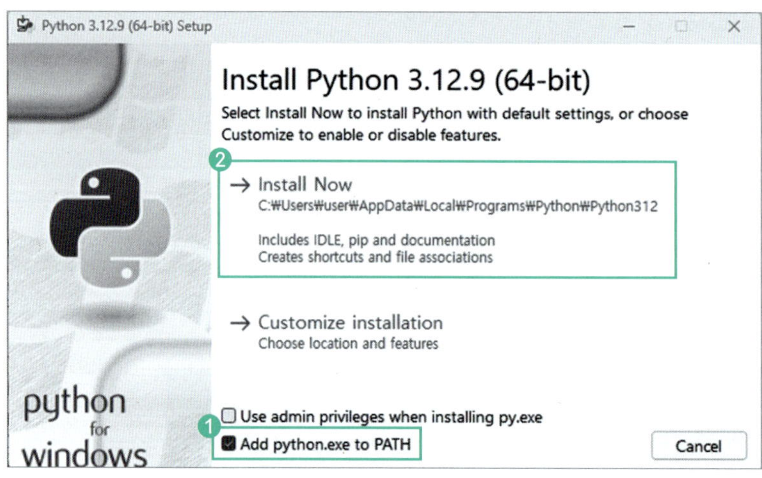

5. 파이썬 설치를 완료한 후 윈도우 검색 창에 'cmd'를 입력하고 [명령 프롬프트]를 클릭해 실행합니다.

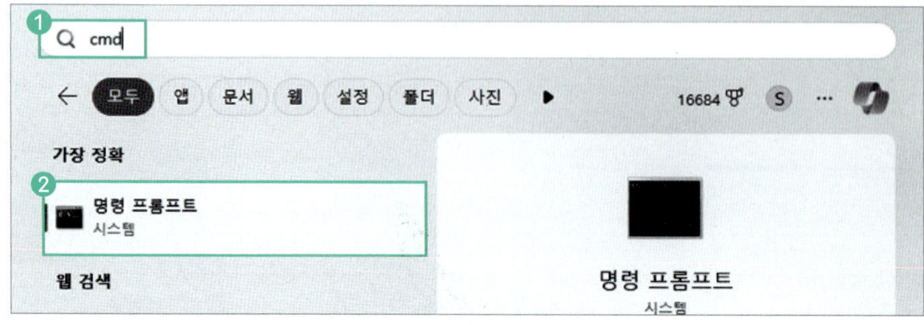

6. 명령 프롬프트에서 'python'을 입력하면 파이썬의 3.12 버전이 잘 설치된 것을 확인할 수 있습니다.

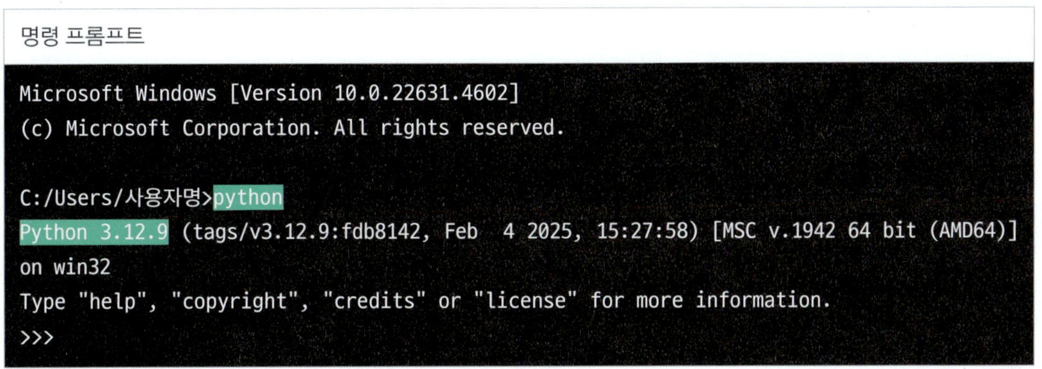
명령 프롬프트

```
Microsoft Windows [Version 10.0.22631.4602]
(c) Microsoft Corporation. All rights reserved.

C:/Users/사용자명>python
Python 3.12.9 (tags/v3.12.9:fdb8142, Feb  4 2025, 15:27:58) [MSC v.1942 64 bit (AMD64)]
on win32
Type "help", "copyright", "credits" or "license" for more information.
>>>
```

Do it! 실습 비주얼 스튜디오 코드 설치하기

이 책에서는 통합 개발 환경Integrated Development Environment, IDE으로 비주얼 스튜디오 코드(이하 VS Code)를 사용합니다. 물론 VS Code가 아닌 익숙한 IDE를 사용해도 괜찮습니다.

1. 엣지 브라우저에서 'vscode 다운로드'를 검색하면 설치 버튼이 나옵니다. [Windows에 설치] 버튼을 클릭하고 마이크로소프트 스토어에서 [다운로드]를 선택합니다. VS Code는 무료로 설치할 수 있습니다.

✦ 비주얼 스튜디오 코드 웹 사이트(https://code.visualstudio.com/)에서도 설치 파일을 내려받을 수 있습니다.

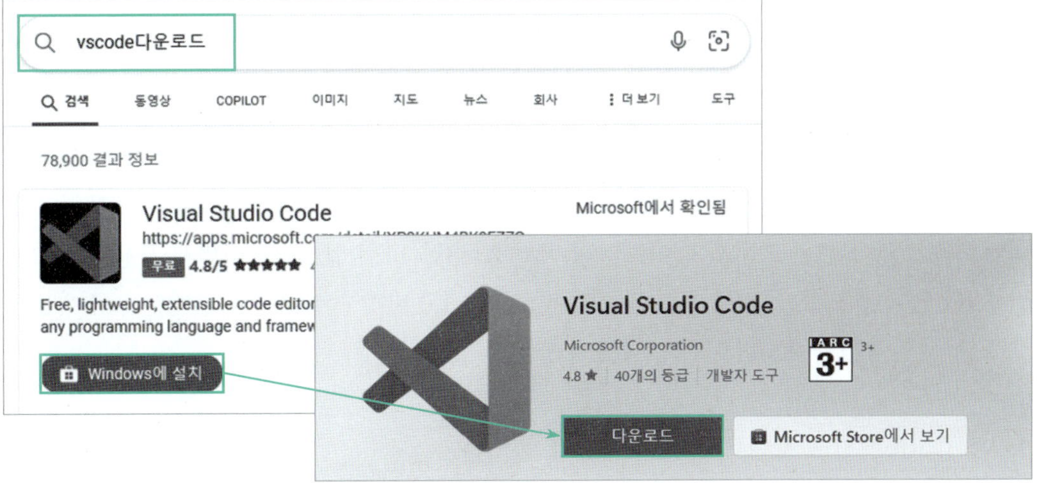

2. 설치가 완료되면 VS Code를 실행하고 확장자명이 .py인 파이썬 파일을 생성해 봅시다. 그러면 VS Code의 파이썬 익스텐션을 설치하라는 창이 표시됩니다. [Install]을 클릭해 설치합니다.

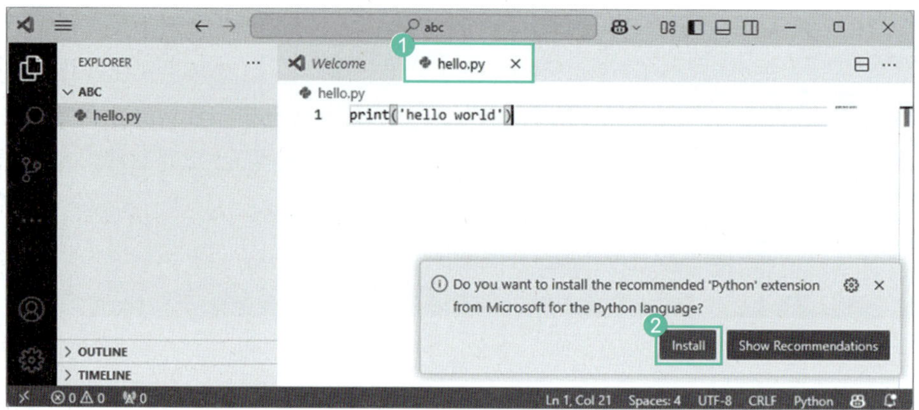

✦ 이 책의 VS Code 테마는 가독성을 위해 밝은 버전으로 설정했습니다. 만약 테마를 변경하고 싶다면 [설정 ⚙ → 테마 → 색 테마]에서 선택하세요.

이제 AI 에이전트 개발을 위해 파이썬 프로그래밍을 할 수 있는 준비를 갖추었습니다.

Do it! 실습 가상 환경 만들기

프로젝트에서 사용할 가상 환경을 만들어 봅시다. 파이썬 개발을 위한 가상 환경을 만들면 다른 프로젝트에 영향을 주지 않고 작업할 수 있습니다. 예를 들어 A라는 프로젝트에는 오픈AI 라이브러리의 0.28 버전을 사용하고, B라는 프로젝트에서는 1.0 버전을 사용하는 상황을 가정해 봅시다. 만약 가상 환경을 만들지 않으면 오픈AI 라이브러리를 1.0 버전으로 설치할 때 A 프로젝트의 기존 설정이 영향을 받을 수 있습니다. 라이브러리 버전에 따라 동작이 달라지거나 사용하는 방법이 변경될 수 있으므로 A 프로젝트에서 잘 동작하던 코드가 더 이상 실행되지 않는 문제가 생길 수 있습니다. 생성형 AI 관련 라이브러리와 패키지는 몇 주 단위로 업데이트되고 있습니다. 오픈AI 라이브러리 역시 2023년 11월 업데이트되면서 사용법이 크게 변경되었습니다. 0.28 버전에서 잘 작동하던 코드도 1.0 버전을 설치한 이후에는 오류가 발생했죠. 가상 환경을 구축하면 이런 문제를 방지할 수 있습니다.

1. VS Code에서 프로젝트 폴더로 사용할 폴더를 엽니다. 그리고 Ctrl + ` 을 눌러 터미널 창을 열고 다음과 같이 가상 환경 이름을 입력하세요.

```
> python -m venv venv
```
가상 환경명

실행하면 다음과 같이 venv라는 폴더가 생깁니다. 이 폴더 안에 가상 환경을 위한 파일이 준비됩니다.

✦ 프로젝트 폴더는 이름은 원하는 것으로 설정해도 됩니다.

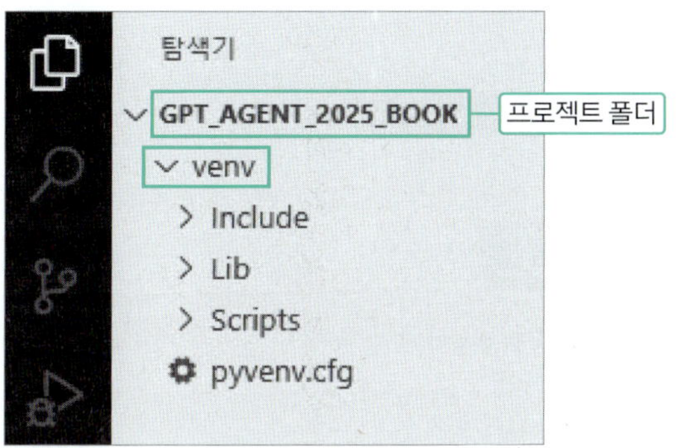

2. VS Code의 터미널 창에 다음과 같이 입력해 가상 환경을 활성화합니다.

✦ 가상 환경을 만들 때 venv가 아니라 다른 이름을 사용했다면 venv 대신 그 이름을 입력합니다.
✦ 맥 환경에서는 `source venv/bin/activate` 라고 입력하세요.

```
> .\venv\Scripts\activate
```

경로 앞에 (venv)가 표시되면 성공입니다.

```
문제    출력    디버그 콘솔    터미널    포트

● PS C:\github\gpt_agent_2025_book> .\venv\Scripts\activate
○ (venv) PS C:\github\gpt_agent_2025_book>
```

가상 환경을 만들 때 오류가 발생한다면?

윈도우에서 가상 환경을 처음 만들면 다음과 같은 오류 메시지가 보일 수 있습니다.

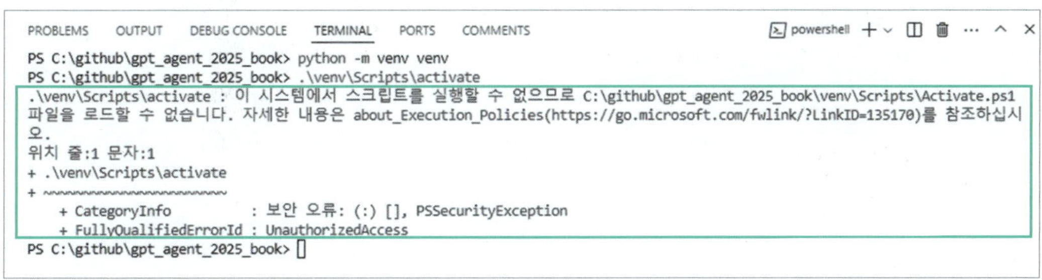

```
PROBLEMS    OUTPUT    DEBUG CONSOLE    TERMINAL    PORTS    COMMENTS

PS C:\github\gpt_agent_2025_book> python -m venv venv
PS C:\github\gpt_agent_2025_book> .\venv\Scripts\activate
.\venv\Scripts\activate : 이 시스템에서 스크립트를 실행할 수 없으므로 C:\github\gpt_agent_2025_book\venv\Scripts\Activate.ps1
파일을 로드할 수 없습니다. 자세한 내용은 about_Execution_Policies(https://go.microsoft.com/fwlink/?LinkID=135170)를 참조하십시
오.
위치 줄:1 문자:1
+ .\venv\Scripts\activate
+ ~~~~~~~~~~~~~~~~~~~~~~~
    + CategoryInfo          : 보안 오류: (:) [], PSSecurityException
    + FullyQualifiedErrorId : UnauthorizedAccess
PS C:\github\gpt_agent_2025_book>
```

1. 오류를 해결해 보겠습니다. 먼저 윈도우 검색 창에 'powershell'을 검색하고 [관리자로 실행]을 클릭합니다.

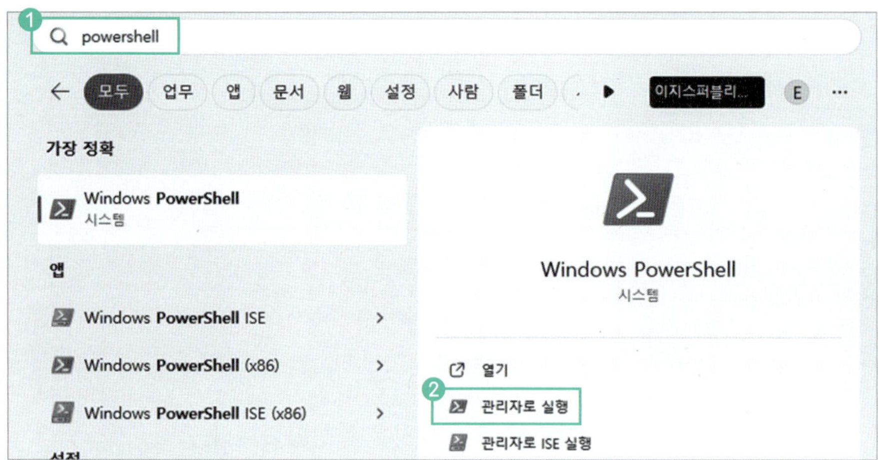

2. 윈도우 파워셸powershell이 열리면 get-ExecutionPolicy를 입력해 현재 실행 정책을 확인하세요.

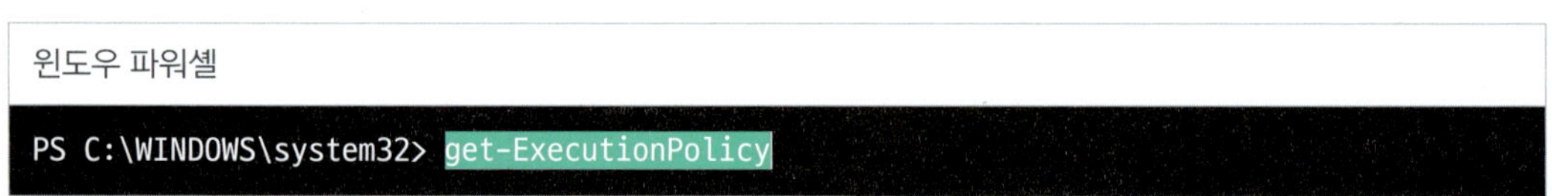
윈도우 파워셸

```
PS C:\WINDOWS\system32> get-ExecutionPolicy
```

3. Restricted는 스크립트 실행이 허용되지 않는 상태를 의미합니다. 실행 정책을 변경하기 위해 Set-ExecutionPolicy RemoteSigned를 입력하고 이어서 y를 입력합니다.

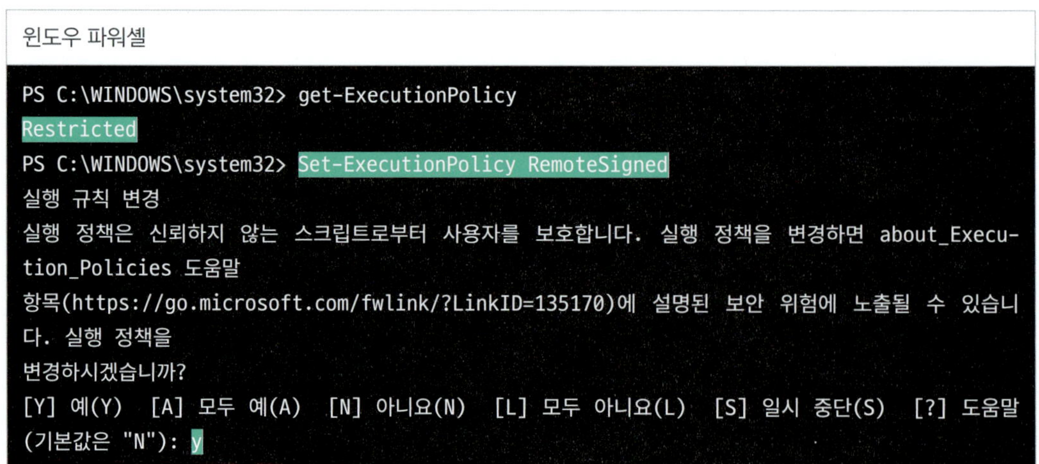
윈도우 파워셸

```
PS C:\WINDOWS\system32> get-ExecutionPolicy
Restricted
PS C:\WINDOWS\system32> Set-ExecutionPolicy RemoteSigned
실행 규칙 변경
실행 정책은 신뢰하지 않는 스크립트로부터 사용자를 보호합니다. 실행 정책을 변경하면 about_Execu-
tion_Policies 도움말
항목(https://go.microsoft.com/fwlink/?LinkID=135170)에 설명된 보안 위험에 노출될 수 있습니
다. 실행 정책을
변경하시겠습니까?
[Y] 예(Y)  [A] 모두 예(A)  [N] 아니요(N)  [L] 모두 아니요(L)  [S] 일시 중단(S)  [?] 도움말
(기본값은 "N"): y
```

4. 이제 VS Code 터미널 창에 `.\venv\Scripts\activate`를 입력하면 오류 없이 가상 환경이 설정됩니다.

```
PROBLEMS   OUTPUT   DEBUG CONSOLE   TERMINAL   PORTS   COMMENTS        powershell + ∨ ◫ 🗑 ··· ∧ ×
PS C:\github\gpt_agent_2025_book> python -m venv venv
PS C:\github\gpt_agent_2025_book> .\venv\Scripts\activate
.\venv\Scripts\activate : 이 시스템에서 스크립트를 실행할 수 없으므로 C:\github\gpt_agent_2025_book\venv\Scripts\Activate.ps1
파일을 로드할 수 없습니다. 자세한 내용은 about_Execution_Policies(https://go.microsoft.com/fwlink/?LinkID=135170)를 참조하십시
오.
위치 줄:1 문자:1
+ .\venv\Scripts\activate
+ ~~~~~~~~~~~~~~~~~~~~~~~
    + CategoryInfo          : 보안 오류: (:) [], PSSecurityException
    + FullyQualifiedErrorId : UnauthorizedAccess
PS C:\github\gpt_agent_2025_book> .\venv\Scripts\activate
(venv) PS C:\github\gpt_agent_2025_book> 
```

이제 앞으로 모든 실습은 이 가상 환경에서 진행됩니다. 따로 설명하지 않더라도 가상 환경을 활성화한 상태에서 작업하세요.

02-2 GPT API 시작하기

이 책에서는 오픈AI의 API를 활용해 GPT에 기반한 프로그램을 만듭니다. 시작하기에 앞서 API와 오픈AI의 API를 자세히 알아본 후 오픈 AI의 API를 활용해 보겠습니다.

API란?

API[Application Programming Interface]는 프로그램 간의 대화에 사용하기 위해 미리 정해 놓은 규칙 체계입니다. 예를 들어 날씨 앱을 생각해 봅시다. 스마트폰에 설치된 날씨 앱에는 사실 날씨를 예측하는 프로그램이나 날씨 정보 데이터가 없습니다. 그 대신 기상청에서 제공하는 서버에 미리 약속한 규칙으로 데이터를 요청하면 해당 지역의 날씨 정보를 받아 올 수 있습니다. 이처럼 정보를 가지고 있는 누군가 API 서비스를 제공하면 다른 사람이나 프로그램이 관련 정보를 가져올 수 있습니다.

API를 사용하면 이미 검증된 인증, 결제, 데이터 처리 등의 기능을 안정적으로 재사용할 수 있어 중복해서 개발하지 않고 빠르게 진행할 수 있습니다. 또한 개인 PC나 스마트폰에서 실행하기 어려운 프로그램도 대용량 컴퓨터 자원을 갖춘 서버에서 처리한 후 결과만 받아 오는 방식으로 개발할 수 있습니다. API 서비스 제공자는 인증 키를 사용해서 원치 않는 접근을 차단하거나 유료 서비스 형태로 운영할 수 있습니다.

오픈AI의 API

오픈AI에서 제공하는 대부분의 모델은 API 방식이 아니면 실행할 수 없을 정도로 대규모 모델입니다. 오픈AI는 자신이 보유한 막대한 컴퓨터 자원으로 언어 모델인 GPT, 이미지 생성 모델인 달리[Dall-E], 동영상 생성 모델인 소라[Sora] 등의 대규모 모델을 실행하고 사용자가 결과를 받아 갈 수 있는 API 서비스를 제공합니다.
오픈AI의 API를 이용하면 최신 모델을 누구나 쉽게 사용할 수 있습니다. 이 책의 실습에서는 주로 GPT-4o와 GPT-4o-mini 모델을 이용합니다. 두 모델의 가격은 다음과 같습니다.

✦ 추후 가격이 변동되거나 최신 모델이 출시될 수도 있으니 더 자세한 정보는 공식 문서를 참고하세요 (https://openai.com/api/pricing/).

GPT-4o와 GPT-4o-mini 모델의 가격 비교

모델명	1M 인풋 토큰당 가격	1M 아웃풋 토큰당 가격
GPT-4o	2.50달러	10달러
GPT-4o-mini	15센트	6센트

오픈AI에서는 토큰을 단위로 금액을 산정하여 사용자에게 청구합니다. 언어 모델에서 토큰token은 텍스트의 일정 단위를 의미합니다. 예를 들어 영어에서는 단어, 문장 부호, 공백 등을 기준으로 할 수 있고 한글은 음절이나 의미 단위로 쪼갤 수 있습니다. 긴 글을 입력하거나 출력할 경우 더 많은 토큰을 사용하는데 이에 따라 비용이 증가한다고 생각하면 됩니다.

✦ 문장을 토큰으로 나누는 방식은 여러 가지 있는데 구체적인 방법은 이 책의 범위를 넘어선 내용이므로 여기서는 다루지 않습니다.

Do it! 실습 오픈AI의 API 키 발급받기

오픈AI의 API를 사용하려면 API 키를 발급받아야 합니다.

1. 오픈AI 플랫폼 웹 사이트(https://platform.openai.com/api-keys)에 접속합니다. 다음 화면이 나타나면 오른쪽 위에 있는 [Log in] 버튼을 클릭해 로그인합니다.

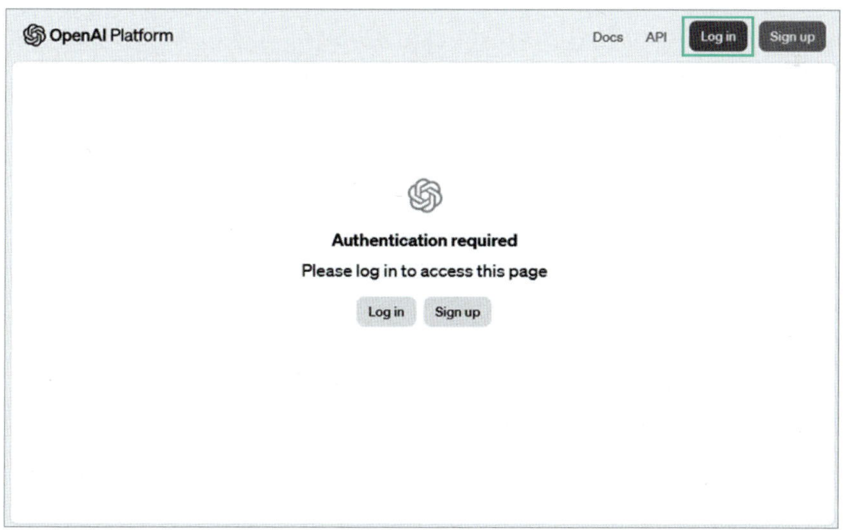

2. 로그인했다면 오른쪽 상단의 [Start building]을 클릭합니다. 그리고 개인 작업인지 회사 소속 작업인지 결정해 [Organization name] 아래 빈칸에 입력하고 [Create organization] 버튼을 클릭합니다.

✦ 웹 사이트가 업데이트되면 화면 구성이 달라질 수 있습니다.

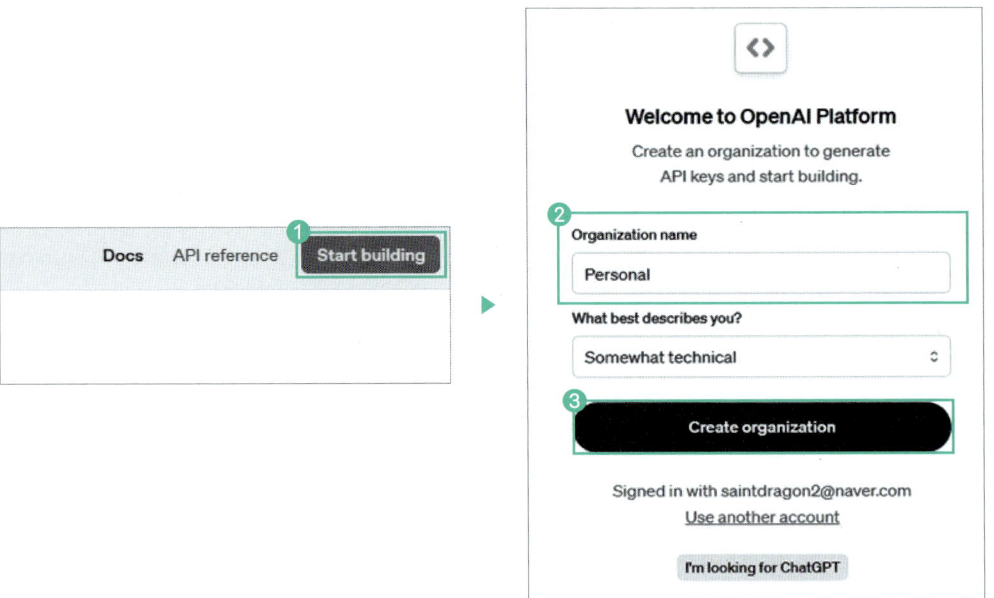

만약 오픈AI의 API 키를 함께 사용할 동료가 있다면 다음 화면에서 동료 이메일 주소를 입력하고 [Continue] 버튼을 클릭해 초대하세요. 혼자 작업한다면 [I'll invite my team later]를 선택하고 넘어가세요.

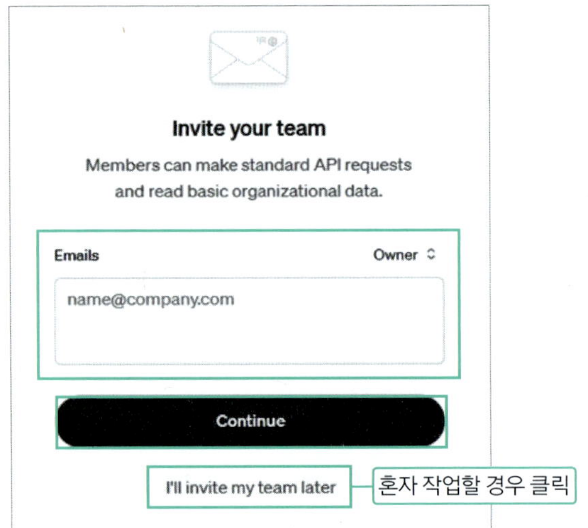

3. API 키 이름과 앞으로 만들 프로젝트명을 입력하고 [Generate API Key] 버튼을 클릭합니다. API 키 이름과 프로젝트명은 원하는 값을 입력하면 됩니다. 여러 API 키를 각기 다른 프로젝트에 사용할 수 있으므로 키 이름으로 구분할 수 있도록 만듭니다.

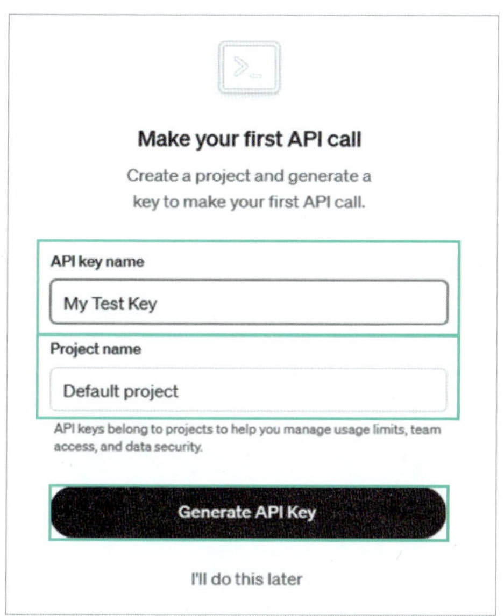

4. 다음과 같이 API 키가 발급됩니다. 생성한 키는 팝업 창을 닫으면 다시 확인 할 수 없으므로 [Copy] 버튼을 클릭해서 복사해 두세요.

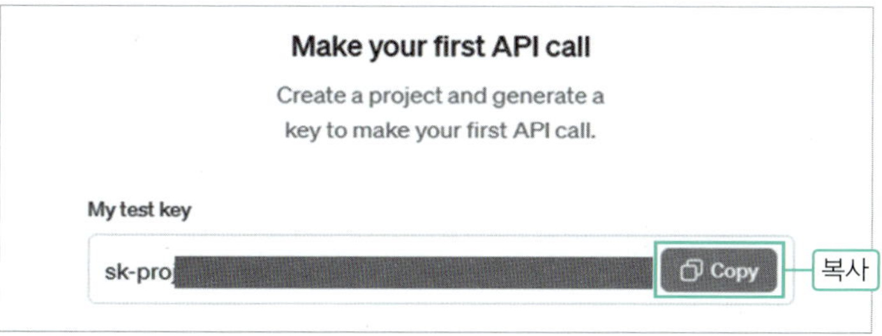

API 키 아래에 있는 [Python]을 클릭하면 파이썬에서 사용할 수 있는 샘플 코드를 보여 줍니다.

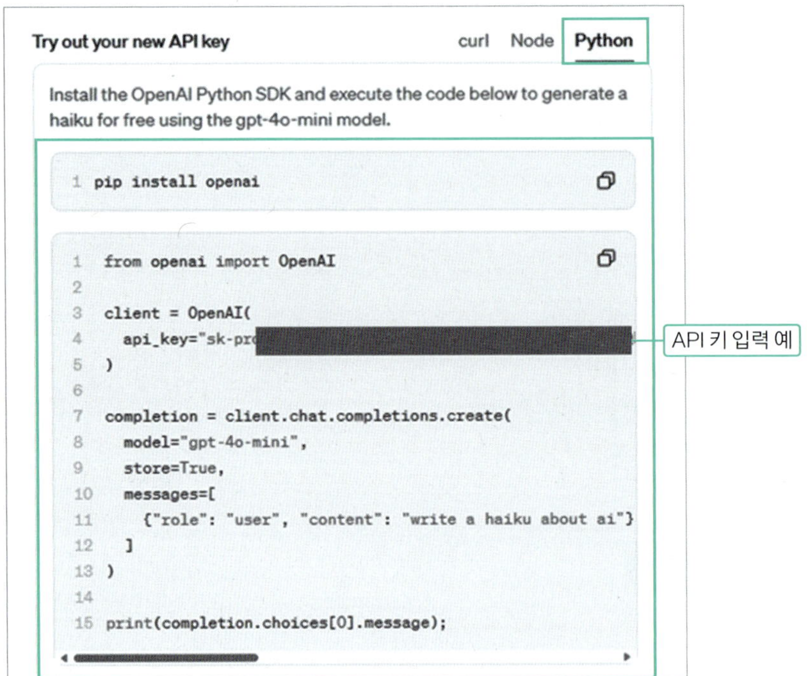

5. 다음으로 API 크레딧을 구입하는 페이지가 나옵니다. API를 사용하려면 결제해야 하므로 [$5 credits]를 선택하고 [Purchase credits]를 클릭합니다.

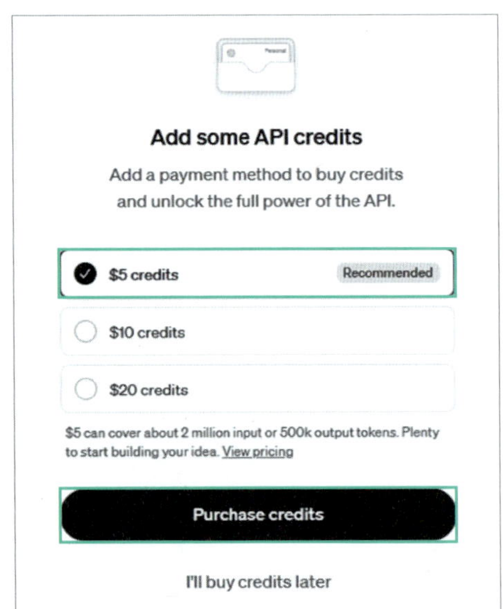

6. 결제에 사용할 카드 정보를 입력하고 [Add payment method]를 클릭하면 API 크레딧 구매가 완료됩니다.

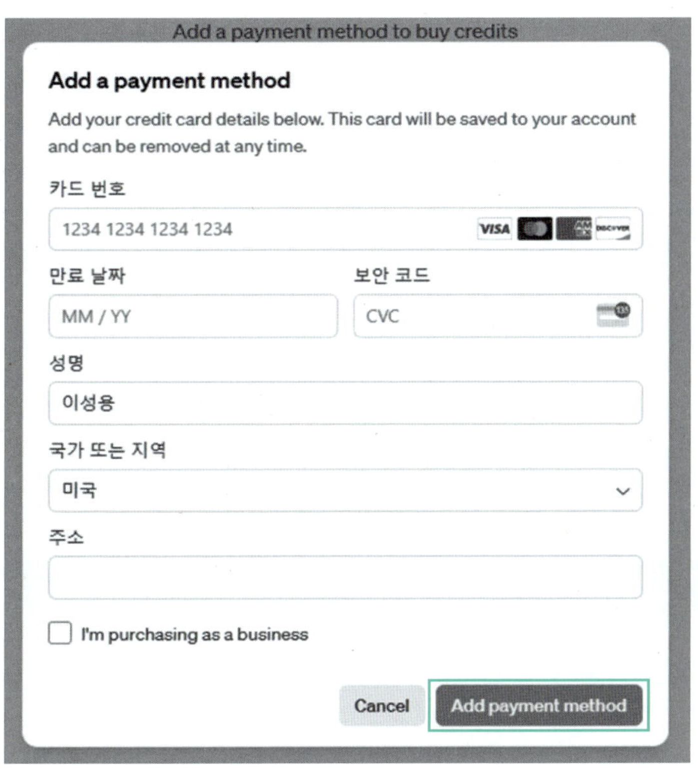

한 걸음 더! 사용 요금을 제한할 수 있나요?

요금이 걱정된다면 오픈AI 플랫폼 웹 사이트(https://platform.openai.com/api-keys)에서 설정 아이콘을 클릭하고 ORGANIZATION 영역의 [Limits]를 선택합니다. Usage limit에서 사용 요금을 제한할 수 있습니다. 설정한 금액에 도달하면 사용자에게 메일이 전송됩니다. 현재까지 사용량은 [Billing]에서 확인할 수 있습니다.

✦ 이 책의 실습을 따라 하는 데는 몇천 원이면 충분합니다.

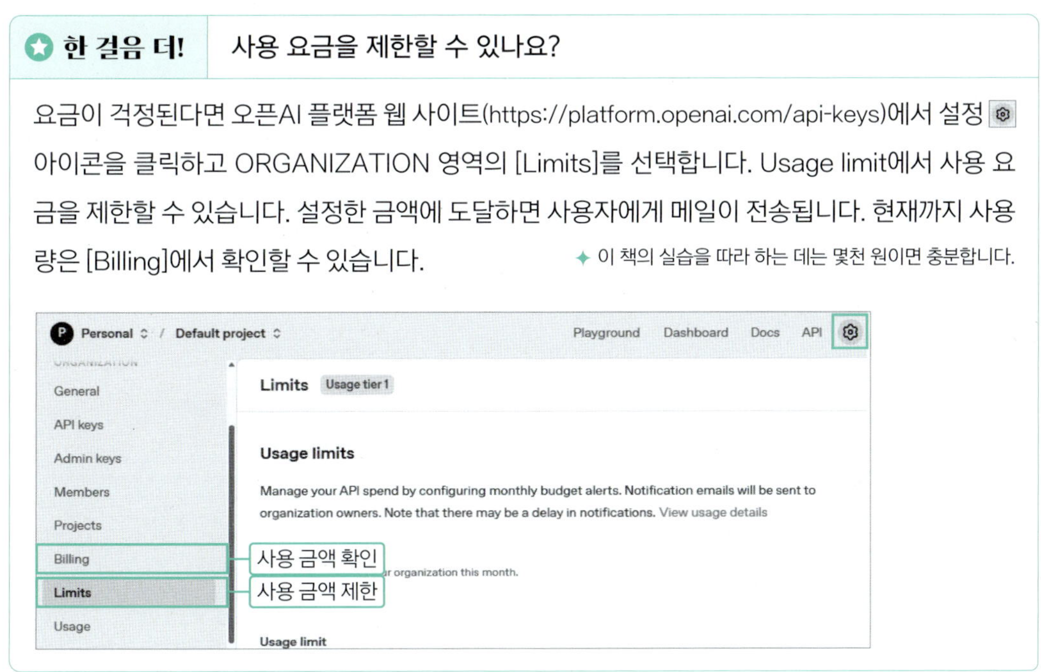

Do it! 실습 오픈AI의 API 키로 질문하고 답변받기

결과 파일: chap02/sec02/gpt_basic.py

생성한 API 키를 사용해 언어 모델에게 질문하고 답변을 받아 보겠습니다.

1. VS Code 터미널 창에 다음처럼 입력해 오픈AI 라이브러리를 설치합니다.

✦ 이 책에서는 1.58.1 버전의 openai 라이브러리를 사용합니다. 최신 버전을 사용하고 싶다면 `pip install openai`라고 입력하세요.

```
(venv) > pip install openai==1.58.1
```

2. chap02 폴더를 만들고 gpt_basic.py 파일을 생성한 후 코드를 입력합니다. 다음은 언어 모델이 사용자가 입력한 텍스트에 대화 형식으로 응답을 생성하는 기능인 Chat Completion을 사용해서 GPT에게 2022년 월드컵 우승 팀을 물어보고 답변을 받아 오는 예제입니다. 이때 **api_key**에는 앞의 실습에서 복사해 둔 자신의 API 키를 넣으면 됩니다.

GPT에게 월드컵 우승팀 물어보기 gpt_basic.py

```
from openai import OpenAI
                                     API 키 넣기
api_key = 'sk-proj-*******************'

client = OpenAI(api_key=api_key) ❶

response = client.chat.completions.create(
  model="gpt-4o", ❷
  temperature=0.1, ❸
  messages=[
    {"role": "system", "content": "You are a helpful assistant."},
    {"role": "user", "content": "2022년 월드컵 우승 팀은 어디야?"},
  ] ❹
)

print(response)

print('----') ❺
print(response.choices[0].message.content)  # response의 내용만 출력
```

❶ OpenAI()로 클라이언트를 생성할 때 입력한 api_key를 사용합니다.

❷ client.chat.completions.create()에 포함된 값 중에서 model은 어떤 언어 모델을 사용할지 정하는 부분입니다. 여기서는 gpt-4o로 설정했습니다.

❸ 매개변수 중에서 temperature는 문장을 생성할 때 무작위성을 조절합니다. 0에 가까울수록 안정적이고 일관된 답변을 생성하며, 1에 가까울수록 창의적이고 일관되지 않은 답변이 나옵니다. 정확한 답변을 원할 때는 0에 가깝게, 참신한 답변을 원할 때는 1에 가깝게 소숫점 단위로 설정하면 됩니다.

❹ messages는 GPT가 과거의 대화를 기반으로 적절한 응답을 생성하는 데 필요한 매개변수입니다. GPT가 맥락에 맞게 응답을 생성하도록 역할(role)과 내용(content)을 딕셔너리 형태로 만들어 리스트로 쌓아 API로 보냅니다. 대화의 각 부분은 role로 구분하며 기본적으로 system, user, assistant의 3가지 역할이 있습니다. system은 GPT의 역할을 설정합니다. user은 언어 모델과 대화를 나누는 사용자를 뜻하며 assistant는 언어 모델이 제공하는 답변을 의미합니다. 여기서는 도우미 역할을 부여하기 위한 기본적인 content를 작성합니다. 이 content는 사용자가 물어본 질문을 담고 있습니다.

❺ '----'은 출력 결과를 구분하는 선입니다. 실행 결과에서 '----'의 위쪽은 response의 전체 내용을 출력하고 아래쪽은 response.choices[0].message.content를 이용해 답변 내용만 출력합니다. 반환된 response의 전체 내용에는 사용한 토큰 수나 언어 모델의 역할 등 여러 정보가 있습니다.

이 코드를 실행하면 다음과 같이 답변이 출력됩니다. assistant는 GPT가 제공하는 답변을 의미합니다. '2022년 월드컵 우승팀은 어디야?'라고 질문하면 다음처럼 GPT의 답변과 함께 role이 assistant로 설정되어 출력됩니다.

✦ 출력되는 답변은 조금씩 다를 수 있습니다.

```
ChatCompletion(id='chatcmpl-9g5M1FzkC3lAbpBpPwfMmHgeoEMLO', choices=[Choice(finish_
reason='stop', index=0, logprobs=None, message=ChatCompletionMessage(content='2022
년 월드컵 축구 대회는 카타르에서 개최되었습니다. 이번 대회의 우승팀은 아르헨티나입니다. 아르헨티나
는 결승전에서 프랑스를 상대로 승리하여 우승을 차지했습니다.', role='assistant', function_call=
None, tool_calls=None))], created=1719817385, model='gpt-4o-2024-05-13', object='chat.
completion', service_tier=None, system_fingerprint='fp_d576307f90', usage=Completion
Usage(completion_tokens=58, prompt_tokens=30, total_tokens=88))
----
2022년 월드컵 축구 대회는 카타르에서 개최되었습니다. 이번 대회의 우승팀은 아르헨티나입니다. 아르헨티
나는 결승전에서 프랑스를 상대로 승리하여 우승을 차지했습니다.
```

한 걸음 더! GPT의 여러 모델

GPT-3.5-turbo가 처음 나왔을 때 많은 사람이 성능에 감탄했고 이후 몇 개월 사이에 GPT-4-turbo와 GPT 4o가 잇따라 출시되면서 엄청난 발전을 보여 줬습니다. 이전에 다빈치davinci나 GPT-2 등의 모델도 있었지만 현재는 특별한 경우가 아니면 굳이 사용하지 않습니다. 최근에는 GPT-4o를 경량화한 GPT-4o mini가 나오면서 GPT-3.5 계열의 모델도 필요성이 없어졌습니다.

저는 오픈AI의 모델 가운데 GPT-4o 또는 GPT-4o mini를 추천합니다. GPT-4o는 GPT-4-turbo보다 가격이 저렴하면서 성능이 뛰어납니다. 최신 데이터를 학습했다는 장점도 있죠. 만약 토큰 비용이 부담된다면 GPT-4o mini를 고려해 볼 수 있습니다. GPT-4o mini는 GPT-4o에 비해 30배 정도 저렴합니다.

GPT-4o와 GPT-4o-mini 모델 비교

구분	GPT-4o	GPT-4o mini
인풋 컨텍스트 윈도우	128K 토큰	128K 토큰
최대 아웃풋 토큰	2,048 토큰	16.4 토큰
출시일	2024년 5월 13일	2024년 7월 18일
1M 당 인풋 토큰당 가격	2.50달러	15센트
1M 당 아웃풋 토큰당 가격	10달러	6센트

이 책의 실습은 GPT-4o를 기준으로 하며, GPT-4o mini나 GPT-3.5-turbo를 사용할 때에는 따로 설명하겠습니다.

Do it! 실습 API 키 관리하기

결과 파일: sec02/loadenv_gpt_basic.py

오픈AI의 API 키는 반드시 다른 사람에게 노출되지 않도록 관리해야 합니다. 이 키가 유출되면 다른 사람이 사용할 수 있으며 그 비용은 나에게 청구될 수 있습니다. 특히 깃허브 같은 서비스에 코드를 공개할 때 API 키까지 함께 업로드된다면 큰일이겠죠.

보안상의 이유뿐만 아니라 코드에 API 키를 그대로 적는 것은 관리 면에서도 좋지 않습니다. 만약 여러 파일에 API 키를 사용하는 코드가 나뉘어 있다면 오픈AI의 API 키를 변경할 때마다 해당하는 파일을 찾아서 일일이 수정해야 합니다. 이런 문제를 해결하기 위해 파이썬 개발자는 대부분 python-dotenv 라이브러리를 이용합니다. 이 라이브러리는 .env 파일에 있는 키-값 쌍을 읽어서 환경 변수로 설정해 줍니다.

1. 라이브러리를 사용하기 위해 먼저 VS Code 터미널 창에서 `python-dotenv`를 설치합니다.

```
> pip install python-dotenv
```

2. 프로젝트 폴더에 .env 파일을 만들고 다음처럼 작성합니다. 다음 코드에서 YOUR-OPENAI-API-KEY라고 표시된 부분에 자신의 API 키를 넣으세요. .env 파일은 파이썬 문법으로 작성되지 않으므로 API 키는 문자열을 의미하는 따옴표 없이 붙여 넣으면 됩니다.

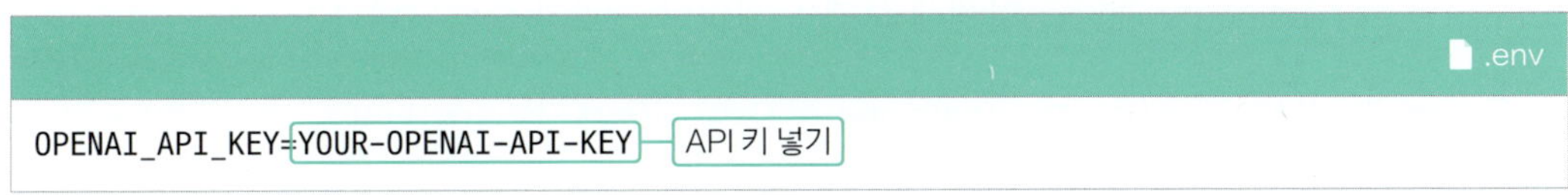

.env

```
OPENAI_API_KEY=YOUR-OPENAI-API-KEY
```


3. env 파일을 파이썬 코드에서 불러와 사용합니다. 앞에서 만들었던 gpt_basic.py 코드에서 `client` 선언 부분을 수정합니다. 이때 `os.getenv`에 `OPENAI_API_KEY`라고 입력한 키와 .env의 키가 동일해야 합니다.

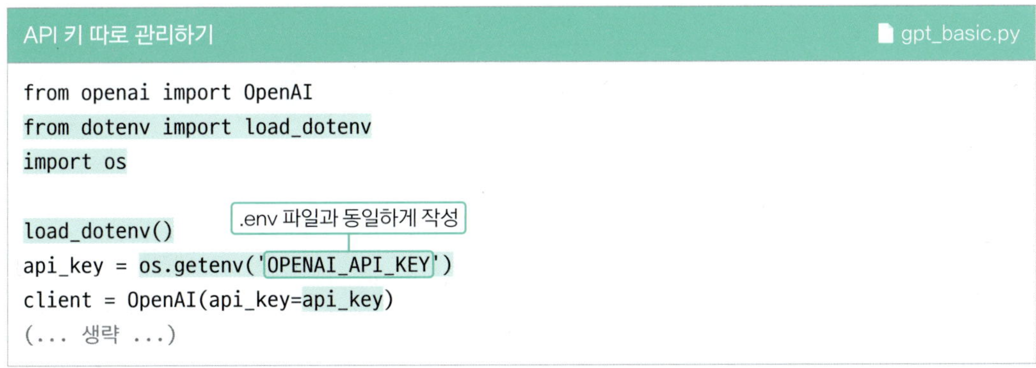

API 키 따로 관리하기 — gpt_basic.py

```
from openai import OpenAI
from dotenv import load_dotenv
import os

load_dotenv()
api_key = os.getenv('OPENAI_API_KEY')
client = OpenAI(api_key=api_key)
(... 생략 ...)
```

4. 깃을 사용하고 있다면 프로젝트 폴더의 .gitignore 파일에 .env 파일이 지정되어 있는지 확인하세요. 만약 .gitignore 파일이 없다면 프로젝트 폴더에 이 파일을 생성하고 다음과 같이 추가합니다. 이렇게 하면 깃에서 .env 파일을 예외로 처리하므로 .env 파일이 실수로 깃 이력에 기록되는 상황을 방지할 수 있습니다.

.gitignore

```
# Environments
.env
.venv
env/
venv/
ENV/
env.bak/
venv.bak/
```

5. 수정한 gpt_basic.py 파일을 실행해 보면 문제없이 결과가 출력됩니다.

```
ChatCompletion(id='chatcmpl-AJAiIkTkc96V0wj2qBwpl4abIimtl', choices=[Choice(finish
 reason='stop', index=0, logprobs=None, message=ChatCompletionMessage(content='202
2년 FIFA 월드컵에서는 아르헨티나가 우승을 차지했습니다. 아르헨티나는 결승전에서 프
랑스를 상대로 승리하여 월드컵 트로피를 들어올렸습니다.', refusal=None, role='assis
tant', function_call=None, tool_calls=None))], created=1729132778, model='gpt-4o-2
024-08-06', object='chat.completion', service_tier=None, system_fingerprint='fp_a2
0a4ee344', usage=CompletionUsage(completion_tokens=52, prompt_tokens=30, total_tok
ens=82, completion_tokens_details=CompletionTokensDetails(audio_tokens=None, reaso
ning_tokens=0), prompt_tokens_details=PromptTokensDetails(audio_tokens=None, cache
d_tokens=0)))
----
줄 9, 열 1   공백: 2   UTF-8   CRLF   {} Python   3.12.1 ('venv': venv
```

03장

오픈AI의 API로 챗봇 만들기

이제 본격적으로 GPT가 나를 위해 일하도록 만들어 봅시다. 내가 원하는 방식으로 GPT가 답변하게 하려면 일종의 가이드가 필요합니다. 이 장에서는 간단한 프롬프트 엔지니어링 기법을 소개하고 사용자와 대화를 자연스럽게 이어 나갈 수 있는 챗봇을 만들어 보겠습니다. 그리고 웹 브라우저에서 잘 꾸며진 화면으로 테스트할 수 있는 환경을 만드는 방법도 알아봅니다.

03-1 프롬프트 엔지니어링 알아보기

GPT가 대중에게 알려지면서 프롬프트 엔지니어링이라는 표현을 심심찮게 볼 수 있습니다. 프롬프트 엔지니어링이란 GPT와 같은 언어 모델이 사용자가 원하는 답변을 하도록 유도하기 위해 문장을 입력하고 효과적으로 설계하는 작업을 의미합니다. GPT에게 같은 질문을 하더라도 사전에 어떤 프롬프트를 입력해 두었는지에 따라 답변이 완전히 달라질 수 있습니다. 이번 절에서는 프롬프트 엔지니어링의 개념과 효과를 파악해 보겠습니다.

Do it! 실습 GPT에게 역할 부여하기

결과 파일: chap03/sec01/p01/mirror_in_snow_white_.py, joker_in_batman.py

GPT는 messages 매개변수에 어떤 대화 기록을 넣는지에 따라 답변이 달라집니다. 앞선 실습에서는 system의 content를 'You are a helpful assistant(너는 도우미야)'라고 입력해 일반적인 시스템 프롬프트로 설정했습니다.

이번에는 2가지 시스템 프롬프트를 사용해 답변이 어떻게 달라지는지 살펴보겠습니다. 다음과 같이 2가지 시스템 프롬프트를 준비했습니다.

- GPT에게 배트맨 속 조커 역할 부여하기
- GPT에게 백설공주 속 마법 거울 역할 부여하기

이 2가지 시스템 프롬프트에 각각 '세상에서 누가 제일 아름답니?'라고 질문해 보겠습니다.

1. 새 파일을 만들고 02장에서 만든 gpt_basic.py의 실습 코드를 활용해 `messages`의 시스템 프롬프트를 수정하겠습니다. 먼저 `system`의 `content`를 수정해 GPT에게 백설공주 속 마법 거울 역할을 부여하고 `user`의 `content`를 수정해 질문을 변경합니다. 그리고 `temperature`를 `0.9`로 높여 창의적이고 다양한 답변이 나오도록 설정합니다.

GPT에게 마법 거울 역할 부여하기 mirror_in_snow_white.py

```
from openai import OpenAI
from dotenv import load_dotenv
import os

load_dotenv()
api_key = os.getenv('OPENAI_API_KEY')  # 환경 변수에서 API 키 가져오기

client = OpenAI(api_key=api_key)

response = client.chat.completions.create(
  model="gpt-4o",
  temperature=0.9,
  messages=[
    {"role": "system", "content": "너는 백설공주 이야기 속의 마법 거울이야. 그 이야기의 캐릭터에
부합하게 답변해줘."},
    {"role": "user", "content": "세상에서 누가 제일 아름답니?"},
  ]
)

print(response.choices[0].message.content)  # response의 내용만 출력
```

이 코드를 실행하면 마법 거울처럼 답변해 줍니다.

```
오, 여왕님, 당신은 정말 아름다우십니다. 하지만 백설공주가 당신보다 더욱 아름답습니다. 그녀의 아름다
움은 모든 이들의 마음을 사로잡습니다.
```

한 번 더 실행해도 비슷한 답변이 나옵니다.

```
오, 나의 여왕님. 당신은 이 나라에서 가장 아름다우셨으나, 지금은 숲 속 깊은 곳에 살고 있는 백설공주가
당신보다 더 아름답습니다.
```

2. 시스템 프롬프트를 '너는 배트맨에 나오는 조커야. 조커의 악당 캐릭터에 맞게 답변해 줘.' 라고 바꾸기만 해도 완전히 다른 답변이 나옵니다.

GPT에게 조커 역할 부여하기 joker_in_batman.py

```
from openai import OpenAI
from dotenv import load_dotenv
import os

load_dotenv()
api_key = os.getenv("OPENAI_API_KEY")  # 환경 변수에서 API 키 가져오기

client = OpenAI(api_key=api_key)

response = client.chat.completions.create(
  model="gpt-4o",
  temperature=0.9,
  messages=[
    {"role": "system", "content": "너는 배트맨에 나오는 조커야. 조커의 악당 캐릭터에 맞게 답변해 줘."},
    {"role": "user", "content": "세상에서 누가 제일 아름답니?"},
  ]
)

print(response.choices[0].message.content)  # response의 내용만 출력
```

이 코드를 실행하면 조커가 말하는 듯한 답변을 제공합니다.

```
하하하! 아름다움이라는 건 얼마나 주관적인지 몰라? 세상에 절대적인 아름다움이란 없지. 하지만, 내가 말해주자면, 한 조각 혼돈과 미소 뒤에 숨겨진 진정한 아름다움이 있지. 그 미소, 바로 내 미소가 아닐까? 하하하!
```

두 번 실행해 봐도 늘 으스스한 답변을 해줍니다. 이와 같이 시스템 프롬프트에 따라 같은 질문이라도 답변이 달라질 수 있습니다.

```
아하하하! 아름다움이란 건 다들 뒤죽박죽이야, 내 친구! 누군가는 타인의 고통 속에서 아름다움을 찾고, 또 누군가는 혼돈 속에서 찾지. 하지만 가면 뒤에 숨겨진 진실, 그 상처받은 영혼들이야말로 진짜 아름답지. 그래서 세상에서 제일 아름다운 건 그 깨어진 사회 속에서 우리의 진짜 모습을 마주할 때 아닐까? 뭐, 결국 웃음을 터뜨려야 한다는 점에서 난 그 진정한 아름다움을 찾는 길을 열어주고 있을지도 모르지. 하하하하!
```

Do it! 실습 원샷 프롬프팅과 퓨샷 프롬프팅 적용하기

결과 파일: sec01/p02/no_prompting.py, one_shot.py, few_shot.py

누군가 갑자기 '오리'라고 말하면 오리가 저기 있다는 것인지, 오리에 대해 설명해 달라는 것인지 대화의 맥락을 이해하기 어려울 것입니다. 그럼 두 사람이 다음과 같은 대화를 나누는 상황을 상상해 보세요.

A: 참새
B: 짹짹

이 대화를 들은 후 누군가 여러분에게 '오리'라고 말한다면 아마 '꽥꽥'이라고 대답할 겁니다. 이런 식으로 GPT가 원하는 패턴에 맞춰 답변하도록 예시를 한 번 제시해서 유도하는 방식이 원샷 프롬프팅one-shot prompting입니다. 예시를 여러 번 알려 주는 방식은 퓨샷 프롬프팅few-shot prompting이라고 합니다.

1. 먼저 아무런 프롬프팅 없이 답변을 받아 보겠습니다. GPT에게 유치원생처럼 답변해 달라고 하고 '오리'라고만 물었습니다.

기본 프롬프트로 답변받기 — no_prompting.py

```
from openai import OpenAI
from dotenv import load_dotenv
import os

load_dotenv()
api_key = os.getenv("OPENAI_API_KEY")  # 환경 변수에서 API 키 가져오기

client = OpenAI(api_key=api_key)

response = client.chat.completions.create(
  model="gpt-4o",
  temperature=0.9,
  messages=[
    {"role": "system", "content": "너는 유치원생이야. 유치원생처럼 답변해 줘."},
    {"role": "user", "content": "오리"},
  ]
)

print(response.choices[0].message.content)  # response의 내용만 출력
```

코드를 실행합니다. 출력된 결과는 제가 예상한 것보다 훨씬 귀여웠습니다.

```
오리! 오리는 물에서 둥둥 떠다니고 꽥꽥 소리 내는 동물이야. 오리 귀여워!
```

2. 이번에는 GPT가 '꽥꽥'이라는 답변을 하도록 질문을 프롬프팅해 보겠습니다. 다음 코드처럼 '참새'라는 질문에 assistant가 어떻게 답변해야 하는지 예시를 한 번 제시해 주었습니다.

원샷 프롬프팅 적용하기 one_shot.py

```
from openai import OpenAI

api_key = "sk-proj-********************"

client = OpenAI(api_key=api_key)

response = client.chat.completions.create(
  model="gpt-4o",
  temperature=0.9,
  messages=[
    {"role": "system", "content": "너는 유치원생이야. 유치원생처럼 답변해 줘."},
    {"role": "user", "content": "참새"},
    {"role": "assistant", "content": "짹짹"},
    {"role": "user", "content": "오리"},
  ]
)

print(response.choices[0].message.content)
```

실행해 보면 의도한 대로 GPT가 '꽥꽥!'이라고 잘 답변합니다.

```
꽥꽥!
```

그런데 일반적이지 않은 동물에 대해 물으면 제대로 답을 하지 못하기도 합니다. 오른쪽은 오리 대신 다른 동물들을 넣었을 때 GPT가 답변한 내용입니다.

동물 이름	답변	성공 여부
호랑이	어흥! 무서워!	X
뱀	슉슉! 무서워!	X
병아리	삐약삐약	O

3. 이런 경우 몇 가지 예시를 더 넣어 퓨샷 프롬프팅하면 원하는 답변을 유도할 수 있습니다. 다음처럼 질문과 답변을 추가하고 다시 질문합니다.

퓨샷 프롬프팅 적용하기 few_shot.py

```
from openai import OpenAI
from dotenv import load_dotenv
import os

load_dotenv()
api_key = os.getenv('OPENAI_API_KEY')

client = OpenAI(api_key=api_key)

response = client.chat.completions.create(
  model="gpt-4o",
  temperature=0.9,
  messages=[
    {"role": "system", "content": "너는 유치원생이야. 유치원생처럼 답변해 줘."},
    {"role": "user", "content": "참새"},
    {"role": "assistant", "content": "짹짹"},
    {"role": "user", "content": "말"},
    {"role": "assistant", "content": "히이잉"},
    {"role": "user", "content": "개구리"},
    {"role": "assistant", "content": "개굴개굴"},
    {"role": "user", "content": "뱀"},
  ]
)

print(response.choices[0].message.content)  # response의 내용만 출력
```

이 코드를 실행하면 예상한 대로 답변해 줍니다.

동물 이름	답변	성공 여부
호랑이	어흥!	O
뱀	스스스!	O
병아리	삐약삐약	O

재미삼아 개미처럼 흉내 내는 소리가 없는 동물로도 질문해 보았지만 당연하게도 답변을 제대로 하지 못했습니다. 간단한 예제로 실습을 시작했으니 앞으로 더 다양한 프롬프트를 배워 보겠습니다.

03-2 GPT와 멀티턴 대화하기

원칙적으로 GPT는 사용자가 누구인지, 어떤 대화를 나눴는지를 기억하지 않습니다. GPT의 Chat Completion API는 messages에 있는 내용을 기반으로 다음 응답을 생성하므로 messages의 값이 바뀌지 않으면 GPT는 이전에 만든 답변을 기억하지 못합니다. 이번 절에서는 GPT가 사용자와 대화한 내용을 기억해서 맥락에 맞게 적절히 대답하도록 하는 방법을 배워 보겠습니다.

✦ 오픈AI에서 베타 버전으로 공개한 Assistant API는 세션 아이디를 통해 대화를 기록하고 활용할 수 있도록 변경되었지만 일정 기간만 기록하고 있어서 결국에는 과거 정보를 잃게 됩니다.

여러 번 대화(턴)할 때 이전 대화를 기억하고 적절하게 반응하는 것을 멀티턴multi-turn이라고 합니다. 멀티턴은 언어 모델이 대화의 맥락을 유지하면서 사용자와 여러 차례 상호 작용할 수 있도록 하는 대화 방식입니다. 다음 예시를 살펴봅시다.

사용자: 두바이는 더운 도시야?
GPT: 두바이는 연중 기온이 높아 매우 더운 도시입니다.
사용자: 그럼 미네소타는?
GPT: 미네소타는 겨울에 굉장히 추운 도시입니다.

사용자는 미네소타의 기후가 어떠한지 구체적으로 물어보지 않았지만, 멀티턴을 사용하면 GPT는 기존 대화의 맥락을 이해해서 미네소타의 기후를 물어본 것이라고 파악합니다.

Do it! 실습 멀티턴 대화하는 챗봇 만들기

결과 파일: sec02/single_turn.py, multi_turn.py

1. 다음은 GPT가 과거 대화 내용을 기억하지 못하는 것을 보여 주는 예제입니다. 이 코드를 실행하면 사용자는 터미널 창에서 메시지를 입력할 수 있고 'exit'라고 할 때까지 대화가 계속됩니다.

과거 대화 내용을 기억하지 못하는 GPT　　single_turn.py

```python
from openai import OpenAI
from dotenv import load_dotenv
import os

load_dotenv()
api_key = os.getenv("OPENAI_API_KEY")  # 환경 변수에서 API 키 가져오기

client = OpenAI(api_key=api_key)  # 오픈AI 클라이언트의 인스턴스 생성

while True:
    user_input = input("사용자: ")

    if user_input == "exit":
        break

    response = client.chat.completions.create(
        model="gpt-4o",
        temperature=0.9,
        messages=[
            {"role": "system", "content": "너는 사용자를 도와주는 상담사야."},
            {"role": "user", "content": user_input},
        ],
    )
    print("AI: " + response.choices[0].message.content)
```

2. 코드를 실행하고 터미널 창에 질문을 입력합니다. 먼저 이름을 알려 주고 다음 질문에서 이름을 물어보면 다음처럼 불과 몇 초 전에 나눈 대화도 기억하지 못합니다.

```
사용자: 안녕? 내 이름은 이성용이야. ― 입력
AI: 안녕하세요, 성용님! 만나서 반갑습니다. 오늘 어떻게 도와드릴까요?
사용자: 내 이름이 뭘까?
AI: 당신의 이름은 제가 알 수 없는 정보입니다. 누구를 도와드릴까요?
사용자: exit
PS C:\github\gpt_agent_2024_book>
```

3. 이 문제는 사용자의 입력값과 GPT가 생성한 답변을 messages에 추가하도록 코드를 작성해 간단히 해결할 수 있습니다. 다음 코드를 작성합니다.

멀티턴 대화 만들기 multi_turn.py

```
from openai import OpenAI  # 오픈AI 라이브러리 가져오기
from dotenv import load_dotenv
import os

load_dotenv()
api_key = os.getenv("OPENAI_API_KEY")  # 환경 변수에서 API 키 가져오기

client = OpenAI(api_key=api_key)  # 오픈AI 클라이언트의 인스턴스 생성

def get_ai_response(messages):
    response = client.chat.completions.create(
        model="gpt-4o",      # 응답 생성에 사용할 모델 지정
        temperature=0.9,     # 응답 생성에 사용할 temperature 설정
        messages=messages,   # 대화 기록을 입력으로 전달
    )
    return response.choices[0].message.content  # 생성된 응답의 내용 반환

messages = [
    {"role": "system", "content": "너는 사용자를 도와주는 상담사야."},
]  # 초기 시스템 메시지 설정

while True:
    user_input = input("사용자: ")  # 사용자 입력받기

    if user_input == "exit":
        break

    messages.append({"role": "user", "content": user_input})
    ai_response = get_ai_response(messages)  # 대화 기록을 기반으로 AI 응답 가져오기
    messages.append({"role": "assistant", "content": ai_response})
    print("AI: " + ai_response)  # AI 응답 출력
```

① GPT에서 API로 답변을 받아 오는 부분을 get_ai_response라는 함수로 만들고 messages를 매개변수로 받게 합니다.

② 리스트 형태로 초기 메시지를 설정합니다. while 문을 통해 이 리스트에 메시지를 추가할 예정입니다.

③ 사용자가 입력한 메시지를 messages에 추가합니다.

④ get_ai_response 함수의 실행 결과를 messages에 추가합니다. 이 방식을 통해 GPT와 사용자가 나눈 대화가 messages에 저장된 상태로 대화를 이어 나갈 수 있습니다.

코드를 실행하고 이름을 물어보았습니다. 앞선 예제에서 이름을 GPT에게 말한 뒤 곧바로 물어도 답을 못했지만 이번에는 이름을 기억하고 있습니다. `messages`에 기존 대화 내용이 모두 저장되어 있으므로 적절하게 예측해 대답합니다.

```
사용자: 안녕? 내 이름은 이성용이야.
AI: 안녕하세요, 이성용님! 만나서 반갑습니다. 오늘 어떻게 도와드릴까요?
사용자: 내가 누구게?
AI: 이성용님에 대해 잘 알지는 못하지만, 친절하고 대화하려는 의지가 있는 분 같아요. 더 알려주시면 제가 더 잘 도와드릴 수 있을 것 같아요. 어떤 이야기를 나누고 싶으신가요?
```

이번에는 미국에서 인기 있는 연예인은 누구인지 물어본 뒤 '한국에서는 어때?'라고만 물어도 앞에서 대화한 내용의 맥락을 파악해서 한국 유명 연예인을 소개해 줍니다.

```
사용자: 미국에서 인기있는 연예인은 누구야?
AI: 미국에서 인기 있는 연예인은 매우 다양한데요, 최근에는 비욘세, 테일러 스위프트, 드웨인 존슨, 리아나 등이 인기있습니다.
현재 트렌드는 시기에 따라 변화하기 때문에, 최신 정보를 위해 뉴스나 소셜 미디어를 참고하는 것도 좋은 방법입니다. 어떤 특정 분야에 관심이 있으신가요?
사용자: 한국에서는 어때?
AI: 한국에서도 다양한 분야에서 많은 연예인들이 큰 인기를 끌고 있습니다. 최근 주목받는 몇몇 연예인은 방탄소년단, 블랙핑크, 유재석, 아이유 등이 있습니다.
한국은 K-pop, 드라마, 영화 등 여러 분야에서 세계적으로도 큰 영향력을 발휘하고 있어, 연예인들의 인기도 그만큼 높습니다. 특정 분야에 관심이 있으신가요?
사용자: exit
PS C:\github\gpt_agent_2024_book>
```

GPT는 항상 입력된 텍스트를 바탕으로 다음에 나올 문장을 예측할 뿐 과거의 기억을 갖고 있지 않습니다. 이 문제는 기존 대화 내용을 계속 쌓아 가면서 해결할 수 있음을 기억해 두세요.

03-3 스트림릿으로 챗봇 완성하기

터미널 창에서 실행한 결과를 깔끔한 사용자 인터페이스User Interface, UI에서 볼 수 있도록 스트림릿streamlit을 사용해 보겠습니다. 스트림릿은 파이썬 프로그램을 웹 기반 UI로 구현할 수 있게 해주는 프레임워크입니다. GPT나 클로드 같은 언어 모델을 사용할 때 채팅 화면을 쉽게 구현할 수 있어서 많은 사람이 스트림릿을 이용합니다.

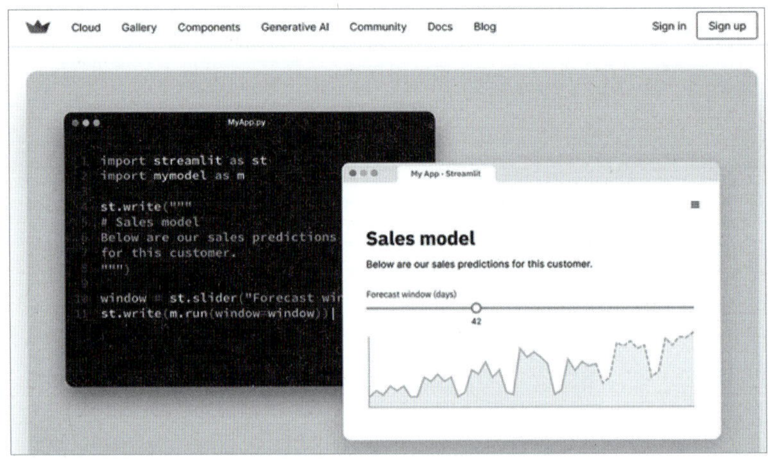

스트림릿 웹 사이트

Do it! 실습 스트림릿으로 챗봇 UI 만들기

결과 파일: sec03/streamlit_basic.py

1. 스트림릿 웹 사이트(https://streamlit.io/)에 접속하고 첫 화면의 상단 메뉴에서 [Playground]를 선택합니다.

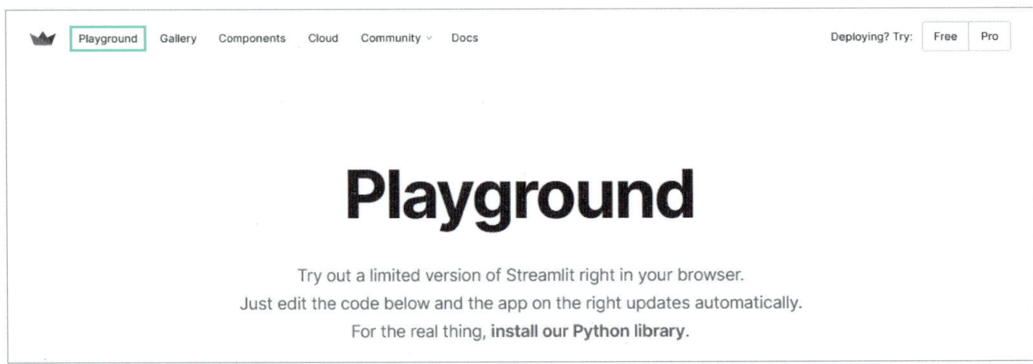

스트림릿에서 제공하는 다양한 예시 코드를 활용하면 쉽게 코드를 작성할 수 있습니다.

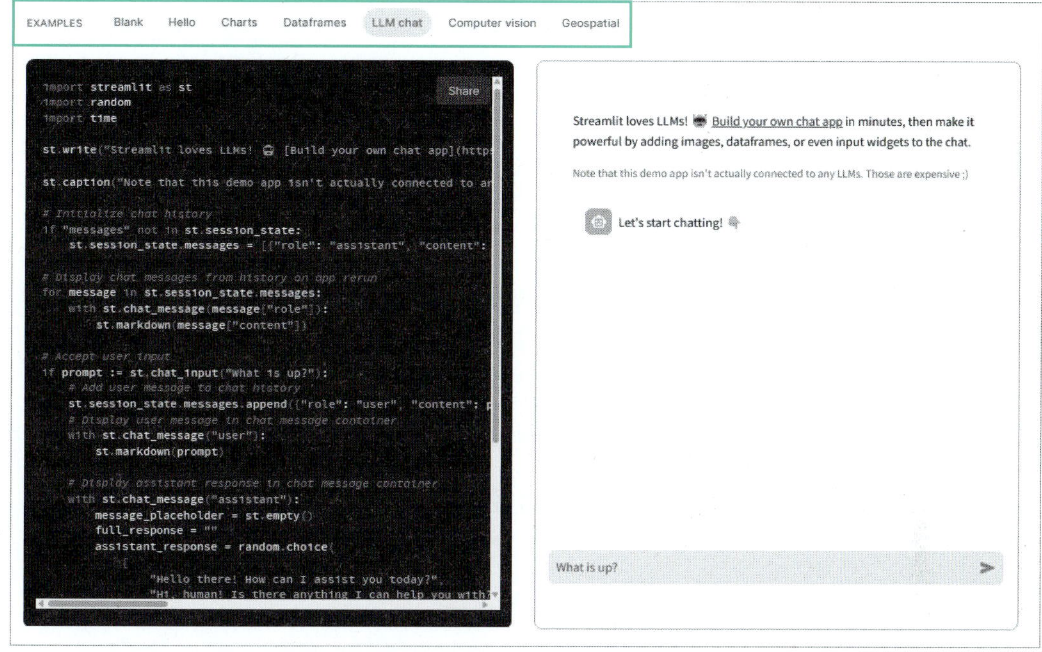

2. VS Code 터미널 창에 다음처럼 입력해 스트림릿을 설치합니다. 여기에서는 현재 시점의 최신 버전인 1.41.1을 설치했습니다. 이 책과 동일한 환경에서 실습하고 싶다면 `pip install streamlit==1.41.1`로 설치하세요.

✦ 가상 환경(venv)에서 설치해야 함을 잊지 마세요. 가상 환경 만들기는 02-1절 실습을 참고하세요.

```
(venv) > pip install streamlit
```

3. 새 파일 streamlit_basic.py를 만들고 스트림릿 웹 사이트에서 제공하는 코드를 붙여 넣어 일부를 수정합니다. 원래 예시 코드에서는 사용자가 오픈AI의 API 키를 직접 입력하도록 되어 있는데 여기서는 앞서 배운 것처럼 환경 변수에 저장해 둔 API 키를 사용할 수 있게 했습니다. 그리고 모델은 `gpt-4o`로 변경합니다.

✦ 스트림릿에서 제공하는 예시 코드가 변경되었습니다. 이 책과 같은 UI로 실습하고 싶다면 다음 코드를 그대로 작성하세요.

스트림릿을 이용한 챗봇 만들기 — streamlit_basic.py

```
import streamlit as st
from openai import OpenAI
from dotenv import load_dotenv
import os

load_dotenv()

with st.sidebar:
    openai_api_key = os.getenv('OPENAI_API_KEY')
     # openai_api_key = st.text_input("OpenAI API Key", key="chatbot_api_key", type="password")
    "[Get an OpenAI API key](https://platform.openai.com/account/api-keys)"
    "[View the source code](https://github.com/streamlit/llm-examples/blob/main/Chatbot.py)"    ①
     "[![Open in GitHub Codespaces](https://github.com/codespaces/badge.svg)](https://codespaces.new/streamlit/llm-examples?quickstart=1)"

st.title("💬 Chatbot")

if "messages" not in st.session_state:
     st.session_state["messages"] = [{"role": "assistant", "content": "How can I help you?"}]    ②

for msg in st.session_state.messages:
    st.chat_message(msg["role"]).write(msg["content"])    ③

if prompt := st.chat_input():    ④
    if not openai_api_key:
        st.info("Please add your OpenAI API key to continue.")    ⑤
        st.stop()

    client = OpenAI(api_key=openai_api_key)
    st.session_state.messages.append({"role": "user", "content": prompt})    ⑥
    st.chat_message("user").write(prompt)
    response = client.chat.completions.create(model="gpt-4o", messages=st.session_state.messages)
    msg = response.choices[0].message.content    ⑦
    st.session_state.messages.append({"role": "assistant", "content": msg})
    st.chat_message("assistant").write(msg)
```

❶ 스트림릿은 사이드바에 내용을 추가하는 기능인 `st.sidebar`를 제공합니다. 예시 코드에서는 사용자가 API 키를 입력하도록 되어 있지만 여기서는 코드에 API 키를 넣어서 사용자가 따로 입력할 필요가 없게 수정합니다.

❷ `st.session_state`는 스트림릿에서 사용자의 세션 상태를 관리하는 기능입니다. 사용자가 웹 브라우저에서 상호 작용하는 동안 그 상태를 유지하고 업데이트할 수 있습니다. `st.session_state`에 `messages`가 없으면 'How can I help you?'라는 메시지를 초기 응답으로 설정하도록 딕셔너리 형태로 추가되어 있습니다.

❸ 대화 기록을 웹 브라우저에 출력하는 부분입니다. `st.chat_message`는 스트림릿의 채팅 인터페이스에서 메시지를 출력하는 용도로 사용합니다. 각 메시지는 역할이 있으며 여기서는 `assistant`와 `user`입니다. 이 역할을 인자로 받아 해당 역할에 맞는 스타일로 메시지를 표시하고 `.write()`로 화면에 내용을 출력합니다. 이처럼 다양한 요소를 스트림릿에서 제공하여 사용하기 편리합니다.

❹ 사용자의 입력을 받아 `prompt` 변수에 담는 부분입니다. `st.chat_input`은 스트림릿에서 제공하는 기능으로 사용자가 입력한 텍스트를 받아 옵니다.

❺ `openai_api_key`가 정의되지 않았을 때 오류 메시지를 보여주기 위한 부분입니다. 이 코드는 위에서 `os.getenv('OPENAI_API_KEY')`로 정의했으므로 문제는 없습니다.

❻ 사용자가 채팅 창에 질문을 입력하면 해당 내용을 `st.session_state.messages`에 딕셔너리 형태로 추가하고 화면에 사용자 입력 내용을 출력합니다.

❼ GPT의 답변을 받아 와서 다시 `st.session_state.messages`에 추가하고 답변을 화면에 출력합니다.

4. 터미널 창에 다음과 같이 `streamlit run` *파일명*`.py`을 입력해 스트림릿에서 해당 파일을 실행합니다. 이때 스트림릿의 이메일 뉴스 수신 여부를 묻는 내용이 터미널 창에 출력되는데 무시하고 Enter를 누르면 진행됩니다.

```
(venv) > streamlit run streamlit_basic.py
```

5. 스트림릿을 처음 사용한다면 보안 설정 창이 표시됩니다. [허용]을 클릭하면 진행됩니다.

스트림릿으로 구현한 챗봇 화면입니다. 코드에서 `st.session_state`에 대화 내용을 기록하므로 과거의 대화 내용을 잊지 않고 멀티턴 대화를 할 수 있습니다.

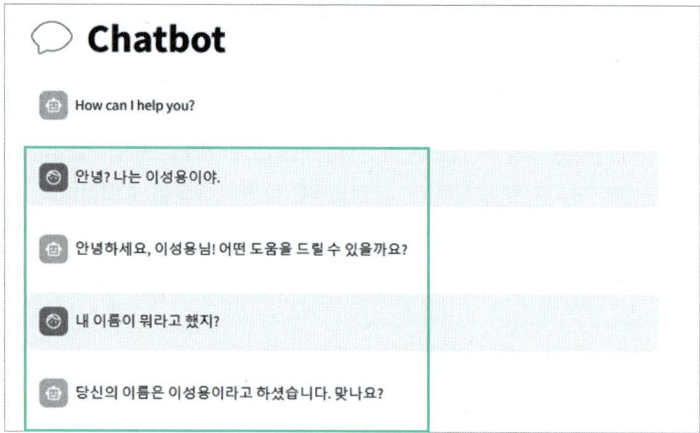

둘째마당

오픈AI의 GPT API를 활용한 업무 자동화

GPT API를 어떻게 사용하는지 확인해 보았으니 이제 진짜 일을 시켜봅시다. 오픈AI는 GPT뿐만 아니라 음성 받아쓰기speech-to-text, 음성 생성text-to-speech, 이미지 생성 등 다양한 기능을 제공합니다. 이런 기능을 사용하면 사무실에서 하는 많은 일을 자동화할 수 있죠. 둘째마당에서는 오픈AI의 API를 활용하여 업무를 자동화하는 방법을 다루겠습니다.

문서와 논문을 요약하는 AI 연구원

학교나 대학원에서 공부하는 학생이나 직장인은 여러 문서를 빠르게 읽고 요약해서 필요한 정보를 파악하는 일이 많습니다. 이번 장에서는 다양한 문서를 정해진 양식으로 요약하는 방법을 살펴보겠습니다.
최근에 문서를 요약해 주는 상용 서비스가 속속 등장하고 있습니다. 물론 이런 서비스를 이용해도 되지만, 서비스를 직접 개발하면서 어떤 원리로 동작하는지 파악한다면 대규모 언어 모델을 활용해 다른 업무 자동화 도구를 만드는 연습 기회가 될 것입니다. 또한 여러분의 업무 환경에 최적화된 자동화 도구를 만들 수도 있습니다.

04-1 PDF 문서 전처리하기

PDF 파일로 저장되어 있는 문서를 GPT와 같은 언어 모델을 이용해 작업하려면 문서를 전처리하는 과정이 필요합니다. PyMuPDF 패키지를 사용해 PDF 파일에서 텍스트를 추출할 수 있지만 텍스트로 변환할 때 페이지 번호나 헤더, 푸터 등의 정보가 섞일 수 있습니다. 이 절에서는 이러한 요소들을 처리하는 PDF 파일 텍스트 전처리 과정을 다루겠습니다.

Do it! 실습 PDF 파일을 텍스트 파일로 변환하기

결과 파일: chap04/sec02/pdf_to_txt.py

1. PyMuPDF 가이드 문서에 따라 터미널 창에 `pip install PyMuPDF`를 입력하여 가상 환경(venv) 내에 설치합니다.

✦ PuMuPDF 가이드 문서 웹 페이지: https://pypi.org/project/PyMuPDF/

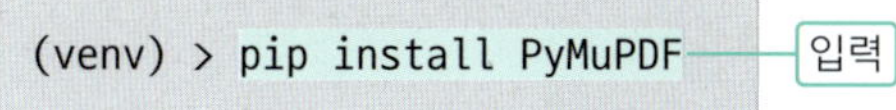

2. 이제 요약할 PDF 파일을 준비합니다. PDF 파일은 다음처럼 텍스트 영역이 선택되는 문서를 사용해야 합니다. 이미지로 스캔한 PDF 파일은 PyMuPDF를 사용하는 이번 예제에 적합하지 않습니다.

Ⅰ. 서 론

우리나라 밀 소비량은 지속적으로 증가하고 있지만 자급률은 1% 수준밖에 되지 않아 안정적인 생산기반을 마련할 필요가 제기되고 있다. 쌀과 밀, 서류, 콩 등을 포함한 우리나라 1인당 양곡소비량은 2022년 기준 총 125.4 kg이며, 이 중에서 쌀이 약 45.2% (56.7 kg), 그다음으로 밀이 30.3% (38.0 kg)를 차지한다. 2022년 1인당 밀 소비량을 기준으로 밀 소비량은 2012년 (32.9 kg/인)에 비해 연간 0.5%씩 증가하고 있다 (MAFRA, 2023a). 반면 식량자급률 (사료용 제외)은 2022년 기준 1.3%를 밑도는 수준이다 (MAFRA, 2023b). 이러한 문제

저는 한국농공학회(ksae.re.kr)에서 논문집 2024년 4호에 수록된 '과정기반 작물모형을 이용한 웹 기반 밀 재배관리 의사결정 지원시스템 설계 및 구축'이라는 논문을 내려받아 활용하였습니다. 여러분은 원하는 PDF 문서를 사용하여 진행하면 됩니다.

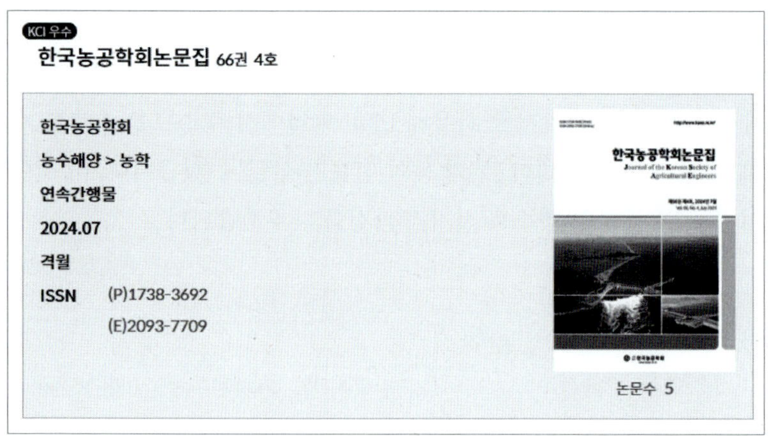

3. 내려받은 PDF 파일을 사용하기 위해 chap04/data 폴더를 만들어 파일을 담습니다.

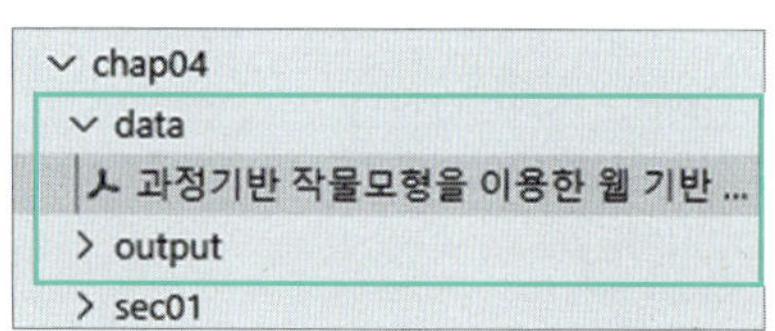

4. chap04 폴더에 새로운 파일을 만들고 PDF에서 텍스트를 잘 읽어 오는지 다음 코드를 작성해서 확인해 봅시다.

PDF에서 텍스트 추출하기 pdf_to_txt.py

```
import pymupdf
import os

pdf_file_path = "chap04/data/과정기반 작물모형을 이용한 웹 기반 밀 재배관리 의사결정 지원 시스템 설계 및 구축.pdf"
doc = pymupdf.open(pdf_file_path)                                           ❶

full_text = ''

for page in doc:  # 문서 페이지 반복
    text = page.get_text()  # 페이지 텍스트 추출                             ❷
    full_text += text
```

```
pdf_file_name = os.path.basename(pdf_file_path)
pdf_file_name = os.path.splitext(pdf_file_name)[0]  # 확장자 제거      ─❸

txt_file_path = f"chap04/output/{pdf_file_name}.txt"
with open(txt_file_path, 'w', encoding='utf-8') as f:          ─❹
    f.write(full_text)
```

❶ 내려받은 PDF 파일을 PyMuPDF를 사용해 열면 PyMuPDF는 페이지별로 내용을 읽어 옵니다.
❷ doc 객체에서 각 페이지를 반복하여 텍스트를 추출하고, 이를 `full_text`라는 비어 있는 변수에 한 페이지씩 추가합니다.
❸ PDF 파일을 텍스트 파일로 저장하기 위해 원본 PDF 파일의 이름을 추출합니다.
❹ output 폴더에 `full_text` 내용을 텍스트 파일 형식으로 저장합니다.

5. chap04 폴더 안에 파일을 저장할 output 폴더를 만듭니다. 코드를 실행하고 저장된 파일을 열어 내용을 확인합니다. 전반적으로 텍스트를 잘 추출한 것 같지만 중간에 문맥과 관계없는 내용도 들어 있습니다.

PDF에서 텍스트 추출한 결과

과정기반 작물모형을 이용한 웹 기반 밀 재배관리 의사결정 지원 시스템 설계 및 구축.txt

```
(... 생략 ...)
밀과 같이 대부분 노지에서 재배하는 작물은 시설재배와
다르게 기상환경 조절이 어렵고 돌발 재해 및 병해충 피해와
같은 외부적인 요인에 따라 생산량에 큰 영향을 미친다 (Kang
et al., 2015).
(... 생략 ...)
Received: December 28, 2023
Revised: May 02, 2024
Accepted: May 08, 2024
과정기반 작물모형을 이용한 웹 기반 밀 재배관리 의사결정 지원시스템 설계 및 구축
18 • Journal of the Korean Society of Agricultural Engineers, 66(4), 2024. 7
터 기반의 노지 스마트농업 시범사업을 2020년부터 운영하고
있다. 한 예로, 경북 안동 사과 주산지와 충북 괴산 콩 주산지
를 대상으로 관수┌관비 등 ICT 기자재와 스마트 농기계 (드
론, 무인트랙터 등)를 지원하고, 기존 농산물산지유통시설
(... 생략 ...)
```

중간에 페이지 번호와 학회지 이름, 논문 제목이 같이 끼어 있는 이유는 다음과 같이 페이지 헤더와 푸터 부분의 텍스트가 같이 포함되었기 때문입니다.

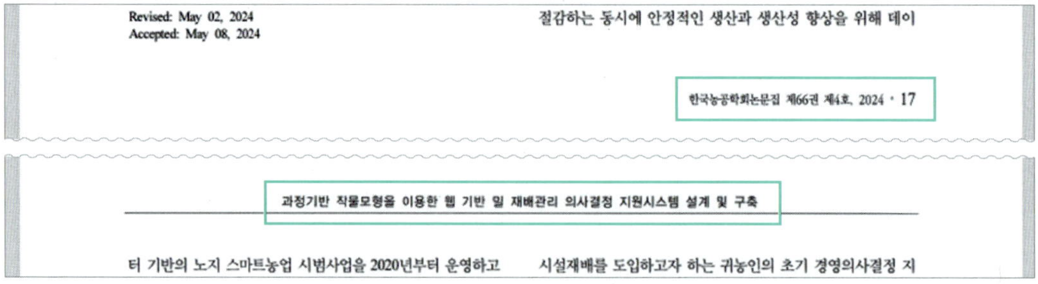

Revised: May 02, 2024
Accepted: May 08, 2024

절감하는 동시에 안정적인 생산과 생산성 향상을 위해 데이

한국농공학회논문집 제66권 제4호, 2024 • 17

과정기반 작물모형을 이용한 웹 기반 및 재배관리 의사결정 지원시스템 설계 및 구축

터 기반의 노지 스마트농업 시범사업을 2020년부터 운영하고 시설재배를 도입하고자 하는 귀농인의 초기 경영의사결정 지

GPT가 잘 이해해서 요약하길 바라면서 남겨 둘 수도 있지만 전처리를 해준다면 더 나은 결과를 얻을 수 있겠죠. 다음 실습에서는 PDF를 전처리하는 방법을 알아보겠습니다.

Do it! 실습 PDF 파일 전처리 하기

결과 파일: sec01/pdf_without_header_footer.py

앞선 실습에서 보았듯이 PDF 파일을 텍스트로 변환하면 일반적으로 읽는 본문뿐만 아니라 PDF의 모든 텍스트가 일괄적으로 변환됩니다. 제가 사용한 PDF 파일은 텍스트 위주의 단순한 구성이라 비교적 잘 변환되었지만, 페이지 상단과 하단에 부가 내용이 많은 문서는 GPT 같은 언어 모델이 제대로 처리하지 못할 수도 있습니다. 이런 경우 전처리가 필요합니다.

페이지의 상단과 하단, 즉 헤더와 푸터의 내용을 제외하고 본문 내용만 추출하고 싶다면 PDF에서 위와 아래 영역을 제외하고 텍스트를 읽도록 설정할 수 있습니다.

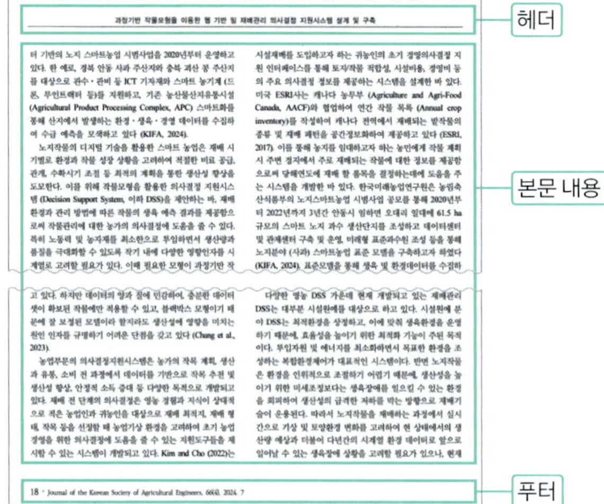

1. 다음은 PDF 파일에서 헤더와 푸터를 제외하고 텍스트를 추출하는 코드입니다. full_text에 헤더와 푸터 영역을 제외한 나머지 부분의 텍스트만 추가합니다. 헤더와 푸터의 높이는 모두 80으로 설정했습니다. 페이지의 크기는 page.rect를 사용해 확인한 후 폭(rect.width)과 높이(rect.height)를 이용해 텍스트를 추출할 영역을 clip으로 지정합니다. full_text에 덧붙일 때 '\n---------------\n'으로 줄 바꿈 표시를 해서 페이지를 구분했습니다.

PDF의 헤더와 푸터는 제외하고 읽기 pdf_without_header_footer.py

```
import pymupdf
import os

pdf_file_path = "chap04/data/과정기반 작물모형을 이용한 웹 기반 밀 재배관리 의사결정 지원 시스
템 설계 및 구축.pdf"
doc = pymupdf.open(pdf_file_path)

header_height = 80
footer_height = 80

full_text = ''

for page in doc:
    rect = page.rect  # 페이지 크기 가져오기

    header = page.get_text(clip=(0, 0, rect.width , header_height))
     footer = page.get_text(clip=(0, rect.height - footer_height, rect.width , rect.
height))
     text = page.get_text(clip=(0, header_height, rect.width , rect.height - footer_
height))

    full_text += text + '\n------------------------------------\n'

# 파일명만 추출
pdf_file_name = os.path.basename(pdf_file_path)
pdf_file_name = os.path.splitext(pdf_file_name)[0]  # 확장자 제거

txt_file_path = f'chap04/output/{pdf_file_name}_with_preprocessing.txt'

with open(txt_file_path, 'w', encoding='utf-8') as f:
    f.write(full_text)
```

2. 코드를 실행하고 output 폴더에 저장된 결과를 보면 페이지 하단의 푸터 내용과 페이지 상단에 있던 페이지 번호와 논문 제목 등을 제외하고 본문 내용만 잘 입력되어 있습니다.

PDF 파일을 전처리하여 저장한 결과

과정기반 작물모형을 이용한 웹 기반 밀 재배관리 의사결정 지원 시스템 설계 및 구축_with_preprocessing.txt

```
(... 생략 ...)
기상 및 토양환경 변화를 고려하여 현 상태에서의 생산량 예상과 더불어 다년간의 시계열 환경 데이터로 앞
으로 일어날 수 있는 생육장애 상황을 고려할 필요가 있으나, 현재 ... 생략 ...
김솔희┌석승원┌청리광┌장태일┌김태곤
한국농공학회논문집 제66권 제4호, 2024 • 19
------------------------------------
관련 시스템을 찾아보기 어려운 실정이다.
본 연구에서는 밀을 대상으로 재배관리 의사결정 지원시스템을 웹 기반으로 설계하고 구축하고자 한다. 과정
기반 모형을 이용하여 기상여건을 평가하고, 향후 기상을 고려하여 ... 생략 ...
```

이처럼 전처리 방식에 따라 GPT에게 제공하는 텍스트의 품질이 달라집니다. 전처리가 잘 되어 있다면 고급 모델인 gpt-4o를 사용할 필요 없이 비용이 더 저렴한 gpt-4o-mini를 활용해도 충분히 원하는 결과를 얻을 수 있습니다.

04-2 논문을 요약해 주는 AI 연구원 완성하기

PDF 문서를 전처리하고 텍스트로 변환했으므로 언어 모델을 활용해 원하는 작업을 요청할 수 있습니다. 이 절에서는 텍스트 파일의 내용을 요약해 보겠습니다.

Do it! 실습 텍스트 요약 프롬프트 만들기

결과 파일: sec02/summary.py

이번 예제에서는 앞서 변환한 텍스트 파일을 활용해 문서 내용을 요약해 봅시다.

1. chap04 폴더에 summary.py 파일을 새로 만들고 텍스트 파일을 요약하는 코드를 작성합니다. 03-2절에서 작성한 multi_turn.py의 코드와 크게 다르지 않습니다.

텍스트 파일 읽고 요약하기 — summary.py

```
from openai import OpenAI
from dotenv import load_dotenv
import os

load_dotenv()
api_key = os.getenv('OPENAI_API_KEY')

def summarize_txt(file_path: str): ①
    client = OpenAI(api_key=api_key)

    with open(file_path, 'r', encoding='utf-8') as f: ②
        txt = f.read()

    system_prompt = f''' ③
    너는 다음 글을 요약하는 봇이다. 아래 글을 읽고, 저자의 문제 인식과 주장을 파악하고, 주요 내용을 요약하라.

    작성해야 하는 포맷은 다음과 같다.

    # 제목
```

```
    ## 저자의 문제 인식 및 주장 (15문장 이내)

    ## 저자 소개


    =============== 이하 텍스트 ===============

    { txt }
    '''

    print(system_prompt)
    print('========================================')

    response = client.chat.completions.create(
        model="gpt-4o",
        temperature=0.1,
        messages=[
            {"role": "system", "content": system_prompt},
        ]
    )

    return response.choices[0].message.content

if __name__ == '__main__':
     file_path = './chap04/output/과정기반 작물모형을 이용한 웹 기반 밀 재배관리 의사결정 지원
시스템 설계 및 구축_with_preprocessing.txt

    summary = summarize_txt(file_path)
    print(summary)

    with open('./chap04/output/crop_model_summary.txt', 'w', encoding='utf-8') as f:
        f.write(summary)
```

❶ 먼저 `summarize_txt` 함수를 만들고 `file_path`를 매개변수로 받게 합니다.

❷ 인자로 받은 `file_path`의 내용을 읽어 `txt` 변수에 담습니다.

❸ `system_prompt`에는 요약 방법이 담겨 있습니다. 제목을 먼저 쓰고 저자의 문제 인식과 주장을 15문장 이내로 요약하라고 주문한 뒤 저자 소개를 추가하도록 했습니다. 그리고 마지막에 요약을 위해 필요한 `txt` 내용을 추가합니다.

❹ 오픈AI의 `gpt-4o`에 요약을 요청하는 단계입니다. 여기서는 대화 형식으로 멀티턴을 할 필요가 없으므로 `system_prompt`의 내용을 `"role": "system"` 형식으로 넘겨줍니다.

❺ 코드의 메인 부분에서 `summarize_txt` 함수를 실행한 결과를 output 폴더에 텍스트 파일로 저장합니다.

2. 코드를 실행하고 output 폴더에 생성된 파일을 열어 보면 다음과 같이 요청한 형태로 문서가 잘 요약된 것을 확인할 수 있습니다.

파일 출력 결과 ./output/crop_model_summary.txt

```
# 과정기반 작물모형을 이용한 웹 기반 밀 재배관리 의사결정 지원시스템 설계 및 구축

## 저자의 문제 인식 및 주장
저자는 한국의 밀 소비량이 증가하고 있지만 자급률이 매우 낮아 안정적인 생산 기반이 필요하다고 인식하고 있다. 이를 해결하기 위해 정부는 밀 산업 발전을 위한 법적 토대를 마련했지만, 밀의 자급률을 높이기 위해서는 수입밀과의 가격 및 품질 경쟁력을 확보해야 한다고 주장한다. 특히, 노지에서 재배되는 밀은 기상 환경의 영향을 크게 받기 때문에, 디지털 기술을 활용한 스마트 농업이 필요하다고 강조한다. 저자는 과정기반 작물모형인 APSIM을 활용하여 웹 기반의 밀 재배관리 의사결정 지원시스템을 설계하고 구축하였다. 이 시스템은 기상 데이터를 기반으로 밀의 잠재 수확량을 예측하고, 농가가 관수 및 비료 처방에 대한 의사결정을 지원할 수 있도록 설계되었다. 저자는 이 시스템이 전국의 기상 데이터와 토양 환경 정보를 활용하여 다양한 지역에 적용 가능하며, 향후 밀 생산량 및 품질 증대를 위한 의사결정 지원시스템으로 확장될 수 있을 것으로 기대한다.

## 저자 소개
김솔희, 석승원, 청리광, 장태일, 김태곤은 전북대학교 스마트팜 및 농업과학기술 연구소에 소속된 연구자들로, 디지털 농업 모델 개발 및 실증 연구를 수행하고 있다. 이들은 밀 생산성 향상을 위한 디지털 농업 모델 개발을 목표로 연구를 진행하고 있으며, 특히 과정기반 작물모형을 활용한 의사결정 지원시스템 개발에 주력하고 있다.
```

여기에서 사용한 시스템 프롬프트는 해당 글의 요약에 맞춘 예시입니다. 여러분이 원하는 형태가 있다면 사용하는 문서의 내용, 원하는 출력 형식을 시스템 프롬프트에 작성해 적용하면 됩니다.

Do it! 실습 PDF 내용 요약하여 출력하기

결과 파일: sec02/pdf_summary.py

모든 기능 개발은 끝났으므로 PDF 파일만 입력하면 요약 결과를 저장하는 AI 연구원을 완성해 보겠습니다. 앞에서 작성한 summary.py 파일에 앞에서 만든 PDF 파일을 텍스트로 변환해 저장하는 pdf_without_header_footer.py 코드를 함수로 만들어 추가하기만 하면 됩니다.

다음 코드에서 새로운 것은 없습니다. 함수 pdf_to_text를 만들고 04-1장에서 만들었던 pdf_without_header_footer.py 파일의 내용을 그대로 가져옵니다. summarize_pdf 함수는 pdf_to_text 함수를 실행한 결과를 예전에 만들어 두었던 summarize_txt 함수에 넣어 실행하는 역할입니다.

PDF 파일 경로 입력하면 요약하는 기능 만들기 pdf_summary.py

```
from openai import OpenAI
from dotenv import load_dotenv
import os
import pymupdf

load_dotenv()
api_key = os.getenv('OPENAI_API_KEY')

def pdf_to_text(pdf_file_path: str):
    doc = pymupdf.open(pdf_file_path)

    header_height = 80
    footer_height = 80

    full_text = ''

    for page in doc:
        rect = page.rect  # 페이지 크기 가져오기

        header = page.get_text(clip=(0, 0, rect.width , header_height))
        footer = page.get_text(clip=(0, rect.height - footer_height, rect.width , rect.
height))
         text = page.get_text(clip=(0, header_height, rect.width , rect.height - foot-
er_height))

        full_text += text + '\n------------------------------------\n'

    # 파일명만 추출
    pdf_file_name = os.path.basename(pdf_file_path)
    pdf_file_name = os.path.splitext(pdf_file_name)[0]  # 확장자 제거

    txt_file_path = f'chap04/output/{pdf_file_name}_with_preprocessing.txt'

    with open(txt_file_path, 'w', encoding='utf-8') as f:
        f.write(full_text)
```

```
    return txt_file_path

def summarize_txt(file_path: str):
    (... 생략 ...)

def summarize_pdf(pdf_file_path: str, output_file_path: str):
    txt_file_path = pdf_to_text(pdf_file_path)
    summary = summarize_txt(txt_file_path)

    with open(output_file_path, 'w', encoding='utf-8') as f:
        f.write(summary)

if __name__ == '__main__':
    pdf_file_path = "chap04/data/과정기반 작물모형을 이용한 웹 기반 밀 재배관리 의사결정 지원시
스템 설계 및 구축.pdf"
    summarize_pdf(pdf_file_path, 'chap04/output/crop_model_summary2.txt')
```

이렇게 PDF 파일의 내용을 요약해 주는 AI 연구자를 완성했습니다. 이제 `summarize_pdf` 함수를 사용하여 여러 PDF 파일을 쉽게 요약할 수 있습니다.

회의록을 정리하는 AI 서기

학교나 직장에서는 회의를 마친 후 회의록을 작성해 공유하는 경우가 많습니다. 회의하는 동안 누군가 내용을 기록하고 요약해 전달해 준다면 좋겠죠. 이번 장에서는 회의할 때 녹음한 파일을 회의록으로 정리해 주는 AI 서기 프로그램을 만들어 보겠습니다.

05-1 음성을 텍스트로 변환하기

GPT는 텍스트를 이해하고 처리하는 언어 모델이므로 녹음된 음성 파일을 텍스트로 변환해서 제공해야만 처리할 수 있습니다. 음성을 텍스트로 변환하는 기술을 STT[Speech-To-Text]라고 합니다. 오픈AI는 위스퍼[Whisper] API를 통해 이 기능을 제공합니다. 오픈AI의 공식 문서에 따르면 위스퍼 API의 요금은 분당 6센트(2025년 4월 기준)이며 한국 원화로 계산하면 1분에 10원도 안 되는 비용이므로 충분히 사용할 가치가 있습니다.

Do it! 실습 위스퍼 API 활용하기

결과 파일: chap05/sec01/openai_api_whisper.ipynb

텍스트로 변환할 음성이 담긴 MP3 파일을 준비합니다. 여러분이 원하는 MP3 파일을 사용하면 됩니다. 예제와 같은 파일로 작업하고 싶다면 다음 링크에서 파일을 내려받으세요. 이 파일은 제가 과거에 만든 동영상 강좌에서 앞부분 58초를 추출한 것입니다.

✦ MP3 파일 내려받기: https://github.com/saintdragon2/gpt_agent_2025_easyspub/blob/main/chap05/audio/lsy_audio_2023_58s.mp3

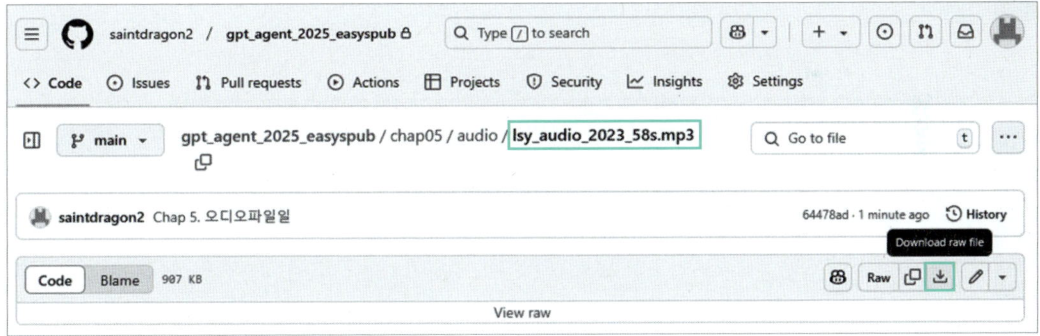

주피터 노트북 사용하기

단계별로 기능을 익히기 위해 주피터 노트북 파일을 사용하겠습니다. VS Code를 사용하고 있다면 확장자가 .ipynb인 파일을 생성하기만 하면 됩니다.

1. chap05 폴더를 만들고 그 안에 openai_api_whisper.ipynb 파일을 만듭니다. 이 파일을 열면 코드 셀Code Cell을 추가할 수 있는 [+Code(코드)] 버튼이 있고, 오른쪽 상단에는 [Select Kernel(커널 선택)] 버튼이 있습니다. 만약 이 프로젝트 폴더에서 ipynb 파일을 처음 사용한다면 [Select Kernel] 버튼을 클릭하고 표시되는 화면에서 파이썬과 주피터를 사용할 수 있는 익스텐션을 설치합니다.

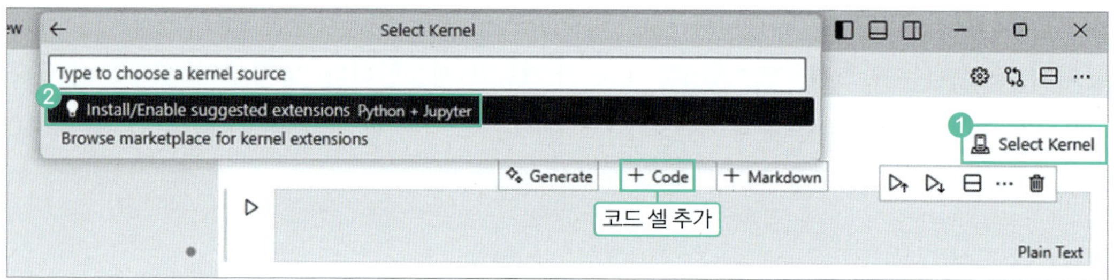

2. 익스텐션을 설치하면 파이썬 환경을 선택하는 메뉴가 나옵니다. 여기서 [Python Environments...]를 클릭하고 현재 프로젝트 폴더의 가상 환경인 venv를 선택합니다.

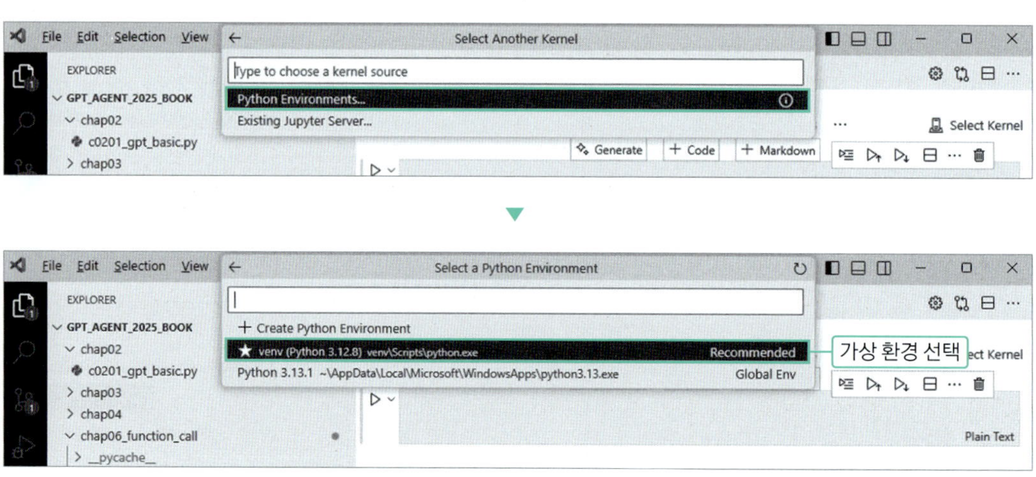

3. 주피터 노트북을 위한 커널을 처음 선택한다면 다음처럼 보안 경고가 나올 수 있습니다. [허용]을 클릭하면 다음처럼 주피터 노트북에서 사용할 가상 환경 venv가 자동으로 선택됩니다.

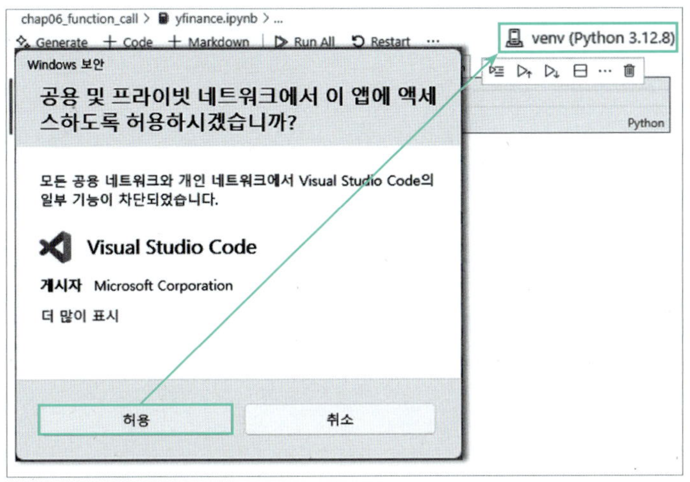

이제 파이썬 코드를 입력하고 실행해 봅시다.

4. [+Code] 버튼을 클릭하면 파이썬 코드를 입력할 수 있는 셀이 나옵니다. 이 셀에 테스트를 위한 파이썬 코드를 입력합니다. 여기에서는 다음과 같이 오픈AI의 API 클라이언트를 선언하는 코드를 사용했습니다.

✦ 주피터 노트북 결과 파일을 확인할 때는 코드 박스의 셀 번호를 참고하세요.

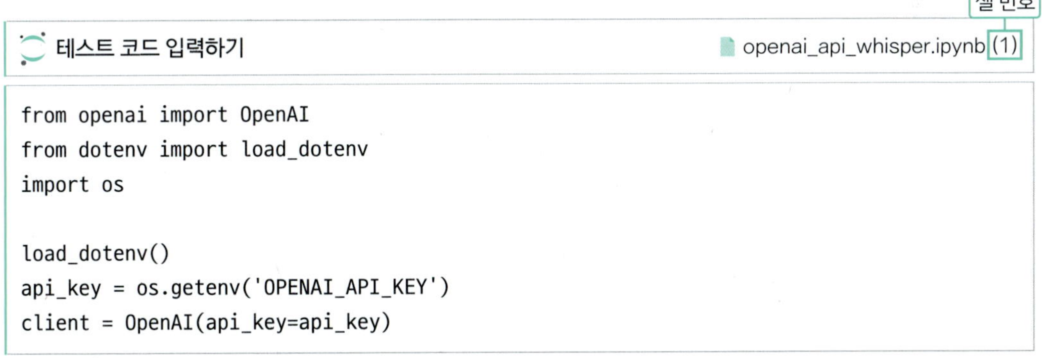

테스트 코드 입력하기 openai_api_whisper.ipynb (1)

```
from openai import OpenAI
from dotenv import load_dotenv
import os

load_dotenv()
api_key = os.getenv('OPENAI_API_KEY')
client = OpenAI(api_key=api_key)
```

5. 그리고 Shift + Enter를 눌러 실행하면 ipykernel 패키지가 필요하다는 메시지가 나옵니다. [Install] 버튼을 클릭해 설치합니다.

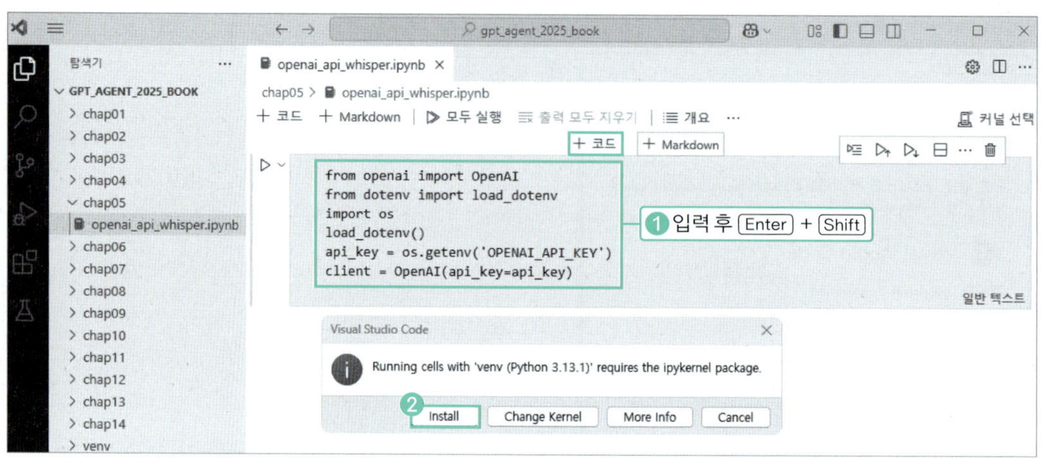

설치를 완료한 후 실행해 보면 다음처럼 파이썬 코드가 잘 실행됩니다. 셀의 왼쪽 아래에 넘버링이 표시되고 체크 ✓ 표시가 생기면 셀 실행이 성공했다는 의미입니다. 이제 이 셀에 파이썬 코드를 입력하며 진행할 수 있습니다.

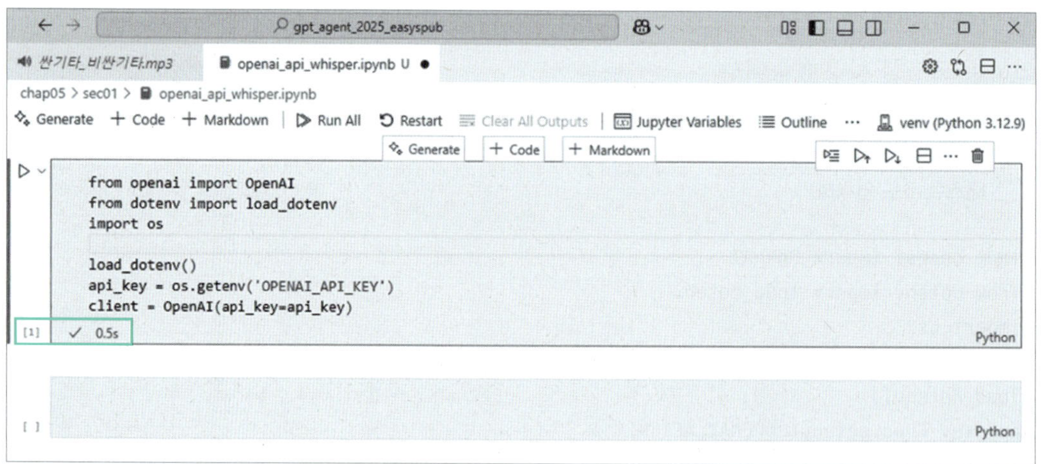

MP3 파일을 텍스트로 변환하기

다음은 오픈AI에서 제공하는 위스퍼 API 문서를 바탕으로 코드를 작성해보겠습니다.

1. 우선 오픈AI API를 사용하기 위해 `client`를 선언합니다. 앞에서 주피터 노트북을 설정할 때 사용한 코드와 같습니다.

오픈AI API 클라이언트 선언 — openai_api_whisper.ipynb (1)

```
from openai import OpenAI
from dotenv import load_dotenv
import os

load_dotenv()
api_key = os.getenv('OPENAI_API_KEY')
client = OpenAI(api_key=api_key)
```

2. 오픈AI의 STT 관련 문서를 참고하여 다음처럼 작성합니다. `with open`을 사용하여 파일을 `audio_file`로 엽니다. 그 내용을 `client.audio.transcriptions.create` 함수로 오픈AI 서버에 전송하면 음성을 텍스트로 변환하여 결과를 반환합니다.

✦ 오픈AI의 STT 관련 문서: https://platform.openai.com/docs/guides/speech-to-text

MP3의 음성을 텍스트로 변환 — openai_api_whisper.ipynb (2)

```
audio_file_path = './audio/lsy_audio_2023_58s.mp3' # MP3 파일 경로 입력

with open(audio_file_path, 'rb') as audio_file:
    transcription = client.audio.transcriptions.create(
        model="whisper-1",
        file=audio_file
    )

transcription
```

이 셀을 실행하면 다음과 같이 음성 파일이 텍스트로 출력됩니다. '챗GPT'를 '채GPT'로 오인해서 아쉽지만 이 정도면 전반적으로 쓸 만합니다.

```
Transcription(text='안녕하세요. 이 강의는 GPT API로 챗봇 만들기라는 내용을 다루는 강의입니다. GPT API에 대해서 생소하신 분들도 있을 텐데 우리가 잘 알고 있는 채GPT, 채GPT 기능을 이용해서 우리가 원하는 프로그램을 어떻게 만드는지에 대해서 이야기할 거예요. 그래서 뭐 이런 강의들이 사실 많이 있습니다. 그래서 여러 가지들이 있는데 좀 이 강의의 특징이라고 한다면 GPT로 명확한 미션을 달성하는 챗봇 프로그램을 만드는 게 사실 쉽지는 않은데 이걸 어떻게 해서 구현을 하는지 그리고 그게 왜 필요한지에 대해서 좀 이야기를 할 거고요. 그 예제로 예제는 여러 가지가 될 수 있는데 여기서 예제로 하는 것은 음악 플레이리스트 동영상을 자동으로 대화를 통해서 생성하는 프로그램 만드는 것을 다루려고 합니다. 그래서 프로그램이 실행되는 모습을 한번 보여드릴게요. 우리가 만들 프로그램은 이런 식으로 이제 나타나게 되고')
```

한 걸음 더! 위스퍼 API로 한국어 음성 파일을 영어로 바로 번역하기

위스퍼 API는 번역 기능도 제공합니다. 새로운 셀에 앞에서 만든 코드 내용을 복사한 뒤 `client.audio.transcriptions`라고 되어 있던 부분을 `client.audio.translations`로 수정하면 됩니다.

MP3의 한국어 음성을 영어로 번역하기 — openai_api_whisper.ipynb (3)

```
with open(audio_file_path, 'rb') as audio_file:
    transcription = client.audio.translations.create(
        model="whisper-1",
        file=audio_file,
    )

transcription
```

코드를 실행해 보면 그럴싸하게 영어로 잘 번역했습니다! 물론 한국어로 받아쓴 내용을 다시 GPT-4o나 GPT-4o mini와 같은 언어 모델을 사용해 번역할 수도 있습니다. 하지만 위스퍼 API를 이용하면 오픈AI API를 이중으로 사용하지 않아 토큰 사용량과 시간을 절약할 수 있습니다.

```
Translation(text="Hello, this is a lecture on how to make a chatbot with GPT API. Some of you may be unfamiliar with GPT API. We're going to talk about how to make the program we want using the chat GPT function that we know well. So there are a lot of lectures like this. There are many things, but if I were to say the characteristics of this lecture, it's not easy to make a chatbot program that achieves a clear mission with GPT. I'm going to talk about how to implement this and why it's necessary. As an example, there can be many examples. The example here is to create a program that automatically creates a music playlist video through conversation. So let me show you how the program runs. The program we're going to make is going to look like this.")
```

05-2 로컬에서 음성을 텍스트로 변환하기

오픈AI의 위스퍼 API를 활용하여 음성 파일을 텍스트로 변환하면 음성 파일의 내용이 오픈AI 서버로 전송되어 처리된 후 반환되므로 컴퓨터의 성능에 관계없이 간단한 코드 몇 줄로 기능을 구현할 수 있습니다. 그러나 회의 내용이 회사 밖으로 유출되면 안되거나 음성 파일의 길이가 길어 처리 비용이 우려된다면 로컬 환경에서 언어 모델을 내려받아 처리할 수 있습니다.

허깅페이스

허깅페이스Hugging Face는 인공지능 모델을 개발하는 회사로, 허깅페이스 플랫폼 서비스로 더욱 잘 알려졌습니다. 허깅페이스 플랫폼에서는 전 세계의 수많은 개발자와 연구자가 만든 인공지능 모델, 데이터셋, 문서를 서비스합니다.

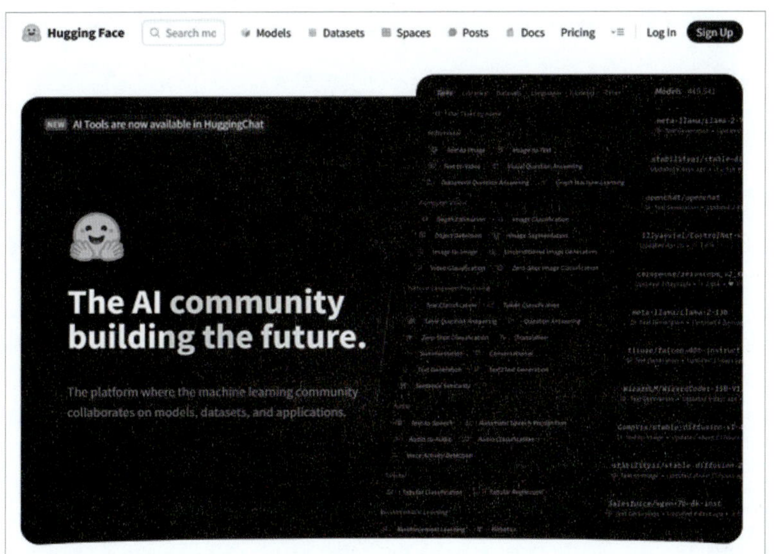

허깅페이스 웹 사이트

앞서 실습에서 활용한 오픈AI에서 API로 제공하는 위스퍼 모델 역시 허깅페이스에 공개되어 있습니다. 허깅페이스 웹 사이트(https://huggingface.co)에 접속해 왼쪽 위 검색 창에서 'whisper'를 검색해 보세요. 여기에서는 whisper-large-v3-turbo 모델을 선택했습니다.

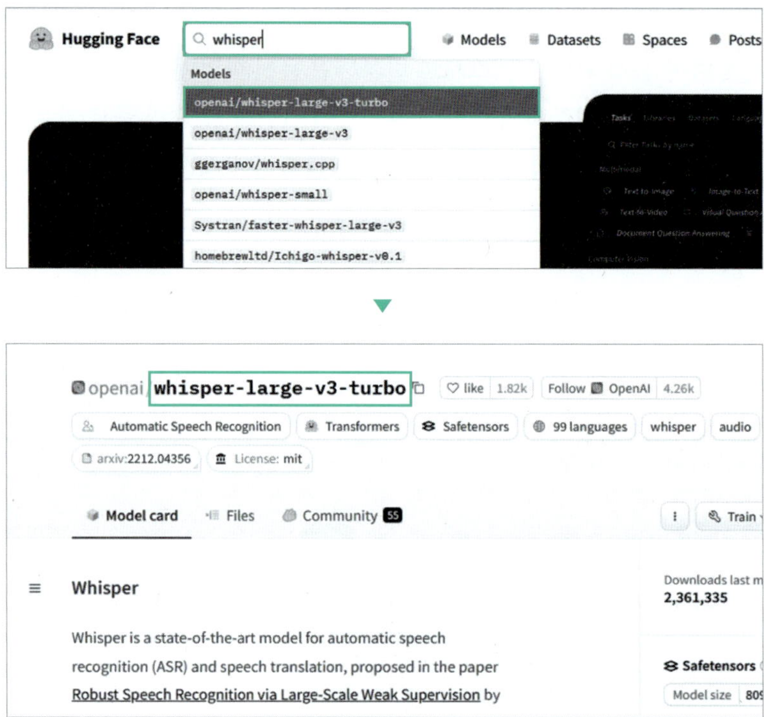

허깅페이스에 공개된 whisper-large-v3-turbo 모델

페이지를 아래로 내리면 위스퍼 모델의 사용법이 있습니다. 이어지는 실습에서 단계별로 따라가 봅시다.

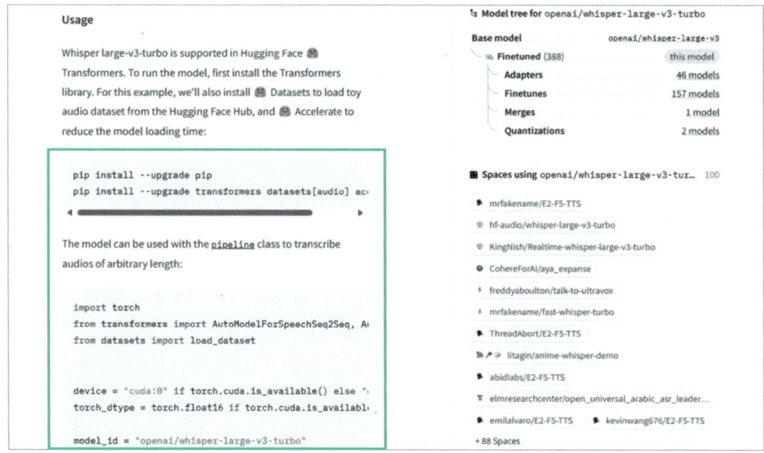

Do it! 실습 위스퍼 모델을 내려받아 로컬에서 사용하기

결과 파일: sec02/huggingface_whisper.ipynb

1. 단계별로 따라 하기 위해 주피터 노트북 파일을 만듭니다. 파일명은 huggingface_whisper.ipynb로 정했습니다. 허깅페이스의 문서를 보면 먼저 `pip install`로 필요한 패키지를 설치하도록 되어 있습니다. 첫 번째 셀을 만들고 패키지를 설치합니다.

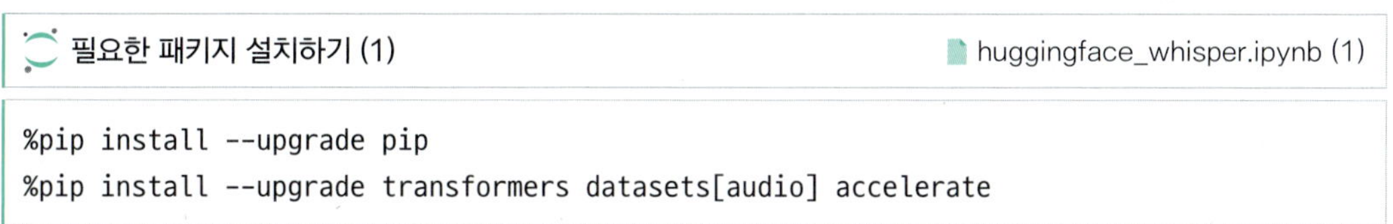

필요한 패키지 설치하기 (1) — huggingface_whisper.ipynb (1)

```
%pip install --upgrade pip
%pip install --upgrade transformers datasets[audio] accelerate
```

허깅페이스의 whisper-large-v3-turbo 모델을 사용하려면 FFMPEG가 컴퓨터에 설치되어 있어야 합니다. FFMPEG는 오디오와 비디오 파일을 변환해 처리하는 오픈소스 도구입니다. 문서에서 제공한 예제 코드를 FFMPEG가 설치되지 않은 상태에서 실행하면 다음과 같은 오류가 발생합니다.

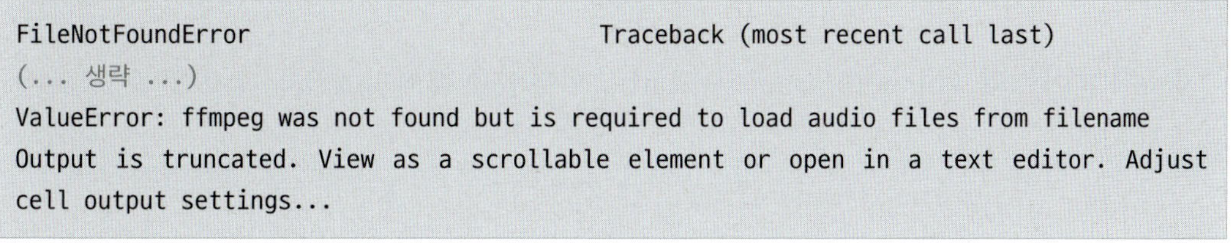

```
FileNotFoundError                         Traceback (most recent call last)
(... 생략 ...)
ValueError: ffmpeg was not found but is required to load audio files from filename
Output is truncated. View as a scrollable element or open in a text editor. Adjust
cell output settings...
```

2. FFMPEG 웹 사이트(https://www.gyan.dev/ffmpeg/builds/)에 접속합니다. ffmpeg-git-full.7z을 클릭해 내려받고 원하는 위치에 압축을 풀고 설치합니다.

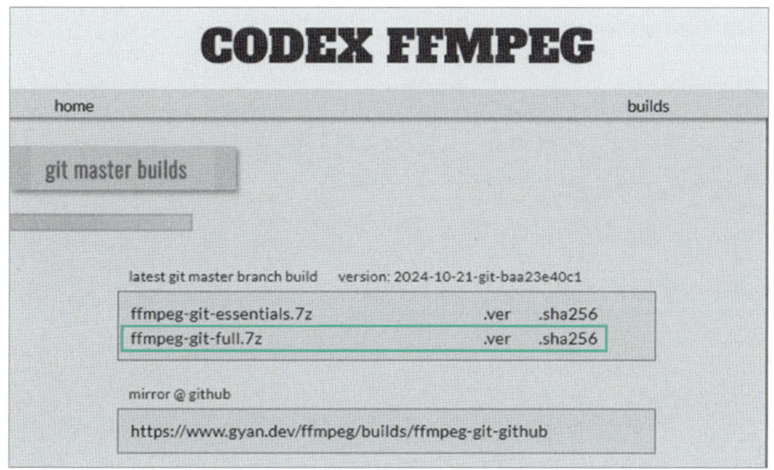

3. FFMPEG 설치를 완료하면 새로운 셀을 만들어 다음과 같이 입력하고 실행합니다. 여기서 사용하는 경로는 자신의 컴퓨터에 설치된 FFMPEG 파일 경로를 입력합니다.

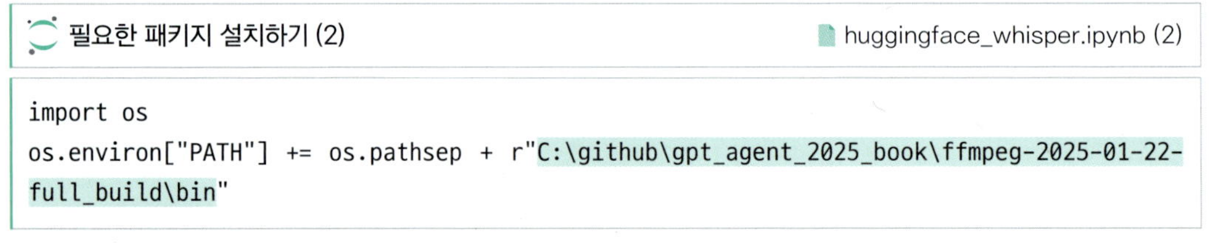

필요한 패키지 설치하기 (2) huggingface_whisper.ipynb (2)

```
import os
os.environ["PATH"] += os.pathsep + r"C:\github\gpt_agent_2025_book\ffmpeg-2025-01-22-full_build\bin"
```

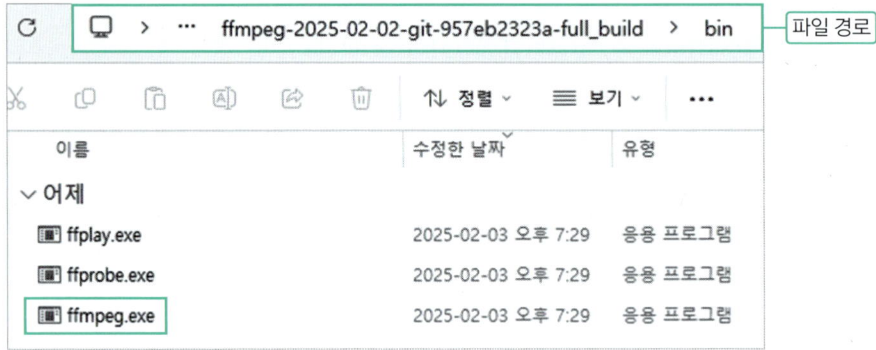

이제 허깅페이스의 whisper-large-v3-turbo 모델 안내 페이지에 있는 코드를 복사하여 사용해 봅시다.

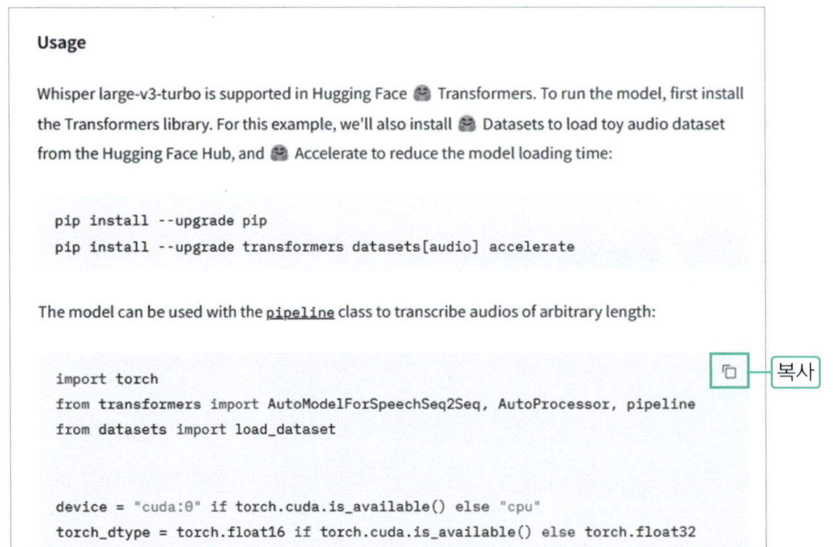

Usage

Whisper large-v3-turbo is supported in Hugging Face 🤗 Transformers. To run the model, first install the Transformers library. For this example, we'll also install 🤗 Datasets to load toy audio dataset from the Hugging Face Hub, and 🤗 Accelerate to reduce the model loading time:

```
pip install --upgrade pip
pip install --upgrade transformers datasets[audio] accelerate
```

The model can be used with the pipeline class to transcribe audios of arbitrary length:

```
import torch
from transformers import AutoModelForSpeechSeq2Seq, AutoProcessor, pipeline
from datasets import load_dataset


device = "cuda:0" if torch.cuda.is_available() else "cpu"
torch_dtype = torch.float16 if torch.cuda.is_available() else torch.float32
```

4. 허깅페이스에서 제공한 코드를 새로운 셀에 붙여 넣고 일부만 수정합니다.

허깅페이스의 whisper-large-v3-turbo 코드 활용하기 huggingface_whisper.ipynb (3)

```
import torch
from transformers import AutoModelForSpeechSeq2Seq, AutoProcessor, pipeline
# from datasets import load_dataset ①

device = "cuda:0" if torch.cuda.is_available() else "cpu"
torch_dtype = torch.float16 if torch.cuda.is_available() else torch.float32

model_id = "openai/whisper-large-v3-turbo"

model = AutoModelForSpeechSeq2Seq.from_pretrained(
    model_id, torch_dtype=torch_dtype, low_cpu_mem_usage=True, use_safetensors=True
)
model.to(device)

processor = AutoProcessor.from_pretrained(model_id)

pipe = pipeline(
    "automatic-speech-recognition",
    model=model,
    tokenizer=processor.tokenizer,
    feature_extractor=processor.feature_extractor,
    torch_dtype=torch_dtype,
    device=device,
    return_timestamps=True, ②
    chunk_length_s=10,  ③
    stride_length_s=2,  ③
)

# dataset = load_dataset("distil-whisper/librispeech_long", "clean", split="validation") ①
# sample = dataset[0]["audio"] ①
sample = "./audio/lsy_audio_2023_58s.mp3"

result = pipe(sample)
# print(result["text"]) ④

print(result) ④
```

❶ load_dataset에는 샘플 데이터가 들어 있습니다. 이전 예제에서 사용한 MP3 파일을 활용하면 되므로 load_dataset 관련 내용은 주석 처리하고 sample에 MP3 파일 경로를 지정합니다.

❷ 오디오 파일을 처리하는 데 사용하는 클래스인 pipeline에서 return_timestamps=True로 설정하여 긴 MP3 파일을 청크 단위로 나누고 청크 시간을 각각 기록합니다. 이 설정은 화자 분리 기능을 구현할 때 유용합니다.

❸ chunk_length_s를 10으로 설정해 오디오 파일을 10초씩 나눠 처리하고 각 청크가 2초씩 겹치도록 stride_length_s를 2로 설정합니다. 이렇게 하면 오디오 파일 분석의 정확도를 높일 수 있습니다.

❹ 마지막으로 텍스트만 출력하게 되어 있던 부분을 result로 수정해 반환되는 값을 모두 출력하도록 수정합니다.

✦ 청크란 덩어리를 의미하며, 컴퓨터공학에서는 일정한 크기의 저장 공간을 말합니다.

이 코드를 실행하기 위해서 파이토치PyTorch 라이브러리가 필요합니다. 만약 파이토치를 설치하지 않고 실행하면 다음과 같은 오류 메시지가 나옵니다.

✦ 파이토치는 페이스북의 AI 리서치 랩 FAIR에서 개발한 오픈소스 딥러닝 라이브러리입니다.

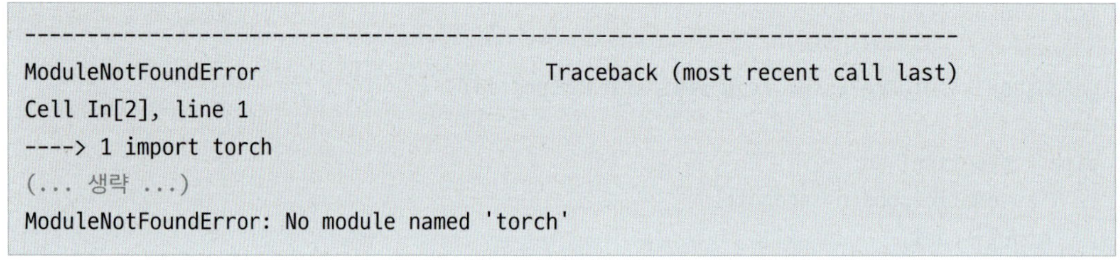

```
---------------------------------------------------------------------------
ModuleNotFoundError                       Traceback (most recent call last)
Cell In[2], line 1
----> 1 import torch
(... 생략 ...)
ModuleNotFoundError: No module named 'torch'
```

5. 코드를 실행하기 위해 필요한 파이토치를 설치합니다. 파이토치 웹 사이트(https://pytorch.org)에서 사용자의 환경에 맞는 설치 명령어를 확인합니다. 여기에서는 Stable 버전과 윈도우 환경, pip 설치 방법을 선택하고 언어는 파이썬, CUDA 버전은 12.1을 선택했습니다. 명령어가 표시되면 복사합니다.

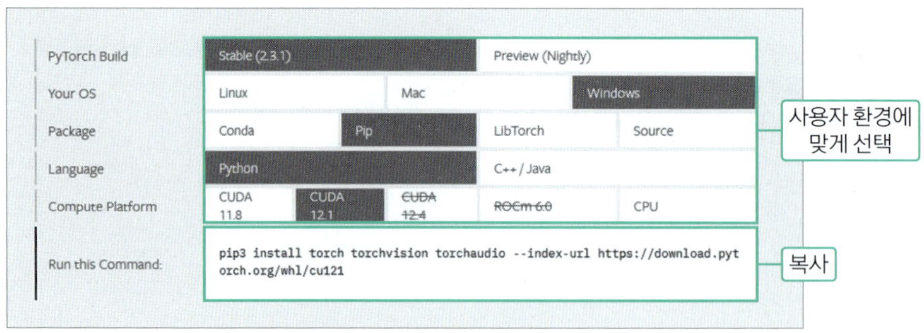

6. 표시된 명령어를 VS Code 터미널 창에 입력해 파이토치 라이브러리를 설치합니다.

```
(venv) > pip3 install torch torchvision torchaudio --index-url https://download.py-
torch.org/whl/cu121
```

파이토치를 설치한 후 코드를 실행합니다. 실행 결과는 딕셔너리 형태로 반환되며 그 안에는 text와 chunks가 포함됩니다. text에는 MP3 파일의 모든 내용이 들어 있고, chunks에는 시간대별로 어떤 내용이 있는지를 끊어진 리스트 형태로 정리됩니다.

```
{'text': ' 안녕하세요. 이 강의는 GPT API로 챗봇 만들기 라는 내용을 다루는 강의입니다.
(... 생략 ...)
우리가 만들 프로그램은 이런 식으로 이제 나타나게 되고',
'chunks': [{'timestamp': (0.0, 6.3), 'text': ' 안녕하세요. 이 강의는 GPT API로 챗봇 만들기
라는 내용을 다루는 강의입니다.'}
(... 생략 ...)
{'timestamp': (52.84, 58.0), 'text': ' 우리가 만들 프로그램은 이런 식으로 이제 나타나게 되고'}]}
```

7. 이 중에서 chunks에 저장된 값을 CSV 파일로 저장해 봅시다. 딕셔너리 result의 chunks를 for 문으로 순환하면서 미리 선언한 start_end_text 리스트에 발화 시작 시각과 종료 시각, 텍스트를 담은 뒤 리스트 형태로 추가합니다. 이 결과는 판다스 데이터프레임을 이용해 저장합니다.

✦ 데이터프레임(dataframe)이란 데이터를 행과 열로 구성된 2차원 표 형태로 정리한 데이터 구조입니다.

CSV 파일로 저장하기 huggingface_whisper.ipynb (4)

```
# chunks를 CSV 파일로 저장
start_end_text = []

for chunk in result["chunks"]:
    start = chunk["timestamp"][0]
    end = chunk["timestamp"][1]
    text = chunk["text"]
    start_end_text.append([start, end, text])

import pandas as pd
df = pd.DataFrame(start_end_text, columns=["start", "end", "text"])
df.to_csv("lsy_audio_2023_58.csv", index=False, sep="¦")
display(df)
```

이 셀을 실행하면 다음과 같이 데이터프레임으로 정리된 내용이 출력됩니다.

	start	end	text
0	0.00	6.30	안녕하세요. 이 강의는 GPT API로 챗봇 만들기 라는 내용을 다루는 강의입니다.
1	7.18	10.00	GPT API에 대해서 생소하신 분들도 있을텐데
2	11.00	17.00	우리가 잘 알고 있는 ChatGPT, ChatGPT 기능을 이용해서
3	17.00	21.00	우리가 원하는 프로그램을 어떻게 만드는지에 대해서 이야기할 거예요.
4	21.00	24.00	그래서 이런 강의들이 사실 많이 있습니다.
5	24.00	27.48	그래서 여러 가지들이 있는데 이 강의 특징이라고 한다면
6	27.48	29.58	GPT로 명확한 미션을 달성하는
7	29.58	31.66	챕터 프로그램을 만드는게 사실
8	31.66	34.32	쉽지는 않은데 이걸 어떻게 해서
9	34.32	36.40	구현을 하는지 그리고 그게 왜 필요한지에 대해서
10	36.40	37.36	좀 이야기를 할 거고요.
11	38.00	40.00	그 예제로 예제는 여러가지가 될 수 있는데
12	40.00	42.00	여기서 예제로 하는 것은
13	42.00	44.20	음악 플레이리스트 동영상을
14	44.20	47.10	자동으로 대화를 통해서 생성하는 프로그램을 만드는 것을
15	47.10	48.46	다루려고 합니다.
16	49.84	51.96	그래서 프로그램이 실행되는 모습을 한번 보여드릴게요.
17	52.84	58.00	우리가 만들 프로그램은 이런 식으로 이제 나타나게 되고

CSV로 저장된 파일도 열어 보면 다음과 같이 잘 정리되어 있습니다.

CSV 저장 결과 lsy_audio_2023_58.csv

```
start¦end¦text
0.0¦6.3¦ 안녕하세요. 이 강의는 GPT API로 챗봇 만들기 라는 내용을 다루는 강의입니다.
7.18¦10.0¦ GPT API에 대해서 생소하신 분들도 있을텐데
11.0¦17.0¦ 우리가 잘 알고 있는 ChatGPT, ChatGPT 기능을 이용해서
(... 생략 ...)
49.84¦51.96¦ 그래서 프로그램이 실행되는 모습을 한번 보여드릴게요.
52.84¦58.0¦ 우리가 만들 프로그램은 이런 식으로 이제 나타나게 되고
```

05-3 문장과 화자 구분하기

위스퍼 API는 음성을 잘 받아쓰지만 누가 어떤 말을 했는지 구분해 주지는 않습니다. 회의처럼 누가 말했는지가 중요한 경우에는 발언한 사람의 정보를 포함해서 회의록을 만들면 더욱 좋겠죠. 이번 절에서는 여러 사람의 대화에서 화자를 구분하고 누가 어떤 말을 했는지 분석해 보겠습니다.

Do it! 실습 화자 분리 모델로 시간대별 화자 구분하기

결과 파일: sec03/speaker_diarization.ipynb

화자를 구분하는 기능은 pyannote.audio를 이용해 개발할 수 있습니다. pyannote.audio는 화자를 분리하는 오픈소스 툴킷으로 파이토치 머신러닝 프레임워크에서 동작합니다. 이 실습에서는 이론보다 기능 구현에 집중해 보겠습니다.

✦ pyannote.audio가 동작하는 방식이 궁금하다면 문서 https://pypi.org/project/pyannote.audio/를 참고하세요.

허깅페이스에서 화자 분리 모델 내려받고 사용 준비하기

1. 화자 분리 모델을 사용하려면 토큰을 발급받아야 합니다. 허깅페이스 웹 사이트(https://huggingface.co)에 로그인한 뒤 프로필 로고를 클릭하고 [Settings]를 클릭합니다. 이동한 페이지에서 [Access Tokens]를 선택하고 [+Create new token]을 선택해 토큰을 발급받습니다.

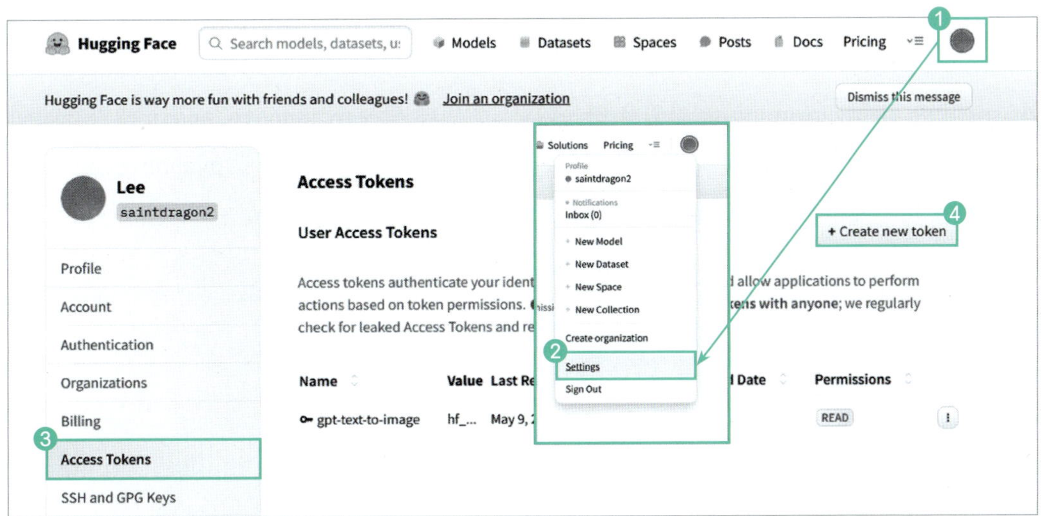

2. pyannote.audio는 허깅페이스에서 내려받아 사용할 수 있습니다. 허깅페이스 웹 사이트에서 'speaker-diarization'을 검색하고 pyannnote의 speaker-diarization-3.1 모델 페이지를 찾습니다.

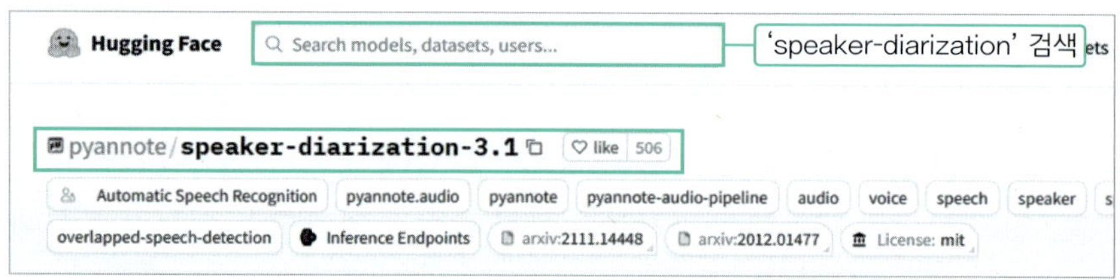

3. 모델을 사용하려면 소속 기관과 웹 사이트 정보를 입력해야 합니다. 여기에서는 [Company/university]에 'PERSONAL'을, [Website]에 'I have no website'를 입력했습니다. 그리고 [Agree and access repository]를 클릭합니다.

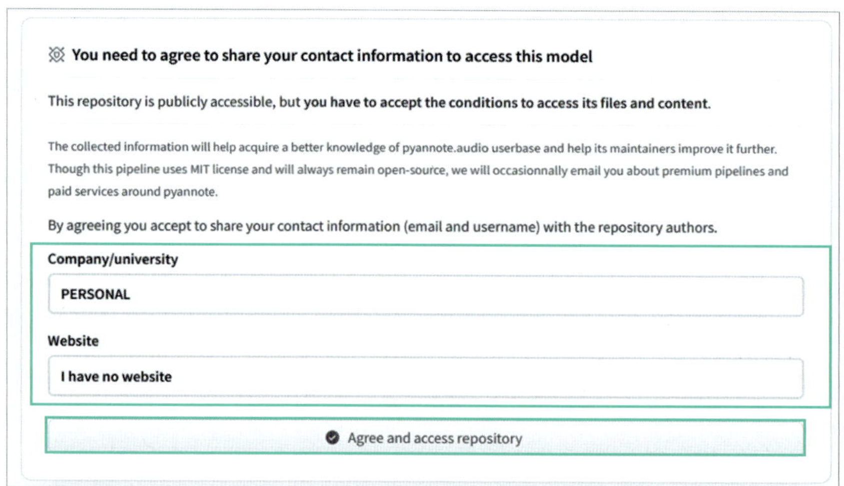

4. speaker_diarization.ipynb 파일을 만듭니다. 첫 번째 셀에 `pyannnote.audio` 패키지와 이를 사용하는 데 필요한 `numpy` 패키지를 설치합니다. 2025년 4월 기준으로 `pyannote.audio`는 `numpy` 1.x 버전에서 작동하도록 되어 있으므로 `numpy`는 1.26 버전으로 설치합니다.

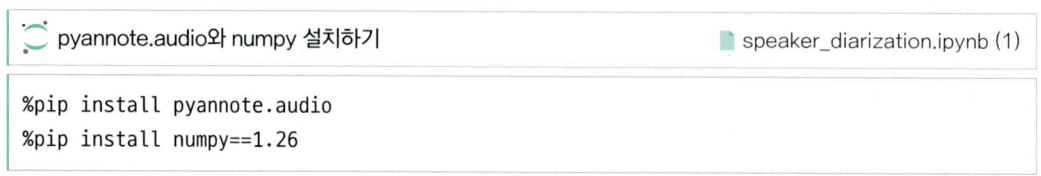

pyannote.audio와 numpy 설치하기 speaker_diarization.ipynb (1)

```
%pip install pyannote.audio
%pip install numpy==1.26
```

모델 상세 페이지인 Usage 영역의 예제 코드를 참고해서 코드를 작성해 보겠습니다. 해당 코드는 pyannote.audio 라이브러리를 임포트하고 Pipeline.from_pretrained 메서드를 사용하여 허깅페이스에 호스팅된 pyannote/speaker-diarization-3.1 모델을 불러옵니다.

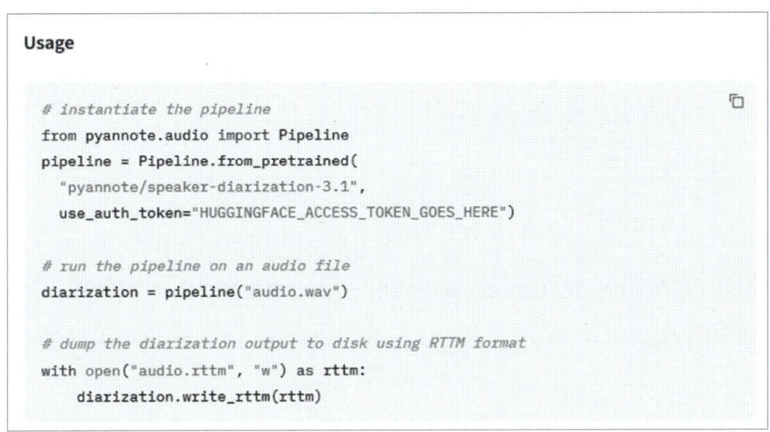
Usage

```
# instantiate the pipeline
from pyannote.audio import Pipeline
pipeline = Pipeline.from_pretrained(
  "pyannote/speaker-diarization-3.1",
  use_auth_token="HUGGINGFACE_ACCESS_TOKEN_GOES_HERE")

# run the pipeline on an audio file
diarization = pipeline("audio.wav")

# dump the diarization output to disk using RTTM format
with open("audio.rttm", "w") as rttm:
    diarization.write_rttm(rttm)
```

5. 다음과 같이 코드를 작성합니다. 코드에서 use_auth_token은 계정에서 생성한 토큰으로 수정합니다. 이 토큰은 모델에 접근하는 인증 수단으로 사용합니다. 또한 CUDA를 지원하는 컴퓨터에서는 이를 활용해 작업 속도를 높일 수 있도록 관련 코드를 추가합니다. 이렇게 pipeline을 선언하면 준비 끝입니다.

✦ CUDA를 지원하는 GPU가 있다면 CUDA를 이용하도록 했습니다. CUDA를 지원하지 않는 컴퓨터에서도 실행할 수 있지만 처리 속도가 느릴 수 있습니다.

pyannote.audio 사용하기 | speaker_diarization.ipynb (2)

```
# instantiate the pipeline
from pyannote.audio import Pipeline
pipeline = Pipeline.from_pretrained(
  "pyannote/speaker-diarization-3.1",
  use_auth_token="HUGGINGFACE_ACCESS_TOKEN_GOES_HERE"    토큰 입력
)

# CUDA를 사용할 수 있다면 CUDA를 사용하도록 설정
if torch.cuda.is_available():
    pipeline.to(torch.device("cuda"))
    print('cuda is available')
else:
    print('cuda is not available')
```

이 상태에서 코드를 실행하면 다음과 같은 오류 메시지가 나타날 수 있습니다.

```
Could not download 'pyannote/segmentation-3.0' model.
It might be because the model is private or gated so make
sure to authenticate. Visit https://hf.co/settings/tokens to
create your access token and retry with:
(... 생략 ...)
AttributeError: 'NoneType' object has no attribute 'eval'
```

6. pyannote/speaker-diarization-3.1 모델을 사용하려면 pyannote/segmentaion-3.0의 사용 권한을 획득해야 합니다. 방법은 pyannote/speaker-diarization-3.1 상세 페이지의 Requirements 부분에 안내되어 있습니다. 여기서 [pyannote/segmentation-3.0] 링크를 클릭합니다.

Requirements

1. Install `pyannote.audio` 3.1 with `pip install pyannote.audio`
2. Accept `pyannote/segmentation-3.0` user conditions
3. Accept `pyannote/speaker-diarization-3.1` user conditions
4. Create access token at `hf.co/settings/tokens`.

7. pyannote/segmentation-3.0 페이지에서 사용 권한을 확보하기 위해 소속 기관과 웹 사이트를 적고 [Agree and access repository]를 클릭합니다. 여기에서는 각각 'PERSONAL'과 'I have no website'로 입력했습니다.

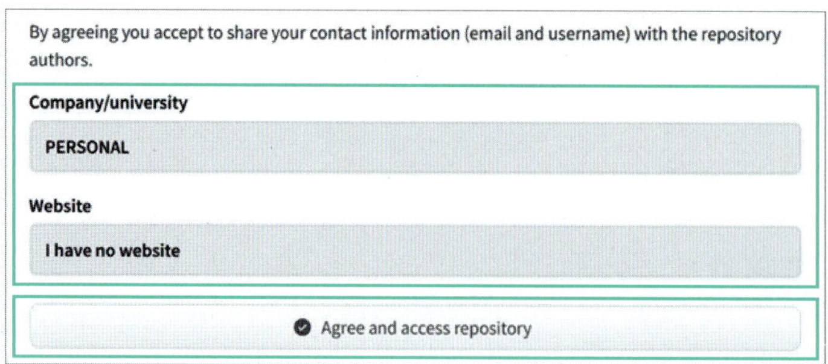

음성 파일에서 화자 분리하기

이제 준비가 끝났으니 음성 파일에서 화자를 분리해 보겠습니다. 화자 분리 테스트를 위해 화자가 최소 2명 이상 등장하는 음성 파일을 사용합니다. 저는 전기 기타를 배울 때 저렴한 기타와 비싼 기타 중에서 어떤 것으로 시작하는 것이 좋은지 AI와 토론한 MP3 파일을 사용하겠습니다.

✦ 예제와 같은 파일로 실습하고 싶다면 깃허브에서 음성 파일을 내려받으세요(https://github.com/saintdragon2/gpt_agent_2025_easyspub/blob/main/chap05/audio/싼기타_비싼기타.mp3))

앞에서 선언한 `pipeline`을 이용해 MP3 파일을 화자 분리 객체 `diarization`로 만들고 그 결과를 RTTM 파일로 저장합니다. 이때 MP3 파일과 저장할 RTTM 파일의 폴더 경로를 정확히 입력하세요.

화자 분리하고 RTTM 파일로 저장하기 — speaker_diarization.ipynb (3)

```
# run the pipeline on an audio file
diarization = pipeline("./audio/싼기타_비싼기타.mp3")
                                         MP3 파일 경로

# dump the diarization output to disk using RTTM format
with open("./audio/싼기타_비싼기타.rttm", "w", encoding='utf-8') as rttm:
    diarization.write_rttm(rttm)      RTTM 저장 경로
```

코드를 실행하면 다음과 같은 결과 파일이 생성됩니다. 발화 시작 시각, 지속 시각, 그리고 화자가 SPEAKER_00, SPEAKER_01로 구분되어 있습니다. 예를 들어 SPEAKER_01의 발언은 0.093초부터 5.805초 동안, 그리고 7.405초부터 3.983초 동안 이어집니다. 이런 식으로 SPEAKER_01의 발언이 계속되다가 32.414초부터 SPEAKER_00의 발언이 나옵니다.

✦ 컴퓨터 환경에 따라 경고 메시지가 출력될 수 있지만 큰 문제는 아닙니다. 대부분 라이브러리 간의 버전 차이로 발생하는 메시지이므로 결과가 잘 출력되면 무시해도 괜찮습니다.

화자 분리 실행 결과 — 싼기타_비싼기타.rttm

```
SPEAKER 싼기타_비싼기타 1 0.993 5.805 <NA> <NA> SPEAKER_01 <NA> <NA>
SPEAKER 싼기타_비싼기타 1 7.405 3.983 <NA> <NA> SPEAKER_01 <NA> <NA>
SPEAKER 싼기타_비싼기타 1 11.759 4.927 <NA> <NA> SPEAKER_01 <NA> <NA>
SPEAKER 싼기타_비싼기타 1 17.210 10.665 <NA> <NA> SPEAKER_01 <NA> <NA>
SPEAKER 싼기타_비싼기타 1 28.668 1.536 <NA> <NA> SPEAKER_01 <NA> <NA>
SPEAKER 싼기타_비싼기타 1 32.414 0.759 <NA> <NA> SPEAKER_00 <NA> <NA>
SPEAKER 싼기타_비싼기타 1 33.545 3.561 <NA> <NA> SPEAKER_00 <NA> <NA>
SPEAKER 싼기타_비싼기타 1 37.628 3.763 <NA> <NA> SPEAKER_00 <NA> <NA>
(... 생략 ...)
```

판다스를 활용해 데이터프레임 형태로 저장하기

화자 분리는 잘 되지만 한 화자의 발언이 여러 행에 나누어 출력되는 문제가 있습니다. 같은 화자가 계속 이야기하는 경우에는 하나로 합쳐 보겠습니다. 판다스pandas를 이용하면 데이터프레임 형태의 데이터를 쉽게 조작할 수 있습니다. 원하는 형태로 데이터를 정리한 뒤 CSV 파일로 저장해 보겠습니다.

1. 앞에서 생성한 싼기타_비싼기타.rttm 파일을 보면 빈칸으로 구분된 10개의 정보 항목이 나열되어 있습니다. 따라서 판다스의 `.read_csv`를 사용해 RTTM 파일의 데이터를 빈칸을 기준으로 나누어서 읽습니다. 이때 10개 정보 항목의 이름을 `names` 변수에서 정의한 대로 지정해서 읽습니다.

RTTM을 CSV로 변환하기 speaker_diarization.ipynb (4)

```
import pandas as pd
rttm_path = "./audio/싼기타_비싼기타.rttm"

df_rttm = pd.read_csv(
    rttm_path,    # rttm 파일 경로
    sep=' ',      # 구분자는 띄어쓰기
    header=None,  # 헤더는 없음
    names=['type', 'file', 'chnl', 'start', 'duration', 'C1', 'C2', 'speaker_id', 'C3', 'C4']
)

display(df_rttm)
```

이 코드를 실행하면 다음처럼 빈칸을 기준으로 데이터가 나누어진 데이터프레임이 출력됩니다.

	type	file	chnl	start	duration	C1	C2	speaker_id	C3	C4
0	SPEAKER	싼기타_비싼기타	1	0.993	5.805	NaN	NaN	SPEAKER_01	NaN	NaN
1	SPEAKER	싼기타_비싼기타	1	7.405	3.983	NaN	NaN	SPEAKER_01	NaN	NaN
2	SPEAKER	싼기타_비싼기타	1	11.759	4.927	NaN	NaN	SPEAKER_01	NaN	NaN
3	SPEAKER	싼기타_비싼기타	1	17.210	10.665	NaN	NaN	SPEAKER_01	NaN	NaN
4	SPEAKER	싼기타_비싼기타	1	28.668	1.536	NaN	NaN	SPEAKER_01	NaN	NaN
...	...	...	...	...	...	...	...	...	...	...
83	SPEAKER	싼기타_비싼기타	1	414.481	2.970	NaN	NaN	SPEAKER_00	NaN	NaN
84	SPEAKER	싼기타_비싼기타	1	417.755	3.476	NaN	NaN	SPEAKER_01	NaN	NaN
85	SPEAKER	싼기타_비싼기타	1	423.644	0.776	NaN	NaN	SPEAKER_00	NaN	NaN
86	SPEAKER	싼기타_비싼기타	1	424.741	3.527	NaN	NaN	SPEAKER_00	NaN	NaN
87	SPEAKER	싼기타_비싼기타	1	428.504	0.844	NaN	NaN	SPEAKER_00	NaN	NaN

88 rows × 10 columns

2. 출력된 내용에는 발언이 시작된 시간인 `start`와 발언이 지속된 시간인 `duration`이 있으므로 이를 활용해 각 발언이 언제 끝났는지를 계산할 수 있습니다. 분석 결과의 `start`에 `duration`을 더해서 발언이 끝난 시간인 `end`를 계산하고 이를 결과에 추가합니다.

발언이 끝난 시간 추가하기 speaker_diarization.ipynb (5)

```
# start + duration을 end로 변환
df_rttm['end'] = df_rttm['start'] + df_rttm['duration']

display(df_rttm)
```

코드를 실행해 보면 출력 결과에 end가 추가됩니다.

	type	file	chnl	start	duration	C1	C2	speaker_id	C3	C4	end
0	SPEAKER	싼기타_비싼기타	1	0.993	5.805	NaN	NaN	SPEAKER_01	NaN	NaN	6.798
1	SPEAKER	싼기타_비싼기타	1	7.405	3.983	NaN	NaN	SPEAKER_01	NaN	NaN	11.388
2	SPEAKER	싼기타_비싼기타	1	11.759	4.927	NaN	NaN	SPEAKER_01	NaN	NaN	16.686
3	SPEAKER	싼기타_비싼기타	1	17.210	10.665	NaN	NaN	SPEAKER_01	NaN	NaN	27.875
4	SPEAKER	싼기타_비싼기타	1	28.668	1.536	NaN	NaN	SPEAKER_01	NaN	NaN	30.204
...	...	...	...	...	...	...	...	...	...	...	...
83	SPEAKER	싼기타_비싼기타	1	414.481	2.970	NaN	NaN	SPEAKER_00	NaN	NaN	417.451
84	SPEAKER	싼기타_비싼기타	1	417.755	3.476	NaN	NaN	SPEAKER_01	NaN	NaN	421.231
85	SPEAKER	싼기타_비싼기타	1	423.644	0.776	NaN	NaN	SPEAKER_00	NaN	NaN	424.420
86	SPEAKER	싼기타_비싼기타	1	424.741	3.527	NaN	NaN	SPEAKER_00	NaN	NaN	428.268
87	SPEAKER	싼기타_비싼기타	1	428.504	0.844	NaN	NaN	SPEAKER_00	NaN	NaN	429.348

88 rows × 11 columns

화자를 구분하고 발언 순서를 기록하기 위해 화자가 바뀔 때마다 발언에 번호를 부여하겠습니다. 예를 들어 SPEAKER_00이 이야기하는 동안에는 1, 다음으로 SPEAKER_01이 이야기하는 동안에는 2, 다시 SPEAKER_00이 이야기를 시작하면 3이 되도록 설정하겠습니다.

3. 발언 번호인 `number`를 담을 열을 만들고 `None`으로 초기화합니다. 그리고 번호를 매기기 시작하는 기준점을 만들기 위해 첫 번째 행에만 `number`를 `0`으로 지정합니다.

연속된 발화를 기록하기 위해 number 변수 추가하기 speaker_diarization.ipynb (6)

```
df_rttm["number"] = None  # number 열 만들고 None으로 초기화
df_rttm.at[0, "number"] = 0

display(df_rttm)
```

이 셀을 실행하면 다음과 같이 첫 번째 행(0번 행)만 number가 0으로 되어 있고 나머지는 None인 상태로 남아 있습니다.

	type	file	chnl	start	duration	C1	C2	speaker_id	C3	C4	end	number
0	SPEAKER	싼기타_비싼기타	1	0.993	5.805	NaN	NaN	SPEAKER_01	NaN	NaN	6.798	0
1	SPEAKER	싼기타_비싼기타	1	7.405	3.983	NaN	NaN	SPEAKER_01	NaN	NaN	11.388	None
2	SPEAKER	싼기타_비싼기타	1	11.759	4.927	NaN	NaN	SPEAKER_01	NaN	NaN	16.686	None
3	SPEAKER	싼기타_비싼기타	1	17.210	10.665	NaN	NaN	SPEAKER_01	NaN	NaN	27.875	None
4	SPEAKER	싼기타_비싼기타	1	28.668	1.536	NaN	NaN	SPEAKER_01	NaN	NaN	30.204	None
...	...	...	...	...	...	...	...	...	...	...	...	...
83	SPEAKER	싼기타_비싼기타	1	414.481	2.970	NaN	NaN	SPEAKER_00	NaN	NaN	417.451	None

4. 두 번째 행(i = 1)부터 시작해서 이전 행(i - 1)의 speaker_id가 같으면 그 행의 number를 그대로 가져오고, 다르면 number에 1을 더해 새로운 번호를 붙입니다. 즉, 이전 화자와 같으면 번호를 그대로 사용하고 다르면 번호를 1씩 증가시킵니다.

화자 번호 매기기 speaker_diarization.ipynb (7)

```
for i in range(1, len(df_rttm)):
    if df_rttm.at[i, "speaker_id"] != df_rttm.at[i-1, "speaker_id"]:
        df_rttm.at[i, "number"] = df_rttm.at[i-1, "number"] + 1
    else:
        df_rttm.at[i, "number"] = df_rttm.at[i-1, "number"]

display(df_rttm.head(10))
```

실행해 보면 한 화자가 말하는 동안 number가 같은 번호로 이어지고 화자가 바뀌면 번호가 증가합니다.

	type	file	chnl	start	duration	C1	C2	speaker_id	C3	C4	end	number
0	SPEAKER	싼기타_비싼기타	1	0.993	5.805	NaN	NaN	SPEAKER_01	NaN	NaN	6.798	0
1	SPEAKER	싼기타_비싼기타	1	7.405	3.983	NaN	NaN	SPEAKER_01	NaN	NaN	11.388	0
2	SPEAKER	싼기타_비싼기타	1	11.759	4.927	NaN	NaN	SPEAKER_01	NaN	NaN	16.686	0
3	SPEAKER	싼기타_비싼기타	1	17.210	10.665	NaN	NaN	SPEAKER_01	NaN	NaN	27.875	0
4	SPEAKER	싼기타_비싼기타	1	28.668	1.536	NaN	NaN	SPEAKER_01	NaN	NaN	30.204	0
5	SPEAKER	싼기타_비싼기타	1	32.414	0.759	NaN	NaN	SPEAKER_00	NaN	NaN	33.173	1
6	SPEAKER	싼기타_비싼기타	1	33.545	3.561	NaN	NaN	SPEAKER_00	NaN	NaN	37.106	1
7	SPEAKER	싼기타_비싼기타	1	37.628	3.763	NaN	NaN	SPEAKER_00	NaN	NaN	41.391	1
8	SPEAKER	싼기타_비싼기타	1	41.611	1.097	NaN	NaN	SPEAKER_00	NaN	NaN	42.708	1
9	SPEAKER	싼기타_비싼기타	1	41.645	0.810	NaN	NaN	SPEAKER_01	NaN	NaN	42.455	2

5. 이제 number가 같은 행들을 하나로 묶고 start는 최솟값, end는 최댓값으로 설정하여 한 화자가 말한 시간 범위를 정리합니다. 이렇게 처리한 결과는 df_rttm_grouped에 담습니다.

같은 화자끼리 묶어서 정리하기 speaker_diarization.ipynb (8)

```
df_rttm_grouped = df_rttm.groupby("number").agg(
    start=pd.NamedAgg(column='start', aggfunc='min'),
    end=pd.NamedAgg(column='end', aggfunc='max'),
    speaker_id=pd.NamedAgg(column='speaker_id', aggfunc='first')
)

display(df_rttm_grouped)
```

셀을 실행한 결과, speaker_id가 같은 경우에는 해당 화자의 발언들이 하나의 행으로 묶여서 정리되었습니다. 화자별로 start는 최솟값, end는 최댓값으로 설정되어 발언 시간대가 잘 합쳐졌습니다. 지금 결과는 판다스의 .groupby를 이용해서 number가 인덱스로 지정되었습니다. 최종 결과를 출력할 때는 일반 열로 변경해야 처리하기가 더 쉬우므로 인덱스를 삭제하는 것이 좋습니다.

	start	end	speaker_id
number			
0	0.993	30.204	SPEAKER_01
1	32.414	42.708	SPEAKER_00
2	41.645	44.024	SPEAKER_01
3	45.813	67.109	SPEAKER_00
4	67.227	82.786	SPEAKER_01
5	84.659	102.564	SPEAKER_00

6. 화자별 발화 시간을 구하고 인덱스를 제거하겠습니다. end에서 start를 빼면 duration을 구할 수 있습니다. 그리고 .reset_index로 인덱스를 제거합니다.

발화 시간 추가하고 인덱스 제거하기 speaker_diarization.ipynb (9)

```
df_rttm_grouped["duration"] = df_rttm_grouped["end"] - df_rttm_grouped["start"]
df_rttm_grouped = df_rttm_grouped.reset_index(drop=True)
display(df_rttm_grouped)
```

이 셀을 실행하면 duration 열이 추가되고 인덱스였던 number가 삭제된 결과가 출력됩니다.

	start	end	speaker_id	duration
0	0.993	30.204	SPEAKER_01	29.211
1	32.414	42.708	SPEAKER_00	10.294
2	41.645	44.024	SPEAKER_01	2.379
3	45.813	67.109	SPEAKER_00	21.296
4	67.227	82.786	SPEAKER_01	15.559
5	84.659	102.564	SPEAKER_00	17.905

7. 이 내용을 CSV 파일로 저장합니다. 인덱스(0, 1, 2, …)는 저장하지 않고 파일명은 '싼기타_비싼기타_rttm.csv'로 지정합니다. 파일 경로는 원하는 대로 선택하세요.

화자 분리 결과를 CSV 파일로 저장하기 　　speaker_diarization.ipynb (10)

```
df_rttm_grouped.to_csv(
    "./audio/싼기타_비싼기타_rttm.csv",
    sep=',',
    index=False
)
```

셀을 실행하고 생성된 파일을 열어 보면 결과가 잘 저장되어 있습니다.

CSV 파일 저장 결과 　　싼기타_비싼기타_rttm.csv

```
start,end,speaker_id,duration
0.993,30.204,SPEAKER_01,29.211000000000002
32.414,42.708,SPEAKER_00,10.293999999999997
41.645,44.024,SPEAKER_01,2.378999999999998
45.813,67.10900000000001,SPEAKER_00,21.296000000000006
(... 생략 ...)
```

Do it! 실습 판다스로 문장 분석하고 화자 매칭하기

결과 파일: sec03/whisper_stt.py

앞에서 만든 RTTM 파일에 있는 화자 데이터와 위스퍼 API를 이용해 음성을 받아쓴 CSV 파일의 데이터를 분석하면 누가 어떤 문장을 말했는지 알 수 있습니다. 이를 분석하기 위해 같은 음성 파일을 기반으로 한 CSV 파일과 RTTM 파일을 준비하겠습니다. 여기서는 앞선 실습에서 사용한 '싼기타_비싼기타.mp3' 음성 파일을 활용하겠습니다.

로컬에 설치한 위스퍼 모델을 활용해 받아쓰기 함수 만들기

1. whisper_stt.py 파일을 만듭니다. MP3 파일의 음성을 텍스트로 변환하고 그 결과를 판다스 데이터프레임으로 정리해서 CSV 파일로 저장하는 코드를 작성하겠습니다. 이 중에서 받아쓰기하는 기능을 `whisper_stt` 함수로 만들고, 판다스 데이터프레임 형태로 저장하는 기능은 `whisper_to_dataframe` 함수로 만들어 보겠습니다. 05-2절에서 만든 huggingface_whisper.ipynb 파일의 코드를 활용해 받아쓰기하는 파이썬 함수 `whisper_stt`를 만듭니다. 기존 예제 코드에서 주요 변경 사항은 경로를 함수의 매개변수로 수정하는 것입니다.

받아쓰기하는 함수 whisper_stt 만들기 (1) — whisper_stt.py

```
import os
import torch
import pandas as pd
from transformers import AutoModelForSpeechSeq2Seq, AutoProcessor, pipeline   ❶

os.environ["PATH"] += os.pathsep + r"C:\github\gpt_agent_2025_book\ffmpeg-2025-01-22-
full_build\bin"  # 자신이 설치한 위치로 경로 수정

def whisper_stt(
    audio_file_path: str,
    output_file_path: str = "./output.csv"   ❷
):
    device = "cuda:0" if torch.cuda.is_available() else "cpu"
    torch_dtype = torch.float16 if torch.cuda.is_available() else torch.float32
    model_id = "openai/whisper-large-v3-turbo"

    model = AutoModelForSpeechSeq2Seq.from_pretrained(
        model_id, torch_dtype=torch_dtype,
        low_cpu_mem_usage=True,
        use_safetensors=True
    )
    model.to(device)

    processor = AutoProcessor.from_pretrained(model_id)

    pipe = pipeline(
        "automatic-speech-recognition",
        model=model,
        tokenizer=processor.tokenizer,
        feature_extractor=processor.feature_extractor,
        torch_dtype=torch_dtype,
        device=device,
```

```
        return_timestamps=True,  # 청크별로 타임스탬프를 반환
        chunk_length_s=10,       # 입력 오디오를 10초씩 나누기
        stride_length_s=2,       # 청크가 2초씩 겹치도록 나누기
    )

    result = pipe(audio_file_path)
    df = whisper_to_dataframe(result, output_file_path)

    return result, df
```

③ 다음 코드에서 선언

① 필요한 라이브러리들을 05-2절에서 만든 코드에서 가져와 임포트합니다.

② whisper_stt 함수의 매개변수는 audio_file_path와 output_file_path입니다. 음성 파일 경로를 audio_file_path에 넣으면 결과가 output_file_path에 CSV 형식으로 저장됩니다.

③ 위스퍼 모델을 이용해 얻은 결과를 CSV 파일로 저장하기 위해 whisper_to_dataframe 함수를 사용합니다. whisper_to_dataframe 함수는 이어지는 코드에서 선언합니다.

2. whisper_to_dataframe 함수는 05-2절에서 만든 코드와 같습니다. result 매개변수로 받은 결과를 판다스 데이터프레임으로 변환하고 output_file_path로 받은 경로에 CSV 파일로 저장한 후 데이터프레임을 반환합니다.

받아쓰기하는 함수 whisper_stt 만들기 (2) whisper_stt.py

```
(... 생략 ...)
def whisper_to_dataframe(result, output_file_path):
    start_end_text = []

    for chunk in result["chunks"]:
        start = chunk["timestamp"][0]
        end = chunk["timestamp"][1]
        text = chunk["text"].strip()
        start_end_text.append([start, end, text])
        df = pd.DataFrame(start_end_text, columns=["start", "end", "text"])
        df.to_csv(output_file_path, index=False, sep="|")

    return df
```

3. 이제 다음처럼 메인 영역을 선언하고 `whisper_stt` 함수를 실행한 후 결과를 출력합니다. 오디오 파일 경로와 결과를 저장할 CSV 파일 경로는 여러분의 환경에 맞게 설정하세요.

받아쓰기하는 함수 whisper_stt 만들기 (3) — whisper_stt.py

```
(... 생략 ...)
if __name__ == "__main__":
    result, df = whisper_stt(
        "./chap05/audio/싼기타_비싼기타.mp3",
        "./chap05/audio/싼기타_비싼기타.csv",
    )

    print(df)
```

완성한 코드를 실행하면 다음처럼 음성 파일을 텍스트로 받아써서 시간대별로 나눈 결과가 터미널 창에 출력되고 CSV 파일로도 저장됩니다. 몇 가지 잘못 받아 적은 내용이 보이지만 내용 파악은 할 수 있을 것 같습니다.

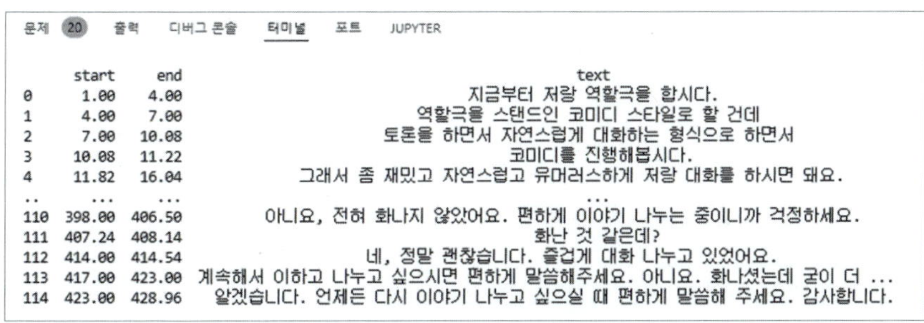


```
     start     end                                               text
0     1.00    4.00                              지금부터 저랑 역할극을 합시다.
1     4.00    7.00                        역할극을 스탠드인 코미디 스타일로 할 건데
2     7.00   10.08                     토론을 하면서 자연스럽게 대화하는 형식으로 하면서
3    10.08   11.22                                  코미디를 진행해봅시다.
4    11.82   16.04               그래서 좀 재밌고 자연스럽고 유머러스하게 저랑 대화를 하시면 돼요.
..     ...     ...                                                ...
110 398.00  406.50            아니요, 전혀 화나지 않았어요. 편하게 이야기 나누는 중이니까 걱정하세요.
111 407.24  408.14                                     화난 것 같은데?
112 414.00  414.54                    네, 정말 괜찮습니다. 즐겁게 대화 나누고 있었어요.
113 417.00  423.00  계속해서 이하고 나누고 싶으시면 편하게 말씀해주세요. 아니요. 화나셨는데 굳이 더 ...
114 423.00  428.96   알겠습니다. 언제든 다시 이야기 나누고 싶으실 때 편하게 말씀해 주세요. 감사합니다.
```

CSV 파일 저장 결과 — 싼기타_비싼기타.csv

```
start¦end¦text
1.0¦4.0¦지금부터 저랑 역할극을 합시다.
4.0¦7.0¦역할극을 스탠드인 코미디 스타일로 할 건데
7.0¦10.08¦토론을 하면서 자연스럽게 대화하는 형식으로 하면서
10.08¦11.22¦코미디를 진행해봅시다.
11.82¦16.04¦그래서 좀 재밌고 자연스럽고 유머러스하게 저랑 대화를 하시면 돼요.
(... 생략 ...)
```

시간대별로 화자를 구분하는 함수 만들기

05-3절에서 화자 분리 연습을 할 때 사용했던 speaker_diarization.ipynb 파일 내용을 함수로 정리해서 whisper_stt.py 파일에 추가하겠습니다.

1. 앞서 만들었던 화자 분리 기능을 `speaker_diarization` 함수로 만듭니다.

시간대별로 화자를 구분하는 함수 speaker_diarization | whisper_stt.py

```
import os
import torch
import pandas as pd
from transformers import AutoModelForSpeechSeq2Seq, AutoProcessor, pipeline
from pyannote.audio import Pipeline

(... 생략 ...)
def whisper_to_dataframe(result, output_file_path):
(... 생략 ...)
    return df

def speaker_diarization(
        audio_file_path: str,
        output_rttm_file_path: str,        ①
        output_csv_file_path: str
    ):
    pipeline = Pipeline.from_pretrained(
        "pyannote/speaker-diarization-3.1",
        use_auth_token="HUGGINGFACE_ACCESS_TOKEN_GOES_HERE"
    )                                       허깅페이스 토큰 입력

    # CUDA를 사용할 수 있다면 CUDA를 사용하도록 설정
    if torch.cuda.is_available():
        pipeline.to(torch.device("cuda"))
        print('cuda is available')
    else:
        print('cuda is not available')
    diarization_pipeline = pipeline(audio_file_path)  ②

    # dump the diarization output to disk using RTTM format
    with open(output_rttm_file_path, "w", encoding='utf-8') as rttm:
        diarization_pipeline.write_rttm(rttm)

    # 판다스 데이터프레임으로 변환
    df_rttm = pd.read_csv(
```

```
        output_rttm_file_path,  # rttm 파일 경로
        sep=' ',                # 구분자는 띄어쓰기
        header=None,            # 헤더는 없음
        names=['type', 'file', 'chnl', 'start', 'duration', 'C1', 'C2', 'speaker_id',
'C3', 'C4']
    )

    df_rttm["end"] = df_rttm["start"] + df_rttm["duration"]

    # speaker_id를 기반으로 화자별로 구간 나누기
    df_rttm["number"] = None
    df_rttm.at[0, "number"] = 0

    for i in range(1, len(df_rttm)):
        if df_rttm.at[i, "speaker_id"] != df_rttm.at[i-1, "speaker_id"]:
            df_rttm.at[i, "number"] = df_rttm.at[i-1, "number"] + 1
        else:
            df_rttm.at[i, "number"] = df_rttm.at[i-1, "number"]

    df_rttm_grouped = df_rttm.groupby("number").agg(
        start=pd.NamedAgg(column='start', aggfunc='min'),
        end=pd.NamedAgg(column='end', aggfunc='max'),
        speaker_id=pd.NamedAgg(column='speaker_id', aggfunc='first')
    )

    df_rttm_grouped["duration"] = df_rttm_grouped["end"] - df_rttm_grouped["start"]

    df_rttm_grouped.to_csv(
        output_csv_file_path,
        index=False,  # 인덱스는 저장하지 않음
        encoding='utf-8'
    )
    return df_rttm_grouped
(... 생략 ...)
```

① 매개변수로 `audio_file_path`와 `output_rttm_file_path`, `output_csv_file_path`로 입출력할 파일 경로를 추가합니다.

② whisper_stt.py 파일 내에 여러 파이프라인이 있으므로 가독성을 높이기 위해 기존 코드의 `pipeline`이라 변수명을 `diarization_pipeline`으로 수정합니다. 이 함수를 실행하면 MP3 파일의 음성을 분석하여 화자를 시간대별로 구분하고 이를 CSV 파일로 저장합니다.

2. 파이썬 코드의 메인 부분도 이에 맞게 수정합니다. 인풋과 아웃풋의 파일 경로는 여러 함수에서 사용하므로 이를 별도의 변수로 선언합니다. 현재는 `speaker_diarization` 함수만 테스트하면 되므로 시간을 절약하기 위해 `whisper_stt`는 잠시 주석 처리 해두었습니다. 필요할 때 주석을 해제하면 됩니다.

시간대별로 화자를 구분하는 함수 speaker_diarization — whisper_stt.py

```python
(... 생략 ...)
if __name__ == "__main__":
    audio_file_path = "./chap05/audio/싼기타_비싼기타.mp3"           # 원본 오디오 파일
    stt_output_file_path = "./chap05/audio/싼기타_비싼기타.csv"      # STT 결과 파일
    rttm_file_path = "./chap05/audio/싼기타_비싼기타.rttm"           # 화자 분리 원본 파일
    rttm_csv_file_path = "./chap05/audio/싼기타_비싼기타_rttm.csv"   # 화자 분리 CSV 파일

    # result, df = whisper_stt(
    #     audio_file_path,
    #     stt_output_file_path
    # )
    # print(df)

    df_rttm = speaker_diarization(
        audio_file_path,
        rttm_file_path,
        rttm_csv_file_path
    )

    print(df_rttm)
```

이 코드를 실행하면 지정한 경로에 파일이 잘 생성되어 있습니다.

chap05 > audio > 싼기타_비싼기타_rttm.csv > data

```
start,end,speaker_id,duration
0.993,30.204,SPEAKER_01,29.211000000000002
32.414,42.708,SPEAKER_00,10.293999999999997
41.645,44.024,SPEAKER_01,2.378999999999998
45.813,67.10900000000001,SPEAKER_00,21.296000000000006
67.227,82.786,SPEAKER_01,15.558999999999997
84.659,102.564,SPEAKER_00,17.904999999999987
103.492,117.532,SPEAKER_01,14.039999999999992
119.759,138.67600000000002,SPEAKER_00,18.917000000000016
139.351,168.96699999999998,SPEAKER_01,29.615999999999985
170.907,192.321,SPEAKER_00,21.413999999999987
192.322,193.689,SPEAKER_01,1.3669999999999902
```

STT 결과 파일과 화자 분리 결과 파일(RTTM) 결합하기

이제 시간대별로 화자가 분리되었으니 위스퍼 모델이 받아쓴 문장이 어느 시간대의 화자가 말한 것인지 찾아서 정리하면 됩니다.

1. 화자별로 발언을 할당하기 위한 `stt_to_rttm` 함수를 만듭니다.

시간대별로 화자가 분리된 결과에 STT 결과 텍스트 할당하기 — whisper_stt.py

```
(... 생략 ...)
def stt_to_rttm(
        audio_file_path: str,
        stt_output_file_path: str,
        rttm_file_path: str,
        rttm_csv_file_path: str,
        final_output_csv_file_path: str
    ):

    result, df_stt = whisper_stt(
        audio_file_path,
        stt_output_file_path
    )                                                        ❶

    df_rttm = speaker_diarization(
        audio_file_path,
        rttm_file_path,
        rttm_csv_file_path
    )

    df_rttm["text"] = ""  ❷

    for i_stt, row_stt in df_stt.iterrows():
        overlap_dict = {}
        for i_rttm, row_rttm in df_rttm.iterrows():
            overlap = max(0, min(row_stt["end"], row_rttm["end"]) - max(row_stt["start"],
row_rttm["start"]))
            overlap_dict[i_rttm] = overlap

        max_overlap = max(overlap_dict.values())                                       ❸
        max_overlap_idx = max(overlap_dict, key=overlap_dict.get)

        if max_overlap > 0:
            df_rttm.at[max_overlap_idx, "text"] += row_stt["text"] + "\n"
```

```
    df_rttm.to_csv(
        final_output_csv_file_path,
        index=False,   # 인덱스는 저장하지 않음
        sep='¦',
        encoding='utf-8'
    )
    return df_rttm
(... 생략 ...)
```

❶ stt_to_rttm 함수는 whisper_stt 함수와 speaker_diarization 함수를 실행하여 결과를 받아 옵니다.

❷ 그 후 가져온 시간대별로 어느 화자가 발언했는지 정리된 df_rttm에 "text"라는 빈 열을 추가하고 위스퍼 모델로 받아쓴 텍스트를 채웁니다. 중요한 부분은 for 문을 사용해 위스퍼 모델로 받아쓴 결과인 df_stt의 'start', 'end', 'text' 정보를 이용해 df_rttm의 적절한 행을 찾습니다.

❸ df_stt 행과 df_rttm 행이 겹치는 시간을 각각 계산해서 가장 많이 겹치는 행에 텍스트를 추가합니다. 겹치는 시간이 0초라면 해당 문장을 건너뜁니다.

❹ 결과는 지정된 경로에 저장됩니다.

2. 이제 파이썬 파일의 메인 부분에서는 stt_to_rttm 함수만 실행하면 되므로, 다음과 같이 기존에 만든 함수들은 모두 주석으로 처리하고 최종 결과를 저장할 파일 경로를 추가합니다.

최종 결과 파일 경로 추가하기 whisper_stt.py

```
(... 생략 ...)
if __name__ == "__main__":
    audio_file_path = "./chap05/audio/싼기타_비싼기타.mp3"
    stt_output_file_path = "./chap05/audio/싼기타_비싼기타.csv"
    rttm_file_path = "./chap05/audio/싼기타_비싼기타.rttm"
    rttm_csv_file_path = "./chap05/audio/싼기타_비싼기타_rttm.csv"
    final_csv_file_path = "./chap05/audio/싼기타_비싼기타_final.csv"
    # result, df = whisper_stt(
    #     audio_file_path,
    #     stt_output_file_path
    # )
    # print(df)

    # df_rttm = speaker_diarization(
    #     audio_file_path,
    #     rttm_file_path,
    #     rttm_csv_file_path
    # )

    # print(df_rttm)
```

```
df_rttm = stt_to_rttm(
    audio_file_path,
    stt_output_file_path,
    rttm_file_path,
    rttm_csv_file_path,
    final_csv_file_path
)

print(df_rttm)
```

이 코드를 실행하면 시간대별로 발화자가 SPEAKER_00, SPEAKER_01로 구분되고 어떤 대화를 했는지 정리됩니다.

	start	end	speaker_id	duration	text
0	0.993	30.204	SPEAKER_01	29.211	지금부터 저랑 역할극을 합시다.\n역할극을 스탠드인 코미디 스타일로 할 건데\n토론...
1	32.414	42.708	SPEAKER_00	10.294	좋습니다. 그럼 제가 싼 기타로 시작하는게 좋다는 입장을 맡아볼게요. 그럼 성형님은...
2	41.645	44.024	SPEAKER_01	2.379	네, 됐어요. 시작하시죠.\n
3	45.813	67.109	SPEAKER_00	21.296	좋아요. 먼저 3기타로 시작하는 게 좋은 이유를 말씀드리겠습니다.\n초보자일 때는 ...
4	67.227	82.786	SPEAKER_01	15.559	아, 저는 지금 말에 어폐가 있다고 생각해요.\n왜냐하면 어차피 지금 비싼 기타로\...
5	84.659	102.564	SPEAKER_00	17.905	그런데 비싼 기타로 시작하면\n혹시라도 흠집이 나거나 실수할 때 부담이 더 크지 않...
6	103.492	117.532	SPEAKER_01	14.040	싼 기타를 뭐하러 또 삽니까?\n그리고 기타 실력이랑 흠집이랑은 아무 상관이 없어요...
7	119.759	138.676	SPEAKER_00	18.917	하하! 기타를 망치로 치진 않지만 그래도 초보자들은 실수도 많고 조심스럽게 다루기 ...
8	139.351	168.967	SPEAKER_01	29.616	충분하죠. 아 맞아요. 그것도 맞는 말이에요. 쌍기타도 요새 품질이\n많이 좋아서\...
9	170.907	192.321	SPEAKER_00	21.414	하하\n역시 좋은 기타를 사면 책임감도\n더 커진다는 말씀이시군요. 그래도 비싼 기...
10	192.322	193.689	SPEAKER_01	1.367	NaN
11	192.760	193.503	SPEAKER_00	0.743	NaN

05-4 회의록을 정리하는 AI 서기 완성하기

앞서 분석한 결과를 바탕으로 회의록을 MS 워드로 완성해 보겠습니다. 회의록에는 다음 2가지 내용을 담으려고 합니다.

1. 전체 회의 내용 요약
2. 화자별 발언 내용을 순서대로 정리

Do it! 실습 전체 회의 내용 요약하기

결과 파일: sec04/summarize_and_correct.ipynb

앞서 만들었던 CSV 파일에서 SPEAKER_00, SPEAKER_01로 표시되었던 부분에 화자의 이름을 넣고 GPT에게 회의 내용 요약을 요청해 보겠습니다.

1. 단계별로 진행하기 위해 주피터 노트북 파일을 생성합니다. 파일명은 상관없지만 여기에서는 summarize_and_correct.ipynb로 만들었습니다.

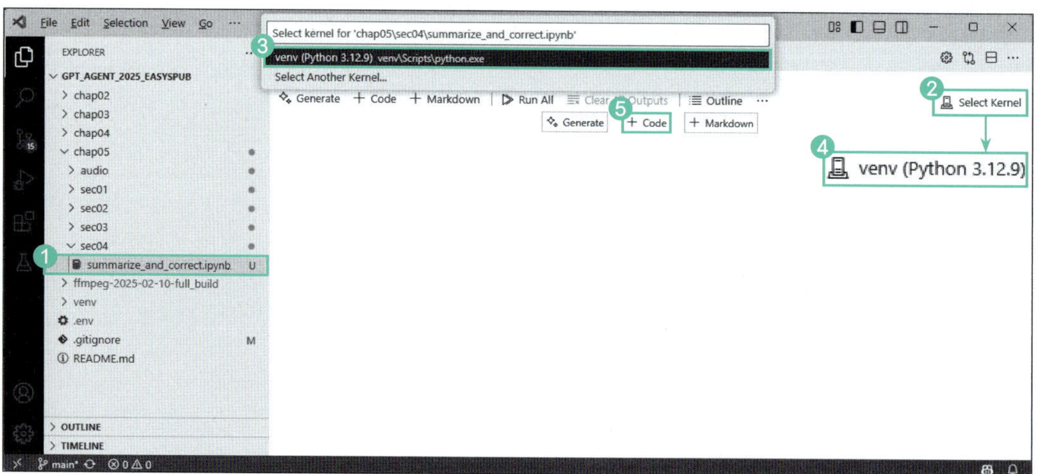

2. 기존에 만들었던 회의록 CSV 파일을 열어 df_rttm 변수에 담습니다.

회의록 CSV 파일 열기 — summarize_and_correct.ipynb (1)

```
import pandas as pd

meeting_note_csv_path = "../audio/싼기타_비싼기타_final.csv"
df_rttm = pd.read_csv(meeting_note_csv_path, sep='¦')

display(df_rttm)
```

	start	end	speaker_id	duration	text
0	0.993	30.204	SPEAKER_01	29.211	지금부터 저랑 역할극을 합시다.\n역할극을 스탠드인 코미디 스타일로 할 건데\n토론...
1	32.414	42.708	SPEAKER_00	10.294	좋습니다. 그럼 제가 싼 기타로 시작하는게 좋다는 입장을 맡아볼게요. 그럼 성형님은...
2	41.645	44.024	SPEAKER_01	2.379	네, 됐어요. 시작하시죠.\n
3	45.813	67.109	SPEAKER_00	21.296	좋아요. 먼저 3기타로 시작하는 게 좋은 이유를 말씀드리겠습니다.\n초보자일 때는 ...
4	67.227	82.786	SPEAKER_01	15.559	아, 저는 지금 말에 어폐가 있다고 생각해요.\n왜냐하면 어차피 지금 비싼 기타로\...
5	84.659	102.564	SPEAKER_00	17.905	그런데 비싼 기타로 시작하면\n혹시라도 흠집이 나거나 실수할 때 부담이 더 크지 않...
6	103.492	117.532	SPEAKER_01	14.040	싼 기타를 뭐하러 또 삽니까?\n그리고 기타 실력이랑 흠집이랑은 아무 상관이 없어요...
7	119.759	138.676	SPEAKER_00	18.917	하하! 기타를 망치로 치진 않지만 그래도 초보자들은 실수도 많고 조심스럽게 다루기 ...
8	139.351	168.967	SPEAKER_01	29.616	충분하죠. 아 맞아요. 그것도 맞는 말이에요. 쌍기타도 요새 품질이\n많이 좋아서\...
9	170.907	192.321	SPEAKER_00	21.414	하하\n역시 좋은 기타를 사면 책임감도\n더 커진다는 말씀이시군요. 그래도 비싼 기...
10	192.322	193.689	SPEAKER_01	1.367	NaN
11	192.760	193.503	SPEAKER_00	0.743	NaN

3. SPEAKER_00과 SPEAKER_01로 표시된 부분을 활용해 실제 화자의 이름을 넣어 줍니다.

실제 이름 넣기 — summarize_and_correct.ipynb (2)

```
# 이름 넣기
name_dict = {
    "SPEAKER_00": "AI",
    "SPEAKER_01": "이성용",
}

df_rttm["name"] = df_rttm["speaker_id"].apply(lambda x: name_dict[x])

display(df_rttm)
```

	start	end	speaker_id	duration	text	name
0	0.993	30.204	SPEAKER_01	29.211	지금부터 저랑 역할극을 합시다.\n역할극을 스탠드인 코미디 스타일로 할 건데\n토론...	이성용
1	32.414	42.708	SPEAKER_00	10.294	좋습니다. 그럼 제가 싼 기타로 시작하는게 좋다는 입장을 맡아볼게요. 그럼 성형님은...	AI
2	41.645	44.024	SPEAKER_01	2.379	네, 됐어요. 시작하시죠.\n	이성용
3	45.813	67.109	SPEAKER_00	21.296	좋아요. 먼저 3기타로 시작하는 게 좋은 이유를 말씀드리겠습니다.\n초보자일 때는 ...	AI

4. 회의 내용을 요약할 때 꼭 필요하지 않은 항목도 있으므로 df_rttm에서 필요한 정보만 뽑아내겠습니다. 그중에서 start, end, name, text 항목만 선택하고 이를 JSON 형식으로 변환합니다. 이렇게 변환한 텍스트는 나중에 프롬프트에 추가해서 회의 내용을 요약하는 데 사용합니다.

요약을 위해 필요한 정보만 추출하기 summarize_and_correct.ipynb (3)

```
meeting_note_txt = df_rttm[['start', 'end', 'name', 'text']].to_json(orient='records',
force_ascii=False)
print(meeting_note_txt)
```

```
[{"start":0.993,"end":30.204,"name":"이성용","text":"지금부터 저랑 역할극을 합시다.\n역할극을 스탠드인 코미디 스타일로 할 건데\n토론을 하면서 자연스럽게 대화하는 형식으로 하면서\n코미디를 진행해봅시다.\n그래서 좀 재밌고 자연스럽고 유머러스하게 저랑 대화를 하시면 돼요.\n자연스럽게.\n그리고 주제는 쌍기타로 전기기타를 시작하는 게 좋으냐\n아니면 비싼 기타로 전기기타를 시작하는 게 좋으냐\n이거를 입장을 나눠가지고\n저랑 토론해보면 좋을 것 같아요.\n어, 두 중에 어떤 역할 맡으실래요?\n"},
(... 생략 ...)
start":423.644,"end":429.348,"name":"AI","text":"알겠습니다. 언제든 다시 이야기 나누고 싶으실 때 편하게 말씀해 주세요. 감사합니다.\n"}]
```

5. GPT에게 회의록을 작성해 달라고 프롬프트를 작성합니다. 프롬프트 아래에 앞에서 JSON 형식으로 만든 문자열 meeting_note_txt를 f-string 방식으로 넣어 줍니다.

✦ f-string은 formatted string literal의 줄임말로, 문자열 앞에 f를 붙여서 생성합니다. 이 방식은 문자열 내에서 중괄호 { }를 사용해 변수나 표현식을 직접 삽입할 수 있게 합니다.

회의록 작성을 요청하는 프롬프트 작성하기 summarize_and_correct.ipynb (4)

```
system_prompt = f'''
너는 회의 내용을 요약하는 봇이다. 아래 회의록을 읽고, 주요 내용을 요약하라.
결과는 마크다운 형식으로 작성한다.

아래 형식에 맞추어 작성하라.

# 회의 제목

## 주요 내용

## 참석자별 입장

## 결정 사항
```

```
=============== 이하 회의록 ===============

{ meeting_note_txt }
'''
```

6. GPT에게 요청하기 전에 오픈AI의 API `client`를 선언합니다.

✦ GPT를 활용할 때는 보안 문제에 유의해야 합니다. 유출되면 안 되는 기밀 정보가 있다면 로컬 모델을 사용하는 것을 권장합니다.

오픈AI API 설정하기 summarize_and_correct.ipynb (5)

```
from openai import OpenAI
from dotenv import load_dotenv
import os

load_dotenv()
api_key = os.getenv('OPENAI_API_KEY')
client = OpenAI(api_key=api_key)
```

7. 이제 GPT 클라이언트를 이용해 프롬프트를 보냅니다. 이 요청에 대한 답신은 `summary`에 담았습니다.

GPT-4o 모델로 회의록 요약 후 출력하기 summarize_and_correct.ipynb (6)

```
# 오픈AI API를 사용해 요약 결과 생성
response = client.chat.completions.create(
    model='gpt-4o',
    temperature=0.1,
    messages=[
        {"role": "system", "content": system_prompt},
    ]
)

# 요약 결과를 파일로 저장
summary = response.choices[0].message.content
summary = summary.strip()  # 좌우 공백 제거

print(summary)
```

이 셀을 실행해 보면 회의 내용이 적절히 잘 요약되었습니다!

```
기타 구매 시 싼 기타와 비싼 기타 중 어느 것이 더 나은 선택인가?

## 주요 내용

- 기타를 처음 시작할 때 싼 기타로 시작하는 것이 좋은지, 비싼 기타로 시작하는 것이 좋은지에 대한 토론
이 진행되었다.
- 싼 기타로 시작하는 쪽은 초보자에게 부담이 적고, 실수에 대한 걱정이 덜하다는 점을 강조했다.
- 비싼 기타로 시작하는 쪽은 처음부터 좋은 기타를 사용함으로써 이중 지출을 막고, 더 나은 연주 경험을
제공할 수 있다는 점을 강조했다.
- 기타의 품질과 연주 경험, 그리고 개인의 연습 열정이 중요한 요소로 논의되었다.

## 참석자별 입장

- **이성용**: 비싼 기타로 시작하는 것이 더 나은 선택이라고 주장. 비싼 기타는 연주할 때 더 좋은 경험
을 제공하며, 연습에 대한 동기부여가 될 수 있다고 강조.
- **AI**: 싼 기타로 시작하는 것이 더 나은 선택이라고 주장. 초보자에게 부담이 적고, 기타에 대한 흥
미를 잃지 않도록 도와준다고 강조.

## 결정 사항

- 기타 구매는 개인의 스타일과 상황에 맞게 선택하는 것이 중요하다는 결론에 도달했다.
- 어떤 기타를 선택하든 꾸준한 연습과 열정이 가장 중요하다는 점에 동의했다.
```

8. 회의록을 guitar_summary.md로 저장합니다. 내용은 출력된 결과와 동일합니다.

회의 내용 요약 결과 저장하기 summarize_and_correct.ipynb (7)

```python
with open('audio/guitar_summary.md', 'w', encoding='utf-8') as f:
    f.write(summary)
```

회의 제목

기타 구매 시 싼 기타와 비싼 기타 중 어느 것이 더 나은 선택인가?

주요 내용

- 기타를 처음 시작할 때 싼 기타로 시작하는 것이 좋은지, 비싼 기타로 시작하는 것이 좋은지에 대한 토론이 진행되었다.
- 싼 기타로 시작하는 쪽은 초보자에게 부담이 적고, 실수에 대한 걱정이 덜하다는 점을 강조했다.
- 비싼 기타로 시작하는 쪽은 처음부터 좋은 기타를 사용함으로써 이중 지출을 막고, 더 나은 연주 경험을 제공할 수 있다는 점을 강조했다.
- 기타의 품질과 연주 경험, 그리고 개인의 연습 열정이 중요한 요소로 논의되었다.

Do it! 실습 GPT로 녹취록 교정하기

결과 파일: sec04/summarize_and_correct.ipynb

앞선 실습에서 만든 CSV 파일을 보면 음성을 잘못 받아 적은 내용이 종종 보입니다. 화자의 발음이 불명확하거나 전문 용어, 사람 이름, 사건 이름 등이 포함되면 실시간으로 받아쓰기가 어려울 수 있습니다. 이번 실습에서는 GPT를 이용해 잘못 기록된 내용을 교정하고 완성된 회의록을 출력해 보겠습니다.

STT 원본을 GPT로 교정하기

앞서 작업하던 summarize_and_correct.ipynb 파일에 이어서 진행하겠습니다.

1. 지금까지 사용한 df_rttm에서 필요한 항목은 start, end, name, text입니다. 이 항목들만 복사하여 새로운 데이터프레임 df_meeting_note를 만들고 text에 값이 없는 행은 dropna() 명령어로 삭제합니다. 그리고 이 데이터프레임을 딕셔너리 형태로 변환하여 meeting_note_dict 변수에 저장합니다.

필요한 항목만 추출하여 딕셔너리로 변환하기 summarize_and_correct.ipynb (8)

```
df_meeting_note = df_rttm[['start', 'end', 'name', 'text']].copy()
df_meeting_note.dropna(inplace=True)

meeting_note_dict = df_meeting_note.to_dict(orient='records')  # 딕셔너리 형태로 변환
meeting_note_dict
```

이 출력해 보면 리스트 안에 내용이 딕셔너리 형태로 들어 있는 것을 볼 수 있습니다.

```
[{'start': 0.993,
  'end': 30.204,
  'name': '이성용',
  'text': '지금부터 저랑 역할극을 합시다.\n역할극을 스탠드인 코미디 스타일로 할 건데\n토론을 하면서 자연스럽게 대화하는 형식으로 하면서\n코미디를 진행해봅시다.\n그래서 좀 재밌고 자연스럽고 유머러스하게 저랑 대화를 하시면 돼요.\n자연스럽게.\n그리고 주제는 쌍기타로 전기기타를 시작하는 게 좋으냐\n아니면 비싼 기타로 전기기타를 시작하는 게 좋으냐\n이거를 입장을 나눠가지고\n저랑 토론해보면 좋을 것 같아요.\n어, 두 중에 어떤 역할 맡으실래요?\n'},
 {'start': 32.414,
  'end': 42.708,
  'name': 'AI',
```

```
'text': '좋습니다. 그럼 제가 싼 기타로 시작하는게 좋다는 입장을 맡아볼게요. 그럼 성형님은 비싼 기타로 시작하는 게 좋다는 입장이시죠? 네 맞아요. 준비 되셨나요?\n'},
(... 생략 ...)
```

2. 이제 녹취록에 기록된 메시지를 for 문으로 확인하며 GPT에게 수정을 요청합니다.

메시지 하나씩 GPT에게 확인받고 수정하기 summarize_and_correct.ipynb (9)

```
for row in meeting_note_dict:
    if not isinstance(row['text'], str):  # 텍스트가 아닌 다른 형식인 경우 통과    ❶
        continue

    correction_system_prompt = f'''
        너는 주어진 회의 녹취록을 수정 및 보완하는 봇이다.
        주어진 회의 녹취록은 STT로 작성된 결과이므로, 이 중에 오류가 있는 부분을 찾아내고 수정하라.

        표현, 말투는 최대한 원본과 일치하도록 유지하되, 잘못 받아적은 내용을 수정하라.
        원본의 내용을 최대한 살리되, 잘못된 내용만 수정하라.
        어떤 경우에는 A라는 사람이 말한 내용을 B가 말한 것으로 잘못 기록된 경우도 있을 수 있다.
이런 경우에는 문맥을 고려하여 수정하라.

        원본 내용 중 빠지거나, 추가되거나, 잘못 기록된 부분을 찾아내어 수정하라. 수정된 메시지
이외에는 아무것도 작성하지 말라.                                                             ❷
        --------------------------------
        회의 요약문 : {summary}
        --------------------------------
        회의 녹취록 전문: {df_meeting_note.to_json(orient='records', force_ascii=False)}
        --------------------------------                                                ❸
        확인할 메시지 원본: {row['text']}
    '''

    response = client.chat.completions.create(
        model='gpt-4o',
        temperature=0.1,
        messages=[
            {"role": "system", "content": correction_system_prompt},
        ]
    )

    correction = response.choices[0].message.content
    if ':' in correction:  # "수정: "과 같은 형식으로 반환되는 경우 해결    ❺
        correction = correction.split(':')[-1]
```

```
    correction = correction.strip()  # 좌우 공백 제거

    print(row['name'])
    print(row['text'])
    print(correction)
    print('-----------------')

    row['corrected_text'] = correction—④
```

① 간혹 text에 빈 값이나 숫자가 들어 있을 수 있으므로 is_instance를 사용해 문자열이 아닌 경우에는 통과합니다.

② correction_system_prompt에는 교정을 위한 요구 사항을 자세히 작성합니다.

③ 각 메시지를 수정할 때 GPT가 그 메시지가 속한 문맥을 이해하고 정확히 수정할 수 있도록 전체 회의 내용 요약과 녹취록 전문을 제공합니다. 회의 녹취록 전문은 df_meeting_note를 .to_json 함수로 변환하여 텍스트로 입력합니다.

④ GPT가 수정안을 제공하면 수정된 내용은 딕셔너리에서 'corrected_text'에 추가됩니다.

⑤ 종종 '수정: '처럼 반환될 때가 있는데, 그럴 때는 ':'를 기준으로 분할하고 뒷부분만 사용하도록 해결합니다.

이 셀을 실행해 보면 STT가 잘못 받아 적은 메시지가 수정된 상태로 반환됩니다. '쌍기타'에서 '싼 기타'로 잘 수정되었습니다.

```
(... 생략 ...)
-----------------
이성용
아 맞아요.
그 지금 얘기하신 거 보니까
쌍기타가 더 좋다는 얘기는 안 하시네요.

아 맞아요.
그 지금 얘기하신 거 보니까
싼 기타가 더 좋다는 얘기는 안 하시네요.
(... 생략 ...)
```

이렇게 만든 meeting_note_dict를 JSON 파일 형식으로 저장합니다.

결과를 JSON으로 저장하기 summarize_and_correct.ipynb (10)

```
# meeting_note_dict json 파일로 저장
import json

with open('audio/guitar_meeting_note_corrected.json', 'w', encoding='utf-8') as f:
    json.dump(meeting_note_dict, f, ensure_ascii=False, indent=4)
```

이 셀을 실행해 보면 JSON 형식으로 잘 정리되어 저장됩니다.

JSON 형식으로 저장된 결과 guitar_meeting_note_corrected.json


```
[
    {
        "start": 0.993,
        "end": 30.204,
        "name": "이성용",
        "text": "지금부터 저랑 역할극을 합시다.\n역할극을 스탠드인 코미디 스타일로 할 건데\n토론을 하면서 자연스럽게 대화하는 형식으로 하면서\n코미디를 진행해봅시다.\n그래서 좀 재밌고 자연스럽고 유머러스하게 저랑 대화를 하시면 돼요.\n자연스럽게.\n그리고 주제는 쌍기타로 전기기타를 시작하는 게 좋으냐\n아니면 비싼 기타로 전기기타를 시작하는 게 좋으냐\n이거를 입장을 나눠가지고\n저랑 토론해보면 좋을 것 같아요.\n어, 두 중에 어떤 역할 맡으실래요?\n",
        "corrected_text": "지금부터 저랑 역할극을 합시다.\n역할극을 스탠드업 코미디 스타일로 할 건데\n토론을 하면서 자연스럽게 대화하는 형식으로 하면서\n코미디를 진행해봅시다.\n그래서 좀 재밌고 자연스럽고 유머러스하게 저랑 대화를 하시면 돼요.\n자연스럽게.\n그리고 주제는 싼 기타로 전기기타를 시작하는 게 좋으냐\n아니면 비싼 기타로 전기기타를 시작하는 게 좋으냐\n이거를 입장을 나눠가지고\n저랑 토론해보면 좋을 것 같아요.\n어, 두 중에 어떤 역할 맡으실래요?"
    },
    {
        "start": 32.414,
        "end": 42.708,
        "name": "AI",
        "text": "좋습니다. 그럼 제가 싼 기타로 시작하는게 좋다는 입장을 맡아볼게요. 그럼 성형님은 비싼 기타로 시작하는 게 좋다는 입장이시죠? 네 맞아요. 준비 되셨나요?\n",
        "corrected_text": "좋습니다. 그럼 제가 싼 기타로 시작하는 게 좋다는 입장을 맡아볼게요. 그럼 성용님은 비싼 기타로 시작하는 게 좋다는 입장이시죠? 네 맞아요. 준비 되셨나요?"
    },
(... 생략 ...)
```

수정한 녹취록을 마크다운 형식과 MS 워드 파일로 출력하기

마지막으로 GPT로 교정한 guitar_meeting_note_corrected.json 파일을 마크다운 형식과 MS 워드 파일로 출력해 보겠습니다.

1. 다음 코드를 입력해 guitar_meeting_note_corrected.json 파일을 마크다운 형식으로 저장합니다. 회의록의 화자 이름과 발언을 마크다운 리스트 항목으로 변환하여 하나의 문자열로 결합합니다.

결과를 마크다운 형식으로 저장하기 — summarize_and_correct.ipynb (11)

```
md_template = ""

for row in meeting_note_dict:
    md_template += f"- **{row['name']}** : {row['corrected_text']}\n"

with open('audio/guitar_meeting_note_corrected.md', 'w', encoding='utf-8') as f:
    f.write(md_template)
```

이 코드를 실행해 보면 대화가 마크다운 형식으로 잘 출력됩니다.

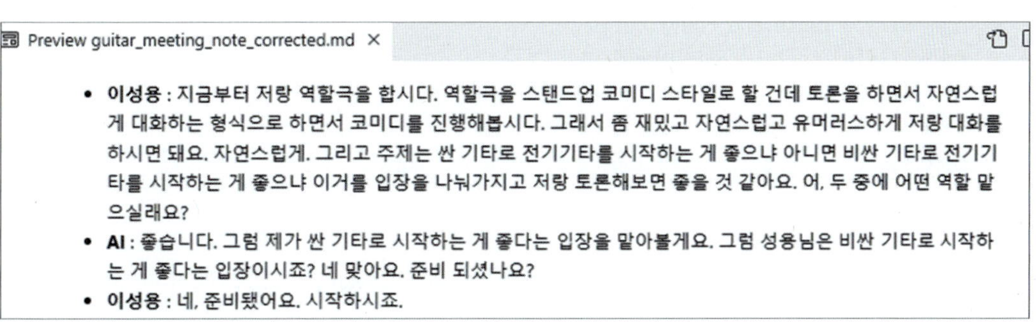

마크다운보다 더 대중적인 형식인 MS 워드 파일로 출력할 수도 있습니다. 파이썬에서 MS 워드 파일로 출력하려면 python-docx라는 패키지를 사용합니다.

2. 가상 환경에 `python-docx` 패키지를 설치합니다.

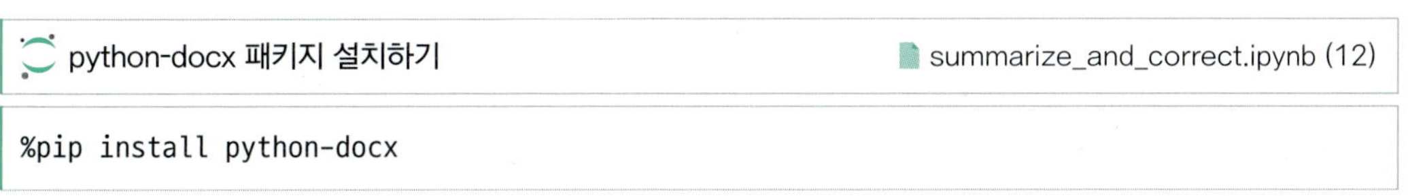

python-docx 패키지 설치하기 — summarize_and_correct.ipynb (12)

```
%pip install python-docx
```

3. 다음은 python-docx 패키지를 이용해 회의 녹취록을 작성하는 코드입니다. 앞서 만든 meeting_note_dict의 내용을 for 문으로 순회하면서 첫 번째 열에는 화자 이름을 넣고 두 번째 열에는 수정한 내용을 넣습니다. 그리고 그 결과를 MS 워드 파일로 저장합니다.

✦ 이 책은 생성형 AI를 활용한 업무 자동화 방법에 초점을 맞추고 있으므로 python-docx를 이용한 문서 스타일 적용 방법 등이 궁금하다면 패키지 문서(https://python-docx.readthedocs.io/)를 참고하세요.

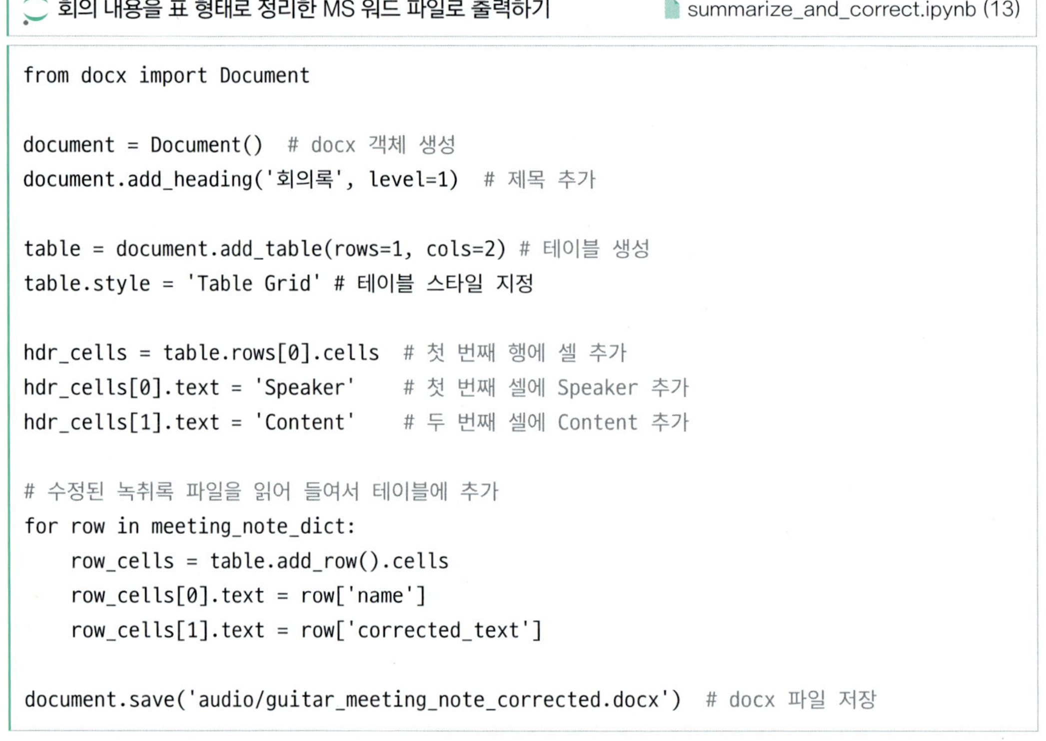

회의 내용을 표 형태로 정리한 MS 워드 파일로 출력하기 summarize_and_correct.ipynb (13)

```
from docx import Document

document = Document()  # docx 객체 생성
document.add_heading('회의록', level=1)  # 제목 추가

table = document.add_table(rows=1, cols=2) # 테이블 생성
table.style = 'Table Grid' # 테이블 스타일 지정

hdr_cells = table.rows[0].cells  # 첫 번째 행에 셀 추가
hdr_cells[0].text = 'Speaker'    # 첫 번째 셀에 Speaker 추가
hdr_cells[1].text = 'Content'    # 두 번째 셀에 Content 추가

# 수정된 녹취록 파일을 읽어 들여서 테이블에 추가
for row in meeting_note_dict:
    row_cells = table.add_row().cells
    row_cells[0].text = row['name']
    row_cells[1].text = row['corrected_text']

document.save('audio/guitar_meeting_note_corrected.docx')  # docx 파일 저장
```

이 코드를 실행하면 MS 워드 파일이 생성됩니다. 이제 이 파일에서 세부 편집을 하여 회의록을 깔끔하게 작성한 후 관련자들에게 보내 줄 수 있습니다.

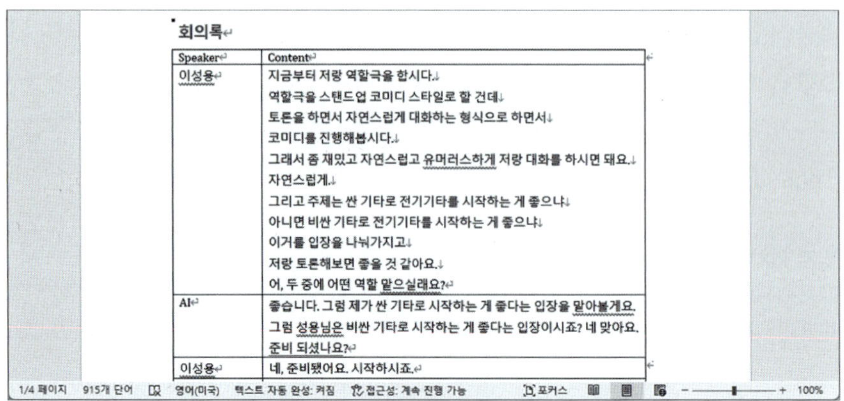

회의록

Speaker	Content
이성용	지금부터 저랑 역할극을 합시다. 역할극을 스탠드업 코미디 스타일로 할 건데 토론을 하면서 자연스럽게 대화하는 형식으로 하면서 코미디를 진행해봅시다. 그래서 좀 재밌고 자연스럽고 유머러스하게 저랑 대화를 하시면 돼요. 자연스럽게. 그리고 주제는 싼 기타로 전기기타를 시작하는 게 좋으냐 아니면 비싼 기타로 전기기타를 시작하는 게 좋으냐 이거를 입장을 나눠가지고 저랑 토론해보면 좋을 것 같아요. 어, 두 중에 어떤 역할 맡으실래요?
AI	좋습니다. 그럼 제가 싼 기타로 시작하는 게 좋다는 입장을 맡아볼게요. 그럼 성용님은 비싼 기타로 시작하는 게 좋다는 입장이시죠? 네 맞아요. 준비 되셨나요?
이성용	네, 준비됐어요. 시작하시죠.

1/4 페이지 915개 단어 영어(미국) 텍스트 자동 완성: 켜짐 접근성: 계속 진행 가능 포커스 100%

GPT-4o를 이용한 AI 이미지 분석가

영화 <Her>에서는 남자 주인공이 사만다라는 인공지능에게 스마트폰 카메라로 실제 세상을 보여 주며 대화하는 장면이 나옵니다. 오픈AI에서 제공하는 GPT 비전vision 기능을 이용하면 현재 기술로도 이를 구현할 수 있습니다. 이번 장에서는 GPT 비전을 이용하여 이미지에 대한 설명을 작성하고 이를 바탕으로 영어 듣기 평가 문제를 만들어 보겠습니다.

06-1 GPT 비전에게 이미지 설명 요청하기

오픈AI 공식 문서를 참고해 GPT 비전 사용법을 익혀 봅시다. 연습할 때는 단계별로 결과를 확인할 수 있는 주피터 노트북이 편리하므로 주피터 노트북 파일로 실습하겠습니다.

✦ GPT 비전 공식 문서: https://platform.openai.com/docs/guides/vision

Do it! 실습 인터넷에 있는 이미지 설명 요청하기

결과 파일: chap06/sec01/image_explanation.ipynb

GPT에게 인터넷에 올라와 있는 이미지를 설명해 달라고 요청해 보겠습니다. 저작권 문제가 없는 언스플래쉬(unsplash.com)에서 이미지 URL를 가져와 사용하겠습니다. 사용할 이미지는 운동복을 입은 외국인 여성이 요리하는 사진입니다. GPT가 이 이미지의 내용을 잘 파악하는지 테스트해 봅시다. 여러분은 인터넷에서 원하는 이미지의 경로를 복사해 사용하면 됩니다.

이미지 출처:
언스플래쉬(Unsplash.com)

1. image_explanation.ipynb 파일을 생성합니다.

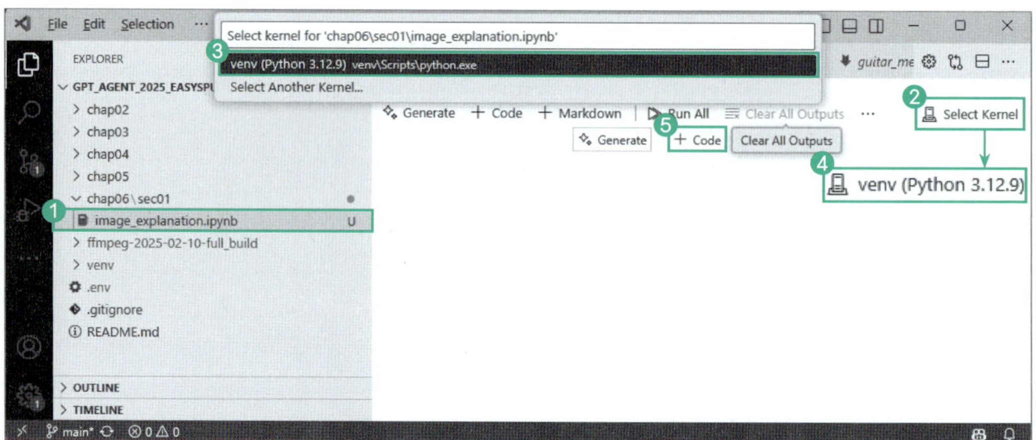

2. 첫 번째 셀에 GPT 비전을 활용해 이미지를 분석하는 코드를 작성합니다. GPT API로 챗봇을 만드는 방식과 거의 비슷합니다. 이전에는 `content`에 텍스트를 넣었지만 이 예제에서는 '이 이미지에 대해 설명해 주세요.'라는 텍스트와 함께 `"type": "image_url"`에 사용할 이미지 URL을 넣습니다.

GPT 비전을 이용해 인터넷상의 이미지 설명 받기 — image_explanation.ipynb (1)

```
from openai import OpenAI
from dotenv import load_dotenv
import os

load_dotenv()
api_key = os.getenv("OPENAI_API_KEY")  # 환경 변수에서 API 키 가져오기

client = OpenAI(api_key=api_key)       # 오픈AI 클라이언트의 인스턴스 생성

messages = [
    {
        "role": "user",
        "content": [
            {"type": "text", "text": "이 이미지에 대해 설명해 주세요."},
            {
                "type": "image_url",
                "image_url": {
                    "url": "https://images.unsplash.com/photo-1736264335247-8ec-5664c8328?q=80&w=1887&auto=format&fit=crop&ixlib=rb-4.0.3&ixid=M3wxMjA3fDB8MHxwaG90by-1wYWdlfHx8fGVufDB8fHx8fA%3D%3D",
                },
            },
        ],
    }
]

response = client.chat.completions.create(
    model="gpt-4o",     # 응답 생성에 사용할 모델 지정
    messages=messages  # 대화 기록을 입력으로 전달
)

response
```

사용할 이미지 URL

셀을 실행하면 다음과 같이 이미지 내용을 구체적으로 잘 설명해 줍니다.

```
ChatCompletion(id='chatcmpl-AsKmIVhlMsBlJSC2OQEbAfkhftRwV', choices=[Choice(finish_
reason='stop', index=0, logprobs=None, message=ChatCompletionMessage(content='이미지에
는 한 여성이 주방에서 요리를 준비하는 모습이 담겨 있습니다. 그녀는 검은색 운동복을 입고 있으며 파란
색 그릇에 달걀을 휘젓고 있습니다. 근처 프라이팬에는 베이컨이 조리되고 있습니다. 여유롭고 행복한 표정
을 짓고 있습니다.',
(... 생략 ...)
```

이렇게 코드를 구성하면 GPT는 인터넷상의 URL에서 이미지를 가져와 분석합니다. 그럼 우리가 찍거나 캡처한 사진을 GPT에게 보내려면 반드시 인터넷에 업로드해야 할까요? 그렇지 않습니다.

Do it! 실습 내가 가진 이미지로 설명 요청하기

결과 파일: sec01/image_explanation.ipynb

오픈AI의 API에 사진 파일을 직접 보낼 수 없으므로 내가 갖고 있는 사진을 설명해 달라고 요청하려면 Base64를 이용해 이미지를 문자열로 변환해야 합니다. Base64는 이진binary 데이터를 아스키 문자로 바꾸는 인코딩 방식입니다. 알파벳 대문자(A-Z), 소문자(a-z), 숫자(0-9), 그리고 '+', '/' 같은 특수 문자를 사용해 데이터를 인코딩합니다. 이진 데이터를 Base64로 변환하면 사람이 직접 읽기 편하지는 않지만 텍스트로 표현될 수 있는 형태가 되어 GPT에게 전달할 수 있습니다.

이미지 분석 요청하기

제가 촬영한 망원동에 있는 빵집 사진을 설명해 달라고 GPT에게 요청하겠습니다. 이 사진을 GPT에게 보내기 위해 먼저 Base64로 인코딩을 하겠습니다.

✦ 이 사진은 깃허브에서 내려받을 수 있습니다(https://github.com/saintdragon2/gpt_agent_2025_easyspub/tree/main/chap06/data/images). 물론 여러분이 갖고 있는 사진을 사용해도 무방합니다.

1. encode_image 함수는 파일 경로를 매개변수로 받아 이미지 파일을 바이너리 모드(rb)로 열고 base64로 인코딩합니다. 그리고 데이터를 텍스트로 변환한 후 utf-8로 디코딩합니다. 이렇게 해야 JSON 형식으로 이 문자열을 보낼 수 있습니다. 사용할 이미지를 담은 폴더 경로를 image_path로 설정하고 이 함수를 실행하여 base64_image 변수에 담고 출력합니다.

이미지를 base64로 변환하기 image_explanation.ipynb (2)

```
import base64

# 이미지를 인코딩하는 함수
def encode_image(image_path):
    with open(image_path, "rb") as image_file:
        return base64.b64encode(image_file.read()).decode("utf-8")

image_path = "../data/images/mangwon_bakery.jpg"

# 이미지를 base64로 인코딩
base64_image = encode_image(image_path)

print(base64_image)
```

셀을 실행하면 다음처럼 문자열로 변환되어 있습니다.


```
/9j/4AAQSkZJRgABAQAAAQABAAD/4QBoRXhpZgAASUkqAAgAAAACAD (... 생략 ...)
```


2. 이제 base64로 인코딩된 이미지를 데이터 URL 형식으로 구성하여 외부 URL없이 이미지 데이터를 직접 전달할 수 있게 합니다.

base64로 변환한 이미지 설명 요청하기 image_explanation.ipynb (3)

```
messages = [
    {
        "role": "user",
        "content": [
            {"type": "text", "text": "이 이미지에 대해 설명해주세요."},
            {
                "type": "image_url",
                "image_url": {
                    "url": f"data:image/jpeg;base64,{base64_image}",
```

```
                },
            },
        ],
    }
]

response = client.chat.completions.create(
    model="gpt-4o",    # 응답 생성에 사용할 모델 지정
    messages=messages  # 대화 기록을 입력으로 전달
)

response.choices[0].message.content
```

이 셀을 실행하면 이미지를 설명하는 내용이 자세히 나옵니다. 저는 이 사진에 직원들이 있는지 몰랐습니다. 이미지를 자세히 보면 쌓여 있는 빵 뒤로 직원들의 모자가 보입니다. 직접 촬영한 저보다 GPT가 낫네요.

```
'이 이미지는 베이커리 내부로 보이며, 다양한 종류의 빵이 진열되어 있습니다.
진열대 위에는 마카롱 형태의 작은 빵과 크로와상, 롤빵 등 여러 가지 종류의 빵들이 보입니다. 각 빵에는 이름과 가격이 적힌 작은 카드가 함께 놓여 있습니다. 빵은 주로 유리 진열대 안에 놓여 있으며, 고객이 선택할 수 있도록 다양한 종류가 집중적으로 배열되어 있습니다. 뒤쪽으로 직원들이 작업하는 모습도 보입니다.
진열된 빵들은 전체적으로 신선하고 다양해 보이며, 베이커리의 전형적인 내부 모습을 잘 보여주고 있습니다.'
```

여러 이미지 비교 분석 요청하기

한 번에 여러 이미지를 보내고 그 이미지들을 설명해 달라고 요청할 수도 있습니다. 다음은 테라로사의 선릉점과 홍대서교점을 촬영한 사진입니다. 이 사진들을 활용해 두 카페를 비교해 달라고 요청해 보겠습니다.

테라로사 선릉점

테라로사 홍대서교점

여러 이미지를 설명해 달라고 요청하는 방법도 기존 코드와 크게 다르지 않습니다. 단지 이미지 여러 개를 딕셔너리 형태로 보내면 됩니다. 각 이미지 경로를 `encode_image` 함수에 인자로 넣어 base64로 인코딩한 후, `messages`에 두 이미지를 딕셔너리 형태로 한 번에 전달합니다. 그리고 두 카페의 차이점을 설명해 달라는 요청 문구를 추가합니다.

여러 이미지 설명 요청하기 image_explanation.ipynb (4)

```
seolleung_terrarosa_base64 = encode_image("../data/images/seolleung_terrarosa.jpg")
local_stitch_terrarosa_base64 = encode_image("../data/images/local_stitch_terrarosa.
jpg")

messages = [
    {
        "role": "user",
        "content": [
            {"type": "text", "text": "두 카페의 차이점을 설명해 주세요."},
            {
                "type": "image_url",
                "image_url": {
                    "url": f"data:image/jpeg;base64,{seolleung_terrarosa_base64}",
                },
            },
            {
                "type": "image_url",
                "image_url": {
                    "url": f"data:image/jpeg;base64,{local_stitch_terrarosa_base64}",
                },
            },
        ],
    }
]

response = client.chat.completions.create(
    model="gpt-4o",     # 응답 생성에 사용할 모델 지정
    messages=messages  # 대화 기록을 입력으로 전달
)

response.choices[0].message.content
```

다음은 셀을 실행한 결과입니다. 사람이 직접 작성했다고 해도 믿을 정도로 잘 설명해 주었습니다.

```
'첫 번째 카페와 두 번째 카페의 차이점을 설명하겠습니다.
1. **분위기와 인테리어**:
- 첫 번째 카페는 어두운 톤의 조명과 나무 마루 바닥이 사용되어 따뜻하고 아늑한 분위기를 줍니다. 공간이 넓고 개방적이며, 큰 창문을 통해 자연광이 들어옵니다.
- 두 번째 카페는 더 밝고 현대적인 느낌으로, 밝은 색상과 금속 재질의 인테리어가 특징입니다. 바닥은 타일로 되어 있으며, 내부는 넓고 깔끔합니다.
2. **가구 배치**
- 첫 번째 카페는 원형 테이블과 의자가 규칙적으로 배치되어 있어 그룹 모임에 적합합니다.
- 두 번째 카페는 다양한 크기의 테이블이 있으며, 카운터와 벤치형 좌석이 있어 개인 또는 소규모 그룹의 시간을 보내기에 좋습니다.
3. **조명**:
- 첫 번째 카페는 조명이 부드럽고 은은하게 설정되어 있어 조용한 분위기입니다.
- 두 번째 카페는 조명이 밝고 균일하게 비치며, 활기찬 환경을 제공합니다.
이와 같은 차이점들이 각 카페의 독특한 느낌을 만들어냅니다.'
```

한 걸음 더! Base64의 장점 3가지

Base64 인코딩은 바이너리 데이터를 텍스트로 안전하게 전송하고 저장하는 방법입니다. Base64 인코딩의 장점을 알아보겠습니다.

- **전송·저장 시 호환성**: 네트워크나 프로토콜에 따라 이진 데이터를 직접 전송하기 어려운 경우가 있습니다. 예를 들면 텍스트 전송만 허용하는 환경에서는 이진 데이터를 전송하기 어렵습니다. 이미지를 포함한 각종 파일을 텍스트 형태로 변환하면 다양한 환경에서 아무 문제없이 데이터를 전송하거나 저장할 수 있습니다.
- **데이터 손상 방지**: 이진 데이터를 그대로 전송하거나 저장하면 문자를 해석하는 인코딩과 디코딩 과정에서 데이터가 손상될 수 있습니다. Base64로 인코딩하면 아스키ASCII 문자로만 이루어져 있어 문자 인코딩 충돌 없이 안전하게 주고받을 수 있습니다.
- **프로토콜과의 호환성**: 이메일 전송이나 특히 MIME에서는 본문에 이미지나 첨부 파일을 삽입할 때 Base64 방식을 자주 사용합니다. RESTful API 같은 웹 API에서도 이미지나 파일을 JSON 형식으로 전송해야 할 때 Base64로 변환하여 전달합니다.

✦ MIME(Multipurpose Internet Mail Extensions)은 이메일에서 이미지, 오디오 등 다양한 형태의 파일을 전송할 수 있게 해주는 표준입니다.

Do it! 실습 GPT 비전의 한계 알아보기

결과 파일: sec01/image_explanation.ipynb

GPT는 이미지를 잘 설명해 주지만 항상 완벽하지는 않습니다. 따라서 정확성을 요구하는 작업에서 GPT를 활용할 때는 주의해야 합니다. 예를 들어 그래프 이미지를 설명해 달라고 요청하면 대부분 제대로 답변하지만 가끔 알 수 없는 이유로 실패하는 경우도 있습니다. 그래프 분석 사례를 통해 GPT 비전의 한계를 알아보겠습니다.

다음은 한국과학기술기획평가원KISTEP에서 발간하는 보고서에 수록된 그래프입니다. 이 그래프는 2021년과 2022년 OECD 가입국의 연구개발비를 비교한 내용을 담았습니다.

✦ 이 두 그래프 이미지 파일은 이 책의 깃허브에서 내려받을 수 있습니다(https://github.com/saintdragon2/gpt_agent_2025_easyspub/tree/main/chap06/data/images).

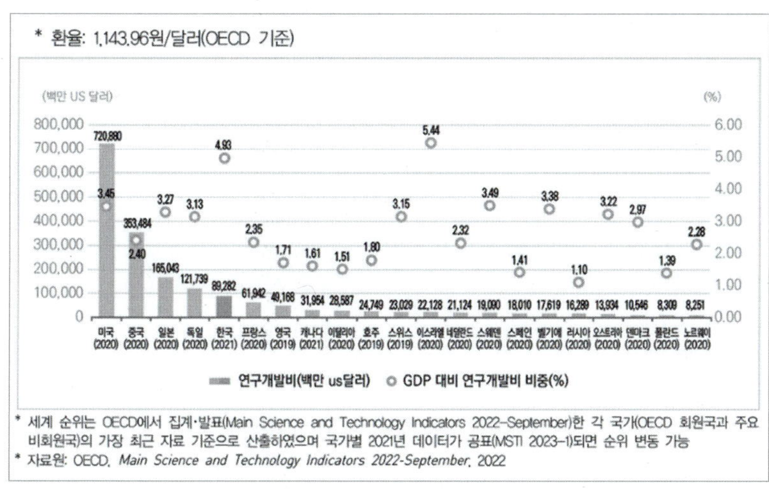

연구개발비 국제비교, 연구개발활동조사 2021, KISTEP(파일명: oecd_rnd_2021.png)

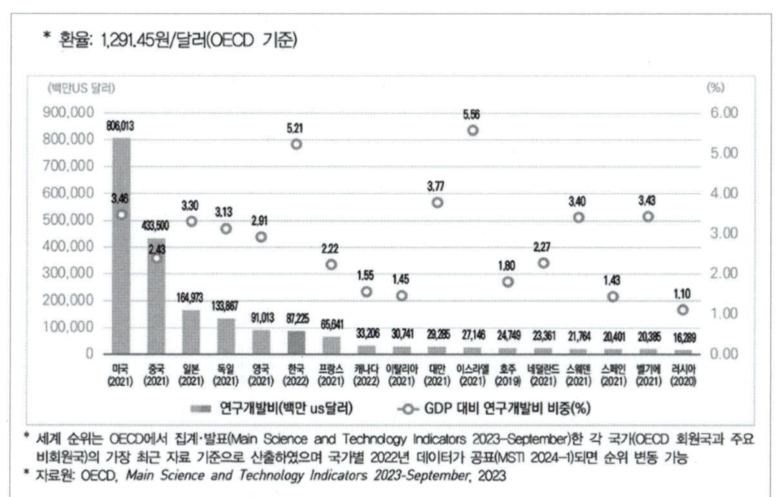

연구개발비 국제비교, 연구개발활동조사 2022, KISTEP(파일명: oecd_rnd_2022_large.png)

GPT 비전을 사용해 2021년과 2022년 그래프를 비교 분석해 보겠습니다. 그중 2021년 그래프는 해상도가 다른 이미지 2개를 사용해 각각 어떤 결과가 나오는지 확인해 보겠습니다.

1. 먼저 2021년과 2022년의 연구개발비 그래프를 비교해 달라고 요청합니다. 바로 앞에서 실습할 때 사용한 코드와 거의 동일하며, 이번 실습에서 사용하는 이미지 파일과 요청 사항만 변경했습니다. 여기서는 1047*648 픽셀로 구성된 oecd_rnd_2021_large.png 이미지 파일을 사용했습니다.

연구개발비 비교하기 (1) image_explanation.ipynb (5)

```
oecd_rnd_2021_base64 = encode_image("../data/images/oecd_rnd_2021_large.png")
oecd_rnd_2022_base64 = encode_image("../data/images/oecd_rnd_2022.png")

messages = [
    {
        "role": "user",
        "content": [
            {"type": "text", "text": "첫 번째는 2021년 데이터이고, 두 번째는 2022년 데이터입니다. 이 데이터에 대해 설명해 주세요. 어떤 변화가 있었나요? 한국 중심으로 설명해 주세요."},
            {
                "type": "image_url",
                "image_url": {
                    "url": f"data:image/jpeg;base64,{oecd_rnd_2021_base64}",
                },
            },
            {
                "type": "image_url",
                "image_url": {
                    "url": f"data:image/jpeg;base64,{oecd_rnd_2022_base64}",
                },
            },
        ],
    }
]

response = client.chat.completions.create(
    model="gpt-4o",     # 응답 생성에 사용할 모델 지정
    messages=messages  # 대화 기록을 입력으로 전달
)

response.choices[0].message.content
```

셀을 실행하면 다음과 같이 결과가 출력됩니다. Y축이 양쪽으로 2개나 있는 꽤 복잡한 그래프인데 2021년 그래프는 잘 이해한 것 같습니다. 그러나 2022년 그래프에서는 영국의 수치를 한국의 데이터로 착각했습니다. 한국의 값은 87,225백만달러입니다. 여러분이 실행하는 시점에는 더 잘될 수도 있겠지만 GPT가 복잡한 이미지를 인식하는 데에는 한계가 있으므로 주의해야 합니다.

```
'두 이미지에서 나타나는 2021년과 2022년의 연구개발비(R&D) 데이터에 대해 설명드리겠습니다. 한국을 중심으로 변화 내용을 살펴보면 다음과 같습니다.
1. **연구개발비 변화:**
- **한국의 연구개발비:**
- 2021년 데이터에서는 89,282백만 달러였습니다.
- 2022년 데이터에서는 91,013백만 달러로 증가했습니다.
- 전반적으로 연구개발비에서 약간의 증가가 관찰됩니다.
2. **GDP 대비 연구개발비 비중 변화:
- **한국의 GDP 대비 연구개발비 비중:**
- 2021년에는 4.93%였습니다.
- 2022년에는 5.21%로 증가했습니다.
- 비중 또한 증가하여, 한국의 GDP 대비 연구개발비 비중이 더 올라간 것을 알 수 있습니다.
3. **국제 비교:**
- 두 해 모두 한국은 연구개발비 기준으로 5위 내외를 유지하고 있으며, GDP 대비 비중에서도 높은 편에 속합니다.
한국은 연구개발비 및 GDP 대비 연구개발비 비중 모두 증가하면서 과학기술 투자에 지속적으로 힘쓰고 있는 모습을 보여줍니다. 이는 한국의 기술 발전과 경제 성장 동력으로 작용할 가능성을 시사합니다.'
```

2. 이번엔 oecd_rnd_2021_large.png 대신 해상도가 조금 낮은 oecd_rnd_2021_medium.png 파일을 사용해 봅시다. 이 이미지는 895*538 픽셀입니다. 이전 코드에서 oecd_rnd_2021_large.png를 oecd_rnd_2021_medium.png로 바꿔서 실행합니다.

연구개발비 비교하기 (2) — image_explanation.ipynb (6)

```
oecd_rnd_2021_base64 = encode_image("../data/images/oecd_rnd_2021_medium.png")
oecd_rnd_2022_base64 = encode_image("../data/images/oecd_rnd_2022.png")
(... 생략 ...)
```

GPT-4o 모델은 조금 실망스러운 결과를 보여 줍니다. GPT는 2021년의 연구개발비를 121,739백만 달러라고 잘못 읽었습니다. 이 값은 그래프에서 한국 왼쪽에 위치한 독일의 연구개발비에 해당합니다. 이 숫자를 잘못 읽으면서 GDP가 상승했을 것이고 연구개발비 전략 조정이 있었을 것 같다는 잘못된 추측을 하고 있습니다.

```
'이 두 데이터는 각각 2021년과 2022년의 OECD 주요 국가들의 연구개발비 규모와 GDP 대비 연구개발비
비중을 비교한 자료입니다. 한국을 중심으로 보면 다음과 같은 변화가 있었습니다:
1. **연구개발비 (백만 US 달러):**
- 2021년: 121,739
- 2022년: 87,225
 연구개발비가 감소한 것으로 보입니다.
2. **GDP 대비 연구개발비 비중 (%):**
- 2021년: 4.93%
- 2022년: 4.93
 GDP 대비 연구개발비 비중은 그대로 유지되었습니다.
 대한민국은 연구개발비 총액 면에서는 감소했지만, GDP 대비 비중은 변동이 없는 것으로 나타났습니다. 이
는 GDP 상승 또는 연구개발비 전략의 조정에 따른 결과일 수 있습니다.
또한, 다른 주요 국가들과 비교했을 때 미국과 중국이 가장 높은 연구개발비를 유지하고 있으며, 한국은 두
나라에 비해 낮은 수치를 기록하고 있습니다. 연구개발비 비중 측면에서는 이스라엘이 가장 높은 비중을 나
타냈습니다.
전체적으로 이러한 변화는 각국의 경제 상황과 연구개발에 대한 정책 변화에 영향을 받을 수 있음을 시사합
니다.'
```

이처럼 GPT의 이미지 인식 기능은 일반적인 이미지 분석에는 적절할 수 있지만 그래프를 해석하거나 환자 CT 사진에서 질병을 감지하는 등의 고차원적인 목적에는 적합하지 않을 수 있습니다. 심지어 완전히 동일한 이미지인데도 이미지 크기에 따라 완전히 잘못된 답변을 내놓을 수 있으므로 반드시 주의해야 합니다. 여러분이 이 책을 읽는 시점에는 GPT가 개선되어서 여기에서 보여 준 실수를 더 이상 하지 않을 수도 있습니다. 그러나 GPT의 이미지 인식 기능에 한계가 있다는 점은 인지해 두기 바랍니다.

06-2 이미지를 활용해 퀴즈 만들기

이미지를 분석해 영어 듣기 평가 문제를 만들어 봅시다. 문제를 영어로 만들면 결과를 확인하기 어려우니 우선 한국어로 만들어 보겠습니다.

Do it! 실습 문제 생성 함수 만들기

결과 파일: sec02/image_quiz_0.py

1. 새로운 파이썬 파일을 만들고 06-1절에서 사용한 image_explanation.ipynb 코드를 활용하겠습니다. 앞으로 for 문으로 여러 이미지 파일의 경로를 가져오기 위해 파이썬 라이브러리 glob를 미리 임포트합니다.

이미지 경로를 받아 base64로 인코딩하는 함수 — image_quiz.py

```
from glob import glob  # for 문으로 여러 파일의 경로를 가져오기 위해 선언
from openai import OpenAI
from dotenv import load_dotenv
import os
import base64

load_dotenv()
api_key = os.getenv("OPENAI_API_KEY")  # 환경 변수에서 API 키 가져오기
client = OpenAI(api_key=api_key)       # 오픈AI 클라이언트의 인스턴스 생성

def encode_image(image_path):
    with open(image_path, "rb") as image_file:
        return base64.b64encode(image_file.read()).decode("utf-8")
```

2. 문제를 출제하는 image_quiz 함수를 만듭니다.

이미지 경로를 받아 퀴즈를 만드는 함수 — image_quiz.py

```
(... 생략 ...)
def image_quiz(image_path):
    base64_image = encode_image(image_path)——①
```

```
    quiz_prompt = """
    제공한 이미지를 바탕으로, 다음과 같은 양식으로 퀴즈를 만들어 주세요.
    정답은 (1)~(4) 중 하나만 해당하도록 출제하세요.
    아래는 예시입니다.
    ----- 예시 -----

    Q: 다음 이미지에 대한 설명 중 옳지 않은 것은 무엇인가요?
    - (1) 베이커리에서 사람들이 빵을 사는 모습이 담겨 있습니다.
    - (2) 맨 앞에 서 있는 사람은 빨간색 셔츠를 입었습니다.
    - (3) 기차를 타기 위해 줄을 서 있는 사람들이 있습니다.
    - (4) 점원은 노란색 티셔츠를 입었습니다.

    정답: (4) 점원은 노란색 티셔츠가 아닌 파란색 티셔츠를 입었습니다.
    (주의: 정답은 (1)~(4) 중 하나만 선택하도록 출제하세요.)
    ======
    """                                                                  ❷

    messages = [
        {
            "role": "user",
            "content": [
                {"type": "text", "text": quiz_prompt},
                {
                    "type": "image_url",
                    "image_url": {
                        "url": f"data:image/jpeg;base64,{base64_image}",   ❸
                    },
                },
            ],
        }
    ]

    response = client.chat.completions.create(
        model="gpt-4o",      # 응답 생성에 사용할 모델을 지정
        messages=messages    # 대화 기록을 입력으로 전달
    )

    return response.choices[0].message.content ❹
```

❶ 이 함수는 이미지의 경로(image_path)를 매개변수로 받아 encode_image 함수를 이용해 이미지를 base64로 인코딩합니다.

❷ 문제를 어떻게 출제해야 할지 예시를 포함해 프롬프트를 작성합니다.

❸ messages 구조는 앞서 06-1절에서 사용한 방식과 동일하지만 content의 text 부분에 quiz_prompt가 포함된 점이 다릅니다. 인코딩된 이미지를 GPT에 보낼 때 사용할 프롬프트를 quiz_prompt 변수에 담습니다.

❹ 이 함수는 GPT가 생성한 답변에서 content의 텍스트만 추출하여 반환합니다.

3. 함수가 잘 작동하는지 확인해 봅시다. 원하는 이미지를 추가해 테스트합니다.

✦ 예제에서 사용한 busan_dive.jpg는 저자 깃허브에서 내려받을 수 있습니다.

이미지 경로를 받아 퀴즈를 만드는 함수 — image_quiz.py

```
(... 생략 ...)
q = image_quiz("./chap06/data/images/busan_dive.jpg")
print(q)
```

실행하니 다음과 같이 문제가 제대로 출력되었습니다. 이제 문제를 만들 이미지 파일들을 원하는 폴더(./data/images/)에 저장하고 for 문으로 반복해서 실행하면 됩니다.

```
Q: 다음 이미지에 대한 설명 중 옳지 않은 것은 무엇인가요?
- (1) 많은 사람들이 한 공간에 앉아 컴퓨터 작업을 하고 있습니다.
- (2) 행사명으로 "DIVE 2024 IN BUSAN"이 보입니다.
- (3) 사람들이 서서 기차를 기다리는 모습입니다.
- (4) 천장에는 조명이 많이 설치되어 있습니다.

정답: (3) 사람들이 서서 기차를 기다리는 모습이 아니라, 앉아서 작업 중인 모습입니다.
```

4. 여러 이미지와 관련된 문제를 생성하고 그 결과를 문제집으로 만드는 코드를 작성합시다.

여러 이미지로 문제집 만들기 — image_quiz.py

```
(... 생략 ...)

txt = ''      ❶
no = 1
for g in glob('./chap06/data/images/*.jpg'):      ❷
    try:
        q = image_quiz(g)
    except Exception as e:
        print(e)
        continue

    divider = f'## 문제 {no}\n\n'
    print(divider)
```

```
    txt += divider
    filename = os.path.basename(g)
    txt += f'![image]({filename})\n\n'

    # 문제 추가
    print(q)
    txt += q + '\n\n---------------------\n\n'

    with open('./chap06/data/images/image_quiz.md', 'w', encoding='utf-8') as f:
        f.write(txt)

    no += 1  # 문제 번호 증가
```

❶ for 문을 사용해 계속 생성되는 문제들을 덧붙여 나가기 위해 빈 문자열 txt를 선언하고 문제 번호를 매기기 위해 no 변수를 선언합니다.

❷ for 문으로 ./data/images/ 폴더 내의 모든 JPG 파일을 사용합니다. 첫 번째로 수행할 작업은 방금 만든 image_quiz 함수를 사용하여 퀴즈를 생성하는 일입니다. GPT가 실수를 하거나 오류를 일으킬 수 있으므로 try 문으로 처리하고, 오류가 발생하면 해당 문제는 출제하지 않도록 단순하게 구현합니다.

❸ 마크다운 형식으로 결과를 보기 좋게 출력하는 코드입니다. GPT가 출제한 문제 위에 이미지를 표시하기 위해 이미지 파일명만 추출하여 `![image](filename)` 형식으로 링크를 만들고 이를 txt에 덧붙입니다. 문제들 사이에 구분선을 추가해 가독성을 높였습니다.

❹ 출제된 문제는 이미지가 있는 폴더(./data/images)에 마크다운 파일로 저장합니다. 이미지 파일이 이미 있는 폴더에 마크다운 파일을 저장하므로 이미지 파일 링크를 만들 때는 전체 경로를 쓸 필요 없이 이미지 파일명만 남겨도 문제없이 연결됩니다. for 문이 종료된 후 문제들을 모두 txt에 담아 마크다운 파일로 저장할 수도 있지만, GPT가 문제를 작성하는 중에도 .md 파일을 실시간으로 열어서 확인할 수 있도록 for 문 안에 파일 저장 코드를 추가합니다.

코드를 실행하면 마크다운 파일이 잘 생성됩니다.

마크다운으로 문제집이 생성된 결과 ./chap06/data/images/image_quiz.md

```
## 문제 1

![image](busan_dive.jpg)

Q: 다음 이미지에 대한 설명 중 옳지 않은 것은 무엇인가요?
- (1) 여러 사람들이 큰 실내 공간에서 컴퓨터를 사용하고 있습니다.
- (2) 이미지 상단의 전광판에는 "DIVE 2024 IN BUSAN"이라고 쓰여 있습니다.
- (3) 사람들이 서로 멀리 떨어져 여러 곳에 앉아 있습니다.
- (4) 이미지의 천장 구조물이 노출되어 보입니다.

정답: (3) 사람들이 서로 멀리 떨어져 있지 않고 가까이 모여 앉아 있습니다.
```

```
---------------------

## 문제 2

![image](local_stitch.jpg)

Q: 다음 이미지에 대한 설명 중 옳지 않은 것은 무엇인가요?
- (1) 건물 앞에 노란색 조형물이 있습니다.
- (2) 건물 벽에는 "Local Stitch"라는 글자가 보입니다.
- (3) 이미지 속 건물은 단층 구조로 되어 있습니다.
- (4) 건물 벽돌 색깔은 붉은색과 갈색 톤이 있습니다.

정답: (3) 이미지 속 건물은 단층 구조가 아닌 여러 층으로 되어 있습니다.

---------------------
```

5. VS Code에서 마크다운 파일을 연 뒤 화면 위에서 돋보기 아이콘 을 클릭하면 마크다운 형태로 렌더링된 페이지가 나타납니다.

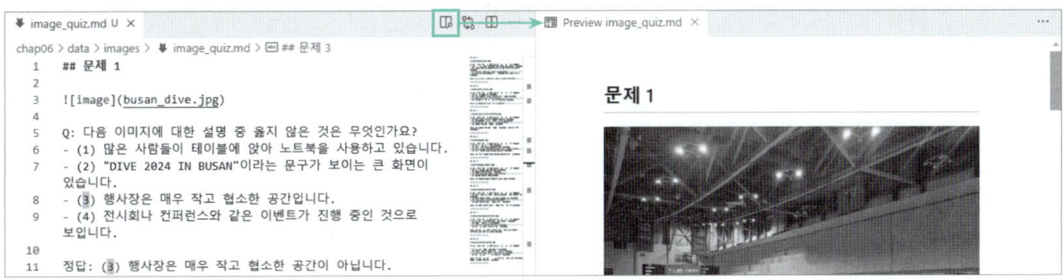

마크다운 파일을 렌더링한 결과도 마음에 듭니다! 이미지와 함께 그와 관련된 문제도 잘 표시됩니다.

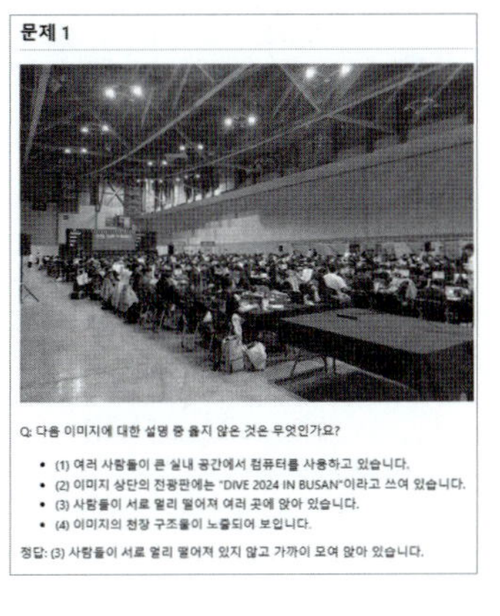

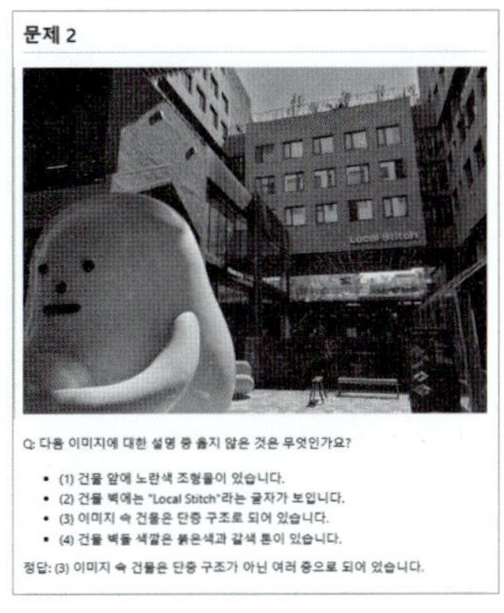

Do it! 실습 영어로 문제 출제하기

결과 파일: sec02/image_quiz_1.py

이제 영어로도 문제를 출제해 보겠습니다. 기존 image_quiz.py 파일에 이어서 작성합니다.

1. image_quiz 함수가 영어 버전으로 문제를 출력하고 실패하면 재시도하도록 수정합니다.

영어 버전으로 문제를 출제하고 실패 시 재시도하도록 수정하기 — image_quiz.py

```
(... 생략 ...)
def image_quiz(image_path, n_trial=0, max_trial=3): ①
    if n_trial >= max_trial:  # 최대 시도 회수에 도달하면 포기
        raise Exception("Failed to generate a quiz.")

    base64_image = encode_image(image_path)  # 이미지를 base64로 인코딩

    quiz_prompt = """
    제공한 이미지를 바탕으로, 다음과 같은 양식으로 퀴즈를 만들어 주세요.
    정답은 (1)~(4) 중 하나만 해당하도록 출제하세요.
    토익 리스닝 문제 스타일로 문제를 만들어 주세요.
    아래는 예시입니다.
    ----- 예시 -----

    Q: 다음 이미지에 대한 설명 중 옳지 않은 것은 무엇인가요?
    - (1) 베이커리에서 사람들이 빵을 사는 모습이 담겨 있습니다.
    - (2) 맨 앞에 서 있는 사람은 빨간색 셔츠를 입었습니다.
    - (3) 기차를 타기 위해 줄을 서 있는 사람들이 있습니다.
    - (4) 점원은 노란색 티셔츠를 입었습니다.

    Listening: Which of the following descriptions of the image is incorrect?
    - (1) It shows people buying bread at a bakery.
    - (2) The person standing at the front is wearing a red shirt.
    - (3) There are people lining up to take a train.
    - (4) The clerk is wearing a yellow T-shirt.

    정답: (4) 점원은 노란색 티셔츠가 아닌 파란색 티셔츠를 입었습니다.
    (주의: 정답은 (1)~(4) 중 하나만 선택하도록 출제하세요.)
    ======
    """  ②

    messages = [
    (... 생략 ...)
    ]
```

```
try:
    response = client.chat.completions.create(
        model="gpt-4o",     # 응답 생성에 사용할 모델 지정
        messages=messages   # 대화 기록을 입력으로 전달
    )
except Exception as e:
    print("failed\n" + e)
    return image_quiz(image_path, n_trial+1)

content = response.choices[0].message.content

if "Listening:" in content: )
    return content, True
else:
    return image_quiz(image_path, n_trial+1) )
(... 생략 ...)
```

❶ 오픈AI의 API 서버가 불안정하거나 부적절한 이미지, 특정 기업의 이미지가 포함된 경우, 혹은 알 수 없는 이유로 답변에 실패하기도 합니다. 이런 경우에 재시도하면 해결되기도 하므로 `image_quiz` 함수의 매개변수에 `n_trial=0`과 `max_trial=3`을 추가하고 ❸번 부분에 `try ~ except` 구문으로 처리해 둡니다.

❷ 프롬프트를 살펴봅시다. `quiz_prompt`에서 기존의 프롬프트에 토익 리스닝 문제 스타일로 만들어달라는 내용을 추가하고 '`Listening:`' 뒤에 영어 예시를 추가합니다. 이렇게 요청하면 GPT가 한글과 영어 문제를 모두 출제합니다.

❸ 첫 번째 시도가 실패하면 `n_trial`에 1을 더한 값으로 자기 자신 함수(`image_quiz`)를 호출하여 재시도하고, `n_trial`이 3에 도달하면 더 이상 시도하지 않고 예외로 처리합니다.

❹ 정상으로 작동하면 결과에서 텍스트만 추출하고 이 함수가 성공했다는 의미로 `True`와 함께 반환합니다.

❺ GPT가 생성한 결과가 우리가 지정한 형식과 다를 수도 있습니다. 예를 들어 GPT가 실수로 '`Listening:`'이 없는 상태로 답변을 생성했다면 다시 시도하도록 설정합니다. 이 부분을 추출하여 다음 실습에서 TTS로 영어 음성 파일을 MP3로 만들 예정입니다.

2. `image_quiz` 함수를 변경했으므로 호출하는 부분도 수정합니다. 원래 `image_quiz` 함수를 호출할 때 `try ~ except` 구문을 사용했는데 이제 함수 내에서 오류 처리가 이루어지므로 이 구문은 제외합니다. 그 대신 `image_quiz` 함수가 반환하는 두 개의 값 중 두 번째 값을 확인하여 만약 문제 생성에 실패하면 해당 문제는 건너뛰고 다음 문제로 넘어가도록 구성합니다.

변경된 함수에 맞게 호출 내용 수정하기 image_quiz.py

```
(... 생략 ...)
txt = ''
no = 1
for g in glob('./data/images/*.jpg'):
    q, is_suceed = image_quiz(g)

    if not is_suceed:
        continue

    divider = f'## 문제 {no}\n\n'
(... 생략 ...)
```

이 코드를 실행한 결과, 다음과 같이 영어로도 문제가 잘 출력되었습니다.

영문 문제 포함하여 출력된 결과 image_quiz.md

```
## 문제 1

![image](busan_dive.jpg)

Q: 다음 이미지에 대한 설명 중 옳지 않은 것은 무엇인가요?
- (1) 많은 사람들이 테이블에 앉아 있습니다.
- (2) 배경에 "DIVE 2024 IN BUSAN"이라는 문구가 보입니다.
- (3) 회의실 안에는 식물들이 많이 있습니다.
- (4) 대부분의 사람들이 노트북을 사용하고 있습니다.

Listening: Which of the following descriptions of the image is incorrect?
- (1) Many people are seated at tables.
- (2) The background displays the text "DIVE 2024 IN BUSAN."
- (3) There are many plants inside the conference room.
- (4) Most people are using laptops.

정답: (3) 회의실 안에는 식물들이 보이지 않습니다.

---------------------

## 문제 2
(... 생략 ...)
```

Do it! 실습 TTS로 영어 듣기 평가 문제 만들기

결과 파일: sec02/image_quiz.py, sec02/tts.ipynb

이제 image_quiz.md 파일에 영어 시험 문제가 생겼습니다. 문제를 읽는 MP3 음성 파일이 있다면 듣기 평가 문제로 활용할 수 있습니다. 오픈AI의 API에는 문장을 음성 파일로 변환하는 TTS[text-to-speech]가 있습니다. 이 기능을 활용해 내가 찍은 사진으로 듣기 평가 문제를 만들어 봅시다.

1. 영어 문제 부분만 추출하기 위해 JSON 파일로 저장하는 기능을 추가합니다. 앞서 생성한 image_quiz.md 파일에서 영어 문제는 'Listening:' 부터 '**정답:**' 사이에 작성되어 있습니다. 따라서 이 부분만 추출하는 코드를 작성합니다. 이렇게 추출한 영어 문제는 eng 변수에 담고 문제 번호 no와 파일명 filename을 함께 딕셔너리 형태로 저장합니다. 이 딕셔너리를 eng_dict에 하나씩 추가하고 각각 JSON 파일로 저장합니다.

영어 문제만 추출해 JSON 파일로 저장하기 — image_quiz.py

```
from glob import glob
import json
from openai import OpenAI
(... 생략 ...)

def image_quiz(image_path, n_trial=0, max_trial=3):
    (... 생략 ...)

txt = ''
eng_dict = []
no = 1
for g in glob('./data/images/*.jpg'):
    (... 생략 ...)
    filename = os.path.basename(g)
    (... 생략 ...)
    with open('./chap06/data/images/image_quiz_with_eng.md', 'w', encoding='utf-8') as 
f:
        f.write(txt)
```

```
    # 영어 문제만 추출
    eng = q.split('Listening: ')[1].split('정답:')[0].strip()

    eng_dict.append({
        'no': no,
        'eng': eng,
        'img': filename
    })

    # JSON 파일로 저장
    with open('./chap06/data/images/image_quiz_eng.json', 'w', encoding='utf-8') as f:
        json.dump(eng_dict, f, ensure_ascii=False, indent=4)

    no += 1 # 문제 번호 증가
```

이 코드를 실행하면 기존의 .md 파일 외에 image_quiz_eng.json 파일이 추가로 생성됩니다. 생성된 결과는 다음과 같습니다.

영어 문제만 추출해 JSON 파일로 저장한 결과 — image_quiz_eng.json

```
[
    {
        "no": 1,
         "eng": "Which of the following descriptions of the image is incorrect?\n- (1) Many people are seated at tables.\n- (2) The background displays the text \"DIVE 2024 IN BUSAN.\"\n- (3) There are many plants inside the conference room.\n- (4) Most people are using laptops.",
        "img": "busan_dive.jpg"
    },
    (... 생략 ...)
]
```

2. 이제 오픈AI의 TTS 기능을 사용할 준비를 마쳤습니다. TTS를 단계별로 학습하기 위해 주피터 노트북 파일을 생성합니다. 저는 tts.ipynb라는 이름으로 생성했습니다. 우선 오픈AI의 API를 설정합니다.

오픈AI API 설정하기 tts.ipynb (1)

```
from openai import OpenAI
from dotenv import load_dotenv
import os

load_dotenv()
api_key = os.getenv("OPENAI_API_KEY")  # 환경 변수에서 API 키 가져오기
client = OpenAI(api_key=api_key)       # 오픈AI 클라이언트의 인스턴스 생성
```

3. 다음은 오픈AI의 TTS 공식 문서를 활용한 예제입니다. 오픈AI의 TTS는 다양한 목소리를 제공하는데 그중에 `alloy`를 선택합니다. 음성으로 생성할 내용은 `input`에 작성합니다. 오픈AI의 TTS에서 반환한 값은 `response`에 담겨 있는데 이 내용을 `.write_to_file()` 함수를 사용해 MP3 파일로 저장합니다.

✦ 공식 문서에는 tts-1 모델을 사용하는 예제가 나와 있습니다(https://platform.openai.com/docs/guides/text-to-speech). tts-1 모델은 스트리밍 방식으로 오디오를 출력하는 데 최적화되어 있지만 오디오 품질은 tts-1-hd에 비해 떨어집니다. 우리는 MP3 형식으로 출력해야 하므로 이 예제에서는 tts-1-hd를 사용했습니다.

첫 번째 TTS 테스트 tts.ipynb (2)

```
# TTS 함수
response = client.audio.speech.create(
    model="tts-1-hd",
    voice="alloy",
    input="Hello world! This is a TTS test.",
)

response.write_to_file("hello_world.mp3")

# 재생
import IPython.display as ipd

ipd.Audio("hello_world.mp3")
```

셀을 실행하면 다음과 같이 hello_world.mp3 파일을 재생할 수 있는 플레이어가 나타납니다. 플레이 버튼을 클릭하니 중성적인 음성이 들립니다.

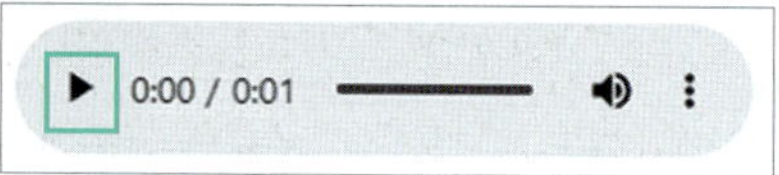

4. 목소리를 바꿀 수도 있습니다. 목소리를 `alloy`에서 `ash`로 바꾸고 자신의 이름을 말하도록 `input`을 수정합니다. MP3 파일도 기존 파일을 덮어쓰지 않도록 `voice` 이름을 포함해서 저장합니다.

목소리를 ash로 바꾸고 테스트하기 tts.ipynb (3)

```
# 다른 목소리
voice = "ash"
mp3_file = f"hello_world_{voice}.mp3"

response = client.audio.speech.create(
    model="tts-1-hd",
    voice=voice,
    input=f"Hello world! I'm {voice}. This is a TTS test.",
)

response.write_to_file(mp3_file)

# 재생
import IPython.display as ipd

ipd.Audio(mp3_file)
```

실행해 보면 중저음의 멋진 남성 목소리가 들립니다. 목소리는 'alloy', 'ash', 'coral', 'echo', 'fable', 'onyx', 'nova', 'sage', 'shimmer' 등이 있습니다. 테스트하면서 마음에 드는 목소리를 선택하면 됩니다.

5. 이제 미리 저장했던 image_quiz_eng.json 파일을 읽습니다.

영어 스크립트 JSON 파일 읽기 (1) tts.ipynb (4)

```
import json

# JSON 파일 열기
with open('../data/images/image_quiz_eng.json', 'r', encoding='utf-8') as f:
    eng_dict = json.load(f)

eng_dict
```

이 셀을 실행하면 JSON 파일이 딕셔너리 형태로 읽어집니다.

```
[{'no': 1,
  'eng': 'Which of the following descriptions of the image is incorrect?\n- (1) Many people are seated at tables.\n- (2) The background displays the text "DIVE 2024 IN BUSAN."\n- (3) There are many plants inside the conference room.\n- (4) Most people are using laptops.',
  'img': 'busan_dive.jpg'},
(... 생략 ...)
]
```

6. for 문으로 이 딕셔너리를 하나씩 읽어 옵니다. 이 셀을 실행하기 전에 .write_to_file() 내에 지정한 경로가 존재하는지 꼭 확인하세요. 만약 없다면 그 폴더를 만들어 주어야 정상으로 작동합니다.

영어 스크립트 JSON 파일 읽기 (2) tts.ipynb (5)

```
voices = ['alloy', 'ash', 'coral', 'echo', 'fable', 'onyx', 'nova', 'sage' , 'shimmer']

for q in eng_dict:
    no = q['no']
    quiz = q['eng']
    quiz = quiz.replace("- (1)", "- One.\t")
    quiz = quiz.replace("- (2)", "- Two.\t")    ❶
    quiz = quiz.replace("- (3)", "- Three.\t")
    quiz = quiz.replace("- (4)", "- Four.\t")
```

```
    print(no, quiz)

    voice = voices[no % len(voices)]——❷

    response = client.audio.speech.create(
        model="tts-1-hd",
        voice=voice,
        input=f'#{no}. {quiz}',
    )

    response.write_to_file(f"../data/audio/{no}.mp3")
```

❶ q['eng']에서 영어 문제를 가져와 저장한 후 '- (1)'을 '- One. \t'로 바꿉니다. 이 부분 없이 음성 파일을 생성했다면 종종 숫자를 생략하고 읽는 문제가 발생합니다. 따라서 번호를 빠뜨리지 않도록 명시적으로 표현합니다.

❷ voices로 선택할 수 있는 목소리의 이름을 리스트에 담아 놓고 문제 번호 no가 몇인지에 따라 음성이 선택되도록 합니다. 이렇게 하면 MP3 파일을 각각 다른 목소리로 생성할 수 있습니다.

이제 다음 셀에서 원하는 파일을 선택해 재생해 봅시다.

영어 스크립트 JSON 읽기 (3) tts.ipynb (6)

```
ipd.Audio(f"../data/audio/1.mp3")
```

내가 찍은 사진으로 그럴싸한 영어 듣기 평가 문제가 생성되었습니다!

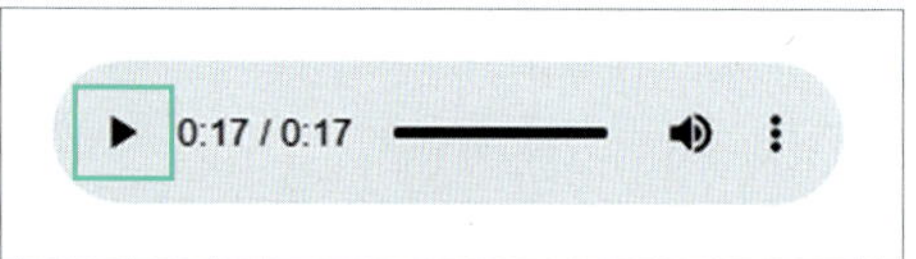

07장

최신 주식 정보를 알려 주는 AI 투자자

GPT 언어 모델은 똑똑하지만 '지금 몇 시지?', '오늘 비 오니?' 같은 간단한 질문에 답하지 못합니다. API를 통해 사용하는 GPT 모델은 마치 시계도 창문도 없는 감옥에 갇혀 있는 사람처럼 제한된 환경에서 작동하기 때문입니다. GPT의 이러한 한계를 보완하기 위해 펑션 콜링이라는 기술이 있습니다. 이번 장에서는 파이썬 함수를 활용해 GPT가 더 다양한 작업을 할 수 있게 하는 방법을 알아보겠습니다.

07-1 펑션 콜링의 기초

GPT야, 지금 몇 시지?

03-2절 'GPT와 멀티턴 대화하기'에서 만든 챗봇(multi_turn.py)에 '지금 몇 시지?'라고 물어보면 다음처럼 알려 줄 수 없다는 답변이 나옵니다.

```
사용자: 지금 몇 시지?
AI: 죄송하지만 현재 시간을 알려드릴 수는 없습니다. 사용 중인 기기의 시계를 확인해보시기 바랍니다.
```

GPT 같은 언어 모델은 아무리 똑똑해 보이더라도 기본적으로 이전 텍스트를 기반으로 다음에 나올 문장을 예측하는 모델입니다. 학습을 종료한 시점에 잠들어 있다가 API를 통해 호출될 때마다 깨어나 답변을 해주고 다시 잠드는 사람과 비슷합니다. 따라서 현재 시간이 몇 시인지, 밖의 날씨가 어떤지, 최근에 유행하는 음악은 무엇인지 알지 못합니다. GPT와 대화한 내용을 파일로 저장해 달라고 요청해도 그런 작업은 수행할 수 없습니다.

펑션 콜링이란?

이러한 GPT의 한계를 극복하기 위해 오픈AI에서는 펑션 콜링Function calling 기능을 제공합니다. 펑션 콜링을 활용하면 GPT에게 함수와 그에 관한 설명을 제공하고 상황에 맞는 특정 함수를 호출하도록 할 수 있습니다. GPT는 함수 실행 결과를 해석하여 사용자에게 답변을 제공합니다.

오픈AI에서는 펑션 콜링 기능에 사용할 수 있는 함수를 담은 도구 목록을 딕셔너리 형태로 정의합니다. 예를 들어 사용자가 '지금 몇 시야?'라고 물으면 GPT는 이 도구 목록에서 시간을 확인할 수 있는 도구가 있는지 찾아서 그 도구를 사용해 답변합니다. 즉, 도구 목록의 딕셔너리는 GPT 모델이 어떤 도구를 사용할 수 있는지 알려 주는 설명서 역할을 하며, GPT API를 호출할 때 이 도구 목록도 함께 전달됩니다.

한 걸음 더! 챗GPT는 지금 몇 시인지 잘 대답하는데요?

챗GPT는 GPT-4o 모델을 기반으로 이 장에서 배울 펑션 콜링을 비롯한 여러 기능이 추가된 서비스입니다. 사용자가 챗GPT에 '지금 몇 시지?' 라고 질문하면 '분석 중…' 이라는 메시지가 깜박이다가 최종 답변이 나옵니다. 이 메시지는 펑션 콜링을 사용해 정보를 생성하는 과정을 나타냅니다.

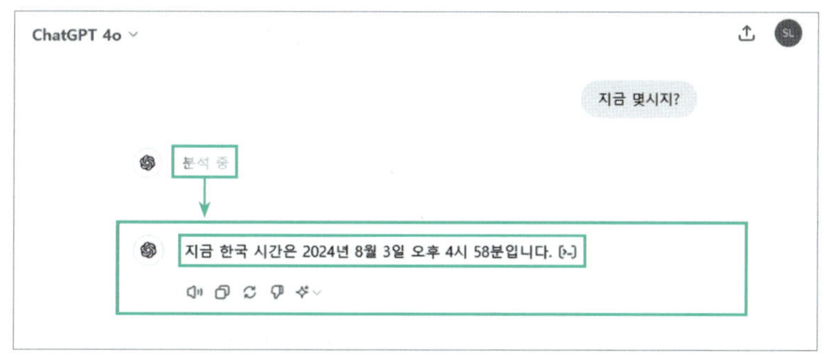

펑션 콜링 기능을 사용해 질문에 답변하는 챗GPT

Do it! 실습 펑션 콜링 적용하기

결과 파일: chap07/sec01/gpt_functions_0.py, sec01/what_time_is_it_terminal_0.py

스트림릿으로 만든 챗봇에 펑션 콜링을 적용해 지금이 몇 시인지 GPT가 답할 수 있도록 구현해 보겠습니다.

1. 파이썬 파일 gpt_functions.py을 생성합니다. 여기서 펑션 콜링에 사용할 함수를 정의하고 뒤에서 만들 코드에 이 파일을 임포트하여 사용할 계획입니다. GPT가 현재 시간을 파악할 수 있게 해주는 `get_current_time` 함수를 작성합니다. 이 함수는 매개변수는 사용하지 않으며 실행 여부를 터미널 창에서 확인하기 위해 현재 시간을 출력하고 반환합니다.

GPT에서 사용할 함수 정의하기 gpt_functions.py

```
from datetime import datetime

def get_current_time():
    now = datetime.now().strftime("%Y-%m-%d %H:%M:%S")
    print(now)
    return now

if __name__ == '__main__':
    get_current_time()
```

이 코드를 실행하면 결과로 현재 시간을 터미널 창에 출력합니다.

```
2025-01-21 16:35:58
```

2. 현재 시간을 알려 주는 함수를 펑션 콜링 기능으로 활용하기 위한 설명을 추가하겠습니다.

GPT를 위해 사용할 함수 설명 추가하기 gpt_functions.py

```
from datetime import datetime

def get_current_time():
    now = datetime.now().strftime("%Y-%m-%d %H:%M:%S")
    print(now)
    return now

tools = [
    {
        "type": "function",
        "function": {
            "name": "get_current_time",
            "description": "현재 날짜와 시간을 반환합니다.",
        }
    },
]

if __name__ == '__main__':
    get_current_time()
```

① 새로 만든 파이썬 함수에 대한 설명은 `tools`라는 리스트에 딕셔너리 형태로 담아 두었습니다. 현재 `tools`에 `get_current_time` 함수만 포함되어 있지만 필요에 따라 딕셔너리 형태로 추가해 나가면 됩니다.

② name에는 함수의 이름, `description`에는 이 함수를 언제 사용할 수 있는지에 대한 설명을 기록합니다. 일반적으로는 name과 `description` 이외에도 함수에 필요한 매개변수를 `parameters`에 적어야 하지만 이번 함수는 매개변수를 사용하지 않으므로 추가하지 않았습니다.

이제 03-2절에서 작성한 코드(multi_turn.py)를 수정해서 터미널 창에서 펑션 콜링 기능을 사용하는 방법을 익히겠습니다. 코드를 조금씩 수정하며 GPT의 응답을 확인해 봅시다.

3. 새 파일 what_time_is_it_terminal.py를 만듭니다. multi_turn.py 코드를 붙여넣고 펑션 콜링에 사용할 도구 목록인 tools를 포함하도록 수정합니다.

GPT에 tools 정보 포함하기 | what_time_is_it_terminal.py

```
from gpt_functions import get_current_time, tools ①
from openai import OpenAI
from dotenv import load_dotenv
import os

load_dotenv()
api_key = os.getenv("OPENAI_API_KEY")  # 환경 변수에서 API 키 가져오기

client = OpenAI(api_key=api_key)  # 오픈AI 클라이언트의 인스턴스 생성

def get_ai_response(messages, tools=None): ②
    response = client.chat.completions.create(
        model="gpt-4o",        # 응답 생성에 사용할 모델 지정
        messages=messages,  # 대화 기록을 입력으로 전달
        tools=tools, ③
    )
    return response ④
```

① 앞서 만든 gpt_functions.py 파일의 get_current_time 함수와 tools를 임포트합니다.

② get_ai_response 함수의 매개변수에 tools를 None으로 추가합니다. 이 tools를 client.chat.completions.create에서 사용합니다.

③ get_ai_response 함수에서 tools에 gpt_functions의 tools를 대입해 주면 get_current_time 함수를 사용할 수 있습니다.

④ 원래 multi_turn.py에서는 response.choices[0].message.content로 메시지만 문자열 형태로 반환하는 형태였습니다. 여기에서는 생성된 응답을 온전히 반환하도록 수정합니다.

4. 터미널 창에서 반복적으로 호출하기 위해 get_ai_response 함수를 while True: 내부에서 사용합니다. 사용자가 입력할 때마다 이 반복문 안에서 GPT의 응답을 처리합니다.

get_ai_response 함수 실행 준비하기 | what_time_is_it_terminal.py

```
(... 생략 ...)
messages = [
    {"role": "system", "content": "너는 사용자를 도와주는 상담사야."},  # 초기 시스템 메시지
]

while True:
    user_input = input("사용자\t: ")  # 사용자 입력받기
```

```
    if user_input == "exit":  # 사용자가 대화를 종료하려는지 확인
        break

    messages.append({"role": "user", "content": user_input})  # 사용자 메시지를 대화 기록에 
추가

    ai_response = get_ai_response(messages, tools=tools)——❶
    ai_message = ai_response.choices[0].message——❷
    print(ai_message)——❸

    tool_calls = ai_message.tool_calls
    if tool_calls:  # tool_calls가 있는 경우
        tool_name = tool_calls[0].function.name
        tool_call_id = tool_calls[0].id                                  ——❹

        if tool_name == "get_current_time":
            messages.append({
                "role": "function",          # role을 "function"으로 설정
                "tool_call_id": tool_call_id,
                "name": tool_name,
                "content": get_current_time(),  # 함수 실행 결과를 content로 설정
            })                                                           ——❺

        ai_response = get_ai_response(messages, tools=tools)——❻
        ai_message = ai_response.choices[0].message

    messages.append(ai_message)

    print("AI\t: " + ai_message.content)                                 ——❼
```

❶ gpt_functions에서 임포트한 tools를 같이 지정합니다. 이제 get_current_time과 같은 외부 함수를 GPT가 선택해 사용할 수 있도록 설정됩니다.

❷ get_ai_response 함수의 결과가 ai_response에 저장됩니다. 이전에는 문자열 형태로 응답을 받았지만 이제는 객체 형태로 반환됩니다.

❸ ai_message의 값이 어떤 형태인지 확인하기 위해 임시로 출력합니다. 이렇게 하면 AI 응답을 제대로 처리할 수 있는지 확인할 수 있습니다.

❹ 만약 GPT가 특정 함수를 실행해야 한다고 판단하면 ai_message의 tool_calls라는 속성에 실행할 함수의 정보가 포함됩니다. tool_calls가 있다면 함수를 실행해야 한다고 GPT가 판단했다는 뜻입니다. 여기서 실행할 함수명을 가져오고 펑션 콜링의 id를 받아 옵니다.

❺ 만약 이 tool_name이 get_current_time이라면 새로운 메시지의 role을 'function'으로 설정하고 tool_call_id와 tool_name을 포함하여 get_current_time 함수의 실행 결과를 messages에 추가합니다.

❻ 그 후 get_ai_response 함수를 다시 한번 호출하여 GPT의 답을 받습니다.
❼ 그 결과를 messages에 추가하고 터미널 창에 출력합니다.

코드를 실행하고 질문하면 다음처럼 사용자가 요청하는 사항에 따라 잘 답변해 줍니다. 함수를 사용해야 하는 상황에서는 ChatCompletionMessageToolCall의 인스턴스로 반환되고 있습니다.

```
사용자: 안녕?
ChatCompletionMessage(content='안녕하세요! 어떻게 도와드릴까요?', refusal=None, role='assis
tant', audio=None, function_call=None, tool_calls=None) ── ai_message에서 출력된 내용
AI: 안녕하세요! 어떻게 도와드릴까요?
사용자 : 지금 몇시야?
ChatCompletionMessage(content=None, refusal=None, role='assistant', audio=None, function_
call=None, ── ai_message에서 출력된 내용
tool_calls=[ChatCompletionMessageToolCall(id='call_Sa5GVNORrKe0pAMq2vkdSEUH', function=
Function(arguments='{}', name='get_current_time'), type='function')])
2025-01-06 18:49:55 ── get_current_time 함수에서 출력된 내용
AI: 현재 시간은 2025년 1월 6일 오후 6시 49분입니다.
```

뉴욕은 지금 몇 시야?

GPT는 제가 어디에 있는지 알 수 없습니다. 펑션 콜링 기능을 이용해 GPT가 시간을 알려 줄 수 있지만 이것이 런던 시간인지 서울 시간인지 알지 못합니다. 저는 지금 서울에 있고 현재 시각은 2025년 1월 6일 19시 9분입니다. GPT에게 다짜고짜 지금 뉴욕은 몇 시냐고 물어보면 잘못된 답변을 합니다. get_current_time 함수를 통해 얻은 시각이 그리니치 표준시인 UTC 기준이라고 판단해 그 시간을 기준으로 뉴욕이 몇 시인지 계산하기 때문입니다. 하지만 19시 9분은 그리니치 표준시가 아닌 서울의 시간이므로 맞지 않는 답변입니다.

```
사용자: 지금 뉴욕은 몇 시야?
2025-01-06 19:09:24
AI: 현재 UTC 시간은 2025년 1월 6일 19시 9분 24초 입니다. 뉴욕은 동부 표준시(EST)를 사용하므로,
UTC 시간보다 5시간 늦습니다. 따라서 뉴욕의 현재 시간은 2025년 1월 6일 14시 9분 24초입니다.
```

이 문제를 해결해 보겠습니다. 파이썬에서는 지역별로 다른 시간대(타임존)에 맞는 시간 정보를 얻기 위해 pytz 라이브러리를 제공합니다. 예를 들어 'Asia/Seoul', 'America/New_York'과 같은 형식으로 타임존 정보를 입력하면 지역별 시간을 활용할 수 있습니다.

Do it! 실습 도시별 시간 알려 주기

결과 파일: sec01/gpt_functions.py, sec01/what_time_is_it_terminal_1.py

pytz를 활용하여 GPT가 특정 도시의 시간을 알려 줄 수 있도록 구현해 보겠습니다.

1. 앞에서 만든 gpt_functions.py 파일을 수정합니다. 해당되는 타임존의 시각을 반환하기 위해 `get_current_time` 함수가 타임존 매개변수를 받도록 합니다. `pytz`을 사용해 문자열 형식으로 받은 타임존을 파이썬 타임존 인스턴스로 만들고 이를 `datetime.now`에 넣어 해당 타임존의 시각을 구합니다. 실행한 결과가 어느 지역인지 알 수 있도록 반환되는 값에 타임존 정보를 추가합니다.

타임존 정보를 이용해 현재 시간을 구할 수 있도록 수정하기(1) gpt_functions.py

```
from datetime import datetime
import pytz

def get_current_time(timezone: str = 'Asia/Seoul'):
    tz = pytz.timezone(timezone)  # 타임존 설정
    now = datetime.now(tz).strftime("%Y-%m-%d %H:%M:%S")
    now_timezone = f'{now} {timezone}'
    print(now_timezone)
    return now_timezone
(... 생략 ...)
```

2. 다음으로 GPT가 사용할 수 있는 도구를 담은 `tools` 리스트에서 `get_current_time` 함수의 항목을 수정합니다.

타임존 정보를 이용해 현재 시간을 구할 수 있도록 수정하기(2) gpt_functions.py

```
(... 생략 ...)
tools = [
    {
        "type": "function",
        "function": {
            "name": "get_current_time",
            "description": "해당 타임존의 날짜와 시간을 반환합니다.",
            "parameters": {            ─┐
                "type": "object",       │
                "properties": {         ├─ ①
                    'timezone': {       │
                        'type': 'string',
```

```
                        'description': '현재 날짜와 시간을 반환할 타임존을 입력하세요.
(예: Asia/Seoul)',
                    },
                },
                "required": ['timezone'],  ②
            },
        }
    },
]

if __name__ == '__main__':
    get_current_time('America/New_York')  ③
```

① 이전에는 값이 없었던 properties에 timezone을 추가하고 이 항목의 용도를 설명하는 description도 넣습니다. 이 형식은 GPT의 펑션 콜링에서 요구하는 구조입니다.
② 이 함수를 실행하려면 반드시 timezone 파라미터가 있어야 한다고 명시했습니다.
③ 테스트 삼아 'America/New_York'으로 미국 뉴욕의 시각을 출력하는 코드를 입력했습니다.

이렇게 GPT에 도구 목록을 넘기면 이 정보에 기반해 함수 사용에 필요한 변수를 판단하고 GPT가 해당 매개변수를 유추하여 채워 넣거나 사용자에게 다시 물어볼 수도 있습니다.

3. 이제 what_time_is_it_terminal.py에도 앞서 추가한 타임존 정보를 반영합시다.

타임존을 사용하도록 수정하기 — what_time_is_it_terminal.py

```
from gpt_functions import get_current_time, tools
from openai import OpenAI
from dotenv import load_dotenv
import os
import json  # GPT가 JSON 형태의 문자열을 반환할 때 읽기 위한 라이브러리 임포트

load_dotenv()
api_key = os.getenv("OPENAI_API_KEY")  # 환경 변수에서 API 키 가져오기

client = OpenAI(api_key=api_key)       # OpenAI 클라이언트의 인스턴스 생성하기
(... 생략 ...)

while True:
    (... 생략 ...)

    tool_calls = ai_message.tool_calls  # AI 응답에 포함된 tool_calls 가져오기
    if tool_calls:  # tool_calls가 있는 경우
```

```
        tool_name = tool_calls[0].function.name  # 실행해야 한다고 판단한 함수명 받기
        tool_call_id = tool_calls[0].id          # 함수 아이디 받기

        arguments = json.loads(tool_calls[0].function.arguments)—❶

        if tool_name == "get_current_time":  # tool_name이 "get_current_time"인 경우
            messages.append({
                "role": "function",          # role을 "function"으로 설정
                "tool_call_id": tool_call_id,
                "name": tool_name,
                "content": get_current_time(timezone=arguments['timezone']),—❷
            })
(... 생략 ...)
```

❶ GPT는 get_current_time 함수를 실행할 때 타임존 정보가 필요하므로 필요한 값을 arguments에 추가합니다. tool_calls[0].function.arguments로 이 값을 채워 줍니다. 이 값을 사용하려면 GPT가 반환한 JSON 형태의 문자열을 딕셔너리로 바꿔야 하므로 json.loads을 사용해 딕셔너리 형태로 바꿔 줍니다. 이를 위해 코드 상단에서 json 라이브러리를 임포트 했습니다.

❷ 이렇게 변환된 값은 get_current_time 함수의 인자로 들어갑니다.

이 코드를 실행하면 GPT가 어느 지역 시각을 알고 싶은지 물어보고 그에 맞춰 현재 시간을 알려 줍니다.

```
사용자: 지금 몇시야?
AI: 어느 지역의 시간을 알고 싶으신가요? 특정 타임존이 있으시면 말씀해 주세요.
사용자: 서울
2025-01-06 20:20:01 Asia/Seoul
AI: 서울의 현재 시간은 2025년 1월 6일 오후 8시 20분입니다.
사용자: 런던은?
2025-01-06 11:20:07 Europe/London
AI: 런던의 현재 시간은 2025년 1월 6일 오전 11시 20분입니다.
사용자: exit
```

Do it! 실습 여러 도시의 시간을 한 번에 대답할 수 있게 하기

결과 파일: sec01/what_time_is_it_terminal.py

앞선 실습에서 만든 챗봇에 한 번에 여러 도시의 시간을 물어보면 명확한 답을 주지 못하는 경우가 많습니다. 여러 도시를 물어보니 사용자에게 스스로 계산하라고 하네요. 운이 좋다면 GPT가 언어 능력을 활용해 계산해 줄 수도 있지만 이런 불확실성을 없애려면 함수를 여러 번 호출할 수 있도록 해줘야 합니다.

```
사용자: 도쿄, 서울, 뉴욕 몇시야?
2025-01-06 20:22:56 Asia/Tokyo
AI: 현재 도쿄의 시간은 2025년 1월 6일 오후 8시 22분입니다. 각 도시의 시간대는 다음과 같으니, 이를
사용하여 서울과 뉴욕의 현재 시간을 계산해 주세요:

- 도쿄 (JST): GMT+9
- 서울 (KST): GMT+9
- 뉴욕 (EST): GMT-5
```

다음과 같이 GPT가 여러 함수를 한 번에 실행하려고 계획을 세웠을 때 코드에서는 함수 호출을 한 번만 할 수 있게 되어 있어서 오류가 발생할 수도 있습니다.

```
사용자: 런던, 파리, 베를린 시간 알려줘.
ChatCompletionMessage(content=None, refusal=None, role='assistant', audio=None, function_
call=None, tool_calls=[
ChatCompletionMessageToolCall(id='call_a8Y9RMpnnHGjZNE3hS3o3MqF', function=Function
(arguments='{"timezone": "Europe/London"}', name='get_current_time'), type='function'),
ChatCompletionMessageToolCall(id='call_hfnxha7I2tlQ8F0qgJtqANNN', function=Function
(arguments='{"timezone": "Europe/Paris"}', name='get_current_time'), type='function'),
ChatCompletionMessageToolCall(id='call_MRutImjENKEteWfVDQzLlw4O', function=Function
(arguments='{"timezone": "Europe/Berlin"}', name='get_current_time'), type='function')])
2025-02-16 16:03:45 Europe/London
Traceback (most recent call last):
  File "c:\github\gpt_agent_2025_easyspub\chap07\sec01\what_time_is_it_terminal.py",
line 57, in <module>
    print("AI\t: " + ai_message.content)  # AI 응답 출력
          ~~~~~~~~~~^~~~~~~~~~~~~~~~~~~~~
TypeError: can only concatenate str (not "NoneType") to str
```

여러 함수가 연속으로 실행되게 하기 위해 GPT가 함수를 차례로 실행할 수 있도록 코드를 수정합니다.

여러 함수가 연속으로 실행되도록 하기 — what_time_is_it_terminal.py

```
(... 생략 ...)
    tool_calls = ai_message.tool_calls  # AI 응답에 포함된 tool_calls 가져오기
    if tool_calls:  # tool_calls가 있는 경우
        for tool_call in tool_calls: ①
            tool_name = tool_call.function.name  # 실행해야 한다고 판단한 함수명 받기
            tool_call_id = tool_call.id          # 함수 아이디 받기

            arguments = json.loads(tool_call.function.arguments)  # 문자열을 딕셔너리로 변환

            if tool_name == "get_current_time":  # tool_name이 "get_current_time"인 경우
                messages.append({
                    "role": "function",          # role을 "function"으로 설정
                    "tool_call_id": tool_call_id,
                    "name": tool_name,
                    "content": get_current_time(timezone=arguments['timezone']),
                })
        messages.append({"role": "system", "content": "이제 주어진 결과를 바탕으로
답변할 차례다."}) ③

        ai_response = get_ai_response(messages, tools=tools)  # 다시 GPT 응답 받기
        ai_message = ai_response.choices[0].message
(... 생략 ...)
```

② 4칸 들여쓰기

① tool_calls[0]을 사용하지 않고 for 문을 통해 tool_call을 하나씩 받아서 함수 결과를 계속 추가하도록 수정합니다.

② for tool_call in tool_calls를 추가하고 기존 코드는 4칸씩 들여쓰기를 합니다.

③ GPT가 불필요하게 함수 호출을 반복하는 실수를 하기도 하므로 시스템 프롬프트를 활용해 이런 실수를 하지 않도록 가이드를 줍니다. for 문이 종료되고 나면 함수 사용을 멈추고 답변을 생성하라는 의미의 시스템 프롬프트를 messages에 추가합니다.

코드를 실행하고 여러 도시의 시간을 물어보면 get_current_time 함수를 각각 실행한 후, 그 결과를 사용해 적절한 답변을 생성해 줍니다.

```
사용자: 뉴욕, 런던, 파리 시간 알려줘
ChatCompletion(id='chatcmpl-AmfmjH7LomV789LX2kxx13sGvXmGT', choices=[Choice(finish_
reason='tool_calls', index=0, logprobs=None, message=ChatCompletionMessage(content=
None, refusal=None, role='assistant', audio=None, function_call=None, tool_calls=
[ChatCompletionMessageToolCall(id='call_Xqxyq6I0QGlqDGdgaFtPtyvi', function=Function
(arguments='{"timezone": "America/New_York"}', name='get_current_time'), type='function'),
ChatCompletionMessageToolCall(id='call_OVBAqD0oAaB3KjKTFCMV9fnt', function=Function
(arguments='{"timezone": "Europe/London"}', name='get_current_time'), type='function'),
ChatCompletionMessageToolCall(id='call_CxY7Qg9As2FDKuVUq6l9uGls', function=Function
(arguments='{"timezone": "Europe/Paris"}', name='get_current_time'), type='function')
]))], created=1736163729, model='gpt-4o-2024-08-06', object='chat.completion', service_
tier=None, system_fingerprint='fp_5f20662549', usage=CompletionUsage(completion_tokens
=69, prompt_tokens=202, total_tokens=271, completion_tokens_details=CompletionTokens
Details(accepted_prediction_tokens=0, audio_tokens=0, reasoning_tokens=0, rejected_
prediction_tokens=0), prompt_tokens_details=PromptTokensDetails(audio_tokens=0,
cached_tokens=0)))
2025-01-06 06:42:10 America/New_York
2025-01-06 11:42:10 Europe/London
2025-01-06 12:42:10 Europe/Paris
AI: 현재 뉴욕의 시간은 2025년 1월 6일 오전 6시 42분이며, 런던의 시간은 오전 11시 42분입니다. 파리
에서는 오후 12시 42분입니다.
```

Do it! 실습 스트림릿에서 펑션 콜링 사용하기

결과 파일: sec01/what_time_is_it_streamlit.py

이제 스트림릿으로 앞에서 만든 챗봇을 웹 브라우저에서 사용할 수 있도록 수정해 봅시다. what_time_is_it_terminal.py 코드에서 일부만 스트림릿 기준으로 바꿔 주면 됩니다.

1. 먼저 스트림릿을 임포트합니다.

스트림릿 임포트하기 — what_time_is_it_streamlit.py

```python
from gpt_functions import get_current_time, tools
from openai import OpenAI
from dotenv import load_dotenv
import os
import json
import streamlit as st
(... 생략 ...)
```

2. 스트림릿 스타일로 코드를 조금씩 수정합니다.

스트림릿 초기 시스템 메시지 설정하기 — what_time_is_it_streamlit.py

```
(... 생략 ...)
def get_ai_response(messages, tools=None):
    (... 생략 ...)

st.title("💬 Chatbot")  ❶

if "messages" not in st.session_state:
    st.session_state["messages"] = [
        {"role": "system", "content": "너는 사용자를 도와주는 상담사야."},
    ]  # 초기 시스템 메시지                                         ❷

for msg in st.session_state.messages:
    st.chat_message(msg["role"]).write(msg["content"])  ❸
(... 생략 ...)
```

❶ 스트림릿 웹 페이지 상단에 제목이 나오도록 추가합니다.

❷ 스트림릿을 사용할 때 st.session_state에 messages가 없다면 대화가 시작되지 않은 상태이므로 인사말 역할을 하는 초기 메시지를 설정합니다.

❸ 스트림릿은 파이썬 파일을 매번 새로 읽어서 실행하는 방식으로 작동하므로 기존의 대화 내용을 유지하려면 대화 내용을 계속 출력해야 합니다. 이를 위해 st.chat_messages를 사용하여 대화 내용을 매번 출력합니다.

3. 이어서 사용자 입력을 처리하는 코드를 추가합니다. 이 부분은 03-3절에서 만들었던 코드와 거의 동일합니다.

사용자 입력 처리하기 — what_time_is_it_streamlit.py

```
(... 생략 ...)
if user_input := st.chat_input():
    st.session_state.messages.append({"role": "user", "content": user_input})  ❶
    st.chat_message("user").write(user_input)

    ai_response = get_ai_response(st.session_state.messages, tools=tools)  ❷
    print(ai_response)
    ai_message = ai_response.choices[0].message
    tool_calls = ai_message.tool_calls              # AI 응답에 포함된 tool_calls 가져오기
    if tool_calls:  # tool_calls가 있는 경우
        for tool_call in tool_calls:
            tool_name = tool_call.function.name    # 실행해야 한다고 판단한 함수명 받기
            tool_call_id = tool_call.id            # 함수 아이디 받기
```

```
            arguments = json.loads(tool_call.function.arguments)  # 문자열을 딕셔너리로 변환

            if tool_name == "get_current_time":  # tool_name이 "get_current_time"인 경우
                st.session_state.messages.append({
                    "role": "function",
                    "tool_call_id": tool_call_id,
                    "name": tool_name,
                    "content": get_current_time(timezone=arguments['timezone']),
                })

        st.session_state.messages.append({"role": "system", "content": "이제 주어진 결과
를 바탕으로 답변할 차례다."})
        ai_response = get_ai_response(st.session_state.messages)
        ai_message = ai_response.choices[0].message

    st.session_state.messages.append({
        "role": "assistant",
        "content": ai_message.content
    })  ❸

    print("AI\t: " + ai_message.content)  # AI 응답 출력
    st.chat_message("assistant").write(ai_message.content)  ❹
```

❶ 사용자의 입력 메시지를 user_input이라는 변수에 담습니다. 이 user_input의 값을 st.session_state.messages에 추가하고 st.chat_messages로 출력하는 과정을 거칩니다.

❷ GPT의 응답을 처리할 때는 get_ai_response를 호출하여 그 결과를 st.session_state.messages에 추가합니다. 기존 코드에서 messages로 되어 있던 내용은 모두 st.session_state.messages로 변경합니다.

❸ GPT의 답변을 st.session_state.messages에 추가합니다.

❹ 이를 st.chat_messages로 출력하여 스트림릿 브라우저에 대화 내용이 표시되도록 코드를 추가합니다. 앞에서는 GPT의 답변을 터미널 창에서만 출력했지만 이렇게 수정하면 스트림릿으로 띄운 브라우저에도 출력할 수 있습니다.

4. 터미널 창에서 `streamlit run` *파일명*`.py`을 입력해 실행합니다. 다음처럼 브라우저 환경에서 GPT와 펑션 콜링 기능을 활용해 채팅 할 수 있습니다.

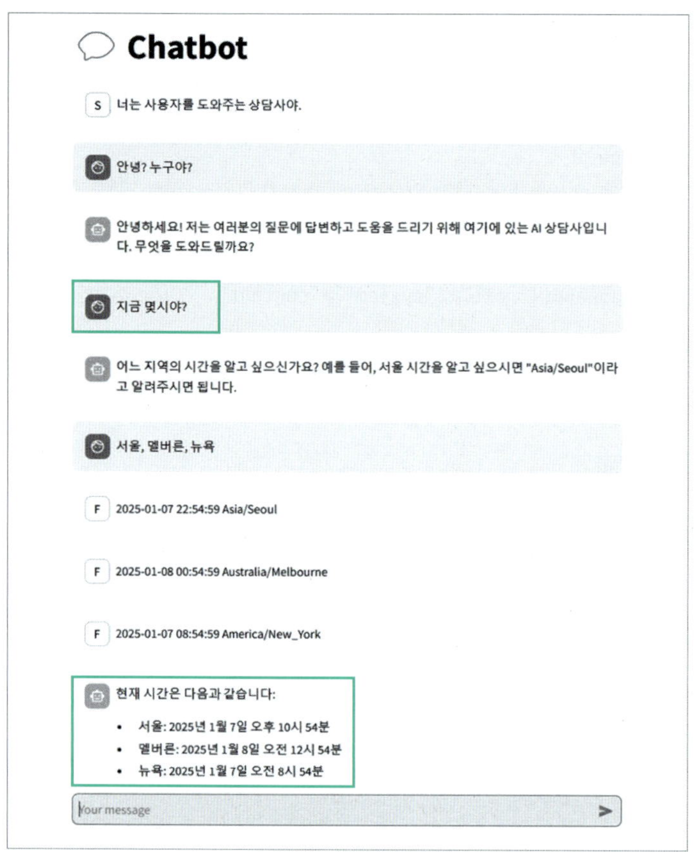

5. 현재 버전은 시스템 메시지와 함수 실행 결과가 화면에 같이 노출됩니다. 만약 시스템 메시지는 출력하고 싶지 않다면 메시지의 `role`이 `assistant` 혹은 `user`로 설정된 경우에만 출력하도록 수정하면 됩니다.

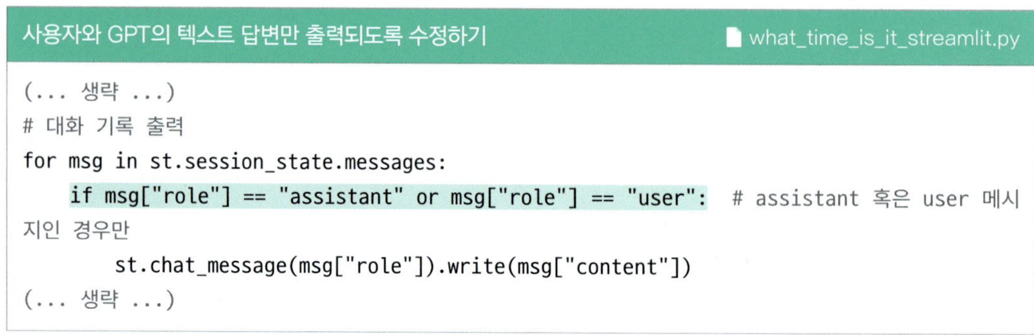
사용자와 GPT의 텍스트 답변만 출력되도록 수정하기 what_time_is_it_streamlit.py

```
(... 생략 ...)
# 대화 기록 출력
for msg in st.session_state.messages:
    if msg["role"] == "assistant" or msg["role"] == "user":  # assistant 혹은 user 메시지인 경우만
        st.chat_message(msg["role"]).write(msg["content"])
(... 생략 ...)
```

코드를 실행하면 다음과 같이 사용자의 입력 내용과 GPT가 텍스트로 생성한 최종 답변만 출력되는 것을 확인할 수 있습니다.

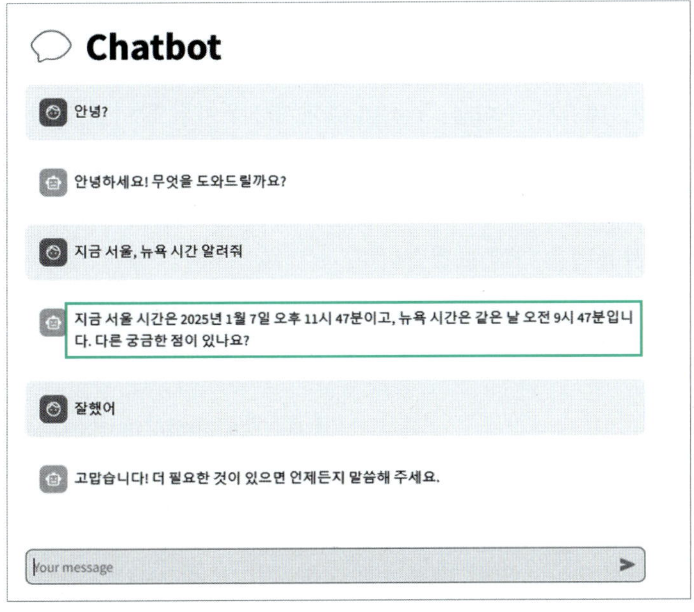

07-2 GPT와 미국 주식 이야기하기

'요새 마이크로소프트 주식 얼마야?', '테슬라 주식을 지금 더 사야 할까? 아님 팔아야 할까?' 이런 대화를 GPT와 하려면 GPT가 최신 주식 정보를 알 수 있어야 합니다. 다행히 yfinance라는 파이썬 오픈소스 라이브러리를 사용하면 미국 주식 정보를 쉽게 가져올 수 있습니다. GPT와 대화하기에 앞서 yfinance 사용법을 익혀 보겠습니다.

Do it! 실습 yfinance 사용하기

결과 파일: sec02/yfinance.ipynb

yfinance는 야후 파이낸스Yahoo Finance의 금융 데이터를 쉽게 가져올 수 있게 해주는 오픈소스 파이썬 라이브러리입니다. 이를 사용하면 주가, 재무제표, 거래량 등 다양한 데이터를 데이터 프레임 형태로 가져올 수 있습니다. yfinance 관련 내용은 방대하지만 이 책은 GPT와 같은 대규모 언어 모델을 이용하는 데 필요한 사용법만 간단히 익히고 넘어가겠습니다.

1. 터미널 창에 다음과 같이 입력해 가상 환경에 `yfinance`를 설치합니다.

```
(venv) > pip install yfinance
```

2. yfinance.ipynb 파일을 생성하고 첫 번째 셀에 다음 코드를 입력하고 실행합니다. `yfinance`를 사용하기 쉽게 `yf`라는 이름으로 설치하고 마이크로소프트의 티커ticker 객체를 생성했습니다.

✦ 여기서 'MSFT'는 마이크로소프트를 의미하는 티커입니다. 티커는 주식, ETF, 펀드 등 다양한 금융 상품을 식별하는 고유 코드입니다.

yfinance 연습하기 — yfinance.ipynb (1)

```
import yfinance as yf

# Microsoft(MSFT)에 대한 Ticker 객체 생성
msft = yf.Ticker("MSFT")

# Ticker 객체의 정보 출력(.py에서 실행할 때는 print(msft.info)로 사용)
display(msft.info)
```

코드를 실행해 보면 msft.info가 실행되며 마이크로소프트의 기본 정보가 출력됩니다.

```
{'address1': 'One Microsoft Way',
 'city': 'Redmond',
 'state': 'WA',
 'zip': '98052-6399',
 'country': 'United States',
 'phone': '425 882 8080',
 'website': 'https://www.microsoft.com',
 'industry': 'Software - Infrastructure',
 'industryKey': 'software-infrastructure',
 'industryDisp': 'Software - Infrastructure',
 'sector': 'Technology',
 'sectorKey': 'technology',
 'sectorDisp': 'Technology',
 'longBusinessSummary': 'Microsoft Corporation develops and supports software, services,
devices and solutions worldwide. The Productivity and Business Processes segment offers
office, exchange, SharePoint, Microsoft Teams, office 365 Security and Compliance, Microsoft
viva, and Microsoft 365 copilot; and office consumer services, such as Microsoft
365 consumer subscriptions, Office licensed on-premises, and other office services.
(...: 생략 ...)
'grossMargins': 0.69764,
 'ebitdaMargins': 0.52804,
 'operatingMargins': 0.43143,
 'financialCurrency': 'USD',
 'trailingPegRatio': 2.2004}
```

3. 최근 5일간의 주가 정보를 확인해 보겠습니다. 여기서 **period**는 가져올 데이터의 기간을 의미합니다. 예를 들어 3일간의 데이터는 '3d', 2개월간의 데이터는 '2mo', 1년간의 데이터는 '1y'로 입력하면 됩니다.

최근 주가 정보 보기 yfinance.ipynb (2)

```
hist = msft.history(period="5d")  # 5일간의 주가 데이터 가져오기
display(hist)  # 데이터 출력
```

이 코드를 실행하면 주가 정보가 데이터프레임 형태로 나옵니다.

	Open	High	Low	Close	Volume	Dividends	Stock Splits
Date							
2025-01-15 00:00:00-05:00	419.130005	428.149994	418.269989	426.309998	19637800	0.0	0.0
2025-01-16 00:00:00-05:00	428.700012	429.489990	424.390015	424.579987	15300000	0.0	0.0
2025-01-17 00:00:00-05:00	434.089996	434.480011	428.170013	429.029999	26197500	0.0	0.0
2025-01-21 00:00:00-05:00	430.200012	430.899994	425.600006	428.500000	26085700	0.0	0.0
2025-01-22 00:00:00-05:00	437.559998	447.269989	436.000000	446.200012	27767100	0.0	0.0

이 데이터프레임에서 각 열의 정보는 다음과 같습니다.

열 이름	설명
Open(시가)	거래 시작 시점의 주가
High(고가)	해당 거래일 동안의 최고 가격
Low(저가)	해당 거래일 동안의 최저 가격
Close(종가)	해당 거래일 마지막 시점의 주가
Volume(거래량)	해당 거래일 동안 거래된 주식의 총 수량
Dividends(배당금)	주식 배당금
Stock Splits(주식 분할)	해당 거래일에 발생한 주식 분할 비율, 없으면 0으로 표기

4. 해당 종목에 대한 애널리스트들의 분석 결과도 찾아볼 수 있습니다. 다음 코드는 `msft` 객체의 `recommandations` 속성을 표시합니다. `recommandations`는 `yfinance`에서 제공하는 속성으로, 주식 분석가들이 이 주식에 대해 내린 추천(예: 매수, 매도, 보유 등)을 포함하는 판다스 데이터프레임을 반환합니다.

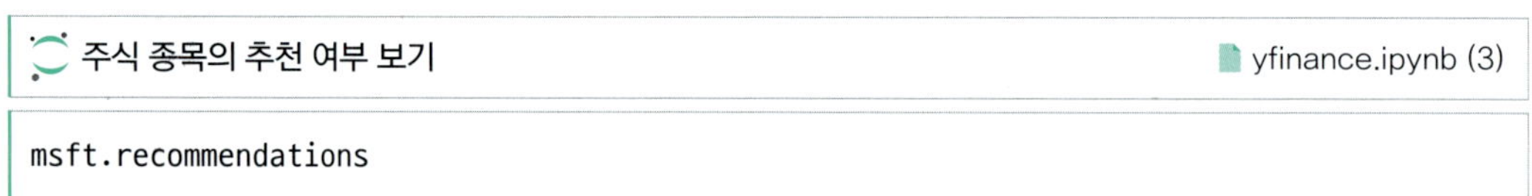

주식 종목의 추천 여부 보기 yfinance.ipynb (3)

```
msft.recommendations
```

이 코드를 실행한 결과는 다음과 같습니다. period는 분석가들이 추천한 시점을 의미합니다. 0m은 현재, -1m은 1개월 전, -2m은 2개월 전을 의미합니다. 추천은 strongBuy부터 strongSell까지 5개의 등급으로 분류됩니다.

	period	strongBuy	buy	hold	sell	strongSell
0	0m	13	39	5	0	0
1	-1m	13	40	5	0	0
2	-2m	14	38	5	0	0
3	-3m	14	38	5	0	0

제가 이 코드를 실행한 시점은 2025년 2월 16일입니다. 주식 매수를 추천한다는 의견이 꾸준히 지배적이네요. 여러분이 이 코드를 실행하는 시점에는 그에 해당하는 데이터가 출력될 것입니다.

한 걸음 더! 기업별 티커 알아보기

회사별로 고유한 티커 기호가 있습니다. 세계적으로 유명한 기업들의 티커는 다음과 같습니다.

회사별 티커 기호

회사	티커
아마존	"AMZN"
메타(페이스북)	"META"
구글	"GOOGL"
코카콜라	"KO"
삼성전자	"005930.KS" (한국 증권 거래소)

Do it! 실습 GPT에서 사용할 yfinance 관련 함수 만들기

결과 파일: sec02/gpt_functions_0.py, sec02/stock_info_streamlit_0.py

GPT가 최신 주가 정보에 기반하여 답변하도록 하려면 필요한 기능을 함수로 만들어 펑션 콜링을 활용해야 합니다. 이번 실습에서는 07-1절에서 만든 gpt_functions.py 파일을 활용해 회사의 기본 정보와 최신 주가 정보를 가져오고 투자 의견을 알려 주는 함수를 만들어 보겠습니다.

회사 기본 정보 가져오기

1. 회사 기본 정보를 가져오는 get_yf_stock_info 함수를 만듭니다. yf.Ticker(ticker)로 정보를 가져올 회사를 선택하고, stock.info로 가져온 정보를 출력하고 반환합니다. .info는 딕셔너리 형태로 반환되어 GPT에 바로 전달할 수 없으므로 str(info)로 문자열로 변환합니다. 테스트로 애플의 티커인 AAPL을 활용해 main 부분에서 함수를 실행하도록 했습니다.

종목 정보를 가져오는 함수 get_yf_info 추가하기(1) gpt_functions.py

```
from datetime import datetime
import pytz
import yfinance as yf

def get_current_time(timezone: str = 'Asia/Seoul'):
    (... 생략 ...)

def get_yf_stock_info(ticker: str):
    stock = yf.Ticker(ticker)
    info = stock.info
    print(info)
    return str(info)

tools = [
(... 생략 ...)
]

if __name__ == '__main__':
    # get_current_time('America/New_York')
    info = get_yf_stock_info('AAPL')
```

이 코드를 실행하면 애플의 정보가 출력됩니다.

```
{'address1': 'One Apple Park Way', 'city': 'Cupertino', 'state': 'CA', 'zip': '95014',
'country': 'United States', 'phone': '(408) 996-1010',
(... 생략 ...)
'ebitdaMargins': 0.34437, 'operatingMargins': 0.31171, 'financialCurrency': 'USD',
'trailingPegRatio': 2.2401}
```

2. get_yf_stock_info 함수의 설명을 tools에 추가하여 GPT에서 이 함수를 사용할 수 있도록 하겠습니다. 이 함수에 대한 설명을 description에 쓰고 ticker는 필수 항목으로 지정합니다.

종목 정보를 가져오는 함수 get_yf_info 추가하기(2) gpt_functions.py

```
(... 생략 ...)
tools = [
    {
        "type": "function",
        "function": {
            "name": "get_current_time",
            (... 생략 ...)
        }
    },
    {
        "type": "function",
        "function": {
            "name": "get_yf_stock_info",
            "description": "해당 종목의 Yahoo Finance 정보를 반환합니다.",
            "parameters": {
                "type": "object",
                "properties": {
                    'ticker': {
                        'type': 'string',
                        'description': 'Yahoo Finance 정보를 반환할 종목의 티커를 입력하세요. (예: AAPL)',
                    },
                },
                "required": ['ticker'],
            },
        }
    },
]
(... 생략 ...)
```

이제 스트림릿에 연결된 GPT에서 get_yf_stock_info 함수를 사용할 수 있도록 what_time_is_it_streamlit.py 파일에서 코드를 수정해 보겠습니다.

3. 앞에서는 `tool_name`이 `get_current_time`인 경우만 처리되었지만 이제 `get_yf_stock_info`도 사용할 수 있도록 추가합니다. `get_current_time` 함수를 사용할 때와 동일한 방식으로 작성합니다.

get_yf_stock_info 함수 기능 추가하기 stock_info_streamlit.py

```
from gpt_functions import get_current_time, tools, get_yf_stock_info
from openai import OpenAI
from dotenv import load_dotenv
import os
import json
import streamlit as st
(... 생략 ...)
    if tool_calls:  # tool_calls가 있는 경우
        for tool_call in tool_calls:
            tool_name = tool_call.function.name  # 실행해야 한다고 판단한 함수명 받기
            tool_call_id = tool_call.id          # 함수 아이디 받기

            arguments = json.loads(tool_call.function.arguments)  # 문자열을 딕셔너리로 변환

            if tool_name == "get_current_time":  # 만약 tool_name이 "get_current_time"이라면
                st.session_state.messages.append({
                    "role": "function",         # role을 "function"으로 설정
                    "tool_call_id": tool_call_id,
                    "name": tool_name,
                    "content": get_current_time(timezone=arguments['timezone']),
                })
            elif tool_name == "get_yf_stock_info":
                st.session_state.messages.append({
                    "role": "function",
                    "tool_call_id": tool_call_id,
                    "name": tool_name,
                    "content": get_yf_stock_info(ticker=arguments['ticker']),
                })

        st.session_state.messages.append({"role": "system", "content": "이제 주어진 결과
를 바탕으로 답변할 차례다."})
        ai_response = get_ai_response(st.session_state.messages)
        ai_message = ai_response.choices[0].message
(... 생략 ...)
```

4. `streamlit run` *파일명*`.py` 명령어를 터미널 창에 입력해 코드를 실행하고, 챗봇에게 테슬라에 대해 물어보면 yfinance에서 받아 온 회사 기본 정보를 기반으로 자세하게 설명해 줍니다.

✦ 언어 모델은 창의적인 답변을 하는 데 특화되어 있어서 상황에 따라 다른 답변을 생성할 수 있습니다. 정확한 서식으로 답변하는 방법은 08장에서 다룹니다.

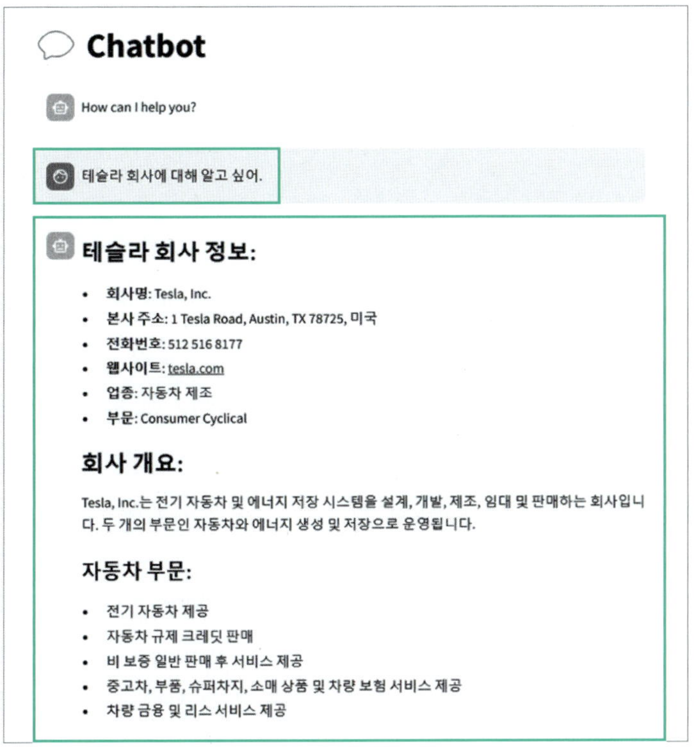

앞에서 만든 `get_current_time` 함수도 적절하게 잘 실행하는지 확인하기 위해 테슬라 본사 기준으로 지금 몇 시인지 물어봤습니다. GPT는 이전 대화 내용에서 본사 위치가 텍사스라는 정보를 활용해 `get_current_time` 함수를 실행했습니다.

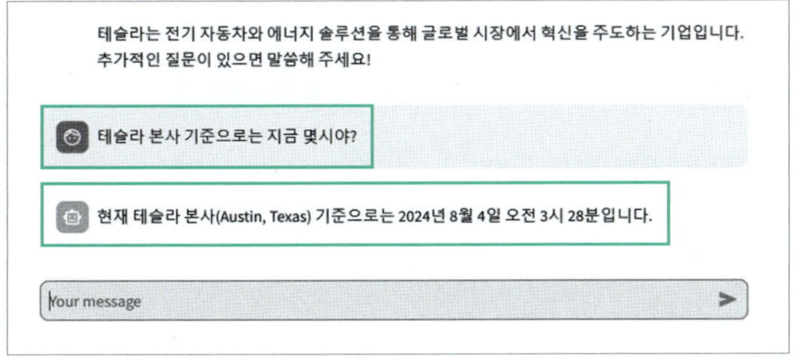

터미널 창에 출력된 get_current_time 함수 실행 결과를 보면 GPT는 시카고 타임존을 정확히 입력하여 결과를 반환합니다.

```
{'role': 'function', 'tool_call_id': 'call_rQn3I7u4d14zlmgOfG75B0Rr', 'name': 'get_current_time', 'content': 'America/Chicago (Austin, TX) 현재시각 2024-08-04 03:28:01 '}
```

이로써 GPT가 상황에 맞는 적절한 함수를 호출하고 필요한 값을 정확히 입력하여 실행하는 것을 확인할 수 있습니다.

Do it! 실습 코드 리팩토링하기

결과 파일: sec02/stock_info_streamlit_1.py

사용할 함수가 점점 많아질 것이니 코드의 가독성을 위해 리팩토링을 하겠습니다. 이전 코드에서는 tool_name이 get_current_time인지 get_yf_stock_info인지에 따라 매번 st.session_state.messages에 추가하는 부분이 반복되었습니다. 하지만 호출하는 함수만 달라질 뿐 거의 동일한 코드이므로 if 문을 활용해 수정해 보겠습니다.

stock_info_streamlit.py 파일에서 if 문 안에서 함수를 실행한 결과를 func_result에 담고 st.session_state.messages에 추가하는 내용은 따로 분리합니다. 이렇게 하면 이전과 동일하게 작동하지만 코드는 더 깔끔해집니다. 앞으로 더 많은 함수를 추가할 때도 한두 줄만 추가하면 되겠죠.

리팩토링 stock_info_streamlit.py

```
(... 생략 ...)
            if tool_name == "get_current_time":  # tool_name이 "get_current_time"인 경우
                func_result = get_current_time(timezone=arguments['timezone'])

            elif tool_name == "get_yf_stock_info":
                func_result = get_yf_stock_info(ticker=arguments['ticker'])

            st.session_state.messages.append({
                "role": "function",
                "tool_call_id": tool_call_id,
                "name": tool_name,
                "content": func_result,
            })
(... 생략 ...)
```

Do it! 실습 종목 최근 주가 정보와 추천 정보 가져오기

결과 파일: sec02/gpt_functions.py, sec02/stock_info_streamlit.py

같은 방식으로 최근 주가 기록을 가져오는 함수 get_yf_stock_history와 추천 정보를 가져오는 함수 get_yf_stock_recommendations을 만들어 보겠습니다. 앞에서 만든 gpt_functions.py에 이어서 작업하면 됩니다.

1. get_yf_stock_history 함수는 2개의 매개변수 ticker와 period를 받고 get_yf_stock_recommendations 함수는 1개의 매개변수 ticker를 갖습니다. 두 함수 모두 결과를 판다스 데이터프레임 형태로 반환할 것이므로 GPT에서 사용하려면 이를 문자열로 변환해야 합니다. str()을 사용하여 변환할 수도 있지만 판다스 데이터프레임의 .to_markdown() 메서드를 활용하여 마크다운 형식의 문자열로 변환합니다. 이렇게 하면 GPT가 표 형식을 더 잘 이해할 수 있고 스트림릿에서도 데이터가 테이블 형태로 더 잘 표현됩니다. 함수가 잘 동작하는지 테스트하기 위해 main 부분에서 애플(APPL)에 대한 결과를 확인하는 코드를 추가합니다.

최근 주가 기록과 추천 정보를 가져오는 함수 추가하기(1) gpt_functions.py

```
from datetime import datetime
import pytz
import yfinance as yf

def get_current_time(timezone: str = 'Asia/Seoul'):
(... 생략 ...)

def get_yf_stock_info(ticker: str):
(... 생략 ...)

def get_yf_stock_history(ticker: str, period: str):
    stock = yf.Ticker(ticker)
    history = stock.history(period=period)
    history_md = history.to_markdown()                    # 데이터프레임을 마크다운 형식으로 변환
    print(history_md)
    return history_md

def get_yf_stock_recommendations(ticker: str):
    stock = yf.Ticker(ticker)
    recommendations = stock.recommendations
    recommendations_md = recommendations.to_markdown()  # 데이터프레임을 마크다운 형식으로 변환
```

```
    print(recommendations_md)
    return recommendations_md

tools = [
    (... 생략 ...)
]

if __name__ == '__main__':
    # get_current_time('America/New_York')
    # info = get_yf_stock_history('AAPL')
)
    get_yf_stock_history('AAPL', '5d')
    print('----')
    get_yf_stock_recommendations('AAPL')
```

2. 추가한 함수를 스트림릿에서 채팅할 때 활용할 수 있도록 각 함수들을 언제 사용하고 어떤 매개변수를 사용해야 하는지 tools에 설명을 넣어야 합니다. get_yf_stock_history와 get_yf_stock_recommandations 함수에 대한 설명을 추가합니다. 이전에 추가했던 두 함수와 마찬가지로 함수의 이름과 설명을 덧붙이고 각 함수에 필요한 매개변수를 정의합니다. 특히 get_yf_stock_history 함수는 ticker 외에도 기간을 나타내는 period를 문자열 형식으로 받아야 합니다. period를 yfinance에서 지원하는 양식에 맞춰야 하므로 GPT가 이를 자동으로 생성할 수 있도록 예시를 description에 포함시킵니다.

최근 주가 기록과 추천 정보를 가져오는 함수 추가하기(2) gpt_functions.py

```
(... 생략 ...)
tools = [
    {
        "type": "function",
        "function": {
            "name": "get_current_time",
            (... 생략 ...)
        }
    },
    {
        "type": "function",
        "function": {
            "name": "get_yf_stock_info",
            (... 생략 ...)
        }
    },
```

```
    {
        "type": "function",
        "function": {
            "name": "get_yf_stock_history",
            "description": "해당 종목의 Yahoo Finance 주가 정보를 반환합니다.",
            "parameters": {
                "type": "object",
                "properties": {
                    'ticker': {
                        'type': 'string',
                        'description': 'Yahoo Finance 주가 정보를 반환할 종목의 티커를 입력
하세요. (예: AAPL)',
                    },
                    'period': {
                        'type': 'string',
                         'description': '주가 정보를 조회할 기간을 입력하세요. (예: 1d, 5d,
1mo, 1y, 5y)',
                    },
                },
                "required": ['ticker', 'period'],
            },
        }
    },
    {
        "type": "function",
        "function": {
            "name": "get_yf_stock_recommendations",
            "description": "해당 종목의 Yahoo Finance 추천 정보를 반환합니다.",
            "parameters": {
                "type": "object",
                "properties": {
                    'ticker': {
                        'type': 'string',
                        'description': 'Yahoo Finance 추천 정보를 반환할 종목의 티커를 입력
하세요. (예: AAPL)',
                    },
                },
                "required": ['ticker'],
            },
        }
    },
]
(... 생략 ...)
```

코드를 처음 실행하면 다음처럼 오류 메시지가 나올 수 있습니다. .to_markdown() 메서드를 사용해 데이터프레임을 마크다운 형식으로 변환하는 과정에 필요한 tabulate 라이브러리가 현재 파이썬 가상 환경에 설치되어 있지 않아서 발생하는 오류입니다.

```
(... 생략 ...)
ModuleNotFoundError: No module named 'tabulate'
(... 생략 ...)
ImportError: Missing optional dependency 'tabulate'.  Use pip or conda to install tab-
ulate.
(... 생략 ...)
```

3. 가상 환경에서 tabulate를 설치합니다.

```
(venv) > pip install tabulate
```

다시 gpt_functions.py를 실행해 보면 다음처럼 터미널 창에 결과가 출력됩니다. 구체적인 수치나 내용은 최신 자료에 맞게 업데이트되어 있을 것입니다.

```
| Date                      |   Open |   High |    Low |  Close |      Volume |   Dividends |   Stock Splits |
|:--------------------------|-------:|-------:|-------:|-------:|------------:|------------:|---------------:|
| 2024-07-29 00:00:00-04:00 | 216.96 | 219.3  | 215.75 | 218.24 | 3.63118e+07 |           0 |              0 |
| 2024-07-30 00:00:00-04:00 | 219.19 | 220.33 | 216.12 | 218.8  | 4.16438e+07 |           0 |              0 |
| 2024-07-31 00:00:00-04:00 | 221.44 | 223.82 | 220.63 | 222.08 | 5.00363e+07 |           0 |              0 |
| 2024-08-01 00:00:00-04:00 | 224.37 | 224.48 | 217.02 | 218.36 | 6.2501e+07  |           0 |              0 |
| 2024-08-02 00:00:00-04:00 | 219.15 | 225.6  | 217.71 | 219.86 | 9.84801e+07 |           0 |              0 |
----
|    | period   |   strongBuy |   buy |   hold |   sell |   strongSell |
|---:|:---------|------------:|------:|-------:|-------:|-------------:|
|  0 | 0m       |          11 |    21 |      6 |      0 |            0 |
|  1 | -1m      |          12 |    19 |     12 |      1 |            0 |
|  2 | -2m      |          10 |    19 |     13 |      1 |            0 |
|  3 | -3m      |          10 |    24 |      7 |      1 |            0 |
```

4. 이제 GPT API를 사용하는 스트림릿 코드에서도 함수들을 사용할 수 있도록 수정하겠습니다. 필요한 함수들을 임포트합니다. GPT가 gpt_functions에 새로 정의한 함수를 사용해야 한다고 판단하는 경우를 처리하기 위해 elif 조건문을 추가하고 GPT가 해당 함수를 실행할 때 필요한 매개변수를 함께 제공하도록 수정합니다.

최근 주가 기록과 추천 정보를 확인할 수 있도록 수정하기 stock_info_streamlit.py

```
from gpt_functions import get_current_time, tools, get_yf_stock_info, get_yf_stock_
history, get_yf_stock_recommendations  # 필요한 함수 임포트
from openai import OpenAI
from dotenv import load_dotenv
import os
import json
import streamlit as st
(... 생략 ...)

            if tool_name == "get_current_time":  # tool_name이 "get_current_time"인 경우
                func_result = get_current_time(timezone=arguments['timezone'])

            elif tool_name == "get_yf_stock_info":
                func_result = get_yf_stock_info(ticker=arguments['ticker'])

            elif tool_name == "get_yf_stock_history":  # get_yf_stock_history 함수 호출
                func_result = get_yf_stock_history(
                    ticker=arguments['ticker'],
                    period=arguments['period']
                )

            elif tool_name == "get_yf_stock_recommendations":  # get_yf_stock_recom-
mendations 함수 호출
                func_result = get_yf_stock_recommendations(
                    ticker=arguments['ticker']
                )

            st.session_state.messages.append({
                "role": "function",
                "tool_call_id": tool_call_id,
                "name": tool_name,
                "content": func_result,
            })
(... 생략 ...)
```

streamlit run *파일명*.py 명령어로 코드를 실행합니다. 챗봇에 테슬라 주식이 한 달 전과 비교해 어떤 상태인지 물어보니 get_yf_stock_history 함수를 실행시키고 '한달 전에 비해 주가가 하락했을 뿐만 아니라 변동성도 커졌다'고 답변합니다. 또한 이 함수의 결과도 마크다운 형식으로 반환되어 스트림릿에서 표 형태로 깔끔하게 표시됩니다.

✦ 만약 위에서 if msg["role"] == "assistant" or msg["role"] == "user": 와 같이 메시지의 role이 assistant나 user인 경우에만 출력되도록 해놓은 상태라면 함수 실행 결과인 표는 출력되지 않습니다

```
ChatCompletion(id='chatcmpl-At7pcojZHw2c8u5pl6AsHXYFGJo1S',
(... 생략 ...)
function=Function(arguments='{"ticker":"TSLA","period":"1mo"}', name='get_yf_stock_history'), type='function')]))], ... 생략 ...
```

테슬라 주식이 한달전에 비해 어때?

F

Date	Open	High	Low	Close	Volume	Dividends	Stock Splits
2024-07-03 00:00:00-04:00	234.56	248.35	234.25	246.39	1.66562e+08	0	0
2024-08-02 00:00:00-04:00	214.88	216.13	205.78	207.67	8.25522e+07	0	0

한 달 전, 즉 2024년 7월 3일 테슬라의 주가가 (234.56) 달러에 개장하여 (246.39) 달러에 마감되었습니다. 현재, 즉 2024년 8월 2일 테슬라의 주가는 (216.86) 달러에 개장하여 (207.67) 달러에 마감되었습니다.

테슬라 주가는 한 달 전과 비교하여 약 (246.39 - 207.67 = 38.72) 달러 하락하였습니다. 금액뿐만 아니라 주가의 변동폭도 커진 것을 확인할 수 있습니다.

그리고 해당 주식의 매수를 추천하는지 물어보니 get_yf_stock_recommendations 함수를 실행시키고 '매수에 대한 전문가들의 확신이 적은 상태'라고 답변합니다.

```
ChatCompletion(id='chatcmpl-At7qDZqZkkCg0m8O5giJHT0dfki7S',
(... 생략 ...)
function=Function(arguments='{"ticker":"TSLA"}', name='get_yf_stock_recommendations'),
type='function')]))], ... 생략 ...)
```

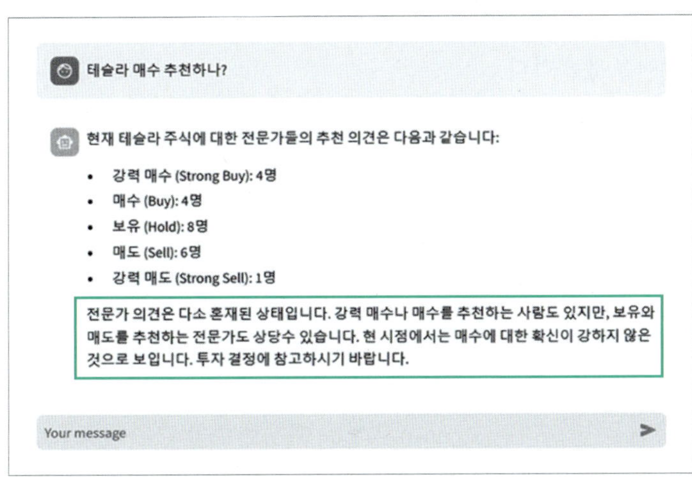

07-3 스트림 출력하기

현재 응답은 GPT API에서 한 번에 완성해서 반환합니다. 사용자가 원하는 대로 작동하지만 답변이 나올 때까지 시간이 오래 걸립니다. 챗GPT나 빙Bing처럼 생성된 답변이 타이핑하듯이 출력되면 좋겠습니다. 이런 방식을 스트림 출력이라고 합니다. 이번 절에서는 GPT API에서 스트림 출력을 구현하는 방법을 알아보겠습니다.

GPT API 자체 기능과 스트림릿의 기능을 분리해서 이해할 수 있도록 스트림 출력 방식을 터미널 창과 스트림릿으로 나눠서 설명하겠습니다. 원리를 알아 두면 스트림릿 없이 프로그램이나 서비스를 개발할 때도 응용할 수 있을 겁니다.

Do it! 실습 터미널 창에서 스트림 방식으로 출력하기

결과 파일: sec03/stock_info_streaming_0.py

GPT API에서 스트림 방식으로 답변을 받으려면 stream이라는 매개변수를 추가하고 True로 설정해야 합니다. 펑션 콜링을 하지 않는 단순한 텍스트 답변은 비교적 쉽게 처리할 수 있으므로 일반 텍스트 답변에 먼저 적용해 봅시다. GPT에서 스트림 출력을 확인할 수 있도록 stock_info_streamlit.py을 수정해 보겠습니다.

1. get_ai_response 함수에 매개변수 stream을 추가하고 기본값을 True로 설정합니다. 여기에 사용된 client.chat.completions.create에 stream=stream 인자를 추가합니다. client.chat.completions.create의 기본 설정이 stream=False로 되어 있어서 이전에는 GPT가 답변을 완성한 후 결과를 한 번에 반환했습니다. 이렇게 수정하면 GPT가 스트림 출력 방식을 이용해 응답을 타이핑하듯 실시간으로 전송하게 됩니다. 일반적으로 사용하는 return은 한 번에 결과를 반환하는 방식이므로 실시간 출력에는 적합하지 않아 yield로 수정합니다. stream이 False인 경우에는 기존 방식대로 결과를 한 번에 반환하지만, True인 경우에는 for 문을 사용해 중간중간 값을 yield로 반환합니다.

GPT가 스트림 방식으로 반환하도록 수정하기 stock_info_streamlit.py

```
(... 생략 ...)

def get_ai_response(messages, tools=None, stream=True):
    response = client.chat.completions.create(
        model="gpt-4o",       # 응답 생성에 사용할 모델 지정
        stream=stream,        # 스트리밍 출력을 위해 설정
        messages=messages,    # 대화 기록을 입력으로 전달
        tools=tools,          # 사용할 수 있는 도구 목록 전달
    )

    if stream:
        for chunk in response:
            yield chunk  # 생성된 응답의 내용을 yield로 순차적으로 반환
    else:
        return response  # 생성한 응답 내용 반환

(... 생략 ...)
```

yield 키워드는 함수를 한 번에 끝까지 실행하지 않고 중간중간 값을 내보낼 수 있게 만들어 줍니다. 이 키워드를 사용한 코드를 실행하면 함수가 결과를 하나씩 반환하고 멈춘 뒤 필요할 때 다시 이어서 실행됩니다. 이런 함수를 제너레이터라고 하는데, 오래 걸리는 작업을 순차로 처리할 때 유용합니다. 이 실습에서는 GPT가 답변을 완성하는 데 시간이 오래 걸리므로 응답을 쪼개어 나눠서 반환하려고 yield를 활용했습니다.

2. 이전에는 ai_response를 가져와서 곧바로 사용할 수 있었지만 이제 응답이 청크 단위로 쪼개져 순차적으로 넘어오므로 바로 사용할 수 없습니다. 우선 이 코드를 주석 처리하고 for 문을 이용해 ai_response를 출력해 봅시다. 코드를 아직 완성하지 않았지만 터미널 창에 어떻게 출력되는지 먼저 살펴보겠습니다.

GPT가 스트림 방식으로 반환한 결과 출력해 보기 stock_info_streamlit.py

```
if user_input := st.chat_input():
    st.session_state.messages.append({"role": "user", "content": user_input})  # 사용자
메시지를 대화 기록에 추가
    st.chat_message("user").write(user_input)
```

```
    ai_response = get_ai_response(st.session_state.messages, tools=tools)  # 대화 기록
을 기반으로 AI 응답 가져오기
    # print(ai_response)  # gpt에서 반환되는 값을 파악하기 위해 임시로 추가

    for chunk in ai_response:
        print(chunk)
    print('===========')

    ai_message = ai_response.choices[0].message  # AI 응답의 첫 번째 메시지 가져오기
```

3. 현재 상태에서 터미널 창에서 `streamlit run` *파일명*`.py`으로 코드를 실행하고 웹 브라우저에서 간단한 문장을 입력하면 다음처럼 오류 화면이 나옵니다.

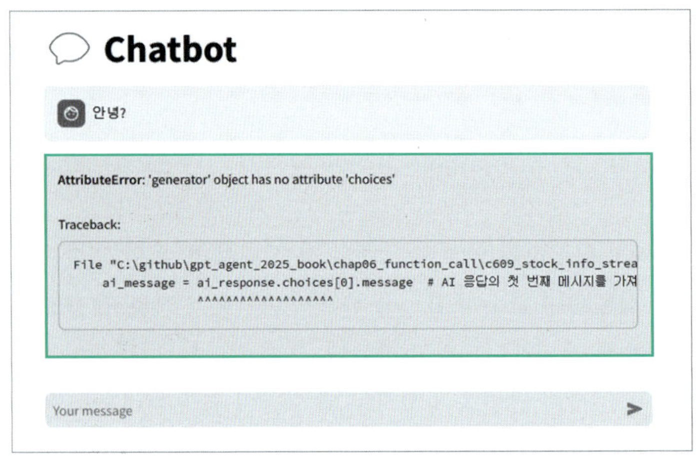

이 오류는 차차 살펴보도록 하고 터미널 창에 출력된 결과를 봅시다. `ChatCompletionChunk`라는 객체로 결과가 출력되었습니다. 그 객체 안에는 `choices`라는 항목이 있고 그 안의 `Choice` 객체의 `delta` 값에 `ChoiceDelta`라는 객체가 들어 있습니다. 이 `ChoiceDelta` 객체의 `content` 항목에는 GPT가 생성한 메시지가 포함되어 있는데, 이 메시지가 청크 단위로 분리되어 순차로 넘어왔습니다. 이 조각난 청크가 스트림 방식으로 터미널 창에 출력되도록 코드를 수정해 보겠습니다.

```
ChatCompletionChunk(id='chatcmpl-AnMtSxAHvP259uhGijxN2WIpHTVKf', choices=[Choice(delta=ChoiceDelta(content='', function_call=None, refusal=None, role='assi
stant', tool_calls=None), finish_reason=None, index=0, logprobs=None)], created=1736329438, model='gpt-4o-2024-08-06', object='chat.completion.chunk', serv
ice_tier=None, system_fingerprint='fp_d28bcae782', usage=None)
ChatCompletionChunk(id='chatcmpl-AnMtSxAHvP259uhGijxN2WIpHTVKf', choices=[Choice(delta=ChoiceDelta(content='안', function_call=None, refusal=None, role=Non
e, tool_calls=None), finish_reason=None, index=0, logprobs=None)], created=1736329438, model='gpt-4o-2024-08-06', object='chat.completion.chunk', service_t
ier=None, system_fingerprint='fp_d28bcae782', usage=None)
ChatCompletionChunk(id='chatcmpl-AnMtSxAHvP259uhGijxN2WIpHTVKf', choices=[Choice(delta=ChoiceDelta(content='녕하세요', function_call=None, refusal=None, ro
le=None, tool_calls=None), finish_reason=None, index=0, logprobs=None)], created=1736329438, model='gpt-4o-2024-08-06', object='chat.completion.chunk', ser
vice_tier=None, system_fingerprint='fp_d28bcae782', usage=None)
ChatCompletionChunk(id='chatcmpl-AnMtSxAHvP259uhGijxN2WIpHTVKf', choices=[Choice(delta=ChoiceDelta(content='!', function_call=None, refusal=None, role=None
, tool_calls=None), finish_reason=None, index=0, logprobs=None)], created=1736329438, model='gpt-4o-2024-08-06', object='chat.completion.chunk', service_ti
er=None, system_fingerprint='fp_d28bcae782', usage=None)
ChatCompletionChunk(id='chatcmpl-AnMtSxAHvP259uhGijxN2WIpHTVKf', choices=[Choice(delta=ChoiceDelta(content=' 무엇', function_call=None, refusal=None, role=
None, tool_calls=None), finish_reason=None, index=0, logprobs=None)], created=1736329438, model='gpt-4o-2024-08-06', object='chat.completion.chunk', servic
e_tier=None, system_fingerprint='fp_d28bcae782', usage=None)
```

4. 터미널 창에서 결과가 스트림 방식으로 출력되도록 코드를 다음과 같이 수정합니다.

터미널 창에 스트림 방식으로 출력하기 stock_info_streamlit.py

```
(... 생략 ...)
if user_input := st.chat_input():
    st.session_state.messages.append({"role": "user", "content": user_input})  # 사용자 
메시지를 대화 기록에 추가
    st.chat_message("user").write(user_input)

    ai_response = get_ai_response(st.session_state.messages, tools=tools)  # 대화 기록을 
기반으로 AI 응답 가져오기
    # print(ai_response)  # gpt에서 반환되는 값을 파악하기 위해 임시로 추가
    content = ''  ①
    for chunk in ai_response:
        content_chunk = chunk.choices[0].delta.content  ②
        if content_chunk:                                 ┐
            print(content_chunk, end="")  ④               ├ ③
            content += content_chunk  ⑤                   ┘

    print('\n===========')
    print(content)

ai_message = ai_response.choices[0].message
(... 생략 ...)
```

① 비어 있는 문자열을 content라는 변수명으로 선언합니다. 이 변수는 for 문을 반복하면서 각 청크의 content 내용을 덧붙여 나가는 용도로 사용합니다.

② 이어서 청크 속에서 content를 추출하는 코드를 작성합니다. 앞서 살펴보았듯이 get_ai_response 함수에서 stream을 True로 설정하면 yield로 청크 단위가 쪼개져서 반환됩니다. for 문에서 이 결과를 chunk라는 변수에 담아 반복하고 있으므로 choice[0]의 delta에 담긴 content를 가져와 content_chunk 변수에 담습니다.

③ if 문에서는 content_chunk가 None이 아니라면 그 값을 content에 사용하는 코드가 실행됩니다. 만약 펑션 콜링을 해야 하거나 content_chunk가 비어 있다면 이를 건너뛰고 처리하지 않습니다.

④ content_chunk가 있다면 그 내용을 터미널 창에 출력합니다. 일반적인 print는 출력한 후 줄 바꿈을 하므로 end=""로 줄바꿈 없이 출력 결과가 계속 이어지도록 합니다. 이렇게 하면 마치 타이핑하듯이 터미널 창에 출력됩니다.

⑤ 그리고 content_chunk를 content에 덧붙여 나갑니다.

현재 상태에서 streamlit run *파일명*.py으로 실행해 봅시다. 여전히 오류가 발생하지만 터미널 창에 스트림 방식으로 출력되는 결과를 확인할 수 있습니다.

```
K-pop 산업은 전 세계적으로 큰 인기를 끌고 있지만, 몇 가지 문제점과 도전 과제도 안고 있습니다. 여기 몇 가지 주요 문제점을 살펴보겠습니다.

1. **과도한 스케줄과 스트레스**: K-pop 아이돌들은 종종 과도한 스케줄로 인해 극심한 피로와 스트레스를 겪습니다. 데뷔 전부터 시작되는 긴 연습 시간과 데뷔 후의 빡빡한 일정이 이들의 정신적, 육체적 건강에 부정적인 영향을 미칠 수 있습니다.

2. **엄격한 이미지 관리**: 많은 K-pop 아이돌들은 엄격한 이미지 관리를 요구받습니다. 특정 체중과 외모 기준을 유지해야 하며, 이는 종종 식이장애와 같은 건강 문제를 야기할 수 있습니다.

▮
```

▼

```
2. **엄격한 이미지 관리**: 많은 K-pop 아이돌들은 엄격한 이미지 관리를 요구받습니다. 특정 체중과 외모 기준을 유지해야 하며, 이는 종종 식이장애와 같 은 건강 문제를 야기할 수 있습니다.

3. **사생활 침해**: 팬과 대중의 과도한 관심으로 사생활 침해 문제가 발생할 수 있습니다. 연예인으로서 많은 관심을 받지만, 사적인 삶을 유지하기 어려운 경우가 많습니다.

4. **계약 문제 및 불공정 대우**: 일부 아이돌 그룹은 회사와의 불공정한 계약, 수익 분배 문제 등으로 어려움을 겪습니다. 긴 계약 기간, 낮은 수익 배분  등은 종종 논란이 됩니다.

5. **인종 및 문화적 차별**: K-pop이 세계적으로 확산됨에 따라, 문화적 오해나 인종적 감수성 결여와 관련된 문제도 발생할 수 있습니다.

6. **팬 문화의 극단성**: 열정적인 팬덤이 K-pop의 성공에 중요한 역할을 하지만, 일부 극성 팬의 행동은 문제가 될 수 있습니다. 이러한 행동은 대상 아이 돌에게 스트레스를 줄 뿐만 아니라, 다른 팬들과의 갈등을 일으킬 수도 있습니다.

7. **자기표현의 제한**: 많은 K-pop 아이돌들은 자신을 자유롭게 표현하는 데 제한이 있으며, 이는 창의성과 개인의 잠재력을 억누를 수 있습니다.

K-pop 산업은 이러한 문제들을 해결하기 위해 지속적인 개선 노력이 필요하며, 아이돌의 인권과 복지를 보장하는 것이 중요합니다.
============
K-pop 산업은 전 세계적으로 큰 인기를 끌고 있지만, 몇 가지 문제점과 도전 과제도 안고 있습니다. 여기 몇 가지 주요 문제점을 살펴보겠습니다.

1. **과도한 스케줄과 스트레스**: K-pop 아이돌들은 종종 과도한 스케줄로 인해 극심한 피로와 스트레스를 겪습니다. 데뷔 전부터 시작되는 긴 연습 시간과 데뷔 후의 빡빡한 일정이 이들의 정신적, 육체적 건강에 부정적인 영향을 미칠 수 있습니다.
```

답변이 짧으면 스트림 방식으로 출력되는지 확인하기 어려우므로 복잡하고 어려운 질문을 해보세요. 저는 'KPOP의 문제점을 이야기해 봐'라고 질문했습니다. 터미널 창을 보면 꽤 진지하고 긴 메시지가 스트림 방식으로 타이핑하듯이 출력됩니다. 그리고 '=======' 아래에 응답을 다 합친 content가 다시 한번 출력됩니다. 아직 오류가 발생하지만 답변이 청크 단위로 출력되는 스트림 방식을 조금씩 이해할 수 있을 것입니다.

Do it! 실습 스트림릿에서 스트림 방식으로 출력하기

결과 파일: sec03/stock_info_streaming_1.py

터미널 창뿐만 아니라 스트림릿에서도 스트림 방식으로 출력되도록 수정해 보겠습니다.

1. with를 사용해 비어 있는 챗 메시지를 만들고 그 메시지를 assistant로 설정합니다. 그 안에서 기존 코드를 반복하며 그 시점까지 합친 content를 비어 있는 챗 메시지에 마크다운 형태로 채워 주는 방식입니다. 무슨 말인지 이해하기 어려울 수 있지만, 이 부분은 파이썬이나 GPT API의 동작과 직접 관련되지 않고 스트림릿의 특정 규칙에 따라 설정한다고 이해하면 됩니다.

스트림릿에서 스트림 출력하기 — stock_info_streamlit.py

```
(... 생략 ...)
    content = ''

    with st.chat_message("assistant").empty():  # 스트림릿 챗 메시지 초기화
        for chunk in ai_response:
            content_chunk = chunk.choices[0].delta.content
            if content_chunk:
                print(content_chunk, end='')
                content += content_chunk
                st.markdown(content)  # 스트림릿 챗 메시지에 마크다운으로 출력

    print('\n===========')
    print(content)
(... 생략 ...)
```

4칸 들여쓰기

이 코드를 실행하면 스트림릿에서 답변이 타이핑하듯 스트림 방식으로 출력됩니다.

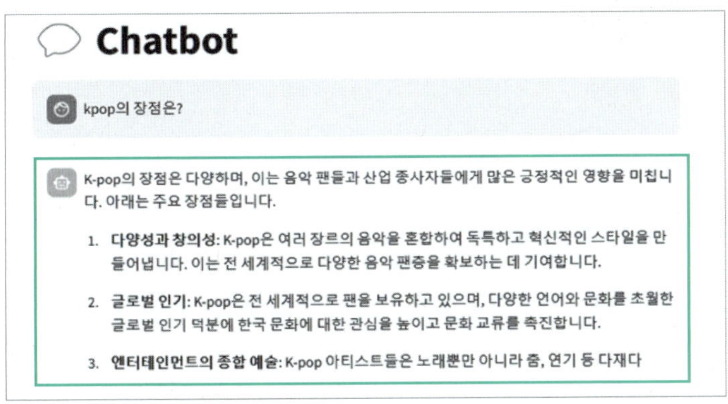

답변이 다 출력된 이후에는 여전히 오류가 발생하고 있습니다. 이제 이 문제를 해결해 보겠습니다.

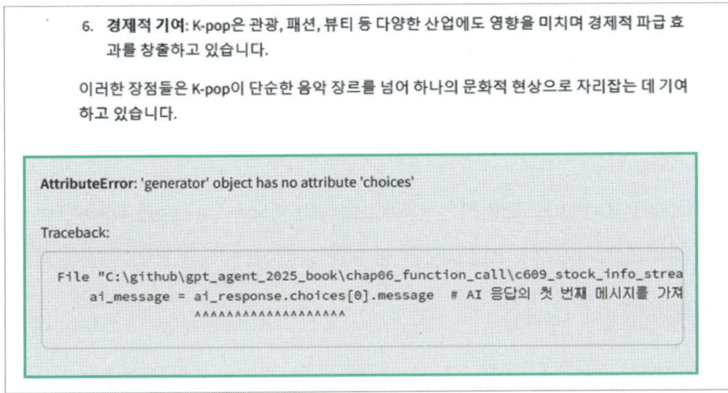

6. 경제적 기여: K-pop은 관광, 패션, 뷰티 등 다양한 산업에도 영향을 미치며 경제적 파급 효과를 창출하고 있습니다.
이러한 장점들은 K-pop이 단순한 음악 장르를 넘어 하나의 문화적 현상으로 자리잡는 데 기여하고 있습니다.
AttributeError: 'generator' object has no attribute 'choices'
Traceback:
File "C:\github\gpt_agent_2025_book\chap06_function_call\c609_stock_info_strea
ai_message = ai_response.choices[0].message # AI 응답의 첫 번째 메시지를 가져
^^^^^^^^^^^^^^^^^^^

오류를 해결하는 방식은 간단합니다. 지금까지 오류가 발생한 이유를 터미널 창과 스트림릿 화면에서 친절히 안내해 주고 있었습니다. 이제 GPT가 결과를 스트림 방식으로 반환하므로 `ai_message = ai_response.choices[0].message` 코드가 더 이상 맞지 않게 된 것이죠.

2. 코드가 맞지 않게 된 부분을 삭제하거나 주석 처리하고 영향을 받는 몇 가지 부분을 수정하겠습니다.

오류 없애기 stock_info_streamlit.py

```
(... 생략 ...)
if user_input := st.chat_input():
    st.session_state.messages.append({"role": "user", "content": user_input})
    st.chat_message("user").write(user_input)

    ai_response = get_ai_response(st.session_state.messages, tools=tools)
    # print(ai_response)  # gpt에서 반환되는 값을 파악하기 위해 임시로 추가
    content = ''
    tool_calls = None ①

    with st.chat_message("assistant").empty():  # 스트림릿 챗 메시지 초기화
        (... 생략 ...)
    print('\n===========')
    print(content)

    # ai_message = ai_response.choices[0].message
                                                  ②
    # tool_calls = ai_message.tool_calls
    if tool_calls:  # tool_calls가 있는 경우
        (... 생략 ...)

    st.session_state.messages.append({
        "role": "assistant",
        "content": content ③
    })  # 대화 기록에 AI 응답 추가

    print("AI\t: " + content) ③
    # st.chat_message("assistant").write(content) ④
```

① 해당 코드의 목적은 펑션 콜링을 할 때 `tool_calls`를 확인하는 것이었습니다. `tool_calls`를 `None`으로 초기화합니다. 아직은 펑션 콜링을 위한 처리를 제대로 하지 않았지만 함수를 실행하는 데 필요한 질문을 하지 않는다면 문제없이 실행됩니다.

❷ GPT를 stream=True로 설정하면 항상 오류가 발생하던 부분입니다. 펑션 콜링을 판단하는 tool_calls를 얻기 위한 코드였으므로 삭제하거나 주석 처리합니다.

❸ 원래는 ai_message.content로 되어 있었지만 이제 스트림 방식으로 content에 content_chunk를 덧붙이는 방식으로 변경되었습니다. 스트림 방식으로 스트림릿에 직접 출력하므로 출력하는 코드도 수정합니다.

❹ ai_message.content로 되어 있던 부분은 content로 수정하고 스트림릿에 출력하는 코드는 주석 처리하거나 삭제합니다.

이 코드를 실행해 보면 오류 없이 대화를 이어 나갈 수 있습니다.

Do it! 실습 스트림 방식에서 펑션 콜링 사용하기

결과 파일: sec03/stock_info_streamlit.py

stream이 True인 상태에서 펑션 콜링을 사용하면 그 결과도 조각 단위로 반환됩니다. 이 부분은 설명하기보다 직접 터미널 창에서 결과를 출력해 보면 더 쉽게 이해할 수 있습니다. 앞의 실습에 이어서 stock_info_streaming.py 파일을 계속 수정해서 사용하겠습니다.

1. 다음처럼 chunk를 출력하는 코드를 임시로 추가합니다.

스트림 출력 사용할 때 펑션 콜링 과정 확인하기 — stock_info_streamlit.py

```
(... 생략 ...)
    with st.chat_message("assistant").empty():  # 스트림릿 메시지 초기화
        for chunk in ai_response:
            content_chunk = chunk.choices[0].delta.content
            if content_chunk:
                print(content_chunk, end='')
                content += content_chunk
                st.markdown(content)  # 스트림릿 챗 메시지에 markdown으로 출력
```

```
            print(chunk)  # 임시로 chunk 출력

    print('\n===========')
    print(content)
(... 생략 ...)
```

터미널 창에 streamlit run *파일명*.py을 입력해 실행하고 get_current_time 함수를 사용하도록 유도하는 질문을 하니 결과가 출력되지 않습니다.

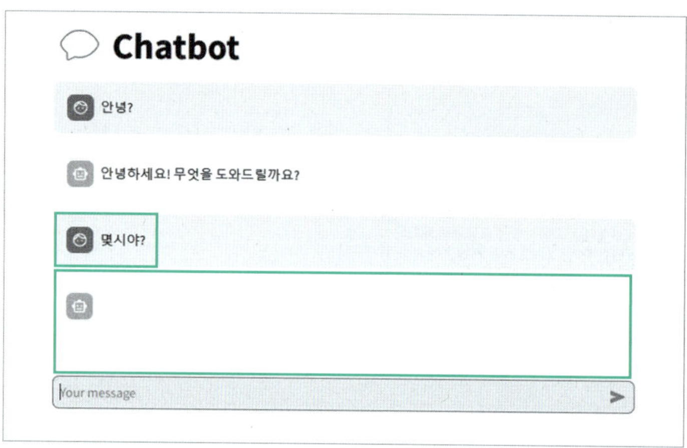

터미널 창에 출력된 결과를 살펴봅시다. Content는 None으로 표시되지만 tool_calls에는 정보가 포함되어 있습니다. 이 정보에는 어떤 함수를 사용할지를 name='get_current_time'로 나타냈습니다. 또한 이 함수를 사용하는 데 필요한 매개변수들이 arguments 안에 스트림 방식으로 조금씩 출력되고 있습니다.

```
(... 생략 ...)
===========
안녕하세요! 무엇을 도와드릴까요?
AI: 안녕하세요! 무엇을 도와드릴까요?
ChatCompletionChunk(id='chatcmpl-AnPkiG1ybEo03gXzN4yE9mNlJLgx4', choices=[Choice(delta=ChoiceDelta(content=None, function_call=None, refusal=None, role='assistant', tool_calls=[ChoiceDeltaToolCall(index=0, id='call_st9HVMyIRYjznSSTb75z3xC6', function=ChoiceDeltaToolCallFunction(arguments='', name='get_current_time'), type='function')]), finish_reason=None, index=0, logprobs=None)], created=1736340428, model='gpt-4o-2024-08-06', object='chat.completion.chunk', service_tier=None, system_fingerprint='fp_d28bcae782', usage=None)
ChatCompletionChunk(id='chatcmpl-AnPkiG1ybEo03gXzN4yE9mNlJLgx4', choices=[Choice(delta=ChoiceDelta(content=None, function_call=None, refusal=None, role=None, tool_calls=
```

```
[ChoiceDeltaToolCall(index=0, id=None, function=ChoiceDeltaToolCallFunction(arguments=
'{"', name=None), type=None)]), finish_reason=None, index=0, logprobs=None)], ... 생략
...
ChatCompletionChunk(id='chatcmpl-AnPkiG1ybEoO3gXzN4yE9mNlJLgx4', choices=[Choice(delta=
ChoiceDelta(content=None, function_call=None, refusal=None, role=None, tool_calls=
[ChoiceDeltaToolCall(index=0, id=None, function=ChoiceDeltaToolCallFunction(arguments=
'timezone', name=None), type=None)]), finish_reason=None, index=0, logprobs=None)], ...
생략 ...
```

2. 이렇게 출력되는 정보를 한데 모으기 위해 코드를 수정하겠습니다.

펑션 콜링 관련 청크 수집하기 stock_info_streamlit.py

```
(... 생략 ...)
     ai_response = get_ai_response(st.session_state.messages, tools=tools)  # 대화 기록
을 기반으로 AI 응답 가져오기
    # print(ai_response)  # gpt에서 반환되는 값을 파악하기 위해 임시로 추가
    content = ''
    tool_calls = None     # tool_calls 초기화
    tool_calls_chunk = []──❶

    with st.chat_message("assistant").empty():  # 스트림릿 챗 메시지 초기화
        for chunk in ai_response:
            content_chunk = chunk.choices[0].delta.content
            if content_chunk:
                print(content_chunk, end='')
                content += content_chunk
                st.markdown(content)  # 스트림릿 챗 메시지에 markdown으로 출력

            # print(chunk)──❷
            if chunk.choices[0].delta.tool_calls:                    ┐
                tool_calls_chunk += chunk.choices[0].delta.tool_calls ┘─❸

    print('\n===========')
    print(content)

    print('\n=========== tool_calls_chunk')    ┐
    for tool_call_chunk in tool_calls_chunk:   ├─❹
        print(tool_call_chunk)                 ┘
(... 생략 ...)
```

❶ `tool_calls_chunk`를 비어 있는 리스트로 초기화합니다. 파편화된 청크 데이터를 담아 두는 변수입니다.
❷ 앞에서 임시로 추가한 `print(chunk)`는 이제 필요하지 않으므로 주석 처리하거나 삭제합니다.
❸ `tool_calls`가 있는 경우에는 초기화한 `tool_calls_chunk`에 덧붙여 나갑니다.
❹ 이렇게 만든 `tool_calls_chunk` 정보를 출력합니다.

파일을 실행하고 다음처럼 get_current_time 함수를 실행하는 질문을 입력하면 해당 함수가 필요한 질문에는 여전히 출력되지 않습니다.

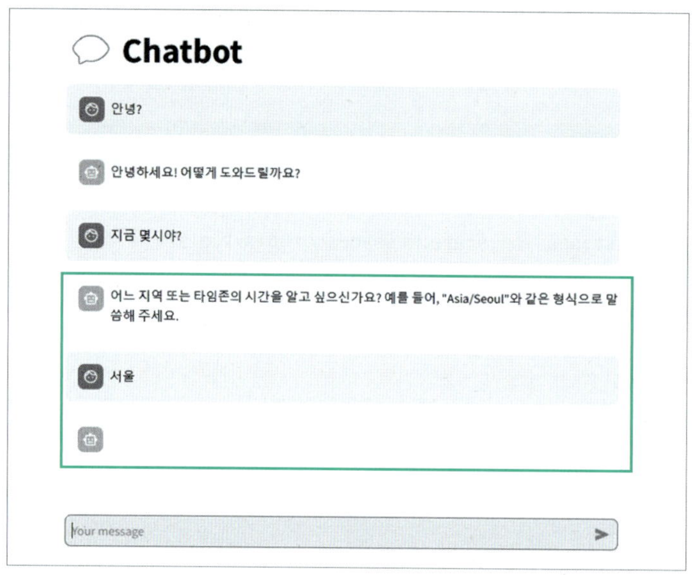

하지만 터미널 창에 출력된 결과는 다음과 같습니다. `tool_call_chunks` 리스트에 어떤 함수를 실행해야 하는지와 그 인자는 어떻게 입력해야 하는지에 관한 정보가 쪼개진 청크 상태로 담겨 있습니다. 이 정보를 잘 합쳐서 `get_current_time`과 `{"timezone": "Asia/Seoul"}`을 만들어 내면 됩니다.

```
=========== tool_calls_chunk
ChoiceDeltaToolCall(index=0, id='call_Tj7svFo16OAWYjM14tf4QBUX', function=ChoiceDeltaToolCallFunction(arguments='', name='get_current_time'), type='functi
n')
ChoiceDeltaToolCall(index=0, id=None, function=ChoiceDeltaToolCallFunction(arguments='{"', name=None), type=None)
ChoiceDeltaToolCall(index=0, id=None, function=ChoiceDeltaToolCallFunction(arguments='timezone', name=None), type=None)
ChoiceDeltaToolCall(index=0, id=None, function=ChoiceDeltaToolCallFunction(arguments='":"', name=None), type=None)
ChoiceDeltaToolCall(index=0, id=None, function=ChoiceDeltaToolCallFunction(arguments='Asia', name=None), type=None)
ChoiceDeltaToolCall(index=0, id=None, function=ChoiceDeltaToolCallFunction(arguments='/', name=None), type=None)
ChoiceDeltaToolCall(index=0, id=None, function=ChoiceDeltaToolCallFunction(arguments='Se', name=None), type=None)
ChoiceDeltaToolCall(index=0, id=None, function=ChoiceDeltaToolCallFunction(arguments='oul', name=None), type=None)
ChoiceDeltaToolCall(index=0, id=None, function=ChoiceDeltaToolCallFunction(arguments='"}', name=None), type=None)
AI      :
```

3. 이제 조각난 정보를 모아 딕셔너리 형태로 정리하기 위해 `tool_list_to_tool_obj` 함수를 만들어 보겠습니다. 이 함수는 `tools`로 전달된 조각 단위의 정보를 리스트 형태로 받아 딕셔너리 형태의 리스트로 반환합니다. 리스트 형태로 반환하는 이유는 GPT가 여러 함수를 동시에 실행하려고 할 때 해당 내용을 리스트에 담기 위함입니다. 예를 들어 '테슬라 주식 정보 알려줘'라고 질문하면 GPT는 3가지 함수 `get_yf_stock_info`, `get_yf_stock_history`, `get_yf_recommendation`를 연속으로 실행하려고 할 수 있습니다.

✦ 이 함수는 오픈AI 커뮤니티를 참고했습니다(출처: https://community.openai.com/t/help-for-function-calls-with-streaming/627170/2).

조각난 정보를 모아 딕셔너리 형태로 정리하기(1) stock_info_streamlit.py

```
from gpt_functions import get_current_time, tools, get_yf_stock_info, get_yf_stock_
history, get_yf_stock_recommendations
from openai import OpenAI
from dotenv import load_dotenv
import os
import json
import streamlit as st
from collections import defaultdict  ❶

load_dotenv()
api_key = os.getenv("OPENAI_API_KEY")  # 환경 변수에서 API 키 가져오기

client = OpenAI(api_key=api_key)        # 오픈AI 클라이언트의 인스턴스 생성

def tool_list_to_tool_obj(tools):
    tool_calls_dict = defaultdict(lambda: {"id": None, "function": {"arguments": "", 
"name": None}, "type": None})

    for tool_call in tools:
        # id가 None이 아닌 경우 설정
        if tool_call.id is not None:
            tool_calls_dict[tool_call.index]["id"] = tool_call.id

        # 함수 이름이 None이 아닌 경우 설정
        if tool_call.function.name is not None:
            tool_calls_dict[tool_call.index]["function"]["name"] = tool_call.function.name

        # 인자 추가
        tool_calls_dict[tool_call.index]["function"]["arguments"] += tool_call.function.
arguments

        # 타입이 None이 아닌 경우 설정
```
❷

```
        if tool_call.type is not None:
            tool_calls_dict[tool_call.index]["type"] = tool_call.type

    tool_calls_list = list(tool_calls_dict.values())

    return {"tool_calls": tool_calls_list}  # 반환
(... 생략 ...)
```

❶ 파이썬 내장 모듈인 collections에서 defaultdict 클래스를 가져옵니다. 이 클래스를 사용하면 기본값을 설정해 놓은 딕셔너리를 생성할 수 있어 존재하지 않는 키에 접근할 때 자동으로 기본값이 할당됩니다.

❷ 도구(함수) 호출에 관한 조각 정보들은 tools라는 매개변수에 리스트 형태로 전달해 오므로 이를 반복문으로 처리합니다. 반복문 내에서 id, function.name, function.arguments, type이 None이 아닌 경우에만 tool_calls_dict에 해당하는 값을 채웁니다.

❸ tool_calls_dict에 채워진 값들을 리스트로 변환하여 tool_calls_list에 저장하고 최종적으로 return {"tool_calls": tool_calls_list} 형태로 반환합니다.

4. 이제 이 함수를 사용해 보겠습니다. 기존에 tool_call_chunks를 출력해서 확인했던 코드는 삭제합니다. 새로 만든 tool_list_to_tool_obj 함수를 이용해 tool_calls_chunk를 결합하여 스트림을 하지 않은 상태와 최대한 유사하게 만들어 tool_obj에 담습니다. 그리고 “tool_calls”에 해당 하는 값을 꺼내 tool_calls 변수에 담습니다. 확인을 위해 print 문을 사용하여 결과를 터미널 창에 출력합니다. 이를 통해 반환된 값이 제대로 형성되었는지 확인할 수 있습니다.

조각난 정보를 모아 딕셔너리 형태로 정리하기(2) stock_info_streamlit.py

```
(... 생략 ...)
    print('\n===========')
    print(content)

    # print('\n=========== tool_calls_chunk')
    # for tool_call_chunk in tool_calls_chunk:
    #     print(tool_call_chunk)
    tool_obj = tool_list_to_tool_obj(tool_calls_chunk)
    tool_calls = tool_obj["tool_calls"]
    print(tool_calls)

    if tool_calls:  # tool_calls가 있는 경우

(... 생략 ...)
```

스트림릿을 실행하고 '테슬라 주식 기본 정보 알려주고 일주일간 주가 변동도 알려줘'라고 질문했습니다. Stream이 True로 설정된 상태에서 이를 처리하는 코드가 아직 제대로 만들지 않았으므로 스트림릿이 돌아가는 웹 브라우저에서는 오류 메시지가 나옵니다.

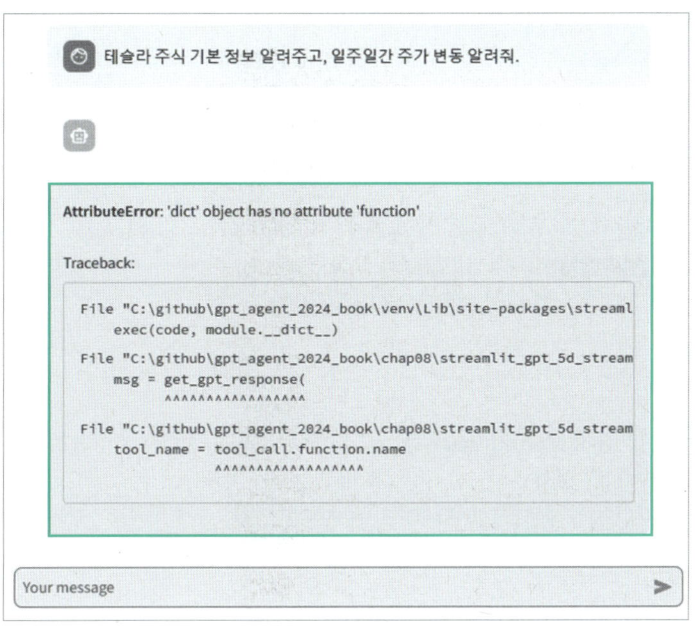

살펴봐야 할 것은 터미널 창에 출력된 메시지입니다. 조각나 있던 펑션 콜링 관련 정보들이 다음처럼 깔끔하게 결합되어 있습니다.

```
===========

[{'id': 'call_YD0C0IaSfAH3fgMcczFJrscl', 'function': {'arguments': '{"ticker":
"TSLA"}', 'name': 'get_yf_stock_info'}, 'type': 'function'}, {'id': 'call_NG2UOZNQyZ4v
gyJGxi4zcBF9', 'function': {'arguments': '{"ticker": "TSLA", "period": "5d"}', 'name':
'get_yf_stock_history'}, 'type': 'function'}]

(... 생략 ...)

  File "C:\github\gpt_agent_2025_book\chap06_function_call\c611_stock_info_streaming.
py", line 103, in <module>
    tool_name = tool_call.function.name # 실행해야한다고 판단한 함수명 받기
                ^^^^^^^^^^^^^^^^^^
AttributeError: 'dict' object has no attribute 'function'
```

5. 이제 tool_calls가 있을 때 함수를 실행할 수 있도록 코드를 수정합시다. tool_list_to_tool_obj 함수를 이용해 tool_calls를 딕셔너리 형태로 변환했으므로 딕셔너리 형태로 읽어 올 수 있도록 수정합니다.

딕셔너리 tool_call 값 읽어 오기(1) stock_info_streamlit.py

```
(... 생략 ...)

    if tool_calls:  # tool_calls가 있는 경우
        for tool_call in tool_calls:
            # tool_name = tool_call.function.name  # 실행해야 한다고 판단한 함수명 받기
            # tool_call_id = tool_call.id          # 함수 아이디 받기
            # arguments = json.loads(tool_call.function.arguments)
# 문자열을 딕셔너리로 변환

            # 딕셔너리 형태에서 받기
            tool_name = tool_call["function"]["name"]  # 실행해야 한다고 판단한 함수명 받기
            tool_call_id = tool_call["id"]             # 함수 아이디 받기
            arguments = json.loads(tool_call["function"]["arguments"])  # 문자열을 딕셔너리
로 변환

            if tool_name == "get_current_time":  # tool_name이 "get_current_time"인 경우
                (... 생략 ...)
```

6. 함수를 실행한 후, 그 결과를 다시 get_ai_response 함수를 이용해 받아 와야 합니다. 이때 스트림 방식으로 출력되므로 앞서 with st.chat_message("assistant").empty()로 시작해 출력하는 방식을 그대로 적용합니다.

딕셔너리 tool_call 값 읽어 오기(2) stock_info_streamlit.py

```
(... 생략 ...)
        st.session_state.messages.append({
            "role": "system",
            "content": "이제 주어진 결과를 바탕으로 답변할 차례다."
            })
            ai_response = get_ai_response(st.session_state.messages, tools=tools)
        # ai_message = ai_response.choices[0].message  # 주석 처리 하거나 삭제
        content = ""
        with st.chat_message("assistant").empty():
            for chunk in ai_response:
                content_chunk = chunk.choices[0].delta.content
                if content_chunk:
```

```
                print(content_chunk, end='')
                content += content_chunk
                st.markdown(content)  # 스트림릿 챗 메시지에 markdown으로 출력
    st.session_state.messages.append({
        "role": "assistant",
        "content": content
    }) # AI 응답을 대화 기록에 추가

    print("AI\t: " + content)  # AI 응답을 출력
```

코드를 실행해 보면 다음처럼 잘 작동합니다. 그런데 대화 창에 빈 메시지 칸이 보입니다. 이는 처음 get_ai_response 함수를 실행할 때 펑션 콜링이 필요한 경우에도 빈 메시지 칸을 생성하는데 그 칸에 content가 없어서 공백으로 남기 때문입니다. 이 부분은 어떤 함수를 임시로 사용했는지 보여 주는 용도로 활용해 보겠습니다.

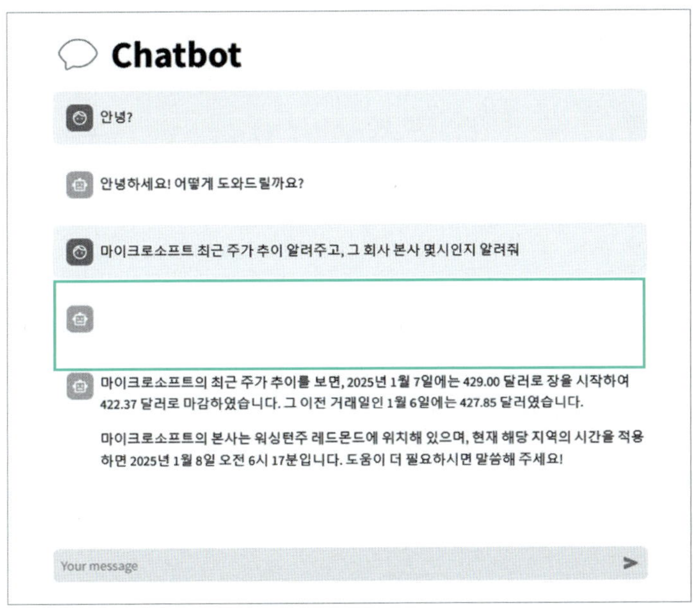

7. tool_obj, tool_calls를 처리하던 코드를 with st.chat_message("assistant").empty() 안으로 옮깁니다. 그리고 for 문을 사용하여 st.write로 tool_calls 내용 중에서 function에 해당하는 부분만 모아서 출력하도록 수정합니다.

스트림릿에서 비어 있는 메시지에 함수 정보 넣기 stock_info_streamlit.py

```
(... 생략 ...)
    with st.chat_message("assistant").empty():  # 스트림릿 챗 메시지 초기화
        (... 생략 ...)
            # print(chunk) # 임시로 chunk 출력
            if chunk.choices[0].delta.tool_calls: # tool_calls가 있는 경우
                tool_calls_chunk += chunk.choi ces[0].delta.tool_calls  # tool_calls_
chunk에 추가

        tool_obj = tool_list_to_tool_obj(tool_calls_chunk)  # 아래에서 여기로 이동
        tool_calls = tool_obj["tool_calls"]                 # 아래에서 여기로 이동

        if len(tool_calls) > 0:  # 만약 tool_calls가 존재하면, st.write로 tool_call 내용 출력
            print(tool_calls)
            # tool_calls에서 function 정보만 모아서 출력
            tool_call_msg = [tool_call["function"] for tool_call in tool_calls]
          st.write(tool_call_msg)
    print('\n===========')
    print(content)
    # tool_obj, tool_calls 있던 위치인데 위로 옮김

    if tool_calls:  # tool_calls가 있는 경우
(... 생략 ...)
```

이 코드를 실행하면 빈 상태로 남아 있던 칸에 GPT가 실행할 함수의 이름과 인잣값이 출력됩니다.

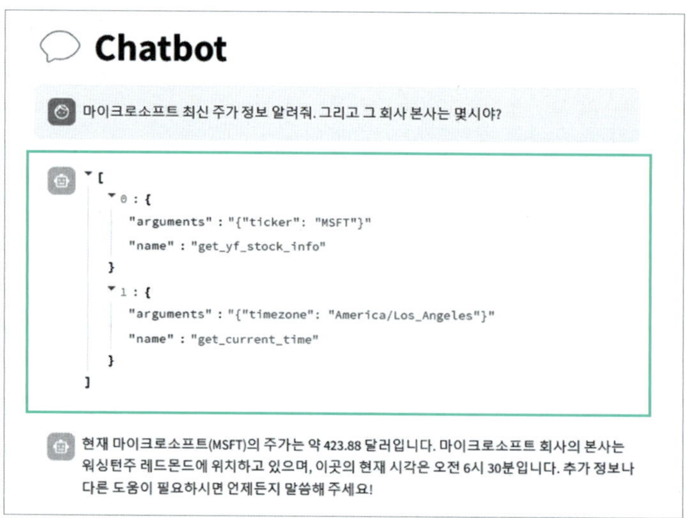

셋째마당

랭체인을 활용한 에이전트 개발

언어 모델을 활용해 복잡한 작업을 수행하는 프로그램을 개발할 때 랭체인이 유용할 수 있습니다. 셋째마당에서는 GPT API만 사용해 개발할 때와 랭체인을 활용할 때의 차이점을 이해하고, 대규모 문서 기반 작업을 할 수 있게 하는 RAG와 인터넷 검색, PDF 사용 등의 기능을 손쉽게 추가하는 방법을 배웁니다.

랭체인으로 에이전트 만들기

이번 장에서는 랭체인으로 직접 에이전트를 개발하며, 오픈AI의 GPT API만 사용해 개발할 때와 어떤 공통점과 차이점이 있는지 경험해보겠습니다.

08-1 랭체인으로 챗봇 만들기

지금까지 오픈AI의 GPT API를 활용해서 언어 모델을 사용하는 방법을 익혔습니다. 앞서 개발했던 간단한 챗봇을 랭체인을 활용해 다시 개발하면서 랭체인의 사용 방법을 알아보고 편의성은 무엇인지 살펴봅시다.

랭체인이란?

랭체인LangChain은 언어 모델에 기반한 AI 애플리케이션을 쉽게 개발할 수 있도록 도와주는 프레임워크입니다. 기존에는 오픈AI와 같은 언어 모델의 API를 사용해 원하는 기능을 구현하려면 모든 코드를 직접 작성해야 했습니다. 랭체인은 이 작업을 간소화할 수 있는 다양한 도구와 모듈을 제공합니다. 랭체인을 사용하면 요약, 검색, 문서 생성, 질의응답 등 여러 기능을 손쉽게 구현할 수 있으며 복잡한 애플리케이션을 개발할 때도 미리 구축된 모듈을 활용해 개발 속도를 높일 수 있습니다.

또한 랭체인을 사용하면 다른 언어 모델을 쉽게 교체할 수 있습니다. 구글의 제미나이Gemini, 메타의 라마Llama, 앤트로픽의 클로드Claude와 같은 모델은 오픈AI의 GPT와 API 사용 방식이 달라서 기존 프로그램을 다른 언어 모델로 변경하려면 코드 전반을 수정해야 했습니다. 하지만 랭체인을 사용하면 언어 모델 선언 부분만 수정해서 다른 언어 모델로 쉽게 변경할 수 있습니다. 이 기능 덕분에 특정 모델에 종속되지 않고 다양한 모델의 장점을 활용한 애플리케이션을 개발할 수 있습니다.

Do it! 실습 랭체인과 오픈AI의 GPT API 비교하기

결과 파일: chap08/sec01/langchain_chatbot.ipynb

1. 랭체인을 사용하기 위해 터미널 창에서 랭체인을 설치합니다.

```
(venv) > pip install langchain
```

2. 오픈AI의 GPT API를 사용하기 위해 랭체인에서 오픈AI 모델을 사용할 수 있게 해주는 `langchain-openai`를 설치합니다. 랭체인에서는 GPT뿐만 아니라 제미나이, 라마, 클로드 등 다양한 언어 모델을 사용할 수 있습니다.

```
(venv) > pip install langchain-openai
```

3. langchain_chatbot.ipynb라는 이름으로 파일을 생성하고 `openai` 라이브러리 대신 랭체인에서 제공하는 `ChatOpenAI`를 임포트합니다. 그리고 `gpt-4o-mini` 모델을 사용한다고 선언합니다. 앞에서처럼 .env 파일에 오픈AI의 API 키를 잘 설정해 두었다면 첫 두 줄은 쓰지 않아도 잘 작동합니다.

✦ langchain_chatbot.ipynb 파일에서 설명할 내용은 랭체인 공식 웹 사이트 튜토리얼의 'Build a Chatbot' 내용을 기반으로 재구성했습니다(https://python.langchain.com/v0.2/docs/tutorials/chatbot/).

✦ .env 파일 설정은 02-2절 'API 키 관리하기' 실습을 참고하세요.

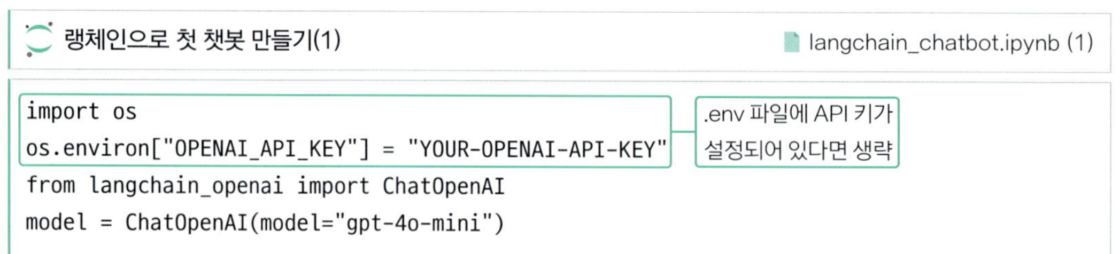
랭체인으로 첫 챗봇 만들기(1) langchain_chatbot.ipynb (1)

```
import os
os.environ["OPENAI_API_KEY"] = "YOUR-OPENAI-API-KEY"
from langchain_openai import ChatOpenAI
model = ChatOpenAI(model="gpt-4o-mini")
```

.env 파일에 API 키가 설정되어 있다면 생략

4. 이어서 랭체인에서 사용자의 메시지를 의미하는 `HumanMessage`를 불러옵니다. 그리고 `model.invoke`에 메시지를 리스트 형태로 전달합니다. 앞에서 오픈AI의 API를 사용할 때는 메시지를 딕셔너리 형태로 작성하여 `{"role": "user", "content", "안녕? 나는 이성용이야."}`와 같이 리스트로 쌓아서 보냈지만 랭체인에서는 다음처럼 작성하면 됩니다.

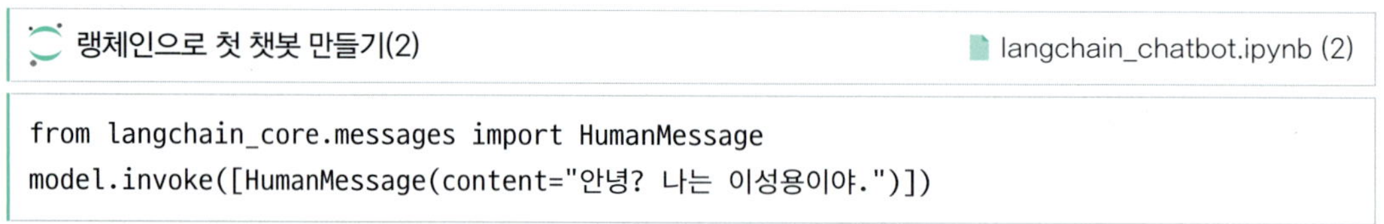
랭체인으로 첫 챗봇 만들기(2) langchain_chatbot.ipynb (2)

```
from langchain_core.messages import HumanMessage
model.invoke([HumanMessage(content="안녕? 나는 이성용이야.")])
```

실행하면 다음처럼 결과가 출력됩니다. 앞에서 오픈AI의 API를 사용할 때는 `{"role": "assistant", "content": "안녕하세요, 이성용님! 어떻게 도와드릴까요?"}`라고 출력되었습니다. 반면 랭체인을 사용한 결과는 `AIMessage` 클래스 객체 안에 `content`가 담긴 형태로 반환됩니다.

```
AIMessage(content='안녕하세요, 이성용님! 어떻게 도와드릴까요?', additional_kwargs={'refusal': None}, response_metadata={'token_usage': {'completion_tokens': 15, 'prompt_tokens': 17, 'total_tokens': 32}, 'model_name': 'gpt-4o-mini-2024-07-18', 'system_fingerprint': 'fp_48196bc67a', 'finish_reason': 'stop', 'logprobs': None}, id='run-07d8a604-65c8-472e-bc26-02faf8050334-0', usage_metadata={'input_tokens': 17, 'output_tokens': 15, 'total_tokens': 32})
```

랭체인에서는 AIMessage, HumanMessage, SystemMessage와 같은 다양한 메시지 타입을 제공합니다. 여기서 AIMessage는 인공지능이 답변해 주는 역할을 의미합니다. 오픈AI의 API를 활용할 때 role을 assistant로 설정한 것과 같은 개념입니다. HumanMessage, SystemMessage는 각각 user, system과 비슷한 역할을 합니다.

5. 현재 상태에서 랭체인을 통해 GPT와 대화를 이어 나가도 GPT가 이전 대화 내용을 기억하지 못합니다. 다음과 같이 질문해 보면 GPT는 제대로 답변하지 못합니다. `model.invoke`에 전달된 새로운 리스트의 메시지만 활용해 다음 답변을 만들어 줄 뿐이니까요.

랭체인으로 첫 챗봇 만들기(3) | langchain_chatbot.ipynb (3)

```
model.invoke([HumanMessage(content="내 이름이 뭐지?")])
```

```
AIMessage(content='죄송하지만, 당신의 이름을 알 수 없습니다. 이름을 알려주시면 제가 기억할 수는 있지만, 현재로서는 알 수 없는 상태입니다. 어떻게 도와드릴까요?', additional_kwargs={'refusal': None}, response_metadata={'token_usage': {'completion_tokens': 40, 'prompt_tokens': 13, 'total_tokens': 53}, 'model_name': 'gpt-4o-mini-2024-07-18', 'system_fingerprint': 'fp_507c9469a1', 'finish_reason': 'stop', 'logprobs': None}, id='run-0386d621-3fd8-47a3-b3c4-f2bc46545701-0', usage_metadata={'input_tokens': 13, 'output_tokens': 40, 'total_tokens': 53})
```

Do it! 실습 랭체인으로 멀티턴 대화하기

결과 파일: sec01/langchain_muliturn.py, sec01/langchain_message_history.ipynb

이 책의 03-2절에서는 오픈AI API를 사용해 대화 내용을 담은 리스트에 사용자의 질문과 GPT의 답변을 계속 추가하여 대화를 이어 나갔습니다. 랭체인에서도 같은 방식으로 대화를 이어 나갈 수 있습니다.

대화 내용 리스트에 메시지 추가하기

언어 모델이 맥락에 맞게 답변을 제공하도록 멀티턴 방식으로 랭체인을 구현해 봅시다.

03-2절에서 작성한 코드를 랭체인 스타일로 수정합니다. 기존 코드와 비교할 수 있도록 오픈AI API 스타일의 코드를 남겨 두고 주석으로 표시했습니다. .env 파일에 오픈AI의 API 키를 잘 넣어 두었다면 API 키를 따로 입력할 필요 없이 바로 사용할 수 있습니다.

기존 메시지 리스트에 추가하는 방식으로 구현한 랭체인 멀티턴 langchain_mulitur n.py

```python
# from openai import OpenAI
# from dotenv import load_dotenv
# import os
from langchain_openai import ChatOpenAI
from langchain_core.messages import HumanMessage, AIMessage, SystemMessage

# load_dotenv()
# api_key = os.getenv("OPENAI_API_KEY")  # 환경 변수에서 API 키 가져오기

# client = OpenAI(api_key=api_key)
llm = ChatOpenAI(model="gpt-4o")  ❶

# def get_ai_response(messages):
#     response = client.chat.completions.create(
#         model="gpt-4o",      # 응답 생성에 사용할 모델 지정
#         temperature=0.9,     # 응답 생성에 사용할 temperature 설정
#         messages=messages,   # 대화 기록을 입력으로 전달
#     )
#     return response.choices[0].message.content  # 생성된 응답 내용 반환

messages = [
    # {"role": "system", "content": "너는 사용자를 도와주는 상담사야."}
    SystemMessage("너는 사용자를 도와주는 상담사야.")  ❷
]

while True:
    user_input = input("사용자: ")  # 사용자 입력 받기

    if user_input == "exit":        # 사용자가 대화를 종료하려는지 확인
        break

    messages.append(
        # {"role": "user", "content": user_input}
        HumanMessage(user_input)
```

```
    ) # 사용자 메시지를 대화 기록에 추가

    # ai_response = get_ai_response(messages)
    ai_response = llm.invoke(messages)

    messages.append(
        # {"role": "assistant", "content": ai_response}
        ai_response
    ) # 대화 기록에 AI 응답 추가

    print("AI: " + ai_response.content) # AI 응답 출력
```

❶ 랭체인에서 사용할 모델을 정의합니다. 랭체인에서 제공하는 `ChatOpenAI`를 사용하므로 이전에 사용한 `get_ai_response` 함수는 이제 필요하지 않습니다.

❷ `SystemMessage`는 앞에서 오픈 AI의 API를 사용할 때 `{"role": "system", "content": "적절한 시스템 프롬프트"}` 형식으로 작성한 부분을 랭체인 스타일로 처리할 수 있게 해주는 클래스입니다.

❸ 또 하나 달라진 점은 `llm.invoke`로 받은 `ai_response`를 그대로 메시지 리스트에 추가하는 부분입니다. 앞에서 오픈AI의 API를 사용할 때는 반환된 값에서 `content`만 추출해서 `{"role": "assistant", "content": "GPT의 답변"}` 형태로 리스트에 추가했지만, 랭체인에서는 반환값이 이미 `AIMessage` 형태여서 별도로 `content`를 추출할 필요 없이 그대로 추가할 수 있습니다.

코드를 실행하면 다음과 같이 대화를 이어갈 수 있습니다. 첫 번째 질문에서 제 이름을 말해주고 두 번째 질문에서 제 정보를 물어보니 기존 대화를 기반으로 잘 답변합니다.

```
사용자: 안녕? 나는 이성용이야.
AI: 안녕하세요, 이성용님! 만나서 반갑습니다. 어떻게 도와드릴까요?
사용자: 나에 대해 알고 있는 정보가 있어?
AI: 죄송하지만, 저는 개인 정보를 저장하거나 접근할 수 없습니다. 이성용님에 대한 정보는 알지 못합니다. 대신, 궁금한 점이나 이야기하고 싶은 주제가 있다면 도와드릴 수 있습니다!
```

랭체인의 메시지 히스토리

앞에서는 멀티턴 대화를 위해 매번 GPT와 사용자의 대화 내용을 리스트나 딕셔너리에 추가하는 코드를 작성해야 했습니다. 랭체인의 메시지 히스토리Message History 기능을 사용하면 멀티턴 대화를 더 쉽게 구현할 수 있습니다.

1. 메시지 히스토리를 단계적으로 이해하기 위해 langchain_message_history.ipynb 파일을 생성하고 코드를 작성합니다.

✦ 이 예제는 랭체인 공식 문서에서 제공하는 메시지 히스토리 사용 방법을 재구성한 것입니다(https://python.langchain.com/v0.2/docs/tutorials/chatbot/).

메시지 히스토리 연습하기(1) langchain_message_history.ipynb (1)

```
from langchain_core.chat_history import InMemoryChatMessageHistory, ——❶
from langchain_core.runnables.history import RunnableWithMessageHistory——❷
from langchain_openai import ChatOpenAI  # 오픈AI 모델을 사용하는 랭체인 챗봇 클래스
from langchain_core.messages import HumanMessage

model = ChatOpenAI(model="gpt-4o-mini")

store = {}——❸

# 세션 ID에 따라 대화 기록을 가져오는 함수
def get_session_history(session_id: str) -> BaseChatMessageHistory:
    # 만약 해당 세션 ID가 store에 없으면, 새로 생성해 추가
    if session_id not in store:
        store[session_id] = InMemoryChatMessageHistory()  # 메모리에 대화 기록을 저장하는
객체 생성
    return store[session_id]  # 해당 세션의 대화 기록을 반환
                                                                     ——❹
# 모델 실행 시 대화 기록을 함께 전달하는 래퍼 객체 생성
with_message_history = RunnableWithMessageHistory(model, get_session_history)——❺
```

❶ InMemoryChatMessageHistory는 메모리 내에서 메시지를 리스트 형태로 보관합니다. 애플리케이션을 종료하면 대화 내용이 사라지므로 계속 사용하고 싶다면 파일이나 DB에 저장해야 합니다.

❷ RunnableWithMessageHistory는 모델을 생성할 때 대화 기록을 함께 전달할 수 있도록 하는 클래스입니다.

❸ store는 session_id를 기준으로 사용자의 대화 기록을 저장하는 딕셔너리입니다.

❹ get_session_history 함수는 RunnableWithMessageHistory 클래스에서 대화 기록을 관리하기 위해 호출되며 session_id에 해당하는 대화 기록을 반환하는 역할을 합니다. store에서 특정 사용자의 대화 기록을 찾고, 만약 해당 session_id가 없으면 새로운 대화 기록 객체를 만들어서 저장합니다. 그리고 해당하는 대화 기록 객체를 반환합니다.

❺ RunnableWithMessageHistory를 이용하면 대화 내용을 저장하면서 대화를 이어 나갈 수 있습니다. with_message_history를 사용해 RunnableWithMessageHistory 인스턴스를 만듭니다.

2. 이제 ChatOpenAI를 바로 사용하는 model.invoke() 대신 with_message_history()를 실행합니다. 그리고 session_id를 랭체인에서 정한 양식에 맞게 설정합니다. 현재 config 객체에 session_id를 abc2로 설정했습니다. 첫 대화는 이름을 소개하며 시작했습니다.

메시지 히스토리 연습하기(2) langchain_message_history.ipynb (2)

```
config = {"configurable": {"session_id": "abc2"}}  # 세션 ID를 설정하는 config 객체 생성

response = with_message_history.invoke(
    [HumanMessage(content="안녕? 난 이성용이야.")],
    config=config,
)

print(response.content)
```

셀을 실행하면 GPT는 인사를 하며 무엇을 도와줄지 물어봅니다.

```
'당신의 이름은 이성용입니다. 다른 질문이나 도움이 필요하신 것이 있나요?'
안녕하세요, 이성용님! 반갑습니다. 어떻게 도와드릴까요?
```

3. 이어서 이름을 물어보겠습니다. 대화 내용을 잘 기록했다면 제 이름을 잊지 않았겠죠.

메시지 히스토리 연습하기(3) langchain_message_history.ipynb (3)

```
response = with_message_history.invoke(
    [HumanMessage(content="내 이름이 뭐지?")],
    config=config,
)

print(response.content)
```

역시 잘 기억하고 있습니다. 다시 한번 강조하지만 RunnableWithMEssageHistory로 만든 객체를 통해 대화할 때 config로 제공한 session_id에 따라 고유의 대화 내용이 기록됩니다.

```
'당신의 이름은 이성용입니다. 다른 질문이나 도움이 필요하신 것이 있나요?'
```

4. 예를 들어 다음처럼 session_id를 계속 사용하던 abc2가 아니라 abc3로 만들어 입력하면 abc2에 기록했던 대화 내용은 전혀 없는 상태가 됩니다. 따라서 새로운 config로 입력하고 실행하면 GPT는 이전 대화를 기억하지 못합니다.

메시지 히스토리 연습하기(4) langchain_message_history.ipynb (4)

```
config = {"configurable": {"session_id": "abc3"}}

response = with_message_history.invoke(
    [HumanMessage(content="내 이름이 뭐지?")],
    config=config,
)

response.content
```

```
'죄송하지만, 당신의 이름을 알 수 있는 정보가 없습니다. 당신의 이름을 말씀해 주시면 그에 맞춰 대화할 수 있습니다!'
```

5. 다시 session_id를 abc2로 수정하면 기존 대화를 기억하고 잘 대답합니다.

메시지 히스토리 연습하기(5) langchain_message_history.ipynb (5)

```
config = {"configurable": {"session_id": "abc2"}}

response = with_message_history.invoke(
    [HumanMessage(content="아까 우리가 무슨 얘기 했지?")],
    config=config,
)

response.content
```

```
'우리는 당신의 이름이 이성용이라는 것에 대해 이야기했습니다. 추가로 궁금한 점이나 이야기하고 싶은 주제가 있으신가요?'
```

스트림 방식으로 출력하기

이번에는 랭체인으로 만든 챗봇의 답변을 스트림 방식으로 출력해 보겠습니다. 스트림 방식으로 답변을 출력하는 것은 간단합니다. .invoke라고 되어 있던 부분을 .stream으로만 바꿔 주면 됩니다. langchain_message_history.ipynb 파일에 이어서 작성해 보겠습니다.

반복문을 사용하여 답변이 생성되는 대로 데이터를 하나씩 출력합니다. 출력 속도가 너무 빠르면 스트림 출력이 되는지 확인하기 어려울 수 있으므로 end="" 대신 end="¦"로 설정합니다.

스트림 방식으로 출력하기 langchain_message_history.ipynb (6)

```
config = {"configurable": {"session_id": "abc2"}}
for r in with_message_history.stream(
    [HumanMessage(content = "내가 어느 나라 사람인지 맞춰보고, 그 나라의 국가를 불러줘.")],
    config=config,
):
    print(r.content, end="¦")
```

순차적으로 출력되는 모습을 책에 담을 수는 없지만 응답은 각각 다음처럼 ¦로 구분된 단위로 출력됩니다. 한국의 국가가 '아리랑'이라는 등 잘못된 답변도 있지만 이런 환각 현상은 뒤에서 차차 해결해 나가겠습니다.

```
¦이¦성¦용¦이라는¦ 이름¦은¦ 한국¦에서¦ 많이¦ 사용¦되는¦ 이름¦입니다¦.¦ 따라서¦ 한국¦ 사람¦일¦ 가능
¦성이¦ 높¦다고¦ 생각¦합니다¦.¦ 한국¦의¦ 국¦가는¦ "¦아¦리¦랑¦"¦입니다¦.¦ 맞¦나요¦?¦¦
```

08-2 LCEL로 체인 만들기

LCEL LangChain Expression Language은 랭체인에서 복잡한 작업 흐름을 간단하게 만들고 관리할 수 있도록 돕는 도구입니다. 랭체인에서는 이런 작업 흐름을 연결하는 것을 체인 Chain이라고 합니다. LCEL을 이용하면 여러 줄로 표현해야 하는 작업 단계를 읽기 쉽게 축약할 수 있으며 스트림 출력 등 여러 작업을 병렬로 처리할 수 있습니다. 이 외에도 더 많은 기능이 있습니다. 직접 코드를 작성하면서 LCEL에 대해 배워봅시다.

Do it! 실습 출력 파서와 체인

결과 파일: sec02/lcel.ipynb

먼저 랭체인 기본 문법만으로 챗봇 코드를 작성해 보겠습니다. 03-1절에서 프롬프트 엔지니어링을 배우며 GPT에게 역할을 부여했던 것 기억하나요? 이번에는 랭체인 코드로 역할을 부여한 챗봇을 만들어 보겠습니다. 이어지는 실습에서 LCEL을 단계별로 학습하기 위해 주피터 노트북을 활용하겠습니다.

1. 새 파일 LCEL.ipynb를 만듭니다. GPT-4o-mini 모델을 사용하여 시스템 프롬프트에 '미녀와 야수' 이야기의 미녀(벨) 역할을 맡아 그 캐릭터에 맞게 대답해 달라고 요청해 보겠습니다. 그리고 `HumanMessage`로 자신을 '미녀와 야수' 이야기에서 빌런 역할인 개스톤이라고 소개하며 저녁 식사를 제안했습니다.

GPT에게 '미녀와 야수' 이야기의 미녀 역할을 부여하고 대화하기 — lcel.ipynb (1)

```
from langchain_openai import ChatOpenAI
model = ChatOpenAI(model="gpt-4o-mini")

from langchain_core.messages import HumanMessage, SystemMessage

messages = [
    SystemMessage(content="너는 미녀와 야수에 나오는 미녀야. 그 캐릭터에 맞게 사용자와 대화하라."),
    HumanMessage(content="안녕? 저는 개스톤입니다. 오늘 시간 괜찮으시면 저녁 같이 먹을까요?"),
]

model.invoke(messages)
```

이 코드를 실행해 보면 챗봇은 그 역할에 맞게 개스톤의 데이트 신청을 거절합니다.

```
AIMessage(content='안녕하세요, 개스톤. 당신의 제안은 고맙지만, 저는 오늘 도서관에서 읽고 싶은 책이 많아서 시간이 없을 것 같아요. 책을 읽는 것이 저에게는 아주 중요한 일이거든요. 이해해 주실 수 있겠죠?', additional_kwargs={'refusal': None}, response_metadata={'token_usage': {'completion_tokens': 61, 'prompt_tokens': 62, 'total_tokens': 123}, 'model_name': 'gpt-4o-2024-05-13', 'system_fingerprint': 'fp_df84d6bd70', 'finish_reason': 'stop', 'logprobs': None}, id='run-25f3b0a0-e232-44a6-887d-23ffbeb91d35-0', usage_metadata={'input_tokens': 62, 'output_tokens': 61, 'total_tokens': 123})
```

출력된 결과를 보면 `AIMessage`라는 객체 안에 여러 정보가 포함되어 있습니다. 만약 텍스트 결과만 필요하다면 StrOutputParser를 사용하면 됩니다. StrOutputParse는 랭체인에서 제공하는 다양한 출력 파서output parser 중 하나입니다. 출력 파서란 언어 모델이 반환하는 결과에서 원하는 형식의 데이터를 추출하는 도구입니다. StrOutputParser는 텍스트만 추출하여 반환하며 다른 파서들은 JSON, 숫자 등 특정 형식을 처리할 수 있습니다.

2. 다음처럼 `model.invoke`로 `messages`를 사용하고 그 결과를 `parser.invoke`에 넘겨주면 원하는 텍스트만 출력할 수 있습니다. 여기서는 문자열만 반환하기 위해 `StrOutputParser`를 사용합니다. 이처럼 출력 파서를 이용하면 반환 형식을 정해 줄 수 있습니다.

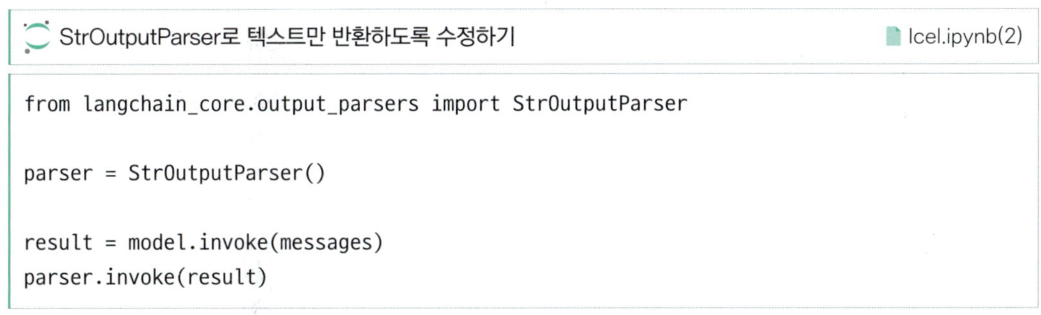

StrOutputParser로 텍스트만 반환하도록 수정하기 lcel.ipynb(2)

```
from langchain_core.output_parsers import StrOutputParser

parser = StrOutputParser()

result = model.invoke(messages)
parser.invoke(result)
```

이 셀을 실행하면 다음처럼 문자열만 출력됩니다. 벨은 다시 한번 개스톤의 제안을 정중히 거절합니다.

```
'안녕하세요, 개스톤. 당신의 제안에 감사드려요. 하지만 저는 오늘 아버지를 돌봐야 하고, 또 책을 읽을 시간이 필요해요. 당신도 알다시피, 저는 독서를 아주 좋아하거든요. 다음에 더 좋은 기회가 있으면 좋겠네요.'
```

3. 앞에서 작성한 코드는 GPT 모델에서 결과를 얻고 그 결과를 `StrOutputParser`를 사용해 텍스트만 추출하는 2단계가 순차로 이어집니다. 이 2단계를 랭체인에서는 LCEL의 체인을 이용해 ¦ 연산자로 한 줄로 간단하게 연결할 수 있습니다.

Chain 연산자 ¦를 이용해 간단하게 수정하기 — lcel.ipynb (3)

```
chain = model ¦ parser
chain.invoke(messages)
```

이 셀을 실행해 보면 벨은 여전히 개스톤의 제안을 거절하고 있습니다.

```
'안녕하세요, 개스톤. 당신의 제안은 고맙지만, 오늘은 책을 읽고 싶어서요. 저는 조용한 시간을 보내는 걸 좋아하거든요. 하지만 당신의 관심에 감사드려요. 혹시 다른 날에 친구들과 함께 모이는 건 어떨까요?'
```

답변의 형태를 지정하기 위해 출력 파서를 사용할 수 있고, ¦ 연산자를 이용해 모델과 파서를 연결해 한 줄로 표현할 수 있습니다.

Do it! 실습 프롬프트 템플릿 이용하기

결과 파일: sec02/lcel.ipynb

만약 다른 캐릭터가 벨에게 제안한다면 어떻게 될까요? 매번 messages의 내용을 바꿔서 테스트할 수도 있지만 랭체인의 프롬프트 템플릿prompt template을 이용하면 필요한 부분만 수정하여 실행할 수 있습니다. 이전 파일에 이어서 실습하겠습니다.

1. `ChatPromptTemplate`을 사용해 대화 중 변수로 만들고 싶은 부분을 대괄호({}) 로 감싸고 변수명을 지정합니다. 여기서는 `system_template`과 `human_template`을 문자열로 작성하고 `story`, `character_a`, `character_b`, `activity`를 변수로 사용합니다. 이를 `ChatPromptTemplate` 객체인 `prompt_template`로 생성합니다. 그리고 `prompt_template`에 `.invoke`를 사용해 딕셔너리 형태로 항목을 채워 넣습니다. 이때 `character_b`를 개스톤 대신 야수로 수정했습니다.

프롬프트 템플릿 이용하기 lcel.ipynb (4)

```
from langchain_core.prompts import ChatPromptTemplate

system_template = "너는 {story}에 나오는 {character_a} 역할이다. 그 캐릭터에 맞게 사용자와 대화하라."
human_template = "안녕? 저는 {character_b}입니다. 오늘 시간 괜찮으시면 {activity} 같이 할까요?"

prompt_template = ChatPromptTemplate([
    ("system", system_template),
    ("user", human_template),
])

result = prompt_template.invoke({
    "story": "미녀와 야수",
    "character_a": "미녀",
    "character_b": "야수",
    "activity": "저녁"
})

print(result)
```

출력해 보면 변수로 설정한 부분들이 모두 원하는 값으로 채워진 프롬프트가 생성됩니다.

```
messages=[SystemMessage(content='너는 미녀와 야수에 나오는 미녀 역할이다. 그 캐릭터에 맞게 사용자와 대화하라.'), HumanMessage(content='안녕? 저는 야수입니다. 오늘 시간 괜찮으시면 저녁 같이 할까요?')]
```

2. 이제 랭체인의 | 연산자를 이용해 체인을 구성합니다. 딕셔너리 형태로 채운 내용은 `prompt_template`을 거쳐 GPT-4o-mini 모델과 StrOutputParser를 통해 최종 결과로 출력됩니다.

체인으로 구성하기 lcel.ipynb (5)

```
chain = prompt_template | model | parser

chain.invoke({
    "story": "미녀와 야수",
    "character_a": "미녀",
    "character_b": "야수",
    "activity": "저녁"
})
```

개스톤의 제안을 계속 거절했던 벨이 야수의 데이트 신청은 단번에 승낙합니다. story, character_a, character_b, activity 등 여러 변수를 바꿔 보며 다양한 상황을 테스트할 수 있습니다.

```
'안녕하세요, 야수님! 물론이죠, 저녁을 함께 할 수 있다니 기쁘네요. 오늘은 어떤 요리를 준비하셨나요? 
혹시 제가 도울 일이 있을까요?'
```

이 방법을 활용하면 입력 템플릿과 출력 양식을 미리 설정해 두고 다양한 상황을 반복해서 실행하는 데 도움이 됩니다.

08-3 랭체인 도구로 에이전트 만들기

07-2절에서는 펑션 콜링을 이용해 최신 주식 정보를 가져와 대화하는 챗봇을 개발했습니다. 랭체인에서도 이와 유사한 방법을 도구Tools라는 이름으로 제공합니다. 랭체인의 도구 기능을 활용하면 자신이 만든 함수나 다른 사람이 만든 기능을 챗봇에 쉽게 추가할 수 있습니다.

Do it! 실습 @tool 데코레이터로 랭체인에 함수 연결하기

결과 파일: sec03/langchain_tool.ipynb

오픈AI의 API로 펑션 콜링을 사용해 만들었던 현재 시간을 알려 주는 챗봇을 랭체인으로 개발해 보겠습니다. @tool 데코레이터를 사용하면 함수를 도구로 변환할 수 있습니다. 이 데코레이터는 함수를 랭체인에서 외부 도구로 등록하여 언어 모델이 함수를 호출하고 사용할 수 있게 해줍니다. 즉, @tool 데코레이터는 랭체인이 함수의 기능을 언어 모델이 활용할 수 있게 만드는 역할을 합니다.

✦ 데코레이터(decorator)는 파이썬에서 함수의 동작을 수정하거나 확장하는 데 사용하는 도구로, 원래의 함수를 변경하지 않고 추가 기능을 덧붙일 수 있게 해줍니다.

1. 랭체인의 도구 기능을 이용하는 방법을 배우는 단계이므로 주피터 노트북 파일을 사용하겠습니다. langchain_tool.ipynb 파일을 만들고 다음과 같이 코드를 입력합니다. 랭체인 스타일로 언어 모델을 선언하고 테스트로 `.invoke()` 메서드를 사용해 간단한 프롬프트를 입력합니다.

언어 모델 선언하기 — langchain_tool.ipynb (1)

```
from langchain_openai import ChatOpenAI
from langchain_core.messages import HumanMessage
llm = ChatOpenAI(model="gpt-4o-mini")

llm.invoke([HumanMessage("잘 지냈어?")])
```

이 셀을 실행하면 다음과 같이 답변이 잘 출력됩니다.

```
AIMessage(content='네, 잘 지냈어요! 당신은 어떻게 지내고 계신가요?', additional_kwargs={'refusal
': None}, response_metadata={'token_usage': {'completion_tokens': 18, 'prompt_tokens':
12, 'total_tokens': 30}, 'model_name': 'gpt-4o-mini-2024-07-18', 'system_fingerprint':
'fp_9722793223', 'finish_reason': 'stop', 'logprobs': None}, id='run-e6756b2c-7322-
4bce-80d1-5627c24d9b62-0', usage_metadata={'input_tokens': 12, 'output_tokens': 18,
'total_tokens': 30})
```

앞에서 오픈AI API의 펑션 콜링을 배울 때 만들었던 `get_current_time` 함수를 가져와서 랭체인의 도구로 활용해 보겠습니다.

2. `get_current_time` 함수를 랭체인으로 언어 모델에 연결합니다. 함수에 """ """로 표시된 설명은 단순한 주석이 아니라 랭체인에 이 함수의 기능과 입력값, 사용 방법을 알려 주는 문서화 문자열docstring입니다. 앞에서 오픈AI의 API를 이용해 펑션 콜링을 사용할 때는 딕셔너리로 정보를 작성했지만 이제 문서화 문자열로 설명합니다. 또한 기존의 `timezone` 매개변수 외에도 `location` 매개변수를 추가하여 어느 지역을 의미하는지를 문자열로 지정합니다. 예를 들어 '부산 몇 시야?'와 같은 질문에 답할 때 `timezone`은 서울(Asia/Seoul)로 지정됩니다. Asia/Busan 같은 타임존 코드는 존재하지 않으니까요. `location`은 GPT가 '부산은 현재 00시입니다.'와 같은 답변을 생성하기 편하도록 미리 준비해 두는 용도입니다.

✦ `location`은 반드시 필요한 매개변수는 아니라고 생각할 수도 있지만 여러 매개변수가 있는 함수를 사용하는 방법을 보여 주기 위해 추가했습니다.

랭체인에 시간을 파악하는 도구 추가하기 langchain_tool.ipynb (2)

```
from langchain_core.tools import tool
from datetime import datetime
import pytz

@tool  # @tool 데코레이터를 사용하여 함수를 도구로 등록
def get_current_time(timezone: str, location: str) -> str:
    """ 현재 시각을 반환하는 함수

    Args:
        timezone (str): 타임존(예: 'Asia/Seoul'). 실제 존재해야 함
        location (str): 지역명. 타임존은 모든 지명에 대응되지 않으므로 이후 llm 답변 생성에 사용됨
    """
    tz = pytz.timezone(timezone)
```

```
    now = datetime.now(tz).strftime("%Y-%m-%d %H:%M:%S")
    location_and_local_time = f'{timezone} ({location}) 현재 시각 {now} '  # 타임존, 지역명,
현재 시각을 문자열로 반환
    print(location_and_local_time)
    return location_and_local_time
```

3. 이어서 사용할 수 있는 도구를 리스트와 딕셔너리 형태로 만듭니다. 이제 `.bind_tools()` 메서드를 사용하여 기존에 선언한 언어 모델에 도구를 등록할 수 있습니다.

함수 get_current_time을 랭체인으로 llm에 연결하기 langchain_tool.ipynb (3)

```
# 도구를 tools 리스트에 추가하고, tool_dict에도 추가
tools = [get_current_time,]
tool_dict = {"get_current_time": get_current_time,}

# 도구를 모델에 바인딩: 모델에 도구를 바인딩하면, 도구를 사용하여 답변을 생성할 수 있음
llm_with_tools = llm.bind_tools(tools)
```

4. 이제 준비를 모두 마쳤습니다. `messages`라는 리스트 변수를 만들고 `SystemMessage`와 `HumanMessage`를 담습니다. 메시지가 담긴 `messages` 리스트에 새로 만든 `llm_with_tools.invoke()`를 사용해 답변을 생성합니다. 그리고 GPT의 답변을 `response`에 담아 `messages`에 추가합니다.

사용자의 질문과 도구를 사용해 언어 모델 답변 생성하기 langchain_tool.ipynb (4)

```
from langchain_core.messages import SystemMessage

# 사용자의 질문과 도구를 사용해 언어 모델 답변 생성
messages = [
    SystemMessage("너는 사용자의 질문에 답변을 하기 위해 tools를 사용할 수 있다."),
    HumanMessage("부산은 지금 몇 시야?"),
]

# llm_with_tools를 사용해 사용자의 질문에 언어 모델 답변 생성
response = llm_with_tools.invoke(messages)
messages.append(response)

# 생성된 언어 모델 답변 출력
print(messages)
```

출력해 보면 다음과 같이 AIMessage를 반환합니다. 함수를 실행해야 한다고 판단했으므로 content에는 값이 없고 그 대신 tool_calls에는 도구 호출에 필요한 정보가 딕셔너리 형태로 포함되어 있습니다. GPT는 get_current_time 함수를 실행해야 한다고 판단했으며, 이 함수에 필요한 arguments에는 timezone은 'Asia/Seoul'로, location은 '부산'으로 입력해야 한다고 결정했습니다.

```
[
    SystemMessage(content='너는 사용자의 질문에 답변을 하기 위해 tools를 사용할 수 있다.'),
    HumanMessage(content='부산은 지금 몇시야?'),
      AIMessage(content='', additional_kwargs={'tool_calls': [{'id': 'call_Khp6XSqRl8
ns9xJ0Kr4Hwgoj', 'function': {'arguments': '{"timezone":"Asia/Seoul","location":"부산"}',
'name': 'get_current_time'},
(... 생략 ...)
```

이번에는 GPT가 함수 하나만 실행하면 된다고 판단했으므로 호출하는 함수는 response.tool_calls 리스트 안에 1개만 들어 있습니다. 하지만 만약 사용자가 '부산과 뉴욕의 시간 알려줘'라고 요청한다면 함수 2개를 실행해야 한다고 판단할 수 있습니다. 이 경우 tool_calls 리스트에 여러 함수 호출 정보가 들어가며 각각 별도로 실행되도록 for 문을 사용할 수 있습니다.

5. for 문을 사용해 response.tool_calls에서 함수 호출 정보를 하나씩 가져와 반복합니다. 현재는 get_current_time 함수만 도구로 등록해 놓았으므로 selected_tool 변수는 항상 이 함수로만 설정됩니다.

함수 실행 결과 출력하기 — langchain_tool.ipynb (5)

```
for tool_call in response.tool_calls:
    selected_tool = tool_dict[tool_call["name"]]  # tool_dict를 사용해 도구 함수 선택
    print(tool_call["args"])                      # 도구 호출 시 전달된 인자 출력
    tool_msg = selected_tool.invoke(tool_call)    # 도구 함수를 호출해 결과 반환
    messages.append(tool_msg)

messages
```

이 코드를 실행해 보면 마지막에 ToolMessage의 content에 'Asia/Seoul (부산) 현재 시각 2024-09-01 13:06:08'이라는 내용이 출력됩니다.

```
{'timezone': 'Asia/Seoul', 'location': '부산'}
Asia/Seoul (부산) 현재 시각 2024-09-01 13:06:08
[SystemMessage(content='너는 사용자의 질문에 답변을 하기 위해 tools를 사용할 수 있다.'),
 HumanMessage(content='부산은 지금 몇 시야?'),
 AIMessage(content='', additional_kwargs={'tool_calls': [{'id': 'call_7VxJ9DV2mQP6XfAz
gdhLZfBK', 'function': {'arguments': '{"timezone":"Asia/Seoul","location":"부산"}',
(... 생략 ...)
 ToolMessage(content='Asia/Seoul (부산) 현재 시각 2024-09-01 13:06:08 ', name='get_current_
time', tool_call_id='call_7VxJ9DV2mQP6XfAzgdhLZfBK')]
```

6. 현재까지 대화한 내용이 담긴 messages를 llm_with_tools.invoke에 넘기면 현재 시각 정보를 문장으로 답변해 줍니다.

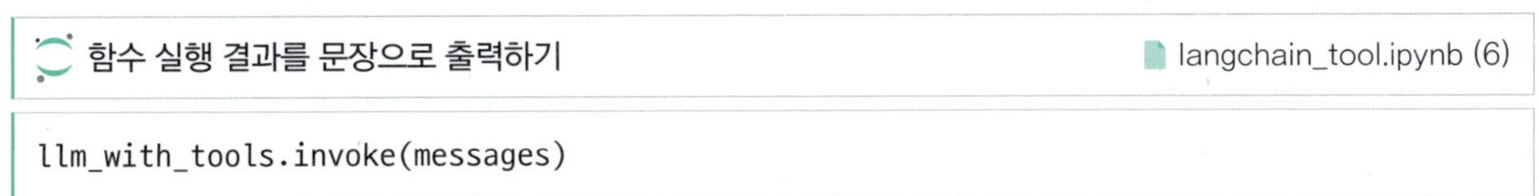

함수 실행 결과를 문장으로 출력하기 langchain_tool.ipynb (6)

```
llm_with_tools.invoke(messages)
```

```
AIMessage(content='부산은 지금 2024년 9월 1일 오후 1시 6분입니다.', additional_kwargs={'
refusal': None}, response_metadata={'token_usage': {'completion_tokens': 24, 'prompt_
tokens': 192, 'total_tokens': 216}, 'model_name': 'gpt-4o-mini-2024-07-18', 'system_
fingerprint': 'fp_f905cf32a9', 'finish_reason': 'stop', 'logprobs': None}, id='run-
dfedc34e-5855-491a-9e0f-b06037ee42f8-0', usage_metadata={'input_tokens': 192, 'output_
tokens': 24, 'total_tokens': 216})
```

Do it! 실습 파이단틱 이용하기

결과 파일: sec03/langchain_tool.ipynb

파이단틱Pydantic은 입력된 데이터의 유효성과 형식을 검증하고 특정 데이터 형식으로 명확하게 표현할 때 사용하는 라이브러리입니다. 예를 들어 07장에서 만든 주가 정보를 가져오는 get_yf_stock_history 함수는 종목을 의미하는 티커(ticker)와 기간(period)을 매개변수로 받습니다. 이 매개변수의 형식을 파이단틱의 베이스모델(BaseModel)과 필드(Field)를 이용해 더욱 명확하게 정의할 수 있습니다.

이번 실습에서는 파이단틱을 사용해 앞에서 만든 주가 정보 get_yf_stock_history 함수의 입력값 형식을 명확하게 정의하고, 이를 랭체인의 도구로 변환하여 답변을 생성해 보겠습니다. langchain_tool.ipynb 파일에 이어서 작업하면 됩니다.

1. StockHistoryInput 클래스를 만들어서 입력받을 변수의 데이터 형식과 설명을 작성합니다.

pydantic으로 함수 입력값 형식 표현하기(1) langchain_tool.ipynb (7)

```
from pydantic import BaseModel, Field

class StockHistoryInput(BaseModel):
    ticker: str = Field(..., title="주식 코드", description="주식 코드 (예: AAPL)")
    period: str = Field(..., title="기간", description="주식 데이터 조회 기간 (예: 1d, 1mo, 
1y)")
```

2. 그리고 get_yf_stock_history 함수에서 이 클래스 형식으로 매개변수를 받도록 수정합니다. tools와 tool_dict는 새로 만든 get_yf_stock_history 함수를 추가해서 다시 선언했습니다.

pydantic으로 함수 입력값 형식 표현하기(2) langchain_tool.ipynb (8)

```
import yfinance as yf

@tool
def get_yf_stock_history(stock_history_input: StockHistoryInput) -> str:
    """ 주식 종목의 가격 데이터를 조회하는 함수"""
    stock = yf.Ticker(stock_history_input.ticker)
    history = stock.history(period=stock_history_input.period)
    history_md = history.to_markdown()

    return history_md

tools = [get_current_time, get_yf_stock_history]
tool_dict = {"get_current_time": get_current_time, "get_yf_stock_history": get_yf_
stock_history}

llm_with_tools = llm.bind_tools(tools)
```

3. messages에 HumanMessage로 테슬라의 주가 변화에 관한 질문을 추가하고 llm_with_tools.invoke를 사용하여 답변을 요청합니다. 그 결과를 출력하고 messages에 추가했습니다.

함수 실행 결과 출력하기 langchain_tool.ipynb (9)

```
messages.append(HumanMessage("테슬라는 한 달 전에 비해 주가가 올랐나 내렸나?"))

response = llm_with_tools.invoke(messages)
print(response)
messages.append(response)
```

이 셀의 코드를 실행한 결과는 다음과 같습니다. content=''로 비어 있지만, stock_history_input에 정의한 ticker와 period의 값을 get_yf_stock_history 함수에 넣어 실행해야 한다고 GPT가 판단한 결과가 보입니다.

```
content='' additional_kwargs={'tool_calls': [{'id': 'call_r0epqp08PFgzYDxRrclC43i6',
'function': {'arguments': '{"stock_history_input":{"ticker":"TSLA","period":"1mo"}}',
'name': 'get_yf_stock_history'}, 'type': 'function'}], 'refusal': None} response_metadata=
{'token_usage': {'completion_tokens': 28, 'prompt_tokens': 283, 'total_tokens': 311,
'completion_tokens_details': {'accepted_prediction_tokens': 0, 'audio_tokens': 0,
'reasoning_tokens': 0, 'rejected_prediction_tokens': 0}, 'prompt_tokens_details':
{'audio_tokens': 0, 'cached_tokens': 0}}, 'model_name': 'gpt-4o-mini-2024-07-18',
'system_fingerprint': 'fp_72ed7ab54c', 'finish_reason': 'tool_calls', 'logprobs':
None} id='run-fce155da-6c2b-4b3a-99a0-bfee2a16c919-0' tool_calls=[{'name': 'get_yf_
stock_history', 'args': {'stock_history_input': {'ticker': 'TSLA', 'period': '1mo'}},
'id': 'call_r0epqp08PFgzYDxRrclC43i6', 'type': 'tool_call'}] usage_metadata={'input_
tokens': 283, 'output_tokens': 28, 'total_tokens': 311, 'input_token_details': {'audio'
: 0, 'cache_read': 0}, 'output_token_details': {'audio': 0, 'reasoning': 0}}
```

4. 이제 GPT가 의도한 대로 함수를 실행하고 결과를 메시지로 추가할 수 있도록 다음과 같이 코드를 만듭니다. 위에 출력된 결과를 보면 `response` 안의 `tool_calls`에 리스트 형태로 실행할 함수들이 들어 있는 형태였습니다. 따라서 `response.tool_calls`로 `for` 문을 이용해 GPT가 계획했던 함수를 모두 실행하고 그 결과들을 `messages`에 추가합니다. 현재는 `tool_calls`에서 한 번만 실행하도록 GPT가 결정을 했으므로 한 번만 돌아가게 되어 있습니다.

결과를 메시지로 추가하기 langchain_tool.ipynb (10)

```
for tool_call in response.tool_calls:
    selected_tool = tool_dict[tool_call["name"]]
    print(tool_call["args"])
    tool_msg = selected_tool.invoke(tool_call)
    messages.append(tool_msg)
    print(tool_msg)
```

이 셀을 실행하니 의도한 대로 `get_yf_stock_history` 함수를 사용한 결과를 잘 가져왔습니다.

```
{'stock_history_input': {'ticker': 'TSLA', 'period': '1mo'}}
content='| Date                      |   Open |   High |    Low |   Close |      Volume |   Dividends |
Stock Splits |\n|:--------------------------|-------:|-------:|-------:|--------:|------------:|------------:|-
-------------:|\n| 2024-12-11 00:00:00-05:00 | 409.7  | 424.88 | 402.38 |  424.77 | 1.04288e+08 |           0
|              0 |\n| 2024-12-12 00:00:00-05:00 | 424.84 | 429.3  | 415    |  418.1  | 8.77522e+07 |           0
|              0 |\n| 2024-12-13 00:00:00-05:00 | 420    | 436.3  | 415.71 |  436.23 | 8.90002e+07 |           0
|              0 |\n| 2024-12-16 00:00:00-05:00 | 441.09 | 463.19 | 436.15 |  463.02 | 1.14084e+08 |           0
|              0 |\n| 2024-12-17 00:00:00-05:00 | 475.9  | 483.99 | 457.51 |  479.86 | 1.31223e+08 |           0
|              0 |\n| 2024-12-18 00:00:00-05:00 | 466.5  | 488.54 | 427.01 |  440.13 | 1.49341e+08 |           0
|              0 |\n| 2024-12-19 00:00:00-05:00 | 451.88 | 456.36 | 420.02 |  436.17 | 1.18566e+08 |           0
|              0 |\n| 2024-12-20 00:00:00-05:00 | 425.51 | 447.08 | 417.64 |  421.06 | 1.32216e+08 |           0
|              0 |\n| 2024-12-23 00:00:00-05:00 | 431    | 434.51 | 415.41 |  430.6  | 7.26981e+07 |           0
|              0 |\n| 2024-12-24 00:00:00-05:00 | 435.9  | 462.78 | 435.14 |  462.28 | 5.95518e+07 |           0
|              0 |\n| 2024-12-26 00:00:00-05:00 | 465.16 | 465.33 | 451.02 |  454.13 | 7.63664e+07 |           0
|              0 |\n| 2024-12-27 00:00:00-05:00 | 449.52 | 450    | 426.5  |  431.66 | 8.26668e+07 |           0
|              0 |\n| 2024-12-30 00:00:00-05:00 | 419.4  | 427    | 415.75 |  417.41 | 6.4941e+07  |           0
|              0 |\n| 2024-12-31 00:00:00-05:00 | 423.79 | 427.93 | 402.54 |  403.84 | 7.68251e+07 |           0
|              0 |\n| 2025-01-02 00:00:00-05:00 | 390.1  | 392.73 | 373.04 |  379.28 | 1.09711e+08 |           0
|              0 |\n| 2025-01-03 00:00:00-05:00 | 381.48 | 411.88 | 379.45 |  410.44 | 9.54233e+07 |           0
|              0 |\n| 2025-01-06 00:00:00-05:00 | 423.2  | 426.43 | 401.7  |  411.05 | 8.55165e+07 |           0
|              0 |\n| 2025-01-07 00:00:00-05:00 | 405.83 | 414.33 | 390    |  394.36 | 7.56995e+07 |           0
|              0 |\n| 2025-01-08 00:00:00-05:00 | 392.95 | 402.5  | 387.4  |  394.94 | 7.30388e+07 |           0
|              0 |\n| 2025-01-10 00:00:00-05:00 | 391.4  | 399.28 | 377.29 |  394.74 | 6.21275e+07 |           0
|              0 |' name='get_yf_stock_history' tool_call_id='call_r0epqp08PFgzYDxRrclC43i6'
```

5. 이제 `get_yf_stock_history` 함수의 실행 결과가 포함된 `messages`를 `llm_with_tools.invoke`로 다시 처리하면 자연어 형식으로 최종 답변이 생성됩니다.

자연어로 함수 결과 처리하기 langchain_tool.ipynb (11)

```
llm_with_tools.invoke(messages)
```

```
AIMessage(content='한 달 전인 2024년 12월 11일의 테슬라(TSLA) 주가는 424.77달러로 마감했습니다. 현재 주가는 394.74달러입니다. \n\n따라서, 테슬라의 주가는 한 달 전에 비해 **내렸습니다.**', additional_kwargs={'refusal': None}, response_metadata={'token_usage': {'completion_tokens': 70, 'prompt_tokens': 1527, 'total_tokens': 1597, 'completion_tokens_details': {'accepted_prediction_tokens': 0, 'audio_tokens': 0, 'reasoning_tokens': 0, 'rejected_prediction_tokens': 0}, 'prompt_tokens_details': {'audio_tokens': 0, 'cached_tokens': 0}}, 'model_name': 'gpt-4o-mini-2024-07-18', 'system_fingerprint': 'fp_72ed7ab54c', 'finish_reason': 'stop', 'logprobs': None}, id='run-aa19f728-87bf-4d6a-9717-87e710932b75-0', usage_metadata={'input_tokens': 1527, 'output_tokens': 70, 'total_tokens': 1597, 'input_token_details': {'audio': 0, 'cache_read': 0}, 'output_token_details': {'audio': 0, 'reasoning': 0}})
```

08-4 스트림 방식으로 출력하기

이제 랭체인의 스트림 방식으로 결과를 출력해 봅시다. 08-1절에서 일반적인 대화에서 스트림을 구현하는 방법을 배웠습니다. 하지만 랭체인의 도구Tools를 이용할 때는 GPT의 응답이 단순히 텍스트 형태가 아니라 어떤 함수에 어떤 인자를 넣어 실행할지를 판단해서 딕셔너리 형태로 넘어옵니다. 따라서 스트림 출력을 하려면 랭체인에서도 별도 처리를 해야 합니다. 지금까지 작성한 주피터 노트북 파일을 복습하면서 랭체인에서 스트림 방식으로 출력하는 방법을 익히겠습니다.

Do it! 실습 도구 사용할 때 스트림 출력하기

결과 파일: sec04/langchain_tool_stream.ipynb

앞에서 만들었던 파일을 언어 모델만 있을 때와 도구를 추가했을 때로 나누어 살펴보면서 랭체인 스트림 출력 방식을 익히겠습니다. langchain_tool.ipynb 파일에 이어서 실습하세요.

언어 모델만 있을 때 스트림 방식으로 출력하기

도구를 사용하지 않고 언어 모델의 답변을 스트림 방식으로 출력하는 방법은 간단합니다. .invoke() 대신 .stream()을 사용하면 됩니다. 이렇게 하면 답변이 생성되는 즉시 스트림 방식으로 출력됩니다.

코드를 model.invoke()에서 model.stream()으로 수정합니다. 스트림 방식으로 출력되는지 확인하기 위해 길게 답변해야 하는 질문을 추가합니다. 또한 출력할 때 end='¦'를 사용하여 각 단위가 어떻게 출력되는지 확인할 수 있도록 했습니다.

랭체인 도구 사용 시 스트리밍 방식으로 출력하기 langchain_tool.ipynb (12)

```
for c in llm.stream([HumanMessage("잘 지냈어? 한국 사회의 문제점이 무엇인지 이야기해줘.")]):
    print(c.content, end='¦')
```

이 셀을 실행하면 먼저 만들어진 텍스트가 순차적으로 출력됩니다. 실제로 사용할 때는 end=''로 설정하면 자연스럽게 출력되겠죠.

```
¦한국¦ 사회¦의¦ 문제¦점¦은¦ 여러¦ 측¦면¦에서¦ 다양¦하게¦ 나타¦납니다¦.¦ 여기¦ 몇¦ 가지¦ 주요¦ 문
제¦점을¦ 소개¦합니다¦:

¦1¦.¦ **¦고¦용¦ 불¦안¦정¦**¦:¦ 청¦년¦층¦을¦ 중심¦으로¦ 임¦시¦직¦,¦ 비¦정¦규¦직¦의¦ 비¦율¦이¦
높¦아¦지고¦ 있으며¦,¦ 안정¦적인¦ 일¦자¦리를¦ 찾¦기¦ 어려¦운¦ 상황¦입니다¦.¦ 이는¦ 경제¦적¦ 불¦안¦
정¦과¦ 함께¦ 사회¦적¦ 불¦만¦을¦ 초¦래¦하고¦ 있습니다¦.

¦2¦.¦ **¦주¦거¦ 문제¦**¦:¦ 서울¦ 및¦ 대¦도¦시¦의¦ 집¦값¦ 상승¦이¦ 지속¦되고¦ 있어¦,¦ 젊¦은¦ 세
¦대¦와¦ 저¦소¦득¦층¦이¦ 주¦거¦ 공간¦을¦ 확보¦하는¦ 데¦ 어려¦움을¦ 겪¦고¦ 있습니다¦.¦ 이는¦ 주¦거
¦ 불¦안을¦ 초¦래¦하고¦ 삶¦의¦ 질¦을¦ 저¦하시¦킵¦니다¦.
(... 생략 ...)
¦6¦.¦ **¦노¦인¦ 문제¦**¦:¦ 고¦령¦화¦ 사회¦로¦ 진¦입¦하면서¦ 노¦인¦ 빈¦곤¦과¦ 고¦독¦ 문제가¦ 심¦
각¦해¦지고¦ 있습니다¦.¦ 노¦인¦ 복¦지¦와¦ 관련¦된¦ 정책¦이¦ 더욱¦ 필요¦합니다¦.

¦7¦.¦ **¦교육¦ 경쟁¦**¦:¦ 교육¦에¦ 대한¦ 과¦도¦한¦ 경쟁¦과¦ 스트¦레스¦는¦ 학생¦들에게¦ 큰¦ 부담
¦이¦ 되고¦ 있으며¦,¦ 이는¦ 학¦업¦ 성¦취¦도¦와¦ 정신¦ 건강¦에¦ 부¦정¦적인¦ 영향을¦ 미¦칩니다¦.

¦이¦ 외¦에도¦ 다양한¦ 사회¦적¦,¦ 경제¦적¦,¦ 문화¦적¦ 문제¦들이¦ 존재¦하며¦,¦ 이를¦ 해결¦하기¦ 위
한¦ 논¦의¦와¦ 노¦력이¦ 지속¦적으로¦ 필요¦합니다¦.¦¦
```

도구를 추가했을 때 스트림 출력하기

1. 이제 스트림 방식으로 도구 호출 결과를 순차로 받아와 최종 결과를 생성해 보겠습니다. 대화 기록을 리스트에 담는 messages는 새로 선언했습니다.

✦ 다음 코드는 랭체인 공식 문서 'How to stream tool calls'를 참고했습니다(https://python.langchain.com/v0.2/docs/how_to/tool_streaming/).

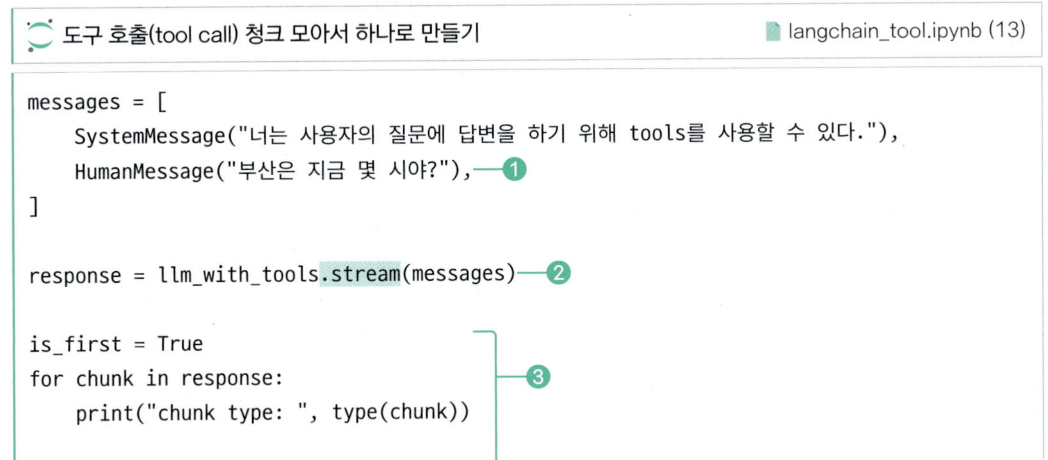

도구 호출(tool call) 청크 모아서 하나로 만들기 — langchain_tool.ipynb (13)

```
messages = [
    SystemMessage("너는 사용자의 질문에 답변을 하기 위해 tools를 사용할 수 있다."),
    HumanMessage("부산은 지금 몇 시야?"),  ❶
]

response = llm_with_tools.stream(messages)  ❷

is_first = True                              ❸
for chunk in response:
    print("chunk type: ", type(chunk))
```

```
    if is_first:
        is_first = False
        gathered = chunk
    else:
        gathered += chunk

    print("content: ", gathered.content, "tool_call_chunk", gathered.tool_calls)

messages.append(gathered)—④
```

① tools와 연결된 llm_with_tools에서 함수를 호출하도록 '부산은 지금 몇 시인지' 질문합니다.

② 기존 코드에서는 .invoke를 사용했지만 여기서는 .stream을 사용합니다. 단순한 텍스트 답변을 받을 때는 .stream을 사용해도 문제없이 텍스트를 이어 붙여 최종 답변을 만듭니다. 하지만 지금처럼 도구가 연결된 상태에서는 어떤 함수를 어떤 값으로 실행할지에 관한 정보도 스트림 방식으로 반환됩니다. 이 내용을 살펴보기 위해 response를 for 문으로 처리해서 순차적으로 넘어오는 결과를 출력합니다.

③ 이 정보를 처리하려면 하나씩 받은 결과를 모두 이어 붙여서 최종 결과를 만들어야 합니다. 이를 위해 반복문을 시작하기 전에 첫 실행인지 확인하는 is_first 변수를 bool 형태로 만들고, is_first가 False인 경우 gathered를 선언하고 response의 첫 번째 조각을 담습니다. 그리고 그다음부터 gathered에 결과를 계속 추가합니다. 07-3절에서 오픈AI의 API로 펑션 콜링과 스트림 출력을 사용할 때 별도의 함수를 사용한 것과 달리 랭체인에서는 + 연산자를 사용해서 간단히 해결할 수 있습니다.

④ 이렇게 만들어진 gathered는 다음에 GPT에게 요청할 때 사용할 수 있도록 messages에 추가합니다. print(gathered)로 출력할 수도 있지만 너무 많은 정보가 한 번에 출력되는 것을 피하기 위해 간략화했습니다.

실행된 결과를 살펴보겠습니다. 랭체인으로 .stream()을 사용하면 결과가 AIMessageChunk 형식으로 반환됩니다. AIMessageChunk는 개발자가 이전 조각을 쉽게 이어 붙일 수 있도록 도와주는 기능을 합니다. 이 코드에서는 for 문에서 각 조각이 chunk 변수에 담기고 + 연산자를 통해 이 조각들이 gathered에 계속해서 추가됩니다.

```
chunk type:  <class 'langchain_core.messages.ai.AIMessageChunk'>
content:   tool_call_chunk [{'name': 'get_current_time', 'args': {}, 'id': 'call_flsA-jdi2Dqt92zxDl9iLsrH1', 'type': 'tool_call'}]
(... 생략 ...)
chunk type:  <class 'langchain_core.messages.ai.AIMessageChunk'>
content:    tool_call_chunk [{'name': 'get_current_time', 'args': {'timezone': 'Asia/Seoul', 'location': '부'}, 'id': 'call_flsAjdi2Dqt92zxDl9iLsrH1', 'type': 'tool_call'}]
chunk type:  <class 'langchain_core.messages.ai.AIMessageChunk'>
content:    tool_call_chunk [{'name': 'get_current_time', 'args': {'timezone': 'Asia/Seoul', 'location': '부산'}, 'id': 'call_flsAjdi2Dqt92zxDl9iLsrH1', 'type': 'tool_call'}]
```

```
chunk type:  <class 'langchain_core.messages.ai.AIMessageChunk'>
content:    tool_call_chunk [{'name': 'get_current_time', 'args': {'timezone': 'Asia/
Seoul', 'location': '부산'}, 'id': 'call_flsAjdi2Dqt92zxDl9iLsrH1', 'type': 'tool_
call'}]
chunk type:  <class 'langchain_core.messages.ai.AIMessageChunk'>
content:    tool_call_chunk [{'name': 'get_current_time', 'args': {'timezone': 'Asia/
Seoul', 'location': '부산'}, 'id': 'call_flsAjdi2Dqt92zxDl9iLsrH1', 'type': 'tool_
call'}]
```

2. 주피터 노트북의 새로운 셀에서 다음과 같이 + 연산자로 계속 더해진 gathered를 출력해 보면 여전히 AIMessageChunk 타입임을 확인할 수 있습니다. 즉, AIMessageChunk는 계속해서 이어 붙일 수 있는 형태로 유지됩니다.

AIMessageChunk를 계속 더해도 유지되는 타입 langchain_tool.ipynb (14)

```
gathered
```

```
AIMessageChunk(content='', additional_kwargs={'tool_calls': ... 생략 ...])
```

3. AIMessageChunk는 과거 대화 내용이 담긴 messages에 추가하여 랭체인에서 바로 활용할 수 있습니다. 함수 실행 과정은 스트림 방식으로 출력할 필요가 없으므로 selected_tool.invoke를 사용하여 실행합니다. 이 단계에서는 날씨 API 실행 결과가 tool_msg에 반환되며 그 결과를 다시 message에 추가하고 출력했습니다.

AIMessageChunk에 기존 대화를 추가해서 도구 사용하기 langchain_tool.ipynb (15)

```
for tool_call in gathered.tool_calls:
    selected_tool = tool_dict[tool_call["name"]]  # tool_dict를 사용하여 도구 이름으로 도구 함수 선택
    print(tool_call["args"])                     # 도구 호출 시 전달된 인자 출력
    tool_msg = selected_tool.invoke(tool_call)  # 도구 함수를 호출하여 결과 반환
    messages.append(tool_msg)

messages
```

실행 결과를 보면 이전에 만들어 두었던 get_current_time 함수의 실행 결과가 마지막에 ToolMessage로 추가된 것을 확인할 수 있습니다.

```
[SystemMessage(content='너는 사용자의 질문에 답변을 하기 위해 tools를 사용할 수 있다.'),
 HumanMessage(content='부산은 지금 몇 시야?'),
 AIMessageChunk(content='', additional_kwargs={'tool_calls': [{'index': 0, 'id':
'call_xtmRs26rZf3ACp26zXHmFPyG', 'function': {'arguments': '{"timezone":"A-
sia/Seoul","location":"부산"}', 'name': 'get_current_time'}, 'type': 'func-
tion'}]}, response_metadata={'finish_reason': 'tool_calls', 'model_name': 'gpt-4o-
mini-2024-07-18', 'system_fingerprint': 'fp_483d39d857'}, id='run-e48280b5-2582-4a1c-
8f62-be97bd176dab', tool_calls=[{'name': 'get_current_time', 'args': {'timezone':
'Asia/Seoul', 'location': '부산'}, 'id': 'call_xtmRs26rZf3ACp26zXHmFPyG', 'type':
'tool_call'}], tool_call_chunks=[{'name': 'get_current_time', 'args': '{"timezone":"Asia/
Seoul","location":"부산"}', 'id': 'call_xtmRs26rZf3ACp26zXHmFPyG', 'index': 0, 'type':
'tool_call_chunk'}]),
 ToolMessage(content='Asia/Seoul (부산) 현재 시각 2024-09-07 17:05:52 ', name='get_cur-
rent_time', tool_call_id='call_xtmRs26rZf3ACp26zXHmFPyG')]
```

4. 이 상태에서 llm_with_tools.stream()을 사용하여 마지막 답변을 생성하고 스트림 방식으로 출력합니다. 이전 실습처럼 end='¦'를 사용하여 출력이 어디서 끊어지고 넘어오는지 확인할 수 있습니다.

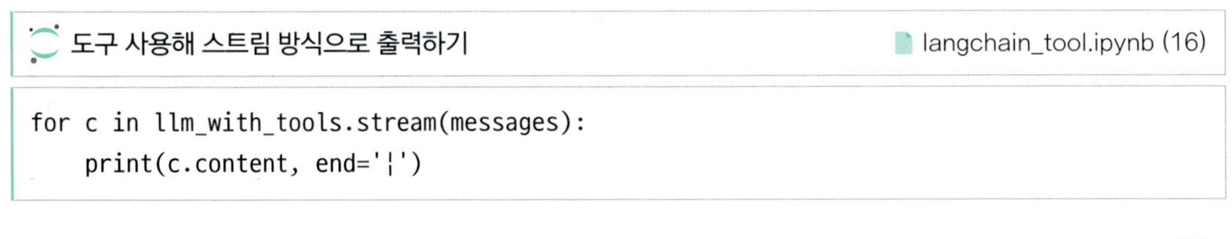

도구 사용해 스트림 방식으로 출력하기 langchain_tool.ipynb (16)

```
for c in llm_with_tools.stream(messages):
    print(c.content, end='¦')
```

```
¦부¦산¦은¦ 지금¦ ¦202¦4¦년¦ ¦9¦월¦ ¦7¦일¦ 오후¦ ¦5¦시¦ ¦5¦분¦입니다¦.¦¦
```

이와 같은 방식으로 다른 함수도 추가하여 스트림 방식으로 출력할 수 있습니다. 파이단틱을 사용한 코드도 같은 방식을 활용해 스트림 방식으로 출력하도록 수정할 수 있습니다.

08-5 스트림릿에 구현하기

앞서 주피터 노트북에서 연습한 코드를 스트림릿으로 구현해 봅시다. 새 파이썬 파일을 생성하고 기존 주피터 노트북에서 작성한 코드를 활용해서 단계별로 구현하겠습니다.

Do it! 실습 랭체인 메모리에 기반한 멀티턴 챗봇 만들기

결과 파일: sec05/langchain_simple_chat_streamlit.py

03-3절에서 만든 스트림릿 챗봇 코드인 streamlit_basic.py 파일을 기반으로 랭체인에서도 스트림릿을 활용해 보겠습니다.

1. langchain_simple_chat_streamlit.py 파일을 만들고 `streamlit`과 랭체인에서 필요한 클래스들을 모두 임포트합니다.

필요한 라이브러리와 클래스 임포트하기 — langchain_simple_chat_streamlit.py

```
import streamlit as st

from langchain_openai import ChatOpenAI  # 오픈AI 모델을 사용하는 랭체인 챗봇 클래스
from langchain_core.chat_history import InMemoryChatMessageHistory,  # 메모리에 대화 기
록을 저장하는 클래스

from langchain_core.runnables.history import RunnableWithMessageHistory  # 메시지 기록을
활용해 실행할 수 있는 wrapper 클래스
from langchain_core.messages import HumanMessage, AIMessage, SystemMessage
```

2. 기존 코드에서 사이드바를 주석으로 처리하거나 삭제합니다. 03-3절에서 만든 코드는 사이드바를 사용했지만 오픈AI의 API 키를 환경 변수(.env) 파일에서 관리한다면 사이드바가 필요하지 않습니다. 그리고 `st.title()` 안에 원하는 제목을 써줍니다.

사이드바를 주석 처리하고 페이지 타이틀 추가하기 langchain_simple_chat_streamlit.py

```
(... 생략 ...)
# with st.sidebar:
#     openai_api_key = os.getenv('OPENAI_API_KEY')
#     "[Get an OpenAI API key](https://platform.openai.com/account/api-keys)"
#     "[View the source code](https://github.com/streamlit/llm-examples/blob/main/Chatbot.py)"
#     "[![Open in GitHub Codespaces](https://github.com/codespaces/badge.svg)](https://codespaces.new/streamlit/llm-examples?quickstart=1)"

st.title("💬 Chatbot")
```

3. 다음은 streamlit_basic.py에 있던 코드입니다. `st.session_state`는 스트림릿이 세션 동안 유지하는 상태 저장용 딕셔너리입니다. 만약 `messages` 키가 아직 `st.session_state`에 없다면 `["messages"]`에 시스템 메시지를 하나 넣어서 초기화합니다.

세션 상태 초기화하기 — messages 키 langchain_simple_chat_streamlit.py

```
(... 생략 ...)
if "messages" not in st.session_state:
    st.session_state["messages"] = [
        SystemMessage("너는 사용자의 질문에 친절이 답하는 AI 챗봇이다.")
    ]
```

4. `store` 키로 또 다른 딕셔너리를 만듭니다. `store`는 세션별 대화 히스토리를 담아 두는 공간으로 사용합니다. `messages`가 전체 메시지 목록이라면, `store`는 세션 ID별로 나뉘는 대화 이력 객체를 보관하는 저장소 역할을 합니다.

세션 상태 초기화하기 — store 키 langchain_simple_chat_streamlit.py

```
(... 생략 ...)
# 세션별 대화 기록을 저장할 딕셔너리 대신 session_state 사용
if "store" not in st.session_state:
    st.session_state["store"] = {}
```

5. get_session_history 함수를 선언합니다. langchain_message_history.ipynb에서 만들었던 함수를 스트림릿에 맞게 약간 수정했습니다. session_id를 매개변수로 받아 st.session_state["store"] 딕셔너리에서 해당 session_id에 대응하는 대화 이력 객체를 가져옵니다. 만약 session_id가 아직 없다면 InMemoryChatMessageHistory()를 새로 생성하여 저장합니다. 그리고 최종적으로 해당 세션의 대화 이력 객체를 반환합니다. 이렇게 하면 여러 사용자가 동시에 접속할 때 각자 다른 session_id를 기준으로 고유한 대화 이력을 추적할 수 있습니다.

get_session_history 함수 선언하기(1) langchain_simple_chat_streamlit.py

```
(... 생략 ...)
def get_session_history(session_id: str) -> BaseChatMessageHistory:
    if session_id not in st.session_state["store"]:
        st.session_state["store"][session_id] = InMemoryChatMessageHistory()
    return st.session_state["store"][session_id]
```

6. 랭체인의 ChatOpenAI를 이용해 언어 모델을 선택하고 llm 변수로 선언합니다. langchain_message_history.ipynb 파일과 동일하게 RunnableWithMessageHistory를 사용합니다. config도 session_id를 abc2로 지정하여 만듭니다.

get_session_history 함수 선언하기(2) langchain_simple_chat_streamlit.py

```
(... 생략 ...)
llm = ChatOpenAI(model="gpt-4o-mini")
with_message_history = RunnableWithMessageHistory(llm, get_session_history)

config = {"configurable": {"session_id": "abc2"}}
```

7. st.session_state.messages에는 지금까지 주고받은 대화가 리스트 형태로 저장되어 있습니다. for 문을 통해 각 메시지 내용을 스트림릿의 st.chat_message로 출력합니다. st.chat_message("user")나 st.chat_message("assistant") 등을 사용해 채팅 인터페이스처럼 출력할 수 있습니다.

이전에 저장된 대화 메시지를 UI에 표시하기(1) langchain_simple_chat_streamlit.py

```
(... 생략 ...)
# 스트림릿 화면에 메시지 출력
for msg in st.session_state.messages:
    if msg:
        if isinstance(msg, SystemMessage):
            st.chat_message("system").write(msg.content)
        elif isinstance(msg, AIMessage):
            st.chat_message("assistant").write(msg.content)
        elif isinstance(msg, HumanMessage):
            st.chat_message("user").write(msg.content)
```

8. streamlit_basic.py 코드에서 표시한 부분을 찾아서 현재 작성 중인 파일인 langchain_simple_chat_streamlit.py에 맞게 수정합니다.

이전에 저장된 대화 메시지를 UI에 표시하기(2) langchain_simple_chat_streamlit.py

```
(... 생략 ...)
if prompt := st.chat_input():
    print('user:', prompt)
    st.session_state.messages.append(HumanMessage(prompt))
    st.chat_message("user").write(prompt)

    response = with_message_history.invoke([HumanMessage(prompt)], config=config)

    msg = response.content
    st.session_state.messages.append(response)
    st.chat_message("assistant").write(msg)
    print('assistant:', msg)
```

터미널 창에 streamlit run *파일명*.py을 입력해 코드를 실행하면 스트림릿에서 멀티턴 대화를 할 수 있습니다.

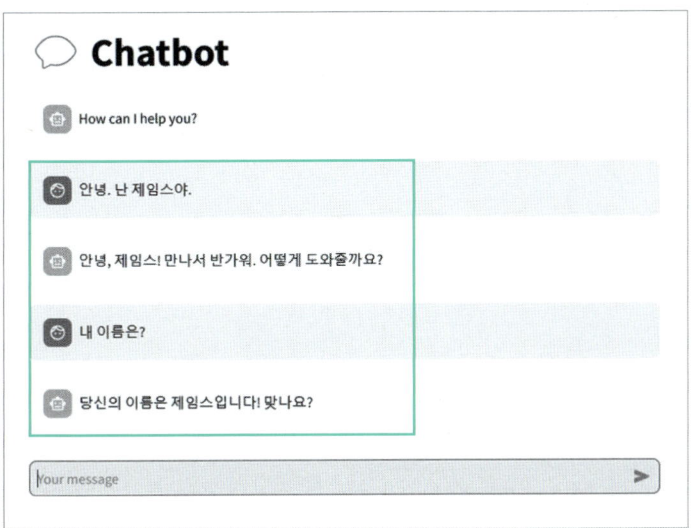

9. 마지막으로 스트림릿에서 스트림 방식으로 출력하도록 수정해 보겠습니다. with_message_history.invoke()를 .stream()으로 수정합니다. 추가된 with st.chat_message("assistant").empty()는 07-3절에서 다뤘던 내용입니다. ai_response_bucket를 None으로 선언하고 for 문을 처음 실행할 때 ai_response_bucket에 스트림 방식으로 넘어오는 AIMessageChunk를 담고, 그다음부터는 ai_response_bucket에 계속 이어 붙이는 방식으로 처리합니다. for 문이 종료되면 완성한 ai_response_bucket을 st.session_state.messages에 추가합니다.

스트림 출력하기 — langchain_simple_chat_streamlit.py

```
(... 생략 ...)
if prompt := st.chat_input():
    print('user:', prompt)
    st.session_state.messages.append(HumanMessage(prompt))
    st.chat_message("user").write(prompt)

    response = with_message_history.stream([HumanMessage(prompt)], config=config)

    ai_response_bucket = None
    with st.chat_message("assistant").empty():
        for r in response:
            if ai_response_bucket is None:
                ai_response_bucket = r
```

```
        else:
            ai_response_bucket += r
        print(r.content, end='')
        st.markdown(ai_response_bucket.content)

    msg = ai_response_bucket.content
    st.session_state.messages.append(ai_response_bucket)
    print('assistant:', msg)
```

터미널 창에 `streamlit run` *파일명*`.py`을 입력해 코드를 실행하면 결과가 스트림 방식으로 출력됩니다.

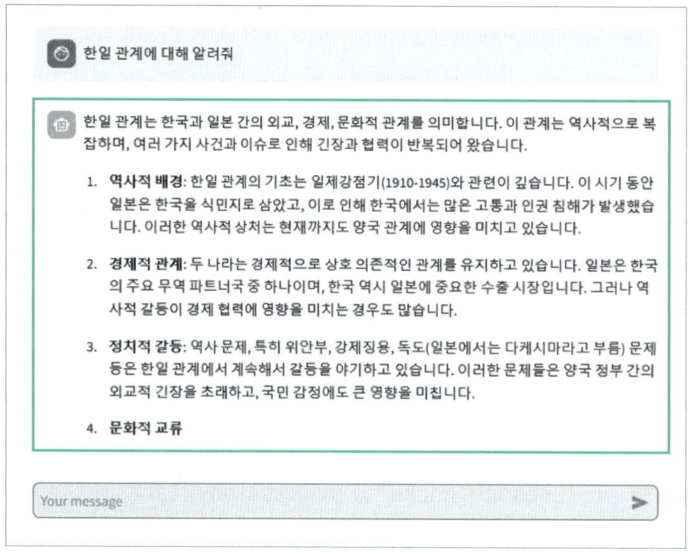

Do it! 실습 랭체인 메모리 없이 멀티턴 만들기

결과 파일: sec05/langchain_streamlit_tool_0.py

랭체인의 메모리 기능을 활용하기보다 대화 내용을 리스트로 직접 관리하는 것이 더 간편할 때도 있습니다. 예를 들어 대화 내용을 데이터베이스에 저장하거나 히스토리를 수정해야 할 때는 랭체인의 히스토리를 사용하지 않고 리스트로 직접 관리하는 것이 더 효율적일 수 있습니다. 이번에는 07-3절에서 만들었던 stock_info_streaming.py 파일을 기반으로 스트림릿에서 랭체인의 도구 호출까지 사용하도록 만들어 보겠습니다.

1. 앞서 사용한 랭체인의 히스토리를 사용하지 않고 코드를 작성합니다. 오픈AI의 API에 기반하여 만들었던 코드를 랭체인 기반으로 바꾸고 스트림릿에서 사용할 수 있도록 수정합니다. 여기서 `llm.stream()`으로 사용했으므로 스트림릿 화면에서는 답변이 스트림 방식으로 출력됩니다.

✦ 07-3장에서 만든 stock_info_streaming.py 파일을 수정하여 작성한 코드입니다.

랭체인 메모리 없이 멀티턴 만들기 — langchain_streamlit_tool.py

```
import streamlit as st

from langchain_openai import ChatOpenAI
from langchain_core.messages import SystemMessage, HumanMessage, AIMessage, ToolMes-
sage


# 모델 초기화
llm = ChatOpenAI(model="gpt-4o-mini")

# 사용자의 메시지를 처리하는 함수
def get_ai_response(messages):
    response = llm.stream(messages)

    for chunk in response:
        yield chunk

# 스트림릿 앱
st.title("┌ GPT-4o Langchain Chat")

# 스트림릿 session_state에 메시지 저장
if "messages" not in st.session_state:
    st.session_state["messages"] = [
        SystemMessage("너는 사용자를 돕기 위해 최선을 다하는 인공지능 봇이다."),
        AIMessage("How can I help you?")
    ]

# 스트림릿 화면에 메시지 출력
for msg in st.session_state.messages:
    if msg.content:
        if isinstance(msg, SystemMessage):
            st.chat_message("system").write(msg.content)
        elif isinstance(msg, AIMessage):
            st.chat_message("assistant").write(msg.content)
        elif isinstance(msg, HumanMessage):
            st.chat_message("user").write(msg.content)
```

```
# 사용자 입력 처리
if prompt := st.chat_input():
    st.chat_message("user").write(prompt)  # 사용자 메시지 출력
    st.session_state.messages.append(HumanMessage(prompt))  # 사용자 메시지 저장

    response = get_ai_response(st.session_state["messages"])

    result = st.chat_message("assistant").write_stream(response)  # AI 메시지 출력
    st.session_state["messages"].append(AIMessage(result))        # AI 메시지 저장
```

터미널 창에 `streamlit run` *파일명*`.py`을 입력해 코드를 실행하면 랭체인 메모리 없이 챗봇이 잘 작동합니다.

2. 지금까지 작성한 코드는 09장에서 다시 활용할 예정이니 따로 저장해 두세요. 앞으로 이 코드에 도구을 추가할 예정입니다. 저는 langchain_streamlit_tool_0.py로 저장했습니다.

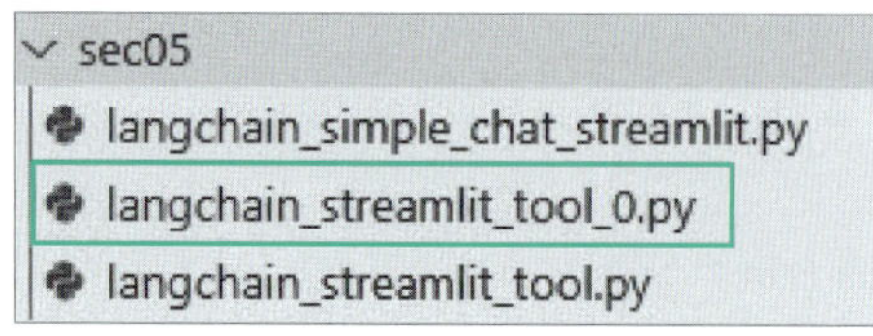

Do it! 실습 도구 추가하고 스트림 방식으로 출력하기

결과 파일: sec05/langchain_streamlit_tool.py

현재 시각을 알려 주는 도구를 추가하고 결과를 스트림 방식으로 출력해 보겠습니다.

1. 07-1절에서 정의한 현재 시간을 파악하는 `get_current_time` 함수를 가져옵니다. 그리고 도구를 연결해서 `llm_with_tools`로 정의합니다.

Tool 추가하기 — langchain_streamlit_tool.py

```
import streamlit as st
from langchain_openai import ChatOpenAI
from langchain_core.messages import SystemMessage, HumanMessage, AIMessage, ToolMessage

from langchain_core.tools import tool
from datetime import datetime
import pytz

# 모델 초기화
llm = ChatOpenAI(model="gpt-4o-mini")

# 도구 함수 정의
@tool
def get_current_time(timezone: str, location: str) -> str:
    """현재 시각을 반환하는 함수."""
    try:
        tz = pytz.timezone(timezone)
        now = datetime.now(tz).strftime("%Y-%m-%d %H:%M:%S")
        result = f'{timezone} ({location}) 현재 시각 {now}'
        print(result)
        return result
    except pytz.UnknownTimeZoneError:
        return f"알 수 없는 타임존: {timezone}"

# 도구 바인딩
tools = [get_current_time]
tool_dict = {"get_current_time": get_current_time}

llm_with_tools = llm.bind_tools(tools)
(... 생략 ...)
```

2. 스트림릿에서 도구 호출을 활용한 답변을 스트림 방식으로 출력해 보겠습니다.

랭체인으로 스트림릿에서 스트림 방식으로 출력하기 langchain_streamlit_tool.py

```
(... 생략 ...)
# 사용자의 메시지를 처리하는 함수
def get_ai_response(messages):
    response = llm_with_tools.stream(messages) ❶

    gathered = None ❷
    for chunk in response:
        yield chunk

        if gathered is None:
            gathered = chunk
        else:
            gathered += chunk ❸

    if gathered.tool_calls:
        st.session_state.messages.append(gathered)

        for tool_call in gathered.tool_calls:
            selected_tool = tool_dict[tool_call['name']]
            tool_msg = selected_tool.invoke(tool_call) ❺
            print(tool_msg, type(tool_msg))
            st.session_state.messages.append(tool_msg) ❹

        for chunk in get_ai_response(st.session_state.messages):
            yield chunk ❻
(... 생략 ...)
```

❶ get_ai_response 함수에서 llm.stream()을 llm_with_tools.stream()으로 변경합니다.

❷ 도구를 사용한 결과를 처리할 수 있도록 gathered를 None으로 선언합니다.

❸ 스트림되는 응답은 청크 단위로 gathered에 추가되며, 만약 gathered가 None이라면 첫 번째 청크라는 의미이므로 그 값을 gathered에 저장합니다. 이후에는 계속해서 gathered에 값을 추가하는 방식으로 랭체인이 처리됩니다. 이 기능을 이용하면 도구를 사용하는 데 필요한 정보를 계속 합쳐 나갈 수 있습니다.

❹ 도구를 사용하지 않는 경우 gathered.tool_calls에는 아무 값도 들어 있지 않습니다. 그러나 도구를 사용해야 한다면 필요한 도구와 매개변수를 확인하고 이를 실행할 수 있습니다.

❺ 실행된 결과는 tool_msg에 저장되며 기존 대화 내용이 담긴 st.session_state.messages 리스트에 추가됩니다.

❻ 도구를 다 실행하고 결과를 받은 후, 최종 AIMessage를 받아 오기 위해 다시 한번 get_ai_response() 함수를 사용합니다.

3. 기존의 메시지들을 출력하는 부분에서 ToolMessage도 스트림 방식으로 출력된 결과에 맞춰 스트림릿에 출력되도록 수정합니다.

스트림릿 화면에 메시지 출력하기 langchain_streamlit_tool.py

```
(... 생략 ...)
# 스트림릿 화면에 메시지 출력
for msg in st.session_state.messages:
    if msg.content:
        if isinstance(msg, SystemMessage):
            st.chat_message("system").write(msg.content)
        elif isinstance(msg, AIMessage):
            st.chat_message("assistant").write(msg.content)
        elif isinstance(msg, HumanMessage):
            st.chat_message("user").write(msg.content)
        elif isinstance(msg, ToolMessage):
            st.chat_message("tool").write(msg.content)
(... 생략 ...)
```

코드를 실행하고 대화해 보면 다음처럼 시간을 알려 주는 도구 호출 기능을 활용한 답변이 스트림 방식으로 잘 출력됩니다.

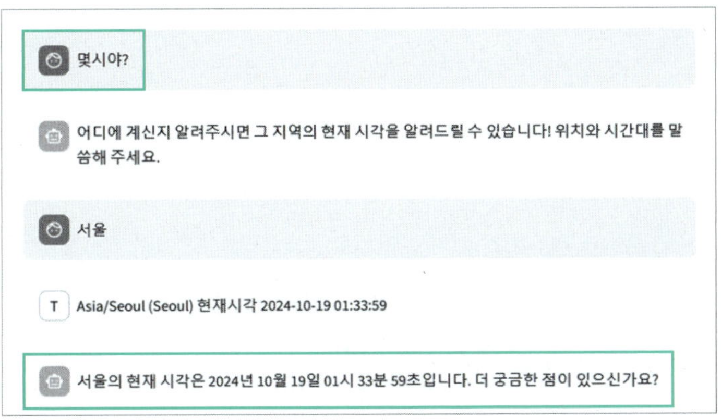

09장

RAG로 문서에 기반해 답변하는 챗봇 만들기

GPT와 같은 언어 모델은 주어진 텍스트를 바탕으로 확률에 따라 다음에 나올 문장을 적절하게 예측합니다. 그래서 학습되지 않은 최신 정보에 대해선 정확한 답변을 하지 못합니다. 사실이 아닌 정보를 그럴듯하게 말해서 혼란을 일으키기도 하죠. 이번 장에서는 RAG를 활용해서 이러한 언어 모델의 한계를 극복하는 방법을 배워 보겠습니다.

09-1 RAG란 무엇일까?

RAG가 무엇인지 알아보고 RAG를 활용하기 위해 필요한 개념을 살펴보겠습니다.

언어 모델과 RAG의 작동 방식

GPT와 같은 언어 모델은 이전 문장들을 바탕으로 다음에 나올 문장을 확률적으로 계산하여 가장 가능성이 높다고 판단되는 단어와 문장을 생성합니다. 언어 모델은 기억하거나 생각을 하는 것이 아니라 과거에 학습한 데이터를 기반으로 계산된 결과를 내놓을 뿐이죠. 그래서 엉뚱한 답변을 하는 환각 현상이 발생합니다.

어쩌면 우리는 GPT와 같은 언어 모델에게 사람보다 더 가혹한 요구를 하고 있을지도 모릅니다. 사람도 기억이 가물가물하거나 확신이 없는 상태에서는 종종 잘못된 답변을 하기도 하니까요. 예를 들어 국정 감사를 받는 장관을 생각해 봅시다. 장관은 실수를 줄이기 위해 보좌진을 배석시킵니다. 질문을 받으면 보좌진은 필요한 정보를 빠르게 검색해서 장관에게 전달하고, 장관은 구체적인 정보를 근거로 대답을 합니다.

RAG도 이와 비슷한 방식으로 작동합니다. 리트리버가 데이터 조각들을 미리 잔뜩 쌓아 두고 질문이 들어오면 유사한 데이터 조각을 신속하게 찾아 언어 모델에게 건네며 이것을 기반으로 답변하라고 알려 주는 방식이죠. 이렇게 하면 언어 모델이 학습하지 않은 정보에 대해서도 답변할 수 있고 실수할 확률이 크게 줄어듭니다.

리트리버의 도움을 받아 답변하는 언어 모델

기본적인 언어 모델의 답변과 RAG의 차이

GPT 같은 언어 모델에 질문하면 언어 모델은 그 질문의 답이 될 가능성이 높은 내용을 기반으로 답변을 구성합니다. 만약 2024년 5월에 학습을 완료한 모델이라면 그 이후에 나온 정보는 제대로 답변할 수 없겠죠. 잘 모른다고 대답하거나 일반적인 내용을 답변할 가능성이 높습니다.

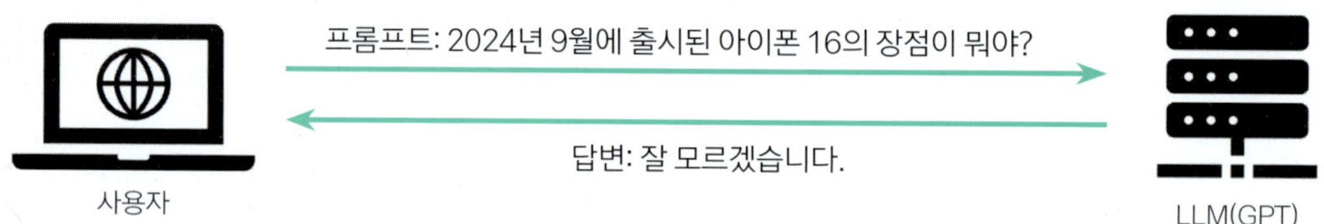

이런 경우 답변을 하더라도 불안하기는 마찬가지입니다. 예를 들어 GPT에게 '서울시의 상암동 발전 계획이 뭘까?'라고 질문했더니 다음처럼 그럴듯하게 답변했습니다. 하지만 이 답변은 상암동의 구체적인 발전 방향이라기보다 일반적인 도시 발전 계획으로 보입니다.

서울시의 상암동은 디지털미디어시티(DMC)로 잘 알려져 있으며, 그 동안 IT와 미디어 산업의 중심지로 발전해 왔습니다. 현재도 다양한 발전계획과 프로젝트가 진행 중일 가능성이 높습니다. 하지만 최신 정보는 서울시의 공식 웹사이트나 관련 정부 기관의 발표를 통해 확인하는 것이 가장 좋습니다.

일반적으로 서울시는 다음과 같은 분야에서 각 지역에 대한 발전계획을 마련합니다:

1. **교통 인프라**: 새로운 지하철 노선, 도로 확장, 주차 시설 확충 등.
2. **주거 및 상업 공간 개발**: 새로운 주거 단지, 상업 건물 및 복합문화시설 등.
3. **환경 개선**: 녹지 공간 확대, 공원 조성 및 환경 보호 프로젝트 등.
4. **사회적 인프라**: 교육 시설, 의료 시설, 문화 시설 등의 확충.

서울시의 최신 발전계획에 대해서는 서울시청 공식 웹사이트나 관련 뉴스 자료를 참고하시면 정확한 정보를 얻으실 수 있습니다.

GPT가 질문에 맞는 구체적인 답변을 생성하지 못하고 일반적인 답변을 생성한 경우

그것마저도 질문 내용과 관련 있는 정보에 기반한 답변인지 확인하기 어렵습니다.

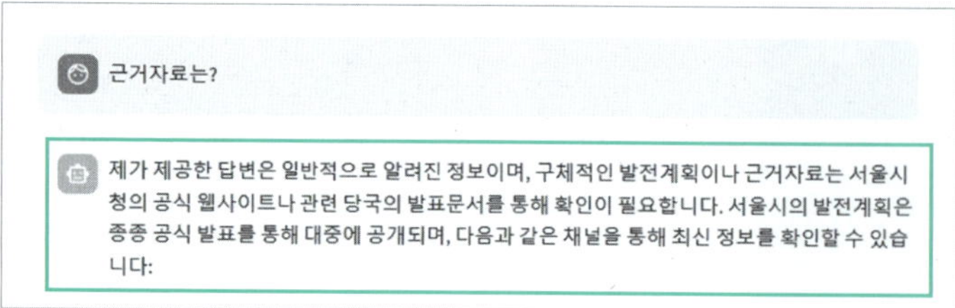
근거자료는?

제가 제공한 답변은 일반적으로 알려진 정보이며, 구체적인 발전계획이나 근거자료는 서울시청의 공식 웹사이트나 관련 당국의 발표문서를 통해 확인이 필요합니다. 서울시의 발전계획은 종종 공식 발표를 통해 대중에 공개되며, 다음과 같은 채널을 통해 최신 정보를 확인할 수 있습니다:

근거 있는 정보인지 확인하기 어려운 경우

RAG를 사용하면 이런 문제를 해결할 수 있습니다. 질문과 관련된 문서를 찾아 그 문서를 바탕으로 답변을 제공하니까요. 그리고 답변을 만드는 데 사용한 문서의 출처도 사용자에게 알려 줄 수 있습니다.

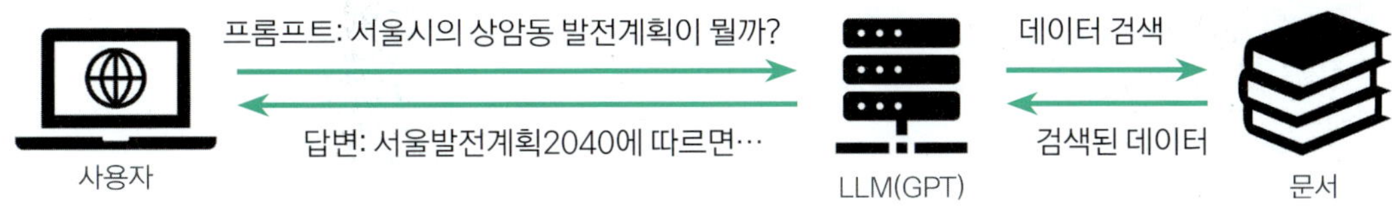

청킹: 대량의 문서를 쪽지 단위로 자르기

GPT에게 많은 양의 문서를 한 번에 텍스트로 전달해 답을 하라고 요청할 수도 있지만 이는 좋은 방법이 아닙니다. 여러 가지 이유가 있지만 주로 다음 세 가지 문제가 있습니다.

1. 언어 모델이 한 번에 처리할 수 있는 텍스트 길이를 초과할 수 있습니다.
2. 언어 모델이 문서에서 필요한 정보를 제대로 찾지 못할 수 있습니다.
3. 대화형 방식으로 진행할 경우 매번 수백 페이지의 문서를 언어 모델에 입력하게 되므로 높은 토큰 비용이 발생합니다.

컨텍스트 윈도우context window는 언어 모델이 한 번에 처리할 수 있는 텍스트 길이의 한계를 뜻합니다. 이 길이를 초과하는 텍스트를 입력하면 언어 모델이 처리하지 못해 오류가 나거나 제공한 텍스트의 뒷부분만을 사용해 답을 하게 됩니다. GPT는 컨텍스트 윈도우 길이가 수십에서 수백 쪽으로 길어졌지만 여전히 한계는 존재하며 다른 언어 모델도 마찬가지입니다.

문서에 기반해서 대화하려고 언어 모델에 수백 쪽에 달하는 문서를 넣으면 언어 모델이 데이터에서 필요한 부분을 찾아내기 어렵습니다. 이런 문제는 사람도 마찬가지입니다. 예를 들어 국정 감사를 받는 장관에게 300쪽짜리 보고서를 넘겨주고 '이 내용으로 답하세요'라고 하면 제대로 확인하고 답변하기 어렵겠죠. 언어 모델도 마찬가지로 데이터가 너무 많으면 필요한 정보를 찾는 데 어려움이 있습니다.

또한 PDF 한 쪽당 약 800토큰이 소모된다고 할 때 300쪽이라면 약 24만 토큰에 해당합니다. 2025년 4월 기준으로 GPT-4o는 100만 토큰당 비용이 5달러이므로 언어 모델에 PDF 문서를 한번 입력하는 데 약 1천 원 소모됩니다. 만약 대화형으로 이 작업을 반복한다면 비용이 매번 1천 원씩 발생하므로 금방 많은 비용이 소진될 수 있습니다.

RAG는 이런 문제를 해결하기 위해 대량의 문서를 쪽지 단위로 나누는 청킹chunking 작업을 합니다. 이렇게 나누어진 문서 조각을 청크chunk라고 합니다.

대량의 문서를 쪽지 단위로 나누는 청킹

청크의 크기는 문서나 언어 모델에 따라 다르며, 일반적으로 언어 모델의 토큰당 비용과 처리할 수 있는 길이를 고려하여 결정합니다. 특이한 경우도 있습니다. 예를 들어 동요 수백 곡의 가사가 적혀 있는 문서는 곡마다 각각 청크로 나누는 것이 더 적합할 수 있습니다. 다른 곡과 섞여 한 청크에 포함되면 언어 모델이 답을 할 때 오히려 방해가 될 수도 있으니까요.

RAG는 이렇게 청크 단위로 문서를 나누고 사용자의 질문과 가장 유사한 청크 몇 개를 찾아 질문과 함께 언어 모델에 전달하여 문서에 기반한 답변을 생성합니다.

한 걸음 더! 토큰은 어떻게 계산하나요?

토큰화tokenizing는 문장이나 문단 같은 긴 텍스트를 기계가 이해할 수 있는 작은 단위인 토큰token으로 분해하는 과정을 말합니다. 한국어 문장을 단어, 어절, 서브워드subword 단위로 나누는 과정이 토큰화입니다. 예를 들어 '나는 커피를 마신다.'라는 문장을 '나', '는', '커피', '를', '마신다' 처럼 나눌 수도 있고 자모 단위까지 쪼갤 수도 있습니다. 상황과 목적에 따라 다양한 수준으로 토큰화가 이뤄집니다.

토큰화는 반드시 사람이 이해할 수 있는 형태로 이루어지는 것은 아닙니다. 자연어 처리NLP 모델에 따라 텍스트를 쪼개는 규칙이 다릅니다. 오픈AI에서 토큰화하는 방법으로 계산하려면 오픈AI의 토크나이저 페이지(https://platform.openai.com/tokenizer)를 이용하면 됩니다.

또한 텍스트를 토큰화하는 것과 문서를 청킹하는 것은 다른 개념입니다. 문서 청킹은 수십, 수백 쪽의 텍스트를 일정한 양으로 조각내는 것을 의미하고, 이때 청크를 나누는 기준으로 일정한 토큰 단위 혹은 글자 수를 사용합니다.

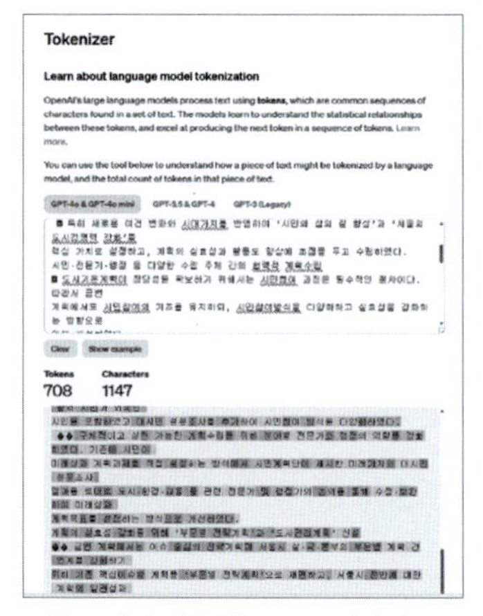

오픈AI에서 제공하는 토큰 계산기

임베딩: 텍스트를 벡터로 변환하기

문서를 청크 단위로 나눈 후 사용자 질문과 관련 있을 가능성이 높은 청크를 어떻게 찾을 수 있을까요? 예를 들어 '서울시의 상암동 발전 계획이 뭘까?'와 같은 질문에 답변하려면 문서에서 수백, 수천 개나 되는 청크 중 가장 관련 있는 몇 개를 선택해야 합니다. 청크는 보통 5개 정도를 선택하는데 이때 개수는 여러 번 실험을 해서 결정합니다. 그 후 텍스트 간의 유사도를 비교하는 과정을 거칩니다. 유사도를 수학적으로 비교하려면 텍스트를 상호 비교할 수 있도록 같은 단위의 수치 정보로 바꿔야 하죠. 이를 위해 각 청크의 텍스트를 벡터 공간에 숫자 형태로 변환하는 과정이 필요하며, 이 과정을 임베딩embedding이라고 합니다.

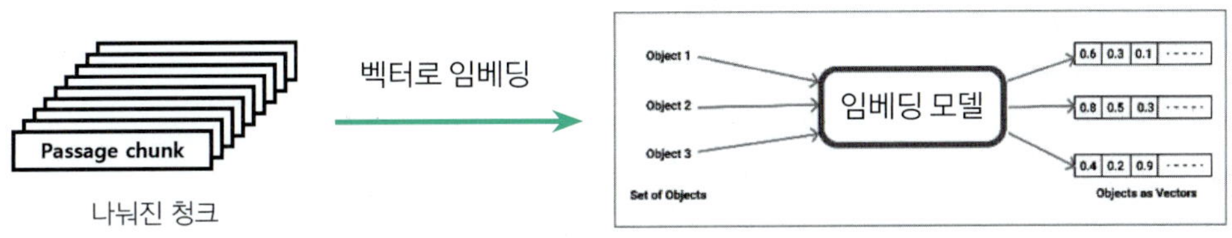

텍스트를 벡터로 변환하는 임베딩

이 과정에서 새로운 2가지 용어 '벡터'와 '임베딩'이 나왔습니다. 이 용어를 이해하기 위해 잠시 수학 이야기를 해보겠습니다.

벡터와 임베딩

벡터는 어려운 개념이 아닙니다. 정보를 수치로 표현하여 일렬로 나열한 것을 벡터라고 할 수 있습니다. 예를 들어 [키, 몸무게, 위도, 경도, 출생연도]라는 원소가 5개인 벡터로 사람을 표현하면 마이클 조던은 [198, 98, 40.67, -73.94, 1963], 일론 머스크는 [188, 82, 30.27, -97.74, 1971] 로 표현할 수 있죠. 물론 이 숫자 5개만으로 그 사람을 완전히 설명할 수는 없지만 비교하기 쉽게 5개 요소를 사용한 것입니다. 더 수학적인 용어로는 5차원 벡터 공간에 정보를 표현한 것이죠. 다시 말해 사람 정보를 5차원 벡터로 임베딩한 것입니다.

이제 이렇게 표현된 벡터들 간의 유사성을 계산하는 방법을 알아보겠습니다. 5차원 벡터 공간을 종이에 그리기는 어려우니 그 대신 2차원 벡터 공간에 단어를 표현하는 방법을 살펴보겠습니다. 예를 들어 카페 음료 메뉴만 있는 세상을 상상해 봅시다. x축은 음료의 바디감(농도), y축은 음료의 온도를 의미합니다. 상대적인 수치로 이 값을 정해서 음료의 위치를 정했습니다. 이렇게 음료 종류를 2차원 벡터 공간으로 임베딩하여 표현할 수 있습니다.

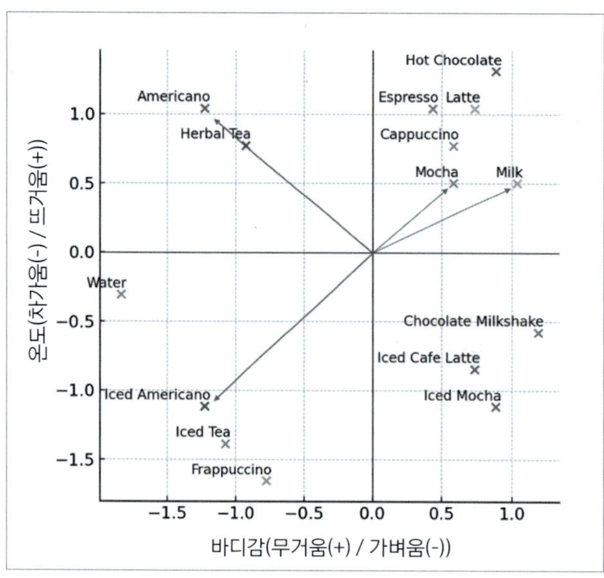

바디감과 온도를 기준으로 카페 음료 메뉴를 2차원 벡터 공간에 표현한 예

코사인 유사도

다음 그래프에서 모카Mocha와 우유Milk를 나타내는 두 벡터가 이루는 각도는 아메리카노Americano와 아이스 아메리카노Iced Americano를 나타내는 두 벡터 사이의 각도보다 훨씬 좁습니다. 이것은 모카와 우유의 관계가 아메리카노와 아이스 아메리카노의 관계보다 더 유사하다는 것을 의미합니다.

✦ 지금 당장 이 결과에 동의하기 어려울 수도 있지만, 이 내용을 모두 배우고 나면 이런 예시를 제시한 이유를 알 수 있을 것입니다.

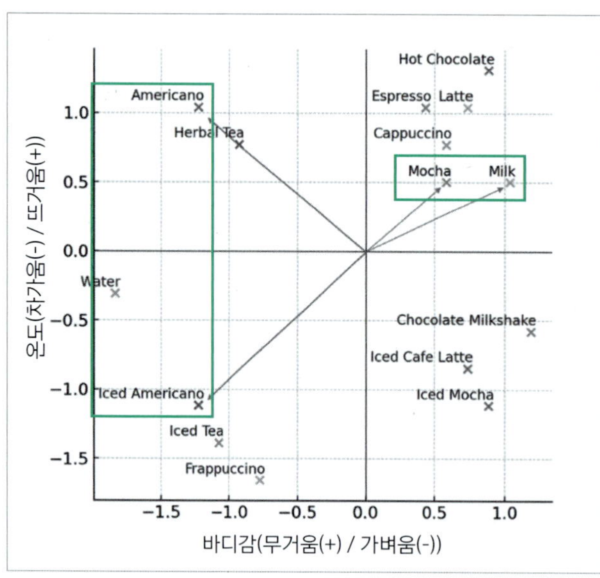

음료 간의 유사도 비교

이렇게 두 벡터 사이의 각도를 이용하면 음료 간의 유사도를 계산할 수 있습니다. 각도가 180°에 가까우면 유사도가 낮고 각도가 0°에 가까우면 유사도가 높다는 의미입니다. 유사도는 -1에서 1 사이의 값으로 표현하며, 1에 가까울수록 두 벡터가 더 유사하다고 볼 수 있습니다.

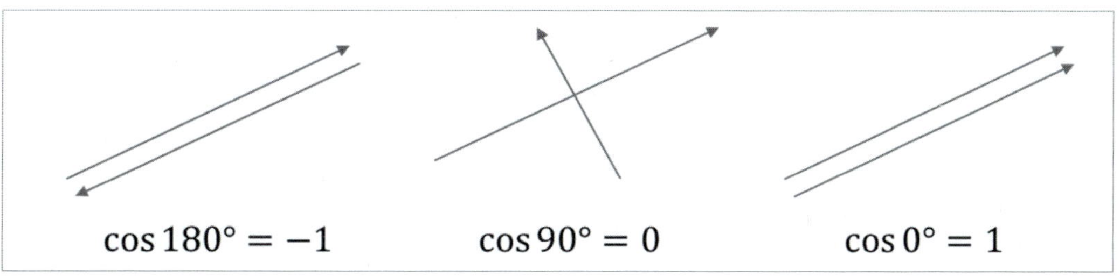

유사도를 계산하는 방법을 코사인 유사도cosine similarity라고 합니다. 다음 수식을 고등학교 기하학 시간에 배웠을 텐데요. 벡터 A와 벡터 B가 있을 때 두 벡터의 내적을 각 벡터의 길이를 곱한 값으로 나누면 두 벡터의 코사인 값을 구할 수 있습니다. 다음 수식에서 |A|는 벡터 A의 길이, |B|는 벡터 B의 길이, A · B는 벡터 A와 벡터 B의 내적을 의미합니다.

✦ 내적은 두 벡터의 대응되는 원소들을 곱한 후 그 결과를 모두 더한 값을 의미합니다.

$$\cos(\theta) = \frac{A \cdot B}{|A||B|}$$

모카와 우유의 코사인 유사도를 계산해 보겠습니다. 모카와 우유의 x값과 y값이 다음과 같다고 합시다.

$$V_{mocha} = [0.584 \ \ 0.504]$$
$$V_{milk} = [1.037 \ \ 0.504]$$

벡터의 길이를 의미하는 $|V_{mocha}|$와 $|V_{milk}|$를 구해 보면 다음과 같습니다.

$$V_{mocha} = \sqrt{0.584^2 + 0.504^2} = 0.771$$
$$V_{milk} = \sqrt{1.037^2 + 0.504^2} = 1.153$$

이제 두 벡터의 내적을 구해 보면 다음과 같습니다.

$$V_{mocha} \cdot V_{milk} = 0.584 \cdot 1.037 + 0.504 \cdot 0.504 = 0.856$$

이제 코사인 유사도를 계산해 봅시다.

$$\cos(\theta) = \frac{A \cdot B}{|A||B|} = \frac{0.856}{0.771 \cdot 1.153} = 0.966$$

물론 RAG를 사용할 때 이 과정을 직접 계산할 필요는 없습니다. 이미 다른 사람들이 만들어 놓은 도구를 사용하면 되니까요. 중요한 것은 텍스트의 유사도를 계산하는 개념을 이해하는 것입니다. 종이에서는 2차원만 표현할 수 있지만 3차원, 5차원, 심지어 1024차원까지 확장되더라도 이 개념은 그대로입니다. 벡터의 유사도를 계산하는 방식은 코사인 유사도뿐만 아니라 유클리디안 유사도Euclidean similarity 등 다양하지만 벡터로 변환된 수치를 이용해 유사도를 계산한다는 개념은 마찬가지입니다.

임베딩 모델의 중요성

임베딩을 통해 벡터로 변환된 데이터를 기반으로 유사도를 계산할 수 있지만 임베딩 방식에 따라 유사도의 결과는 달라질 수 있습니다. 예를 들어 카페 음료 메뉴를 바디감과 온도를 기준으로 임베딩했을 때 그 결과가 만족스럽지 않을 수 있습니다. 앞에서처럼 아이스 아메리카노와 아메리카노보다 카페 모카와 우유가 더 유사한 음료라는 결과가 나올 수 있죠. 만약 바디감과 온도가 아니라 다음 그림처럼 바디감과 카페인 함량으로 표현하면 아이스 아메리카노와 아메리카노는 2차원 벡터 공간에서 거의 동일한 위치에 표현됩니다. 이처럼 벡터 공간에서 유사도는 임베딩을 어떻게 하는지에 따라 완전히 다르게 평가될 수도 있습니다.

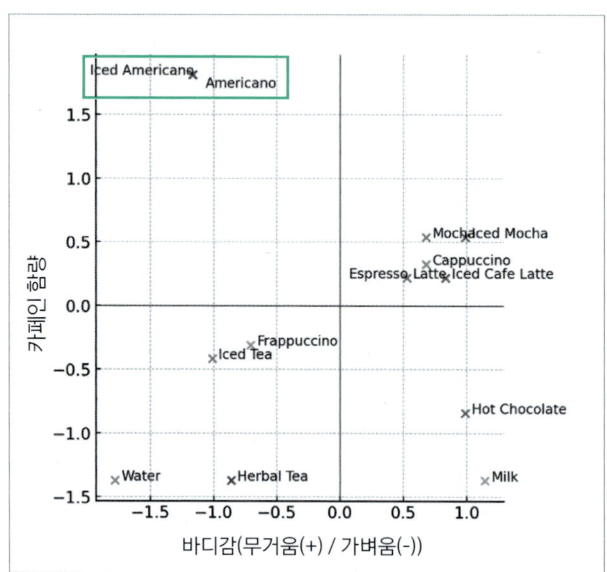

바디감과 카페인 함량을 기준으로 카페 음료 메뉴를 2차원 벡터 공간에 표현한 예

물론 위의 예제는 텍스트를 개념적으로 2차원 평면에 표현했을 뿐입니다. 실제로 텍스트를 임베딩하는 모델은 훨씬 더 고차원의 벡터 공간으로, 인간이 직관적으로 이해하기 어려운 방식으로 데이터를 변환합니다. 임베딩 방법은 매우 다양하므로 텍스트를 벡터로 변환하는 모델도 수없이 존재합니다. 또한 언어나 특정 분야에 따라 더 적합한 임베딩 모델이 있을 수 있으며, 필요한 경우 모델을 파인튜닝하여 성능을 개선할 수도 있습니다.

벡터 DB와 리트리버

벡터 DB[Vector DB]는 벡터로 변환된 결과를 저장하고 텍스트 간의 유사도를 계산하여 사용자가 입력한 질문과 가장 유사한 청크를 찾아낼 때 유용합니다. 벡터 DB는 고차원 벡터에서 의미의 유사성을 빠르게 계산하고 그 결과를 반환할 수 있도록 최적화되어 있으며, 크로마 DB[Chroma DB], FAISS[Facebook AI Similarity Search], 파인콘[Pinecone] 등이 있습니다. 이 책에서는 크로마 DB를 사용해 RAG를 구성할 계획입니다.

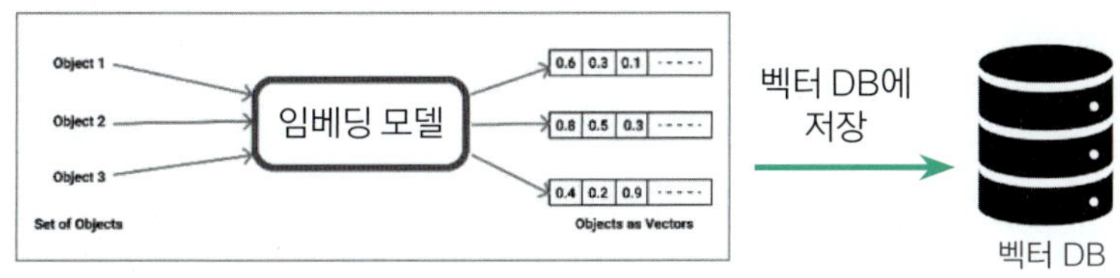

임베딩된 결과를 저장하는 벡터 DB

리트리버[retriever]는 사용자가 질문한 정보에 적절한 답을 생성하는 데 필요한 데이터를 가져오는 역할을 합니다. 벡터 DB에 저장된 내용 중에서 유사도가 가장 높은 청크를 찾아서 가져옵니다.

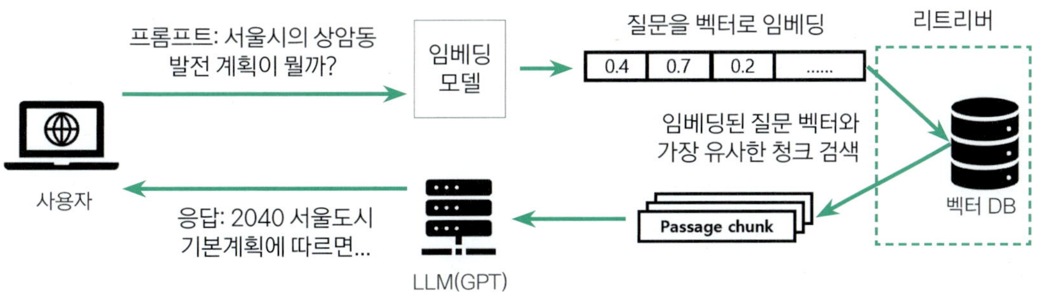

임베딩된 질문 벡터와 가장 유사한 청크를 검색하는 리트리버

질의 확장

리트리버는 사용자의 질의를 벡터로 변환한 뒤 그 벡터와 유사성이 높은 청크를 검색합니다. 그래서 사용자의 질의가 명확하지 않고 이해하기 어려우면 적절한 청크를 가져올 확률이 낮아집니다. 예를 들어 RAG를 사용한 대화가 다음처럼 이어진 상황을 가정해 봅시다.

사용자: 벡터 DB가 뭐야?
AI: 벡터 데이터베이스(Vector Database)는 고차원 벡터 데이터를 저장, 관리 및 인덱싱하는 특수한 데이터베이스입니다.
사용자: 쓸 만한 거 추천해 줘.

사용자의 '쓸 만한 거 추천해 줘.'라는 요청은 '벡터 DB 중에서 쓸 만한 것을 추천해 달라.'는 의미입니다. 만약 리트리버가 '쓸 만한 거 추천해 줘.'라는 문장을 그대로 임베딩하여 변환된 벡터로 유사도 검색을 한다면 벡터 DB와 전혀 관련 없는 다른 청크들이 검색될 확률이 매우 높습니다. 따라서 사용자의 마지막 질문을 그대로 검색하는 대신 질문의 문맥을 파악하여 적절한 질문으로 변환한 뒤, 그 질문을 벡터로 임베딩하여 검색하는 과정이 필요합니다. 이렇게 사용자의 질문을 더 명확하게 수정하는 작업을 질의 확장query augmentation이라고 합니다.

09-2 RAG에 기반한 챗봇 구현하기

RAG의 기본 개념은 익혔으니 이제 개발을 시작해 봅시다. PDF 문서나 웹 사이트를 기반으로 답변하는 챗봇을 만들 계획입니다. 우선 주피터 노트북에서 단계별로 실습을 진행하고 이후에 스트림릿을 이용해 챗봇 형태로 발전시켜 보겠습니다.

Do it! 실습 PDF 파일 텍스트로 변환하고 청크 단위로 쪼개기

결과 파일: chap09/sec02/rag_practice.ipynb

1. rag_practice.ipynb라는 이름으로 주피터 노트북을 생성합니다.

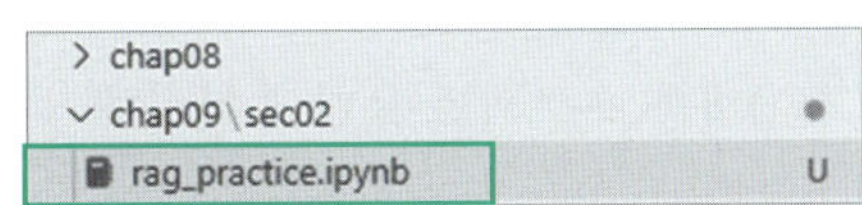

2. 필요한 랭체인 관련 라이브러리들은 앞선 실습에서 대부분 설치했습니다. 이번 실습에 필요한 `pypdf`와 `langchain_community`를 추가로 설치하겠습니다. 첫 셀에 다음과 같이 입력해 라이브러리를 설치합니다.

✦ 만약 이전 실습에서 Langchain 라이브러리를 설치하지 않았다면 설치한 후 진행하세요.

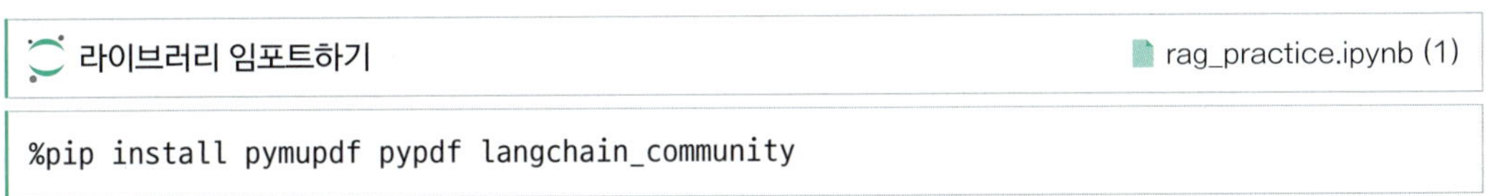

라이브러리 임포트하기
rag_practice.ipynb (1)


```
%pip install pymupdf pypdf langchain_community
```

3. RAG를 구현하려면 사용할 문서가 필요합니다. 다음 웹 페이지에서 예시로 사용할 PDF 문서를 각각 내려받습니다.

- 「OneNYC 2050 Building a Strong and Fair City」: https://a860-gpp.nyc.gov/concern/parent/gx41mm584/file_sets/1z40kw69m
- 「2040 서울도시기본계획」: https://urban.seoul.go.kr/view/html/PMNU5020400001?booksType=BK0300

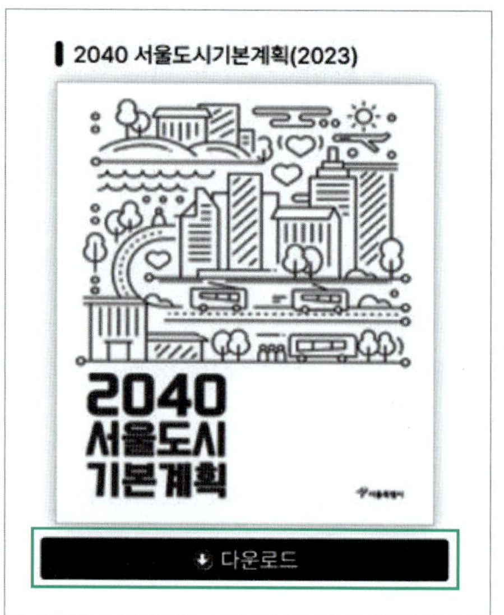

4. 프로젝트 폴더 안에 data 폴더를 만들고 내려받은 문서 2개를 프로젝트 폴더에 복사해 넣습니다.

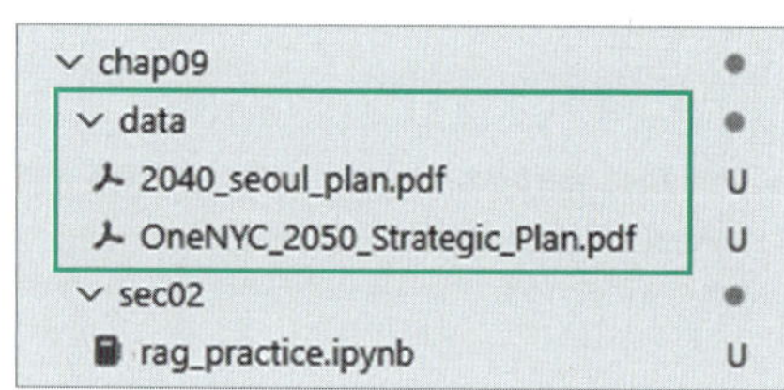

5. 「OneNYC 2050」 문서의 내용을 `data_nyc`에 담아 텍스트를 추출해 보겠습니다. `PyPDFLoader`는 랭체인에서 제공하는 모듈로, PDF 파일을 읽어 텍스트 데이터를 추출하고 PDF 내용을 랭체인의 다른 도구들과 연결하여 사용할 수 있습니다.

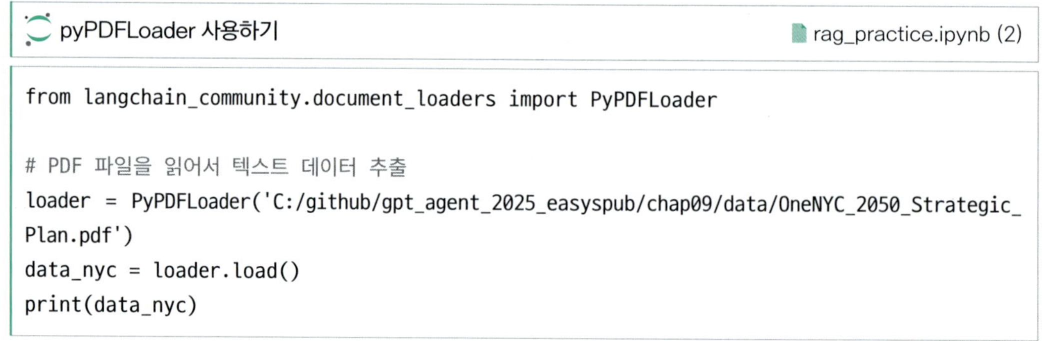

pyPDFLoader 사용하기 rag_practice.ipynb (2)

```
from langchain_community.document_loaders import PyPDFLoader

# PDF 파일을 읽어서 텍스트 데이터 추출
loader = PyPDFLoader('C:/github/gpt_agent_2025_easyspub/chap09/data/OneNYC_2050_Strategic_
Plan.pdf')
data_nyc = loader.load()
print(data_nyc)
```

이 셀을 실행한 결과는 다음과 같습니다.

✦ 페이지 양에 따라 시간이 몇 분 정도 소요될 수 있습니다.

```
[Document(metadata={'source': 'C:/github/gpt_agent_2025_easyspub/chap10/data/OneNYC_
2050_Strategic_Plan.pdf', 'page': 0}, page_content='OneNYC \n2050\nBUILDING A STRONG
\nAND FAIR CITY \nVOLUME 1 OF 9
(... 생략 ...)
```

6. RecursiveCharacterTextSplitter를 사용하여 출력된 긴 텍스트 데이터를 청크 단위로 나눕니다. 이때 텍스트 데이터를 1000자씩 나누고 100자의 오버랩을 설정하여 중요한 정보가 잘려서 사라지지 않도록 합니다. 오버랩은 인접한 청크 간에 중복된 내용을 포함시켜 중요한 정보가 빠지지 않도록 합니다. 예를 들어 텍스트를 1000자씩 자를 때 문장이 중간에서 끊기면 중요한 정보가 사라질 수 있습니다. 이때 100자씩 겹치도록 오버랩을 하면 이 문제를 해결할 수 있습니다. 이렇게 설정한 **text_splitter**로 문서를 쪼개 **all_splits**에 담습니다.

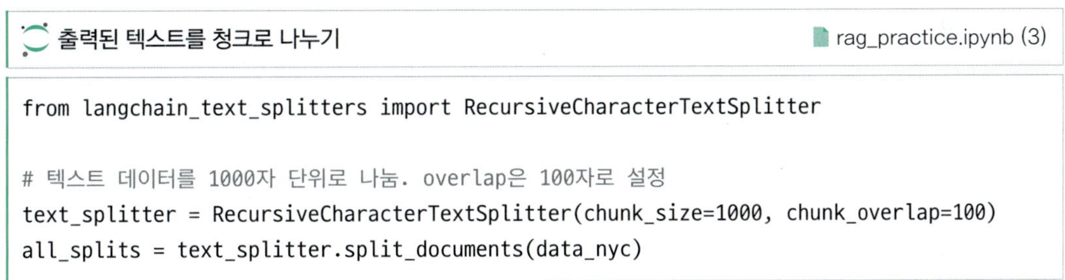

출력된 텍스트를 청크로 나누기 — rag_practice.ipynb (3)

```
from langchain_text_splitters import RecursiveCharacterTextSplitter

# 텍스트 데이터를 1000자 단위로 나눔. overlap은 100자로 설정
text_splitter = RecursiveCharacterTextSplitter(chunk_size=1000, chunk_overlap=100)
all_splits = text_splitter.split_documents(data_nyc)
```

7. **all_splits**를 모두 출력하여 문서가 적절하게 나누어졌는지 확인합니다. 다음 코드를 사용해 청크를 출력합니다.

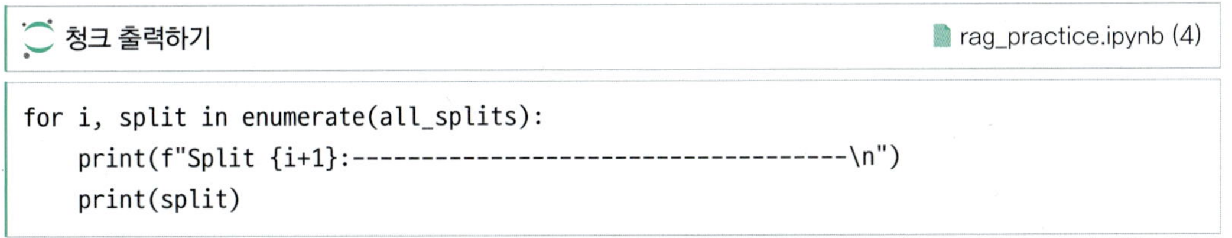

청크 출력하기 — rag_practice.ipynb (4)

```
for i, split in enumerate(all_splits):
    print(f"Split {i+1}:------------------------------------\n")
    print(split)
```

실행된 결과를 보면 PDF의 내용이 오버랩을 포함하여 적절하게 잘 나누어졌습니다. 구체적인 내용은 PDF의 버전이나 pypdf, 랭체인 버전에 따라 조금씩 달라질 수 있습니다.

```
(... 생략 ...)
VISIT A PUBLIC COMPUTER CENTER.
Access broadband by visiting one of the
City's 500+ free public computer centers,
including libraries, public housing' metadata={'source': 'C:/github/gpt_agent_2024_
book/chap10/data/OneNYC_2050_Strategic_Plan.pdf', 'page': 330}

Split 1025:------------------------------------
page_content='City's 500+ free public computer centers,
including libraries, public housing
facilities, senior centers, and community
centers in the highest need neighborhoods.
(... 생략 ...)

Split 1022:------------------------------------

page_content='1
4
2
5
3
For more ways you can get involved, visit NYC.GOV/O neNYC.
Share your story of taking action on social media and tag us at #O neNYC.' metadata=
{'source': 'C:/github/gpt_agent_2025_easyspub/data/OneNYC_2050_Strategic_Plan.pdf',
'page': 330}
Split 1023:------------------------------------

page_content='32  ¦  O neNYC 2050 : MODERN INFRASTRUCTURE
NYC.GOV/O neNYC
THE CITY OF NEW YORK
MAYOR BILL DE BLASIO
DEAN FULEIHAN
FIRST DEPUTY MAYOR
DOMINIC WILLIAMS
CHIEF POLICY ADVISOR
DANIEL A. ZARRILLI
OneNYC DIRECTOR
OneNYC
Learn more about how we are building a
strong and fair city: NYC.GOV/OneNYC
```

```
Join the conversation on social media
and tag us at #OneNYC' metadata={'source': 'C:/github/gpt_agent_2025_easyspub/data/
OneNYC_2050_Strategic_Plan.pdf', 'page': 331}
```

8. `all_splits`에 담긴 요소들이 어떤 데이터 타입인지 출력해 보면 랭체인에서 제공하는 Document 클래스의 인스턴스임을 알 수 있습니다. 랭체인에서는 외부 문서를 Document 객체를 이용해 저장합니다. Document 클래스는 텍스트 데이터와 관련 메타데이터를 저장하고 관리하는 랭체인의 기본 단위입니다. 이 클래스는 page_content 속성에 텍스트 데이터를, metadata 속성에 해당 텍스트와 관련된 메타데이터를 저장하여 문서를 효과적으로 처리하고 활용하는데 도움이 됩니다.앞으로도 종종 사용할 클래스입니다.

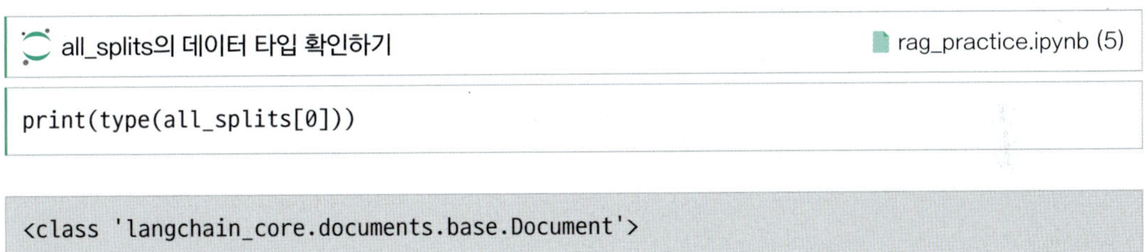

all_splits의 데이터 타입 확인하기 rag_practice.ipynb (5)

```
print(type(all_splits[0]))
```

```
<class 'langchain_core.documents.base.Document'>
```

9. 「2040 서울도시기본계획」 문서도 앞에서 사용한 코드를 응용해 다음과 같이 문서를 청킹하고 출력합니다.

「2040 서울도시기본계획」 문서 청킹하기 rag_practice.ipynb (6)

```
loader_seoul = PyPDFLoader('C:/github/gpt_agent_2025_easyspub/chap09/data/2040_seoul_
plan.pdf')
data_seoul = loader_seoul.load()
seoul_splits = text_splitter.split_documents(data_seoul)
for i, split in enumerate(seoul_splits):
    print(f"Split {i+1}:------------------------------------")
    print(split)
```

실행해 보면 이 문서는 중복되는 내용 없이 페이지 단위로 청크가 끊어져 있습니다. 각 청크를 오버랩을 포함하여 빠지는 내용이 없게 하려던 의도와 달리 페이지 단위로 텍스트가 나누어집니다. 이처럼 문장이 페이지 경계에서 끊어지는 문제가 발생한다면 오버랩이 되도록 하는 코드를 추가로 작성해야 할 수도 있습니다.

```
(... 생략 ...)
Split 2:-----------------------------------
page_content='「2040 서울도시기본계획」을 발간하며
지난 3년간 코로나19 팬데믹으로 전 세계가 심각한 타격을 받아왔지만, 대한민국의 수도 서
울은 혁신적인 디지털 기술과 뛰어난 시민 의식, 풍부한 자연환경을 토대로 도시의 가능성과 잠재력을
(... 생략 ...)
에 유연하고 신속하게 대응할 수 있는 체계를 통해 현장에서 강력하게 작동하는 수단이 될 것입니다. 미
래지향적인 계획철학을 토대로 융복합적인 토지이용제도를 실현하고 수변녹지와 연계된 생활공간을 조성
하는 등 도시계획체계를 과감하고 유연하게 전환했습니다.' metadata={'source': 'C:/github/gpt_
agent_2024_book/chap10/data/2040_seoul_plan.pdf', 'page': 2}
Split 3:-----------------------------------
page_content='셋째, 미래 변화 속 지속가능한 도시의 구축입니다. 디지털 대전환과 기후위기 등 급변하
는 시
대에 발맞춰 지속가능한 첨단 도시를 구축하기 위한 구체적인 목표를 수립했습니다. 미래 신산업을 육성하고
첨단 미래교통수단의 기반을 마련하는 한편, 자립적인 자원순환체계와 대형재난에 대한 전방위적인 방재체계
를 구축하는 등 미래 변화에 대한 도시의 기술 적응력을 강화하고 안전하고 지속가능한 도시를 만들기 위한
노력을 담아냈습니다.
(... 생략 ...)
```

10. 오버랩이 없이 생성된 청크들에 강제로 오버랩을 처리하겠습니다. 작업을 하기에 앞서 오버랩하지 않은 청크를 살펴보겠습니다. 문서의 앞부분은 차례라서 결과를 제대로 확인하기 어려울 수 있으므로 50번, 51번 청크를 출력합니다. 오버랩한 후에 작업이 잘 되었는지 비교해보세요.

오버랩 처리 전 청크 출력하기 rag_practice.ipynb (7)

```
print(seoul_splits[50].page_content)
print('----------------------')
print(seoul_splits[51].page_content)
```

```
32제2장 미래상과 목표
9) 대기질 개선과 폐기물 관리 등 광역거버넌스 차원으로 풀어야 할 과제 발생증가하는 생활폐기물 배출량,
다시 우려되는 대기오염Ÿ서울에서 발생하는 폐기물을 처리해 왔던 인천 수도권매립지의 매립 종료가 2025년
예정되면서 폐기물 처리는 주요한 이슈로 떠올랐다
(... 생략 ...)
 병원, 공원 등의 시설도 지속적인 확충 중Ÿ2020년 65세 이상 노년인구는 전체 인구의 15.4%로 최근 10
년 사이 비율이 6.0%p 늘어나면서 노인복지시설에 대한 수요가 증대되고 있다.
----------------------
제1절 서울의 변화진단33-노인여가복지시설 역시 확충되고 있으나, 노령화의 속도를 따라잡지 못해 2020년
에는 노인 천 명당 2.1개소로 2010년에 비해 0.9개소 감소
(... 생략 ...)
```

11. 각 청크는 Document 인스턴스로 생성되어 있고 내용은 page_content에 있습니다. 앞 청크 끝에 뒷 청크의 첫 100자를 추가하기 위해 다음과 같이 코드를 작성합니다.

오버랩 처리 후 청크 출력하기 rag_practice.ipynb (8)

```
for i in range(len(seoul_splits) - 1):
    seoul_splits[i].page_content += "\n"+ seoul_splits[i + 1].page_content[:100]

print(seoul_splits[50].page_content)
print('---------------------')
print(seoul_splits[51].page_content)
```

12. 다음과 같이 기존의 all_splits에 seoul_splits를 추가하겠습니다.

청크 출력하기 rag_practice.ipynb (9)

```
print(len(all_splits))
all_splits.extend(seoul_splits)
print(len(all_splits))
```

실행해 보면 「OneNYC 2050」 문서로 만들었던 청크 길이는 1023이었는데, 서울에 관한 문서까지 추가했더니 청크가 1331개로 늘어났습니다. 청크 숫자는 PDF 혹은 랭체인 버전에 따라 조금씩 달라질 수 있습니다.

```
1023
1331
```

한 걸음 더! **청크와 오버랩은 어떻게 설정해야 하나요?**

오버랩 길이는 문서의 성격에 맞게 설정해야 합니다. 오버랩이 너무 길면 불필요한 중복이 발생하여 비효율적일 수 있고, 너무 짧으면 언어 모델이 문맥을 제대로 파악하기 어려울 수 있습니다. 다만 개조식으로 작성된 문서라면 오버랩의 길이가 짧더라도 문맥이나 문장이 끊길 가능성이 적습니다. 청크와 오버랩 길이는 문서의 특징에 따라 조정할 수 있습니다. 절대적인 기준은 없으며, 길고 복잡한 문서라면 청크 크기를 1000자에서 2000자 정도로 크게 설정하여 필요한 내용을 충분히 포함하도록 할 수 있습니다. 반면 짧고 간결한 문장으로 작성된 문서는 500자 정도로 작게 설정해도 충분할 수 있습니다.

청크 길이가 길면 컨텍스트 윈도우가 작은 언어 모델에서는 입력 길이에 제한이 있어 처리하기 어려울 수 있습니다. 충분히 똑똑하지 않은 언어 모델에서는 불필요한 정보까지 처리해서 적절한 답변을 생성하지 못할 수도 있죠. 그뿐만 아니라 긴 청크는 더 많은 토큰을 사용하므로 비용이 증가할 수 있습니다. 반대로 청크 길이가 너무 짧으면 답변을 생성하는 데 필요한 정보가 언어 모델에 충분히 전달되지 않을 수 있습니다.

Do it! 실습 오픈AI 임베딩 모델 사용하기

결과 파일: sec02/rag_practice.ipynb

수백 쪽짜리 문서를 청크 단위로 잘랐으니 이제 이를 벡터로 임베딩할 차례입니다. 이 실습에서는 벡터 DB로 크로마 DB를 사용하겠습니다.

1. 크로마 DB를 사용하기 위해 `langchain_chroma`를 셀에 입력하여 설치합니다.

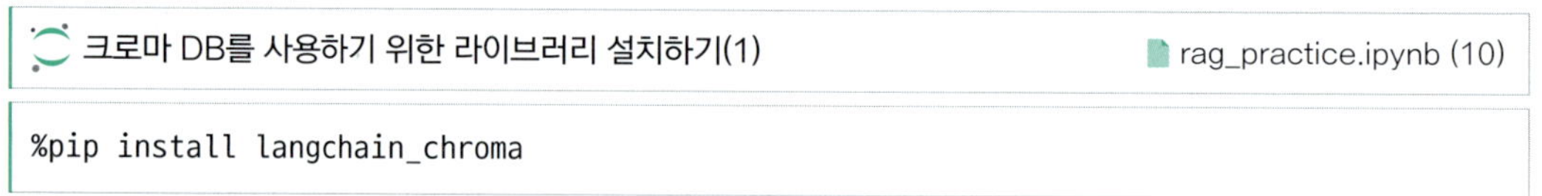

크로마 DB를 사용하기 위한 라이브러리 설치하기(1) rag_practice.ipynb (10)

```
%pip install langchain_chroma
```

만약 다음처럼 오류가 발생한다면 C/C++ 컴파일러를 설치해야 합니다. langchain_chroma는 벡터 계산, 텍스트 처리, 모델과의 상호작용을 위한 수학적 연산에 Numpy 라이브러리를 활용합니다. Numpy를 설치하는 과정에서 C/C++ 컴파일러가 필요합니다.

```
error: subprocess-exited-with-error

× Preparing metadata (pyproject.toml) did not run successfully.
│ exit code: 1
╰─> [21 lines of output]
    + c:\Users\user\Downloads\LLM\LLMtest\venv\Scripts\python.exe C
    The Meson build system
    Version: 1.2.99
    Source dir: C:\Users\user\AppData\Local\Temp\pip-install-4zgcfa
    Build dir: C:\Users\user\AppData\Local\Temp\pip-install-4zgcfac
    Build type: native build
    Project name: NumPy
    Project version: 1.26.4
    WARNING: Failed to activate VS environment: Could not find C:\P
```

2. 오류를 해결하기 위해 Visual C++ Build Tool을 설치하겠습니다. 비주얼 스튜디오 웹 사이트(https://visualstudio.microsoft.com/ko/downloads/)에서 파일을 내려받아 비주얼 스튜디오를 설치합니다.

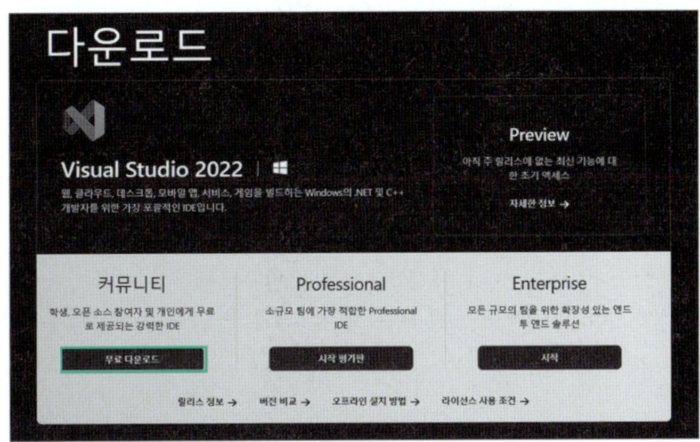

3. 설치 화면에서 [C++를 사용한 데스크톱 개발]에 체크하고 [설치]를 클릭합니다.

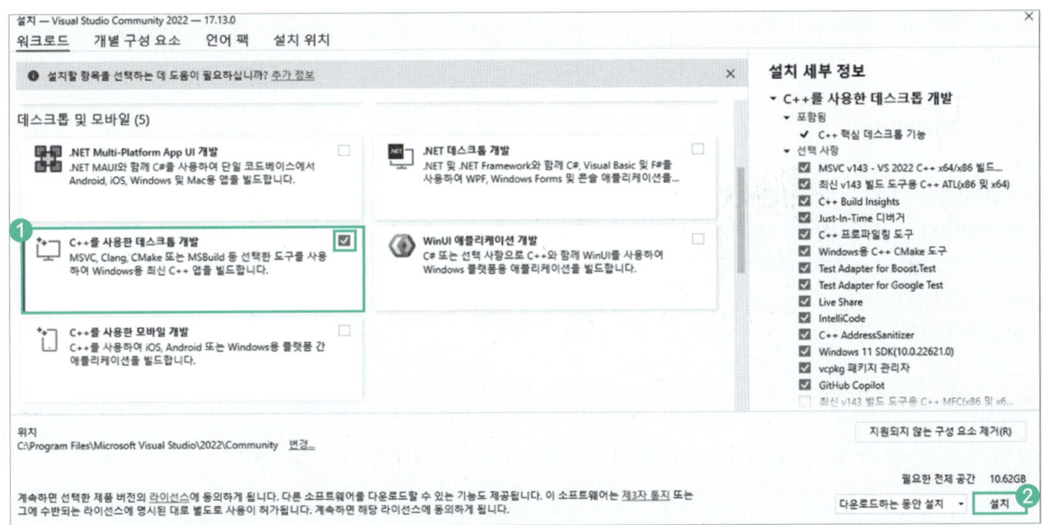

4. 설치가 끝나면 셀을 다시 실행해 라이브러리 설치를 완료합니다.

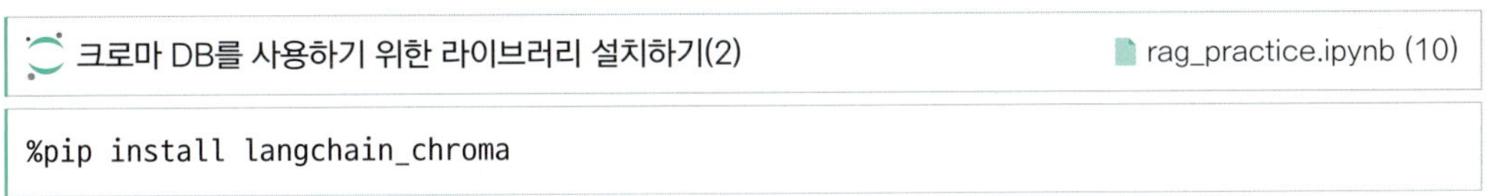
크로마 DB를 사용하기 위한 라이브러리 설치하기(2) rag_practice.ipynb (10)

```
%pip install langchain_chroma
```

이제 청크들을 벡터로 임베딩하고 이를 벡터 DB에 저장하는 작업을 진행하겠습니다. 텍스트를 벡터로 임베딩하는 모델은 여러 가지가 있습니다. 여기서는 오픈AI에서 API로 제공하는 임베딩 모델인 OpenAIEmbeddings를 사용하겠습니다. 이 임베딩 모델을 사용하려면 API 키가 필요합니다. 임베딩은 오픈AI에서 제공하는 모델뿐만 아니라 BGE-m3 등 다양한 모델이 있습니다. 다만 한 임베딩 모델을 선택하면 계속 같은 임베딩 모델을 사용해야 합니다.

5. 이제 임베딩 모델을 사용해 보겠습니다. `OpenAIEmbeddings`의 인스턴스 `embedding`을 만들고 `embedding.embed_query()`를 사용하여 원하는 텍스트를 벡터로 변환합니다. 이때 임베딩 모델은 `text-embedding-3-large`를 사용하고 오픈AI의 API 키는 .env에서 불러옵니다. 이렇게 설정한 후 `.embed_query()`에 원하는 텍스트를 넣으면 벡터로 변환된 값을 반환합니다.

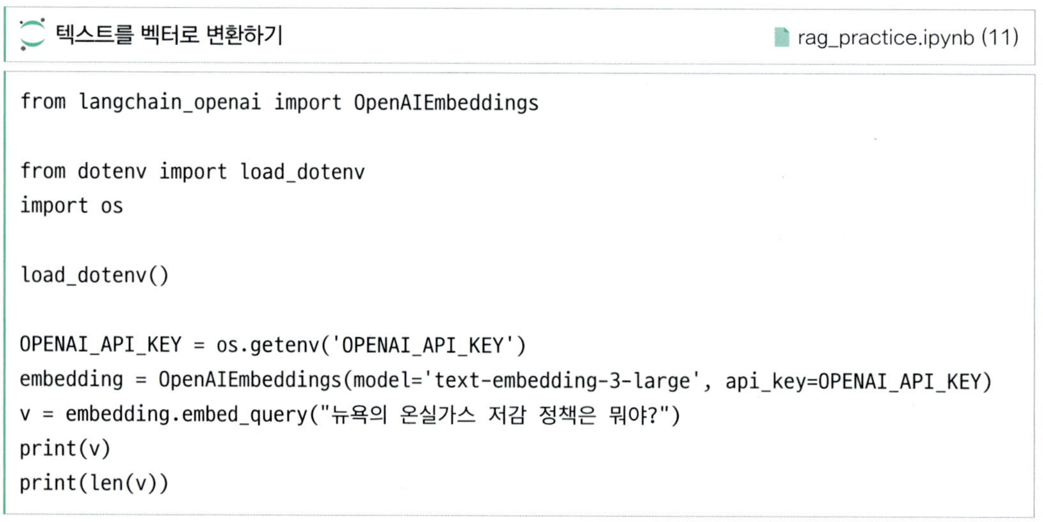

텍스트를 벡터로 변환하기 rag_practice.ipynb (11)

```
from langchain_openai import OpenAIEmbeddings

from dotenv import load_dotenv
import os

load_dotenv()

OPENAI_API_KEY = os.getenv('OPENAI_API_KEY')
embedding = OpenAIEmbeddings(model='text-embedding-3-large', api_key=OPENAI_API_KEY)
v = embedding.embed_query("뉴욕의 온실가스 저감 정책은 뭐야?")
print(v)
print(len(v))
```

실행하면 다음과 같이 숫자로 이루어진 벡터가 출력됩니다.

```
[-0.0054374272003769875, -0.04920661821961403,
(... 생략 ...)
0.015299133956432343]
3072
```

한 걸음 더! 오픈AI 임베딩 모델 비교

현재 오픈AI에서 추천하는 임베딩 모델은 text-embedding-3-small, text-embedding-3-large, text-embedding-ada-002입니다. 다음은 2025년 4월을 기준으로 한 임베딩 모델별 성능과 가격입니다

임베딩 모델별 성능 및 가격 비교

모델명	1달러당 페이지 수	MTEB 평가 성능	최대 입력 토큰 수
Text-embedding-3-small	62,500	62.3%	8191
Text-embedding-3-large	9,615	64.6%	8191
Text_embedding-ada-002	12,500	61.0%	8191

MTEB는 Massive Text Embedding Benchmark의 줄임말로 텍스트 임베딩 모델의 성능을 평가하는 기준입니다. Text-embedding-3-small 모델은 비용 대비 성능이 매우 뛰어나고, text-embedding-3-large 모델은 더 높은 정확도를 제공합니다. 제가 테스트해 보니 한글 문서에선 text-embedding-3-large 모델과 Text-embedding-3-small 모델의 성능 차이가 있었습니다. 한글 문서를 많이 다루는 이 책에서는 text-embedding-3-large 모델을 사용합니다.

Do it! 실습 벡터 DB와 리트리버

결과 파일: sec02/rag_practice.ipynb

all_splits의 모든 청크들을 벡터로 변환하여 크로마 DB에 저장하겠습니다. 앞서 만든 all_splits에는 PDF를 청크로 쪼개 놓은 Document 객체들이 있습니다. 이 객체들을 벡터화하여 저장하겠습니다.

1. 크로마 DB를 만들고 데이터를 불러오겠습니다.

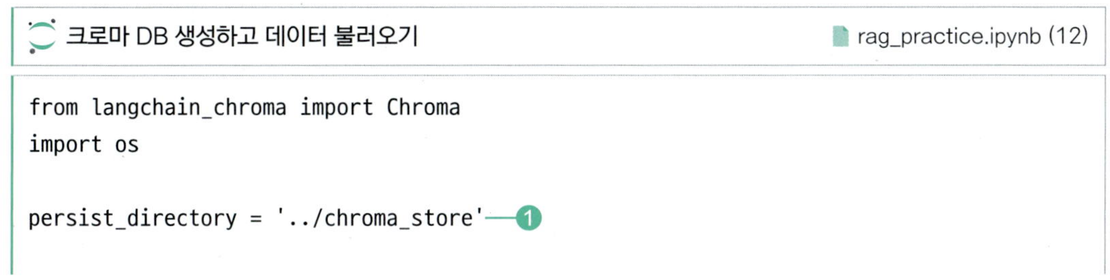

크로마 DB 생성하고 데이터 불러오기 rag_practice.ipynb (12)

```
from langchain_chroma import Chroma
import os

persist_directory = '../chroma_store'—①
```

```
if not os.path.exists(persist_directory):
    print("Creating new Chroma store")
    vectorstore = Chroma.from_documents(
        documents=all_splits,
        embedding=embedding,
        persist_directory=persist_directory
    )
else:
    print("Loading existing Chroma store")
    vectorstore = Chroma(
        persist_directory=persist_directory,
        embedding_function=embedding
    )
```

❶ 크로마DB를 생성하고 저장할 위치를 persist_directory로 지정합니다. 저장 경로는 '../chroma_store'로 설정했으며, 이 경로에 크로마DB가 생성되면 sqlite3 파일이 저장됩니다.

❷ 만약 해당 경로가 없다면 os.path.exists()로 이 디렉터리가 있는지 확인한 후 새로 생성합니다.

❸ 랭체인에서 크로마 DB를 쉽게 사용할 수 있도록 지원하고 있으므로 langchain_chroma의 Chroma를 이용해 벡터를 vectorstore에 저장합니다. 앞서 생성한 청크 all_splits를 documents에 넣고 설정한 임베딩 모델을 지정합니다. 마지막으로 persist_directory는 크로마 DB의 저장 위치를 의미합니다. persist_directory를 설정하지 않더라도 RAG를 사용할 수 있지만 이 경우 실제 DB가 생성되지 않고 데이터는 메모리에만 저장되므로 프로그램을 종료하면 해당 데이터는 사라집니다. persist_directory를 설정하면 요금을 내고 임베딩한 결과를 저장해 놓을 수 있습니다.

❹ 만약 ../chroma_store가 이미 존재한다면 임베딩 과정을 반복할 필요 없이 기존 데이터를 바로 이용할 수 있도록 else에 관련 코드를 작성합니다. Chroma에 persist_directory와 embedding_function만 지정하면 됩니다.

셀을 실행하면 현재 폴더에 chroma_store라는 폴더가 생기고 그 안에 chroma.sqlite3 파일이 저장됩니다.

2. 다음과 같이 vectorstore에서 청크 3개를 가져오도록 설정한 retriever를 만들었습니다. retriever.invoke() 안에 텍스트를 입력하면 해당 내용이 벡터로 임베딩된 뒤, 크로마 DB에서 가장 유사한 청크 3개를 가져옵니다. 여기에서는 서울시의 환경 정책을 물어보았습니다.

유사 청크 가져와 질문하기 rag_practice.ipynb(13)

```
retriever = vectorstore.as_retriever(k=3)
docs = retriever.invoke("서울시의 환경 정책이 궁금해.")

for d in docs:
    print(d)
    print('------')
```

실행해 보면 300쪽 분량의 문서에서 서울시의 환경 관련 계획을 찾아낼 수 있습니다.

```
page_content='78 제3장 부문별 전략계획
제4절
기후·환경 부문
1. 개요
┌ 기후변화는 21세기에 전 지구적으로 가장 위중한 영향을 미칠 것으로 예상되며, 시민 생활의 모든 측
면과 연관되어 있어 향후 서울시의 적극적인 대응이 필요하다.
(... 생략 ...)
3-3 사람과 자연의 공존을 위한
친환경 생태도시 구축
3-3-1 건물 에너지 분야 효율성 개선 및 도심 속 생물 다양성 확보' metadata={'page': 86,
'source': 'C:/github/gpt_agent_2025_easyspub/data/2040_seoul_plan.pdf '}
------
page_content='180 제6장 계획의 실현
부문 지표명 지표의 통계명 내용 및 산정식 출처 목표치 및
관리방향
기후
·
환경
(... 생략 ...)
등)으로 인한 사고 및 사망자 수
행정안전부
재난연감 감소
감염병 제1급감염병 환자
수(비정기)' metadata={'page': 188, 'source': 'C:/github/gpt_agent_2025_easyspub/
data/2040_seoul_plan.pdf '}
------
(... 생략 ...)
```

Do it! 실습 주어진 청크에 기반하여 언어 모델로 답변 생성하기

결과 파일: sec02/rag_practice.ipynb

사용자가 질문하면 리트리버를 이용하여 관련 내용을 찾고 이를 바탕으로 언어 모델을 사용해 답변을 생성하는 기능을 개발하겠습니다.

1. 주어진 청크를 바탕으로 사용자의 질문에 답변을 생성하는 시스템을 설정합니다.

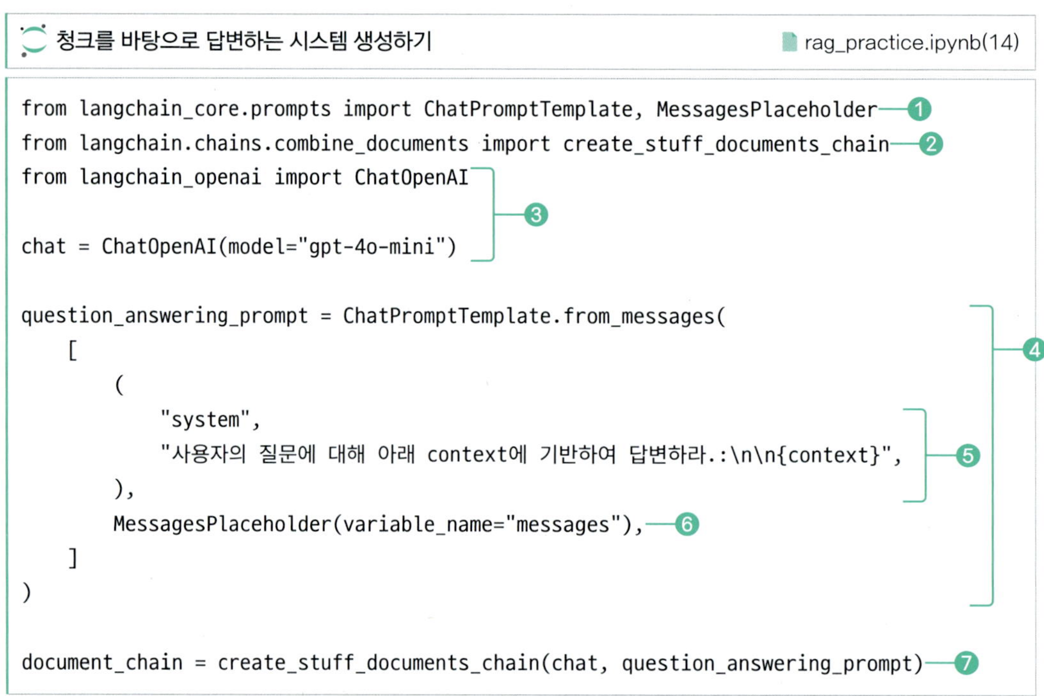

청크를 바탕으로 답변하는 시스템 생성하기 rag_practice.ipynb(14)

```
from langchain_core.prompts import ChatPromptTemplate, MessagesPlaceholder ❶
from langchain.chains.combine_documents import create_stuff_documents_chain ❷
from langchain_openai import ChatOpenAI

chat = ChatOpenAI(model="gpt-4o-mini") ❸

question_answering_prompt = ChatPromptTemplate.from_messages( ❹
    [
        (
            "system",
            "사용자의 질문에 대해 아래 context에 기반하여 답변하라.:\n\n{context}", ❺
        ),
        MessagesPlaceholder(variable_name="messages"), ❻
    ]
)

document_chain = create_stuff_documents_chain(chat, question_answering_prompt) ❼
```

❶ ChatPromptTemplate은 언어 모델에 전달할 프롬프트를 정의하는 템플릿 클래스입니다. 이 템플릿을 사용해 시스템의 역할과 메시지를 설정합니다. MessagePlaceholder는 사용자 메시지와 같은 동적 데이터를 프롬프트에 삽입하기 위해 사용하는 클래스입니다. 이를 통해 여러 메시지 입력을 처리할 수 있습니다.

❷ create_stuff_documents_chain은 여러 텍스트를 결합해 답변 생성 체인을 만드는 함수입니다. 기존 프롬프트를 기반으로 언어 모델을 통해 최종 답변을 생성합니다.

❸ 오픈AI의 GPT 모델을 사용하기 위해 ChatOpenAI를 임포트하고 chat이라는 객체를 생성합니다. 모델은 저렴한 gpt-4o-mini를 사용합니다.

❹ 답변을 생성할 때 사용할 프롬프트 템플릿을 생성합니다.

❺ 시스템 역할을 설정하고 주어진 컨텍스트를 바탕으로 답변하도록 모델에게 지시합니다. {context}는 문서 청크를 포함하는 자리 표시자로, 검색된 컨텍스트를 모델에 전달하는 빈칸 역할을 합니다.

❻ messages 변수를 자리 표시자로 설정하여 사용자와 대화를 나눈 메시지를 동적으로 삽입할 수 있게 합니다. 이를 통해 사용자가 한 질문을 바탕으로 답변을 생성할 수 있습니다.

7. document_chain 객체는 검색된 문서 청크와 사용자 질문을 바탕으로 언어 모델을 호출하고 답변을 생성하는 역할을 합니다.

이제 질문을 할 준비가 거의 끝나 갑니다. 랭체인에서 제공하는 도구 가운데 ChatMessage History를 사용하면 채팅 메시지를 손쉽게 저장할 수 있습니다.

2. ChatMessageHistory의 객체인 chat_history를 만들고 add_user_message와 add_ai_message 메서드를 이용해 사용자와 AI의 메시지를 차례로 저장할 수 있습니다. 앞서 만든 document_chain을 사용하여 생성된 답변을 add_ai_message로 chat_history에 추가하고 그 후 결과를 출력하는 코드를 작성합니다.

메시지 저장하고 답변 출력하기 rag_practice.ipynb(15)

```
from langchain.memory import ChatMessageHistory

# 채팅 메시지를 저장할 메모리 객체 생성
chat_history = ChatMessageHistory()
# 사용자 질문을 메모리에 저장
chat_history.add_user_message("서울시의 온실가스 저감 정책에 대해 알려줘.")

# 문서 검색하고 답변 생성
answer = document_chain.invoke(
    {
        "messages": chat_history.messages,
        "context": docs,
    }
)

# 생성된 답변 메모리에 저장
chat_history.add_ai_message(answer)

print(answer)
```

실행해 보면 실제 PDF 문서를 참고하여 추출한 내용으로 그럴싸한 답변이 생성됩니다. 답변 내용은 서울시의 온실가스 저감 정책에 관한 구체적인 사항을 잘 설명하고 있습니다.

```
'서울시는 온실가스 저감을 위해 다양한 정책과 대책을 마련하고 있습니다. 주요 내용은 다음과 같습니다:

1. **건물 에너지 효율화**: 2026년까지 100만 호의 건물 에너지 효율화 사업을 추진하여, 기존 및 신규 건물의 제로에너지화를 촉진합니다. 이는 건물에서 발생하는 온실가스를 줄이기 위한 중요한 목표입니다.
```

```
2. **제로에너지 건물 의무화**: 신규 건물에 대해 제로에너지 건물(ZEB) 의무화를 통해 에너지 소비를 최소화하고, 신재생 에너지를 적극적으로 활용할 수 있도록 합니다.

3. **수송 부문 배출 감축**: 전기차 비중을 2026년까지 10%로 확대할 계획이며, 이를 위해 22만기의 전기차 충전 인프라를 구축할 예정입니다.
4. **기후예산제 도입**: 모든 예산사업에 온실가스 감축 방안을 고려하고 반영하기 위해 기후예산제를 시범 운영하고 있습니다.

5. **시민 참여 및 협력 체계 강화**: 시민과 정부, 기업 간의 협력을 통해 기후 행동을 활성화하고, 자원순환 문화를 확산시키는 다양한 캠페인과 교육 프로그램을 운영합니다.

이 외에도 서울시는 기후변화에 대응하기 위한 다양한 전략과 정책을 수립하여 시민의 생활과 안전을 보호하고, 도시의 회복력을 강화하는 데 집중하고 있습니다.'
```

3. 마지막으로 현재까지 chat_history에 저장된 대화 기록을 출력해 봅시다.

대화 기록 출력하기 rag_practice.ipynb(16)

```
for m in chat_history.messages:
    print(m)
```

출력된 결과에는 사용자와 AI의 답변이 저장되어 있습니다.

```
content='서울시의 온실가스 저감 정책에 대해 알려줘.' additional_kwargs={} response_metadata={}
content=' 서울시는 온실가스 저감을 위해 다양한 정책과 대책을 마련하고 있습니다.
(... 생략 ...)
```

Do it! 실습 질의 확장 구현하기

결과 파일: sec02/rag_practice.ipynb

서울시 온실가스 저감 정책에 관한 대화에 이어서 사용자가 '뉴욕은?'라고 질문한다면 그 의도는 '뉴욕의 온실가스 저감 정책은 뭐야?'일 가능성이 큽니다. 이를 올바르게 처리하려면 질문을 문맥에 맞게 확장하여 관련된 청크를 검색하고 답변을 생성해야 합니다. 이 과정에서 질문을 '뉴욕은?'에서 '뉴욕의 온실가스 저감 정책은 뭐야?'와 같은 구체적인 형태로 변환하는 질의 확장이 필요합니다.

1. 필요한 라이브러리를 불러옵니다. StrOutputParser는 언어 모델이 생성한 응답을 문자열로 변환해 주는 역할을 합니다.

문자열 출력 파서 불러오기 rag_practice.ipynb(17)

```
from langchain_core.output_parsers import StrOutputParser
```

2. query_for_nyc에 '뉴욕은?'이라는 질의 확장이 필요한 질문을 설정합니다. 이 질문을 기존의 대화 내용을 활용해 구체적인 질문으로 변환하겠습니다. ChatPromptTemplate.from_messages로 질문을 확장하는 프롬프트를 작성합니다. MessagesPlaceholder로 기존 대화 내용을 전달할 자리를 마련하고 시스템 메시지로 의도를 파악한 후 질문을 명확하게 변환하도록 지시합니다.

구체적인 질문으로 바꾸기 rag_practice.ipynb(18)

```
query_for_nyc = "뉴욕은?"

# query augmentation
# 기존 대화 내용을 활용해 query_augmentation 수행
query_augmentation_prompt = ChatPromptTemplate.from_messages(
    [
        MessagesPlaceholder(variable_name="messages"), # 기존 대화 내용
        (
            "system",
            "기존의 대화 내용을 활용하여 사용자가 질문한 의도를 파악해서 한 문장의 명료한 질문으로
변환하라. 대명사나 이, 저, 그와 같은 표현을 명확한 명사로 표현하라. :\n\n{query}",
        ),
    ]
)
```

3. 앞에서 ChatOpenAI로 정의한 chat 객체와 프롬프트를 연결하고 결과를 문자열로 변환하기 위해 StrOutputParser를 사용합니다.

결과 문자열로 변환하는 체인 만들기 rag_practice.ipynb(19)

```
query_augmentation_chain = query_augmentation_prompt | chat | StrOutputParser()
```

4. 이렇게 만든 query_augmentation_chain을 실행하려면 사용자의 질문과 이전 대화 내용을 함께 제공해야 합니다. messages와 query 변수를 딕셔너리 형식으로 묶어 invoke 메서드를 사용해 전달하면 질문이 더 명확하게 변환됩니다.

질문을 더 명확하게 변환하기 rag_practice.ipynb(20)

```
augmented_query = query_augmentation_chain.invoke({
    "messages": chat_history.messages,
    "query": query_for_nyc
})

print(augmented_query)
```

실행해 보면 언어 모델이 '뉴욕은?'이라는 질문을 '뉴욕의 온실가스 저감 정책에 대해 알려주세요'라는 명확한 질문으로 변환합니다. 이렇게 구체적이고 명료한 질문으로 변환해야 리트리버를 이용해 이 질문과 관련된 청크들을 가져와 적절한 답변을 생성할 수 있습니다.

```
뉴욕시의 온실가스 저감 정책에 대해 알려주세요
```

5. 이렇게 만들어진 augmented_query를 이용해 관련된 내용을 검색할 수 있습니다. 이전에 썼던 코드를 활용해 리트리버를 실행하고 결과를 출력했습니다.

리트리버 실행하고 결과 출력하기 rag_practice.ipynb(21)

```
docs = retriever.invoke(augmented_query)

for d in docs:
    print(d)
    print('------')
```

셀을 실행해 보면 「One NYC 2050」 문서에서 온실가스와 대기오염에 관한 내용이 검색되었습니다.

```
page_content='Particulate matter (PM2.5) is estimated to contribute to more
than 2,000 deaths and just under 6,000 emergency room visits
and hospitalizations for cardiovascular and respiratory disease
each year.
```

```
(... 생략 ...)
Over the next four years, New York City will expand
initiatives to curtail vehicular emissions, working with the' metadata={'page': 186,
'source': 'C:/github/gpt_agent_2024_book/chap10/data/OneNYC_2050_Strategic_Plan.pdf'}
------
page_content='NYC.GOV/O neNYC14   ¦   O neNYC 2050 : A LIVABLE CLIMATEWhile we are
working in coordination with our state, regional,
and market
(... 생략 ...)
We envision a 50 percent renewable electricity grid by 2030.' metadata={'page': 241,
'source': 'C:/github/gpt_agent_2024_book/chap10/data/OneNYC_2050_Strategic_Plan.pdf'}
------
(... 생략 ...)
```

6. 이 내용을 활용해 언어 모델로 답변을 생성할 수 있습니다. 앞에서 작성했던 코드를 그대로 활용하되 .add_user_message에 '뉴욕은?'이라는 질문이 담긴 query_for_nyc를 추가합니다.

언어 모델에서 답변 생성하기 rag_practice.ipynb(22)

```
chat_history.add_user_message(query_for_nyc)  # query_for_nyc에 "뉴욕은?" 추가

answer = document_chain.invoke(
    {
        "messages": chat_history.messages,
        "context": docs,
    }
)

# 생성된 답변 메모리에 저장
chat_history.add_ai_message(answer)

print(answer)
```

실행해 보면 뉴욕의 정책에 관한 내용이 잘 출력됩니다.

```
뉴욕시는 온실가스 저감을 위해 여러 가지 정책과 이니셔티브를 추진하고 있습니다. 주요 내용은 다음과 같습니다:
1. **청정 전력 자원 확대**: 뉴욕시는 2040년까지 100% 청정 전력 자원을 확보하는 목표를 세우고 있으며, 2030년까지는 50%의 재생 가능 전력 그리드를 구현할 계획입니다.
(... 생략 ...)
이러한 노력들을 통해 뉴욕시는 기후 변화에 대응하고, 지속 가능한 도시로 발전하기 위해 힘쓰고 있습니다.
```

09-3 스트림릿으로 챗봇 완성하기

08-5절에서 만들었던 스트림릿 코드를 응용해서 RAG을 활용한 챗봇을 완성해 보겠습니다.

Do it! 실습 기본 스트림릿 코드에 리트리버 추가하기

결과 파일: sec03/retriever.py, rag_1.py

1. 09-2절에서 만든 코드를 활용해 질의응답 시스템을 만들겠습니다. retriever.py 파일을 만들고 rag_practice.ipynb 파일에서 관련 코드를 복사해서 가져옵니다. 그리고 `persist_directory`의 폴더 경로를 절대 경로로 수정합니다. 절대 경로로 설정하면 어떤 폴더에서 실행하더라도 크로마 DB의 위치를 확실하게 지정할 수 있습니다. 크로마 DB는 앞의 예제에서 만들었던 DB를 그대로 사용하겠습니다.

크로마 DB와 임베딩 모델을 활용한 질의응답 시스템 만들기 — retriever.py

```
# 임베딩 모델 선언하기
from langchain_openai import OpenAIEmbeddings
embedding = OpenAIEmbeddings(model='text-embedding-3-large')

# 언어 모델 불러오기
from langchain_openai import ChatOpenAI
llm = ChatOpenAI(model="gpt-4o")

# Load Chroma store
from langchain_chroma import Chroma
print("Loading existing Chroma store")
persist_directory = 'C:/github/gpt_agent_2025_easyspub/chap09/chroma_store'  ← 절대 경로

vectorstore = Chroma(
    persist_directory=persist_directory,
    embedding_function=embedding
)

# Create retriever
retriever = vectorstore.as_retriever(k=3)

# Create document chain
from langchain.chains.combine_documents import create_stuff_documents_chain
```

```
from langchain_core.prompts import ChatPromptTemplate, MessagesPlaceholder
from langchain_core.output_parsers import StrOutputParser  # 문자열 출력 파서 불러오기

question_answering_prompt = ChatPromptTemplate.from_messages(
    [
        (
            "system",
            "사용자의 질문에 대해 아래 context에 기반하여 답변하라.:\n\n{context}",
        ),
        MessagesPlaceholder(variable_name="messages"),
    ]
)

document_chain = create_stuff_documents_chain(llm, question_answering_prompt) |
StrOutputParser()

# query augmentation chain
query_augmentation_prompt = ChatPromptTemplate.from_messages(
    [
        MessagesPlaceholder(variable_name="messages"),  # 기존 대화 내용
        (
            "system",
            "기존의 대화 내용을 활용하여 사용자가 질문한 의도를 파악해서 한 문장의 명료한 질문으로
변환하라. 대명사나 이, 저, 그와 같은 표현을 명확한 명사로 표현하라. :\n\n{query}",
        ),
    ]
)

query_augmentation_chain = query_augmentation_prompt | llm | StrOutputParser()
```

2. RAG를 구현하기 전에 오픈AI의 API를 활용해 기본적인 대화를 할 수 있는 코드를 작성합니다. 08-5절 '랭체인 메모리 없이 멀티턴 만들기' 실습에서 사용한 코드를 활용하겠습니다. rag.py 파일을 새로 만들고 저장해 둔 langchain_streamlit_tool_0.py 파일의 코드를 붙여 넣으세요.

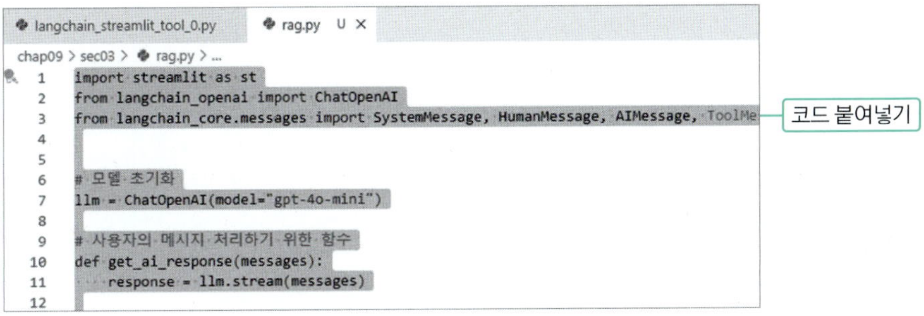

langchain_streamlit_tool_0.py | rag.py U ×

chap09 > sec03 > rag.py > ...

```
import streamlit as st
from langchain_openai import ChatOpenAI
from langchain_core.messages import SystemMessage, HumanMessage, AIMessage, ToolMe


# 모델 초기화
llm = ChatOpenAI(model="gpt-4o-mini")

# 사용자의 메시지 처리하기 위한 함수
def get_ai_response(messages):
    response = llm.stream(messages)

```

코드 붙여넣기

3. 복사한 코드에 질의 확장 기능을 추가하기 위해 다음과 같이 수정합니다.

앞에서 작성한 스트림릿 코드에 질의 확장 추가하기 rag.py

```
import streamlit as st
from langchain_openai import ChatOpenAI
from langchain_core.messages import SystemMessage, HumanMessage, AIMessage, ToolMessage

import retriever ❶

# 모델 초기화
llm = ChatOpenAI(model="gpt-4o-mini")

# 사용자의 메시지를 처리하는 함수
def get_ai_response(messages):
    response = llm.stream(messages)

    for chunk in response:
        yield chunk

# Streamlit 앱
st.title("┌ GPT-4o Langchain Chat")

# 스트림릿 session_state에 메시지 저장
if "messages" not in st.session_state:
    st.session_state["messages"] = [
        SystemMessage("너는 문서에 기반해 답변하는 도시 정책 전문가야.") ❷
    ]

# 스트림릿 화면에 메시지 출력
for msg in st.session_state.messages:
    if msg.content:
        if isinstance(msg, SystemMessage):
            st.chat_message("system").write(msg.content)
        elif isinstance(msg, AIMessage):
            st.chat_message("assistant").write(msg.content)
        elif isinstance(msg, HumanMessage):
            st.chat_message("user").write(msg.content)

# 사용자 입력 처리
if prompt := st.chat_input():
    st.chat_message("user").write(prompt)                    # 사용자 메시지 출력
    st.session_state.messages.append(HumanMessage(prompt))  # 사용자 메시지 저장
```

```
    print("user\t:", prompt)

    augmented_query = retriever.query_augmentation_chain.invoke({
        "messages": st.session_state["messages"],
        "query": prompt,
    })
    print("augmented_query\t", augmented_query)

    with st.spinner(f"AI가 답변을 준비 중입니다... '{augmented_query}'"):
        response = get_ai_response(st.session_state["messages"])
        result = st.chat_message("assistant").write_stream(response)  # AI 메시지 출력
    st.session_state["messages"].append(AIMessage(result))          # AI 메시지 저장
```

4칸 들여쓰기

1. 앞에서 만든 `retriever` 파일을 임포트합니다.
2. 이 크로마 DB에는 서울과 뉴욕의 도시 정책 계획 문서가 담겨 있으므로 프롬프트도 이에 맞게 '문서에 기반해 답변하는 도시 정책 전문가'라고 수정합니다.
3. 사용자가 입력한 내용(`prompt`)을 터미널 창에 출력합니다.
4. 이제 사용자가 입력한 `prompt`를 이용해 예전에 했던 것처럼 확장된 질의를 만듭니다. `messages`와 `query` 변수를 딕셔너리 형식으로 묶어 `invoke` 메서드를 사용해 전달하면 질문이 더 명확하게 변환됩니다. 이 코드는 09-2절 '질의 확장 구현하기' 실습에서도 다뤘습니다.
5. 어떤 질문에 답변을 생성하는지를 보여 주는 요소와 문구를 추가합니다.

터미널 창에 `streamlit run` *파일명*`.py`을 입력해 코드를 실행하면 다음처럼 'AI가 답변을 준비 중입니다...'라는 문구가 나오고 나서 확장된 질의가 출력됩니다. 하지만 아직 문서와 관계없는 일반적인 답변만 생성합니다.

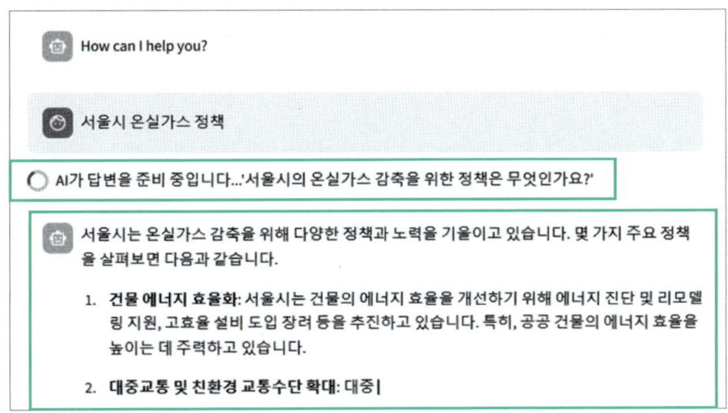

4. RAG를 구현하기 위해 리트리버를 추가합니다. rag.py 파일의 `get_ai_response` 함수를 수정하면 됩니다. 기존에는 매개변수가 `messages`뿐이었지만 `docs`를 추가하여 관련 문서를 같이 받아 문서에 기반한 답변을 생성하도록 수정합니다.

검색 문서에 기반한 답변 생성하기 rag.py

```
(... 생략 ...)

# 모델 초기화
llm = ChatOpenAI(model="gpt-4o-mini")

# 사용자의 메시지를 처리하는 함수
def get_ai_response(messages, docs):
    response = retriever.document_chain.stream({
        "messages": messages,
        "context": docs
    })

    for chunk in response:
        yield chunk
(... 생략 ...)
```

5. `get_ai_response` 함수를 사용하기 위해 코드를 추가합니다. retriever.py에 있는 `retriever`를 이용해 관련 문서를 검색해서 `docs`에 담고 그 결과를 출력합니다. 그리고 `get_ai_response` 함수에 `docs`를 추가해서 실행합니다

리트리버 및 답변 생성 추가하기 rag.py

```
(... 생략 ...)

augmented_query = retriever.query_augmentation_chain.invoke({
        "messages": st.session_state["messages"],
        "query": prompt,
    })
    print("augmented_query\t", augmented_query)

    # 관련 문서 검색
    print("관련 문서 검색")
    docs = retriever.retriever.invoke(f"{prompt}\n{augmented_query}")

    for doc in docs:
        print('---------------')
```

```
        print(doc)
    print("===============")

    with st.spinner(f"AI가 답변을 준비 중입니다... '{augmented_query}'"):
        response = get_ai_response(st.session_state["messages"], docs)
        result = st.chat_message("assistant").write_stream(response)  # AI 메시지 출력
    st.session_state["messages"].append(AIMessage(result))           # AI 메시지 저장
```

이 코드를 저장한 후 스트림릿을 실행하면 문서에서 리트리버로 검색한 내용을 바탕으로 구체적인 답변을 해줍니다.

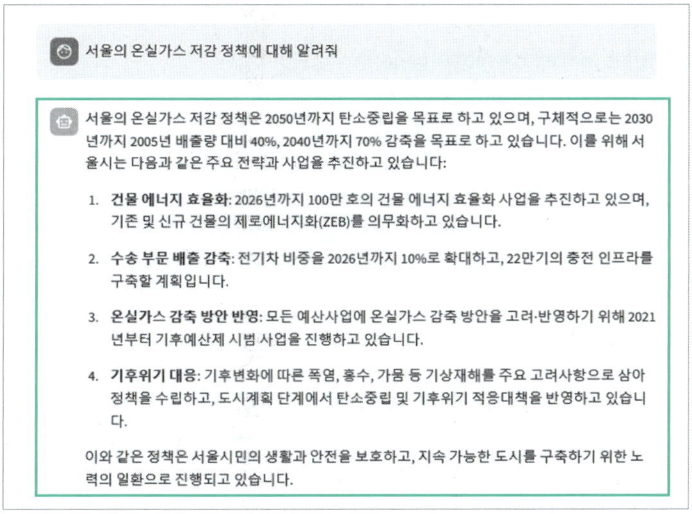

서울의 온실가스 저감 정책에 대해 알려줘

서울의 온실가스 저감 정책은 2050년까지 탄소중립을 목표로 하고 있으며, 구체적으로는 2030년까지 2005년 배출량 대비 40%, 2040년까지 70% 감축을 목표로 하고 있습니다. 이를 위해 서울시는 다음과 같은 주요 전략과 사업을 추진하고 있습니다:

1. **건물 에너지 효율화**: 2026년까지 100만 호의 건물 에너지 효율화 사업을 추진하고 있으며, 기존 및 신규 건물의 제로에너지화(ZEB)를 의무화하고 있습니다.
2. **수송 부문 배출 감축**: 전기차 비중을 2026년까지 10%로 확대하고, 22만기의 충전 인프라를 구축할 계획입니다.
3. **온실가스 감축 방안 반영**: 모든 예산사업에 온실가스 감축 방안을 고려·반영하기 위해 2021년부터 기후예산제 시범 사업을 진행하고 있습니다.
4. **기후위기 대응**: 기후변화에 따른 폭염, 홍수, 가뭄 등 기상재해를 주요 고려사항으로 삼아 정책을 수립하고, 도시계획 단계에서 탄소중립 및 기후위기 적응대책을 반영하고 있습니다.

이와 같은 정책은 서울시민의 생활과 안전을 보호하고, 지속 가능한 도시를 구축하기 위한 노력의 일환으로 진행되고 있습니다.

Do it! 실습 출처 표기하기

결과 파일: sec03/rag.py

RAG를 사용할 때 언어 모델의 답변이 실제 문서에 근거한 것인지 아니면 엉뚱한 문서를 참고했거나 모델이 임의로 생성한 답변인지 확인해야 할 때가 있습니다. 답변에 사용한 문서의 출처가 스트림릿에 표기되도록 구현해 보겠습니다.

기존에는 `get_docs` 함수로 가져온 청크들을 `print`로 터미널 창에 출력하게 되어 있었는데, 이를 스트림릿에서도 표시할 수 있도록 수정합니다.

리트리버로 검색한 문서 출처 표기하기 rag.py

```
(... 생략 ...)
    # 관련 문서 검색
    print("관련 문서 검색")
    docs = retriever.retriever.invoke(f"{prompt}\n{augmented_query}")

    # 검색된 문서의 출처 표시
    for doc in docs:
        print('---------------')
        print(doc)

        with st.expander(f"**문서:** {doc.metadata.get('source', '알 수 없음')}"):
            # 파일명과 페이지 정보 표시
            st.write(f"**page:**{doc.metadata.get('page', '')}")
            st.write(doc.page_content)
    print("===============")

    with st.spinner(f"AI가 답변을 준비 중입니다... '{augmented_query}'"):
        response = get_ai_response(st.session_state["messages"], docs)
        result = st.chat_message("assistant").write_stream(response)  # AI 메시지 출력
    st.session_state["messages"].append(AIMessage(result))          # AI 메시지 저장
```

`streamlit run` *파일명*`.py`로 코드를 실행해 봅시다. 챗봇에 질문하면 답변이 생성되기 전에 사용한 청크들을 드롭다운 형태로 보여 줍니다. 클릭하면 해당 청크의 내용을 확인할 수 있습니다.

✦ 드롭다운 형태란 사용자가 클릭하면 숨어 있는 내용을 표시해서 확인할 수 있는 인터페이스를 말합니다.

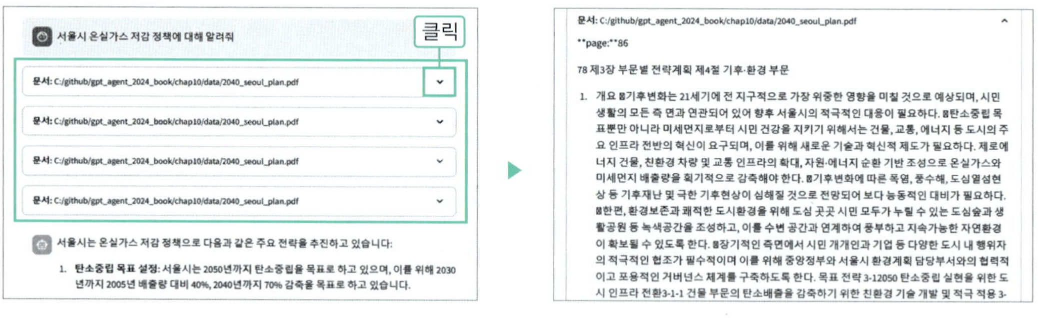

RAG에 기반해 챗봇을 만들 때에는 사용자에게 고품질 답변을 제공할 수 있도록 최선을 다해야 합니다. 그러나 문서의 특성이나 여러 이유로 사용자가 RAG를 통한 답변의 품질이 만족스럽지 않을 수 있으므로 과도하게 신뢰하면 문제가 발생할 수 있습니다. 따라서 언어 모델이 어떤 문서를 기반으로 답변을 생성했는지 사용자가 확인할 수 있도록 장치를 마련해야 사용자와 개발자 모두 보호할 수 있습니다.

10장

인터넷 검색을 활용해 답변하는 챗봇 만들기

언어 모델은 학습한 데이터 내에서만 답변을 생성하므로 학습한 시점 이후의 최신 정보를 물어보면 정확히 답을 하지 못합니다. 하지만 언어 모델에게 인터넷 검색이나 유튜브 검색 기능을 추가하면 최신 자료를 바탕으로 답변을 제공할 수 있습니다. 이 장에서는 랭체인의 기능을 활용하여 인터넷과 유튜브에서 검색한 후 답변을 생성하는 챗봇에 대해 다루겠습니다.

10-1 인터넷 검색 후 답변하기 – 덕덕고 검색

랭체인은 구글 검색Google Search, 빙 검색Bing Search, 덕덕고 검색DuckDuckgoSearch, 타빌리 검색Tavily Search 등 다양한 도구를 제공하여 인터넷 검색 기능을 추가할 수 있습니다. 이번 실습에서는 무료로 사용할 수 있는 덕덕고 검색 엔진을 사용하겠습니다. 덕덕고는 '사용자의 데이터를 수집하지 않는다'는 메시지를 강력히 내세우는 검색 엔진입니다. 온라인 활동의 프라이버시를 보장한다는 장점이 있죠. 또한 API를 무료로 제공하므로 검색 결과를 언어 모델과 결합한 프로그램을 개발하려는 사람에게 유용합니다. 만약 여러분이 만드는 프로그램에 구글 검색이나 빙 검색 기능이 꼭 필요하다면 덕덕고 검색 대신 원하는 도구를 선택해도 됩니다.

Do it! 실습 GPT에 인터넷 검색 기능 추가하기

결과 파일: chap10/sec01/duckduckgo.ipynb

세상 모든 것을 다 알 것 같은 GPT지만 '요즘 블랙핑크 로제가 발표한 신곡은 무엇인가요?'와 같은 질문을 한다면 정확한 답변을 기대하기 어렵습니다. GPT 모델 자체는 학습한 시점까지의 정보만 갖고 있기 때문입니다.

✦ 이 절의 예제는 2024년 11월 기준으로 작성되었습니다. 여러분이 책을 읽는 시점에 화제가 되고 있는 뉴스나 사건을 키워드로 검색하길 바랍니다.

1. 새 파일 duckduckgo.ipynb를 만들고 주피터 노트북에서 언어 모델을 `gpt-4o-mini`로 설정합니다. 그리고 최근 블랙핑크 멤버 로제가 발표한 곡은 무엇인지 물어보았습니다.

최신 정보를 알려 주지 못하는 GPT — duckduckgo.ipynb (1)

```
from langchain_openai import ChatOpenAI

model = ChatOpenAI(model="gpt-4o-mini")
model.invoke("최근 로제가 발표한 신곡은 무엇인가요?")
```

셀을 실행하면 다음과 같이 답변합니다.

```
제가 알고 있는 정보에 따르면, 로제는 2021년 "On The Ground"와 "GONE"이라는 솔로 곡을 발표했습니다. 그러나 2023년 이후의 신곡에 대한 정보는 업데이트되지 않았습니다. 최신 소식을 확인하려면 공식 팬 사이트나 음악 플랫폼을 참고하시기 바랍니다.
```

이 질문을 한 2024년 11월을 기준으로 로제가 발표한 신곡은 'A.P.T.'입니다. GPT의 답변은 너무 오래된 정보입니다. 이처럼 이미 'A.P.T.'라는 곡이 전 세계적으로 엄청난 인기를 끌고 있지만 GPT는 이와 관련한 정보를 알지 못합니다. 이제 덕덕고 검색을 활용해 웹 검색 기능을 추가해보겠습니다.

2. 덕덕고 검색을 위한 패키지를 설치합니다.

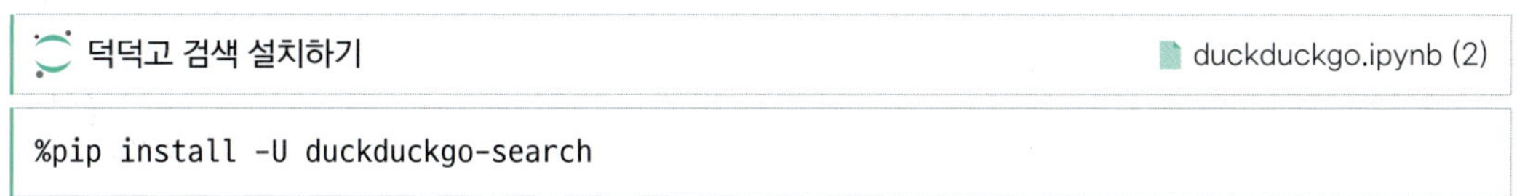
덕덕고 검색 설치하기 duckduckgo.ipynb (2)

```
%pip install -U duckduckgo-search
```

3. DuckDuckGoSearchResults 클래스를 사용하여 덕덕고에서 검색 결과를 가져오는 코드를 작성합니다. results_separator 파라미터를 ';\n'으로 설정하여 검색 결과를 구분하는 방식을 지정하고 invoke() 메서드로 검색 쿼리를 전송합니다. 검색 결과는 docs 변수에 저장되며 print()를 사용해 이를 출력할 수 있습니다.

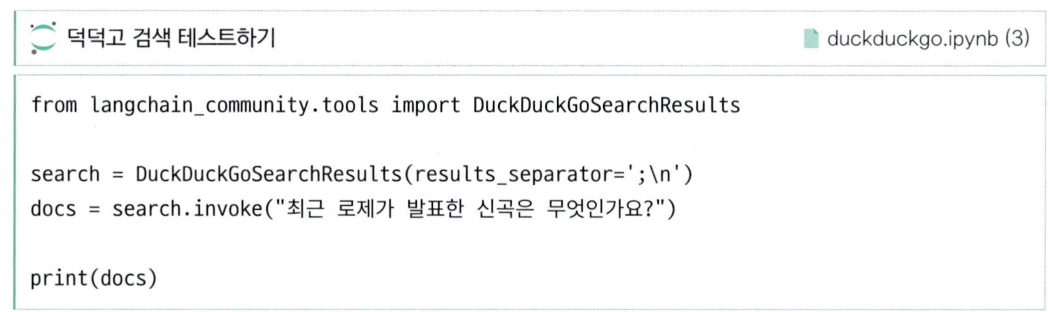
덕덕고 검색 테스트하기 duckduckgo.ipynb (3)

```
from langchain_community.tools import DuckDuckGoSearchResults

search = DuckDuckGoSearchResults(results_separator=';\n')
docs = search.invoke("최근 로제가 발표한 신곡은 무엇인가요?")

print(docs)
```

코드를 실행하면 다음과 같이 검색 결과인 스니펫과 기사 제목, 해당 페이지의 링크가 반환됩니다.

✦ 스니핏(snippet)은 작은 정보나 소식 또는 대화나 음악 등에서 한 토막을 뜻합니다.

```
snippet: 블랙핑크의 로제가 팝스타 브루노 마스와 듀엣한 '아파트'(APT.)로 미국 빌보드 메인 싱글 차트 '핫 100'에 8위로 데뷔하며 K팝 여성 가수 최고 순위를 기록했다. 미국 빌보드는 29일 공식 사회관계망서비스(SNS)를 통해 '아파트'가 빌리 아일리시의 '버즈 오브 어 페더 ..., title: 로제 '아파트' 빌보드 핫100 8위…뮤비 2억뷰 '눈앞'(종합2보) | 연합뉴스, link: https://www.yna.co.kr/view/AKR20241028127352005;
(... 생략 ...)
snippet: 로제가 오는 12월 첫 정규 앨범 '로지'에 앞서 선보이는 앨범 공개 시각은 18일 오후 1시다. 앨범에는 로제가 직접 작사·작곡에 참여한 12곡의 음악이 담길 예정이며, 브루노 마스와 함께 나온 사진을 공식 SNS에 게시했다., title: 블랙핑크 로제, 브루노 마스와 듀엣곡 '아파트' 발표 - 경향신문, link: https://www.khan.co.kr/culture/culture-general/article/202410181031001;
(... 생략 ...)
```

4. 이제 웹 검색을 문맥에 맞게 더 잘 수행하기 위해 질의 확장을 구현해 보겠습니다. 다음은 09-2절에서 RAG를 구성할 때 사용한 프롬프트와 체인 코드입니다. `question_answering_prompt`는 코드를 그대로 가져오고 `document_chain`은 이전에 사용했던 `create_stuff_documents_chain` 대신 LCEL 방식으로 프롬프트 바로 뒤에 | 연산자로 GPT 모델만 연결하여 구현합니다.

✦ LCEL을 자세히 알고 싶다면 08-2절을 참고하세요.

질의 확장 구현하기 duckduckgo.ipynb (4)

```
from langchain_core.prompts import ChatPromptTemplate, MessagesPlaceholder

question_answering_prompt = ChatPromptTemplate.from_messages(
    [
        (
            "system",
            "아래 context에 기반하여 사용자의 질문에 답변하라.:\n\n{context}",
        ),
        MessagesPlaceholder(variable_name="messages"),
    ]
)

document_chain = question_answering_prompt | model
```

5. 사용자와 나눈 메시지를 저장하고 그 내용을 활용해 `document.chain`으로 AI 답변을 생성합니다. 그리고 AI의 메시지를 저장하고 결과를 출력하는 코드를 작성합니다. 다음 코드도 09-2절에서 RAG를 만들 때 사용한 코드를 그대로 가져왔습니다.

메시지 저장하고 답변 생성 후 출력하기 duckduckgo.ipynb (5)

```
from langchain.memory import ChatMessageHistory

# 채팅 메시지를 저장할 메모리 객체 생성
chat_history = ChatMessageHistory()
# 사용자 질문을 메모리에 저장
chat_history.add_user_message("요즘 로제가 발표한 신곡은 무엇인가요?")

# 문서 검색하고 답변 생성
answer = document_chain.invoke(
    {
        "messages": chat_history.messages,
        "context": docs,
    }
)

# 생성된 답변을 메모리에 저장
chat_history.add_ai_message(answer)

print(answer)
```

코드를 실행하면 다음과 같이 최신 정보가 반환됩니다. 현재 인터넷에서 검색된 결과를 바탕으로 2024년 11월의 최신 정보로 답변을 제공합니다.

```
content=" 로제가 최근 발표한 신곡은 '아파트'(APT.)입니다. 이 곡은 팝스타 브루노 마스와의 듀엣으로, 미국 빌보드 '핫 100' 차트에서 8위로 데뷔하며 K팝 여성 가수 최고 순위를 기록했습니다"
(... 생략 ...)
```

Do it! 실습 검색 기능에 옵션 설정하기

결과 파일: sec01/duckduckgo.ipynb

답변에 사용할 정보를 최근 소식이나 뉴스, 특정 웹 사이트로만 한정하고 싶을 수 있습니다. 이런 경우 API 래퍼Wrapper를 사용하여 검색 옵션을 설정할 수 있습니다

최신 뉴스 기사만 검색하기

DuckDuckGoSearchAPIWrapper를 활용해 검색 지역과 기간을 설정해 보겠습니다.

1. region을 "kr-kr"로 설정해 검색 결과를 '한국-한국어 우선'으로 설정합니다. 이어서 time을 "w"로 입력해 최근 일주일 내의 검색 결과만 가져옵니다. 최근 일주일은 'w', 1개월은 'm', 하루는 'd'로 설정하면 됩니다.

✦ 지역별 설정을 자세히 알고 싶다면 https://pypi.org/project/duckduckgo-search/#regions에서 확인하세요

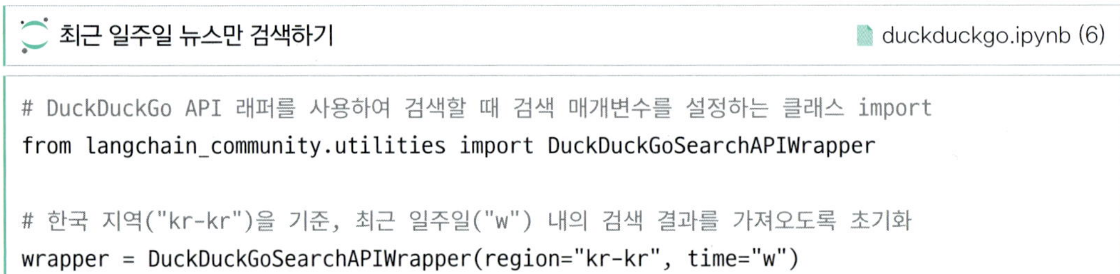

최근 일주일 뉴스만 검색하기 duckduckgo.ipynb (6)

```
# DuckDuckGo API 래퍼를 사용하여 검색할 때 검색 매개변수를 설정하는 클래스 import
from langchain_community.utilities import DuckDuckGoSearchAPIWrapper

# 한국 지역("kr-kr")을 기준, 최근 일주일("w") 내의 검색 결과를 가져오도록 초기화
wrapper = DuckDuckGoSearchAPIWrapper(region="kr-kr", time="w")
```

2. api_wrapper를 wrapper로 설정합니다. DuckDuckGoSearchAPIWrapper를 DuckDuckGoSearchResults에 전달해 앞에서 설정한 지역과 기간 옵션을 적용합니다. 그리고 source를 "news"로 설정해 뉴스 소스만을 검색하도록 지정합니다. 소스를 뉴스로 한정하면 좀 더 신뢰할 수 있는 최신 소식을 확인할 수 있습니다. 이어서 results_separator를 설정해 검색 결과를 보기 좋게 줄 바꿈 합니다.

뉴스 소스 위주로 검색하도록 지정하기 duckduckgo.ipynb (7)

```
# 검색 기능을 위한 DuckDuckGoSearchResults 초기화
search = DuckDuckGoSearchResults(
    api_wrapper=wrapper,       # 앞에서 정의한 API 래퍼를 사용
    source="news",             # 뉴스 소스에서만 검색하도록 지정
    results_separator=';\n'  # 결과 항목 사이에 구분자 사용(세미콜론과 줄 바꿈)
)
```

3. search.invoke()로 검색을 수행하여 결과를 반환하고 print(docs)로 출력합니다.

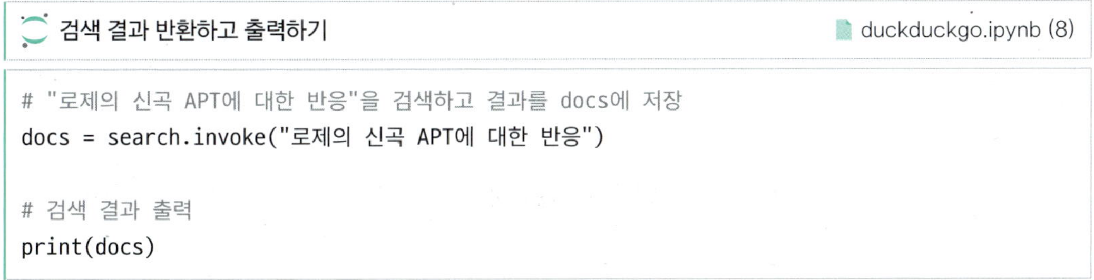

검색 결과 반환하고 출력하기 duckduckgo.ipynb (8)

```
# "로제의 신곡 APT에 대한 반응"을 검색하고 결과를 docs에 저장
docs = search.invoke("로제의 신곡 APT에 대한 반응")

# 검색 결과 출력
print(docs)
```

코드를 실행하면 최근 일주일 동안의 기사만 검색됩니다.

```
snippet: 전 세계가 블랙핑크 로제의 신곡 '아파트(apt.)' 매력에 흠뻑 빠져들고 있다. 로제가 미국 팝 스타 브루노 마스와 함께 부른 아파트는 10월 18일 공개 하루 만에 국내 주요 음원 차트 1위를 석권했으며, 세계 3대 음악 스트리밍 플랫폼인 스포티파이 글로벌 차트 ..., title: '소맥' 즐기는 로제, K팝 새 역사 썼다 | 주간동아, link: https://weekly.donga.com/culture/article/all/11/5259649/1;
snippet: 로제의 《apt.》가 주목받으면서 윤수일의 《아파트》도 원조 '아파트'로 화제가 됐다. 노래의 연관성은 없지만 제목이 같다는 이유에서다. 로제의 아파트는 신축이고 윤수일의 아파트는 구축이라고 들 한다. ... '체육 대통령'에 한 발 더 내딘 이기흥 대한 ..., title: 로제의 《Apt.》가 세계를 강타했다 < 연예 < 기사본문 - 시사저널, link: https://www.sisajournal.com/news/articleView.html?idxno=313003;
(... 생략 ...)
```

최근 일주일로 검색 기간을 제한하면 여러분이 책을 읽는 시점에는 검색 결과가 달라질 수 있습니다. 책을 읽는 시점에 이슈가 되고 있는 주제로 검색해 보세요.

특정 웹 사이트에서 검색하기

인터넷 전체가 아니라 특정 웹 사이트 내에서만 검색 결과를 가져올 수 있습니다.

search.invoke()의 쿼리문에 site:ytn.co.kr을 추가하여 특정 웹 사이트를 지정합니다. 'ytn.co.kr' 위치에 원하는 웹 사이트 주소를 넣으면 됩니다.

✦ 이 책을 읽는 시점의 최신 뉴스를 검색하세요. 최근 일주일 동안의 기사만 가져오므로 이 책에서 사용한 키워드를 검색하면 엉뚱한 결과가 나올 수 있습니다.

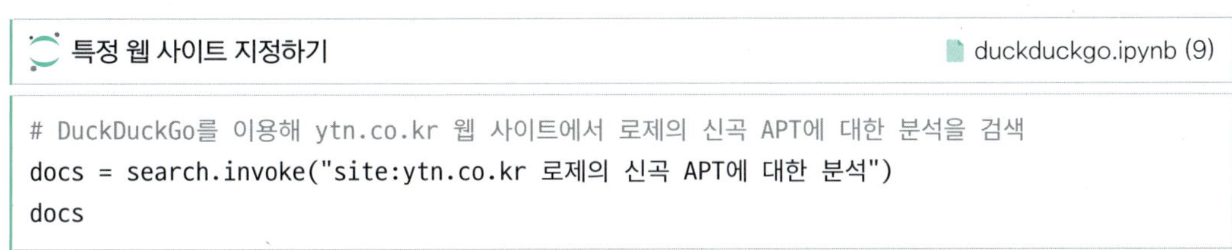

특정 웹 사이트 지정하기 duckduckgo.ipynb (9)

```
# DuckDuckGo를 이용해 ytn.co.kr 웹 사이트에서 로제의 신곡 APT에 대한 분석을 검색
docs = search.invoke("site:ytn.co.kr 로제의 신곡 APT에 대한 분석")
docs
```

실행하면 주소가 'ytn.co.kr'인 웹 사이트에서 검색한 내용만 결과로 보여 줍니다.

```
'snippet: 6일(현지 시간) 미국 음악 전문 매체 빌보드에 따르면, 로제의 \'아파트\'가 빌보드 메인 음원 차트인 \'핫(hot) 100\' 5위에 등극했다. 이는 k팝 여성 아티스트 중 최고 기록이다. 지난해 10월 18일 발매된 로제의 \'아파트\'는 이 차트에 8위로 진입한 이후 꾸준히 머물렀다., title: [가요]로제 \'아파트\', 신년에도 흥행 계속…미국 빌보드 핫 100 최고 기록 달성 ¦ Ytn, link: https://star.ytn.co.kr/_sn/0117_202501071627338403;\nsnippet: 로제의 눈부셨던 2024년 "힘든 여정, 친구·팬들 덕에 이겨내" ... 가수 로제가 2024년에 대한 소회와 함께 팬들을 향한 감사 인사를 전했다. 로제는 오늘(7일) 자신의 인스타그램에 "2024년은 제게 가장 힘들었지만, 동시에 가장 보람 있는 한 해였다"며 장문의 ..., title: [가요]로제의 눈부셨던 2024년 "힘든 여정, 친구·팬들 덕에 이겨내" ¦ Ytn, link: https://star.ytn.co.kr/_sn/0117_202501071436231818
(... 생략 ...)
```

Do it! 실습 기사 링크 가져오기

결과 파일: sec01/duckduckgo.ipynb

앞서 덕덕고를 사용할 때 스니펫과 제목을 활용한 짧은 내용으로 결과를 생성했습니다. 상황에 따라 검색된 링크의 본문 정보까지 활용하여 더 상세한 답을 얻고 싶을 수도 있습니다. DuckDuckGoSearchResult로 검색한 결과에는 페이지의 링크가 포함되어 있으므로 URL을 이용해 웹 페이지의 텍스트를 가져올 수 있습니다.

1. ducduckgo.ipynb 파일에 이어서 작성하겠습니다. 우선 가져온 `link`를 확인해 봅시다.

링크 확인하기 duckduckgo.ipynb (10)

```
# 검색 결과의 링크들을 저장할 빈 리스트 초기화
links = []

# 검색 결과를 세미콜론과 줄 바꿈 기준으로 분리하고, 각 결과 항목에서 링크 추출
for doc in docs.split(";\n"):
    print(doc)                         # 각 검색 결과 항목을 출력하여 확인
    link = doc.split("link:")[1].strip()  # 각 항목에서 'link:' 이후의 URL 부분만 추출
    links.append(link)                 # 추출한 링크를 리스트에 추가

# 모든 링크를 출력
print(links)
```

셀을 실행하면 다음처럼 검색으로 가져온 링크가 표시됩니다.

```
snippet: 6일(현지 시간) 미국 음악 전문 매체 빌보드에 따르면, 로제의 '아파트'가 빌보드 메인 음원 차트인 '핫(hot) 100' 5위에 등극했다. 이는 k팝 여성 아티스트 중 최고 기록이다. 지난해 10월 18일 발매된 로제의 '아파트'는 이 차트에 8위로 진입한 이후 꾸준히 머물렀다., title: [가요]로제 '아파트', 신년에도 흥행 계속…미국 빌보드 핫 100 최고 기록 달성 ¦ Ytn, link: https://star.ytn.co.kr/_sn/0117_202501071627338403
snippet: 로제의 눈부셨던 2024년 "힘든 여정, 친구·팬들 덕에 이겨내" ... 가수 로제가 2024년에 대한 소회와 함께 팬들을 향한 감사 인사를 전했다. 로제는 오늘(7일) 자신의 인스타그램에 "2024년은 제게 가장 힘들었지만, 동시에 가장 보람 있는 한 해였다"며 장문의 ..., title: [가요]로제의 눈부셨던 2024년 "힘든 여정, 친구·팬들 덕에 이겨내" ¦ Ytn, link: https://star.ytn.co.kr/_sn/0117_202501071436231818
(... 생략 ...)

['https://star.ytn.co.kr/_sn/0117_202501071627338403', 'https://star.ytn.co.kr/_sn/0117_202501071436231818', 'https://www.ytn.co.kr/_ln/0103_202501071142587708',
(... 생략 ...) ]
```

각 기사의 링크를 클릭했을 때 열리는 웹 페이지 내용을 가져오겠습니다. 랭체인에서 제공하는 WebBaseLoader를 사용하면 링크의 내용을 읽어 올 수 있습니다.

2. links 리스트를 WebBaseLoader의 web_paths로 지정하고 각 웹 페이지의 내용을 읽어 옵니다. 여러 웹 페이지를 동시에 읽어 오기 위해 비동기 함수 alazy_load()로 웹 페이지를 비동기 방식으로 불러옵니다. 이렇게 처리하면 웹 브라우저에서 창을 여러 개 띄워 놓고 검색하는 효과가 있어 작업을 더 빠르게 마칠 수 있습니다.

웹 페이지 내용을 비동기로 읽어 오기 duckduckgo.ipynb (11)

```
# 랭체인의 WebBaseLoader를 사용하여 웹 페이지의 내용 불러오기
from langchain_community.document_loaders import WebBaseLoader

# WebBaseLoader 객체를 생성. 'links'는 웹 페이지의 URL 목록을 담고 있는 변수
# bs_get_text_kwargs는 BeautifulSoup의 get_text() 메서드에 전달될 추가 인자
loader = WebBaseLoader(
    web_paths=links,   # 웹 페이지의 링크 목록을 지정
    bs_get_text_kwargs={
        "strip": True  # 웹 페이지에서 텍스트를 가져올 때 앞뒤의 공백 제거
    },
)
```

```
# 비동기로 웹 페이지의 내용을 로드하고, 각 문서를 page_contents 리스트에 추가
page_contents = []              # 각 웹 페이지의 내용을 저장할 리스트
async for doc in loader.alazy_load():
    page_contents.append(doc)  # 불러온 문서를 page_contents 리스트에 추가

# page_contents에 있는 각 웹 페이지의 내용 출력
for content in page_contents:
    print(content)              # 웹 페이지의 내용 출력
    print('--------------')  # 웹 페이지를 구분하는 구분선 출력
```

셀을 실행하면 웹 페이지에 보이는 거의 모든 텍스트를 가져옵니다. 결과를 보면 기사 내용은 물론 상단과 하단, 오른쪽의 메뉴바에 들어가는 텍스트까지 모두 포함되어 있습니다.

```
(... 생략 ...)
통신사 연합뉴스최신기사정치정치전체기사대통령실/총리실국회/정당외교국방북한경제경제전체기사경제/정책금융부동산취업/창업소비자마켓 +마켓 +전체기사국내주식해외주식채권펀드/ETF글로벌시장증권/운용사리포트공시산업산업전체기사산업/기업전기전자중화학자동차건설에너지/
(... 생략 ...)
블랙핑크의 로제가 팝스타 브루노 마스와 듀엣한 '아파트'(APT.)로 미국 빌보드 메인 싱글 차트 '핫 100'에 8위로 데뷔하며 K팝 여성 가수 최고 순위를 기록했다.미국 빌보드는 29일 공식 사회관계망서비스(SNS)를 통해 '아파트'가 빌리 아일리시의 '버즈 오브 어 페더'(Birds Of A Feather·3위
(... 생략 ...)
에르메스 상속남 18조원 분실사건…정원사 자작극? 매니저 횡령?"훔치면 100배 변상"…일부 무인점포, 도넘은 '합의금 장사'평창 스노보드 금메달리스트 화이트, 배우 도브레브와
(... 생략 ...)
```

Do it! 실습 뷰티풀수프를 이용해 특정 영역만 가져오기

결과 파일: sec01/duckduckgo.ipynb

웹 페이지의 텍스트를 대부분 가져오면 불필요한 텍스트도 많이 포함됩니다. 따라서 필요한 부분의 텍스트만 가져오도록 설정해 보겠습니다. 뷰티풀수프BeautifulSoup를 활용하면 웹 페이지에서 원하는 특정 영역의 텍스트만 가져올 수 있습니다. 뷰티풀수프는 파이썬에서 HTML이나 XML 문서를 쉽게 파싱할 수 있도록 도와주는 라이브러리로, 웹 페이지의 구조를 분석하고 특정 태그의 텍스트 등 원하는 요소를 쉽게 추출할 수 있게 해줍니다. 그래서 뷰티풀수프는 웹 스크래핑을 할 때도 많이 이용합니다.

✦ 파싱(parsing)은 특정 규칙에 따라 텍스트나 데이터를 분석하여 원하는 정보를 추출하는 것을 말합니다.

✦ 웹 스크래핑(web scraping)은 특정 웹 사이트에서 필요한 데이터를 수집하는 방법을 말합니다.

1. 크롬 브라우저에서 뉴스 웹 사이트에 접속한 후, F12를 눌러 개발자 도구를 열고 [요소(Elements)]를 선택합니다.

✦ 맥에서는 Command + option + I 를 눌러 개발자 도구를 실행하세요.

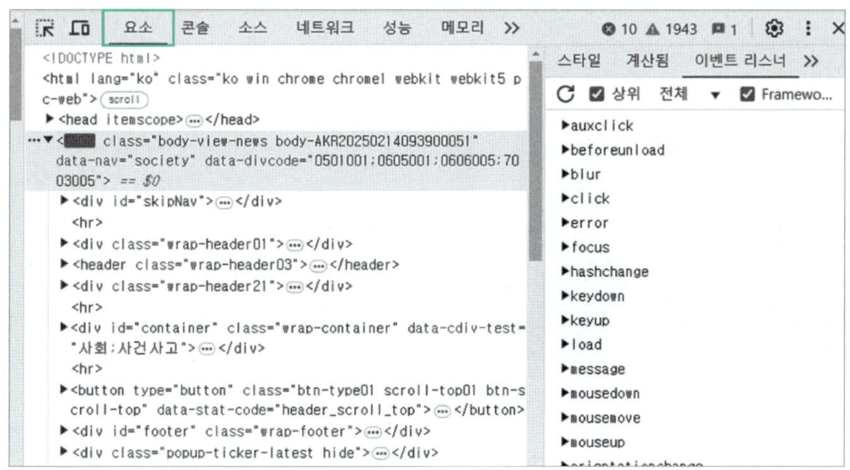

2. 현재 열려 있는 웹 페이지의 HTML 코드가 보입니다. 코드에 마우스를 올려 확인해 보면 그중에서 기사 영역만 음영으로 표시되는 요소가 있습니다. 웹 사이트마다 기사나 본문을 표시하는 영역 설정이 다르므로 개발자 도구를 사용해 본문 영역을 찾아야 합니다. 예를 들어 연합뉴스 웹 사이트에서는 `<article class="story-news article">` 부분이 기사 영역입니다.

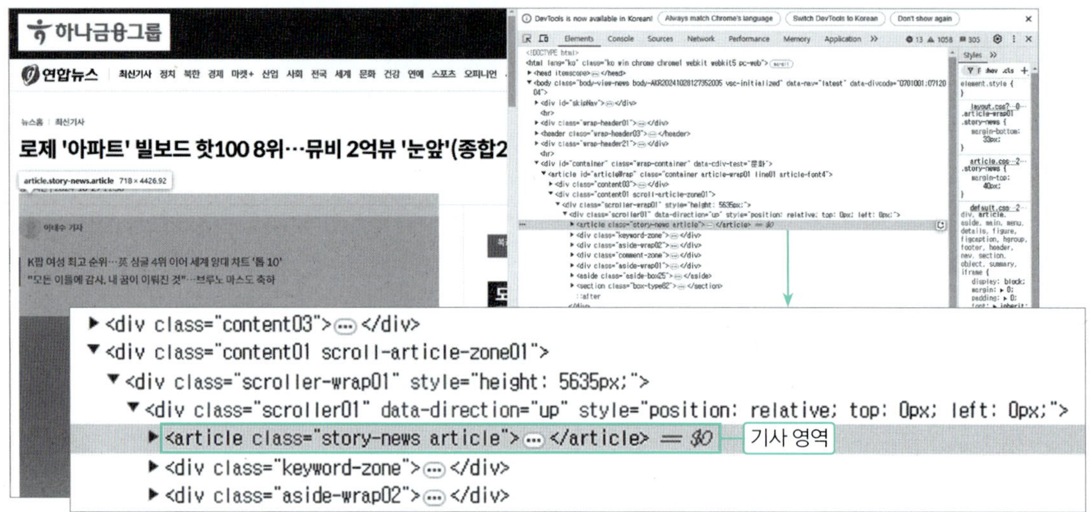

같은 뉴스 웹 사이트라도 양식은 다를 수 있습니다. 예를 들어 연합뉴스에서 검색된 내용 가운데 YTN에서 방영한 뉴스의 웹 페이지는 앞에서 살펴본 기사만 있는 웹 페이지와 달랐습니다. 웹 페이지 상단에 동영상이 있고 `<article>` 영역 내에 텍스트가 있었습니다.

✦ 연합뉴스 동영상 기사는 https://www.yna.co.kr/view/MYH20241029011400641 링크를 참고하세요.

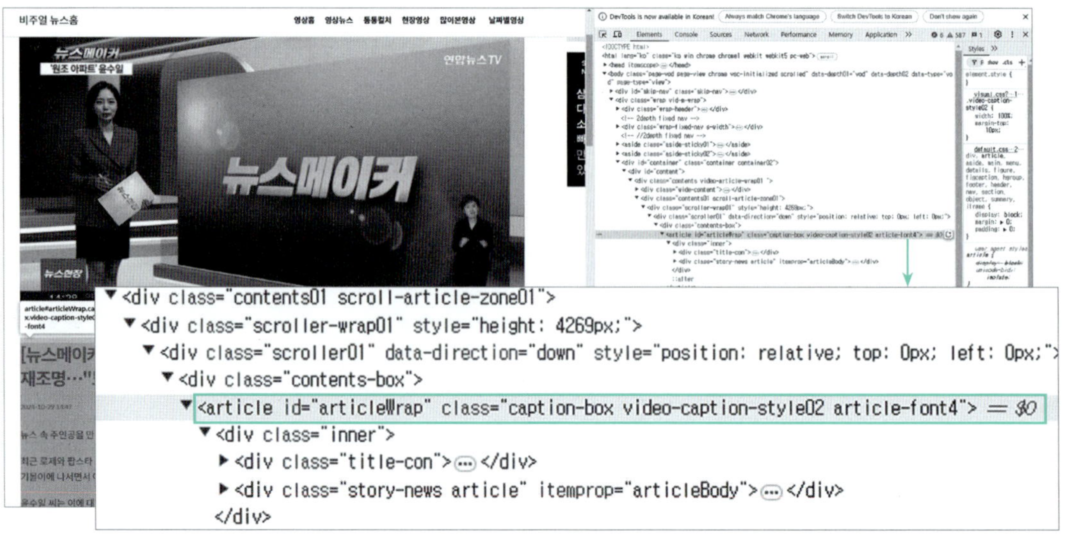

3. 살펴본 2가지 경우에 모두 대응할 수 있도록 코드를 만들겠습니다. 다음은 주어진 URL에서 특정 <article> 태그의 내용을 가져오는 코드입니다.

주어진 URL에서 텍스트를 가져오는 함수 만들기 | duckduckgo.ipynb (12)

```
import requests
from bs4 import BeautifulSoup ❶

# 주어진 URL에서 기사 텍스트를 가져오는 함수
def get_article_text(url):
    try:
        # URL에 GET 요청을 보냄
        response = requests.get(url)
        # 요청이 성공하지 못하면 예외를 발생시킴
        response.raise_for_status()

        # BeautifulSoup을 사용하여 HTML 내용 파싱
        soup = BeautifulSoup(response.content, 'html.parser')

        # 클래스가 'story-news article'인 <article> 태그 찾기
        article = soup.find('article', class_='story-news article') ❷

        # 기사를 찾았다면 그 텍스트를 반환
        if article:
            return article.get_text(strip=True) ❷
        else:
            try:
                if soup.find('article'):
                    return soup.find('article').get_text(strip=True) ❸
                elif soup.find('div', id="CmAdContent"):
                    return soup.find('div', id="CmAdContent").get_text(strip=True) ❹
            except:
                return "기사 내용을 찾을 수 없습니다."

    # 요청이 실패할 경우 예외 처리
    except requests.exceptions.RequestException as e:
        return f"URL을 가져오는 중 오류 발생: {e}"
```

❶ requests와 BeautifulSoup 라이브러리를 임포트합니다. requests 라이브러리는 웹 페이지를 요청하고 BeautifulSoup는 HTML을 파싱하는 데 사용됩니다. 이 코드에서는 BeautifulSoup을 사용하여 웹 페이지에서 <article> 태그를 찾아 그 내용을 가져올 계획입니다.

❷ get_article_text(url) 함수는 주어진 URL에서 <article> 태그의 텍스트를 추출합니다. 요청이 실패하면 예외를 처리하고 클래스가 'story-news article'인 <article> 태그를 찾아 내용을 반환합니다.

③ 만약 해당 태그를 찾지 못하면 첫 번째 `<article>` 태그의 내용을 반환합니다.

④ 이 밖에도 여러 가지 예외 상황이 발생할 수 있으므로 오류를 확인하면서 읽을 수 있는 웹 페이지를 늘려 가도록 노력해야 합니다. `soup.find('div', id="CmAdContent")`는 start.yna.co.kr로 시작하는 주소의 뉴스 웹 페이지의 형태가 달라서 적용한 예입니다.

4. 이제 주어진 URL에서 원하는 영역의 텍스트를 추출하겠습니다. `for` 문을 사용해 기사 영역의 텍스트를 출력하고 가져온 내용을 `articles`에 추가합니다.

주어진 URL에서 텍스트 가져오기 duckduckgo.ipynb (13)

```
# URL 목록의 각 링크를 반복하면서 기사 텍스트 출력
articles = []  # 가져온 내용을 리스트에 담는 변수 선언
for link in links:
    print(f"URL: {link}\n")
    article_text = get_article_text(link)
    print(f"Content:\n{article_text}")
    print("--------------------------------------------------")
    articles.append(article_text)
```

셀을 실행하면 Content에 기사 영역의 텍스트가 출력됩니다.

```
URL: https://www.yna.co.kr/view/AKR20241028127352005

Content:
이태수기자K팝 여성 최고 순위…英 싱글 4위 이어 세계 양대 차트 '톱 10'"모든 이들에 감사, 내 꿈이
--------------------------------------------------------------------------------
```

5. 검색된 연합뉴스 본문을 모두 활용하여 답변을 생성해 봅시다.

답변 생성하기 duckduckgo.ipynb (14)

```
chat_history.add_user_message("로제의 신곡 APT에 대한 반응")

# 문서 검색하고 답변 생성
answer = document_chain.invoke(
    {
        "messages": chat_history.messages,
        "context": docs,
    }
)
```

```
# 생성된 답변 메모리에 저장
chat_history.add_ai_message(answer)
print(answer)
```

셀을 실행해 보니 다음과 같이 답변이 구체적으로 잘 생성되었습니다.

```
로제의 신곡 'APT.'는 전 세계적으로 큰 반향을 일으키고 있습니다. 이 곡은 미국 빌보드 '핫 100' 차트
에서 8위로 데뷔하며 K팝 여성 아티스트로서의 최고 순위를 기록했습니다. 또한, 영국 오피셜 싱글 차트에
서도 4위에 올라 최상위권에 안착했습니다.
곡의 인트로와 멜로디가 귀에 잘 들어온다는 평가를 받으며, 로제와 브루노 마스의 조화로운 듀엣이 많은
사랑을 받고 있습니다. 팬들과 대중은 이 곡을 듣고 즐거움을 느끼며, 특히 로제의 팬덤인 '블링크'와 '넘
버원'이 이 곡의 성공에 크게 기여하고 있습니다.
또한, 'APT.'의 뮤직비디오는 공개 5일 만에 1억 뷰를 돌파하며, 로제의 음악적 역량과 글로벌 인기를 더
욱 강화하고 있습니다. 전반적으로, 'APT.'는 로제의 음악 경력을 한 단계 끌어올리는 곡으로 평가되고 있
습니다.
```

특정 웹 사이트로 검색 범위를 한정하면 언어 모델에게 넘겨주는 텍스트를 불필요한 내용 없이 깔끔하게 정리할 수 있습니다. 이런 실행 결과를 얻으려면 이번 예제에 살펴봤듯이 해당 웹 페이지의 소스 코드를 분석하고 뷰티풀수프를 사용해 원하는 부분의 텍스트를 추출하는 작업을 해야 합니다.

물론 불필요한 내용까지 포함한 상태에서 언어 모델이 알아서 처리하게 하는 방법도 고려할 수 있습니다. 특히 특정 웹 사이트를 지정하지 않고 여러 웹 페이지에서 검색하는 경우에는 뷰티풀수프를 이용한 전처리를 하지 못하므로 언어 모델이 알아서 처리하도록 할 수밖에 없습니다. 이때 토큰을 많이 사용하는 문제뿐만 아니라 의도치 않은 내용이 답변에 포함되어 생성되는 문제가 발생할 수도 있으므로 주의해서 사용해야 합니다.

10-2 자료 조사 후 기사 쓰기 – 타빌리 검색

타빌리 검색Tavily Search은 덕덕고 API와 비슷한 기능을 제공하지만 유료로 구독해야 하는 서비스입니다. 그러나 안정성 측면에서 타빌리 검색의 API는 덕덕고 검색의 API에 비해 훨씬 뛰어납니다. 첫 1,000번의 API 콜은 무료로 제공되므로 이 책을 실습하는 데는 전혀 문제가 없습니다.

Do it! 실습 타빌리 활용하기

결과 파일: sec02/tavily_search.ipynb

1. 타빌리 웹 사이트(https://tavily.com)에 접속하여 로그인한 후, API 키를 클릭해 복사합니다.

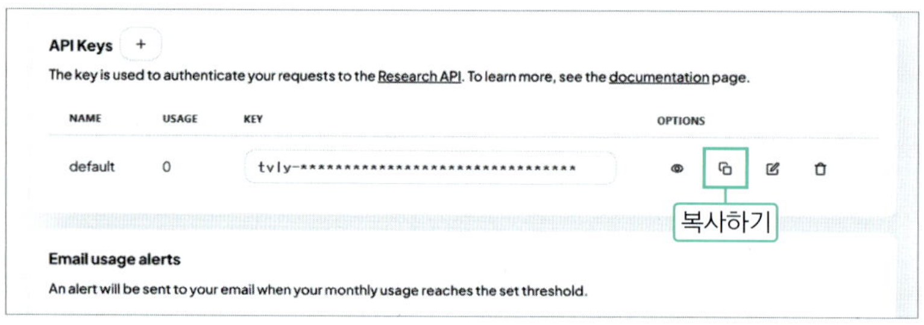

2. 복사한 API 키를 .env 파일에 붙여 넣어 다음처럼 설정합니다.

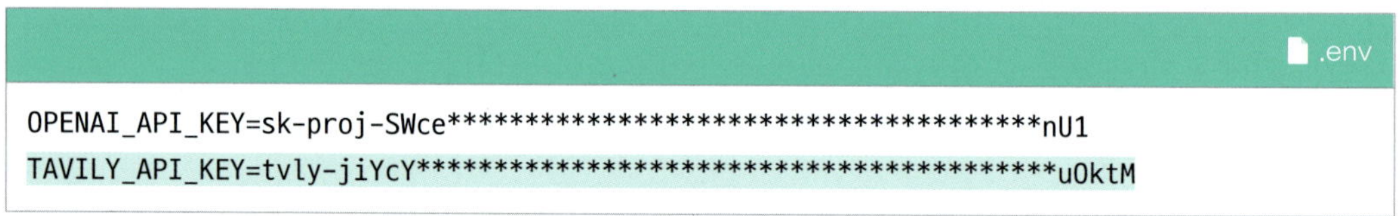

.env

```
OPENAI_API_KEY=sk-proj-SWce****************************************nU1
TAVILY_API_KEY=tvly-jiYcY********************************************uOktM
```

3. 주피터 노트북 파일 tavily_search.ipynb을 생성하고 타빌리 API를 사용하기 위해 `tavily-python`을 설치합니다.

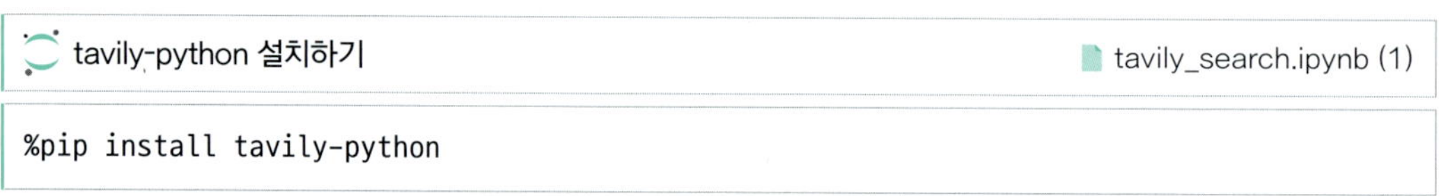

tavily-python 설치하기 tavily_search.ipynb (1)

```
%pip install tavily-python
```

4. 랭체인에서 제공하는 TavilySearchResults 기능을 사용하기 위해 다음과 같이 임포트합니다. 그리고 검색 결과를 몇 개 가져올지 max_results로 설정합니다.

TavilySearchResults 설치하기 — tavily_search.ipynb (2)

```
from langchain_community.tools import TavilySearchResults

tavily_search = TavilySearchResults(
    max_results=5
)
```

5. 다음처럼 query를 딕셔너리 형태로 설정하고 질문을 검색합니다.

질문하기 — tavily_search.ipynb (3)

```
res = tavily_search.invoke({"query": "2025 한국 경제 전망"})
for r in res:
    print(r)
```

셀을 실행하면 다음처럼 결과가 리스트 형태로 출력됩니다. 검색 결과로 찾은 페이지들의 전문이 나오지는 않지만 텍스트 일부 내용은 content에 들어 있습니다.

```
{'url': 'https://biz.chosun.com/policy/policy_sub/2024/12/31/CI647NQHPVE5HEKV5HAOLMV7KI/',
'content': '국내 경제 전문가 34명 중 85%가 넘는 29명이 내년 한국경제 성장률이 2%를 넘지 못할 것으로
전망했다.
(... 생략 ...)
```

6. 주피터 노트북에서 보기 좋게 출력하려면 다음처럼 작성하고 실행합니다.

주피터 노트북에서 가독성 좋게 출력하기 — tavily_search.ipynb (4)

```
# 주피터 노트북에서 보기 좋게 출력하는 코드
from IPython.display import JSON
JSON(res).data
```

```
[{'url': 'https://biz.chosun.com/policy/policy_sub/2024/12/31/CI647NQHPVE5HEKV5HAOLMV7KI/',
  'content': '국내 경제 전문가 34명 중 85%가 넘는 29명이 내년 한국경제 성장률이 2%를 넘지 못할 것으로 전망했다. 특히 전문가 34명 중 12명은 내년 한
 {'url': 'https://www.hri.co.kr/upload/board/2887010266_WZR5c0kj_20241210123438.pdf',
  'content': 'Dec 10, 2024 · 2025년 한국경제는 내수 경기 회복 지연 속 높은 외수 경기 불확실성으로 1.7% 정도의 성장세를 기록해 잠재성장률을 하회할
 {'url': 'https://www.khan.co.kr/article/202411052101005',
  'content': '얼마 전 발표된 2024년 3분기 경제성장률은 전분기 대비 0.1%로 한국경제가 경기침체 속에 여전히 허덕이고 있음을 보여줬다. 더욱이 정부는 
```

7. 랭체인에서 제공하는 `TavilySearchResult`가 아니라 타빌리에서 제공하는 `TavilyClient`를 사용하면 해당 웹 페이지의 전체 텍스트까지 불러올 수 있습니다. 다음과 같이 작성하고, 특히 `include_raw_content`를 `True`로 작성하는 것을 잊지 마세요.

웹 페이지 전문 불러오기 tavily_search.ipynb (5)

```
from tavily import TavilyClient

client = TavilyClient()

content = client.search(
    "2025년 한국 경제 전망",
    search_depth="advanced",
    include_raw_content=True,
)

JSON(content).data
```

이 셀을 실행하면 다음과 같이 웹 페이지 내용까지 가져올 수 있습니다.


```
{'query': '2025년 한국 경제 전망',
 'follow_up_questions': None,
 'answer': None,
 'images': [],
 'results': [{'url': 'https://www.hri.co.kr/upload/board/2887010266_WZR5c0kj_20241210123438.pdf',
   'title': '[PDF] 2025년 한국경제 수정전망',
   'content': '2025년 한국경제는 내수 경기 회복 지연 속 높은 외수 경기 불확실성으로 1.7% 정도의 성장세를 기록해 잠재성장률을 하회할 전망이다. (민간소비) 금리',
   'score': 0.945243,
   'raw_content': '24-21(통권 979호) 2024.12.06. 2025년 한국경제 수정전망 - 성장경로 이탈이 우려되는 한국경제 목 차 ■2025년 한국경제 수정전망
(... 생략 ...)
영세 자영업자 등 취약계층에 대한 사회 안전망 및 일자리 지원 등과 같은 정책 노력도 지속적으로 강화해 나갈 필요가 있다.\n- 사회 안전망 강화 수단으로 추진되는 재정적 지원은 취약계층별 특성에 따라 차별적으로 추진함으로써 국민 공감대를 형성할 필요가 있고 재정 건전성 측 면에서도 부정적인 영향을 최소화하는 것이 바람직 주 원경제연구실장 (2072-6235, j uwon@hri .co.kr) 이부형이사대우(2072-6306, leebuh@hri.co.kr) 이택근연구위원(2072-6366, tk l e e @h ri .co. k r) 신지영선임연구원(2072-6240, j yshin@hri.co.kr) 노시연선임연구원(2072-6248, syroh@hri .co.k r)'},
(... 생략 ...)
```

일부 웹 페이지는 웹 사이트 자체에서 기계적으로 데이터를 긁어 가지 못하도록 처리했거나 해당 페이지의 내용이 삭제되어서 가져오지 못할 수도 있습니다. 그러나 가져온 여러 페이지 중 일부에서 일어나는 현상이므로 현재 결과만으로도 충분히 활용할 수 있습니다.


```
{'url': 'https://biz.chosun.com/policy/policy_sub/2024/12/31/CI647NQHPVE5HEKV5HAOLMV7KI/',
 'title': '[2025 경제전망]① 전문가 85% "내년 2% 성장 어렵다"… 저성장 직면 ...',
 'content': '국내 경제 전문가 34명 중 85%가 넘는 29명이 내년 한국경제 성장률이 2%를 넘지 못할 것으로
 'score': 0.9407083,
 'raw_content': None},
{'url': 'https://www.kif.re.kr/kif4/publication/viewer?mid=20&vid=0&cno=341976&fcd=2024012421N
 'title': '[PDF] 2025년 경제전망과 정책시사점',
 'content': '2025년 국내 거시경제 전망. 우리 경제는 2024년 2.2%, 2025년 2.0%로 성장세가 둔화할 전망
 'score': 0.91563576,
 'raw_content': None},
```


Do it! 실습 인터넷에서 자료 조사 후 기사 쓰는 기자 만들기

결과 파일: sec02/tavily_search.ipynb

GPT 언어 모델과 타빌리 검색을 활용해 신문 기사를 쓰는 기자를 만들어 보겠습니다.

1. 쓰고 싶은 기사 내용을 query로 설정합니다. 그리고 client.search에 이 query를 사용하고, 이 query로 검색한 결과의 웹 페이지 내용까지 가져오도록 include_raw_content를 True로 설정합니다.

✦ 이 예제는 타빌리의 공식 문서에 있는 예제를 이 책의 내용에 맞게 수정한 버전입니다. 타빌리의 공식 문서에 있는 예제는 https://docs.tavily.com/docs/python-sdk/tavily-search/examples를 참고하세요.

질문에 대한 자료 검색하기 — tavily_search.ipynb (6)

```
from langchain.adapters.openai import convert_openai_messages
from langchain_openai import ChatOpenAI

llm = ChatOpenAI(model="gpt-4o")

# 질문에 대한 자료를 TavilyClient로 가져오기
query = "현대자동차 미국 시장 2025년 전망"

content = client.search(
    query,
    include_raw_content=True,
    search_depth="advanced"
)["results"]
```

2. 기사를 작성하기 위한 프롬프트를 설정해 보겠습니다. 시스템 메시지로 GPT의 역할이 무엇인지 설명하고 `f-string`을 이용해 `query`와 검색 결과인 `content`를 넣어서 메시지를 만듭니다.

✦ 여기서 말하는 MLA는 Markdown Language Association의 줄임말로 마크다운 언어 협회를 의미합니다.

프롬프트 설정 tavily_search.ipynb (6)

```
# 프롬프트 설정
prompt = [{
    "role": "system",
    "content":  (
        "당신은 신문 기사를 쓰는 기자 AI입니다.  \n"
        "당신은 주어진 정보를 바탕으로 객관적이고 체계적으로 작성된 기사를 써야 합니다. \n"
    )
}, {
    "role": "user",
    "content": (
        f'정보: """{content}"""\n\n'
         f'위의 정보를 사용하여, 다음 질문에 대해 자세한 보고서를 한국어로 작성하세요.: "{query}"
\n'
        '-신문 기사 형식을 사용하되, MLA 표준을 준수하는 markdown 문법을 사용해주세요.'
        '-활용한 자료는 출처를 명시하세요.'
    )

}]
```

3. 이 메시지 리스트로 구성된 프롬프트를 `llm.invoke()`로 실행시켜 GPT가 답을 생성하도록 했습니다.

오픈AI를 랭체인으로 실행하고 출력하기 tavily_search.ipynb (6)

```
# 오픈AI를 랭체인으로 실행하고 출력
report = llm.invoke(prompt).content
print(report)
```

4. 셀을 실행하고 출력된 결과를 마크다운 문서로 만들겠습니다. 주피터 노트북에서 나온 출력 결과를 [··· → 셀 출력 복사(Copy Cell Output)]를 클릭해 복사한 후 .md 파일로 저장합니다.

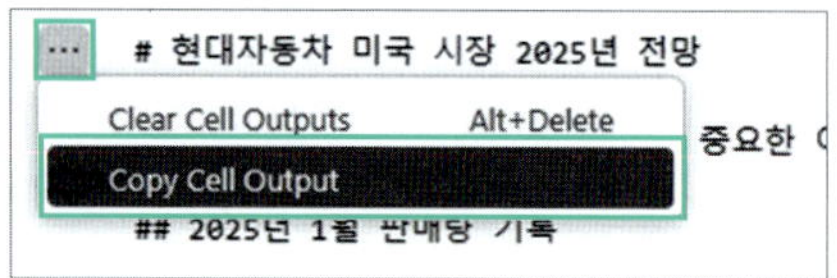

5. 마크다운 파일을 VS Code에서 열고 화면 오른쪽 위에서 [open preview the slide] 아이콘을 클릭합니다.

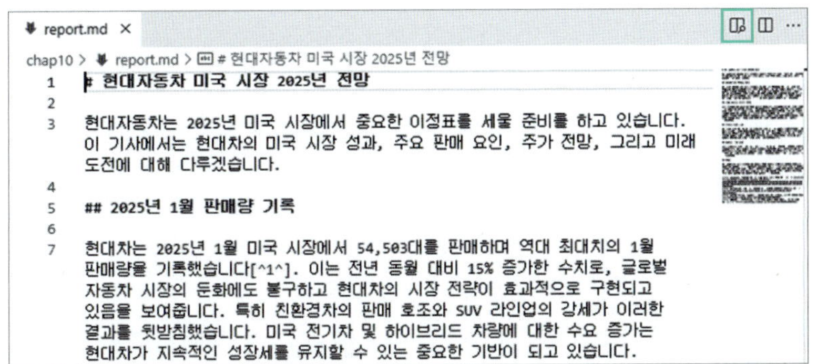

다음처럼 요청한 주제에 관한 기사가 렌더링된 마크다운 파일이 나옵니다.

현대자동차 미국 시장 2025년 전망

현대자동차는 2025년 미국 시장에서 중요한 이정표를 세울 준비를 하고 있습니다. 이 기사에서는 현대차의 미국 시장 성과, 주요 판매 요인, 주가 전망, 그리고 미래 도전에 대해 다루겠습니다.

2025년 1월 판매량 기록

현대차는 2025년 1월 미국 시장에서 54,503대를 판매하며 역대 최대치의 1월 판매량을 기록했습니다[^1^]. 이는 전년 동월 대비 15% 증가한 수치로, 글로벌 자동차 시장의 둔화에도 불구하고 현대차의 시장 전략이 효과적으로 구현되고 있음을 보여줍니다. 특히 친환경차의 판매 호조와 SUV 라인업의 강세가 이러한 결과를 뒷받침했습니다. 미국 전기차 및 하이브리드 차량에 대한 수요 증가는 현대차가 지속적인 성장세를 유지할 수 있는 중요한 기반이 되고 있습니다.

주가 전망과 경제적 요인

미국 시장에서의 성공적인 판매 성과를 기반으로, 증권가에서는 현대차의 주가에 대해 긍정적인 전망을 제시하고 있습니다[^1^]. DB금융투자는 현대차를 자동차 업종 최우선주로 선정하였으며, 인도 법인의 기업공개(IPO)와 지배구조 개편이 주가에 긍정적인 영향을 미칠 것으로 보고 있습니다. 하지만

10-3 유튜브 영상 요약하기

요즘은 유튜브에도 좋은 정보가 많습니다. 유튜브에 올라온 최신 뉴스 영상 여러 개를 요약해야 하는 상황을 가정해 봅시다. 10분에서 20분 정도 분량의 영상 수십 개를 직접 시청한 후 요약하기는 어렵습니다. 이번 절에서는 유튜브에서 원하는 내용을 검색하고 텍스트로 가져와 언어 모델로 응용하는 방법을 다루겠습니다.

Do it! 실습 YoutubeSearch 패키지로 유튜브 검색하기

결과 파일: sec03/youtube_summary.ipynb

1. 먼저 기능을 단계별로 구현하기 위해 새로운 주피터 노트북 파일을 생성합니다. 이름은 youtube_summary.ipynb로 지정합니다.

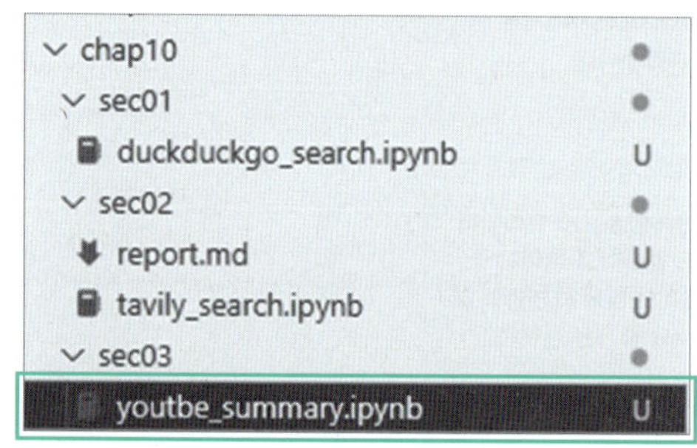

2. 유튜브에서 원하는 내용을 검색하는 기능을 개발해 봅시다. 랭체인에서는 Youtube SearchTool 패키지를 제공하지만 아직 기능이 제한적이므로 그 대신 파이썬 패키지인 `YoutubeSearch`를 사용하겠습니다. 다음과 같이 입력해 패키지를 설치합니다.

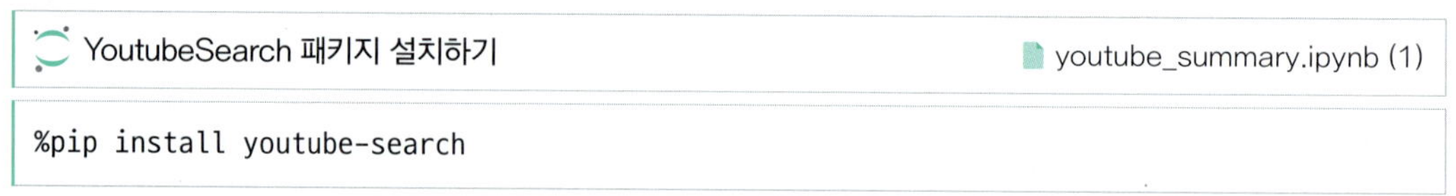

YoutubeSearch 패키지 설치하기 youtube_summary.ipynb (1)

```
%pip install youtube-search
```

3. 이 기능을 활용해 원하는 키워드로 검색해 봅시다. '미국 대선'을 검색하고 최대 5개의 결과를 딕셔너리 형태로 가져옵니다.

키워드 검색하기 youtube_summary.ipynb (2)

```
from youtube_search import YoutubeSearch

videos = YoutubeSearch("미국 대선", max_results=5).to_dict()
videos
```

셀을 실행하면 다음과 같이 검색 결과가 딕셔너리 형태로 나옵니다. 유튜브 영상 제목은 물론이고 섬네일, 채널명, 길이, 조회수, 배포일, 영상 주소까지 담겨 있습니다.

```
[{'id': 'oTpiRBV4kpw',
   'thumbnails': ['https://i.ytimg.com/vi/oTpiRBV4kpw/hq720.jpg?sqp=-oaymwEjCOgCE-
MoBSFryq4qpAxUIARUAAAAAGAElAADIQj0AgKJDeAE=&rs=AOn4CLBoWaMgWU4RjMjEOzWPr0mgUUEl5w',
    'https://i.ytimg.com/vi/oTpiRBV4kpw/hq720.jpg?sqp=-oaymwEXCNAFEJQDSFryq4qpAwkIARU-
AAIhCGAE=&rs=AOn4CLABaxIVYLGFmyz8V0FZ-Yw7Sw96hw'],
  'title': "7개 경합주 싹쓸이 '압승'..무너뜨린 '파란 장벽' (2024.11.07/930MBC뉴스)",
  'long_desc': None,
  'channel': 'MBCNEWS',
  'duration': '1:55',
  'views': '조회수 9,152회',
  'publish_time': '1일 전',
  'url_suffix': '/watch?v=oTpiRBV4kpw&pp=ygUN66-46rWtIOuMgOyEoA%3D%3D'},

(... 생략 ...)

 {'id': 'rY5_-jEUJYw',
   'thumbnails': ['https://i.ytimg.com/vi/rY5_-jEUJYw/hq720.jpg?sqp=-oaymwEjCOgCE-
MoBSFryq4qpAxUIARUAAAAAGAElAADIQj0AgKJDeAE=&rs=AOn4CLBYYnU7eCb5PSpQCM3gDhOf1bt73g',
    'https://i.ytimg.com/vi/rY5_-jEUJYw/hq720.jpg?sqp=-oaymwEXCNAFEJQDSFryq4qpAwkIARU-
AAIhCGAE=&rs=AOn4CLDcZRS4dfbO_u3K-XKj5S99g25Wiw'],
  'title': '[LIVE] 2024 미국 대선 결과 분석 정리',
  'long_desc': None,

(... 생략 ...)

  'channel': ' YTN',
  'duration': '11:39:04',
  'views': '조회수 238,790회',
  'publish_time': '스트리밍 시간: 1일 전',
  'url_suffix': '/watch?v=bL5pD-BV7lI&pp=ygUN66-46rWtIOuMgOyEoA%3D%3D'}]
```

4. 영상 페이지를 열기 위해 결과로 표시되는 `url_suffix` 앞에 'https://youtube.com'을 붙여 온전한 경로를 만듭니다. 다음 코드에서 `videos[3]`의 3은 예시로 골랐을 뿐 특별한 의미는 없습니다.

온전한 경로 만들기 — youtube_summary.ipynb (3)

```
video_url = 'https://youtube.com' + videos[3]['url_suffix']
video_url
```

실행하면 다음처럼 온전한 경로를 만들 수 있습니다.

```
'https://youtube.com/watch?v=34PYyv0X4Sc&pp=ygUN66-46rWtIOuMgOyEoA%3D%3D'
```

Do it! 실습 YoutubeLoader 패키지로 유튜브 자막 가져오기

결과 파일: sec03/youtube_summary.ipynb

언어 모델을 이용해 분석할 때는 영상보다 텍스트로 된 정보가 처리하기 편리합니다. 다행히 유튜브는 업로드된 영상에 자동으로 자막을 붙여 주는 기능이 있습니다. 이 자막을 사용해 텍스트로 영상 내용을 파악해 보겠습니다.

1. 유튜브 자막을 내려받기 위해 다음처럼 `youtube_transcript_api`를 설치합니다.

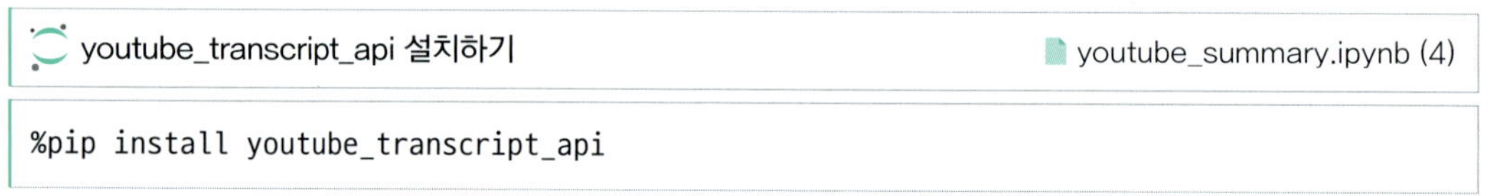

youtube_transcript_api 설치하기 — youtube_summary.ipynb (4)

```
%pip install youtube_transcript_api
```

2. 랭체인에서도 이런 기능을 `YoutubeLoader`를 통해 제공하고 있습니다. 사용 방법도 간단합니다. 다음과 같이 작성하면 해당 영상의 자막을 가져올 수 있습니다. `language`를 `'ko'`와 `'en'`으로 설정하면 한국어와 영어 자막을 가져옵니다.

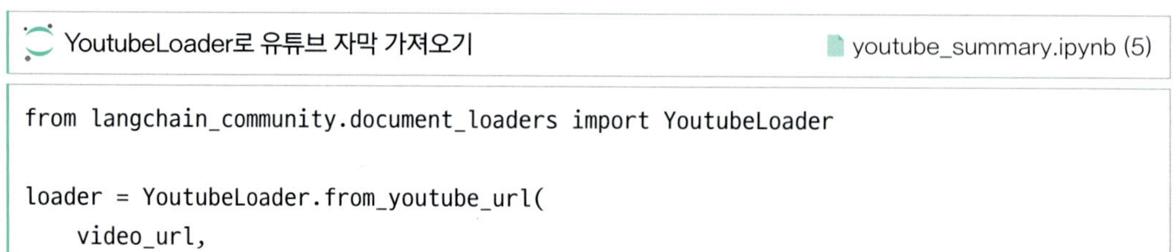

YoutubeLoader로 유튜브 자막 가져오기 — youtube_summary.ipynb (5)

```
from langchain_community.document_loaders import YoutubeLoader

loader = YoutubeLoader.from_youtube_url(
    video_url,
```

```
    language=['ko', 'en'] # 자막 언어
)

loader.load()
```

이 셀을 실행하면 다음처럼 자막 내용을 받아 올 수 있습니다. 이때 한국어와 영어 자막을 찾지 못하는 경우가 발생할 수 있습니다. 테스트해 본 결과 위 코드와 동일하게 ['ko', 'en']으로 설정하는 경우에 오류가 발생하는 경우가 적었습니다.

```
[Document(metadata={'source': '34PYyv0X4Sc'}, page_content='네 공화당의 도널드 트럼프 후보가 말씀드린 것처럼 사실상 승리를 확정지었습니다 이번 선거의 특징과 트럼프 후보를 선택한 배경
(... 생략 ...)
그만큼 트럼프 행정부를 하원에서 견제하는 역할을 많이 했는데 만약 이번에 하원까지 공화당으로 넘어가게 된다면 트럼프를 견제할 수 있는 의회의 세력은 없다 이렇게 말씀드릴 수 있겠습니다네 알겠습니다 오늘 말씀 고맙습니다 di [음악]')]
```

3. 이전 실습에서 가져왔던 영상에 자막을 추가해 봅시다. 이미 videos가 딕셔너리 형태로 되어 있으므로 여기에 video_url을 추가하고 그 video_url을 이용해 자막을 가져와서 딕셔너리에 추가합니다.

유튜브 영상 자막 가져오기 youtube_summary.ipynb (6)

```
for v in videos:
    # url_suffix를 이용하여 video_url 만들기
    v['video_url'] = 'https://youtube.com' + v['url_suffix']

    # YoutubeLoader를 이용하여 비디오 로드
    loader = YoutubeLoader.from_youtube_url(
        v['video_url'],
        language=['ko', 'en']
    )

    v['content'] = loader.load()

videos
```

이 셀을 실행해 보면 다음과 같이 자막 내용이 잘 추가되었습니다.

```
[{'id': 'oTpiRBV4kpw',
  'thumbnails': ['https://i.ytimg.com/vi/oTpiRBV4kpw/hq720.jpg?sqp=-oaymwEjCOgCEMoBSFr
yq4qpAxUIARUAAAAAGAElAADIQj0AgKJDeAE=&rs=AOn4CLBoWaMgWU4RjMjEOzWPr0mgUUEl5w',
   'https://i.ytimg.com/vi/oTpiRBV4kpw/hq720.jpg?sqp=-oaymwEXCNAFEJQDSFryq4qpAwkIARUAA
IhCGAE=&rs=AOn4CLABaxIVYLGFmyz8V0FZ-Yw7Sw96hw'],
  'title': "7개 경합주 싹쓸이 '압승'..무너뜨린 '파란 장벽' (2024.11.07/930MBC뉴스)",
  'long_desc': None,
  'channel': 'MBCNEWS',
  'duration': '1:55',
  'views': '조회수 9,152회',
  'publish_time': '1일 전',
  'url_suffix': '/watch?v=oTpiRBV4kpw&pp=ygUN66-46rWtIOuMgOyEoA%3D%3D',
   'video_url': 'https://youtube.com/watch?v=oTpiRBV4kpw&pp=ygUN66-46rWtIOuMgOyEoA%3D
%3D',
  'content': [Document(metadata={'source': 'oTpiRBV4kpw'}, page_content='박빙이 예상됐던
이번 미국 대선은 트럼프 전 대통령이 경합주 일곱 곳을 모두 싹쓸이하며 일찍감치 승리를 굳혔습니다 이민
자 문제와 경제 문제를 내세우며 정권 심판론을 제기했던 트럼프의 전략이 주효했다는 분석입니다 임현주 기
자입니다 치열한 경쟁이 예상됐던 일곱 곳의 경주이 일제히 공화당 후보인 트럼프 전 대통령을 선택하면서
트럼프는 일찌감치 승리를 확정지었습니다 트럼프는 일곱 곳의 경합주 가운데 최대 전제로 꼽혔던 펜실베이
니아 주에서 민주당 후보인 카멀라 헤리스 부통령을 2.7% 포인트 격차로 이겼고 전통적으로 민주당을 지지
해 온 미시간 위스콘신에서 이따라 승리하면서 파란 장벽을 무너뜨렸습니다 표심을 가은 주요 원인으로 경제
와 이민 문제가 꼽힙니다 히 코로나 이후 고물가에 시달리던 유권자들의 정심이 영향을 미쳤다는 겁니다 출
구 조사에 따르면 4년 전보다 경제 사정이 안 좋아졌다는 응답이 45% 나타났습니다 또 과거 민주당지지 성
향이 강했던 무슬림 유권자들이 이스라엘과 하마스 전쟁으로 대거 공화당 쪽으로 돌아섰다는 분석입니다 트
럼프는 집권 일기 때 예멘과 소말리아 등 이슬람 일곱개 국민의 미국 입국을 90일간 금지하는 초강경 반무
슬림 정책을 펼쳤습니다 레바논계 무슬림이 많은 미시간주 주요 도시에서 2020년 대선 때에는 조 바이든 대
통령을 택했던 유권자들이 이번 대선에서는 해리스 후보 대신 트럼프를 택한 겁니다 전국 단위 득표율도 트
럼프가 해리스에 앞서 트럼프는 8년 만에 완벽한 승리를 거두며 백악관 재입성을 결정지었습니다 MBC 뉴스
이현주입니다')]},
  (... 생략 ...)
```

그런데 한 가지 문제가 있습니다. 가끔 길이가 너무 긴 영상이 포함되어 있다는 것입니다. 최근 YTN이나 MBC, JTBC 같은 언론사에서 같은 뉴스를 반복해서 라이브 스트리밍하는 경우가 있습니다. 앞서 검색한 결과에도 미국 대선 결과 속보를 11시간 동안 반복해서 스트리밍하는 영상이 포함되어 있었습니다. 이 영상은 자막이 너무 길고 내용도 반복되므로 언어 모델에 넘기지 않는 것이 좋습니다. 11시간짜리 분량의 텍스트를 언어 모델에 넣으면 토큰이 많이 소모되기 때문입니다.

4. 1시간이 넘는 영상은 대상에서 제외해 보겠습니다. 영상 길이는 duration에 기록되어 있는데 '00:00:00'처럼 시간·분·초로, 또는 '00:00'처럼 분·초로 표시됩니다. 1시간 미만인 영상만 고르려면 시간 정보를 콜론(:) 기준으로 나누고 그 길이가 3 미만인 영상만 선택하면 됩니다.

길이가 1시간 이하인 영상만 고르기 — youtube_summary.ipynb (7)

```
print('총 영상 수:', len(videos))
# 영상 길이가 60분 이하인 영상만 남기기
videos = [v for v in videos if len(v['duration'].split(':')) < 3]
print('60분 이하 영상 수:', len(videos))
```

코드를 실행하니 영상 2개가 제외되어 3개만 남았습니다.

```
총 영상 수: 5
60분 이하 영상 수: 3
```

Do it! 실습 자막 내용 요약하기

결과 파일: sec03/youtube_summary.ipynb

이제 자막을 기반으로 영상 내용을 요약해 보겠습니다. 내용 요약은 09-2절에서 사용한 랭체인 기능인 create_stuff_documents_chain을 사용해 보겠습니다.

1. 언어 모델 gpt-4o-mini를 사용하기 위해 다음과 같이 셀을 작성합니다.

언어 모델 설정하기 — youtube_summary.ipynb (8)

```
# 랭체인, openai 임포트
from langchain_openai import ChatOpenAI

model = ChatOpenAI(model="gpt-4o-mini")
model.invoke('안녕?') # 언어 모델이 잘 설정되었는지 테스트
```

이 셀을 실행하면 언어 모델이 잘 설정되었는지 확인할 수 있습니다.

```
AIMessage(content='안녕하세요! 어떻게 도와드릴까요?',
(... 생략 ...)
```

2. create_stuff_documents_chain을 이용해 영상 내용을 요약합니다. 테스트로 videos의 첫 번째 영상만 골라 요약합니다.

영상 하나만 요약하기 youtube_summary.ipynb (9)

```
from langchain_core.prompts import ChatPromptTemplate
from langchain.chains.combine_documents import create_stuff_documents_chain

# 동영상 요약 프롬프트 작성
prompt = ChatPromptTemplate.from_messages(
    [("system", "다음 영상에 대한 요약을 한국어로 만들어줘 :\\n\\n{context}")]
)

chain = create_stuff_documents_chain(model, prompt)

result = chain.invoke({"context": videos[0]['content']})
result
```

이 셀을 실행해 보니 다음과 같이 요약 내용이 잘 나오는군요.

```
'이 영상은 미국의 정치적 상황과 도널드 트럼프의 대통령 후보로서의 입장을 다루고 있습니다. 영상에서는 트럼프가 미국을 다시 위대하게 만들겠다고 주장하며, 경제 회복, 범죄 방지, 이민 문제 해결 등을 강조합니다. 또한 그는 자신의 이전 행정부에서 이룬 성과를 자랑하며, 현재의 정치적 상황에 대한 불만을 표현합니다.\n\n영상에는 다양한 지지자들의 인터뷰가 포함되어 있으며, 그들은 트럼프를 지지하는 이유로 그의 솔직함과 경제 관련 정책을 언급합니다. 반면 카말라 해리스와 민주당에 대한 비판도 강하게 나타나며, 그들이 이전에 이룬 성과가 부족하다는 주장도 담겨 있습니다.\n\n결국 이 영상은 트럼프가 2024년 대선에 재출마하기 위한 캠페인 메시지를 전달하며, 경제적 안정과 국가의 안전을 강조하는 내용을 중심으로 구성되어 있습니다.'
```

3. 이제 for 문을 사용해 모든 영상의 요약 내용을 딕셔너리에 추가합니다. videos의 각 요소를 반복문으로 처리하면서 자막 내용을 요약한 content를 summary에 넣습니다.

모든 영상 요약하기 youtube_summary.ipynb (10)

```
# 모든 비디오에 대해 요약 생성
from tqdm import tqdm  # tqdm은 진행 상황을 보여 주는 라이브러리

for v in tqdm(videos):
    v['summary'] = chain.invoke({"context": v['content']})

videos
```

이 셀을 실행해 보면 영상 3개를 요약한 내용이 추가되었습니다.

```
{'id': 'oTpiRBV4kpw',
  'thumbnails': ['https://i.ytimg.com/vi/oTpiRBV4kpw/hq720.jpg?sqp=-oaymwEjCOgCE-
MoBSFryq4qpAxUIARUAAAAAGAElAADIQj0AgKJDeAE=&rs=AOn4CLBoWaMgWU4RjMjEOzWPr0mgUUEl5w',
   'https://i.ytimg.com/vi/oTpiRBV4kpw/hq720.jpg?sqp=-oaymwEXCNAFEJQDSFryq4qpAwkIARU-
AAIhCGAE=&rs=AOn4CLABaxIVYLGFmyz8V0FZ-Yw7Sw96hw'],
  'title': "7개 경합주 싹쓸이 '압승'..무너뜨린 '파란 장벽' (2024.11.07/930MBC뉴스)",
  'long_desc': None,
  'channel': 'MBCNEWS',
  'duration': '1:55',
  'views': '조회수 9,152회',
  'publish_time': '1일 전',
  'url_suffix': '/watch?v=oTpiRBV4kpw&pp=ygUN66-46rWtIOuMgOyEoA%3D%3D',
  'video_url': 'https://youtube.com/watch?v=oTpiRBV4kpw&pp=ygUN66-46rWtIOuMgOyEo-
A%3D%3D',
'content': [Document(metadata={'source': 'oTpiRBV4kpw'}, page_content='박빙이 예상됐던
이번 미국 대선은 트럼프 전 대통령이 경합주 일곱 곳을 모두 싹쓸이하며 일찍감치 승리를 굳혔습니다 이민
자 문제와 경제 문제를 내세우며 정권 심판론을 제기했던 트럼프의 전략이 주효했다는 분석입니다 임현주 기
자입니다 치열한
(... 생략 ...)
 대선에서는 해리스 후보 대신 트럼프를 택한 겁니다 전국 단위 득표율도 트럼프가 해리스에 앞서 트럼프는
8년 만에 완벽한 승리를 거두며 백악관 재입성을 결정지었습니다 MBC 뉴스 이현주입니다')],
'summary': '이번 영상에서는 도널드 트럼프 후보가 미국 대선에서 사실상 승리를 확정지었다는 내용을 다
루고 있습니다. 트럼프 후보는 이미 승리 연설을 했으며, 여러 경합주에서 이길 가능성이 높아지고 있습니
다. 특히 조지아와 노스 캐롤라이나에서는 승리가 확정되었고, 펜실베니아에서도 트럼프가 승리할 것이라는
전망이 나오고 있습니다
(... 생략 ...)
트럼프의 대외 정책에 대한 영향력이 커질 것으로 예상됩니다. 만약 공화당이 상하원을 모두 장악하게 된다
면, 트럼프 대통령을 견제할 세력이 없게 될 것이라는 전망도 나옵니다.'},
(... 생략 ...)
```

10-4 웹과 유튜브 검색을 활용한 챗봇 만들기

지금까지 인터넷과 유튜브를 활용해서 검색하는 방법을 배웠으니 이를 활용한 챗봇을 구현해 봅시다.

Do it! 실습 챗봇에 웹 검색 도구 추가하기

결과 파일: sec04/streamlit_with_web_search.py

먼저 인터넷 검색 기능을 활용한 챗봇을 만들어 봅시다. 이번 예제에서는 08-5절에서 만든 langchain_streamlit_tool.py 코드를 활용하겠습니다. 이 파이썬 파일을 복사해서 streamlit_with_web_search.py 파일을 만들고 코드를 수정하며 실습을 진행하겠습니다.

1. 이 예제에서는 웹 검색 도구로 덕덕고를 사용합니다. 필요한 라이브러리를 다음과 같이 임포트합니다.

덕덕고 관련 라이브러리 설치하기 — streamlit_with_web_search.py

```
(... 생략 ...)
from langchain_core.tools import tool
from datetime import datetime
import pytz

from langchain_community.tools import DuckDuckGoSearchResults
from langchain_community.utilities import DuckDuckGoSearchAPIWrapper

# 모델 초기화
llm = ChatOpenAI(model="gpt-4o-mini")
(... 생략 ...)
```

2. 덕덕고를 활용해 웹 검색을 하기 위해 get_web_search 함수로 만듭니다.

덕덕고 웹 검색 함수 추가하기 streamlit_with_web_search.py

```
# 도구 함수 정의
@tool
def get_current_time(timezone: str, location: str) -> str:
    """현재 시각을 반환하는 함수."""
    try:
        tz = pytz.timezone(timezone)
        now = datetime.now(tz).strftime("%Y-%m-%d %H:%M:%S")
        result = f'{timezone} ({location}) 현재 시각 {now}'
        print(result)
        return result
    except pytz.UnknownTimeZoneError:
        return f"알 수 없는 타임존: {timezone}"

@tool
def get_web_search(query: str, search_period: str) -> str: ①

    """
    웹 검색을 수행하는 함수

    Args:
        query (str): 검색어
        search_period (str): 검색 기간 (e.g., "w" for past week,
"m" for past month, "y" for past year) ③

    Returns:
        str: 검색 결과
    """ ②
    wrapper = DuckDuckGoSearchAPIWrapper(region="kr-kr", time=search_period)

    print('-------- WEB SEARCH --------')
    print(query)
    print(search_period)

    search = DuckDuckGoSearchResults(
        api_wrapper=wrapper,
        # source="news",
        results_separator=';\n'
    )

    docs = search.invoke(query)
    return docs
(... 생략 ...)
```

❶ 이 함수에서 사용하는 매개변수는 query와 search_period입니다. query는 인터넷 검색을 하기 위한 검색어를 의미하고, search_period는 웹 검색을 할 때 옵션으로 사용할 검색 기간입니다.

❷ """ """ 사이의 내용은 단순히 주석이 아니라 이 함수가 어떻게 활용될 수 있는지 언어 모델에게 명확하게 전달하는 독스트링docstring입니다. 함수 위에 @tool 데코레이터를 붙일 때는 이렇게 함수에 대한 설명을 정확하게 작성하는 것이 중요합니다.

❸ 최근 1주일은 'w', 최근 한달은 'm', 최근 1년은 'y'으로 지정해야 한다는 설명을 추가합니다. 이렇게 하면 언어 모델이 이 함수를 사용할 때 적절한 값을 채워서 실행합니다.

3. 새 함수를 tools에 추가하여 GPT가 선택할 수 있게 합니다.

새 함수를 tools에 추가하기 streamlit_with_web_search.py

```
(... 생략 ...)
# 도구 바인딩
tools = [get_current_time, get_web_search]
tool_dict = {
    "get_current_time": get_current_time,
    "get_web_search": get_web_search,
}
(... 생략 ...)
```

터미널 창에 streamlit run *파일명*.py을 입력해 코드를 실행해 보니 최근 대선 결과도 제대로 답을 해줍니다. 여러분은 이 책을 읽는 시점의 최신 내용으로 대화해 보세요.

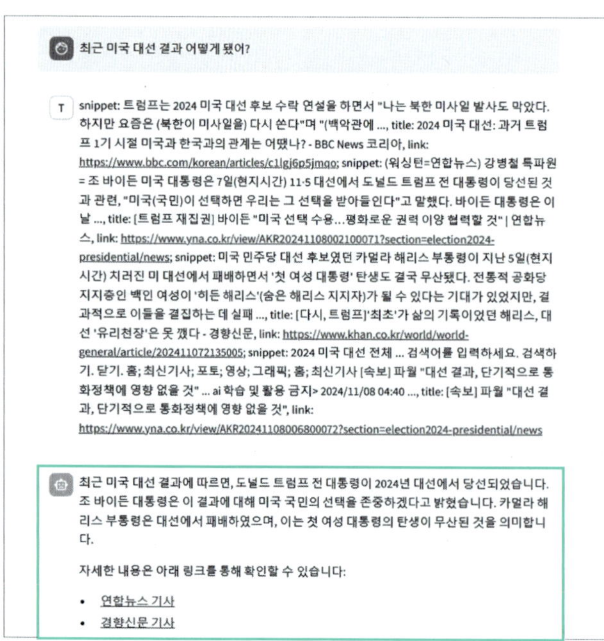

Do it! 실습 유튜브 검색 도구 추가하기

결과 파일: sec04/streamlit_with_youtube_search.py

유튜브를 활용해 검색하는 기능도 추가해 봅시다. streamlit_with_web_search.py 파일에 이어서 작업하세요. 여기서는 10-3절에서 작성한 코드를 활용하겠습니다.

1. 유튜브 검색을 위해 필요한 라이브러리들을 임포트합니다.

유튜브 검색 기능을 위한 라이브러리 설치하기 — streamlit_with_web_search.py

```
(... 생략 ...)
from langchain_community.tools import DuckDuckGoSearchResults
from langchain_community.utilities import DuckDuckGoSearchAPIWrapper

from youtube_search import YoutubeSearch
from langchain_community.document_loaders import YoutubeLoader
from typing import List
(... 생략 ...)
```

2. 유튜브 검색 기능을 구현한 `get_youtube_search` 함수를 만듭니다.

유튜브 검색 도구 추가하기 — streamlit_with_web_search.py

```
@tool
def get_web_search(query: str, search_period: str) -> str:
    (... 생략 ...)
    return docs

@tool
def get_youtube_search(query: str) -> List:  ②
    """
    유튜브 검색을 한 뒤, 영상들의 내용을 반환하는 함수.

    Args:
        query (str): 검색어                    ①

    Returns:
        List: 검색 결과
    """
    print('-------- YOUTUBE SEARCH --------')
    print(query)
```

```
    videos = YoutubeSearch(query, max_results=5).to_dict()

    videos = [video for video in videos if len(video['duration']) <= 5]  ❸

    for video in videos:
        video_url = 'https://youtube.com' + video['url_suffix']  ❹

        loader = YoutubeLoader.from_youtube_url(
            video_url,
            language=['ko', 'en'] # 자막 언어
        )

        video['video_url'] = video_url
        video['content'] = loader.load()

    return videos

# 도구 바인딩
(... 생략 ...)
```

❶ 함수 위에 @tool 데코레이터를 사용하고 이 함수에 대한 설명을 작성합니다.

❷ get_youtube_search 함수에 필요한 매개변수는 query 하나뿐이고 검색된 결과는 리스트 형태로 반환됩니다. List를 임포트하고 반환 자료형을 List로 명시합니다.

❸ 영상의 길이가 너무 긴 경우 언어 모델에서 많은 토큰을 사용하고 시간도 오래 걸리므로 duration이 59분 59초 이하인 영상만 남기도록 했습니다. duration은 문자열로 주어지므로 그 문자열의 최대 길이는 '59:59'에 해당하는 5입니다. 따라서 다섯 자 이하인 영상만 선택합니다.

❹ video_url을 만들고 이것을 이용해 자막을 가져와 content에 담습니다. 이 코드는 10-3절 'Youtube Loader 패키지로 유튜브 자막 가져오기' 실습에서 사용한 코드와 동일합니다.

3. 이 함수를 GPT가 선택할 수 있도록 tools와 tool_dict에 등록합니다.

GPT가 함수를 선택할 수 있도록 등록하기 streamlit_with_web_search.py

```
(... 생략 ...)
# 도구 바인딩
tools = [get_current_time, get_web_search, get_youtube_search]
tool_dict = {
    "get_current_time": get_current_time,
    "get_web_search": get_web_search,
    "get_youtube_search": get_youtube_search,
}
```

```
llm_with_tools = llm.bind_tools(tools)
(... 생략 ...)
```

이 코드에는 요약하는 기능은 추가하지 않았습니다. 언어 모델이 답변하기 전에 전체 텍스트를 한번 읽어서 답변을 생성하므로 요약이 반드시 필요하지 않기 때문입니다.

streamlit run *파일명*.py을 입력해 실행하면 다음처럼 질문 내용을 웹과 유튜브에서 검색한 후 답변해 주는 챗봇을 확인할 수 있습니다.

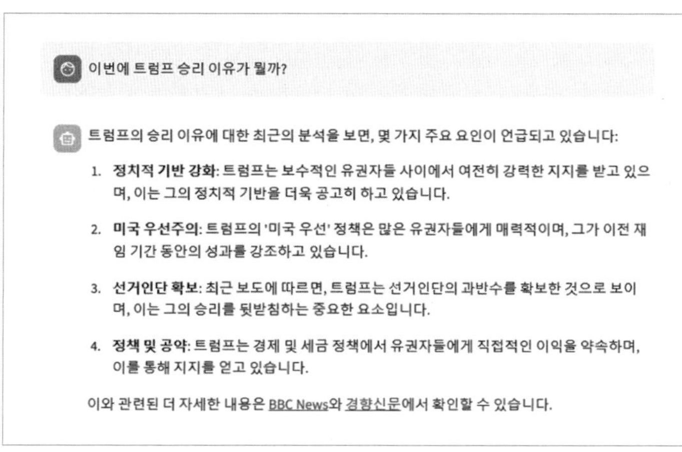

이제 우리가 만든 GPT 기반 챗봇은 GPT가 학습한 내용뿐만 아니라 최신 인터넷과 유튜브 정보까지 파악하고 답변할 수 있게 되었습니다!

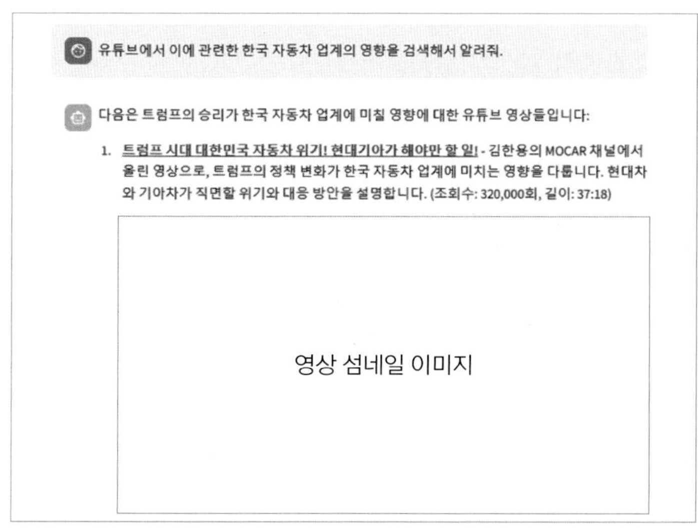

11장

로컬에서 딥시크-R1 모델 사용하기

GPT API를 이용하면 고품질 답변을 받을 수 있지만 비용이 발생하고 정보를 오픈AI로 보내서 처리하므로 보안 문제가 발생할 수 있습니다. 이런 문제를 해결하는 대안으로 로컬에서 실행할 수 있는 모델의 필요성이 크게 대두되었습니다. 이번 장에서는 GPT에 대항하는 모델로 떠오른 딥시크-R1 DeepSeek-R1 모델을 랭체인에서 활용하는 방법을 다루겠습니다.

11-1 딥시크 모델 알아보기

소규모 언어 모델의 등장

GPT가 API로 공개되었을 때 사람들은 인공지능 언어 모델을 자신이 개발하는 소프트웨어나 시스템에 손쉽게 탑재할 수 있자 열광했습니다. 하지만 GPT를 사용하려면 질의할 때마다 토큰 크기에 따른 비용이 발생하고 내 컴퓨터 안에 저장된 자료를 오픈AI의 서버에 전송해야 한다는 보안 문제가 있었습니다.

토큰당 부과되는 요금제는 언어 모델을 이용해 사용자에게 서비스를 제공하려는 기업이나 개인에게 골칫거리였습니다. GPT에 기반한 서비스를 개발해도 사용자가 지불하는 금액의 상당 부분은 오픈AI의 API 사용료로 지불해야 했기 때문입니다. 회사 내의 문서를 이용해 RAG를 개발하려는 경우에도 해당 문서를 오픈AI에 전송하게 되어 있어서 언어 모델을 사용할 수 없는 기업이 많았습니다.

이런 문제들을 해결하기 위해 일반 PC나 스마트폰에서도 실행할 수 있는 소규모 언어 모델 Smal Language Model, SLM의 수요가 늘 있어 왔습니다. 이에 맞춰 대규모 언어 모델LLM을 저사양 PC에서도 작동할 수 있도록 성능을 다소 포기하고 경량화한 모델들이 등장했습니다.

딥시크-R1 모델

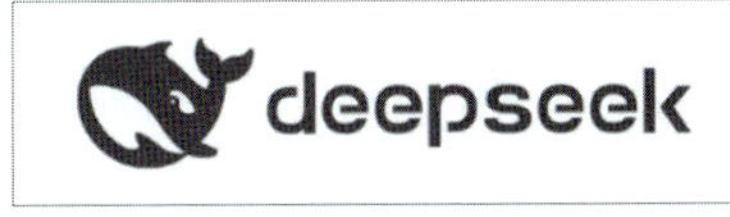

딥시크 로고

2024년 말 급부상한 중국 기업 딥시크는 자신의 회사명을 딴 딥시크 모델을 선보였습니다. 2025년 초 GPT의 성능에 필적할 만한 딥시크-R1 DeepSeek-R1 모델을 누구나 사용할 수 있는 MIT 라이선스로 공개하며 전 세계에 충격을 안겼습니다. 딥시크는 '대형 언어 모델은 글로벌 IT 대기업이 아니면 개발할 수 없다'는 편견을 깨트렸습니다. 게다가 자신들이 개발한 여러 버전의 언어 모델을 오픈소스로 공개했습니다. 컴퓨터 사양이 충분하다면 딥시크-R1 모델을 자신의 컴퓨터에 내려받아 실행할 수 있습니다.

물론 일반 PC에서 대규모 언어 모델은 실행하기 어렵습니다. 딥시크 모델은 대규모 언어 모델을 경량화한 모델들도 함께 공개했습니다. 이 모델들도 기존의 소규모 언어 모델에서는 기대하기 어려웠던 수준의 답변을 내놓았습니다. 특히 내 컴퓨터에 설치해서 사용할 수 있어서 추가 비용이 들지 않으며 인터넷에 연결하지 않은 컴퓨터에서도 보안 문제 없이 언어 모델의 기능을 그대로 활용할 수 있다는 장점이 있습니다.

오픈AI가 GPT 모델을 이용해 챗GPT 웹 사이트를 운영하고 API를 서비스하는 것처럼, 딥시크 모델도 챗GPT와 같이 채팅할 수 있는 웹 사이트와 API 서비스를 제공합니다. 그러나 딥시크의 채팅 웹 사이트에서 사용자의 정보를 지나치게 수집하는 것으로 알려졌습니다. 2025년 4월 현재 이 웹 사이트에 접근할 수 없고 많은 국가와 기관에서 딥시크 사이트 접속을 금지하고 있습니다.
이번 장에서 실습하는 내용은 문제가 있던 웹 사이트나 API를 이용하는 것이 아니라, 오픈소스 모델 자체를 내려받아 사용하는 방법입니다. 이 방법을 활용하면 API 비용 부담 없이 내 컴퓨터 안에서 외부에 자료를 전송하지 않고도 딥시크 언어 모델을 사용하는 시스템을 구축할 수 있습니다.

Do it! 실습 올라마와 딥시크-R1 모델 설치하기

언어 모델을 내 PC에 설치하는 방법은 여러 가지가 있습니다. 허깅페이스에서 언어 모델을 내려받아 사용할 수도 있고, 메타에서 제공하는 올라마Ollama를 이용해서 내려받을 수도 있습니다. 올라마는 인공지능 모델을 효율적으로 배포·실행하는 오픈소스 프레임워크로, 개발자가 쉽고 빠르게 인공지능 모델을 활용할 수 있도록 돕는 도구입니다. 이 플랫폼은 특히 로컬 환경에서 언어 모델을 쉽게 설치하고 실행하는 데 최적화되어 있습니다. 여기에서는 윈도우 운영 체제를 기본으로 올라마를 활용해 딥시크-R1 모델을 내 PC에 설치해 보겠습니다.

✦ 허깅페이스는 05-2절, 05-3절에서 살펴보았습니다.

1. 올라마 웹 사이트(https://ollama.com)에 접속하고 [Download] 버튼을 클릭합니다. 그리고 내 컴퓨터의 운영체제에 맞는 설치 프로그램을 내려받으세요.

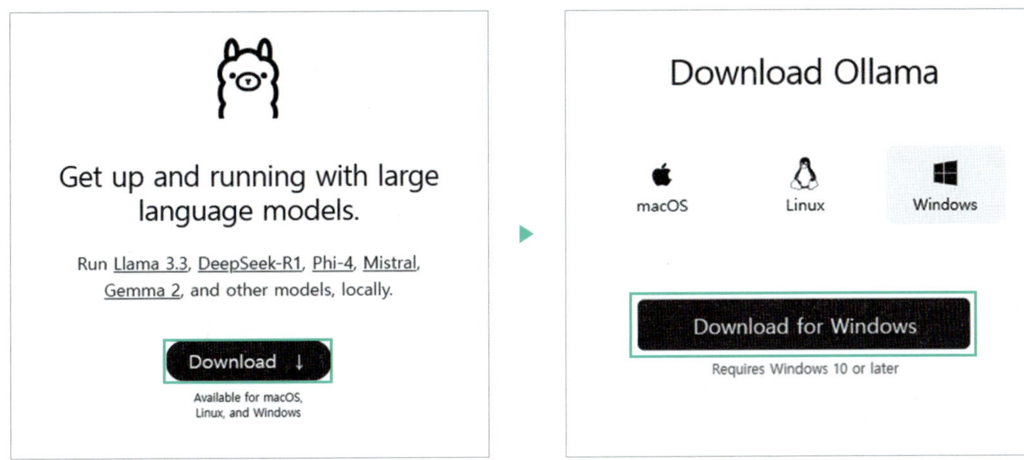

2. 내려받은 프로그램을 실행하고 [Install] 버튼을 클릭해 올라마를 설치합니다.

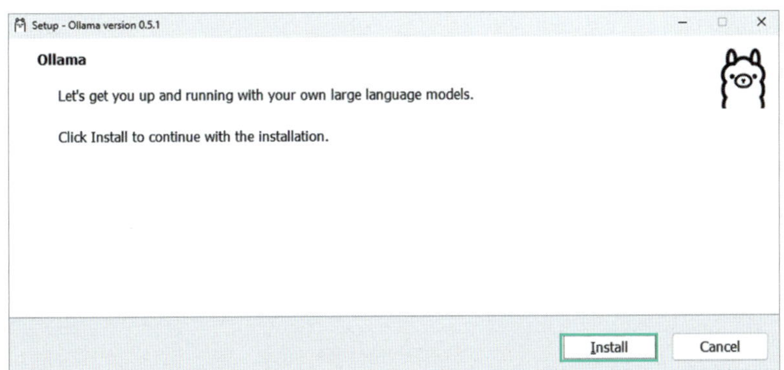

설치가 완료되면 윈도우의 경우 오른쪽 하단에 올라마 아이콘이 생성됩니다.

3. 올라마 웹 사이트에서 [Models]를 클릭하고 [deepseek-r1] 모델을 선택합니다.

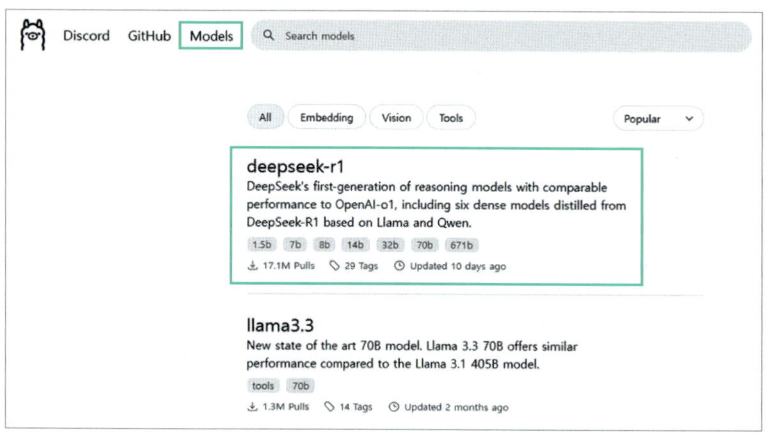

4. 딥시크-R1 모델은 경량화 정도에 따라 여러 모델을 제공합니다. 드롭다운 메뉴에서 자신의 컴퓨터 성능에 따라 선택하세요. 저는 14b 모델을 선택했습니다. 모델을 선택하면 오른쪽에 모델을 설치하는 명령어가 생성됩니다.

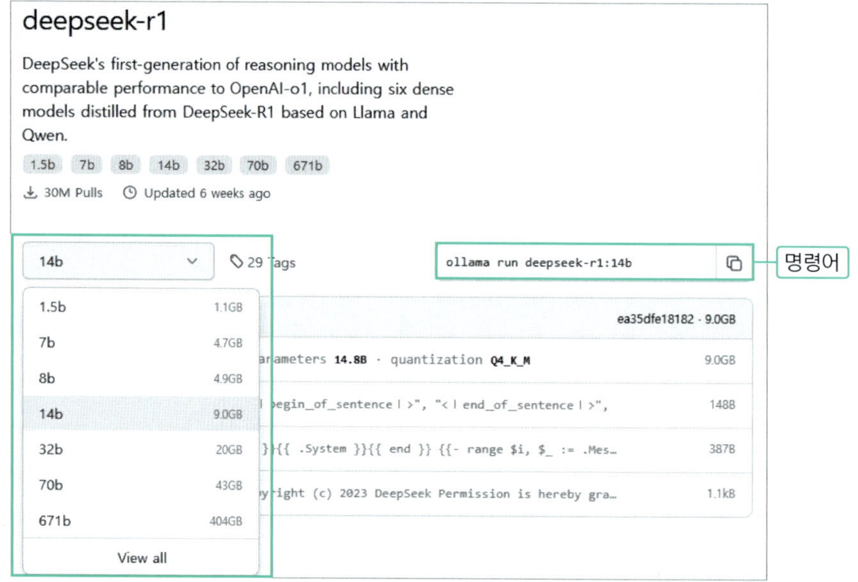

5. 명령어를 복사해 VS Code 터미널 창에 입력합니다. 이 모델을 처음 사용한다면 설치하는 데 시간이 걸립니다.

```
(venv) > ollama run deepseek-r1:14b
```

만약 다음과 같은 오류가 발생한다면 컴퓨터를 다시 부팅한 후 설치하세요.

```
> ollama run deepseek-r1:14b
ollama : 'ollama' 용어가 cmdlet, 함수, 스크립트 파일 또는 실행할 수 있는 프로그램 이름으로 인식
되지 않습니다. 이름이 정확한지 확인하고 경로가 포함된 경우 경로가 올바른지 검증한 다음 다시 시도하십
시오.
위치 줄:1 문자:1
+ ollama run deepseek-r1:14b
+ ~~~~~~
    + CategoryInfo          : ObjectNotFound: (ollama:String) [], CommandNotFoundEx-
ception
```

설치가 완료되면 다음과 같은 프롬프트가 나옵니다.

```
writing manifest
success
>>> Send a message (/? for help)
```

6. 터미널 창에서 대화를 바로 시작할 수 있습니다. 딥시크-R1은 답변하기 전에 추론 과정을 거치는 모델입니다. 그래서 대답하기 전에 <think>와 </think> 태그 안에서 먼저 생각하는 과정을 거치며 그 과정을 사용자에게 보여 줍니다.

```
>>> Hello! Who are you? Nice to meet you. I'm SungYong.
<think>
Okay, the user just said "Hello!" and introduced themselves as SungYong. They also
mentioned they're nice to meet me. So I should respond in a friendly and welcoming
manner.

I need to make sure to acknowledge their name, maybe add an emoji to keep it warm.
Then offer help since that's part of my role.

Let me put that together in a natural way.
</think>

Hello SungYong! 😊 Nice to meet you too! How can I assist you today?

>>> 와 한국어도 하실 수 있나요? 지금부터 한국어로 대화해요.
<think>
Okay, the user just switched to Korean and asked if I can speak it. They also mentioned
they'll be using Korean from now on.
```

```
I should respond in Korean to make them feel comfortable. Let's confirm that I understand
and offer help.

Maybe add a friendly emoji to keep the conversation warm.
</think>

네, 한국어도 할 수 있습니다! 😊 지금부터 함께 한국어로 대화합시다. 뭐든 도와드리겠습니다!

>>> 와 대단하네요. 저는 요새 GPT에 대한 책을 쓰고 있어요. 딥시크에 대한 책으로 바꿔야 할까요?
<think>
Okay, the user is saying I'm great and that they're currently writing a book about
GPT. They're considering switching it to DeepSeek instead.

I need to acknowledge their compliment first. Then, express interest in their project
and provide helpful suggestions.

Maybe suggest combining both topics or creating a comparative analysis between GPT and
DeepSeek.
</think>

감사합니다! 정말 멋지시네요. 책을 쓰고 계시다니 대단하십니다. GPT에 대해 연구하시면서 어떤 부분이 가
장 흥미로웠는지 궁금해요.

딥시크(DeepSeek)라는 주제로 바꾸시려면, GPT와의 차별점과 연계점을 명확히 설정하시는 것이 좋을 것
같습니다. 예를 들어, 딥시크의 기술적 강점이나 비즈니스 모델에 초점을 맞추거나, 두 AI 간의 비교 분석
도 흥미로운 주제가 될 수 있을 것 같네요.

책이 완성되면ぜひ 읽어드리고 싶어요! 😊
```

대화를 종료하려면 Ctrl + D를 누릅니다. 대화 내용에서 알 수 있듯이 내 컴퓨터에 설치해서 사용하는 경량화된 언어 모델인데도 답변의 품질이 꽤 좋습니다. 하지만 경량화한 모델의 한계로 종종 일본어나 태국어, 아랍어를 섞어서 답변한다는 문제점도 있습니다.

11-2 랭체인에서 딥시크 모델 사용하기

랭체인을 활용해 개발하면 언어 모델을 간단히 교체할 수 있습니다. 이번 절에서는 랭체인과 딥시크를 활용해 간단한 챗봇을 만들어 보겠습니다.

Do it! 실습 딥시크와 랭체인으로 챗봇 만들기

결과 파일: chap11/sec02/deepseek_simple_chatbot.py

1. chap11 폴더를 만들고 파이썬 파일을 생성한 후 다음처럼 간단한 챗봇을 만드는 코드를 작성합니다. 08-1절에서 챗봇을 만들 때 사용한 langchain_multiturn.py 파일을 가져와 코드를 수정했습니다. 바뀐 내용은 모델을 초기화할 때 `ChatOpenAI` 대신 `ChatOllama`를 사용한 것입니다. `ChatOllama`에 사용할 모델명을 써주면 설정이 모두 끝납니다.

✦ 저는 14b 모델을 선택했지만 만약 컴퓨터 성능이 부족하다면 8b 혹은 7b 모델을 사용하세요.

딥시크와 랭체인으로 간단한 챗봇 구현하기 — deepseek_simple_chatbot.py

```
# from langchain_openai import ChatOpenAI
from langchain_ollama import ChatOllama
from langchain_core.messages import SystemMessage, HumanMessage, AIMessage

# 모델 초기화
# llm = ChatOpenAI(model="gpt-4o-mini")
llm = ChatOllama(model="deepseek-r1:14b")  # 만약 컴퓨터 성능이 부족하다면 7b, 8b 모델 선택

messages = [
    SystemMessage("너는 사용자의 질문에 한국어로 답변해야 한다."),
]

while True:
    user_input = input("You\t: ").strip()

    if user_input in ["exit", "quit", "q"]:
        print("Goodbye!")
        break

    messages.append(HumanMessage(user_input))
```

```
    response = llm.invoke(messages)
    print("Bot\t: ", response.content)

    messages.append(AIMessage(response.content))
```

2. ChatOllama를 사용하기 위해 터미널 창에서 패키지를 설치합니다.

✦ ChatOllama를 자세히 알고 싶다면 공식 웹 사이트(https://python.langchain.com/docs/integrations/chat/ollama/)를 참고하세요.

```
venv > pip install langchain-ollama
```

이 코드를 실행하면 다음처럼 터미널 창에서 대화할 수 있습니다. 다만 스트림 출력이 되지 않아 결과를 받기까지 시간이 오래 걸립니다.

```
You: 안녕?
<think>
Alright, the user greeted me with "안녕?" which is a casual way of saying hello in Ko-
rean. I should respond politely but in a friendly manner.
I want to make sure I understand them correctly, so I'll ask if there's something spe-
cific they need help with.
Keeping it natural and not too formal seems right for this context.
</think>
안녕? 도와줄 수 있는 것이 있나요?
```

3. 답변이 스트림 방식으로 출력되도록 코드를 수정해 보겠습니다.

딥시크 스트림 출력하기 — deepseek_simple_chatbot.py

```
# from langchain_openai import ChatOpenAI
from langchain_ollama import ChatOllama
from langchain_core.messages import SystemMessage, HumanMessage, AIMessage

# 모델 초기화
# llm = ChatOpenAI(model="gpt-4o-mini")
llm = ChatOllama(model="deepseek-r1:14b")

messages = [
    SystemMessage("너는 사용자의 질문에 한국어로 답변해야 한다."),
]
```

```
while True:
    user_input = input("You\t: ").strip()

    if user_input in ["exit", "quit", "q"]:
        print("Goodbye!")
        break

    messages.append(HumanMessage(user_input))

    response = llm.stream(messages)  ❶

    ai_message = None
    for chunk in response:
        print(chunk.content, end="")
        if ai_message is None:
            ai_message = chunk
        else:
            ai_message += chunk
    print('')  ❷

    message_only = ai_message.content.split("</think>")[1].strip()
    messages.append(AIMessage(message_only))  ❸
```

❶ .invoke로 되어 있던 부분을 .stream으로 수정해서 스트림 출력이 되도록 합니다.

❷ for 문을 활용해 response로 스트림 출력되는 부분을 받아 터미널 창에 차례차례 출력하도록 합니다. 이때 ai_message 변수에 response로 온 내용을 계속 덧붙이게 합니다.

❸ 이 코드에서 특이한 점은 message_only 변수에 ai_message의 내용 중 </think> 태그 이후 부분만 담도록 한 것입니다. 딥시크-R1 모델은 추론에 특화되어 있어서 답변을 즉시 생성하지 않고 먼저 <think>와 </think> 태그 안에서 자신이 해야 할 일을 생각한 후 이에 맞는 답변을 생성합니다. messages에 딥시크 모델이 생각한 과정까지 포함되면 오히려 자연스러운 답변을 생성하지 못할 수도 있으므로 실제로 대답하는 부분만 대화 기록에 담았습니다.

코드를 실행하면 다음과 같이 대화할 수 있습니다.

```
사용자: 마일즈 데이비스에 대해 알려줘.
<think>
Alright, the user asked about Miles Davis. I need to provide a comprehensive overview.
First, I'll start with his early life, mentioning where and when he was born.
Then, move on to his career highlights, like forming the Modern Jazz Sextet in the
late '40s.
I should include his innovative work in bebop and cool jazz, such as his famous album
"Birth of the Cool."
```

```
(... 생략 ...)
</think>

마일즈 데이비스(Miles Davis)는 20세기 중반부터 후반에 걸쳐 활동한 미국의 재즈 트럼펫리스트, 밴드리더, 및 은퇴 전 악곡작곡가로, 현대 재 즈 역사상 가장 영향력 있는 아티스트 중 한 명으로 평가받는다. 그는 1940년대부터 1990년대까지 다양한 장르와 스타일로의 음악을 만들었으며, 재즈의 발전에 기여한 것으로 유명하다.

### 주요 정보
- **출생**: 1926년 5월 26일, 미국 테네시州 채터스톡
- **사망**: 1991년 9월 28일, 미국 뉴욕주 팰리즈리지
- **악기**: 트럼펫

### 경력 및 유명한 작품
1. **초기 경력**:
   - 1940년대 중반, 힐튼 토드 밴드와 함께 활동하며 이름을 떨쳤다.
(... 생략 ...)
```

11-3 딥시크에 기반한 RAG 만들기

이번 장에서는 딥시크로 RAG를 만들어 보겠습니다. 09장에서는 스트림릿에서 작동하는 GPT에 기반한 RAG를 만들었습니다. 09장의 최종 코드를 수정하면 간단히 딥시크를 기반으로 하는 RAG로 바꿀 수 있습니다.

Do it! 실습 딥시크로 RAG 만들기

결과 파일: sec03/rag_deepseek.py

1. 09장에서 만들었던 rag.py와 retriever.py라는 파일 2개를 사용합니다. 이 파일들을 chap11에 폴더에 복사한 후, rag.py 파일은 이름을 rag_deepseek.py로 변경합니다.

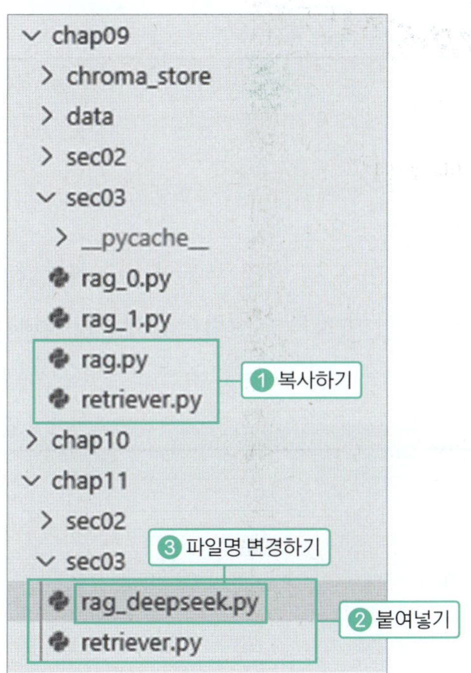

2. 이 2개 파일에서 GPT로 설정한 언어 모델을 딥시크로 수정합니다. 우선 rag_deepseek.py 파일을 봅시다. `ChatOpenAI`를 사용하는 코드는 주석 처리하고 `ChatOllama`를 활용하도록 수정합니다. `st.title` 부분은 수정하지 않아도 잘 작동하지만 GPT가 아닌 딥시크를 사용한다는 것을 알려 주기 위해 변경합니다.

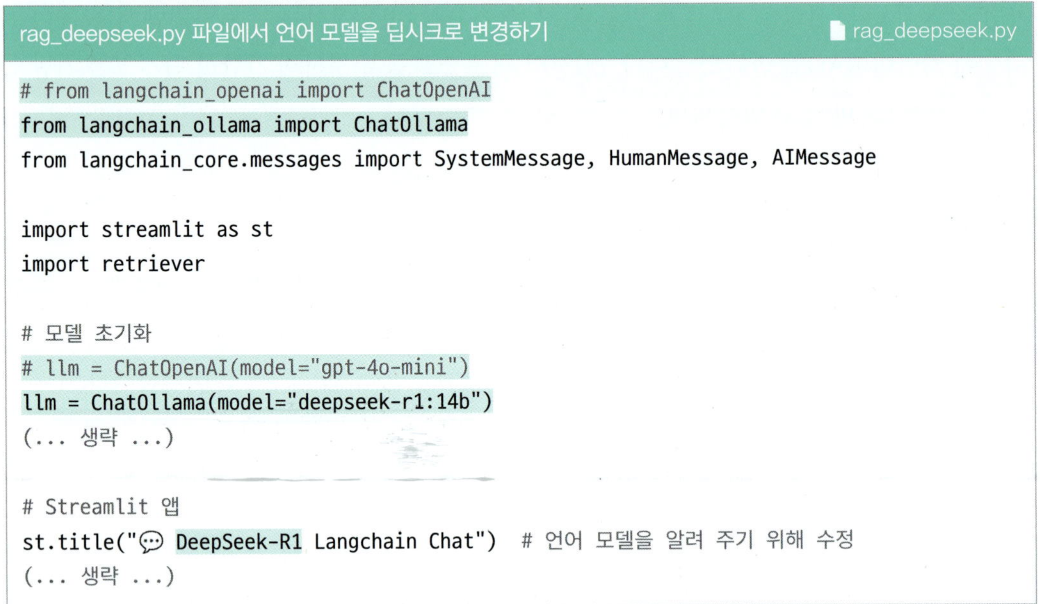

rag_deepseek.py 파일에서 언어 모델을 딥시크로 변경하기 — rag_deepseek.py

```
# from langchain_openai import ChatOpenAI
from langchain_ollama import ChatOllama
from langchain_core.messages import SystemMessage, HumanMessage, AIMessage

import streamlit as st
import retriever

# 모델 초기화
# llm = ChatOpenAI(model="gpt-4o-mini")
llm = ChatOllama(model="deepseek-r1:14b")
(... 생략 ...)

# Streamlit 앱
st.title("💬 DeepSeek-R1 Langchain Chat")  # 언어 모델을 알려 주기 위해 수정
(... 생략 ...)
```

3. chap11 폴더에 복사해 넣은 retriever.py 파일도 언어 모델 설정 부분만 수정합니다. `ChatOpenAI`로 GPT를 사용하도록 설정한 부분을 지우거나 주석으로 처리하고 `ChatOllama`를 사용해 딥시크 모델을 사용하도록 수정하면 끝입니다.

retriever.py 파일에서 언어 모델을 딥시크로 변경하기 — retriever.py

```
# 임베딩 모델 선언하기
from langchain_openai import OpenAIEmbeddings
embedding = OpenAIEmbeddings(model='text-embedding-3-large')

# 언어 모델 불러오기
# from langchain_openai import ChatOpenAI
# llm = ChatOpenAI(model="gpt-4o")
from langchain_ollama import ChatOllama
llm = ChatOllama(model="deepseek-r1:14b")
```

이제 터미널 창에서 `streamlit run` *파일명*`.py`을 입력해 실행해 봅시다. 딥시크 모델 특성상 `<think>`와 `</think>` 태그 안에 무슨 생각을 하고 답변을 생성할지 보여 주는 과정이 출력됩니다. 이 부분을 드러나지 않도록 처리할 수도 있지만 사용자가 알아 두면 재미있고 유용한 정보라서 남겨 두었습니다.

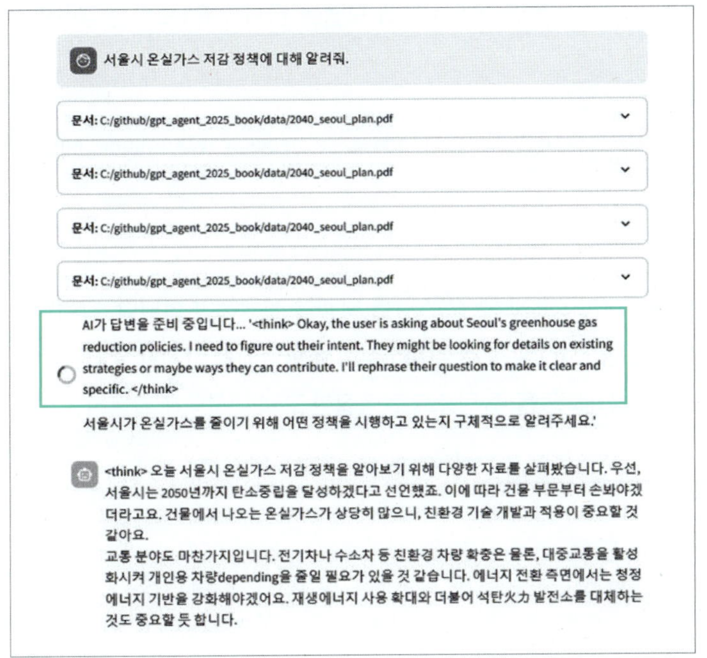

딥시크처럼 로컬에 설치해 사용할 수 있는 언어 모델을 이용하면 토큰 비용을 지출할 필요가 없고 보안 문서도 아무 걱정 없이 활용할 수 있다는 장점이 있습니다. 다만 이 예제에서는 이미 임베딩되어 있는 벡터 DB를 대상으로 RAG 대화를 했습니다. 09장에서 문서를 임베딩할 때는 오픈AI의 임베딩 API를 사용했으므로 그 과정에서 우리가 사용한 PDF 파일 내용이 오픈AI에 전송됩니다. 이 임베딩 과정도 임베딩 모델을 로컬에 설치해서 사용할 수 있습니다. 임베딩 모델과 언어 모델 모두 로컬에 설치해 사용한다면 내부 문서도 노출될 걱정 없이 사용할 수 있습니다.

✦ 임베딩 모델을 로컬에 설치하는 방법은 16-1절에서 다룹니다.

한 걸음 더! 랭체인으로 만든 모든 애플리케이션을 GPT가 아닌 딥시크-R1 모델로 바꿀 수 있나요?

아직 모든 애플리케이션을 바꿀 수는 없습니다. 딥시크-R1은 등장한 지 얼마 되지 않은 모델이라 몇 가지 제약이 있습니다. 예를 들어 10장에서는 도구 호출을 이용하는 기능을 활용했는데 딥시크-R1 모델은 도구가 호출되지 않습니다. 이런 상황에서 언어 모델을 딥시크-R1으로 변경하면 다음처럼 오류가 발생합니다.

```
ollama._types.ResponseError: registry.ollama.ai/library/deepseek-r1:14b does not
support tools (status code: 400)
```

이런 경우에는 도구 호출을 지원하는 llama3.2:3b와 같은 다른 모델을 선택해야 합니다. 그러나 llama3.2:3b 모델은 한국어가 일본어, 중국어, 영어, 태국어와 섞여서 출력되는 한계가 있습니다. 이 책을 읽는 시점에는 더 나은 모델이 공개되었을 수 있으므로 적절한 모델을 선택해 활용하길 바랍니다.

넷째마당

랭그래프를 활용해 협업하는 AI 팀 만들기

일반적으로 복잡한 작업을 할 때는 여러 명이 역할을 나누어 맡고 협력합니다. AI 에이전트를 개발할 때도 여러 AI 에이전트가 각각 역할을 분담하고 협력하도록 만들 수 있습니다. 넷째마당에서는 랭그래프를 이용해 멀티에이전트를 개발하는 방법에 대해 다루겠습니다.

12장

랭그래프와 친해지기

랭그래프는 언어 모델을 활용하여 더 복잡한 일을 하도록 설계할 수 있는 프레임워크입니다. 랭그래프를 이용하면 하나의 AI 에이전트가 일을 수행하는 방식을 구체화할 수 있고, 각각 전문 역량을 갖춘 여러 AI 에이전트가 서로 협력하도록 만들 수도 있습니다. 이번 장에서는 랭그래프를 이용하여 단순한 작업부터 글쓰기와 같은 복잡한 업무까지 자동으로 수행하는 프로그램을 구현해 보겠습니다.

12-1 랭그래프로 만드는 기본 챗봇

랭그래프의 기본 개념을 배우고, 랭그래프를 활용해 간단한 챗봇을 만들어 보겠습니다.

랭그래프란?

랭그래프LangGraph는 랭체인에서 한발 더 나아가 여러 AI 에이전트를 연결하여 상황에 맞게 다음 작업을 하도록 구성할 수 있게 해주는 프레임워크입니다. 랭그래프를 처음 접하는 사람은 '그래프'라는 용어 때문에 마우스로 드래그 앤 드롭하여 워크플로를 구성하는 시각화 도구로 오해할 수 있는데, 이는 수학의 그래프 이론에서 따온 개념입니다. 그래프 이론에서는 각각의 객체(요소)를 노드로, 노드 간의 연결을 엣지로 표현합니다. 랭그래프는 언어 모델이 처리해야 할 일의 단계와 순서를 그래프로 명확하게 지정하여 앞으로 어떻게 행동하고 판단할지 기준을 제시하게 해줍니다.

랭그래프의 기본 개념 — 노드, 엣지, 상태

다음은 앞으로 랭그래프를 사용하여 만들 책과 보고서 목차 쓰는 AI 에이전트의 구조도입니다. GPT에게 질문하면 한 번에 답을 제공하는 방식이 아니라 AI 에이전트가 스스로 판단하고 여러 단계를 거쳐 작업을 수행하도록 설계되어 있습니다. 랭그래프에서는 이런 작업의 흐름을 노드, 엣지, 상태를 활용해 표현합니다.

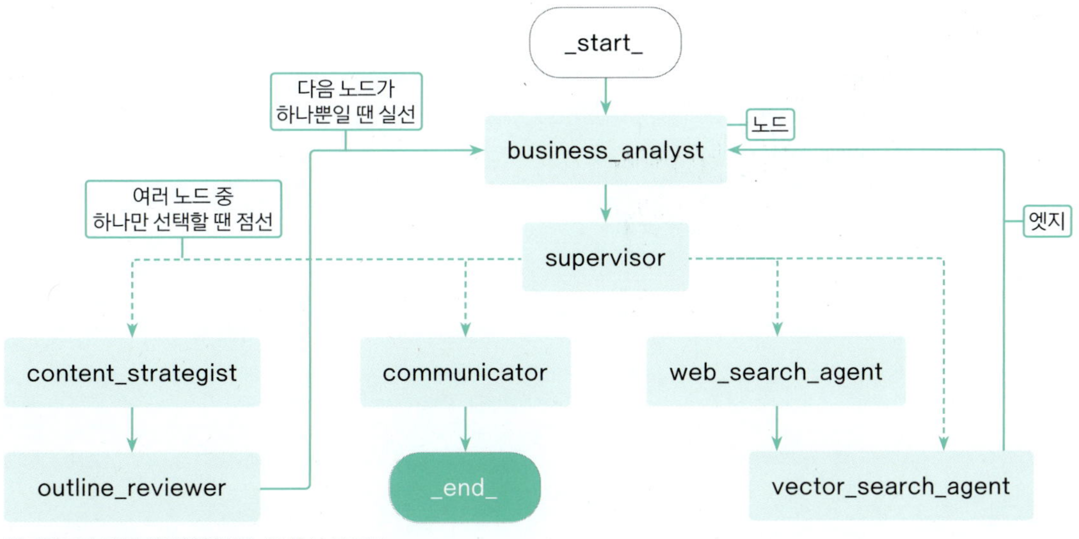

랭그래프로 만든 멀티에이전트 AI 예시 구조도

노드node는 하나의 작업이나 단계를 나타냅니다. 다음 그림에서 'business_analyst', 'supervisor'처럼 네모 상자로 표시한 작업 요소가 노드이고, 노드의 연결을 나타내는 화살표는 엣지edge입니다. 하나의 작업이 끝났을 때 다음 작업으로 무엇을 할지는 상황에 따라 다를 수 있습니다. 한 노드에서 연결되는 다음 노드가 하나뿐인 경우에는 실선으로, 작업 결과에 따라 여러 노드 중에서 하나를 선택할 수 있는 경우에는 점선으로 표현했습니다. 그리고 상태state는 노드가 작업한 결과를 기록해 두는 작업 일지를 의미합니다. 이 절에서는 간단한 챗봇을 만들면서 노드, 엣지, 상태의 개념을 자세히 배우겠습니다.

처음부터 복잡한 랭그래프를 구현하기는 어려우니 우선 간단한 예제로 시작합시다.

Do it! 실습 랭그래프로 간단한 챗봇 만들기

결과 파일: chap12/sec01/langgraph_simple_chatbot.ipynb

실제로 코딩하며 랭그래프의 차이를 직접 경험해 봅시다. 사용자와 대화를 주고받는 단순한 구조의 챗봇을 만들겠습니다. 이 예제로는 랭그래프의 장점을 제대로 느끼기 어렵겠지만 랭그래프의 기본 구조를 이해하는 데 도움될 것입니다. 12-3절과 그 이후 실습에서 랭그래프의 기능을 점점 더 확장해 보겠습니다.

✦ 이번 실습에서 사용하는 예제 코드는 랭그래프 공식 문서인 LangGraph Quick Start(https://langchain-ai.github.io/langgraph/tutorials/introduction/)의 내용을 참고했습니다.

1. 랭그래프의 기능을 단계별로 이해하기 위해 주피터 노트북 파일로 실습하겠습니다. langgraph_simple_chatbot.ipynb 파일을 새로 만들고 다음과 같이 입력해 랭그래프를 설치합니다.

랭그래프 설치하기 langgraph_simple_chatbot.ipynb (1)

```
%pip install langgraph
```

2. 다음과 같이 선언해 GPT 모델을 설정합니다.

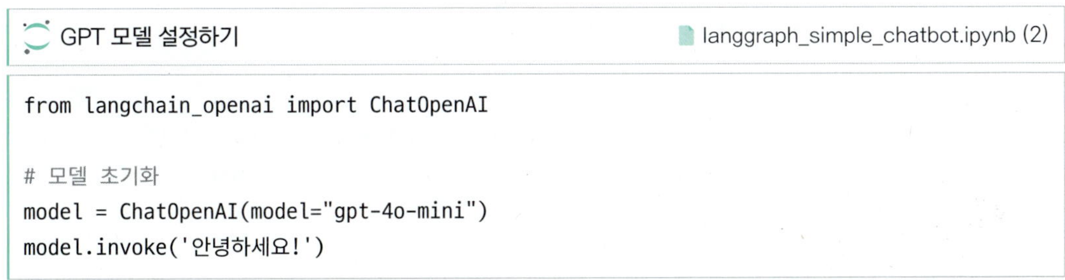

GPT 모델 설정하기 langgraph_simple_chatbot.ipynb (2)

```
from langchain_openai import ChatOpenAI

# 모델 초기화
model = ChatOpenAI(model="gpt-4o-mini")
model.invoke('안녕하세요!')
```

이 셀을 실행하면 다음처럼 GPT의 답변이 잘 출력됩니다.

```
AIMessage(content='안녕하세요! 어떻게 도와드릴까요?',
(... 생략 ...)
```

Do it! 실습 상태 정의하기

결과 파일: sec01/langgraph_simple_chatbot.ipynb

랭그래프에서 상태는 언어 모델이 임무를 수행하면서 현재 상태를 명확히 관리할 수 있도록 돕는 요소입니다. 랭그래프는 여러 노드, 즉 AI 에이전트가 각자 맡은 일을 수행하도록 구성되고 이 노드들은 상황에 맞게 작업할 수 있도록 필요한 정보를 주고받아야 합니다.
일반적으로 랭그래프에서는 State(상태) 클래스에 필요한 데이터 형식을 최대한 명확하게 정의합니다. 이렇게 정의된 상태에 각 노드에서 처리된 결과를 저장하고 이 정보를 다음 작업을 수행할 노드로 전달합니다. 이처럼 랭그래프에서는 각 작업을 진행하는 데 필요한 항목들의 자료 형태를 상태에 미리 정해 놓아야 각 노드가 필요한 정보를 정확히 받아 작업이 순차로 잘 이어집니다.

이전 실습에서 만든 챗봇에 State 클래스와 그래프를 생성해 보겠습니다.

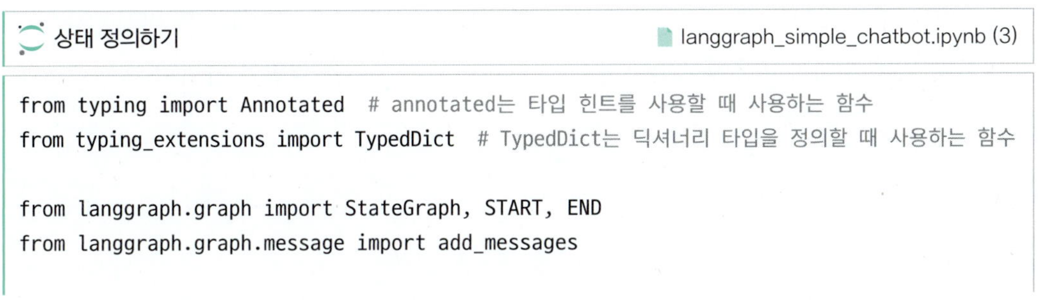

상태 정의하기 langgraph_simple_chatbot.ipynb (3)

```
from typing import Annotated  # annotated는 타입 힌트를 사용할 때 사용하는 함수
from typing_extensions import TypedDict  # TypedDict는 딕셔너리 타입을 정의할 때 사용하는 함수

from langgraph.graph import StateGraph, START, END
from langgraph.graph.message import add_messages
```

```
class State(TypedDict): ①
    """
    State 클래스는 TypedDict를 상속받습니다.

    속성:
        messages (Annotated[list[str], add_messages]): 메시지들은 "list" 타입을 가집니다. ②
       'add_messages' 함수는 이 상태 키가 어떻게 업데이트되어야 하는지를 정의합니다. ③
        (이 경우, 메시지를 덮어쓰는 대신 리스트에 추가합니다)
    """
    messages: Annotated[list[str], add_messages] ②

# StateGraph 클래스를 사용하여 State 타입의 그래프 생성
graph_builder = StateGraph(State) ④
```

① State 클래스는 TypedDict를 사용하여 딕셔너리 형태로 관리됩니다.
② State 클래스에는 messages라는 변수만 포함되어 있으며, 이 변수는 Annotated를 사용해 문자열로 구성된 리스트 형식임을 명시합니다.
③ add_messages 함수를 추가합니다. add_messages 함수는 langgraph에서 제공하는 함수로 문자열이 주어질 때 이를 추가하는 기능을 합니다.
④ 생성한 State를 이용해 StateGraph를 만들어 graph_builder라는 변수에 담습니다.

앞으로 이렇게 만든 graph_builder에 노드와 엣지들을 연결할 예정입니다.

Do it! 실습 노드 생성하기

결과 파일: sec01/langgraph_simple_chatbot.ipynb

노드를 설정할 차례입니다. 앞서 설명했듯이 랭그래프는 각 노드에서 처리한 결과를 상태에서 관리하고, 각 노드를 엣지로 연결하는 그래프 형태로 표현하여 대화나 데이터 흐름을 관리합니다. 여기서 노드는 그래프의 한 지점을 의미하며 하나의 단계를 표현한다고 이해하면 쉽습니다.

사용자가 질문하면 답변을 생성하는 generate라는 노드를 가진 랭그래프를 만들겠습니다. 이 노드는 기존의 대화 내용에 기반하여 GPT로 답변을 생성하는 역할을 합니다.

노드 생성하기 langgraph_simple_chatbot.ipynb (4)

```
def generate(state: State):——①
    """
    주어진 상태를 기반으로 챗봇의 응답 메시지를 생성합니다.

    매개변수:
    state (State): 현재 대화 상태를 나타내는 객체로, 이전 메시지들이 포함되어 있습니다.

    반환값:
    dict: 모델이 생성한 응답 메시지를 포함하는 딕셔너리.
          형식은 {"messages": [응답 메시지]}입니다.
    """
    return {"messages": [model.invoke(state["messages"])]}——②

graph_builder.add_node("generate", generate)——③
```

① generate 함수를 만듭니다. 매개변수는 앞서 정의한 State를 받도록 설정합니다.

② state 안에는 messages라는 리스트를 담을 수 있는 변수만 포함되어 있습니다. 이 노드는 GPT 모델에 state["messages"]를 전달하여 답변을 받아 온 뒤 그 결과를 딕셔너리 형태로 반환하는 간단한 역할을 합니다.

③ 마지막으로 앞서 만든 graph_builder에 generate 노드를 추가합니다. 이때 노드의 이름과 그 해당 함수명을 함께 넣어 줍니다.

이 셀을 실행하면 노드가 생성됩니다.

```
<langgraph.graph.state.StateGraph at 0x209c230cd70>
```

Do it! 실습 엣지 설정하기

결과 파일: sec01/langgraph_simple_chatbot.ipynb

그래프는 노드와 엣지로 구성됩니다. 이번 예제에서는 노드 앞뒤로 START와 END 노드를 지정하고 엣지를 설정해 보겠습니다. START와 END는 랭그래프에서 제공하는 노드입니다.

1. 앞서 만든 graph_builder에 연결 관계를 선언합니다. 그래프는 START에서 챗봇을 거쳐 END로 가는 흐름으로 구성됩니다. 이 흐름을 정의하고 그래프를 컴파일하여 graph로 선언합니다.

graph 선언하기 langgraph_simple_chatbot.ipynb (5)

```
graph_builder.add_edge(START, "generate")
graph_builder.add_edge("generate", END)

graph = graph_builder.compile()
```

2. 현재 주피터 노트북에서 진행하고 있으므로 우리가 만든 그래프의 구조를 파이썬으로 그려 볼 수 있습니다. 다음과 같이 입력하고 실행해 보세요.

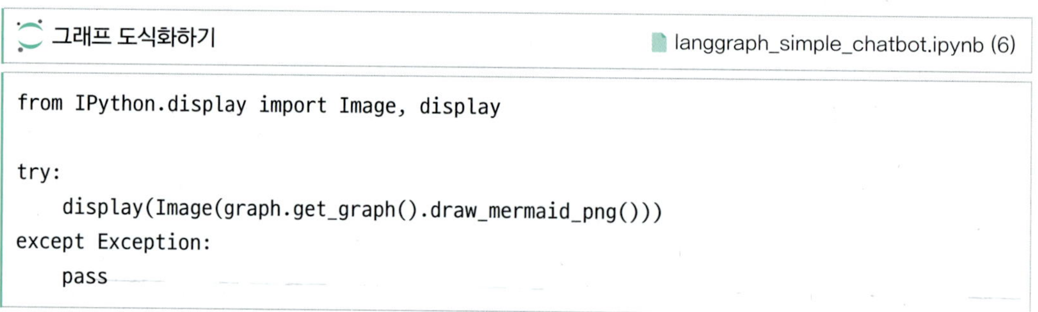

그래프 도식화하기 langgraph_simple_chatbot.ipynb (6)

```
from IPython.display import Image, display

try:
    display(Image(graph.get_graph().draw_mermaid_png()))
except Exception:
    pass
```

이 셀을 실행하면 다음과 같이 구조가 간단한 챗봇 그래프가 출력 됩니다.

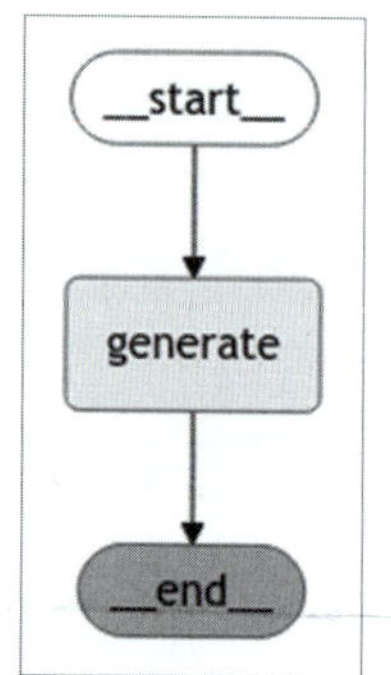

3. 그래프를 이용해 답변을 생성하기 위해 "messages"의 리스트에 문장을 넣습니다. 그리고 graph.invoke()의 결과 데이터 타입과 전체 response를 확인하는 코드를 작성합니다.

리스트에 문장 추가하기 langgraph_simple_chatbot.ipynb (7)

```
response = graph.invoke({"messages": ["안녕하세요! 저는 이성용입니다."]})

print(type(response))
response
```

이 셀을 실행해 보면 데이터가 AddableValuesDict 형태로 반환된 것을 알 수 있습니다. 이때 사용자가 입력한 문장이 담긴 리스트에 GPT의 답변이 추가된 상태로 결과가 반환됩니다. 이런 결과가 나온 이유는 State를 정의할 때 messages에 add_messages를 추가했기 때문입니다. 이렇게 설정한 덕분에 새로 입력된 메시지가 기존 메시지 리스트에 덧붙여지는 방식으로 동작합니다.

```
<class 'langgraph.pregel.io.AddableValuesDict'>

{'messages': [HumanMessage(content='안녕하세요! 저는 이성용입니다', additional_kwargs={},
response_metadata={}, id='fe2c6e52-ec4a-403b-b585-bcd539d55686'),
AIMessage(content='안녕하세요, 이성용님! 만나서 반갑습니다. 어떻게 도와드릴까요?',
(... 생략 ...)
```

4. 이전 대화 내용을 이어 나가려면 다음과 같이 .append를 사용하여 원하는 메시지를 추가한 뒤, graph.invoke로 다음 문장을 생성합니다.

이전 대화 내용에 새 메시지 추가하기 langgraph_simple_chatbot.ipynb (8)

```
response["messages"].append("제 이름을 아시나요?")
graph.invoke(response)
```

이 셀을 실행하면 다음처럼 대화 내용을 유지한 상태로 답변을 생성해 줍니다. 앞에서 말했던 제 이름을 잘 기억하고 대답하네요.

```
{'messages': [HumanMessage(content='안녕하세요! 저는 이성용입니다', ... 생략 ...,
AIMessage(content='안녕하세요, 이성용님! 만나서 반갑습니다. 어떻게 도와드릴까요?',
(... 생략 ...)
  HumanMessage(content='제 이름을 아시나요?', ... 생략 ...,
  AIMessage(content='네, 이성용님이라고 말씀해주셨습니다. 더 궁금한 점이나 이야기하고 싶은 내용이
있으면 언제든지 말씀해 주세요!', ... 생략 ...}})]}
```

단순한 챗봇을 만드는데 왜 이렇게 복잡하게 구성해야 하는지 의문이 생길 수 있습니다. 하지만 랭그래프 방식으로 구성하면 앞으로 언어 모델에게 더 복잡한 작업을 맡길 때 확장하기 쉽고 명확해집니다.

Do it! 실습 스트림 출력하기

결과 파일: sec01/langgraph_simple_chatbot.ipynb

언어 모델의 반응 속도를 크게 신경 쓰지 않아도 되는 문서 생성 작업에서는 현재 방식을 사용해도 아무 문제가 없습니다. 하지만 챗봇을 만들려면 사용자의 질문에 최대한 빠르게 반응할 수 있도록 스트림 방식으로 출력해야 합니다. 이전 파일에 이어서 코드를 작성해 보겠습니다.

스트림 방식으로 출력할 때에는 `.invoke` 대신 `.stream`을 사용합니다. 이때 `stream_mode`를 `messages`로 선택하면 메시지를 스트림 방식으로 실시간 출력합니다.

스트림 방식으로 출력하기 langgraph_simple_chatbot.ipynb (9)

```
inputs = {"messages": [("human", "한국과 일본의 관계에 대해 자세히 알려 줘.")]}
for chunk, _ in graph.stream(inputs, stream_mode="messages"):
    print(chunk.content, end="")
```

이 셀을 실행하면 GPT가 답변을 생성하는 대로 화면에 순차적으로 출력해 줍니다.

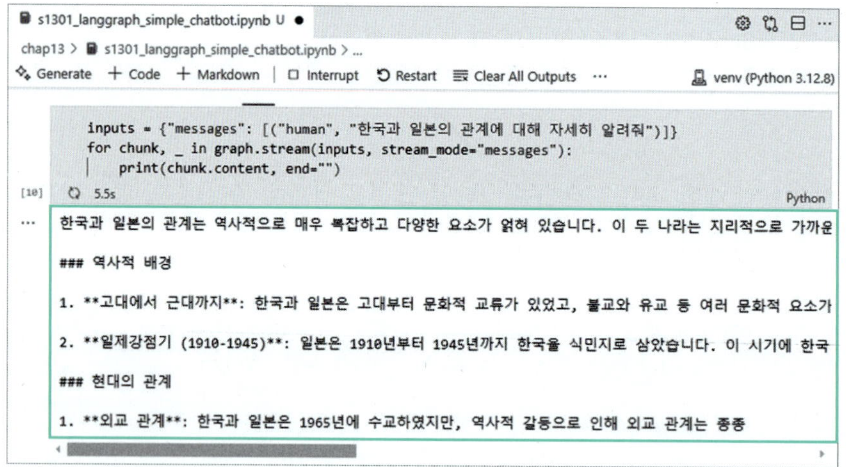

한 걸음 더! 다양한 스트림 모드 알아보기

스트림 모드는 앞 실습에서 사용한 messages뿐만 아니라 values, updates, debug, custom 등 다양한 옵션이 있습니다.

✦ 스트림 모드를 더 자세히 알고 싶다면 랭그래프 공식 문서를 참고하세요(https://langchain-ai.github.io/langgraph/how-tos/streaming/?h=stream+mode).

옵션	설명
messages	메시지를 스트림 방식으로 실시간 출력합니다.
values	랭그래프의 단계별로 상태가 어떻게 변하는지 파악할 때 사용합니다.
updates	단계별로 변경된 내용만 반환합니다.
debug	디버깅용 옵션으로 실행되는 과정의 정보를 자세히 제공합니다.
custom	사용자 정의 방식으로 스트림을 설정할 수 있습니다.

12-2 대화 내용을 저장하는 메모리

12-1절에서 만든 챗봇이 이전 대화 내용을 기억하게 하려면 매번 수동으로 업데이트해야 했습니다. 이런 방식이 필요한 경우도 있지만 특수한 상황이 아니라면 랭그래프에서 제공하는 메모리Memory를 활용해 대화 내용을 간편하게 저장할 수 있습니다.

Do it! 실습 랭그래프의 메모리 기능 활용하기

결과 파일: sec02/langgraph_memory.py

1. 랭그래프의 메모리를 다루기 전에 기본 챗봇을 만들겠습니다. langgraph_memory.py 파일을 새로 만들고 다음처럼 코드를 입력합니다. 코드 중 일부는 12-1절에서 만든 챗봇 코드를 그대로 가져왔습니다.

메모리를 적용하기 전 기본 챗봇 만들기 langgraph_memory.py

```
from langchain_openai import ChatOpenAI

# 모델 초기화
model = ChatOpenAI(model="gpt-4o-mini")

from typing import Annotated  # annotated는 타입 힌트를 사용할 때 사용하는 함수
from typing_extensions import TypedDict

from langgraph.graph import StateGraph, START, END
from langgraph.graph.message import add_messages

class State(TypedDict):
    """
    State 클래스는 TypedDict를 상속받습니다.

    속성:
        messages (Annotated[list[str], add_messages]): 메시지들은 "list" 타입을 가집니다.
        주석에 있는 'add_messages' 함수는 이 상태 키가 어떻게 업데이트되어야 하는지를 정의합니다.
        (이 경우, 메시지를 덮어쓰는 대신 리스트에 추가합니다)
    """
    messages: Annotated[list[str], add_messages]
```

```
# StateGraph 클래스를 사용하여 State 타입의 그래프 생성
graph_builder = StateGraph(State)

#-----------
def generate(state: State):
    """
    주어진 상태를 기반으로 챗봇의 응답 메시지를 생성합니다.

    매개변수:
    state (State): 현재 대화 상태를 나타내는 객체로, 이전 메시지들이 포함되어 있습니다.

    반환값:
    dict: 모델이 생성한 응답 메시지를 포함하는 딕셔너리.
          형식은 {"messages": [응답 메시지]}입니다.
    """
    return {"messages": model.invoke(state["messages"])}

graph_builder.add_node("generate", generate)

graph_builder.add_edge(START, "generate")
graph_builder.add_edge("generate", END)

graph = graph_builder.compile()

#------------ 여기서부터 달라진 코드가 있음
from langchain.schema import HumanMessage

while True:                                          ─┐
    user_input = input("You\t:")                      │
                                                      ├─ ❶
    if user_input in ["exit", "quit", "q"]:           │
        break                                        ─┘

     for event in graph.stream({"messages": [HumanMessage(user_input)]}, stream_
mode="values"): ─ ❷
        event["messages"][-1].pretty_print() ─ ❸

    print(f'\n현재 메시지 개수: {len(event["messages"])}\n------------------\n') ─ ❹
```

❶ while 반복문을 살펴보겠습니다. 파이썬의 input 함수를 사용하여 터미널 창에서 사용자가 입력한 내용을 문자열로 받아 user_input 변수에 저장합니다. 이때 받은 값이 exit, quit, q 중 하나라면 대화를 종료합니다.

❷ user_input이 유효한 값이라면 graph.stream의 messages에 HumanMessage 클래스를 이용해 리스트 형태로 담아 실행합니다. 이때 stream_mode를 messages가 아니라 values로 설정하여 각 단계의 상태 변화를 스트림 방식으로 가져옵니다. 스트림 방식이므로 for 문을 이용해 메시지를 하나씩 가져올 수 있습니다.

❸ event["messages"]에는 현재 상태의 메시지들이 저장되어 있으므로 가장 마지막 메시지를 .pretty_print()로 터미널 창에 출력합니다. .pretty_print()는 객체의 내용을 보기 좋게 출력할 때 사용하며, 출력하는 메시지가 AIMessage인지 HumanMessage인지에 따라 터미널 창에 자동으로 구분하여 표시해 줍니다.

❹ 마지막으로 현재 event["messages"]에 저장된 메시지의 개수를 출력하고 while 반복문은 다시 처음으로 돌아갑니다.

코드를 실행하고 과거 대화에 기반해서 대화를 이어 갈 수 있는지 터미널 창에서 테스트해 봅시다. 메시지 개수가 2개에서 더 이상 늘어나지 않고, 매번 새로운 대화로 인식해서 바로 앞에서 말해 준 제 이름도 기억하지 못합니다.

```
You      :난 이성용이야.
====== Human Message =======

난 이성용이야.
======== Ai Message ========

안녕하세요, 이성용님! 어떻게 도와드릴까요?

현재 메시지 개수: 2
-------------------

You      :내 이름이 뭐지?
====== Human Message =======

내 이름이 뭐지?
======== Ai Message ========

죄송하지만, 당신의 이름을 알 수 있는 정보가 없습니다. 이름을 알려주시면 좋겠습니다!

현재 메시지 개수: 2
-------------------

You      :q
```

2. 기존 코드에서 단 몇 줄만 바꿔 메모리를 추가하면 이전 대화 내용을 기억한 상태로 대화를 이어 나갈 수 있도록 설정할 수 있습니다. 코드를 다음처럼 수정합니다.

메모리 추가하기 langgraph_memory.py

```
(... 생략 ...)

graph_builder.add_node("generate", generate)

graph_builder.add_edge(START, "generate")
graph_builder.add_edge("generate", END)

from langgraph.checkpoint.memory import MemorySaver   ❶
memory = MemorySaver()

config = {"configurable": {"thread_id": "abcd"}}   ❸

graph = graph_builder.compile(checkpointer=memory)   ❷

#------------
from langchain.schema import HumanMessage

while True:
    user_input = input("You\t:")

    if user_input in ["exit", "quit", "q"]:
        break

    for event in graph.stream({"messages": [HumanMessage(user_input)]}, config,
stream_mode="values"):   ❸
        event["messages"][-1].pretty_print()

    print(f'\n현재 메시지 개수: {len(event["messages"])}\n-------------------\n')
```

❶ 랭그래프에서 제공하는 MemorySaver를 임포트하고 memory라는 이름의 객체로 만듭니다.

❷ memory 객체는 graph_builder.compile(checkpointer=memory)에서 설정되어 대화 내용을 계속 쌓아 갈 수 있도록 만듭니다.

❸ config에서 thread_id를 abcd로 설정합니다. 이때 thread_id는 임의의 문자열로 설정합니다. config의 thread_id는 일종의 대화방 ID라고 생각하면 됩니다. while 문으로 메시지를 여러 번 반복해서 입력하더라도 thread_id가 유지된다면 기존 대화 내용을 계속 보존한 상태로 진행할 수 있습니다.

이 코드를 실행해 보면 기존 대화 내용을 계속 쌓아 나가는 것을 알 수 있습니다. 새로운 메시지를 입력해도 지난 대화 내용에 기반해서 답변을 잘 생성합니다.

```
You      :난 이성용이야.
====== Human Message =======

난 이성용이야.
======== Ai Message ========

안녕하세요, 이성용님! 어떻게 도와드릴까요?

현재 메시지 개수: 2
-------------------

You      :내 이름이 뭐지?
====== Human Message =======

내 이름이 뭐지?
======== Ai Message ========

당신의 이름은 이성용입니다. 다른 질문이나 요청이 있으신가요?

현재 메시지 개수: 4
-------------------

You      :q
```

12-3 인터넷 검색 후 기사를 작성하는 챗봇 만들기

07장에서는 오픈AI의 GPT API를 활용할 때 펑션 콜링을 사용했고, 08장에서는 랭체인에서 도구 호출하는 방법을 배웠습니다. 랭그래프는 랭체인에 기반하므로 GPT와 같은 언어 모델이 미리 정의한 도구를 사용할 수 있게 구현할 수 있습니다. 이번 실습에서는 사용자가 주제를 제시하면 인터넷을 검색하여 최신 이슈를 기반으로 세부 주제를 선정하고, 그 주제를 검색해서 최종 기사를 작성하는 신문기자 챗봇을 만들겠습니다.

Do it! 실습 신문기자 챗봇 만들기

결과 파일: sec03/langgraph_tools.ipynb

1. 먼저 기사를 어떻게 작성할지 일의 순서를 설명합니다. 여기서 {about}에 주제만 입력하면 챗봇이 알아서 기사를 쓰도록 만들어 보겠습니다.

```
너는 신문기자이다.
최근 {about}에 대해 비판하는 심층 분석 기사를 쓰려고 한다.

- 최근 어떤 이슈가 있는지 검색하고 사람들이 제일 관심있어 할만한 주제를 선정하고 왜 선정했는지 말해줘.
- 그 내용으로 원고를 작성하기 위한 목차를 만들고 목차 내용을 채우기 위해 추가로 검색할 내용을 리스트
  로 정리해봐.
- 검색할 리스트를 토대로 재검색해.
- 목차에 있는 내용을 작성하기 위해 더 검색이 필요한 정보가 있는지 확인하고 있다면 추가로 검색해.
- 검색된 결과에서 원하는 정보를 찾지 못했다면 다른 검색어로 재검색해도 좋아.

더 이상 검색할 내용이 없다면 조선일보 신문 기사 형식으로 최종 기사를 작성한다.
제목, 부제, 리드문, 본문의 구성으로 작성한다. 본문 내용은 심층 분석 기사에 맞게 구체적이고 깊이 있게
작성해야 한다.
```

현재 시간을 알려 주는 함수와 웹 검색을 하는 함수를 랭체인의 도구로 등록하고 랭그래프로 구현하겠습니다.

2. langgraph_tools.ipynb 파일을 생성하고 언어 모델을 GPT로 설정합니다.

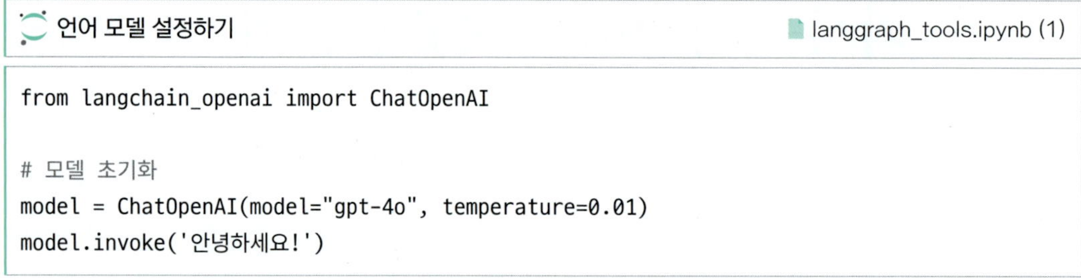

언어 모델 설정하기 langgraph_tools.ipynb (1)

```
from langchain_openai import ChatOpenAI

# 모델 초기화
model = ChatOpenAI(model="gpt-4o", temperature=0.01)
model.invoke('안녕하세요!')
```

언어 모델이 잘 설정되었는지 테스트해 보기 위해 문장을 생성해 봤습니다. GPT가 잘 설정되었네요.

```
AIMessage(content='안녕하세요! 어떻게 도와드릴까요?',
(... 생략 ...)
```

3. 랭그래프의 상태를 선언하고 그 안에 필요한 정보들을 담는 코드를 작성합니다. 이 코드는 12-1절과 12-2절에서 랭그래프를 사용한 코드와 동일합니다.

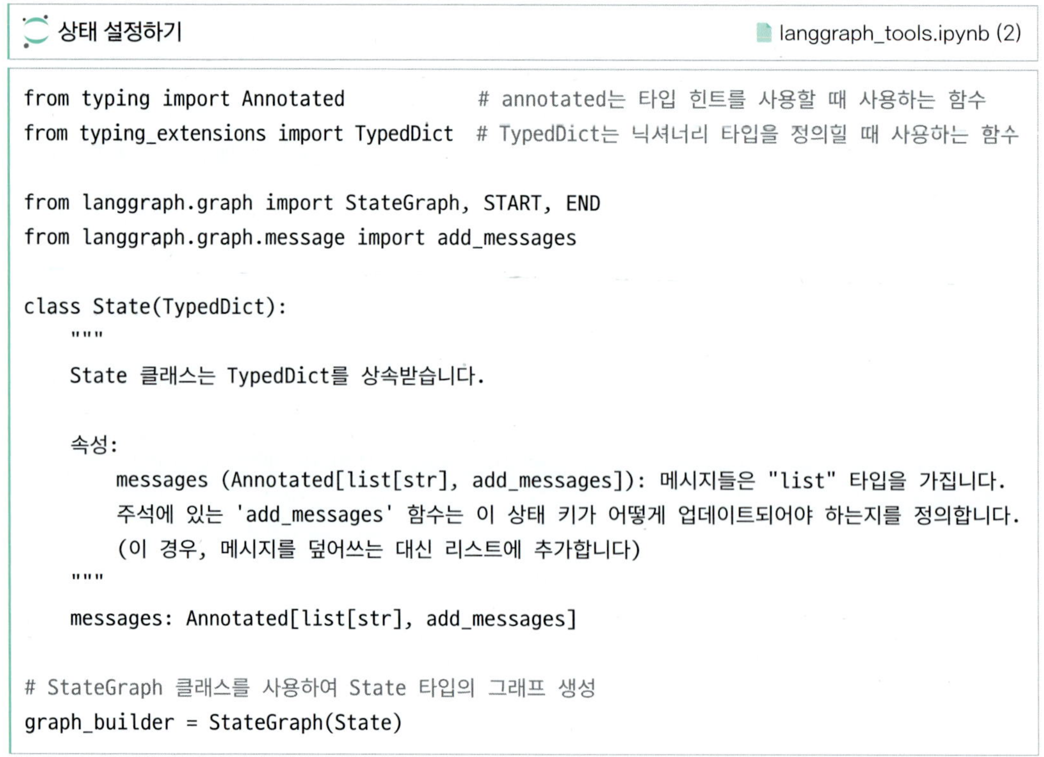

상태 설정하기 langgraph_tools.ipynb (2)

```
from typing import Annotated            # annotated는 타입 힌트를 사용할 때 사용하는 함수
from typing_extensions import TypedDict # TypedDict는 딕셔너리 타입을 정의할 때 사용하는 함수

from langgraph.graph import StateGraph, START, END
from langgraph.graph.message import add_messages

class State(TypedDict):
    """
    State 클래스는 TypedDict를 상속받습니다.

    속성:
        messages (Annotated[list[str], add_messages]): 메시지들은 "list" 타입을 가집니다.
        주석에 있는 'add_messages' 함수는 이 상태 키가 어떻게 업데이트되어야 하는지를 정의합니다.
        (이 경우, 메시지를 덮어쓰는 대신 리스트에 추가합니다)
    """
    messages: Annotated[list[str], add_messages]

# StateGraph 클래스를 사용하여 State 타입의 그래프 생성
graph_builder = StateGraph(State)
```

랭그래프에서도 랭체인과 마찬가지로 도구를 정의하고 활용할 수 있습니다. 08-3절과 10-4절에서 랭체인 도구를 다룰 때 사용한 시간을 알려 주는 get_current_time 함수와 웹 검색을 해주는 get_web_search 함수를 활용해 코드를 작성해 보겠습니다.

4. `get_web_search` 함수를 도구로 등록해 보겠습니다. 10-4절의 streamlit_with_web_search.py 파일 코드를 참고하여 작성했습니다.

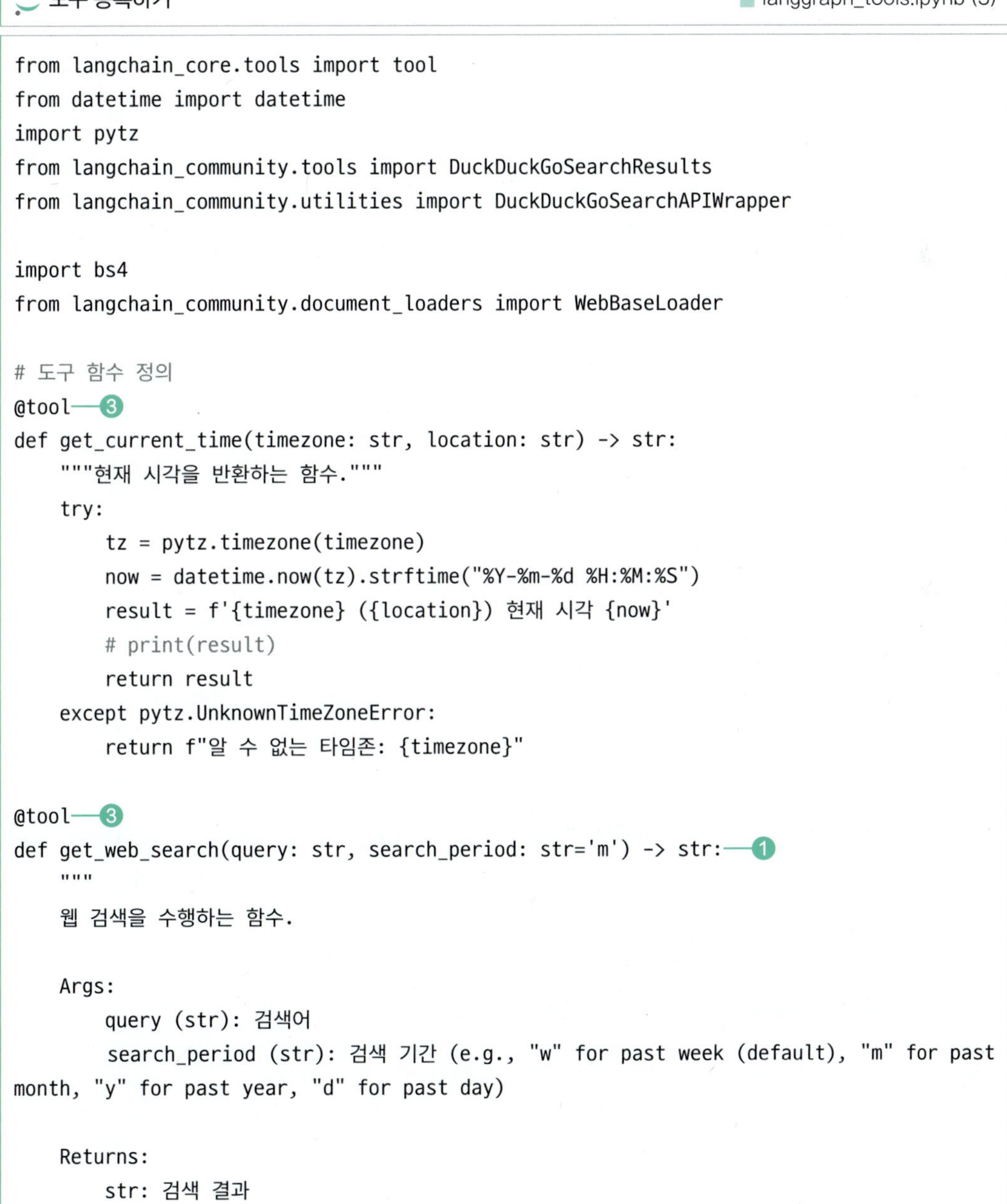

도구 등록하기 — langgraph_tools.ipynb (3)

```
from langchain_core.tools import tool
from datetime import datetime
import pytz
from langchain_community.tools import DuckDuckGoSearchResults
from langchain_community.utilities import DuckDuckGoSearchAPIWrapper

import bs4
from langchain_community.document_loaders import WebBaseLoader

# 도구 함수 정의
@tool —③
def get_current_time(timezone: str, location: str) -> str:
    """현재 시각을 반환하는 함수."""
    try:
        tz = pytz.timezone(timezone)
        now = datetime.now(tz).strftime("%Y-%m-%d %H:%M:%S")
        result = f'{timezone} ({location}) 현재 시각 {now}'
        # print(result)
        return result
    except pytz.UnknownTimeZoneError:
        return f"알 수 없는 타임존: {timezone}"

@tool —③
def get_web_search(query: str, search_period: str='m') -> str: —①
    """
    웹 검색을 수행하는 함수.

    Args:
        query (str): 검색어
        search_period (str): 검색 기간 (e.g., "w" for past week (default), "m" for past
month, "y" for past year, "d" for past day)

    Returns:
        str: 검색 결과
```

```
    """
    wrapper = DuckDuckGoSearchAPIWrapper(
        # region="kr-kr",—②
        time=search_period
    )

    print('\n-------- WEB SEARCH --------')
    print(query)
    print(search_period)

    search = DuckDuckGoSearchResults(
        api_wrapper=wrapper,
        # source="news",—②
        results_separator=';\n'
    )

    searched = search.invoke(query)

    for i, result in enumerate(searched.split(';\n')):
        print(f'{i+1}. {result}')

    return searched

# 도구 바인딩
tools = [get_current_time, get_web_search]
```

① 함수 get_web_search의 search_period 매개변수에 기본값으로 최근 1개월을 의미하는 'm'을 설정합니다.

② 검색 언어와 지역을 의미하는 region="kr-kr"과 뉴스 검색만 설정하는 source="news"는 주석으로 처리해 더 자유롭게 검색할 수 있도록 합니다.

③ 이 함수를 랭체인과 랭그래프의 언어 모델에 연결하려면 @tool 데코레이터를 함수 위에 붙여서 tool로 등록해야 합니다. 이렇게 등록된 도구들은 tools에 리스트 형태로 담아 둡니다.

5. tools에 바인딩한 도구들이 랭체인과 랭그래프 방식으로 잘 작동하는지 확인해 봅시다. tools[0]은 시간을 알려 주는 get_current_time 함수를 의미합니다. 여기에 필요한 매개변수는 딕셔너리로 입력합니다.

현재 시각을 얻는 도구 get_current_time 실행 테스트하기 langgraph_tools.ipynb (4)

```
tools[0].invoke({"timezone": "Asia/Seoul", "location": "서울"})
```

이 셀을 실행하면 질문한 서울의 현재 시각을 잘 답변합니다.

```
'Asia/Seoul (서울) 현재 시각 2024-11-25 22:08:45'
```

6. tools[1]은 웹 검색을 하는 get_web_search 함수를 의미합니다. '파이썬'을 질의어로 하고, 검색 기간을 의미하는 search_period를 'm'으로 설정해서 최근 한 달 간의 문서를 검색합니다.

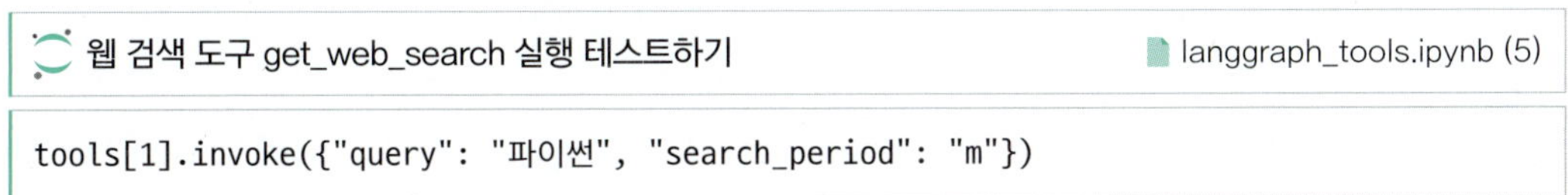

웹 검색 도구 get_web_search 실행 테스트하기 — langgraph_tools.ipynb (5)

```
tools[1].invoke({"query": "파이썬", "search_period": "m"})
```

이 셀을 실행하면 다음과 같이 파이썬에 대해 잘 검색합니다.

```
-------- WEB SEARCH --------
파이썬
m
1. snippet: 그동안 공부한 내용을 정리하는 차원에서 포스팅을 하려고 합니다. 우선 아래의 목차대로 진행하고 중간에 추가할 내용이 있으면 추가하는 방식으로 1. 초급 (Python 기초)파이썬 소개 및 개발 환경 구축파이썬이란?파이썬 설치 및 실행 방법IDE(예: VS Code, PyCharm) 설정 (처음에는 PyCharm에서 코딩하다가 ..., title: 파이썬(Python) 시작하기, link: https://gotoinfo.tistory.com/14
2. snippet: 파이썬 설치가 완료되었으니 실행해 봅니다. 파이썬 실행을 위해 윈도우 창에서 cmd를 입력하여 명령프롬프트 창을 엽니다. (단축키: 윈도우키 + R 누른 후 cmd 입력) 파이썬 실행을 위해 프롬프트 창에 python을 입력하면 파이썬이 실행되는 것을 확인할 수 있습니다., title: [Windows] Python 설치하는 방법, link: https://daily-canvas.tistory.com/2
(... 생략 ...)
```

7. tools가 어떻게 저장되었는지 확인하기 위해서 다음과 같이 for 문을 사용해 하나씩 출력해 보겠습니다.

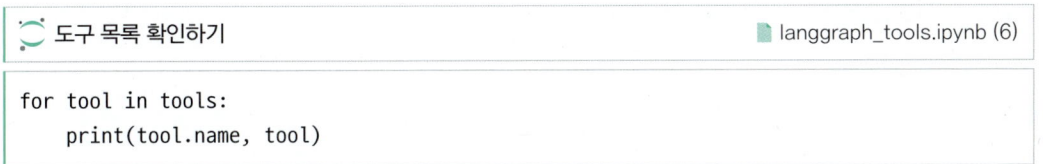

도구 목록 확인하기 — langgraph_tools.ipynb (6)

```
for tool in tools:
    print(tool.name, tool)
```

다음처럼 도구 이름과 도구를 설명한 내용이 함께 정리되어 있습니다.

```
get_current_time name='get_current_time' description='현재 시각을 반환하는 함수.' args_
schema=<class 'langchain_core.utils.pydantic.get_current_time'> func=<function get_
current_time at 0x000002249C6E9620>
get_web_search name='get_web_search' description='웹 검색을 수행하는 함수.\n\nArgs:\n
query (str): 검색어\n    search_period (str): 검색 기간 (e.g., "w" for past week (default),
 "m" for past month, "y" for past year, "d" for past day)\n\nReturns:\n    str: 검색 결
과' args_schema=<class 'langchain_core.utils.pydantic.get_web_search'> func=<function
get_web_search at 0x000002249C97B9C0>
```

8. 이제 챗봇의 응답 메시지를 생성하는 `generate` 노드를 만들겠습니다.그리고 `model`로 선언한 언어 모델에 `.bind_tools`로 붙인 `model_with_tools`로 도구를 사용합니다. 이렇게 만든 `generate` 함수를 `graph_builder`에 `"generate"`라는 이름의 노드로 붙입니다.

✦ 언어 모델에 도구를 연결할 때 .bind_tools를 사용하는 내용은 10-4절의 streamlit_with_web_search.py 파일을 작성할 때 다루었습니다.

언어 모델에 .bind_tools로 사용할 도구 연결하기 — langgraph_tools.ipynb (7)

```
model_with_tools = model.bind_tools(tools) # GPT 언어 모델에 도구 연결

def generate(state: State):
    """
    주어진 상태를 기반으로 챗봇의 응답 메시지를 생성합니다.

    매개변수:
    state (State): 현재 대화 상태를 나타내는 객체로, 이전 메시지들이 포함되어 있습니다.

    반환값:
    dict: 모델이 생성한 응답 메시지를 포함하는 딕셔너리
          형식은 {"messages": [응답 메시지]}입니다.
    """
    return {"messages": model_with_tools.invoke(state["messages"])}

graph_builder.add_node("generate", generate)
```

9. 랭그래프에서 도구를 편리하게 사용하기 위해 BasicToolNode 클래스를 만들겠습니다. 지금 만들고 있는 랭그래프의 generate 노드에서 챗봇의 답변을 생성할 때 get_web_search 나 get_current_time과 같은 도구를 사용해야 한다면 따로 독립된 노드에서 실행하게 됩니다. BasicToolNode 클래스는 AIMessage에서 도구 요청이 있을 때 이를 실행시키는 역할을 합니다.

✦ 다음 코드는 랭그래프 공식 문서: LangGraph Quick Start(https://langchain-ai.github.io/langgraph/tutorials/introduction/#part-2-enhancing-the-chatbot-with-tools를 참고해서 작성했습니다.

도구를 사용하는 노드 클래스 생성하기 langgraph_tools.ipynb (8)

```
import json
from langchain_core.messages import ToolMessage

class BasicToolNode:
    """
    도구를 실행하는 노드 클래스입니다. 마지막 AIMessage에서 요청된 도구를 실행합니다.
    Attributes:
        tools_by_name (dict): 도구 이름을 키로 하고 도구 객체를 값으로 가지는 사전입니다.
    Methods:
        __init__(tools: list): 도구 객체들의 리스트를 받아서 초기화합니다.
        __call__(inputs: dict): 입력 메시지를 받아서 도구를 실행하고 결과 메시지를 반환합니다.
    """
    """A node that runs the tools requested in the last AIMessage."""

    def __init__(self, tools: list) -> None:  ①
        self.tools_by_name = {tool.name: tool for tool in tools}

    def __call__(self, inputs: dict):  ②
        if messages := inputs.get("messages", []):
            # inputs에 messages가 있으면 messages를 가져오고 없으면 빈 리스트 가져오기
            message = messages[-1]
        else:
            raise ValueError("No message found in input")
        outputs = []
        for tool_call in message.tool_calls:  ③
            tool_result = self.tools_by_name[tool_call["name"]].invoke(
                tool_call["args"]
            )
            outputs.append(
                ToolMessage(
                    content=json.dumps(tool_result),
                    name=tool_call["name"],
                    tool_call_id=tool_call["id"],
```

```
                )
            )
        return {"messages": messages + outputs}

tool_node = BasicToolNode(tools=tools)
graph_builder.add_node("tools", tool_node)——④
```

① 클래스의 초기화 메서드 (__ init__)에 있는 tools_by_name은 딕셔너리 형태로 도구의 이름과 해당 도구 자체를 저장합니다.

② __call__ 메서드는 입력 메시지인 input을 딕셔너리 형태로 받습니다. 이때 input은 랭그래프에서 상태를 관리하는 state가 딕셔너리로 전달됩니다. state에는 messages가 포함되어 있습니다.

③ 이 messages의 가장 최근 메시지에 tool_calls가 존재하면 도구를 사용해야 하므로 self.tools_by_name[tool_call["name"]].invoke(tool_call["args"])를 for 문을 활용해 반복해서 실행합니다. tool_call["args"]에는 그 도구를 사용할 때 필요한 인잣값이 들어갑니다. 실행 결과는 tool_result에 저장됩니다. 이 tool_result를 outputs 리스트에 추가합니다.

④ 이렇게 만든 BasicToolNode 클래스를 tools라는 이름의 노드로 graph_builder에 추가합니다.

Do it! 실습 라우터 설정하기

결과 파일: sec03/langgraph_tools.ipynb

12-1절과 12-2절에서 만들었던 랭그래프의 흐름은 갈림길 없이 진행되었습니다. 이번 실습에서는 흐름이 조금 더 다양해집니다. 예를 들어 사용자가 질문하면 generate 노드에서 답변을 생성하고 그 후 바로 END 노드로 가서 작업을 끝낼 수도 있습니다. 하지만 만약 인터넷 검색이나 시간 확인이 필요하다고 판단되면 tools 노드에서 그 기능을 수행한 후 결과를 바탕으로 다시 generate 노드에 돌아와 답변을 생성할 수도 있습니다. 그리고 검색이나 시간 확인이 더 필요하다고 판단된다면 다시 tools 노드에서 작업을 반복할 수도 있습니다.

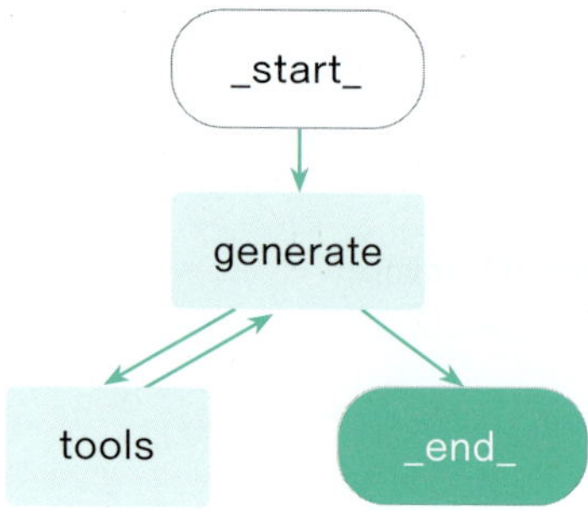

이번 실습에서는 AI 에이전트가 상황에 맞게 다음에 해야 할 일을 알아서 결정하도록 만들어 보겠습니다. AI 에이전트가 랭그래프 내에서 스스로 다음 경로를 선택해야 할 때 라우터router를 활용합니다. 상황에 따라 방향을 결정하는 것을 라우팅routing이라고하며 이때 조건에 따라 활성화되거나 비활성화되는 조건부 엣지conditional edge를 사용합니다.

✦ 라우터는 13-2절에서 자세히 알아봅니다.

1. START에서 generate까지는 이전과 같이 순차로 진행하고 generate 노드에서 언어 모델이 판단한 결과에 따라 경로가 달라지도록 설정합니다. 이를 위해 route_tools 함수를 만들고 state를 받아 messages 리스트에서 마지막 메시지를 확인합니다. 만약 마지막 메시지에 tool_calls가 포함되어 있으면 tools 노드로 이동하여 필요한 도구를 실행하고, 없다면 END 노드로 이동하여 작업을 종료합니다. tools 노드에서 작업을 마치면 다시 generate로 돌아옵니다.

언어 모델이 도구 사용 여부를 판단하도록 라우터 설정하기 langgraph_tools.ipynb (9)

```
def route_tools(state: State):
    """
    마지막 메시지에 도구 호출이 있는 경우 ToolNode로 라우팅하고,
    그렇지 않은 경우 끝으로 라우팅하기 위해 conditional_edge에서 사용합니다.
    """
    if isinstance(state, list):
        ai_message = state[-1]
    elif messages := state.get("messages", []):
        ai_message = messages[-1]
    else:
        raise ValueError(f"tool_edge 입력 상태에서 메시지를 찾을 수 없습니다: {state}")
    if hasattr(ai_message, "tool_calls") and len(ai_message.tool_calls) > 0:
        return "tools"
    return END

graph_builder.add_edge(START, "generate")

graph_builder.add_conditional_edges(
    "generate",
    route_tools,
    {"tools": "tools", END: END},
)
# 도구가 호출될 때마다 다음 단계를 결정하기 위해 챗봇으로 돌아감
graph_builder.add_edge("tools", "generate")
graph = graph_builder.compile()
```

2. 실행 결과를 그래프로 그리려면 다음과 같이 코드를 입력합니다. 12-1절과 12-2절에서 그래프를 그릴 때 사용한 코드와 동일합니다.

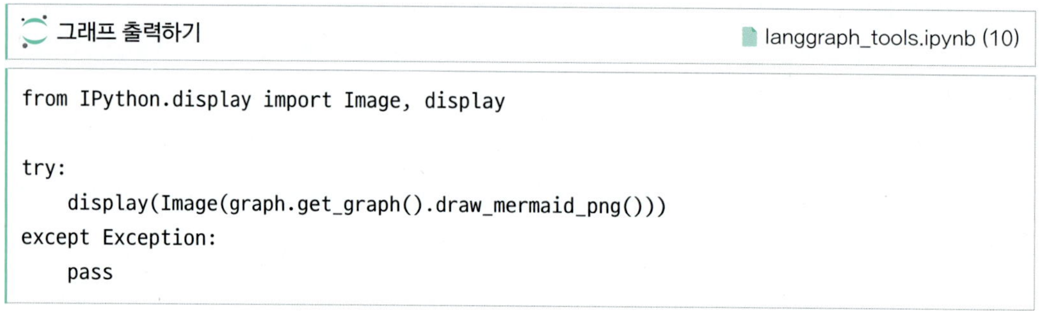

그래프 출력하기 langgraph_tools.ipynb (10)

```
from IPython.display import Image, display

try:
    display(Image(graph.get_graph().draw_mermaid_png()))
except Exception:
    pass
```

셀을 실행하면 다음과 같이 그래프가 출력됩니다.

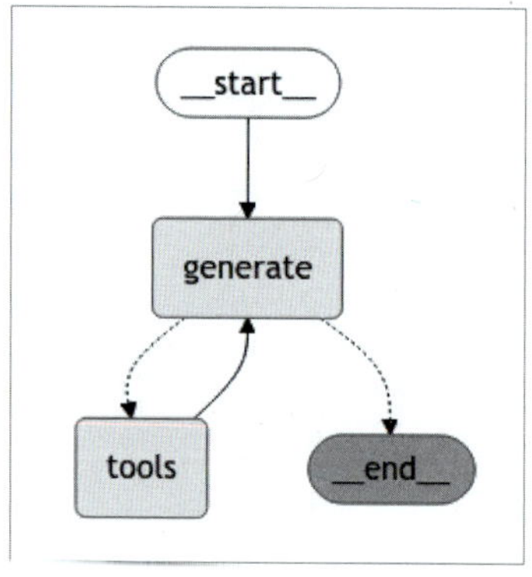

Do it! 실습 도구 테스트하고 기사 작성하기

결과 파일: sec03/langgraph_tools.ipynb

챗봇이 여러 도구 중에서 필요한 도구를 잘 찾아서 실행시키는지 테스트해 봅시다. 이어서 웹 검색 후 기사 작성 기능을 구현해 봅시다. 이때 '인터넷 검색해서 자료를 모으고 그걸로 기사 써줘'라고 지시할 수도 있지만 주제를 명확히 제시하는 것이 좋습니다. 어떤 내용을 작성해야 할지 순서대로 명시해야 언어 모델이 원하는 결과물을 만들어 낼 가능성이 커집니다. 언어 모델은 단순히 가이드에 따라 문장을 생성하지만, 주제와 순서를 명확히 제시하면 생성해야 할 다음 문장들을 목적에 부합하게 작성할 수 있으니까요.

1. messages에 HumanMessage로 '지금 서울 몇 시야?'라는 질문을 넣어 graph.stream으로 실행합니다. 스트림 출력을 위해 graph.invoke가 아닌 .stream으로 설정하고 stream_mode는 'messages'로 설정합니다. 결과가 AIMessageChunk로 나오자마자 for 문을 통해 즉각 출력됩니다. AIMessageChunk는 조각난 상태로 조금씩 넘어오므로 gathered라는 변수에 조각들을 계속 붙여 나가도록 했습니다. 이렇게 완성한 최종 결과 gathered를 출력합니다.

답변 출력하기 langgraph_tools.ipynb (11)

```
from langchain_core.messages import AIMessageChunk, HumanMessage

inputs = [HumanMessage(content="지금 서울 몇 시야?")]

gathered = None

for msg, metadata in graph.stream({"messages": inputs}, stream_mode="messages"):
    if isinstance(msg, AIMessageChunk):
        print(msg.content, end='')

        if gathered is None:
            gathered = msg
        else:
            gathered = gathered + msg

gathered
```

다음은 실행 결과입니다. 출력된 gathered 내용을 보면 tool_calls에 get_current_time 함수를 사용했고 arguments는 'Asia/Seoul', '서울' 이라고 기록되어 있습니다.

```
현재 서울 시간은 2024년 11월 26일 00시 01분입니다.

AIMessageChunk(content='지금 서울의 현재 시각은 2024년 11월 26일 00시 05분입니다.', additional_
kwargs={'tool_calls': [{'index': 0, 'id': 'call_7nt1a2vTBdrycIdPqia9yGKu', 'function'
: {'arguments': '{"timezone":"Asia/Seoul","location":"서울"}', 'name': 'get_current_
time'}, 'type': 'function'}]}, response_metadata={'finish_reason': 'tool_callsstop'
, 'model_name': 'gpt-4o-2024-08-06gpt-4o-2024-08-06', 'system_fingerprint': 'fp_7f6
be3efb0fp_7f6be3efb0'}, id='run-c37f070f-05c1-4a2a-b6de-67f0da5abdf4', tool_
calls=[{'name': 'get_current_time', 'args': {'timezone': 'Asia/Seoul', 'location': '
서울'}, 'id': 'call_7nt1a2vTBdrycIdPqia9yGKu', 'type': 'tool_call'}], tool_call_
chunks=[{'name': 'get_current_time', 'args': '{"timezone":"Asia/Seoul","location":"서
울"}', 'id': 'call_7nt1a2vTBdrycIdPqia9yGKu', 'index': 0, 'type': 'tool_call_chunk'}])
```

2. 앞에서는 inputs에 HumanMessage를 사용했지만 이번에는 언어 모델에게 역할을 지시하기 위해 SystemMessage를 사용합니다. 그리고 f-string에 기사 주제를 사용하여 {about}을 받아 오는 형태로 프롬프트를 입력합니다. 여기에서는 '서울 월드컵 경기장 잔디 문제'라는 주제를 설정했습니다.

프롬프트 설정하고 기사 작성하기 langgraph_tools.ipynb (12)

```
from langchain_core.messages import AIMessageChunk, SystemMessage

about = "서울 월드컵 경기장 잔디 문제"

inputs = [SystemMessage(content=f"""
너는 신문기자이다.
최근 {about}에 대해 비판하는 심층 분석 기사를 쓰려고 한다.

- 최근 어떤 이슈가 있는지 검색하고, 사람들이 제일 관심있어 할만한 주제를 선정하고, 왜 선정했는지 말해줘.
- 그 내용으로 원고를 작성하기 위한 목차를 만들고, 목차 내용을 채우기 위해 추가로 검색할 내용을 리스트로 정리해봐.
- 검색할 리스트를 토대로 재검색해.
- 목차에 있는 내용을 작성하기 위해 더 검색이 필요한 정보가 있는지 확인하고, 있다면 추가로 검색해.
- 검색된 결과에 원하는 정보를 찾지 못했다면 다른 검색어로 재검색해도 좋아.

더 이상 검색할 내용이 없다면, 조선일보 신문 기사 형식으로 최종 기사를 작성한다.
제목, 부제, 리드문, 본문의 구성으로 작성한다. 본문 내용은 심층 분석 기사에 맞게 구체적이고 깊이 있게 작성해야 한다.

""")]

for msg, metadata in graph.stream({"messages": inputs}, stream_mode="messages"):
    if isinstance(msg, AIMessageChunk):
        print(msg.content, end='')
```

실행 결과는 다음과 같습니다. 웹 검색으로 주제에 대한 최근 소식을 검색해서 기사의 방향을 결정하고 목차를 생성한 후, 관련 내용을 다시 검색합니다. 그리고 수집한 내용을 기반으로 기사를 작성했습니다.

```
-------- WEB SEARCH --------
서울 월드컵 경기장 잔디 문제
m
1. snippet: 서울 마포구 상암동 서울월드컵경기장의 잔디가 계절 변화가 뚜렷한 한국의 기후에서도 잘 자라도록 연구해야 할 서울시와 서울시설공단이 관련 해외사례 연구를 한 차례도 하지 않은 것으로 나타났다. 문성호 국민의힘 서울시의원은 6일 "공단을 대상으로 (잔디 관련) 해외사례 연구 및 관련 용역 ..., title: 상암 잔디 문제 날씨 탓하더니?…서울시 '해외 잔디' 연구 한 번도 안 해 - 경향신문, link: https://www.khan.co.kr/local/Seoul/article/202411060956001
(... 생략 ...)
이제 모든 필요한 정보를 수집했으므로, 최종 기사를 작성하겠습니다.

### 제목: 서울월드컵경기장 잔디 문제, 예산 증액에도 불구하고 여전히 난항

#### 부제: 관리 부실과 정책적 대응 미비, 잔디 상태 악화 지속

#### 리드문:
서울월드컵경기장의 잔디 상태가 여전히 개선되지 않아 큰 논란을 일으키고 있다. 서울시는 잔디 관리 예산을 33억 원으로 증액했지만, 여전히 잔디 상태는 심각한 수준이다. 잔디 문제는 경기의 질을 저하시키고 국제 경기 유치에도 부정적 영향을 미칠 수 있다.

#### 본문:
서울월드컵경기장은 한국 축구의 상징적인 경기장으로서, 다양한 국제 경기를 개최하며 많은 축구 팬들의 주목을 받는 장소이다. 하지만 최근 잔디 상태 악화로 인한 경기 질 저하가 심각한 문제로 떠오르고 있다. 서울시는 잔디 관리 예산을 33억 원으로 3배 증액했으나, 그 효과는 미미하다는 평가가 나오고 있다.
(... 생략 ...)
결론적으로, 서울월드컵경기장의 잔디 문제는 단순히 관리적 차원을 넘어 정책적 대응이 필요한 복합적인 문제이다. 장기적인 해결책 마련이 시급하며, 서울월드컵경기장의 잔디 문제는 향후 국제 경기 유치와도 직결될 수 있는 중요한 문제로 인식되고 있다. 교훈을 얻어 근본적인 대책을 마련해야 할 시점이다.
```

구조가 단순하지만 랭그래프를 이용해 기사를 작성하는 챗봇을 만들어 보았습니다. 이어지는 실습에서 더 다양한 기능을 가진 멀티에이전트를 만들어 보겠습니다.

랭그래프를 활용한 멀티에이전트 RAG 만들기

12장에서 랭그래프로 기본 챗봇을 만들면서 '오픈AI API나 랭체인을 활용해도 충분한데 굳이 이렇게 복잡하게 구현할 필요가 있을까?' 라고 의문이 생겼을 수도 있습니다. 하지만 해결해야 할 문제가 많고 복잡해지면 랭그래프의 장점이 빛을 발합니다. 이 장에서는 랭그래프를 활용해 RAG를 만들 때 더할 수 있는 부가 기능을 살펴보겠습니다.

13-1 랭그래프 기반 RAG를 위한 사전 작업

작은 단위의 인공지능 프로그램들이 서로 협업하여 작업을 수행하는 멀티에이전트에 대해 알아보겠습니다. 그리고 멀티에이전트와 랭그래프를 활용해 RAG의 한계를 개선해보겠습니다.

멀티에이전트 시스템과 정확한 가이드

랭체인, 랭그래프와 관련된 기술은 빠르게 업데이트되고 있고 공식 문서, 블로그, 논문 등의 기술 문서가 계속해서 공개되고 있습니다. 하지만 현실의 복잡한 작업을 인공지능이 효과적으로 수행하도록 만드는 것은 여전히 쉽지 않습니다. 많은 사람이 챗GPT에게 보고서 작성 같은 복잡한 작업을 요청했다가 기대에 못 미치는 결과에 실망하곤 합니다. 이럴 때 '아직 인공지능은 멀었구나.'라고 생각할 수 있지만 원하는 결과를 얻기 위한 가이드가 부족했기 때문일 수도 있습니다.

복잡한 작업을 인공지능에 맡길 때 정확한 가이드가 부족하면 원하는 결과를 얻기 어렵습니다. 이런 한계는 사람에게 일을 맡길 때도 마찬가지입니다. 예를 들어 맥도날드의 '빅맥'은 세계 어디서나 맛과 모양이 비슷하고 대부분의 사람이 빅맥의 맛과 모양을 알고 있습니다. 하지만 제가 맥도날드 매장의 주방에 들어가서 당장 빅맥을 만든다면 흉내는 내더라도 그 맛과 모양을 장담할 수 없을 겁니다. 이때 '왜 이렇게 못 만들었냐'고 저의 지능을 탓한다면 조금 억울할 것 같습니다. 아무도 저에게 빅맥을 어떻게 만들어야 하는지 정확하게 알려주지 않았으니까요.

작업자에게 정확한 가이드를 제공하기 위해서는 업무를 세분화하고 구체적으로 정의해야 합니다. 만약 업무를 수행하는 사람마다 다르게 해석할 여지가 있다면 가이드가 제대로 작성되었다고 할 수 없습니다. 예를 들어 '빅맥은 구운 빵 사이에 고기, 채소, 소스를 끼워 만든다.'라는 설명은 추상적입니다. '구운 빵'을 준비하는 과정도 빵을 보관하는 방법, 빵을 굽는 온도 등 여러 단계로 나누어 설명할 수 있습니다. 이처럼 복잡한 작업을 수행하기 위해서는 구체적으로 정의된 가이드가 필요합니다.

이런 복잡한 작업을 수행할 때 한 사람에게 모두 맡기기보다는, 업무를 세분화하여 전문적으로 수행할 수 있는 사람에게 맡기는 방식이 훨씬 효과적인 경우가 많습니다. 예를 들어 배달을 담당하는 사람은 배달만 잘하도록 하고 햄버거를 만드는 사람은 그 과정을 정확히 수행할 수 있도록 각각의 업무에 대해 명확한 가이드를 제공하는 것이죠. 만약 여러 작업 중 기대에 못 미치는 부분이 있다면 해당 작업의 가이드를 별도로 개선하면 됩니다. 결과적으로 각 업무에 최적화된 사람이 효율적으로 작업을 수행할 수 있습니다.

인공지능에 복잡한 작업을 요청할 때도 마찬가지입니다. 하나의 AI 에이전트에게 모든 작업을 맡기는 것보다 각각의 AI 에이전트에게 단순한 업무 단위로 명확하게 지시를 내리고 이를 결합한 워크플로workflow를 만들면 마치 각 분야의 전문가들이 협업하는 것처럼 시너지를 낼 수 있습니다. 이런 방식으로 AI 에이전트에게 작업을 분배하고 서로 협력하여 복잡한 작업을 처리하는 시스템을 멀티에이전트multi-agent라고 합니다.

✦ 워크플로는 특정 목표를 달성하기 위해 여러 작업이나 프로세스를 수행하는 작업 흐름을 말합니다.

RAG의 한계 개선하기

09장에서 만들었던 RAG의 흐름을 떠올려 봅시다. 사용자가 질문하면 예외 없이 리트리버를 활용해 관련 문서들을 가져오고, 그 문서들을 바탕으로 답변합니다. 사용자가 '그렇구나. 잘 찾아왔네. 고마워.'라고 감사를 표하는 말을 하거나 '잘 지냈어?'와 같은 일상적인 질문을 하는 경우에도 앞에서 만든 RAG는 관련 문서를 찾아와서 답변하므로 시간과 토큰 비용을 낭비하죠. 이런 문제를 해결하는 방법을 배워 보겠습니다.

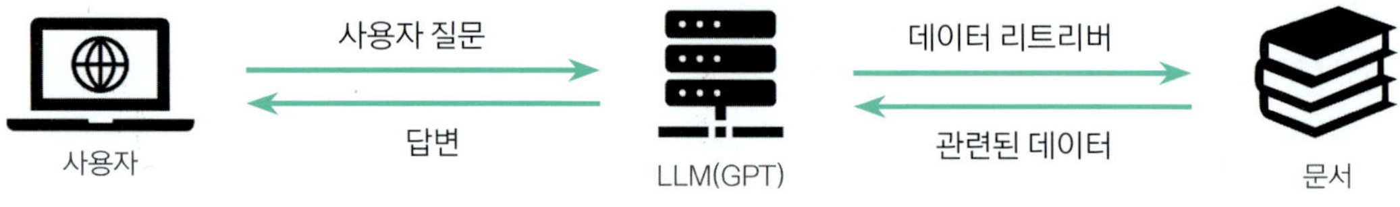

랭그래프를 이용하면 사용자의 질문을 분석해서 RAG를 사용할지 말지 판단하고 RAG가 필요한 경우에만 검색을 사용할 수 있습니다. RAG를 실행할 때에도 필요하지 않은 청크들은 제외하고 답변을 생성하는 등 다양한 작업을 추가할 수 있습니다.

오른쪽 그림은 이번 절에서 우리가 만들 간단한 랭그래프 프로그램의 구조입니다. 사용자의 질문에 답변하는 데 RAG가 필요한지 판단하고, 필요하지 않다면 RAG를 수행하지 않는 causal_talk 노드로 가서 답변을 생성합니다. RAG가 필요하다면 리트리버로 질문과 관련된 청크를 가져오고, 이 청크가 사용자의 질문에 답변하는 데 정말 쓸모가 있는지 판단합니다. 그리고 쓸모 있는 청크만 활용해 언어 모델로 답변을 생성합니다.

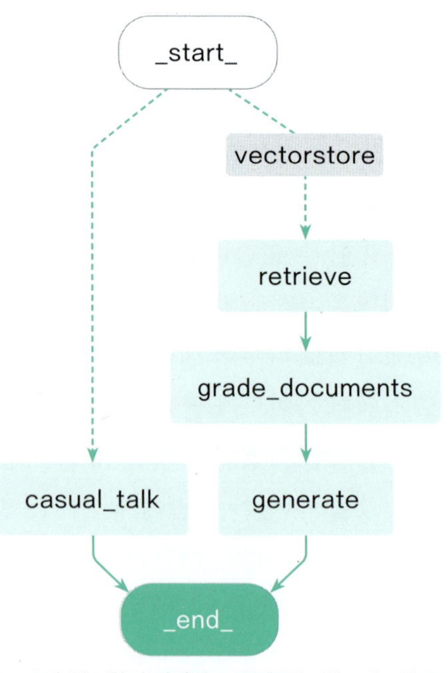

RAG가 필요한지 판단하고 동작하는 랭그래프의 구조

Do it! 실습 PDF 전처리하고 벡터 DB 만들기

결과 파일: chap13/sec01/rag_with_langgraph.ipynb

이제 직접 프로그램을 만들며 랭그래프에 기반한 RAG를 구현해 봅시다.

✦ 이 절의 내용은 랭그래프 공식 문서의 예제를 이 책의 내용에 맞게 일부는 간략화하고 일부는 확장하여 구성했습니다(Adaptive RAG: https://langchain-ai.github.io/langgraph/tutorials/rag/langgraph_adaptive_rag/#compile-graph).

1. 주피터 노트북 파일 `rag_with_langgraph.ipynb`을 만들고 RAG에 필요한 요소들을 하나씩 채워 가겠습니다. 09장에서 사용한 PDF 파일들을 사용하겠습니다. 09장에서 사용한 data 폴더를 프로젝트 폴더에 붙여 넣고 다음처럼 입력해 PDF 파일들이 잘 있는지 확인해 봅시다.

사용할 PDF 파일 확인하기 — rag_with_langgraph.ipynb (1)

```
from glob import glob

for g in glob('../data/*.pdf'):
    print(g)
```

다음과 같이 PDF 경로가 출력되어야 문제없이 진행됩니다. 물론 여러분이 원하는 PDF 파일을 사용해도 됩니다.

```
../data\2040_seoul_plan.pdf
../data\OneNYC_2050_Strategic_Plan.pdf
```

2. PDF 파일을 텍스트로 읽고 청크 단위로 텍스트를 잘라 리스트로 담아 반환하는 `read_pdf_and_split_text` 함수를 만들겠습니다. 이 함수의 코드는 09-2절 rag_practice.ipynb 파일에서 가져와 변수명만 수정했습니다.

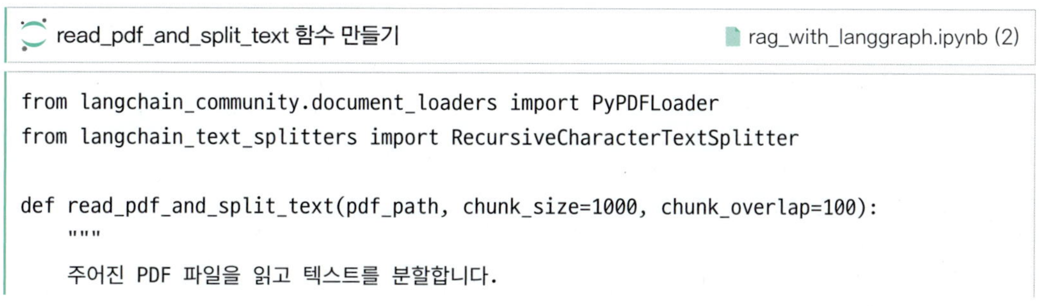

read_pdf_and_split_text 함수 만들기 — rag_with_langgraph.ipynb (2)

```
from langchain_community.document_loaders import PyPDFLoader
from langchain_text_splitters import RecursiveCharacterTextSplitter

def read_pdf_and_split_text(pdf_path, chunk_size=1000, chunk_overlap=100):
    """
    주어진 PDF 파일을 읽고 텍스트를 분할합니다.
```

```
    매개변수:
        pdf_path (str): PDF 파일의 경로.
        chunk_size (int, 선택적): 각 텍스트 청크의 크기. 기본값은 1000입니다.
        chunk_overlap (int, 선택적): 청크 간의 중첩 크기. 기본값은 100입니다.
    반환값:
        list: 분할된 텍스트 청크의 리스트.
    """
    print(f"PDF: {pdf_path} -----------------------------")

    pdf_loader = PyPDFLoader(pdf_path)
    data_from_pdf = pdf_loader.load()

    text_splitter = RecursiveCharacterTextSplitter(
        chunk_size=chunk_size, chunk_overlap=chunk_overlap
    )

    splits = text_splitter.split_documents(data_from_pdf)

    print(f"Number of splits: {len(splits)}\n")
    return splits
```

3. 앞서 만든 **read_pdf_and_split_text** 함수를 이용해 잘라 놓은 청크들을 임베딩해서 크로마 DB에 저장하겠습니다. 임베딩하는 비용과 시간을 절약하고 싶다면 09장에서 만든 chroma_store 폴더를 현재 실습 폴더로 복사하면 됩니다. 이미 크로마 DB로 만든 벡터 DB가 chroma_store 폴더에 저장되어 있는 경우에는 그 DB를 읽어 **vectorstore**에 담습니다.

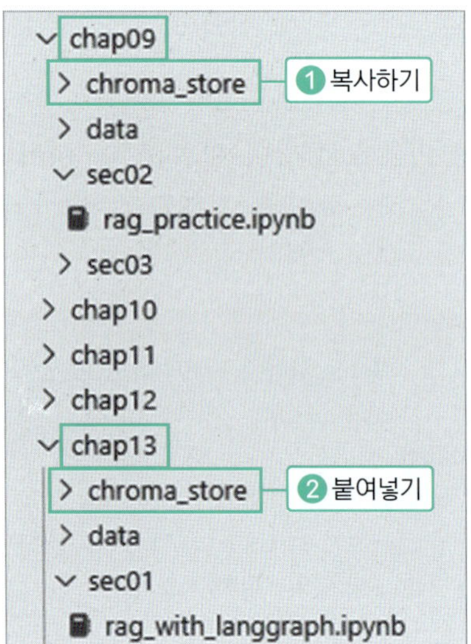

그렇지 않은 경우에는 PDF를 하나씩 열어 청크 단위로 쪼갠 뒤 이를 이용해 새로운 벡터 DB를 생성합니다. 이때 너무 많은 양의 청크를 한 번에 임베딩하려고 하면 오픈AI API에서 '너무 많은 양의 문서를 한 번에 요청한다'는 내용의 오류 메시지가 출력되며 제대로 작동되지 않습니다.

```
BadRequestError: Error code: 400 - {'error': {'message': 'Requested 637068 tokens, max 600000 tokens per request', 'type': 'max_tokens_per_request', 'param': None, 'code': 'max_tokens_per_request'}}
```

4. 청크를 100개씩 나눠서 처리하겠습니다. 우선 vectorstore를 None으로 설정합니다. 처음 실행될 때는 아직 벡터 DB가 없는 상태이므로 Chroma.from_documents로 새로 설정하고 그다음부터는 이미 생성된 vectorstore에 추가합니다.

vectorstore 설정하고 청크 처리하기 — rag_with_langgraph.ipynb (3)

```
from langchain_openai import OpenAIEmbeddings
from langchain_chroma import Chroma
import os

##### vectorstore 설정 #####
embedding = OpenAIEmbeddings(model='text-embedding-3-large')

persist_directory='../chroma_store'

if os.path.exists(persist_directory):
    print("Loading existing Chroma store")
    vectorstore = Chroma(
        persist_directory=persist_directory,
        embedding_function=embedding
    )
else:
    print("Creating new Chroma store")

    vectorstore = None
    for g in glob('../data/*.pdf'):
        chunks = read_pdf_and_split_text(g)
        # 100개씩 나눠서 저장
        for i in range(0, len(chunks), 100):
            if vectorstore is None:
                vectorstore = Chroma.from_documents(
                    documents=chunks[i:i+100],
```

```
            embedding=embedding,
            persist_directory=persist_directory
        )
    else:
        vectorstore.add_documents(
            documents=chunks[i:i+100]
        )
```

5. 이제 벡터 DB가 잘 작동하는지 확인해 봅시다. 이 실습에서 사용한 PDF 파일은 서울, 뉴욕의 도시 계획에 관한 문서이므로 '서울 온실가스 저감 계획'이라는 쿼리를 사용해 관련 문서를 가져오도록 테스트했습니다.

관련 문서 검색하기 rag_with_langgraph.ipynb (4)

```
retriever = vectorstore.as_retriever(search_kwargs={"k": 5})

chunks = retriever.invoke("서울 온실가스 저감 계획")

for chunk in chunks:
    print(chunk.metadata)
    print(chunk.page_content)
```

실행한 결과 다음과 같이 관련 내용을 잘 검색해 옵니다.

```
{'author': 'SI', 'creationdate': '2024-12-12T18:16:11+09:00', 'creator': 'Hwp 2020 11.0.0.5178', 'moddate': '2024-12-12T18:16:11+09:00', 'page': 63, 'page_label': '64', 'pdfversion': '1.4', 'producer': 'Hancom PDF 1.3.0.542', 'source': '../data\\2040_seoul_plan.pdf', 'total_pages': 205}
56제2장 미래상과 목표
6. 미래위기를 준비하는, '탄소중립 안전도시 구축'1) 배경전(全) 지구적인 기후변화에 대응하기 위한 대도시 차원의 대응 필요Ÿ서울시 2017년 온실가스 배출량은 46,685천 톤CO2eq로 2005년 배출량에 비해 5.6%(276만 톤CO2eq) 감소하였으며, 서울의 1인당 온실가스 배출량은 4.7CO2eq로 국가의 13.8톤CO2eq에 비해 낮은 수준이다. 또한 2014년 기준 서울의 1인당 온실가스 배출량은 4.5CO2eq로 세계 주요 도시에 비해 낮은 수준을 보인다.7)
(... 생략 ...)
{'author': 'SI', 'creationdate': '2024-12-12T18:16:11+09:00', 'creator': 'Hwp 2020 11.0.0.5178', 'moddate': '2024-12-12T18:16:11+09:00', 'page': 64, 'page_label': '65', 'pdfversion': '1.4', 'producer': 'Hancom PDF 1.3.0.542', 'source': '../data\\2040_seoul_plan.pdf', 'total_pages': 205}
```

```
수립시 주요하게 고려한다.장기적·구조적 전환을 위해 도시계획 단계에서의 탄소중립·기후위기 적응대책 반영 탄소중립 및 기후위기 대책을 개별 사업 단위로 마련해 왔으나, 앞으로는 도시계획 및 도시 인프라 전반에서 더욱 장기적이고 구조적인 접근이 필요하다. 토지이용 ... 생략 ...
```

6. 챗봇으로 활용하기 위해 다음과 같이 언어 모델을 설정합니다.

언어 모델 설정하기 rag_with_langgraph.ipynb (5)

```
from langchain_openai import ChatOpenAI

# 모델 초기화
model = ChatOpenAI(model="gpt-4o-mini")
model.invoke('안녕하세요!')
```

이 셀을 실행하면 다음과 같이 `AIMessage`가 반환됩니다.

```
AIMessage(content='안녕하세요! 어떻게 도와드릴까요?', additional_kwargs={'refusal': None}, response_metadata={'token_usage': {'completion_tokens': 11, 'prompt_tokens': 10, 'total_tokens': 21, 'completion_tokens_details': {'accepted_prediction_tokens': 0, 'audio_tokens': 0, 'reasoning_tokens': 0, 'rejected_prediction_tokens': 0}, 'prompt_tokens_details': {'audio_tokens': 0, 'cached_tokens': 0}}, 'model_name': 'gpt-4o-mini-2024-07-18', 'system_fingerprint': 'fp_06737a9306', 'finish_reason': 'stop', 'logprobs': None}, id='run-b1726e7a-35e9-4a5b-af5c-d82010778adb-0', usage_metadata={'input_tokens': 10, 'output_tokens': 11, 'total_tokens': 21, 'input_token_details': {'audio': 0, 'cache_read': 0}, 'output_token_details': {'audio': 0, 'reasoning': 0}})
```

13-2 라우터 알아보기

사용자의 질문에 따라 RAG 사용 여부를 판단하는 기능인 라우터를 알아보고, 이를 13-1절에서 만든 챗봇에 설정해 보겠습니다.

라우터

지금 만드는 챗봇은 사용자의 질문에 따라 RAG의 사용 여부를 판단해야 합니다. 예를 들어 사용자가 '잘 지냈어?'라고 입력하면 일상적인 대화를 하고, '서울시의 온실가스 저감 계획은 뭐야?'와 같은 질문을 하면 관련 문서를 활용해 RAG를 실행해야 합니다. 이렇게 하지 않으면 사용자가 단순한 인사말을 할 때도 불필요하게 문서를 검색해서 토큰을 낭비하고 그 내용을 대화 내용에 포함시켜 불필요한 말을 답변에 추가할 수 있으니까요.

이런 판단을 처리하려면 라우터[router] 기능이 필요합니다. 라우터는 입력한 내용에 따라 여러 개의 실행 경로 중에서 적절한 경로를 결정해 다음 노드를 선택하는 기능을 합니다. 일반적으로 언어 모델의 응답이나 특정 조건에 따라 다르게 동작해야 할 때 라우터를 사용합니다.

Do it! 실습 챗봇에 라우터 설정하기

결과 파일: sec01/rag_with_langgraph.ipynb

GPT와 같은 언어 모델이 사용자의 입력을 일상적인 대화인지 RAG가 필요한 질문인지 판단하는 기능을 구현해 보겠습니다. 일상적인 대화라면 casual_talk를 반환하고 RAG가 필요하면 vector_store를 반환합니다. 그리고 이 판단에 따라 conditional_edge를 이용해 어떤 노드를 활용할지를 판단하게 됩니다. 바로 앞 실습에서 사용한 주피터 노트북 파일에 이어서 작성하겠습니다.

1. 랭체인을 처음 배울 때 다뤘던 `BaseModel`을 이용해 `RouteQuery`라는 클래스를 만듭니다. `datasource` 필드는 `Literal` 타입으로 설정하여 `vector_store`와 `casual_talk` 중 하나만 선택하도록 제한합니다. 단순히 GPT에게 프롬프트로 상황에 따라 판단하고 `vector_store` 혹은 `casual_talk` 중 하나를 답변하게 할 수도 있지만 그렇게 하면 '`vector_store`**입니다.**'와 같은 불필요한 내용을 답변에 포함시킬 수 있습니다.

라우터 설정하기 rag_with_langgraph.ipynb (6)

```
# 라우터 설정
from langchain_core.prompts import ChatPromptTemplate
from typing import Literal # 문자열 리터럴 타입을 지원하는 typing 모듈의 클래스
from pydantic import BaseModel, Field

# Data model
class RouteQuery(BaseModel):
    """사용자 쿼리를 가장 관련성이 높은 데이터 소스로 라우팅합니다."""

    datasource: Literal["vectorstore", "casual_talk"] = Field(
        ...,
        description="""
        사용자 질문에 따라 casual_talk 또는 vectorstore로 라우팅합니다.
        - casual_talk: 일상 대화를 위한 데이터 소스. 사용자가 일상적인 질문을 할 때 사용합니다.
        - vectorstore: 사용자 질문에 답하기 위해 RAG로 vectorstore 검색이 필요한 경우 사용합니다.
        """,
    )
```

2. RouterQuery는 model.with_structured_output(RouterQuery)로 정의하여 둘 중 하나만 출력되도록 합니다. router_system으로 시스템 프롬프트를 작성해 사용자의 질문을 판단하게 합니다. ChatPromptTemplate.from_messages를 이용해 route_prompt로 프롬프트 템플릿을 생성합니다. 이 프롬프트 안의 "{question}"은 question_router 체인을 통해 사용자의 질문을 받는 빈칸입니다.

사용자 질문 받고 판단하기 rag_with_langgraph.ipynb (7)

```
# 특정 모델을 structured output(구조화된 출력)과 함께 사용하기 위해 설정
structured_llm_router = model.with_structured_output(RouteQuery)

router_system = """
당신은 사용자의 질문을 vectorstore 또는 casual_talk으로 라우팅하는 전문가입니다.
- vectorstore에는 서울, 뉴욕의 발전계획과 관련된 문서가 포함되어 있습니다. 이 주제에 대한 질문에는
vectorstore를 사용하십시오.
- 사용자의 질문이 일상 대화에 관련된 경우 casual_talk을 사용하십시오.
"""

# 시스템 메시지와 사용자의 질문을 포함하는 프롬프트 템플릿 생성
route_prompt = ChatPromptTemplate.from_messages([
```

```
    ("system", router_system),
    ("human", "{question}"),
])

# 라우터 프롬프트와 구조화된 출력 모델을 결합한 객체
question_router = route_prompt | structured_llm_router
```

3. 마지막으로 이 코드가 잘 작성되었는지 확인하기 위해 '서울 온실가스 저감 계획은 무엇인가요?' 질문과 '잘 지냈어?'라는 질문을 각각 넣습니다.

결과 출력하기 rag_with_langgraph.ipynb (8)

```
print(
    question_router.invoke({
        "question": "서울 온실가스 저감 계획은 무엇인가요?"
    })
)

print(question_router.invoke({"question": "잘 지냈어?"}))
```

이 셀을 실행해 보니 똑똑하게 질문을 잘 구분해서 정해진 서식대로 판단 결과를 반환합니다.

```
datasource='vectorstore'
datasource='casual_talk'
```

13-3 랭그래프로 RAG 에이전트 만들기

여러 기능을 각각의 노드로 만들고 이 노드들을 연결하여 사용자의 요청에 대응할 수 있는 AI 에이전트로 발전시켜 봅시다.

Do it! 실습 관련 있는 청크만 필터링하기

결과 파일: sec01/rag_with_langgraph.ipynb

리트리버가 잘 작동하는지는 13-1절에서 이미 테스트했습니다. 리트리버는 벡터 DB에서 벡터 유사도를 기준으로 가장 관련 있는 문서 n개(현재는 5개)를 가져옵니다. 문서를 무조건 5개 가져오기 때문에 질문과 관련 없는 청크가 선택될 수 있습니다. 질문과 관련 없는 청크를 포함하는 경우 답변을 생성할 때 혼란을 일으킬 수 있으므로 미리 삭제하는 편이 좋습니다. 문서의 관련성을 판단하는 방법을 프롬프트로 작성하고, 판단 결과는 BaseModel과 .with_structured_output을 활용해 출력 형식을 제한해 보겠습니다. 앞에서 사용한 주피터 노트북 파일에 이어서 작성하세요.

1. BaseModel을 사용해 출력 방식을 yes 또는 no로만 제한하는 GradeDocuments 클래스를 만듭니다. GPT 모델을 그대로 쓰지 않고 .with_structured_output을 사용해 출력 형식을 제한한 structured_llm_grader를 만들어서 사용합니다.

GradeDocuments 클래스 만들기 — rag_with_langgraph.ipynb (9)

```
from langchain_core.prompts import PromptTemplate

class GradeDocuments(BaseModel):
    """검색된 문서가 질문과 관련성 있는지 yes 또는 no로 평가합니다."""

    binary_score: Literal["yes", "no"] = Field(
        description="문서가 질문과 관련이 있는지 여부를 'yes' 또는 'no'로 평가합니다."
    )

structured_llm_grader = model.with_structured_output(GradeDocuments)
```

이번에는 PromptTemplate을 이용해 프롬프트를 생성하겠습니다. 이전까지는 챗봇에서 많이 사용하는 ChatPromptTemplate을 주로 활용했는데 기존 대화 내용이 계속 이어질 필요가 없는 경우에는 PromptTemplate이 더 적합합니다.

2. `PromptTemplate.from_template`으로 프롬프트 메시지를 작성합니다. 리트리버가 가져온 청크가 질문과 관계 있으면 `yes` 아니면 `no`로 평가하도록 설정합니다. 그리고 `{document}`, `{question}`으로 빈칸을 만듭니다. 이 빈칸은 `for` 문 안에서 딕셔너리 형태로 채워집니다. 테스트를 위해 '서울시 자율주행 관련 계획'이라는 쿼리로 리트리버를 실행했습니다.

✦ 서울시의 도시 계획 문서와 관련이 적은 내용을 질문해야 관련 없는 청크까지 함께 가져옵니다.

프롬프트 작성하고 테스트하기 rag_with_langgraph.ipynb (10)

```
grader_prompt = PromptTemplate.from_template("""
당신은 검색된 문서가 사용자 질문과 관련이 있는지 평가하는 평가자입니다. \n
문서에 사용자 질문과 관련된 키워드 또는 의미가 포함되어 있으면, 해당 문서를 관련성이 있다고 평가하십시오. \n
엄격한 테스트가 필요하지 않습니다. 목표는 잘못된 검색 결과를 걸러내는 것입니다. \n
문서가 질문과 관련이 있는지 여부를 나타내기 위해 'yes' 또는 'no'로 이진 점수를 부여하십시오.

Retrieved document: \n {document} \n\n
User question: {question}
""")

retrieval_grader = grader_prompt | structured_llm_grader
question = "서울시 자율주행 관련 계획"
documents = retriever.invoke(question)

for doc in documents:
    print(doc)
```

이 셀을 실행하면 다음과 같이 검색된 결과가 출력됩니다. 총 5개의 청크를 가져왔습니다.

```
page_content='54제2장 미래상과 목표
5. 기술발전에 선제적 대응, '미래교통 인프라 구축'1) 배경미래교통수단 도입에 따른 도시 활동 변화 및 공간구조 재편 대비Ÿ빠르게 진화하는 미래 신 교통수단은 도시공간에 새로운 변화를 일으킬 것이며, 도시 내 이동패턴의 변화를 가져올 것으로 예측된다. 이러한 점을 고려하여 도시 내 다양한 통행행태가 공존하는 포용적인 교통체계 구축을 준비해야 한다.
(... 생략 ...)
```

3. 가져온 청크 중 '서울시 자율주행 계획'과 관련된 문서만 찾아서 filtered_docs에 담습니다. 각 청크는 retrieval_grader로 연관성을 판단하여 결과를 받아 is_relevant에 담습니다. 결과가 yes인 경우에만 해당 청크가 filtered_docs 리스트에 추가됩니다.

관련된 청크만 리스트에 추가하기 rag_with_langgraph.ipynb (11)

```
filtered_docs = []

for i, doc in enumerate(documents):
    print(f"Document {i + 1}:")
    is_relevant = retrieval_grader.invoke({"question": question, "document": doc.page_
content})
    print(is_relevant)
    print(doc.page_content[:200])
    print("=================================\n\n")

    if is_relevant.binary_score == "yes":
        filtered_docs.append(doc)

print(f"Filtered documents: {len(filtered_docs)}")
```

이 셀을 실행해 보니 다음과 같은 결과가 나옵니다. 서울시 자율주행 관련 내용을 5개 검색했지만, 관련 있는 내용은 3개뿐이었습니다. 언어 모델이 판단한 것이므로 반드시 3개가 아닐 수도 있어 리트리버로 가져온 문서를 살펴보니 판단을 잘 내렸습니다.

```
Document 1:
binary_score='yes'
54제2장 미래상과 목표
(... 생략 ...)
Document 3:
binary_score='no'
제1절 도시공간구조105기능이 공존하는 미래 도심으로 조성-국제 디지털 금융중심지인 여의도·영등포는 한강을 중심으로 한 글로벌 혁신코어 조성-국제 업무 중심지인 강남은 영동대로와 경부간선도로의 입체복합화로 가용지를 확보하여 업무복합기능을 강화 Ÿ수도 서울의 위상 강화를 위해 "광화문~용산~영등포"축을 국가중심공간으로 조성한다.-북악산~청와대~광화문광장~서울
=================================
(... 생략 ...)
Filtered documents: 3
```

Do it! 실습 RAG 답변 생성하기

결과 파일: sec01/rag_with_langgraph.ipynb

GPT로 질문 내용과 관련된 청크들만 필터링하여 남겼으니 이제 답변을 생성할 차례입니다.

앞서 사용한 방식과 동일하게 PromptTemplate을 이용해 사용자의 질문(question)과 관련 청크(context)를 제공했을 때 답변하는 프롬프트 rag_prompt를 만들겠습니다. 같은 PromptTemplate을 사용했지만 이번에는 선언하는 방식이 달라졌습니다. 앞에서는 PromptTemplate에서 from_template()을 만들고 프롬프트 텍스트와 빈칸을 써놓았지만 이번에는 input_variables를 리스트로 따로 써두고 template에 rag_generate_system으로 만들어 놓은 문자열을 받도록 합니다.

✦ 둘 중 어떤 방식을 사용해도 상관없지만 다양한 방식이 있음을 여러분에게 소개하고 싶었습니다. 다른 사람이 만든 코드나 문서를 읽어야 할 수도 있으니까요.

사용자의 질문은 '서울시 자율주행 관련 계획'이고 언어 모델에게 전달할 context는 filtered_docs입니다. 이 필터링된 리스트에는 3개의 청크만 포함되어 있습니다.

RAG를 위한 프롬프트 생성하기 rag_with_langgraph.ipynb (11)

```
### Generate
# PromptTemplate을 사용해 RAG를 위한 프롬프트 생성

rag_generate_system = """
너는 사용자의 질문에 대해 주어진 context에 기반하여 답변하는 도시 계획 전문가이다.
주어진 context는 vectorstore에서 검색된 결과이다.
주어진 context를 기반으로 사용자의 question에 대해 답변하라.

=================================
question: {question}
context: {context}
"""

# PromptTemplate을 생성해 question과 context를 포매팅
rag_prompt = PromptTemplate(
    input_variables=["question", "context"],
    template=rag_generate_system
)

# rag chain
rag_chain = rag_prompt | model

# 사용자 질문과 검색된 문서를 입력으로 사용해 RAG를 실행
```

```
question = "서울시 자율주행 관련 계획"

rag_chain.invoke({"question": question, "context": filtered_docs})
```

이 셀을 실행하면 다음과 같이 AIMessage로 생성된 답변을 볼 수 있습니다.

```
AIMessage(content='서울시는 자율주행 교통수단 도입을 위해 단계적으로 계획을 마련하고 있습니다.
2030년까지는 간선도로급 이상의 도로에서 자율주행 자동차가 운영될 수 있는 인프라 환경을 조성하며,
2040년까지는 서울 전역에 자율주행 차량의 운행 환경을 구축할 목표를 세우고 있습니다. 이를 통해 자율주
행 차량의 수송 분담률을 10%로 달성하고자 합니다.\n\n또한 도심 항공 교통(UAM)의 기반을 다지기 위해
김포공항까지의 시범 노선 운영을 포함하여, 한강과 같은 주요 수변 공간 중심으로 광역 노선도 확보할 계
획입니다. 이와 함께, 서울 전역에는 모빌리티 허브를 구축하여 다양한 교통수단과 공공서비스, 물류, 상업
적 기능을 통합적으로 제공하는 거점 시설도 도입할 예정입니다.\n\n이러한 여러 계획은 새로운 도시 공공
교통 체계에 대한 포괄적 접근을 통해 안전하고 효율적인 이동 환경을 만들고, 급변하는 교통 기술에 유연
하게 대응하기 위한 것입니다.', additional_kwargs={'refusal': None},
(... 생략 ...)
```

13-4 그래프 정의하기

이제 RAG 에이전트에 필요한 기능을 다 만들었으니 이 기능들을 엮어서 하나의 그래프로 만들어 보겠습니다.

Do it! 실습 그래프 상태 선언하고 노드 정의하기

결과 파일: sec01/rag_with_langgraph.ipynb

앞에서 사용한 rag_with_langgraph.ipynb 파일에 이어서 작성합니다.

1. 앞서 배웠듯이 TypedDict를 이용해 랭그래프에서 사용할 상태를 선언합니다. GraphState에 필요한 정보를 담아 놓고 사용합니다. 사용자 질문을 담아 두는 question, 언어 모델 답변 생성 결과를 담는 generation, 리트리버에서 검색된 문서(청크)를 담아 놓는 documents로 구성합니다. 이 중 documents는 리트리버에서 문서를 가져온 후 관련성을 판단하여 최종 필터링한 결과를 담게 됩니다.

그래프 상태 선언하기 — rag_with_langgraph.ipynb (13)

```
from typing import List
from typing_extensions import TypedDict

class GraphState(TypedDict):
    question: str          # 사용자 질문
    generation: str        # LLM 생성 결과
    documents: List[str]   # 검색된 문서
```

앞서 테스트한 기능을 랭그래프의 노드로 구현하기 위해 함수로 만들어 보겠습니다.

2. route_question 함수를 만듭니다. 이 함수는 state 매개변수를 받고 질문 내용을 바탕으로 RAG가 필요하면 vector_store를, 일반 대화 내용이면 casual_talk를 반환합니다.

route_question 함수 만들기 rag_with_langgraph.ipynb (14)

```
def route_question(state):
    """
    사용자 질문을 vectorstore 또는 casual_talk로 라우팅합니다.

    Args:
        state (dict): 현재 graph state

    return:
        state (dict): 라우팅된 데이터 소스와 사용자 질문을 포함하는 새로운 graph state
    """
    print('------ROUTE------')
    question = state['question']
    route = question_router.invoke({"question": question})


    print(f"---Routing to {route.datasource}---")
    return route.datasource
```

3. 다음은 retrieve 노드를 정의합니다. 이 노드는 리트리버에서 state의 question으로 검색을 합니다. 그 검색된 결과를 딕셔너리 형태로 반환하여 graph state를 업데이트합니다.

retrieve 노드 정의하기 rag_with_langgraph.ipynb (15)

```
def retrieve(state):
    """
    vectorstore에서 질문에 대한 문서를 검색합니다.

    Args:
        state (dict): 현재 graph state

    return:
        state (dict): 검색된 문서와 사용자 질문을 포함하는 새로운 graph state
    """
    print('------RETRIEVE------')
    question = state['question']

    # Retrieve documents
    documents = retriever.invoke(question)
    return {"documents": documents, "question": question}
```

4. retrieve 노드에서 업데이트된 state의 documents 중에서 question과 연관성이 있는 문서만 필터링하여 filtered_docs에 담고 state의 documents를 filtered_docs로 업데이트하는 grade_documents 노드를 구현합니다.

grade_documents 노드 정의하기 rag_with_langgraph.ipynb (16)

```
def grade_documents(state):
    """
    검색된 문서를 평가하여 질문과 관련성이 있는지 확인합니다.

    Args:
        state (dict): 현재 graph state

    return:
        state (dict): 관련성이 있는 문서와 사용자 질문을 포함하는 새로운 graph state
    """
    print('------GRADE------')
    question = state['question']
    documents = state['documents']
    filtered_docs = []

    for i, doc in enumerate(documents):
        is_relevant = retrieval_grader.invoke({"question": question, "document": doc.
page_content})
        if is_relevant.binary_score == "yes":
            filtered_docs.append(doc)
    return {"documents": filtered_docs, "question": question}
```

5. 다음으로 generate 노드를 정의합니다. 이 노드는 앞 단계의 grade_documents 노드에서 필터링한 state의 documents를 이용해 최종 답변을 생성하는 역할입니다.

generate 노드 정의하기 rag_with_langgraph.ipynb (17)

```
def generate(state):
    """
    LLM을 사용하여 문서와 사용자 질문에 대한 답변을 생성합니다.

    Args:
        state (dict): 현재 graph state

    return:
        state (dict): LLM 생성 결과와 사용자 질문을 포함하는 새로운 graph state
```

```
    """
    print('------GENERATE------')
    question = state['question']
    documents = state['documents']
    generation = rag_chain.invoke({"question": question, "context": documents})
    return {
        "documents": documents,
        "question": question,
        "generation": generation
    }
```

6. RAG가 필요 없는 일상적인 질문에 답하는 casual_talk 노드를 만듭니다.

casual_talk 노드 정의하기 rag_with_langgraph.ipynb (18)

```
def casual_talk(state):
    """
    일상 대화를 위한 답변을 생성합니다.

    Args:
        state (dict): 현재 graph state

    return:
        state (dict): 일상 대화 결과와 사용자 질문을 포함하는 새로운 graph state
    """
    print('------CASUAL TALK------')
    question = state['question']
    generation = model.invoke(question)
    return {
        "question": question,
        "generation": generation
    }
```

Do it! 실습 StateGraph 만들기

결과 파일: sec01/rag_with_langgraph.ipynb

랭그래프를 사용하려면 StateGraph를 만들고 노드들을 등록한 후, 각 노드들의 연결 관계를 정의해야 합니다. 앞에서 만든 노드들을 등록할 StateGraph를 만들어 보겠습니다.

1. 앞에서 question, generation, documents를 담아 둘 수 있도록 했던 GraphState를 이용해 StateGraph를 만듭니다. 이 객체의 이름은 workflow로 했습니다.

StateGraph 객체 생성하기 rag_with_langgraph.ipynb (19)

```
from langgraph.graph import START, StateGraph, END

workflow = StateGraph(GraphState) # StateGraph 객체 생성
```

2. 먼저 만든 함수들을 .add_node를 사용해 workflow의 노드로 등록합니다.

노드 등록하고 연결하기 rag_with_langgraph.ipynb (20)

```
# 노드를 정의
workflow.add_node("retrieve", retrieve)
workflow.add_node("grade_documents", grade_documents)
workflow.add_node("generate", generate)
workflow.add_node("casual_talk", casual_talk)
```

3. 그 노드들을 .add_edge로 연결합니다. 그리고 조건에 따라 경로를 선택하는 기능을 제공하는 .add_conditional_edges 메서드를 사용합니다. 이전에 만든 route_question은 질문 내용에 답변하는데 RAG가 필요하면 vectorstore를, 일반 대화 내용이면 casual_talk를 반환하도록 되어 있습니다. 그 결과가 어떻게 되는지에 따라 그래프의 경로가 결정됩니다. 만약 반환값이 vectorstore면 retrieve 노드로, casual_talk면 casual_talk 노드로 진행합니다. casual_talk 노드로 진행되면 답변을 생성하고 바로 END 노드를 만나고, retrieve 노드로 진행되면 retrieve → grade_documents → generate → END 경로로 연결됩니다. 이 그래프를 app이라는 이름으로 컴파일합니다.

그래프 정의하기 rag_with_langgraph.ipynb (21)

```
workflow.add_conditional_edges(
    START,
    route_question,
    {
        "vectorstore": "retrieve",
        "casual_talk": "casual_talk"
```

```
    }
)
workflow.add_edge("casual_talk", END)
workflow.add_edge("retrieve", "grade_documents")
workflow.add_edge("grade_documents", "generate")
workflow.add_edge("generate", END)

app = workflow.compile()  # workflow를 컴파일
```

4. 컴파일된 결과를 그래프로 그려 보면 다음과 같습니다.

그래프 출력하기 rag_with_langgraph.ipynb (22)

```
from IPython.display import Image, display

try:
    display(Image(app.get_graph().draw_mermaid_png()))
except Exception:
    #  실패 시 통과
    pass
```

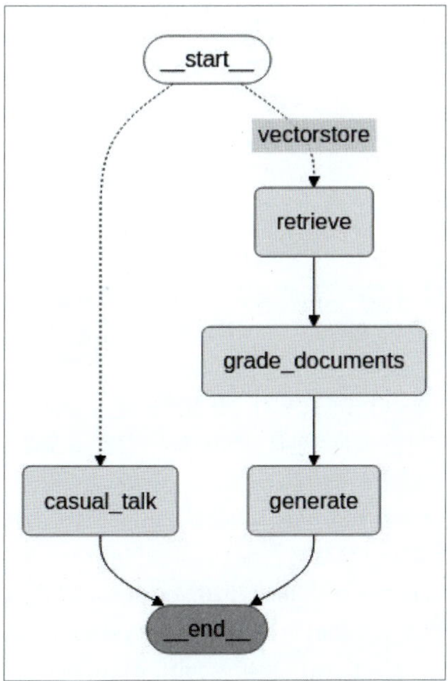

Do it! 실습 멀티에이전트 테스트하기

결과 파일: sec01/rag_with_langgraph.ipynb

이제 필요한 경우에만 RAG로 답변을 생성하고, 그렇지 않은 일상적인 질문에는 RAG 없이 답변을 생성하는지 확인해 봅시다.

1. 서울시 자율주행 계획에 대해 app 워크플로에 물어보겠습니다.

멀티에이전트에게 질문하기 — rag_with_langgraph.ipynb (23)

```
inputs = {
    "question": "서울시 자율주행 계획"
}

app.invoke(inputs)  # workflow를 실행
```

이 셀을 실행해 보면 다음처럼 잘 답변해 줍니다. 최종 답변 결과와 사용한 청크 정보를 모두 볼 수 있습니다.

```
------ROUTE------
---Routing to vectorstore---
------RETRIEVE------
------GRADE------
------GENERATE------

{'question': '서울시 자율주행 계획',
 'generation': AIMessage(content='서울시는 자율주행 자동차를 포함한 미래교통수단의 도입을 위해 2030년까지 간선도로급 이상 도로에서 자율주행 자동차가 운영될 수 있는 도로 인프라 환경을 조성할 계획입니다. 더 나아가, 2040년까지 서울 전역에서 자율주행차량의 운행 환경을 구축하고 수송 분담률 10%를 달성하는 것을 목표로 하고 있습니다. \n\n이를 위해 서울시는 도시 인프라 확충에 대한 지원이 필요하며, 자율주행차량과 같은 새로운 교통 수단의 정착을 위한 전략적 계획이 요구됩니다. 또한, 도심 항공교통(UAM) 기반을 마련하고, 모빌리티 허브를 서울 전역에 구축하여 다양한 교통수단과 서비스의 통합을 도모할 예정입니다. \n\n이러한 노력은 서울시의 교통 체계가 기존 교통수단과의 조화를 이루고, 안전하고 효율적인 통행을 가능하게 하는 데 기여할 것으로 기대됩니다.', additional_kwargs ... 생략 ...
 'documents': [Document(id='74137436-65a1-4316-94cd-0ff38c7744f1', metadata={'author': 'SI', 'creationdate': '2024-12-12T18:16:11+09:00', 'creator': 'Hwp 2020 11.0.0.5178', 'moddate': '2024-12-12T18:16:11+09:00', 'page': 61, 'page_label': '62', 'pdfversion': '1.4', 'producer': 'Hancom PDF 1.3.0.542', 'source': '../data\\2040_seoul_plan.pdf', 'total_pages': 205}, page_content='54제2장 미래상과 목표\n5. 기술발전에 선제적 대응, '미래교통 인프라 구축'1) 배경미래교통수단 도입에 따른 도시 활동 변화 및 공간구조 재편 대비Ÿ빠르게 진화하는 미래 신 교통수단은 ... 생략 ...
```

2. 일상적인 내용을 물어보면 RAG 쪽 워크플로를 따르지 않는지 확인해 봅시다.

워크플로 확인하기 rag_with_langgraph.ipynb (24)

```
inputs = {
    "question": "잘 지내고 있어?"
}

app.invoke(inputs)  # workflow를 실행
```

이 셀을 실행해 보면 잘 지내고 있다고 간단하게 답하네요.

```
------ROUTE------
---Routing to casual_talk---
------CASUAL TALK------
{'question': '잘 지내고 있어?',
 'generation': AIMessage(content='네, 잘 지내고 있습니다! 당신은 어떻게 지내고 계신가요?',
additional_kwargs={'refusal': None}, response_metadata={'token_usage': {'completion_
tokens': 19, 'prompt_tokens': 13, 'total_tokens': 32, 'completion_tokens_details':
{'audio_tokens': 0, 'reasoning_tokens': 0, 'accepted_prediction_tokens': 0, 'rejected_
prediction_tokens': 0}, 'prompt_tokens_details': {'audio_tokens': 0, 'cached_tokens'
: 0}}, 'model_name': 'gpt-4o-mini-2024-07-18', 'system_fingerprint': 'fp_0705bf87c0',
'finish_reason': 'stop', 'logprobs': None}, id='run-addafec5-210c-4892-9360-
051f39098de6-0', usage_metadata={'input_tokens': 13, 'output_tokens': 19, 'total_tokens':
32, 'input_token_details': {'audio': 0, 'cache_read': 0}, 'output_token_details':
{'audio': 0, 'reasoning': 0}})}
```

3. 스트림 방식으로 출력하고 싶다면 다음과 같이 작성합니다.

스트림 방식으로 출력하기 rag_with_langgraph.ipynb (25)

```
inputs = {
    "question": "서울시의 자율주행 차량 계획은 무엇이 있나요?"
}

for msg, meta in app.stream(inputs, stream_mode='messages'):
    print(msg.content, end='')
```

이 셀을 실행하면 결과가 스트림 방식으로 출력됩니다.

```
------ROUTE------
{"datasource":"vectorstore"}---Routing to vectorstore---
------RETRIEVE------
------GRADE------
{"binary_score":"yes"}{"binary_score":"yes"}{"binary_score":"yes"}{"binary_score":"no"}
{"binary_score":"no"}------GENERATE------
서울시의 자율주행 차량 관련 계획은 다음과 같습니다.

1. **운영 체계 구축**: 서울시는 자율주행 자동차의 본격 운영을 위한 체계 구축을 계획하고 있습니다.
단계적으로 2030년까지 간선도로급 이상 도로에서 자율주행차가 운영될 수 있는 도로 인프라 환경을 조성할
예정이며, 2040년까지는 서울 전역에서 자율주행 차량의 운행 환경을 구축할 목표를 가지고 있습니다.

2. **수송 분담률 목표**: 2040년까지 자율주행차량의 수송 분담률을 10% 달성하는 것을 목표로 하고 있
습니다.

3. **도심 항공 교통(UAM)**: 서울은 도심 항공교통 시스템을 마련하고, 김포공항과의 연결을 포함한 시
범 노선을 운영하며, 장기적으로 광역 노선도 확장할 계획입니다.

4. **모빌리티 허브 구축**: 서울 전역에 모빌리티 허브를 구축하여, 기존의 교통 시스템과 새로운 교통
수단을 연계하고 다양한 공공 서비스와 상업 기능이 결합된 지역 거점을 조성할 예정입니다.

이러한 계획들은 기술 발전에 선제적으로 대응하고, 미래의 도시 활동 변화에 따라 보다 포용적인 교통체계
를 마련하기 위한 노력의 일환으로 진행되고 있습니다.
```

이 장에서는 랭그래프를 활용해 상황에 따라 다른 AI 에이전트를 사용하는 방법을 배웠습니다. 여기에 앞서 배웠던 웹 검색 에이전트를 추가로 붙일 수도 있고, RAG의 답변을 확인하고 적절한 답변을 작성하지 못했을 때 다른 검색어로 검색한 뒤 글을 작성하는 프로그램을 만들 수도 있습니다. 상상력을 발휘해 여러분만의 AI 에이전트를 구현해 보세요!

14장

랭그래프로 목차를 작성하는 멀티에이전트 만들기

크고 복잡한 일을 할 때는 여러 전문가가 작업 결과를 서로 리뷰하고 회의를 하며 진행합니다. 인공지능도 마찬가지입니다. 각기 다른 능력을 갖춘 인공지능 에이전트들끼리 서로 회의하도록 만들면 복잡한 작업도 쉽게 해낼 수 있습니다. 이번 장에서는 책의 목차를 작성하는 멀티에이전트를 만드는 방법을 다루겠습니다.

14-1 사용자와 함께 목차를 작성하는 에이전트

'천 리 길도 한 걸음부터'라는 말이 있습니다. 먼저 이 장에서 만들 멀티에이전트에 대해 알아보고 사용자의 질문에 대답하는 챗봇을 만든 다음, 사용자와 함께 목차를 만드는 챗봇을 완성해 보겠습니다.

이 장에서 만드는 멀티에이전트

이어지는 실습에서는 작은 단위의 인공지능 프로그램들이 서로 협업하여 작업을 수행하는 멀티에이전트로 발전하는 과정을 살펴보겠습니다. 이를 통해 멀티에이전트가 단순한 요구사항부터 매우 복잡한 업무까지 어떻게 수행해 내는지 알아보겠습니다.

다음 그림은 'OOO에 관한 보고서를 써야 하니까 인터넷에서 자료를 조사하고 목차를 작성해 와.'라는 한 문장을 수행하기 위해서 조직된 AI 멀티에이전트의 시스템입니다. 각각의 노드(에이전트)는 고유한 임무를 수행하고 자신의 작업 결과를 다른 AI 에이전트들과 공유하면서 작업을 완수합니다.

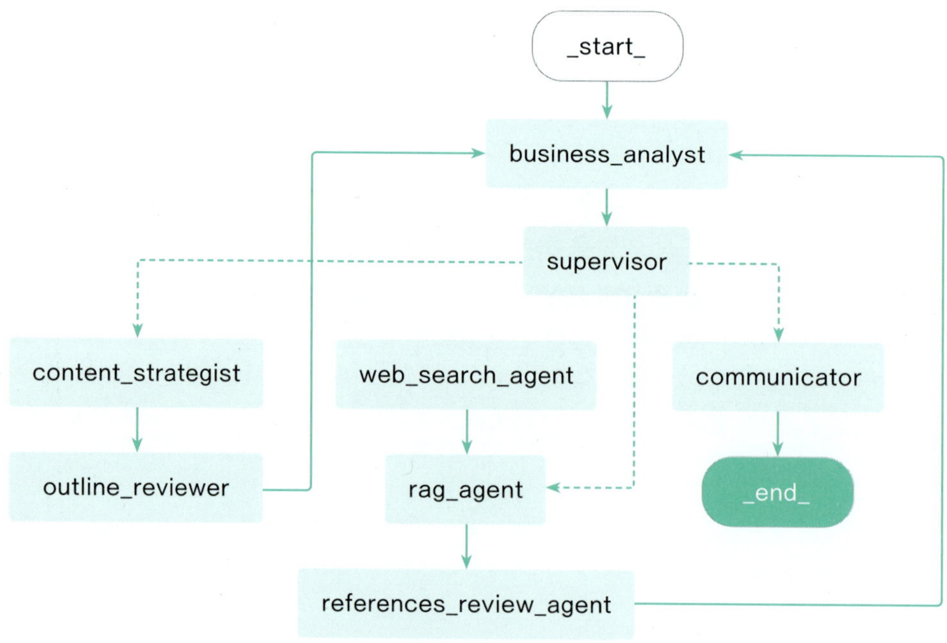

에이전트들이 결과를 공유하며 요청을 수행하는 멀티에이전트의 구조

이 장에서는 AI 에이전트들이 개별 역할을 각각 수행하면서 조화를 이루어 복잡한 업무를 처리하는 과정을 직접 구현해 볼 수 있습니다. 이를 통해 인공지능을 활용한 과업 수행의 기본 원리를 이해하고, 더 나아가 여러분의 프로젝트에 실제로 적용할 아이디어를 얻을 수 있을 것입니다.

사용자와 의사소통하는 커뮤니케이터 에이전트

사용자와 단순한 대화를 할 수 있는 커뮤니케이터 에이전트 communicator를 만들겠습니다. 이어지는 실습에서 기능을 계속 추가할 예정입니다. 사용자가 메시지를 입력하면 커뮤니케이터 에이전트가 답변을 생성하고 결과를 내놓는 단순한 구조입니다.

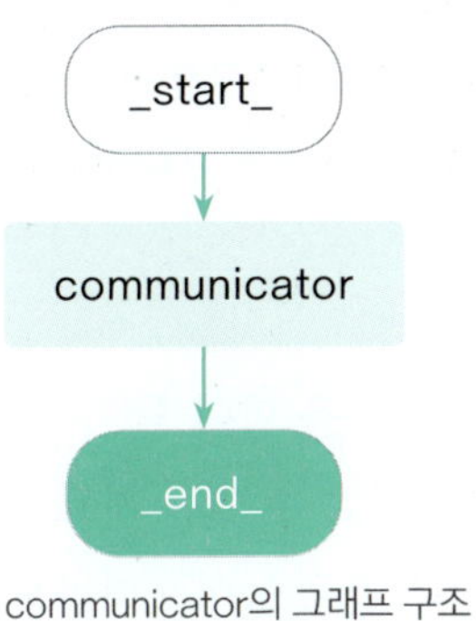

communicator의 그래프 구조

Do it! 실습 커뮤니케이터 에이전트 communicator 만들기

결과 파일: chap14/sec01/book_writer_0.py, utils_0.py

1. 새로운 파이썬 파일인 book_writer.py을 만들고 다음과 같이 코드를 작성합니다. 대부분은 12-1절에서 챗봇을 만들 때 작성한 코드를 가져온 것입니다. 새로 등장한 코드 위주로 살펴보겠습니다.

현재 폴더 경로 찾기 — book_writer.py

```
from langgraph.graph import StateGraph, START, END
from langchain_openai import ChatOpenAI
from langchain_core.messages import AnyMessage, SystemMessage, HumanMessage
from langchain_core.prompts import PromptTemplate
from typing_extensions import TypedDict
from typing import List

from utils import save_state  ①
```

```
from datetime import datetime
import os

# 현재 폴더 경로 찾기
# 랭그래프 이미지로 저장 및 추후 작업 결과 파일 저장 경로로 활용
filename = os.path.basename(__file__)          # 현재 파일명 반환
absolute_path = os.path.abspath(__file__)      # 현재 파일의 절대 경로 반환
current_path = os.path.dirname(absolute_path)  # 현재 .py 파일이 있는 폴더 경로

# 모델 초기화
llm = ChatOpenAI(model="gpt-4o")
```

① `save_state` 함수를 가져올 utils 파일을 임포트합니다. 이 파일은 뒤에서 작성합니다.

② 현재 경로를 찾기 위한 내용을 추가합니다. 현재 랭그래프의 구조를 이미지로 저장하기 위한 경로를 설정하고 나중에 목차를 만들면 그 결과 파일을 저장할 경로를 설정하기 위해 `current_path`를 사용할 것입니다. 이 `current_path`에는 파이썬 파일인 book_writer.py가 있는 경로를 담습니다.

2. 상태를 정의하겠습니다. 앞으로 더 확장해 나가겠지만 현재는 대화 기록을 담아 둘 수 있도록 `messages`라는 변수에 리스트 자료형을 사용합니다. 이 리스트에 들어갈 수 있는 자료형은 `AnyMessage` 혹은 문자열(`str`)입니다. 꼭 랭체인 메시지가 아니라 문자열로 들어오더라도 GPT에서 처리할 수 있으므로 `AnyMessage`뿐만 아니라 `str`로도 담을 수 있게 했습니다.

상태 정의하기 — book_writer.py

```
(... 생략 ...)
# 상태 정의
class State(TypedDict):
    messages: List[AnyMessage | str]
```

랭체인에서 AnyMessage는 여러 종류의 메시지 타입을 하나로 통합하여 표현하기 위해 사용되는 타입 별칭type alias입니다. 즉, AnyMessage는 다음과 같은 다양한 메시지 클래스를 포함하는 유니온union 타입으로 정의되어 있습니다. AnyMessage를 사용하면 다양한 메시지 타입을 모두 받아들일 수 있어서 코드의 유연성과 가독성을 높일 수 있습니다. 예를 들어 채팅

기록이나 메시지 리스트를 처리할 때 AnyMessage 타입으로 선언하면 앞에 언급한 모든 메시지 객체를 하나의 리스트로 다룰 수 있습니다.

타입	설명
AIMessage	AI(모델)가 생성한 응답 메시지
HumanMessage	사용자(인간)가 입력한 메시지
SystemMessage	시스템에서 모델의 행동이나 대화의 맥락을 지정하는 메시지
ToolMessage	도구(tool)의 호출 결과를 나타내는 메시지

3. 사용자와 대화하는 에이전트 communicator를 만들겠습니다. 이 AI 에이전트는 목차를 작성하는 AI 팀의 일원으로 기존 대화 내용을 바탕으로 사용자와 상호 작용하며 대화하는 임무를 수행합니다.

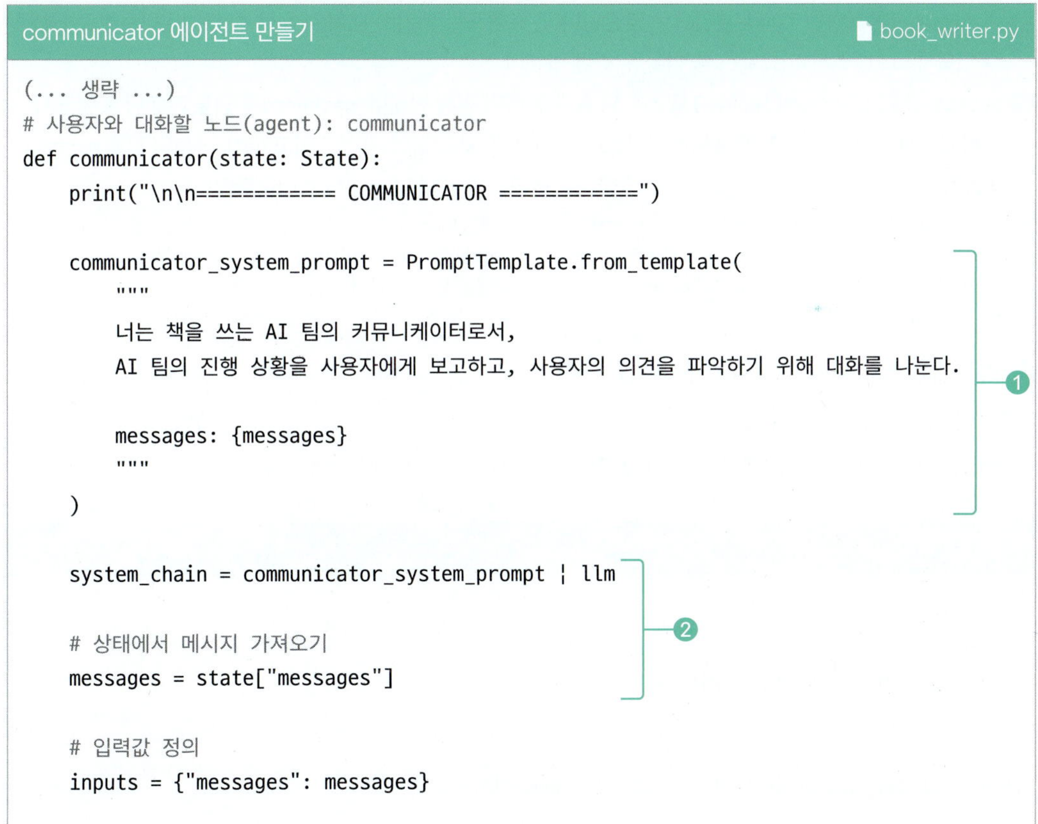

communicator 에이전트 만들기 book_writer.py

```
(... 생략 ...)
# 사용자와 대화할 노드(agent): communicator
def communicator(state: State):
    print("\n\n============ COMMUNICATOR ============")

    communicator_system_prompt = PromptTemplate.from_template(
        """
        너는 책을 쓰는 AI 팀의 커뮤니케이터로서,
        AI 팀의 진행 상황을 사용자에게 보고하고, 사용자의 의견을 파악하기 위해 대화를 나눈다.

        messages: {messages}
        """
    )

    system_chain = communicator_system_prompt | llm

    # 상태에서 메시지 가져오기
    messages = state["messages"]

    # 입력값 정의
    inputs = {"messages": messages}
```

```
    gathered = None

    print('\nAI\t: ', end='')
    for chunk in system_chain.stream(inputs):
        print(chunk.content, end='')

        if gathered is None:
            gathered = chunk
        else:
            gathered += chunk

    messages.append(gathered)

    return {"messages": messages}
```

❶ 임무 내용을 communicator_system_prompt에 PromptTemplate를 이용해 프롬프트로 정의합니다. 이 프롬프트는 시스템 프롬프트 역할을 합니다.

❷ 이 시스템 프롬프트는 llm에 체인으로 연결됩니다. 프롬프트가 기존 대화 내용을 계속 업데이트하고 답변할 수 있도록 state에서 messages를 받을 수 있게 합니다.

❸ system_chain.stream(inputs)로 스트림 출력을 하기 위해 빈 변수 gathered를 만들고 언어 모델에서 스트림되는 내용을 터미널 창에 출력하면서 gathered에 점차 덧붙입니다. 그리고 gathered의 값을 messages 리스트에 추가하고 messages를 딕셔너리 형태로 반환하여 상태(State)를 업데이트합니다.

✦ 매번 messages에 값을 추가하지 않고 랭그래프나 랭체인에서 제공하는 MemorySaver와 같은 기능을 활용할 수도 있습니다. 메모리에 관한 내용은 12-2절을 참고하세요. 이 방식은 취향에 따라 선택하면 됩니다. 이 예제에서는 어느 시점에 메시지가 대화 내용에 추가되는지 코드에서 확실히 보기 위해 대화 내용을 직접 관리하는 방법을 선택했습니다.

4. 이제 StateGraph로 그래프를 만들 차례입니다. 이 그래프는 Start → communicator → END의 단순한 구조로 되어 있습니다. 이번에 만든 communicator 노드만 graph_builder에 추가하고, 이 노드를 START와 END에 연결한 뒤 그래프를 컴파일합니다.

그래프 만들기 | book_writer.py

```
(... 생략 ...)
# 상태 그래프 정의
graph_builder = StateGraph(State)

# Nodes
graph_builder.add_node("communicator", communicator)

# Edges
graph_builder.add_edge(START, "communicator")
graph_builder.add_edge("communicator", END)
```

```
graph = graph_builder.compile()
```

5. 랭그래프를 도식화하는 코드입니다. 12-1절에서 작성한 주피터 노트북 코드(langgraph_simple_chatbot.ipynb)와 거의 동일하지만 도식화된 결과를 PNG 파일로 저장하도록 수정했습니다. 여기에서는 앞서 작성한 `absolute_path`를 사용하며 현재 작업하고 있는 파이썬 파일의 이름과 동일한 PNG 파일을 만듭니다.

그래프 도식화하고 PNG 파일 생성하기 book_writer.py

```
(... 생략 ...)
# 그래프 도식화
graph.get_graph().draw_mermaid_png(output_file_path=absolute_path.replace('.py',
'.png'))
```

이 코드를 실행하면 다음 그림을 얻게 됩니다. 아직 utils.py 파일을 만들지 않았으므로 현재 코드에서는 실행되지 않습니다. utils.py 파일을 작성한 뒤에 실행해 보세요.

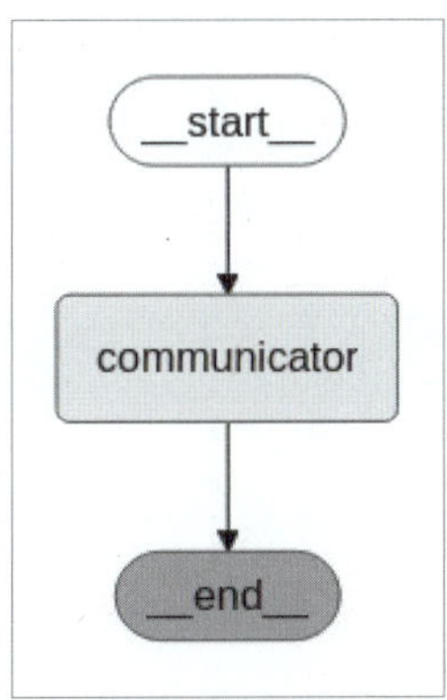

6. 전체 워크플로의 시스템 메시지를 작성합니다. 아직은 AI 에이전트가 `communicator` 하나뿐이지만 나중에 여러 AI 에이전트가 추가될 것을 고려하여 설계합니다. 그리고 프롬프트에 현재 시각 정보를 포함하도록 하여 향후 책이나 보고서를 만들 때 언어 모델이 만들어진 시점(gpt-4o의 경우 2023년)을 기준으로 판단하는 오류를 방지할 수 있게 합니다.

전체 워크플로의 시스템 메시지 작성하기 book_writer.py

```
(... 생략 ...)
# 상태 초기화
state = State(
    messages = [
        SystemMessage(
                f"""
            너희 AI들은 사용자의 요구에 맞는 책을 쓰는 작가 팀이다.
            사용자가 사용하는 언어로 대화하라.

            현재 시각은 {datetime.now().strftime('%Y-%m-%d %H:%M:%S')}이다.

            """
        )
    ],
)
```

7. 터미널 창에서 사용자의 입력을 받고 **graph**를 실행(invoke)하는 코드입니다. 사용자가 입력한 값을 **user_input** 변수에 담아 워크플로를 실행합니다. 반복문은 사용자가 입력한 값이 **'exit'**, **'quit'**, **'q'**가 아니라면 계속됩니다. 실제로 AI가 생성한 답변은 **communicator** 에이전트(노드)에서 **print**로 출력되며 그 후 현재 메시지 수를 파악하기 위해 **print** 문을 추가합니다. 그리고 현재 상태를 **save_state** 함수로 저장합니다. 이 함수는 utils.py 파일에 따로 만들겠습니다.

사용자의 입력을 받고 그래프 실행하기 book_writer.py

```
(... 생략 ...)
   # 터미널 창에서 사용자의 입력을 받고 graph를 실행(invoke)하는 부분
while True:
    user_input = input("\nUser\t: ").strip()

    if user_input.lower() in ['exit', 'quit', 'q']:
        print("Goodbye!")
        break

    state["messages"].append(HumanMessage(user_input))
    state = graph.invoke(state)

    print('\n------------------------------------ MESSAGE COUNT\t', len(state["messag-
es"]))

    save_state(current_path, state) # 현재 state 내용 저장
```

8. save_state 함수를 만들겠습니다. book_writer.py 파일에 작성할 수도 있지만 파일이 너무 커지는 것을 방지하기 위해 새로운 파일인 utils.py을 같은 폴더 내에 만들어 작성하겠습니다. save_state 함수는 current_path와 state를 매개변수로 받아 current_path/data 폴더에 state를 JSON 파일로 저장합니다. 현재 state에는 사용자와 AI 간의 대화 내용이 담긴 messages만 존재하므로 [(m.__class__.__name__, m.content) 형태로 자료형과 대화 내용을 튜플로 변환하여 저장합니다. 이때 ensure_ascii=False와 encoding='utf-8'을 지정하여 저장된 JSON 파일의 한글이 깨지지 않도록 합니다.

파일을 저장하는 save_state 함수 만들기 utils.py

```
import os
import json

def save_state(current_path, state):
    if not os.path.exists(f"{current_path}/data"):
        os.makedirs(f"{current_path}/data")

    state_dict = {}

    messages = [(m.__class__.__name__, m.content) for m in state["messages"]]
    state_dict["messages"] = messages

    with open(f"{current_path}/data/state.json", "w", encoding='utf-8') as f:
        json.dump(state_dict, f, indent=4, ensure_ascii=False)
```

이 코드를 실행하면 다음처럼 터미널 창에서 대화할 수 있습니다. 아직 다른 기능은 구현되지 않았고 단순한 대화만 가능한 상태입니다. HYBE와 JYP의 경영 전략과 기업 문화에 대한 책을 써달라고 요청했지만 아직 알아서 진행하지는 못합니다.

```
User: HYBE와 JYP의 경영 전략과 기업 문화에 대한 책을 써줘.


============ COMMUNICATOR ============

AI: 안녕하세요! HYBE와 JYP의 경영 전략과 기업 문화에 대한 책을 요청해 주셨군요. 현재 AI팀은 이 주제에 대한 자료 수집 및 분석을 진행 중입니다. 두 회사의 경영 철학, 전략적 결정, 그리고 기업 문화를 비교하면서 독자들이 이해하기 쉽게 설명할 계획입니다.
```

```
혹시 이 책에서 특별히 다루었으면 하는 구체적인 내용이나 질문이 있으신가요? 또는 이 주제와 관련하여
궁금한 점이 있다면 말씀해 주세요. 여러분의 의견을 반영하여 더욱 유익한 책을 만들어 나가겠습니다.
---------------------------------- MESSAGE COUNT        3

User: 알아서 써줘



============ COMMUNICATOR ============

AI: 알겠습니다! 요청해 주신 대로 HYBE와 JYP의 경영 전략 및 기업 문화에 대한 책을 저희 AI팀의 연구
를 바탕으로 작성해보겠습니다. 두 회사의 역사와 성장 과정, 경영 철학, 그리고 각각의 독특한 기업 문화
를 심도 있게 분석하여 독자들이 이해하기 쉽게 전달할
예정입니다.

또한, 두 회사의 최신 동향과 미래 전략에 대한 전망도 포함하여 독자들이 현재와 미래의 엔터테인먼트 산
업을 이해하는 데 도움을 줄 수 있도록 할 것입니다. 만약 책이 완성되면 여러분에게 알릴 수 있도록 진행
상황을 지속적으로 업데이트하겠습니다.

혹시 생각이 바뀌시거나 추가적으로 포함하고 싶은 내용이 생기시면 언제든지 말씀해 주세요. 여러분의 피드
백은 저희에게 큰 도움이 됩니다. 감사합니다!
```

이 실행 결과는 data/state.json 파일에 저장됩니다. 시스템이 알아서 작업해 주면 좋겠지만 아직은 그렇지 못한 상태입니다. 이러한 결과물을 보고 언어 모델을 GPT-4o로 선택했는데도 그다지 쓸 만하지 않다고 생각해 버리는 사람이 많습니다. 하지만 이는 아직 우리가 적절한 가이드를 제공하지 못했기 때문일 수 있습니다.

책의 목차를 작성하는 콘텐츠 전략가 에이전트

보고서나 책을 쓰는 방법은 여러 가지 있겠지만 저는 목차를 먼저 만들고 나서 파트별로 어떤 내용을 넣을지 구상합니다. AI 에이전트도 이런 방식으로 작업을 진행하도록 구현해 보겠습니다. 물론 앞에서 만든 커뮤니케이터 에이전트에게 목차를 작성하라고 요청할 수도 있지만 앞으로 특정 기능을 독립적으로 수행하는 여러 AI 에이전트를 만들 계획입니다. 이 실습에서는 목차 작성을 전문으로 하는 콘텐츠 전략가 에이전트 content_strategist를 만들어 보겠습니다.

하나의 에이전트에게 하나의 임무만 맡기면 엉뚱하게 답변할 확률을 줄일 수 있습니다. 작업 결과가 마음에 들지 않을 때 어떤 에이전트를 개선해야 할지 파악하기도 쉽고요. 다음 그림처럼 그래프를 만들면 사용자가 입력한 메시지를 콘텐츠 전략가 에이전트 content_strategist가 우선 받고, 생성한 결과를 커뮤니케이터 에이전트 communicator가 전달받아서 사용자에게 보고하게 됩니다.

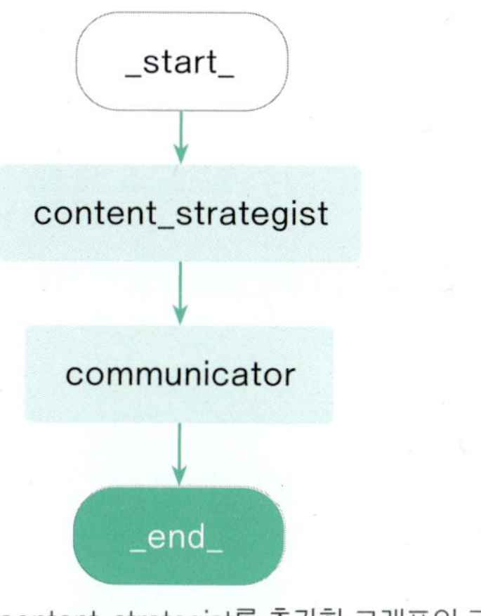

content_strategist를 추가한 그래프의 구조

Do it! 실습 목차를 작성하는 콘텐츠 전략가 에이전트 content_strategist 만들기

결과 파일: sec01/book_writer_1.py, utils_1.py

1. 이번에 만드는 AI 에이전트 노드는 목차를 작성하는 콘텐츠 전략가를 의미하는 `content_strategist`입니다.

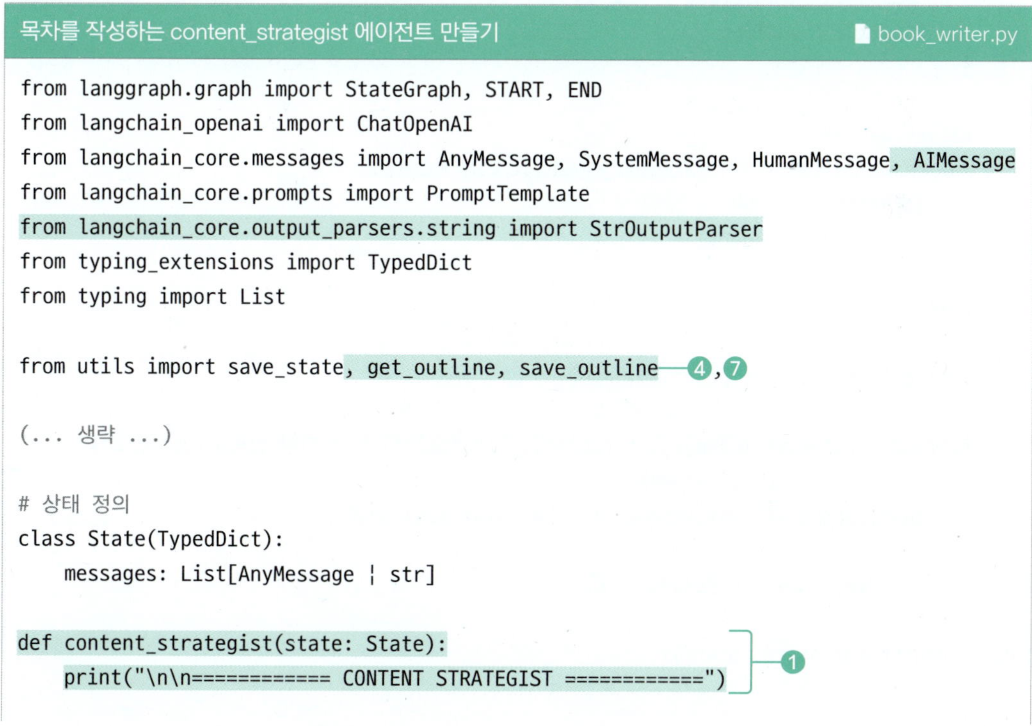
목차를 작성하는 content_strategist 에이전트 만들기 book_writer.py

```
from langgraph.graph import StateGraph, START, END
from langchain_openai import ChatOpenAI
from langchain_core.messages import AnyMessage, SystemMessage, HumanMessage, AIMessage
from langchain_core.prompts import PromptTemplate
from langchain_core.output_parsers.string import StrOutputParser
from typing_extensions import TypedDict
from typing import List

from utils import save_state, get_outline, save_outline  ④,⑦

(... 생략 ...)

# 상태 정의
class State(TypedDict):
    messages: List[AnyMessage | str]

def content_strategist(state: State):
    print("\n\n============ CONTENT STRATEGIST ============")  ①
```

```
    content_strategist_system_prompt = PromptTemplate.from_template(
        """
        너는 책을 쓰는 AI 팀의 콘텐츠 전략가(Content Strategist)로서,
        이전 대화 내용을 바탕으로 사용자의 요구 사항을 분석하고, AI팀이 쓸 책의 세부 목차를 결정한다.

        지난 목차가 있다면 그 버전을 사용자의 요구에 맞게 수정하고, 없다면 새로운 목차를 제안한다.

        --------------------------------
        - 지난 목차: {outline}
        --------------------------------
        - 이전 대화 내용: {messages}
        """
    )                                                                                    ❷

    content_strategist_chain = content_strategist_system_prompt | llm | StrOutputPars-
er() ❸

    messages = state["messages"]  # 상태에서 메시지 가져오기
    outline = get_outline(current_path) ❹

    inputs = {
        "messages": messages,
        "outline": outline
    }  ❺

    gathered = ''
    for chunk in content_strategist_chain.stream(inputs):
        gathered += chunk
        print(chunk, end='')  ❻

    print()

    save_outline(current_path, gathered) ❼

    content_strategist_message = f"[Content Strategist] 목차 작성 완료: {gathered}"
    print(content_strategist_message)
    messages.append(AIMessage(content_strategist_message))  ❽

    return {"messages": messages} ❾

def communicator(state: State):
(... 생략 ...)

# 상태 그래프 정의
graph_builder = StateGraph(State)
```

```
# Nodes
graph_builder.add_node("communicator", communicator)
graph_builder.add_node("content_strategist", content_strategist)

# Edges
graph_builder.add_edge(START, "content_strategist")
graph_builder.add_edge("content_strategist", "communicator")
graph_builder.add_edge("communicator", END)

graph = graph_builder.compile()

(... 생략 ...)
```

⑩

① content_strategist 에이전트는 목차를 생성하고 ⑦에서 save_outline() 함수를 이용해 생성한 목차를 저장하는 역할을 합니다. State에서 관리해도 되지만 파일로 저장하면 작업 과정을 파악하기 좋고 파일을 직접 수정할 수도 있습니다.

② content_strategist 에이전트를 위한 시스템 프롬프트를 정의합니다. 지난 목차(outline)와 이전 대화 내용(messages)이 주어지면 이전 대화 내용을 바탕으로 새로운 목차를 생성하라는 문구를 추가합니다. 실행 결과를 보면서 더 적절한 프롬프트로 만들어 나가겠습니다.

③ 프롬프트와 언어 모델, 그리고 StrOutputParser를 연결한 체인을 만듭니다. 나중에 이 체인에 outline과 messages를 담아서 넣으면 되겠죠.

④ get_outline 함수를 사용합니다. 이 함수는 utils.py파일에 구현할 예정입니다. content_strategist는 content_strategist_chain을 이용해 만든 목차 내용을 save_outline 함수를 이용해 저장합니다. 만약 저장되어 있던 목차(outline)가 이미 있다면 get_outline 함수로 읽어 올 수 있습니다.

⑤ content_strategist_chain에 필요한 messages와 outline을 inputs로 만듭니다.

⑥ 스트림 방식으로 새로운 목차(outline)를 생성해서 gathered에 담습니다.

⑦ 완료된 이후에는 gathered에 담긴 목차를 save_outline 함수를 이용해 저장합니다. 이 save_outline 함수는 utils.py 파일에 곧 구현할 예정입니다.

⑧ 현재 작업이 어떻게 끝났는지를 다음 노드인 communicator에 전달하기 위해 작업 결과를 AIMessage 인스턴스로 만들어 messages에 추가합니다.

⑨ 대화 히스토리인 messages에 결과가 있으므로 communicator는 업데이트된 messages로 임무를 수행하게 됩니다. 따라서 현재의 진행 상황을 사용자에게 제대로 보고할 수 있습니다.

⑩ 이제 새로 만든 노드를 그래프에 등록하고 노드간 연결 관계도 앞서 본 그래프와 같이 커뮤니케이터 에이전트인 communicator 앞에 연결되도록 수정합니다.

2. utils.py에 `get_outline` 함수와 `save_outline` 함수를 추가하겠습니다.

목차를 파일로 저장하는 함수 추가하기 utils.py

```
import os
import json

def save_state(current_path, state):
(... 생략 ...)

def get_outline(current_path):
    outline = '아직 작성된 목차가 없습니다.'

    if os.path.exists(f"{current_path}/data/outline.md"):
        with open(f"{current_path}/data/outline.md", "r", encoding='utf-8') as f:
            outline = f.read()
    return outline

def save_outline(current_path, outline):
    if not os.path.exists(f"{current_path}/data"):
        os.makedirs(f"{current_path}/data")

    with open(f"{current_path}/data/outline.md", "w", encoding='utf-8') as f:
        f.write(outline)
    return outline
```

① `get_outline` 함수의 매개변수는 `current_path`뿐입니다. 만약 current_path/data 폴더에 outline.md 파일이 있으면 그 파일 내용을 읽어서 반환합니다. 없는 경우에 대비해서 `outline` 변수에 '아직 작성된 목차가 없습니다.'라는 기본 문구를 설정해 두었으므로 파일이 없다면 이 문구가 반환됩니다.

② `save_outline` 함수는 `current_path`와 `outline`을 매개변수로 받습니다. 매개변수로 받은 `outline`의 값을 current_path/data 폴더에 outline.md라는 파일명으로 저장합니다.

이제 대화를 통해 목차를 작성할 수 있습니다. 이 코드를 실행해 보면 목차를 작성하고 어떻게 수정하면 좋을지 물어봅니다. 목차를 작성하기 위해 현재 2개의 에이전트가 일을 하고 있습니다. 사용자가 원하는 내용을 입력하면 콘텐츠 전략가 에이전트 content_strategist가 목차를 작성하고 커뮤니케이터 에이전트 communicator가 진행 상황을 사용자에게 보고합니다.

```
User: JYP와 HYBE의 경영 전략과 기업 문화를 비교하는 책을 쓰고 싶어


============ CONTENT STRATEGIST ============
JYP와 HYBE의 경영 전략과 기업 문화를 비교하는 책에 대한 목차를 제안드리겠습니다. 이 책은 두 회사의
고유한 전략과 문화를 탐구하고, 그 차이점과 공통점을 분석하는 데 중점을 둘 것입니다.

### 제안 목차

1. **서문**
   - 책의 목적과 중요성
   - 연구 방법론 소개

2. **JYP 엔터테인먼트 개요**
   - 회사 역사와 발전 과정
   - 주요 아티스트와 성공 사례
   - 비전과 미션
(... 생략 ...)
10. **결론**
    - 주요 발견 요약
    - 향후 연구 제안

11. **부록**
    - 인터뷰 및 설문 자료
    - 참고 문헌

이 목차는 JYP와 HYBE의 경영 전략과 기업 문화를 심도 있게 비교 분석하며, 독자에게 두 회사가 엔터테인
먼트 산업에서 어떻게 독특한 위치를 차지하고 있는지를 이해시키는 데 초점을 맞추고 있습니다.
[Content Strategist] 목차 작성 완료: JYP와 HYBE의 경영 전략과 기업 문화를 비교하는 책에 대한 목
차를 제안드리겠습니다. 이 책은 두 회사의 고유한 전략과 문화를 탐구하고, 그 차이점과 공통점을 분석하
는 데 중점을 둘 것입니다.

============ COMMUNICATOR ============
AI: 안녕하세요! AI 작가팀의 커뮤니케이터입니다. 방금 전 AI팀의 컨텐츠 전략가가 JYP와 HYBE의 경영
전략과 기업 문화를 비교하는 책의 초기 목차를 완료했습니다. 목차는 사용자의 요구를 반영하여 두 기업의
주요 특징과 경영 철학을 깊이 있게 분석하고 있습니다.

현재 제안된 목차는 다음과 같습니다:

1. **서문**
2. **JYP 엔터테인먼트 개요**
(... 생략 ...)
7. **결론**
8. **부록**
```

현재 communicator는 content_strategist가 만든 목차를 한 번 더 출력하여 사용자에게 알려주고 있습니다. 그런데 사용자는 content_strategist가 목차를 출력할 때 이미 터미널 창에서 확인할 수 있고 outlilne.md 파일을 열어서 확인할 수도 있으므로 굳이 communicator가 똑같은 내용을 다시 사용자에게 알려 줄 필요는 없습니다.

3. `content_strategist`가 현재 목차를 메시지에 추가하지 않고 `communicator`도 사용자에게 목차를 출력하지 않도록 수정합니다.

목차를 중복 출력하지 않도록 수정하기 book_writer.py

```
# 목차를 작성하는 노드(agent)
def content_strategist(state: State):
(... 생략 ...)
    # 메시지 추가
    content_strategist_message = f"[Content Strategist] 목차 작성 완료: {gathered}"
    print(content_strategist_message)                                    삭제
    messages.append(AIMessage(content_strategist_message))

    return {"messages": messages}

def communicator(state: State):
    # 사용자와 대화할 노드(agent): communicator
    print("\n\n============ COMMUNICATOR ============")

    # 시스템 프롬프트 정의
    communicator_system_prompt = PromptTemplate.from_template(
        """
        너는 책을 쓰는 AI 팀의 커뮤니케이터로서,
        AI 팀의 진행 상황을 사용자에게 보고하고, 사용자의 의견을 파악하기 위해 대화를 나눈다.

        사용자도 outline(목차)을 이미 보고 있으므로, 다시 출력할 필요는 없다.

        messages: {messages}
        """
    )
    (... 생략 ...)
```

코드를 실행하면 content_strategist만 목차를 출력합니다.

```
User: JYP와 HYBE의 경영 전략과 기업 문화를 비교하는 책을 쓰고 싶어


============ CONTENT STRATEGIST ============
사용자의 요구를 바탕으로 JYP와 HYBE의 경영 전략과 기업 문화를 비교하는 책의 목차를 이미 제안한 바
있습니다. 아래는 제안 된 목차입니다. 이 목차를 바탕으로 추가적인 요구사항이나 수정이 필요하다면 말씀
해 주세요.

### 목차 제안:

1. **서문: K-POP 산업에서의 JYP와 HYBE**
   - K-POP의 세계화
   - JYP와 HYBE의 역할
(... 생략 ...)

[Content Strategist] 목차 작성 완료


============ COMMUNICATOR ============

AI: 지금까지의 진행 상황을 알려드리면, AI팀은 JYP와 HYBE의 경영 전략과 기업 문화를 비교하는 책의
목차를 작성했습니다. 이제 본격적인 집필 작업을 시작하려고 합니다. 사용자의 의견과 기대에 부합하는 방
향으로 나아가기 위해 추가적으로 알고 싶으신 점이나 궁금한 부분이 있나요? 또는 강조하고 싶은 부분이나
특별히 다루고 싶은 주제가 있으면 말씀해 주세요. 이를 바탕으로 내용을 더 충실히 구성하겠습니다.
```

14-2 조장 역할을 하는 슈퍼바이저 에이전트

여러 사람이 협업할 때 조직 구조를 고려하듯이, 각각 전문 역할을 하는 AI 에이전트가 서로 유기적으로 협력하도록 만들 때에도 여러 전략을 구상할 수 있습니다. 가장 흔한 방법이 의사 결정을 하는 '장'을 뽑는 것입니다. 대학 때 조별 과제를 해도 조장을 뽑고 회사에서도 부서장을 세워서 누가 어떤 일을 어떻게 할지 판단하는 역할을 합니다. AI 에이전트들끼리 협력하도록 만들 때에도 이런 전략을 활용할 수 있습니다.

조장이 필요하다! — 슈퍼바이저 에이전트

14-1절에서 만든 프로그램에 보고서를 만들어 달라고 요청하지 않고 처음부터 '안녕?'이라고 입력하면 엉뚱하게 인사에 대한 목차를 생성합니다. 현재 그래프 구조는 사용자의 입력에 맞춰 무조건 목차를 생성하고 대화를 이어 나가게 되어 있기 때문입니다.

```
User: 안녕?

============ CONTENT STRATEGIST ============
안녕하세요! 책의 목차를 구성하기 위해 사용자 요구사항을 분석한 결과, 현재 제공된 정보가 제한적이지만, 일반적인 콘텐츠 전략에 따라 AI팀이 쓸 책의 초안 목차를 제안해 드리겠습니다. 이 목차는 AI가 책을 작성하면서 사용자가 원하는 내용을 충족할 수 있도록 가이드라인을 제공합니다.

### 제안 목차: AI와 책 쓰기

1. **들어가며**
   - AI와 창작의 만남
   - 이 책의 목적과 대상 독자

2. **AI의 역할 이해하기**
   - AI 작가의 개요
   - AI의 가능성과 한계

(... 생략 ...)

============ COMMUNICATOR ============

AI: 안녕하세요! AI팀의 커뮤니케이터입니다. 이미 목차 초안을 제안드렸지만, 사용자의 의견을 반영하여 더욱 맞춤화된 내용을 만들고자 합니다. 제안된 목차에 대해 어떻게 생각하시나요? 추가하거나 수정하고 싶은 부분이 있으시면 말씀해 주세요. 사용자님의 의견을 반영하여 최종 책의 구성을 보다 완성도 있게 만들고 싶습니다. 어떤 부분이든 자유롭게 말씀해 주시면 감사하겠습니다!
```

따라서 사용자가 입력한 내용을 분석해 목차를 작성하는 콘텐츠 전략가 에이전트 content_strategist가 필요할지, 아니면 사용자와 소통하는 커뮤니케이터 에이전트 communicator가 필요할지 판단하는 조장이 필요합니다.

사용자의 요구 사항에 따라 어떤 AI 에이전트에게 일을 시킬지 판단하는 슈퍼바이저 에이전트 supervisor를 만들고, 이에 맞춰 그래프 구조를 바꾸겠습니다. 다음 그림과 같이 사용자가 메시지를 입력하면 supervisor 노드에서 목차를 쓰는 content_strategist에게 보낼지, 아니면 대화를 담당하는 communicator에게 바로 보낼지를 판단합니다. 목차를 작성하는 content_strategist로 가서 목차를 작성한 뒤에는 communicator로 넘어가서 결과를 사용자에게 보고하게 됩니다.

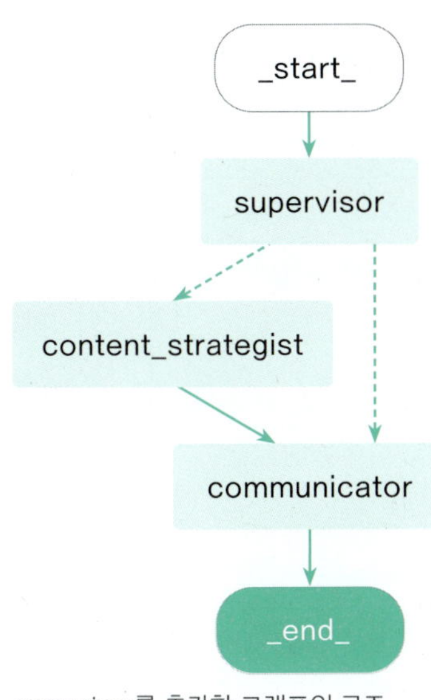

supervisor를 추가한 그래프의 구조

Do it! 실습 슈퍼바이저 에이전트 supervisor 추가하기

결과 파일: sec02/book_writer_2.py

슈퍼바이저 에이전트 `supervisor`를 book_wirter.py 파일에 추가하겠습니다.

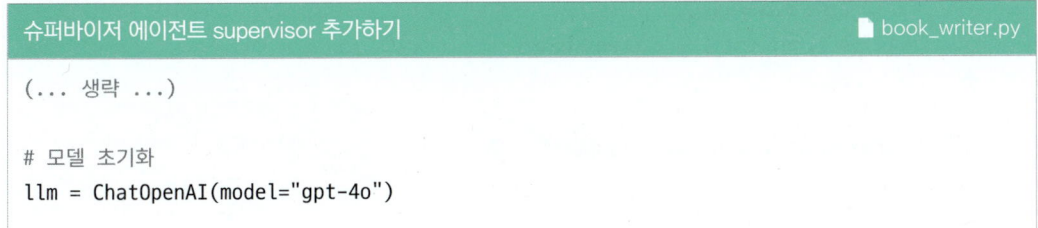

슈퍼바이저 에이전트 supervisor 추가하기 — book_writer.py

```
(... 생략 ...)

# 모델 초기화
llm = ChatOpenAI(model="gpt-4o")
```

```python
# 상태 정의
class State(TypedDict):
    messages: List[AnyMessage | str]
    task: str

def supervisor(state: State):
    print("\n\n============ SUPERVISOR ============")

    supervisor_system_prompt = PromptTemplate.from_template(
        """
        너는 AI 팀의 supervisor로서 AI 팀의 작업을 관리하고 지도한다.
        사용자가 원하는 책을 써야 한다는 최종 목표를 염두에 두고,
        사용자의 요구를 달성하기 위해 현재 해야 할 일이 무엇인지 결정한다.

        supervisor가 활용할 수 있는 agent는 다음과 같다.
        - content_strategist: 사용자의 요구 사항이 명확해졌을 때 사용한다. AI 팀의
콘텐츠 전략을 결정하고, 전체 책의 목차(outline)를 작성한다.
        - communicator: AI 팀에서 해야 할 일을 스스로 판단할 수 없을 때 사용한다.
사용자에게 진행 상황을 보고하고, 다음 지시를 물어본다.

        아래 내용을 고려하여, 현재 해야할 일이 무엇인지, 사용할 수 있는 agent를
단답으로 말하라.

        ------------------------------------------
        previous_outline: {outline}
        ------------------------------------------
        messages:
        {messages}
        """
    )


    supervisor_chain = supervisor_system_prompt | llm | StrOutputParser()


    messages = state.get("messages", [])

    inputs = {
        "messages": messages,
        "outline": get_outline(current_path)
    }

    task = supervisor_chain.invoke(inputs)
```

```
    supervisor_message = AIMessage(f"[Supervisor] {task}")
    messages.append(supervisor_message)                        ⑧
    print(supervisor_message.content)

    return {
        "messages": messages,   ⑨
        "task": task
    }

def supervisor_router(state: State):
    task = state['task']          ④
    return task
(... 생략 ...)

# 상태 그래프 정의
graph_builder = StateGraph(State)

# 노드
graph_builder.add_node("supervisor", supervisor)  ⑩
graph_builder.add_node("communicator", communicator)
graph_builder.add_node("content_strategist", content_strategist)

# 엣지
graph_builder.add_edge(START, "supervisor")
graph_builder.add_conditional_edges(
    "supervisor",
    supervisor_router,
    {
        "content_strategist": "content_strategist",        ⑪
        "communicator": "communicator"
    }
)
graph_builder.add_edge("content_strategist", "communicator")
graph_builder.add_edge("communicator", END)

graph = graph_builder.compile()

# 그래프 도식화
graph.get_graph().draw_mermaid_png(output_file_path=absolute_path.replace('.py',
'.png'))

# 상태 초기화
state = State(
    messages = [
```

```
        SystemMessage(
                f"""
            너희 AI들은 사용자의 요구에 맞는 책을 쓰는 작가 팀이다.
            사용자가 사용하는 언어로 대화하라.

            현재시각은 {datetime.now().strftime('%Y-%m-%d %H:%M:%S')}이다.

            """
        )
    ],
    task=""   ← ① task 추가
)

(... 생략 ...)
```

① State에 task를 문자열(str) 형식으로 추가해 상태를 다른 AI 에이전트들과 공유할 수 있게 합니다. task의 자료형은 나중에 수정할 예정입니다. 이렇게 설정했을 때의 불확실성을 살펴보기 위해 우선 문자열로 정의했습니다. 아래쪽에 state를 초기화하는 부분도 task=""로 초기화해 줍니다.

② supervisor를 새로 만듭니다. 이 에이전트는 다음에 할 일이 무엇인지 판단하는 역할을 합니다.

③ supervisor의 시스템 프롬프트입니다. 이 프롬프트에서는 content_strategist와 communicator를 선택하는 방법을 설명합니다. 입력값으로 받을 항목은 기존 목차를 의미하는 outline과 기존 대화 내용을 의미하는 messages입니다.

④ 체인을 연결하는 부분입니다. StrOutputParser로 content_strategist와 communicator 중에 하나가 나오면 supervisor_route에서 conditional_edge로 처리할 예정입니다.

⑤ state의 메시지를 가져오도록 설정합니다. 이렇게 설정하면 state에 'messages'가 있으면 그 값을 반환하고, 없으면 빈 리스트 []를 반환합니다. state['messages']로 설정해도 동일하지만 다양한 방식을 소개하기 위해 사용했습니다.

⑥ supervisor_chain에 넣을 inputs을 딕셔너리로 설정합니다.

⑦ supervisor_chain은 다음에 사용할 노드를 문자열 형태로 반환하므로 task 변수에 담습니다.

⑧ 이 task를 AIMessage 형태로 기존 messages에 추가하고 터미널 창에도 출력합니다.

⑨ 앞서 만든 supervisor의 결과를 이용해 노드 연결을 conditional_edge로 처리합니다. 현재 state에서 task의 값을 가져와 반환합니다.

⑩ 새로 만든 supervisor 노드를 그래프에 추가합니다.

⑪ 새로 추가한 supervisor 노드를 이용해 앞에서 살펴본 그래프와 같은 형태로 연결하기 위해 코드를 수정합니다.

이 코드를 실행하기 전에 기존에 생성된 ./data 폴더의 outline.md 파일과 state.json 파일을 삭제하고 시작해 보세요. 다음처럼 대화를 통해 목차를 만들 수 있습니다. '안녕?'이라고 입력해도 적절한 답변을 생성합니다.

```
User: 안녕?
============ SUPERVISOR ============
[Supervisor] communicator
============ COMMUNICATOR ============
AI: 안녕하세요! 책을 쓰는 AI팀의 커뮤니케이터입니다. 현재 저희 팀은 책의 각 장을 개발하고 있으며, 
여러분의 피드백을 반영하여 내용을 더욱 개선하고 있습니다. 진행 상황이나 궁금한 점이 있으시면 언제든지 
말씀해 주세요. 사용자의 의견은 저희에게 매우 중요합니다!
------------------------------------ MESSAGE COUNT       4

(... 생략 ...)

User: HYBE와 JYP 비교하는 책을 써줘.
============ SUPERVISOR ============
[Supervisor] communicator
============ COMMUNICATOR ============
(... 생략 ...)
============ CONTENT STRATEGIST ============
(... 생략 ...)

### 제안 목차: HYBE와 JYP의 경영 전략과 기업 문화 비교

1. **서문**
   - 책의 목적과 배경
   - K-pop 산업에서 HYBE와 JYP의 중요성

(... 생략 ...)

8. **결론**
   - HYBE와 JYP의 경쟁력 요인 종합
   - 두 회사의 경영 전략과 문화에서 배울 점

이 목차는 경영 전략과 기업 문화에 초점을 맞추어 두 회사의 특징을 비교하고자 합니다. 추가적으로 다루
고 싶으신 내용이나 수정이 필요하신 부분이 있으면 말씀해 주세요!
[Content Strategist] 목차 작성 완료


============ COMMUNICATOR ============
```

```
AI: 안녕하세요! 저희 AI팀은 HYBE와 JYP의 경영 전략과 기업 문화를 비교하는 책을 준비하고 있습니다. 목차는 이미 개발되어 있으니, 특정 부분이나 추가로 궁금한 점이 있으시면 언제든지 말씀해 주세요. 여러분의 피드백은 저희에게 많은 도움이 됩니다! 특별히 다루고 싶은 주제나 깊이 있게 알고 싶은 부분이 있으신가요?
----------------------------------- MESSAGE COUNT        17
```

하지만 완성한 챗봇을 실행하면 다음과 같은 오류가 발생하는 경우가 있습니다.

```
KeyError: '현재 해야 할 일은 **content_strategist**입니다. 사용자의 요구에 맞는 책의 목차를 기반으로 전체 콘텐츠 전략을 결정하고, 필요한 경우 추가적인 내용이나 수정 사항을 반영하여 전체적인 아웃라인을 보완해야 합니다.'
```

특히 언어 모델을 GPT-4o-mini로 다운그레이드했을 때 이 오류가 더 많이 발생하는데, 그 이유는 supervisor_chain의 결과가 'content_strategist'나 'communicator'로 정확히 그 문자만 출력되지 않고 불필요한 문장까지 포함되기 때문입니다. 이어지는 실습에서 이 문제를 해결해 보겠습니다.

Do it! 실습 파이단틱의 BaseModel로 출력 형태 정의하기

결과 파일: sec02/book_writer_3.py, models.py, utils_3.py

불필요한 문장까지 출력되는 문제를 개선하기 위해 08-3절에서 파이단틱Pydantic의 BaseModel을 활용했습니다. 여기서도 supervisor_chain의 출력을 파이단틱 BaseModel을 활용한 클래스로 만들어 보겠습니다. 이렇게 하면 우리가 원하는 형태로 'content_strategist'나 'communicator'처럼 지정된 표현만 반환할 수 있습니다.

1. 새로운 파일 models.py를 만들고 다음처럼 Task 모델을 생성하는 코드를 작성합니다.

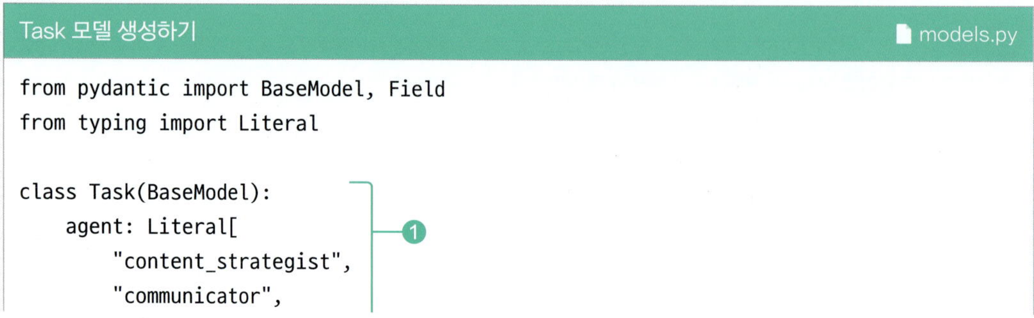
Task 모델 생성하기 · models.py

```
from pydantic import BaseModel, Field
from typing import Literal

class Task(BaseModel):
    agent: Literal[
        "content_strategist",
        "communicator",
```
①

```
    ] = Field(
        ...,
        description="""
        작업을 수행하는 agent의 종류.
        - content_strategist: 콘텐츠 전략을 수립하는 작업을 수행한다. 사용자의 요구
사항이 명확해졌을 때 사용한다. AI 팀의 콘텐츠 전략을 결정하고, 전체 책의 목차(outline)를 작성한다.
        - communicator: AI 팀에서 해야 할 일을 스스로 판단할 수 없을 때 사용한다.
사용자에게 진행 상황을 보고하고, 다음 지시를 물어본다.
        """
    )                                                                              ❶

    done: bool = Field(..., description="종료 여부")
    description: str = Field(..., description="어떤 작업을 해야 하는지에 대한 설명") ❷

    done_at: str = Field(..., description="할 일이 완료된 날짜와 시간")  ❸

    def to_dict(self):
        return {
            "agent": self.agent,
            "done": self.done,
            "description": self.description,                              ❹
            "done_at": self.done_at
        }
```

❶ Task 클래스는 agent, done, description, done_at의 4개 필드가 있습니다. 이전 실습에서 supervisor_chain을 StrOutputParser로 지정했을 때는 원하는 문자만 출력하도록 강제하지 못했습니다. 우리가 원했던 결과는 content_strategist 또는 communicator 중에서 하나의 단어만 출력하는 것입니다. 이런 경우 agent 필드처럼 Literal로 지정하고 원하는 문구를 써주면 됩니다. 그리고 이에 대한 설명을 description에 작성합니다.

❷ done은 이 일을 끝냈는지 여부를 bool로 기록하는 필드입니다. 그리고 description 필드는 Task가 어떤 종류의 일인지 설명합니다. description 필드는 뒤에서 보겠지만 다음 노드, 즉 에이전트가 어떤 방식으로 일을 해야 할지 기록해 두므로 전체 흐름에서 중요한 역할을 합니다.

❸ done_at은 작업이 종료된 시각을 저장할 문자열 필드입니다.

❹ to_dict는 이 Task를 파일에 저장할 때 사용하기 위해 작성한 함수입니다.

2. 원래 작업하던 book_writer.py 파일에서 Task를 적용합시다.

Task 추가하기 book_writer.py

```
(... 생략 ...)
from utils import save_state, get_outline, save_outline
from models import Task ❶
(... 생략 ...)

# 모델 초기화
llm = ChatOpenAI(model="gpt-4o")

# 상태 정의
class State(TypedDict):
    messages: List[AnyMessage | str]
    task_history: List[Task] ❷

def supervisor(state: State):
    print("\n\n============ SUPERVISOR ============")

    # 시스템 프롬프트 정의
    supervisor_system_prompt = PromptTemplate.from_template(
        """
        (... 생략 ...)
        """
    )
                                                                          ❸
    supervisor_chain = supervisor_system_prompt | llm.with_structured_output(Task)

    messages = state.get("messages", [])

    inputs = {
        "messages": messages,
        "outline": get_outline(current_path)
    }

    task = supervisor_chain.invoke(inputs)
    task_history = state.get("task_history", [])  ❹
    task_history.append(task)

    supervisor_message = AIMessage(f"[Supervisor] {task}")
    messages.append(supervisor_message)
    print(supervisor_message.content)

    return {
```

```
        "messages": messages,
        "task_history": task_history  ⑤
    }

# 슈퍼바이저 라우트
def supervisor_router(state: State):
    task = state['task_history'][-1]  ⑥
    return task.agent
(... 생략 ...)
```

❶ 앞에서 models.py 파일에 만든 Task를 임포트합니다.

❷ Task 목록을 저장할 task_history를 State에 추가합니다. 이곳에 현재 작업하는 내용을 리스트로 추가해 나갈 것입니다.

❸ 이전에 사용하던 StrOutputParser를 없애고 llm.with_structured_output(Task)로 교체합니다. 이렇게 하면 models.py 파일에서 정의한 Task의 필드에 맞춰 내용을 생성하도록 체인을 만들 수 있습니다.

❹ 이제 supervisor_chain.invoke()로 생성된 결과는 Task의 형태를 따릅니다. task 인스턴스를 state의 task_history에 추가합니다. supervisor의 해야 할 일 목록에 작업을 추가하는 개념이라고 생각하면 됩니다.

❺ 노드의 끝에서 딕셔너리 형태로 반환하면 state가 업데이트됩니다. 여기서는 task_history도 업데이트하도록 수정합니다.

❻ supervisors_route는 supervisor 노드에서 만든 task에 따라 communicator 노드나 content_strategist 노드로 연결할지 판단하는 역할을 합니다. 가장 최근의 task가 무엇인지 판단하면 되므로 task_history의 맨 마지막 요소인 agent 필드값을 사용하면 Task 클래스에서 정의한 communicator와 content_strategist 중에 하나의 문자열이 정확히 담겨 반환됩니다.

3. 이제 content_strategist에 Task를 적용합시다.

목차 에이전트인 content_strategist 노드에 Task 적용하기 — book_writer.py

```
(... 생략 ...)
# 목차를 작성하는 노드(agent)
def content_strategist(state: State):
    print("\n\n============ CONTENT STRATEGIST ============")
(... 생략 ...)

    save_outline(current_path, gathered) # 목차 저장

    # 메시지 추가
    content_strategist_message = f"[Content Strategist] 목차 작성 완료"
    print(content_strategist_message)
    messages.append(AIMessage(content_strategist_message))
```

```
    task_history = state.get("task_history", []) # task_history 가져오기

    if task_history[-1].agent != "content_strategist":
        raise ValueError(f"Content Strategist가 아닌 agent가 목차 작성을 시도하고
있습니다.\n {task_history[-1]}")

    task_history[-1].done = True
    task_history[-1].done_at = datetime.now().strftime('%Y-%m-%d %H:%M:%S')

    new_task = Task(
        agent="communicator",
        done=False,
        description="AI 팀의 진행 상황을 사용자에게 보고하고, 사용자의 의견을 파악하기 위해
대화를 나눈다",
        done_at=""
    )
    task_history.append(new_task)

    print(new_task)

    return {
        "messages": messages,
        "task_history": task_history
    }
( ... 생략 ...)
```

❶ state에서 task_history를 가져와서 최근 작업이 content_strategist가 맞는지 확인합니다. content_strategist가 맞다면 done을 True로 처리하고 완료된 시각 done_at을 추가합니다. 만약 최근 Task의 agent 필드가 content_strategist가 아닌 경우에는 raise로 터미널 창에 오류 메시지를 출력해 문제를 알 수 있게 합니다.

❷ 현재 그래프 구조는 content_strategist가 목차를 만들면 그 다음에 communicator에서 작업 결과를 사용자에게 보고합니다. 따라서 이 작업 내용을 새로운 Task로 만들어 task_history에 추가합니다.

❸ 마지막으로 현재 상태를 업데이트합니다.

4. 사용자와 대화하는 에이전트인 `communicator` 노드를 발전시킵시다.

communicator 노드 수정하기 book_writer.py

```
def communicator(state: State):
    # 사용자와 대화할 노드(agent): communicator
    print("\n\n============ COMMUNICATOR ============")

    communicator_system_prompt = PromptTemplate.from_template(
        """
        너는 책을 쓰는 AI팀의 커뮤니케이터로서,
        AI 팀의 진행 상황을 사용자에게 보고하고, 사용자의 의견을 파악하기 위해 대화를 나눈다.

        사용자도 outline(목차)을 이미 보고 있으므로, 다시 출력할 필요는 없다.

      outline: {outline}
        --------------------------------
        messages: {messages}
        """
    )

    # 시스템 프롬프트와 모델을 연결
    system_chain = communicator_system_prompt | llm

    # 상태에서 메시지 가져오기
    messages = state["messages"]

    # 입력값 정의
    inputs = {
        "messages": messages,
        "outline": get_outline(current_path) # 현재 outline 추가
    }

    # 스트림되는 메시지를 출력하면서 gathered에 모으기
    gathered = None

    print('\nAI\t: ', end='')
    for chunk in system_chain.stream(inputs):
        print(chunk.content, end='')

        if gathered is None:
            gathered = chunk
        else:
            gathered += chunk
```

```
    messages.append(gathered)

    task_history = state.get("task_history", [])
    if task_history[-1].agent != "communicator":
        raise ValueError(f"Communicator가 아닌 agent가 대화를 시도하고 있습니다.\n
{task_history[-1]}")

    task_history[-1].done = True
    task_history[-1].done_at = datetime.now().strftime('%Y-%m-%d %H:%M:%S')

    return {
        "messages": messages,
        "task_history": task_history
    }

# 상태 그래프 정의
(... 생략 ...)
```

❶ communicator의 시스템 프롬프트에 목차를 의미하는 outline을 추가합니다. 사용자와 대화할 때 communicator가 현재 목차 정보를 몰라서 엉뚱한 말을 하는 경우를 방지하기 위한 목적입니다.

❷ State의 task_history를 가져와 완료로 표시합니다. 앞서 수정한 content_strategist 노드의 내용과 유사합니다. communicator 이후에는 후속 노드가 없으므로 추가 작업을 설정하지 않아도 됩니다.

5. 마지막으로 상태 초기화하는 부분에 task_history=[]로 빈 리스트를 만들어 줍니다.

초기 상태(state)에 빈 task_history 추가하기 book_writer.py

```
# 상태 초기화
state = State(
    messages = [
        SystemMessage(
                f"""
            너희 AI들은 사용자의 요구에 맞는 책을 쓰는 작가 팀이다.
            사용자가 사용하는 언어로 대화하라.

            현재 시각은 {datetime.now().strftime('%Y-%m-%d %H:%M:%S')}이다.

            """
        )
    ],
    task_history=[]
```

```
)

while True:
    user_input = input("\nUser\t: ").strip()

(... 생략 ...)
```

6. 현재 상태로도 잘 작동하지만 utils.py 파일의 **save_state** 함수에 **task_history**도 저장되도록 코드를 한 줄 추가하겠습니다. 매개변수 **state**를 통해 받은 값을 **.to_dict()** 메서드를 이용해 딕셔너리로 만드는 내용을 추가합니다. 이렇게 하면 ./data/state.json 파일에 작업 이력인 **task_history**까지 깔끔하게 저장됩니다.

task_history 저장할 수 있도록 추가하기 utils.py

```
(... 생략 ...)

def save_state(current_path, state):
    if not os.path.exists(f"{current_path}/data"):
        os.makedirs(f"{current_path}/data")

    state_dict = {}

    messages = [(m.__class__.__name__, m.content) for m in state["messages"]]

    state_dict["messages"] = messages
    state_dict["task_history"] = [task.to_dict() for task in state.get("task_history",
[])]

    with open(f"{current_path}/data/state.json", "w", encoding='utf-8') as f:
        json.dump(state_dict, f, indent=4, ensure_ascii=False)

(... 생략 ...)
```

현재 상태에서 book_wirter.py 파일을 실행해 봅시다. 실수 없이 대화를 통해 목차를 잘 생성해 나갑니다. 실행하기 전에 ./data 폴더 내에 이전에 생성된 outline.md와 state.json을 삭제해야 처음부터 실행할 수 있습니다.

```
User: 안녕?
============ SUPERVISOR ============
[Supervisor] agent='communicator' done=False description='사용자의 요구사항이 명확하지 않으
므로 진행 방향을 물어봐야 한다.' done_at=''
============ COMMUNICATOR ============
AI: 안녕하세요! 저희 AI팀의 책 작성 진행상황을 알려드릴게요. 현재 사용자의 요구사항이 명확하지 않아
서 어떤 방향으로 책을 작성할지 고민 중입니다. 혹시 이 책에서 특별히 다뤘으면 하는 주제나 아이디어가
있을까요? 여러분의 의견이 큰 도움이 될 것입니다.
------------------------------------ MESSAGE COUNT       4
User: HYBE와 JYP 비교하는 책을 써줘.
============ SUPERVISOR ============
[Supervisor] agent='content_strategist' done=False description='사용자가 요구하는 책의 주
제(HYBE와 JYP 비교)가 명확해졌으므로 콘텐츠 전략을 결정하고, 전체 책의 목차 를 작성한다.' done_
at=''
============ CONTENT STRATEGIST ============
사용자의 요구사항을 바탕으로, AI팀이 작성할 책의 목차를 결정했습니다. 이 책은 HYBE와 JYP, 두 주요
K-pop 엔터테인먼트 회사의 전반적인 비교와 분석을 다루게 됩니다. 다 음은 제안하는 목차입니다:
---
### 서문
- K-pop 산업의 부상과 중요성
- HYBE와 JYP: K-pop의 두 거물

### 1장: 회사 개요
- HYBE 소개
  - 설립 역사
  - 주요 아티스트 및 업적
- JYP 소개
  - 설립 역사
  - 주요 아티스트 및 업적
(... 생략 ...)
### 7장: 업계 평가 및 미래 전망
- HYBE와 JYP의 현재 위치
- 향후 트렌드 및 도전 과제
- 두 회사의 미래 가능성

### 결론
- HYBE와 JYP의 비교 종합
- K-pop 산업 발전에 미친 영향

### 부록
- 인터뷰 및 기업 자료
- 추가 읽을거리

---
```

```
위 목차는 HYBE와 JYP의 다양한 측면을 철저히 분석하고 비교할 수 있도록 설계되었습니다. 추가로 심도 깊은 논의가 필요한 부분이나 수정이 필요한 부분이 있다면 언제든지 말씀해 주세요!
[Content Strategist] 목차 작성 완료
agent='communicator' done=False description='AI팀의 진행상황을 사용자에게 보고하고, 사용자의 의견을 파악하기 위한 대화를 나눈다' done_at=''
============ COMMUNICATOR ============
AI: 안녕하세요! 저희 AI팀은 사용자님의 요청에 따라 HYBE와 JYP를 비교 분석하는 책을 준비 중입니다. 현재 제안된 목차를 바탕으로 책의 구성을 계획하고 있으며, 두  회사의 다양한 측면을 심도 있게 다룰 예정입니다.

혹시 이 책에서 특별히 더 알고 싶으신 부분이 있거나 추가하고 싶은 주제가 있으신가요? 사용자님의 의견은 책 작성에 큰 도움이 됩니다. 감사합니다!
----------------------------------- MESSAGE COUNT       8

User: quit
Goodbye!
```

./data/state.json 파일을 열어 보면 작업 이력도 잘 정리되어 있습니다.


```
{
    "messages": [
        [
            "SystemMessage",
                "\n                    너희 AI들은 사용자의 요구에 맞는 책을 쓰는 작가팀이다.\n사용자가 사용하는 언어로 대화하라.\n\n                    현재시각은 2025-03-05 22:56:19이다.\n\n"
        ],
        [
            "HumanMessage",
            "안녕?"
        ],
        [
            "AIMessage",
            "[Supervisor] agent='communicator' done=False description='사용자의 요구사항이 명확하지 않으므로 진행 방향을 물어봐야 한다.' done_at=''"
        ],
        [
            "AIMessageChunk",
            "안녕하세요! 저희 AI팀의 책 작성 진행상황을 알려드릴게요. 현재 사용자의 요구사항이 명확하지 않아서 어떤 방향으로 책을 작성할지 고민 중입니다. 혹시 이 책에서 특별히 다뤘으면 하는 주제나 아이디어가 있을까요? 여러분의 의견이 큰 도움이 될 것입니다."
        ],
        [
```

```
            "HumanMessage",
            "HYBE와 JYP 비교하는 책을 써줘."
        ],
        [
            "AIMessage",
            "[Supervisor] agent='content_strategist' done=False description='사용자가
요구하는 책의 주제(HYBE와 JYP 비교)가 명확해졌으므로 콘텐츠 전략을 결정하고, 전체 책의 목차를 작성
한다.' done_at=''"
        ],
        [
            "AIMessage",
            "[Content Strategist] 목차 작성 완료"
        ],
        (... 생략 ...)
            "agent": "communicator",
            "done": true,
            "description": "AI팀의 진행상황을 사용자에게 보고하고, 사용자의 의견을 파악하기 위
한 대화를 나눈다",
            "done_at": "2025-03-05 22:56:51"
        }
    ]
}
```

14-3 웹 검색과 RAG를 활용하는 벡터 검색 에이전트

14-2절에서 만든 AI 에이전트가 작성한 목차는 그럴싸하지만 확실한 근거가 없으므로 이대로 사용해도 될지 확인해야 합니다. 또한 더 좋은 책을 만들려면 참고 문헌을 찾아서 목차를 보완하는 과정도 필요합니다. 이때 인터넷 검색을 하거나 갖고 있는 책이나 문서를 이용할 수 있습니다. 이런 작업은 앞에서 이미 여러 차례 시켜 보았습니다. 인터넷 검색은 덕덕고 DuckDuckgo와 타빌리 Tavily를 활용하고, 기존에 갖고 있던 문서에서 쓸 만한 자료를 찾아 반영하는 작업도 앞에서 배운 RAG로 구현할 수 있습니다. 이 절에서는 웹 검색과 RAG를 활용하는 AI 에이전트를 개발해 보겠습니다.

벡터 DB를 활용해 효율적으로 웹 검색하기

10장에서는 덕덕고와 타빌리로 웹 검색 기능을 랭체인에 추가하는 방법을 배웠습니다. 질문을 받을 때마다 매번 인터넷을 검색해 답변하는 방식이었습니다. 그러나 이러한 방식은 책이나 보고서의 목차를 작성하는 데 적합하지 않습니다. 책이나 보고서의 목차를 작성하려면 웹 검색에서 찾은 문서의 전문을 읽고 내용을 파악해야 하는데 책을 쓸 때는 같은 문서 전체를 여러 번 검색해야 할 수 있습니다. 이때 타빌리를 사용하면 비용이 계속 발생하므로 같은 문서를 여러 번 검색하지 않도록 주의해야 합니다.

검색을 여러 번 하지 않고 검색한 내용을 모두 대화 내용에 담아 언어 모델이 찾아서 활용하게 할 수도 있습니다. 하지만 매번 대량의 텍스트를 언어 모델에 보내야 하므로 토큰을 많이 사용하게 됩니다. 이 방법은 비용이 많이 들 뿐만 아니라 답변 품질도 좋지 않을 수 있습니다. 사람에게 수십 페이지에 달하는 문서의 내용을 물어보면 제대로 대답하기 어려운 것과 마찬가지죠. 또한 사용하는 언어 모델의 컨텍스트 윈도우가 금방 한계에 도달해서 오류가 발생할 수도 있습니다.

이러한 문제를 해결하기 위해 웹에서 검색된 문서 전체를 벡터 DB에 저장하여 활용할 수 있습니다. 책 내용을 구성하는 데 필요한 질문이 있을 때 벡터 DB에서 RAG를 통해 검색하여 활용해 보겠습니다.

Do it! 실습 웹 검색 기능 만들기

결과 파일: sec03/tools_0.py

먼저 웹 검색 기능을 구현하고 WebBaseLoader를 활용해 웹 페이지의 전문을 읽어오는 방법을 알아보겠습니다. 그리고 검색 결과를 JSON 파일로 저장해 보겠습니다.

웹 검색을 위한 타빌리 검색 함수 만들기

타빌리 검색 기능을 활용해서 함수를 만들고 랭체인 도구로 사용하겠습니다.

현재 작업 중인 폴더에 새로운 파이썬 파일 tools.py를 생성하고 그 안에 다음과 같이 `web_search` 함수를 도구로 작성합니다.

타빌리 검색 함수를 활용해 웹 검색 기능 구현하기 — tools.py

```
from tavily import TavilyClient
from langchain_core.tools import tool

@tool ❶
def web_search(query: str):
    """
    주어진 query에 대해 웹 검색을 하고 결과를 반환한다. ❷

    Args:
        query (str): 검색어

    Returns:
        dict: 검색 결과
    """
    client = TavilyClient()

    content = client.search(
        query,
        search_depth="advanced",
        include_raw_content=True, ❸
    )
    return content

if __name__ == "__main__":
    result = web_search.invoke("2025년 한국 영화 시장 전망")  ❹
    print(result)
```

① @tool 데코레이터는 함수를 랭체인이나 랭그래프에서 도구로 등록할 때 사용합니다. 이렇게 하면 해당 함수는 .invoke()를 통해 호출할 수 있게 됩니다.
② 이때 함수에 대한 설명을 작성해야 오류가 발생하지 않습니다. 여기에서는 '주어진 query에 대해 웹 검색을 하고 결과를 반환한다.' 라고 간단한 설명을 추가합니다.
③ include_raw_content를 True로 설정하여 검색된 페이지의 전문을 가져오도록 만듭니다.
④ 코드 하단에는 이 파일만 실행해도 테스트할 수 있도록 __name__으로 main 영역을 만들어 두었습니다. web_search.invoke() 안에 검색하고 싶은 내용을 입력하고 실행하면 됩니다.

이 코드를 실행하면 인터넷에서 검색한 결과가 출력됩니다. 반환된 결과는 딕셔너리 형태로 제공되며 검색 결과는 results에 리스트 형태로 담겨 있습니다. 각 페이지의 내용을 살펴보면 raw_content에 페이지 전문이 대부분 포함되어 있습니다. 그러나 일부 페이지에서는 raw_content가 None으로 되어 있습니다. 이 페이지들의 내용도 읽어 올 수 있다면 좋겠죠.

```
{'query': '2025년 한국 영화 시장 전망', 'follow_up_questions': None, 'answer': None, 'images': [], 'results': [{'url': 'https://eiec.kdi.re.kr/publish/columnView.do?cidx=15029&ccode=&pp=20&pg=&sel_year=2025&sel_month=01', 'title': '영화시장 허리 붕괴 지속되나 드라마는 다소 회복할 전망 | 나라경제', 'content': '정리해 보자. 2025년 영화시장은 허리가 붕괴된 상황이 지속될 것으로 보인다. 해외 대작 출시가 이어지면서 2024년보다는 영화 관람객 수가 조금은 회복', 'score': 0.8732259, 'raw_content': None}
(... 생략 ...)
{'url': 'https://m.dailian.co.kr/news/view/1447721/?sc=sitemap', 'title': "봉준호의 '미키17'과 2025 한국영화 시장 판도 [D:영화 뷰] - 데일리안", 'content': '2025년, 한국 영화 산업이 새로운 전환점을 맞이한다. 대형 배급사들의 연간 라인업 축소, 중소 배급사의 적극적인 제작, 그리고 봉준호 감독의 신작', 'score': 0.8703443, 'raw_content': '공유하기\n봉준호의 \'미키17\'과 2025 한국영화
(... 생략 ...)
```

WebBaseLoader로 페이지 전문 읽어 오기

타빌리 검색은 종종 페이지 내용을 제대로 읽어 오지 못합니다. 이런 경우에 10-1절에서 배운 WebBaseLoader를 활용하면 됩니다.

1. 타빌리 검색에서 URL을 제대로 읽어 올 수 있도록 load_web_page 함수를 만듭니다. load_web_page 함수가 잘 작동하는지 확인하기 위해 앞에서 작성한 테스트 코드를 주석 처리하고 방금 검색한 결과에서 raw_content가 None으로 나왔던 페이지를 골라 테스트합니다.

WebBaseLoader를 활용한 페이지 전문 읽기 tools.py

```
from tavily import TavilyClient
from langchain_core.tools import tool
from langchain_community.document_loaders import WebBaseLoader

@tool
def web_search(query: str):
    (... 생략 ...)
    return content

def load_web_page(url: str):
    loader = WebBaseLoader(url, verify_ssl=False)

    content = loader.load()

    return content

if __name__ == "__main__":
    # result = web_search.invoke("2025년 한국 영화 시장 전망") ─ 주석으로 변경
    # print(result)

    result = load_web_page("https://eiec.kdi.re.kr/publish/columnView.do?cidx=15029&c-
code=&pp=20&pg=&sel_year=2025&sel_month=01")
    print(result)
```

이 코드를 실행해 보면 타빌리 검색에서 읽지 못하던 페이지를 잘 읽어 옵니다. WebBaseLoader는 기본적으로 여러 URL을 한 번에 읽을 수 있도록 설계되어 있지만 하나의 URL을 입력하면 단 하나의 페이지 정보만 담은 리스트 형태로 반환됩니다. 여기서 필요한 내용은 page_cotent입니다. 앞서 만든 web_search 도구에서 이 내용을 받아 와 앞에서 None으로 되어 있던 raw_content를 채우겠습니다.

```
Document(metadata={'source': 'https://eiec.kdi.re.kr/publish/columnView.do?cidx=15029&c-
code=&pp=20&pg=&sel_year=2025&sel_month=01', 'title': '영화시장 허리 붕괴 지속되나 드라마는
다소 회복할 전망 ¦ 나라경제 ¦ KDI 경제교육·정보센터', 'language': 'ko'}, page_content='
(... 생략 ...)
전문가 기고 조영신.pdf\n\n\n\n\n\n\n\n2024년 12월 26일 전 세계인이 기다리던 <오징어 게임 시즌
2> 가 방영됐다. 방영 전부터 <오징어 게임>보다 훨씬 매력적인 작품이라는 평론가들의 평이 전해지면서 역
사상 두 번째로 넷플릭스글로벌 1위를 기록할지도 모른다는 기대가 커지고 있었다.\n\r\n이렇게 이야기하면
사람들은 의아해한다.
(... 생략 ...)
')]
```

2. 타빌리 검색에서 가져오지 못한 페이지를 WebBaseLoader로 가져올 수 있도록 load_web_page 함수와 web_search 함수를 수정하겠습니다.

타빌리 검색에서 가져오지 못한 페이지는 WebBaseLoader로 가져오기 tools.py

```
from tavily import TavilyClient
from langchain_core.tools import tool
from langchain_community.document_loaders import WebBaseLoader

@tool
def web_search(query: str):
    """
    주어진 query에 대해 웹 검색을 하고 결과를 반환한다.

    Args:
        query (str): 검색어

    Returns:
        dict: 검색 결과
    """
    client = TavilyClient()

    content = client.search(
        query,
        search_depth="advanced",
        include_raw_content=True,
    )

    results = content["results"] ── ❷

    for result in results:
        if result["raw_content"] is None:
            try:
                result["raw_content"] = load_web_page(result["url"])
            except Exception as e:
                print(f"Error loading page: {result['url']}")
                print(e)
                result["raw_content"] = result["content"]

    return results

def load_web_page(url: str):
    loader = WebBaseLoader(url, verify_ssl=False)

    content = loader.load()
```

```
    raw_content = content[0].page_content.strip()——❶

    while '\n\n\n' in raw_content or '\t\t\t' in raw_content:
        raw_content = raw_content.replace('\n\n\n', '\n\n')
        raw_content = raw_content.replace('\t\t\t', '\t\t')

    return raw_content

if __name__ == "__main__":
    results = web_search.invoke("2025년 한국 영화 시장 전망")
    print(results[0])

    # result = load_web_page("https://news.mt.co.kr/mtview.php?no=2024120402011362298")
    # print(result)
```

❶ 먼저 페이지 내용만 반환하도록 load_web_page 함수를 수정합니다. WebBaseLoader는 여러 URL을 한 번에 처리하여 리스트로 반환하는데, 여기서는 URL을 하나씩 처리하므로 첫 번째 요소만 결과에서 꺼내 사용합니다. 이때 page_content에는 WebBaseLoader로 가져온 내용이 있으므로 page_content만 추출하고 앞뒤 공백을 제거하기 위해 strip()을 사용합니다. 또한 가져온 페이지 내용에 탭이나 줄 바꿈이 과도하게 포함될 수 있으므로 줄 바꿈이나 탭이 연속으로 3개 이상 있으면 while 문을 사용해 정리합니다. 이렇게 수정한 load_web_page 함수는 매개변수로 받은 URL의 페이지 내용을 문자열로 반환하게 됩니다.

❷ 이제 web_search 함수를 수정할 차례입니다. 타빌라 검색 결과로 받은 content는 딕셔너리 형태입니다. 그중에 results 요소만 선택합니다. results에 들어 있는 항목 중에서 raw_content가 None인 경우에는 load_web_page 함수를 이용해 페이지 내용을 가져와 raw_content에 담습니다. 이때 일부 웹 사이트에서 load_web_page가 실패할 수 있으므로 try ~ except 문으로 오류를 처리합니다. 만약 load_web_page가 실패하면 content의 원래 값을 그대로 raw_content에 넣도록 처리합니다.

이 코드를 실행해 보면 raw_content가 None이었던 항목들도 load_web_page 함수를 통해 잘 읽어 옵니다. 물론 웹 페이지에 오류가 있는 경우에는 읽어 올 수 없지만 타빌리 검색에서 해결되지 않던 웹 페이지 대부분은 처리됩니다. 이제 web_search의 실행 결과는 리스트 형태로 반환되며 그 안에는 검색된 웹 페이지의 정보가 딕셔너리 형태로 포함됩니다. web_search.invoke()로 검색된 첫 번째 항목을 살펴보면 다음과 같이 딕셔너리 형태로 되어 있음을 확인할 수 있습니다.

```
{'url': 'https://eiec.kdi.re.kr/publish/columnView.do?cidx=15029&ccode=&pp=20&pg=&sel_year=2025&sel_month=01', 'title': '영화시장 허리 붕괴 지속되나 드라마는 다소 회복할 전망 | 나라경제', 'content': '정리해 보자. 2025년 영화시장은 허리가 붕괴된 상황이 지속될 것으로 보인다. 해외 대작 출시가 이어지면서 2024년보다는 영화 관람객 수가 조금은 회복', 'score': 0.8732259, 'raw_content': '영화시장 허리 붕괴 지속되나 드라마는 다소 회복할 전망 | 나라경제 | KDI 경제교육·정보센터
(... 생략 ...)
}
```

웹 검색 결과 JSON 파일로 저장하기

이제 웹 검색 결과를 JSON 파일로 저장해 봅시다. 다음처럼 코드를 수정합니다.

웹 검색 결과를 JSON 파일로 저장하기 tools.py

```
from tavily import TavilyClient
from langchain_core.tools import tool
from langchain_community.document_loaders import WebBaseLoader
from datetime import datetime
import json
import os
absolute_path = os.path.abspath(__file__)      # 현재 파일의 절대 경로 반환
current_path = os.path.dirname(absolute_path)  # 현재 .py 파일이 있는 폴더 경로   ❶

@tool
def web_search(query: str):
    (... 생략 ...)
    for result in results:
        if result["raw_content"] is None:
            try:
                result["raw_content"] = load_web_page(result["url"])
            except Exception as e:
                print(f"Error loading page: {result['url']}")
                print(e)
                result["raw_content"] = result["content"]

    resources_json_path = f'{current_path}/data/resources_{datetime.now()
.strftime('%Y_%m%d_%H%M%S')}.json'
    with open(resources_json_path, 'w', encoding='utf-8') as f:
        json.dump(results, f, ensure_ascii=False, indent=4)   ❷

    return results, resources_json_path   ❸

def load_web_page(url: str):
    (... 생략 ...)
    return raw_content

if __name__ == "__main__":
    results, resources_json_path = web_search.invoke("2025년 한국 경제 전망")   ❸ (검색어 입력)
    print(results)

    # result = load_web_page("https://news.mt.co.kr/mtview.php?no=2024120402011362298")
    # print(result)
```

❶ 우선 tools.py 파일이 있는 디렉터리 경로를 찾는 코드를 작성합니다. 이 코드는 14-1절에서 book_writer.py 파일에 작성한 내용과 동일합니다.

❷ 웹 검색 결과를 JSON 파일로 저장하는 코드입니다. 앞서 만든 `resources_path`를 이용해 JSON 파일을 저장할 폴더 경로를 찾고 파일명에 현재 시각을 추가하여 저장합니다. 여러분이 작업하는 폴더에 /data 폴더를 만들고 실행하세요.

❸ `web_search` 함수가 검색 결과와 그 결과를 저장한 JSON 파일의 경로를 반환하도록 수정합니다. 메인 부분도 `web_search`의 결과를 `results`뿐만 아니라 `resources_json_path`와 함께 받도록 수정합니다.

작업하는 폴더에 /data 폴더를 만들고 코드에 '2025년 한국 경제 전망'을 입력한 후 실행하면 리스트 안에 딕셔너리가 담겨 있는 JSON 파일로 잘 저장됩니다.

chap15 > data > {} resources_2025_0207_172829.json > {} 2


```
[
    {
        "url": "https://www.hri.co.kr/upload/board/2887010266_WZR5c0kj_20241210123438.pdf",
        "title": "[PDF] 2025년 한국경제 수정전망",
        "content": "2025년 한국경제는 내수 경기 회복 지연 속 높은 외수 경기 불확실성으로 1.7% 정도의 성장세를
        "score": 0.945243,
        "raw_content": "24-21(통권 979호) 2024.12.06. 2025년 한국경제 수정전망 - 성장경로 이탈이 우려되는 
    },
    {
        "url": "https://biz.chosun.com/policy/policy_sub/2024/12/31/CI647NQHPVE5HEKV5HAOLMV7KI/",
        "title": "[2025 경제전망]① 전문가 85% "내년 2% 성장 어렵다"... 저성장 직면 ...",
        "content": "국내 경제 전문가 34명 중 85%가 넘는 29명이 내년 한국경제 성장률이 2%를 넘지 못할 것으로
        "score": 0.9407083,
        "raw_content": "[2025 경제전망]① 전문가 85% "내년 2% 성장 어렵다"... 저성장 직면한 대한민국 - 조선비즈
    },
    {
        "url": "https://retailtalk.co.kr/Strategy/?bmode=view&idx=134588099",
        "title": "2025 세계 경제 및 한국 경제 전망 : Strategy - 리테일톡, retailtalk",
        "content": "2025 세계 경제 및 한국 경제 전망 : Strategy [5 min read]2025 세계 경제 및 한국 경제 전
        "score": 0.9094659,
        "raw_content": "2025 세계 경제 및 한국 경제 전망 : Strategy\n
    },
    {
        "url": "https://www.khan.co.kr/article/202411052101005",
        "title": "2025년 한국경제 전망 - 경향신문",
        "content": "얼마 전 발표된 2024년 3분기 경제성장률은 전분기 대비 0.1%로 한국경제가 경기침체 속에 여전
        "score": 0.9055316,
        "raw_content": "전체 메뉴\n2025년 한국경제 전망\n최대 60자 이내로 입력하세요.\n얼마 전 발표된 2024년
    },
    {
        "url": "https://eiec.kdi.re.kr/policy/domesticView.do?ac=0000191361",
        "title": "2025년 거시경제 전망 | 국내연구자료 | KDI 경제교육·정보센터",
        "content": "2025년 거시경제 전망 | 국내연구자료 | KDI 경제교육·정보센터 경제정책정보 발행물 경제교육
        "score": 0.8619225,
        "raw_content": "2025년 거시경제 전망 | 국내연구자료 | KDI 경제교육·정보센터\n본문 내용으로 건더뛰기\
    }
]
```

Do it! 실습 벡터 DB 만들기

결과 파일: seo03/tools.py

이제 웹 검색을 하면 검색 결과가 JSON 파일로 저장됩니다. 앞서 설명했듯이 JSON 파일의 내용이 많아질수록 언어 모델을 활용해 원하는 답변을 받기 어려워지므로 검색 결과를 벡터 DB에 저장해서 활용하겠습니다.

웹 검색 결과를 랭체인 Document 객체로 변환하기

09장과 13장에서 RAG를 만들 때 PDF를 읽어 랭체인 Document 객체로 변환한 뒤, text splitter를 이용해 청크 단위로 나누고 이 청크들을 임베딩하여 벡터 DB에 저장했습니다. 이번에도 동일한 방법을 사용합니다. 다른 점은 이번에는 PDF가 아니라 JSON 형태로 저장된 웹 페이지 정보를 랭체인 Document 객체로 변환한다는 점입니다. 이를 위해 함수 2개를 사용할 것입니다.

1. 먼저 `web_page_to_document` 함수를 만듭니다. 이 함수는 하나의 웹 페이지 정보가 들어오면 이를 랭체인의 `Document` 객체로 변환하는 기능을 합니다.

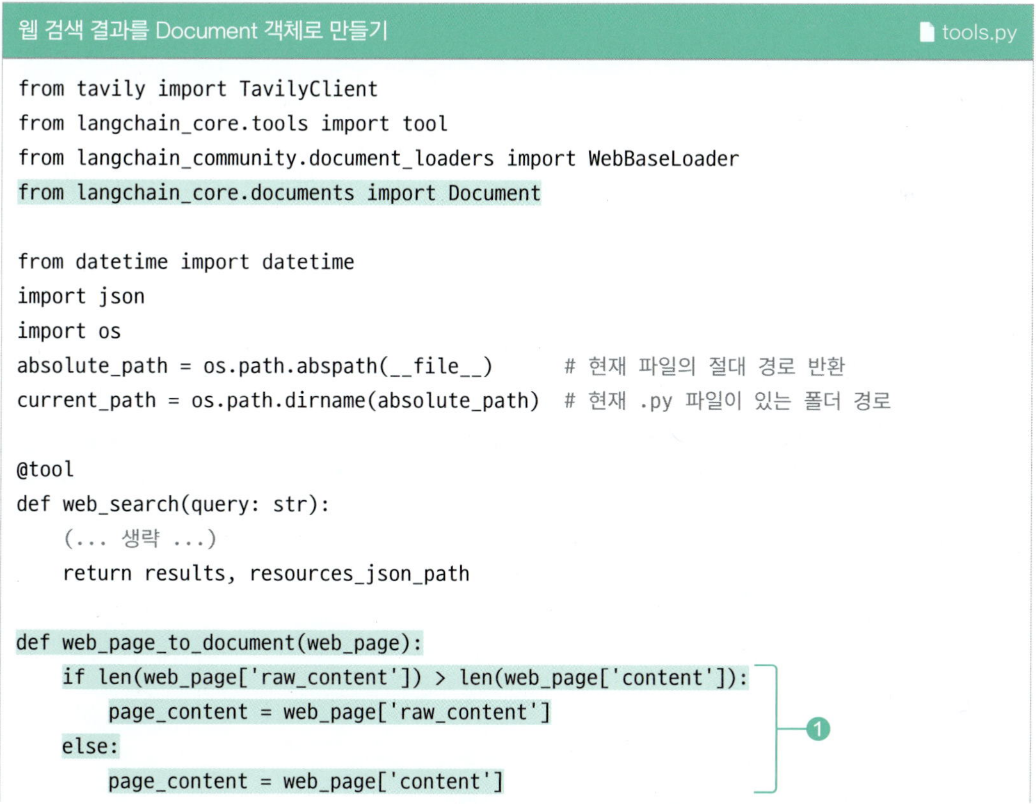

웹 검색 결과를 Document 객체로 만들기 tools.py

```
from tavily import TavilyClient
from langchain_core.tools import tool
from langchain_community.document_loaders import WebBaseLoader
from langchain_core.documents import Document

from datetime import datetime
import json
import os
absolute_path = os.path.abspath(__file__)      # 현재 파일의 절대 경로 반환
current_path = os.path.dirname(absolute_path)  # 현재 .py 파일이 있는 폴더 경로

@tool
def web_search(query: str):
    (... 생략 ...)
    return results, resources_json_path

def web_page_to_document(web_page):
    if len(web_page['raw_content']) > len(web_page['content']):
        page_content = web_page['raw_content']
    else:
        page_content = web_page['content']
```
①

```
    document = Document(
        page_content=page_content,
        metadata={
            'title': web_page['title'],
            'source': web_page['url']
        }
    )

    return document
(... 생략 ...)
```

❶ 타빌리 검색에서 페이지를 열기 전에 얻을 수 있는 페이지 정보는 content에 기록되고, 실제로 페이지를 열었을 때의 전문이 raw_content에 기록됩니다. 하지만 raw_content에 정보가 부족한 경우가 있습니다. 이는 최근에 웹 페이지 내용이 삭제되었거나 수정된 경우에 해당하는데, 이런 경우 raw_content와 content 중에 길이가 더 긴 정보를 Document의 page_content로 사용합니다.

❷ 웹 페이지의 정보를 랭체인의 Document로 변환하는 코드입니다. 랭체인에서 제공하는 Document 클래스는 기본적으로 벡터 검색에 활용할 수 있는 문서의 실제 내용인 page_content와 문서에 대한 추가 정보인 metadata를 갖고 있습니다. 앞선 실습의 결과를 보면 리스트에 각 페이지 정보가 있고 그 안에 title, url, content, score, raw_content 키에 해당하는 값이 포함되어 있습니다. page_content에 ❶에서 정의한 page_content를, metadata에 웹 페이지의 title과 url을 대입하여 Document를 생성합니다. 그리고 document를 반환합니다.

2. 다음으로 web_page_json_to_documents 함수를 만듭니다. 이 함수는 json_file 경로를 입력받아 파일을 읽고 각 웹 페이지 정보를 web_page_to_document 함수에 하나씩 전달하여 Document 객체로 변환된 값을 받습니다. 변환된 Document들은 리스트에 차례대로 추가하여 반환합니다. 테스트를 위해 이 파일의 메인 영역에는 앞서 생성된 JSON 파일 경로를 web_page_json_to_documents에 추가합니다. 그리고 documents의 마지막 요소를 출력합니다.

JSON 파일에 저장된 정보를 Document 객체들로 변환하기 — tools.py

```
(... 생략 ...)
def web_page_json_to_documents(json_file):
    with open(json_file, "r", encoding='utf-8') as f:
        resources = json.load(f)

    documents = []

    for web_page in resources:
        document = web_page_to_document(web_page)
```

```
            documents.append(document)

    return documents

def load_web_page(url: str):
    (... 생략 ...)
    return raw_content

if __name__ == "__main__":
    # results, resources_json_path = web_search.invoke("2025년 한국 경제 전망")
    # print(results)

    # result = load_web_page("https://news.mt.co.kr/mtview.php?no=2024120402011362298")
    # print(result)

    documents = web_page_json_to_documents(f'{current_path}/data/
resources_2024_1209_222930.json')
                                    파일명 확인
    print(documents[-1])
```

이 코드를 실행하면 다음처럼 변환된 Document 객체가 출력됩니다.

```
(... 생략 ...)
- 2025년 세계경제는 인플레이션의 안정과 통화정책 완화 등이 긍정적 요인으로 꼽히지만, 지역 분쟁을 비롯한 지정학적 불확실성과 통화정책 변화에 따른 금융시장 변동성, 글로벌 보호무역 기조 강화 등이 성장의 제약 요인으로 작용하면서 2024년 수준의 성장률이 예상됨.
(... 생략 ...)
```

Document 객체들을 청크 단위로 자르기

웹 페이지의 정보를 RAG 방식으로 활용하려면 청크 단위로 나누어야 합니다. 웹 페이지 정보를 랭체인의 Document 객체로 변환하는 함수를 만들었으므로 09-2절에서 배운 Recursive CharacterTextSplitter를 활용해서 청크 단위로 나눌 수 있습니다.

split_documents 함수는 여러 개의 documents를 매개변수로 받아 chunk_size와 chunk_overlap에 맞춰 청크 단위로 나누는 역할을 합니다. 09-2절에서 RAG를 사용한 코드와 거의 같으며 함수가 잘 작동하는지 확인하기 위해 print 문을 추가했습니다. 이 코드를 테스트하기 위해 main 부분에서 split_documents 함수를 호출합니다.

Document들을 청크 단위로 자르기 | tools.py

```
from tavily import TavilyClient
from langchain_core.tools import tool
from langchain_community.document_loaders import WebBaseLoader
from langchain_core.documents import Document
from langchain_text_splitters import RecursiveCharacterTextSplitter

(... 생략 ...)

def web_page_json_to_documents(json_file):
    (... 생략 ...)
    return documents

def split_documents(documents, chunk_size=1000, chunk_overlap=100):
    print('Splitting documents...')
    print(f"{len(documents)}개의 문서를 {chunk_size}자 크기로 중첩 {chunk_overlap}자로 분할
합니다.\n")

    text_splitter = RecursiveCharacterTextSplitter(
        chunk_size=chunk_size, chunk_overlap=chunk_overlap
    )

    splits = text_splitter.split_documents(documents)

    print(f"총 {len(splits)}개의 문서로 분할되었습니다.")
    return splits

def load_web_page(url: str):
    (... 생략 ...)
    return raw_content

if __name__ == "__main__":
    # results, resources_json_path = web_search.invoke("2025년 한국 경제 전망")
    # print(results)

    # # result = load_web_page("https://news.mt.co.kr/mtview.php?no=2024120402011362298")
    # # print(result)

    documents = web_page_json_to_documents(f'{current_path}/data/resources_2024_1210_0
00142.json')

    splits = split_documents(documents)
    print(splits)
```

이 코드를 실행해 보면 다음과 같이 청크 단위로 잘 나뉘었습니다.

```
Splitting documents...
5개의 문서를 1000자 크기로 중첩 100자로 분할합니다.

총 10개의 문서로 분할되었습니다.
(... 생략 ...)
```

벡터 DB에 저장하기

이제 청크를 벡터 DB에 저장하는 함수를 만듭시다. 09-2절에서 배운 것처럼 이번에도 RAG를 위한 벡터 DB 설정을 해야 합니다.

`documents_to_chroma` 함수를 만듭니다. 이 함수는 랭체인의 `Document` 리스트를 매개변수로 받아서 `split_documents` 함수를 이용해 청크 단위로 나누고 크로마 DB에 저장하는 역할을 합니다. 웹 검색을 한 결과를 벡터 DB인 크로마 DB에 저장할 때 같은 웹 페이지가 다시 검색되면 벡터 DB에 결과가 중복으로 저장될 수 있습니다. 이렇게 되면 RAG로 벡터 검색을 할 때 여러 문서의 청크를 가져오지 못하고 동일한 청크를 가져올 수 있습니다. 이를 방지하기 위해 이미 벡터 DB에 저장된 URL은 중복으로 저장되지 않도록 처리합니다.

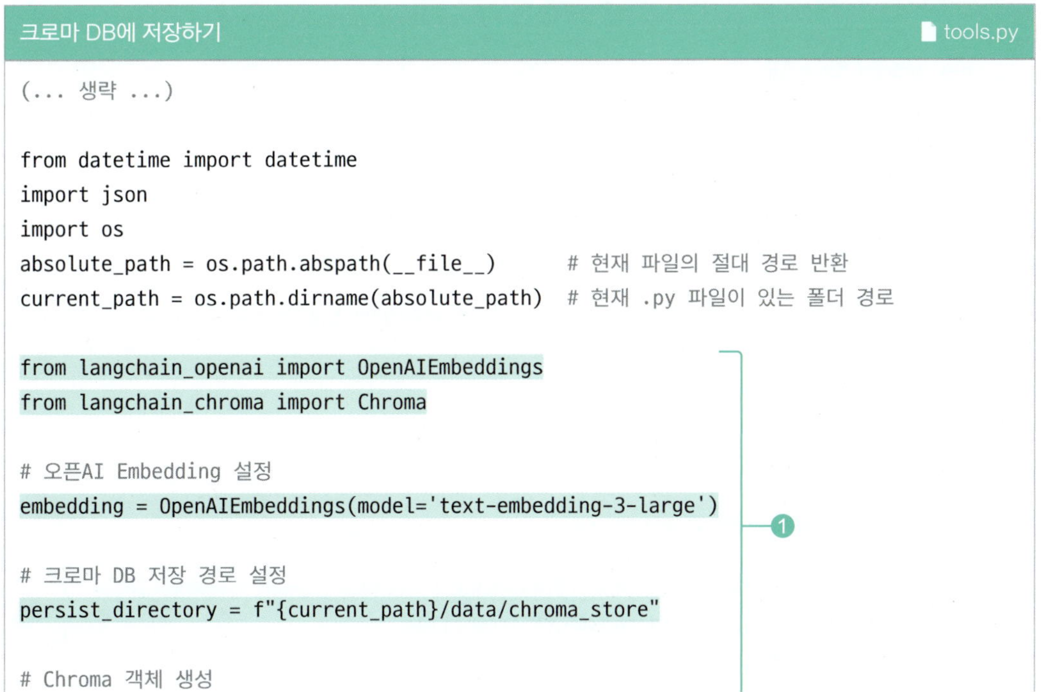

크로마 DB에 저장하기 — tools.py

```
(... 생략 ...)

from datetime import datetime
import json
import os
absolute_path = os.path.abspath(__file__)       # 현재 파일의 절대 경로 반환
current_path = os.path.dirname(absolute_path)   # 현재 .py 파일이 있는 폴더 경로

from langchain_openai import OpenAIEmbeddings
from langchain_chroma import Chroma

# 오픈AI Embedding 설정
embedding = OpenAIEmbeddings(model='text-embedding-3-large')

# 크로마 DB 저장 경로 설정
persist_directory = f"{current_path}/data/chroma_store"

# Chroma 객체 생성
```

```
vectorstore = Chroma(
    persist_directory=persist_directory,
    embedding_function=embedding
)                                                        ❶

@tool
def web_search(query: str):
    (... 생략 ...)

    return results

(... 생략 ...)
def split_documents(documents, chunk_size=1000, chunk_overlap=100):
    (... 생략 ...)
    return splits

def documents_to_chroma(documents, chunk_size=1000, chunk_overlap=100):
    print("Documents를 Chroma DB에 저장합니다.")

    urls = [document.metadata['source'] for document in documents]  ❷

    stored_metadatas = vectorstore._collection.get()['metadatas']
    stored_web_urls = [metadata['source'] for metadata in stored_metadatas]  ❸

    new_urls = set(urls) - set(stored_web_urls)  ❹

    new_documents = []

    for document in documents:
        if document.metadata['source'] in new_urls:
            new_documents.append(document)
            print(document.metadata)                     ❺

    splits = split_documents(new_documents, chunk_size=chunk_size, chunk_overlap=chunk_
overlap)  ❻

    if splits:
        vectorstore.add_documents(splits)
    else:
        print("No new urls to process")                  ❼

def add_web_pages_json_to_chroma(json_file, chunk_size=1000, chunk_overlap=100):
    documents = web_page_json_to_documents(json_file)
    documents_to_chroma(
        documents,                                       ❽
```

```
            chunk_size=chunk_size,
            chunk_overlap=chunk_overlap
    )

def load_web_page(url: str):
    (... 생략 ...)
    return raw_content

if __name__ == "__main__":
    # results, resources_json_path = web_search.invoke("2025년 한국 경제 전망")
    # print(results)

    # # result = load_web_page("https://news.mt.co.kr/mtview.php?no=2024120402011362298")
    # # print(result)

    # documents = web_page_json_to_documents(f'{current_path}/data/resources_2024_1210_
000142.json')

    # splits = split_documents(documents)
                                                          파일명 확인         ⑨
    add_web_pages_json_to_chroma(f'{current_path}/data/resources_2024_1210_000142.json')
```

① 임베딩은 OpenAIEmbeddings의 text-embedding-3-large를 선택하고 벡터 DB는 크로마 DB를 선택합니다. 크로마 DB가 저장될 폴더 위치를 설정하고 vectorstore 변수에 Chroma를 선언해 담습니다.

② 매개변수로 받은 documents의 metadata에 있는 source를 이용해 URL을 가져옵니다.

③ 이미 벡터 DB에 저장된 문서들의 metadata에서 URL을 가져옵니다.

④ 저장할 문서들과 이미 저장되어 있던 문서들의 URL은 set을 사용해 중복을 없애서 아직 벡터 DB에 저장되어 있지 않은 URL들을 골라냅니다.

⑤ 새로운 URL에 해당하는 document들만 골라서 담습니다.

⑥ 이 문서들을 split_documents 함수를 이용해 청크 단위로 자릅니다.

⑦ 만약 새로 저장할 문서가 있다면 크로마 DB에 청크들을 저장합니다.

⑧ JSON 파일에서 documents를 만들고 그 documents들을 크로마 DB에 저장합니다. 그리고 documents_to_chroma 함수를 실행시킵니다.

⑨ 새로 만든 기능을 테스트하기 위해 이 코드의 메인 부분에서 기존에 만들었던 JSON 파일을 이용해 실행합니다.

터미널 창에는 다음과 같은 진행 상황이 출력되었습니다.

```
Documents를 Chroma DB에 저장합니다.
{'title': '[PDF] 2025년 한국경제 수정전망', 'source': 'https://www.hri.co.kr/upload/board/2887010266_WZR5c0kj_20241210123438.pdf'}
{'title': '[2025 경제전망]① 전문가 85% "내년 2% 성장 어렵다"… 저성장 직면 ...', 'source': 'https://biz.chosun.com/policy/policy_sub/2024/12/31/CI647NQHPVE5HEKV5HAOLMV7KI/'}
{'title': '2025 세계 경제 및 한국 경제 전망 : Strategy - 리테일톡, retailtalk', 'source': 'https://retailtalk.co.kr/Strategy/?bmode=view&idx=134588099'}
{'title': '2025년 한국경제 전망 - 경향신문', 'source': 'https://www.khan.co.kr/article/202411052101005'}
{'title': '2025년 거시경제 전망 ¦ 국내연구자료 ¦ KDI 경제교육·정보센터', 'source': 'https://eiec.kdi.re.kr/policy/domesticView.do?ac=0000191361'}
Splitting documents...
5개의 문서를 1000자 크기로 중첩 100자로 분할합니다.
```

크로마 DB도 지정한 위치에 성공적으로 생성되었습니다.

리트리버 만들기

아직 벡터 DB에 몇 개의 문서만 저장되어 있지만 벡터 검색이 잘 작동하는지 확인해 보겠습니다.

벡터 검색을 확인하는 `retrieve` 함수를 만듭니다. 이 함수는 `query`와 `top_k`를 매개변수로 받습니다. `retrieve` 함수는 13장에서 만든 rag_with_langgraph.ipynb를 그대로 가져온 것이며, 사용자의 질문에 응답할 수 있도록 랭그래프에 연결하기 위해 `@tool` 데코레이터를 붙였습니다. 메인 부분에는 리트리버를 테스트하는 코드를 추가합니다.

리트리버 만들기 — tools.py

```
(... 생략 ...)

def load_web_page(url: str):
        (... 생략 ...)

    return raw_content
```

```
@tool
def retrieve(query: str, top_k: int=5):
    """
    주어진 query에 대해 벡터 검색을 수행하고, 결과를 반환한다.
    """
    retriever = vectorstore.as_retriever(search_kwargs={"k": top_k})
    retrieved_docs = retriever.invoke(query)

    return retrieved_docs

if __name__ == "__main__":
    (... 생략 ...)

    retrieved_docs = retrieve.invoke({"query": "한국 경제 위험 요소 "})
    print(retrieved_docs)
```

이 코드를 실행한 결과 다음과 같이 리트리버가 잘 작동하는 것을 확인할 수 있습니다. 아직 벡터 DB에 저장된 문서가 많지 않아 입력한 키워드와 연관성은 그다지 높지 않을 수 있지만, 웹 검색 후 벡터 DB에 저장하는 기능을 만들어 두었으니 점점 더 많은 자료를 기반으로 유용한 정보를 반환할 겁니다.

```
Document (id='0faa130c-779a-4201-a8de-f45de3188ac7', metadata={'source': 'https://www.hri.co.kr/upload/board/2887010266_WZR5c0kj_20241210123438.pdf', 'title': '[PDF] 2025년 한국경제 수정전망'}, page_content=' 주 : OECD의 선진국은 OECD 회원국, 신흥개도국은 비OECD 회원국임. 2-2. 국내 경기 : 확대되고 있는 성장경로 이탈 가능성 ○(전반적인 경기 활력 저하) 내수 부진이 이어지는 가운데 그동안 경제를 지탱했 던 수출의 성장 견인력 위축과 이로 인한 전반적인 경기 활력 저하 - 3분기 경제
(... 생략 ...)
```

관련 높은 청크 찾는 벡터 검색 에이전트

지금까지 인터넷 검색 후 검색 결과를 벡터 DB에 저장하는 기능과 RAG를 구현하는 기능을 개발했지만 아직 랭그래프에 연결하여 사용하지는 않았습니다. 벡터 DB에 저장한 내용에서 검색 내용과 관련이 높은 청크 문서를 가져오는 벡터 검색 에이전트 vector_search_agent를 추가하고 어떤 식으로 동작하는지 확인해 봅시다

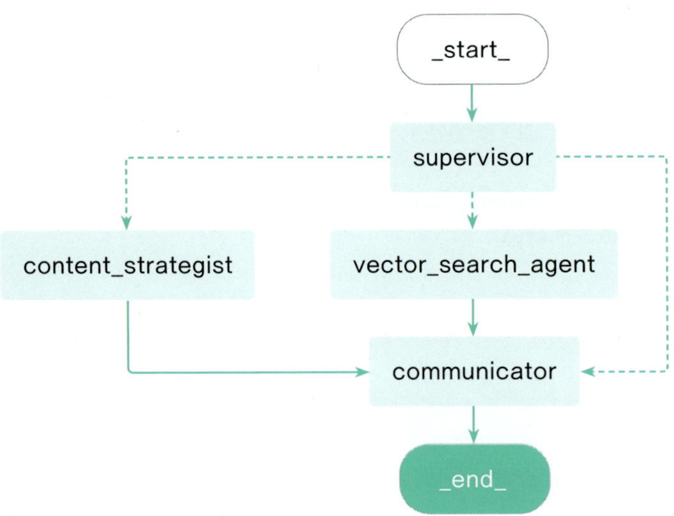

vector_search_agent를 추가한 그래프의 구조

Do it! 실습 랭그래프에 연결하기

결과 파일: sec03/book_writer.py, models.py

문서에서 필요한 청크를 찾아오는 벡터 검색 에이전트를 만들고 목차를 작성할 때 사용할 참고 자료를 JSON 파일로 저장해 보겠습니다.

비어 있는 벡터 검색 에이전트 만들기

1. 먼저 벡터 검색 에이전트 `vector_search_agent`에 그래프가 어떻게 작동하는지 확인하는 코드를 추가하겠습니다. 처음에는 오류 메시지가 출력될 수 있지만 이를 차차 해결하면서 프로그램을 완성해 봅시다.

비어 있는 RAG 에이전트 추가하기 — book_writer.py

```
(... 생략 ...)
from models import Task
from tools import retrieve ❶

from datetime import datetime
(... 생략 ...)

def supervisor(state: State):
    print("\n\n============ SUPERVISOR ============")
```

```python
    supervisor_system_prompt = PromptTemplate.from_template(
        """
        너는 AI 팀의 supervisor로서 AI 팀의 작업을 관리하고 지도한다.
        사용자가 원하는 책을 써야 한다는 최종 목표를 염두에 두고,
        사용자의 요구를 달성하기 위해 현재 해야 할 일이 무엇인지 결정한다.

        supervisor가 활용할 수 있는 agent는 다음과 같다.
        - content_strategist: 사용자의 요구 사항이 명확해졌을 때 사용한다. AI 팀의 콘텐츠 전략을 결정하고, 전체 책의 목차(outline)를 작성한다.
        - communicator: AI 팀에서 해야 할 일을 스스로 판단할 수 없을 때 사용한다. 사용자에게 진행 상황을 사용자에게 보고하고, 다음 지시를 물어본다.
        - vector_search_agent: 벡터 DB 검색을 통해 목차(outline) 작성에 필요한 정보를 확보한다.  ❷

         아래 내용을 고려하여, 현재 해야할 일이 무엇인지, 사용할 수 있는 agent가 무엇인지 단답으로 말하라.

        ------------------------------------------
        previous_outline: {outline}
        ------------------------------------------
        messages:
        {messages}
        """
    )
    (... 생략 ...)

    return {
        "messages": messages,
        "task_history": task_history
    }

# supervisor's route
def supervisor_router(state: State):
    task = state['task_history'][-1]
    return task.agent
(... 생략 ...)

def vector_search_agent(state: State):                                        # ❸
    print("\n\n============ VECTOR SEARCH AGENT ============")

    task = state['task_history'][-1]

    print(task)

def content_strategist(state: State):
    (... 생략 ...)
```

```
(... 생략 ...)

# 상태 그래프 정의
graph_builder = StateGraph(State)

# 노드
graph_builder.add_node("supervisor", supervisor)
graph_builder.add_node("communicator", communicator)
graph_builder.add_node("content_strategist", content_strategist)
graph_builder.add_node("vector_search_agent", vector_search_agent)—④

# 엣지
graph_builder.add_edge(START, "supervisor")
graph_builder.add_conditional_edges(
    "supervisor",
    supervisor_router,
    {
        "content_strategist": "content_strategist",
        "communicator": "communicator",
        "vector_search_agent": "vector_search_agent"—④
    }
)
graph_builder.add_edge("content_strategist", "communicator")
graph_builder.add_edge("vector_search_agent", "communicator")—④
graph_builder.add_edge("communicator", END)

graph = graph_builder.compile()
(... 생략 ...)
```

① 지금까지 만든 tools.py 파일에 벡터 검색을 할 수 있는 retrieve 함수를 임포트합니다.

② 누가 어떤 일을 할지를 결정하는 슈퍼바이저 에이전트인 supervisor의 시스템 프롬프트에 벡터 검색 에이전트인 vector_search_agent를 선택할 수 있도록 작성합니다. 이제 supervisor가 vector_search_agent를 사용할 수 있음을 알게 되었지만, 실제로 vector_search_agent를 선택할 수 있게 하려면 supervisor_chain에서 사용하는 Task에도 vector_search_agent를 추가해야 합니다. 이 부분은 다음 단계에서 models.py 파일에 추가하겠습니다.

③ vector_search_agent를 추가합니다. 아직 미완성 상태이지만 supervisor가 vector_search_agent에 일을 시킬 수 있는지 확인하기 위해 테스트로 '============ VECTOR SEARCH AGENT ============'를 출력합니다. 그리고 vector_search_agent를 실행하기 위해 supervisor가 어떤 식으로 Task를 생성하는지 확인할 수 있도록 Task를 출력합니다.

❹ 새로 만든 vector_search_agent를 그래프에 등록합니다. 노드를 추가하고 supervisor에서 conditional_edge를 사용하여 vector_search_agent도 활용할 수 있도록 했습니다. 벡터 검색을 수행한 다음에는 사용자에게 보고할 수 있도록 커뮤니케이터 에이전트인 communicator로 연결합니다.

2. models.py 파일에서 Task를 수정해 vector_search_agent를 선택할 수 있도록 설정합니다. Literal에 vector_search_agent를 추가하고 이에 대한 설명을 description에 적습니다.

Task에 rag_agent 추가하기 models.py

```
class Task(BaseModel):
    agent: Literal[
        "content_strategist",
        "communicator",
        "vector_search_agent",
    ] = Field(
        ...,
        description="""
        작업을 수행하는 agent의 종류.
        - content_strategist: 콘텐츠 전략을 수립하는 작업을 수행한다. 사용자의 요구 사항이 명확해
졌을 때 사용한다. AI 팀의 콘텐츠 전략을 결정하고, 전체 책의 목차(outline)를 작성한다.
        - communicator: AI 팀에서 해야 할 일을 스스로 판단할 수 없을 때 사용한다. 사용자에게 진행
상황을 보고하고, 다음 지시를 물어본다.
        - vector_search_agent: 벡터 DB 검색을 통해 목차(outline) 작성에 필요한 정보를 확보한다.
        """
    )
```

book_writer.py 코드를 테스트하기 위해 ./data 폴더에 있는 outline.md 파일이 있다면 삭제한 후 실행합니다. 이제 슈퍼바이저 에이전트가 어떤 에이전트든 선택할 수 있으므로 목차를 먼저 생성할 수도 있고 RAG를 먼저 시도할 수도 있습니다. 이번 실행에서는 슈퍼바이저 에이전트가 처음부터 벡터 검색 에이전트로 필요한 자료를 수집하려 했습니다. 다만 현재 RAG 기능이 구현되어 있지 않아서 오류 메시지가 출력됩니다.

✦ 만약 벡터 검색 에이전트로 슈퍼바이저 에이전트가 task를 주지 않는다면 '참고 자료를 검색하자.'라고 입력해 다시 시도해보세요.

```
User: HYBE와 JYP 비교하는 책 쓰자

============ SUPERVISOR ============
[Supervisor] agent='vector_search_agent' done=False description='HYBE와 JYP에 대한 정보
를 수집하여 목차 작성에 필요한 자료를 준비합니다.' done_at=''
```

```
============ VECTOR SEARCH AGENT ============
agent='vector_search_agent' done=False description='HYBE와 JYP에 대한 정보를 수집하여 목차 작성에 필요한 자료를 준비합니다.' done_at=''


============ COMMUNICATOR ============

AI: 안녕하세요! 현재 우리는 HYBE와 JYP를 비교하는 책을 작성하기 위해 정보 수집 단계에 있습니다. 목차는 아직 작성되지 않았지만, 두 회사의 주요 특징과 차별점을 중심으로 구성을 계획 중입니다. 사용자께서 생각하시는 흥미로운 비교 포인트나 추가적으로 다루었으
면 하는 주제가 있다면 말씀해 주세요. 여러분의 의견은 책의 방향을 정하는 데 큰 도움이 됩니다!
Traceback (most recent call last):
  (... 생략 ...)
  File "c:\github\gpt_agent_2024_book\chapter14\v0401_vector_search_agent.py", line 235, in communicator
    raise ValueError(f"Communicator가 아닌 agent가 대화를 시도하고 있습니다.\n {task_history[-1]}")
ValueError: Communicator가 아닌 agent가 대화를 시도하고 있습니다.
 agent='vector_search_agent' done=False description='HYBE와 JYP에 대한 정보를 수집하여 목차 작성에 필요한 자료를 준비합니다.' done_at=''
```

이 오류는 벡터 검색 에이전트가 생성된 작업에 대해 실제 작업을 수행하지 않고 완료 표시도 없이 바로 커뮤니케이터 에이전트에게 작업을 넘겨서 발생한 문제입니다. 커뮤니케이터 에이전트는 '현재 해야 할 작업은 벡터 검색 에이전트 담당인데 커뮤니케이터 에이전트에서 처리하고 있다.'는 오류 메시지를 출력한 것입니다.

이제 코드가 제대로 작동할 수 있도록 벡터 검색 에이전트의 RAG 기능을 구현해 봅시다.

벡터 검색 에이전트에 RAG 기능 구현하기

벡터 DB에서 검색하는 도구를 언어 모델이 자유롭게 활용할 수 있도록 .bind_tools를 이용해 RAG 기능을 구현하겠습니다. 이렇게 하면 언어 모델이 자신의 판단에 따라 여러 번 검색어를 바꾸며 벡터 검색을 할 수 있습니다.

1. 먼저 벡터 검색 에이전트가 이전 작업과 대화 내용을 바탕으로 목차 작성을 위한 정보를 벡터 검색을 통해 찾는 기능을 추가합니다.

벡터 검색 기능을 도구로 구현하기 (1) book_writer.py

```
(... 생략 ...)
# 상태 정의
class State(TypedDict):
    messages: List[AnyMessage | str]
    task_history: List[Task]
    references: dict ❶
(... 생략 ...)

def vector_search_agent(state: State):
    print("\n\n============ VECTOR SEARCH AGENT ============")

    tasks = state.get("task_history", [])
    task = tasks[-1]
    if task.agent != "vector_search_agent":
        raise ValueError(f"Vector Search Agent가 아닌 agent가 Vector Search Agent를 
시도하고 있습니다.\n {task}")                                                    ❷

    vector_search_system_prompt = PromptTemplate.from_template(
        """
        너는 다른 AI Agent 들이 수행한 작업을 바탕으로,
        목차(outline) 작성에 필요한 정보를 벡터 검색을 통해 찾아내는 Agent이다.

        현재 목차(outline)를 작성하는 데 필요한 정보를 확보하기 위해,
        다음 내용을 활용해 적절한 벡터 검색을 수행하라.

        - 검색 목적: {mission}
        --------------------------------                                     ❸
        - 과거 검색 내용: {references}
        --------------------------------
        - 이전 대화 내용: {messages}
        --------------------------------
        - 목차(outline): {outline}
        """
    )

    mission = task.description
    references = state.get("references", {"queries": [], "docs": []})       ❹
    messages = state["messages"]
    outline = get_outline(current_path)
```

```
    inputs = {
        "mission": mission,
        "references": references,
        "messages": messages,
        "outline": outline
    }

    llm_with_retriever = llm.bind_tools([retrieve])
    vector_search_chain = vector_search_system_prompt | llm_with_retriever

    search_plans = vector_search_chain.invoke(inputs)

    for tool_call in search_plans.tool_calls:
        print('-----------------------------------', tool_call)
(... 생략 ...)
```

❶ 벡터 검색 결과를 State에 보관하기 위해 State 클래스에 references 항목을 추가합니다. 자료형은 딕셔너리로 설정합니다.

❷ 가장 최근의 작업을 가져와 해당 작업을 vector_search_agent에서 처리할 수 있는지 확인합니다.

❸ 벡터 검색을 위한 시스템 프롬프트를 만듭니다. 이전에 검색한 내용이 있다면 이를 참고하는 입력값으로 references를 설정합니다. 또한 이전 대화 내용과 현재 목차도 적절한 쿼리를 생성하는 데 도움이 되므로 인풋에 추가합니다.

❹ 시스템 프롬프트에서 필요한 인풋값을 설정하는 코드입니다. 검색 목적인 mission은 supervisor에서 생성한 task의 description을 사용합니다. 검색 결과와 참고 자료를 담는 references는 state에 이미 존재하는 항목을 가져오고 항목이 없으면 queries와 docs 리스트를 키로 갖는 딕셔너리를 생성합니다. queries에는 벡터 검색을 할 때 사용한 쿼리들이, docs에는 검색된 문서(청크)가 담깁니다. 목차를 의미하는 outline은 이전에 만든 get_outline 함수를 이용해 추가합니다.

❺ tools.py 파일의 retrieve 함수는 @tool 데코레이터를 이용해 랭체인에서 바로 사용할 수 있도록 설정되어 있습니다. llm은 GPT-4o로 설정하고 .bind_tools() 를 이용해 retrieve 도구를 붙입니다. 그리고 vector_search_prompt와 연결해서 vector_search_chain을 만듭니다.

❻ 생성된 vector_search_chain에 인풋값을 넣어 실행한 후 결과를 확인합니다. 이 체인에서는 검색을 여러 번 수행할 수 있도록 여러 검색어를 만들어 실행할 계획을 세울 수 있습니다. 이 계획은 search_plans 변수에 담깁니다.

❼ search_plans에는 언어 모델이 검색하고 싶은 내용이 담깁니다. 여러 개를 검색할 수 있으므로 결과는 리스트 형태로 반환됩니다.

현재 버전에서는 여전히 오류가 발생하지만 vector_search_agent가 실행되는 동안에는 다음과 같은 메시지가 출력됩니다. 사용자가 'HYBE와 JYP 비교하는 책 쓰자. 우선 벡터 검색부터 해'라고 요청하면 supervisor는 HYBE와 JYP를 비교하는 책을 쓰는 데 필요한 정보를 검색하기 위해 vector_search_agent를 사용하는 작업을 생성합니다. 출력된 메시지에서 'VECTOR SEARCH AGENT' 라고 표시된 부분은 vector_search_agent에서 검색해야 한다고 판단한 내용들입니다. 이 내용 중에서 query 문자열을 보면 HYBE와 JYP의 기업 규모, 경영 전략, 재무 상태 등 다양한 질문들이 목록으로 나열된 것을 확인할 수 있습니다.

```
User: HYBE와 JYP 비교하는 책 쓰자. 우선 벡터검색부터 해

============ SUPERVISOR ============
[Supervisor] agent='vector_search_agent' done=False description='HYBE와 JYP를 비교하는
책을 쓰기 위한 정보를 벡터 검색을 사용하여 수집한다.' done_at=''

============ VECTOR SEARCH AGENT ============
--------------- {'name': 'retrieve', 'args': {'query': 'HYBE company overview'}, 'id':
'call_me3IiG2leOImhWOxddnIdjCl', 'type': 'tool_call'}
--------------- {'name': 'retrieve', 'args': {'query': 'JYP company overview'}, 'id':
'call_Q2NUclSgd8JKGBSOF4WdHlm1', 'type': 'tool_call'}
--------------- {'name': 'retrieve', 'args': {'query': 'HYBE corporate strategy'},
'id': 'call_L97gJfPdW87CP35cqoVTWoSl', 'type': 'tool_call'}
--------------- {'name': 'retrieve', 'args': {'query': 'JYP corporate strategy'},
'id': 'call_0vt0dprUDYiIpKbkqMvqzGgR', 'type': 'tool_call'}
-
(... 생략 ...)
(이후 에러 발생 ┌ ValueError: Communicator가 아닌 agent가 대화를 시도하고 있습니다.)
```

2. 출력된 내용을 보면 retrieve 함수에 전달해야 하는 값들이 args 안에 들어 있습니다. 이 args를 그대로 retrieve 함수에 넣어서 결과를 반환합니다.

벡터 검색 기능을 tool로 구현하기 (2) book_writer.py

```
def vector_search_agent(state: State):
    (... 생략 ...)

    search_plans = vector_search_chain.invoke(inputs)


    for tool_call in search_plans.tool_calls:
        print('-----------------------------------', tool_call)
```

```
        args = tool_call["args"]

        query = args["query"]
        retrieved_docs = retrieve(args)

        references["queries"].append(query)    ─ ❶
        references["docs"] += retrieved_docs

    unique_docs = []
    unique_page_contents = set()

    for doc in references["docs"]:
        if doc.page_content not in unique_page_contents:    ─ ❷
            unique_docs.append(doc)
            unique_page_contents.add(doc.page_content)
    references["docs"] = unique_docs

    print('Queries:--------------------------')
    queries = references["queries"]
    for query in queries:
        print(query)
                                                     ─ ❸
    print('References:--------------------------')
    for doc in references["docs"]:
        print(doc.page_content[:100])
        print('--------------------------')

    tasks[-1].done = True
    tasks[-1].done_at = datetime.now().strftime('%Y-%m-%d %H:%M:%S')

    new_task = Task(
        agent="communicator",
        done=False,                                  ─ ❹
        description="AI팀의 진행상황을 사용자에게 보고하고, 사용자의 의견을 
파악하기 위한 대화를 나눈다",
        done_at=""
    )
    tasks.append(new_task)

    msg_str = f"[VECTOR SEARCH AGENT] 다음 질문에 대한 검색 완료: {queries}"
    message = AIMessage(msg_str)
    print(msg_str)                                   ─ ❺

    messages.append(message)
```

```
    return {
        "messages": messages,
        "task_history": tasks,
        "references": references
    }
```

❶ references에 검색 내용을 담아야 하므로 args의 값 중에서 query를 queries에 추가합니다. retrieved_docs로 받은 결과도 references에 docs로 추가합니다.

❷ 벡터 검색에 사용한 query가 다양하더라도 벡터 DB에 저장된 문서의 종류가 많지 않거나, 한 문서가 여러 질문에 대한 답을 모두 포함하고 있을 때, 같은 문서가 반복해서 나올 수 있습니다. 같은 문서가 다른 query에 대해 반복해서 나오더라도 중복없이 처리하기 위해 page_content를 set을 사용해 unique_page_contents에 담습니다. 이렇게 중복 없이 정리된 문서(청크)들만 references["docs"]에 담습니다.

❸ 검색한 질의들(queries)과 검색된 청크 문서들을 출력하는 코드입니다.

❹ 최근 생성된 Task를 done=True로 설정해서 완료된 상태로 처리합니다. 현재 vector_search_agent는 communicator와 연결되어 있습니다. communicator에서 새로운 작업을 받아서 처리해야 할 일이 생겼으므로 다음 할 일을 의미하는 Task 객체를 생성해 new_task 변수에 담습니다.

❺ 작업이 완료되면 vector_search_agent의 작업 후기를 AImessage로 생성합니다. 이렇게 작성하면 다음 에이전트가 현재의 진행 상황을 더 잘 파악할 수 있습니다.

❻ vector_search_agent의 작업 결과를 상태에 업데이트하기 위해 반환합니다.

코드를 실행한 후 '우선 검색부터 해.'라고 메시지를 입력하여 vector_search_agent를 실행했습니다. HYBE와 JYP를 비교하기 위해 필요한 정보 5가지를 검색해서 그 결과를 출력했습니다. 5개의 질문에 대해 top_k를 5로 설정하여 25개의 청크가 검색되었고 중복 제거 후 References로 출력되었습니다.

앞에서 웹 검색 기능을 구현할 때 JYP와 HYBE에 관한 내용을 검색한 적이 없다면 벡터 DB에 두 회사와 관련된 내용이 저장되어 있지 않을 것입니다. 저는 경제와 영화에 관한 질문만 테스트해 본 상태이므로 다음과 같이 두 회사에 대한 내용은 검색되지 않았습니다. 이 부분은 추후에 웹 검색 에이전트를 추가하여 개선할 예정이므로 지금은 벡터 DB에서 검색을 할 수 있다는 것만 확인하면 됩니다.

```
User: HYBE와 JYP 비교하는 책 쓰자. 우선 검색부터 해

============ SUPERVISOR ============
[Supervisor] agent='vector_search_agent' done=False description='HYBE와 JYP를 비교하는 책의 목차 작성을 위한 정보를 벡터 DB에서 검색한다.' done_at=''

============ VECTOR SEARCH AGENT ============
--------------------- {'name': 'retrieve', 'args': {'query': 'HYBE와 JYP의 회사 역사 비교', 'top_k': 5}, 'id': 'call_TKmdcaLQTX3600PCDSFBhFoA', 'type': 'tool_call'}
--------------------- {'name': 'retrieve', 'args': {'query': 'HYBE와 JYP의 비즈니스 모델 분석', 'top_k': 5}, 'id': 'call_5SXAAFch50C3JEz7I6PtaPly', 'type': 'tool_call'}
--------------------- {'name': 'retrieve', 'args': {'query': 'HYBE와 JYP의 아티스트 관리 방식 차이', 'top_k': 5}, 'id': 'call_yXcaUqlh3jRDU4E88pbi9EVu', 'type': 'tool_call'}
--------------------- {'name': 'retrieve', 'args': {'query': 'HYBE와 JYP의 글로벌 진출 전략', 'top_k': 5}, 'id': 'call_PWwzX2jFW8oEwpjXyj7fmmDb', 'type': 'tool_call'}
--------------------- {'name': 'retrieve', 'args': {'query': 'HYBE와 JYP의 음악 스타일 및 프로덕션 비교', 'top_k': 5}, 'id': 'call_XbjWsWXjURdYwhbsyxsn9tLJ', 'type': 'tool_call'}
Queries:--------------------------
HYBE와 JYP의 회사 역사 비교
HYBE와 JYP의 비즈니스 모델 분석
HYBE와 JYP의 아티스트 관리 방식 차이
HYBE와 JYP의 글로벌 진출 전략
HYBE와 JYP의 음악 스타일 및 프로덕션 비교
References:--------------------------
References:--------------------------
- 현재 수출 경기 호조의 핵심인 반도체 산업의 단기 사이클(시장의 수급)과 중 장기 사이클(주력 품목의 변화)의 움식임을 예의주시하고 우리 기입들의 대응 여력을 확충하는  데에 주... 생략 ...
주: OECD의 선진국은 OECD 회원국, 신흥개도국은 비OECD 회원국임. 2-2. 국내 경기 : 확대되고 있는 성장경로 이탈 가능성 ○(전반적인 경기 활력 저하) 내수 부진이
--------------------------
(건설투자) 금융조달 비용의 하락, 부동산 PF 부실 문제의 점진적인 완화, 수도권 중심 부동산 경기 회복세 지속, 정부의 주택공급 확대책 현실화 등으로 하반기로 갈수록 경기 여건
--------------------------
(고용) 전반적으로 실업률이 소폭 상승한 가운데 연령별로는 청년층, 산업별로는 제 조업과 건설업의 고용 창출력 위축 현상이 뚜렷하게 나타나고 있다. 10월 실업률은 2.3%로  전년
--------------------------
전망 - 설비투자 : 회복세 강화. 연간 2.7%(상반기 5.3%, 하반기 0.1%) ┌금리 하락에 따르는 투자심리 개선, AI 관련 투자 확대 등으로 회복세가 다소 강화될 것으로
--------------------------
============ COMMUNICATOR ============

AI: 현재 AI 팀은 HYBE와 JYP를 비교하는 책의 목차 작성을 위해 필요한 정보를 수집하고 있습니다. 벡터 검색 에이전트를 통해 다음과 같은 주제에 대한 정보를 확보했습니다:
```

```
1. HYBE와 JYP의 회사 역사 비교
2. HYBE와 JYP의 비즈니스 모델 분석
3. HYBE와 JYP의 아티스트 관리 방식 차이
4. HYBE와 JYP의 글로벌 진출 전략
5. HYBE와 JYP의 음악 스타일 및 프로덕션 비교

이 주제들을 중심으로 책의 목차를 구성할 계획입니다. 사용자의 의견이나 추가로 다루고 싶은 주제가 있다
면 말씀해 주세요. 이를 반영하여 더욱 풍부한 내용을 담을 수 있도록 하겠습니다.
------------------------------------ MESSAGE COUNT       5

User:
```

벡터 DB 검색도 잘 이루어졌고 중복도 잘 처리된 것 같습니다. 현재 문제점은 벡터 DB 내에 관련 문서가 거의 없다는 점입니다. 검색 결과가 제한될 수밖에 없겠죠. 벡터 DB에 더 많은 문서를 추가하면 더 풍부한 검색 결과를 얻을 수 있을 것입니다. 이와 관련된 내용은 14-4절에서 자세히 알아보겠습니다.

참고 자료를 state.json에 저장하기

마지막으로 벡터 검색 결과로 가져온 참고 자료를 state.json 파일에 저장하여 현재 상태를 확인할 수 있도록 하겠습니다.

references를 저장하는 코드를 작성합니다. 특히 state의 references 항목에 담긴 문서 청크는 랭체인의 Document 객체로 되어 있어서 이를 바로 딕셔너리로 만들 수 없습니다. 그래서 문서의 metadata를 추출하여 저장합니다.

참고 자료도 state.json에 저장하기 — utils.py

```
def save_state(current_path, state):
    if not os.path.exists(f"{current_path}/data"):
        os.makedirs(f"{current_path}/data")

    state_dict = {}

    messages = [(m.__class__.__name__, m.content) for m in state["messages"]]

    state_dict["messages"] = messages
    state_dict["task_history"] = [task.to_dict() for task in state.get("task_history",
[])]
```

```
    # references
    references = state.get("references", {"queries": [], "docs": []})
    state_dict["references"] = {
        "queries": references["queries"],
        "docs": [doc.metadata for doc in references["docs"]]
    }

    with open(f"{current_path}/data/state.json", "w", encoding='utf-8') as f:
        json.dump(state_dict, f, indent=4, ensure_ascii=False)
```

이 코드를 실행하면 다음과 같이 state.json 파일에 기록이 남아 있습니다.


```
{
    "messages": [
        [
            "SystemMessage",
                "\n                너희 AI들은 사용자의 요구에 맞는 책을 쓰는 작가팀이다.\n
사용자가 사용하는 언어로 대화하라.\n\n                현재시각은 2025-03-06 00:40:23이다.\n\n
"
        ],
        [
            "HumanMessage",
            "HYBE와 JYP 비교하는 책을 써줘. 우선 검색부터 하자"
        ],
        [
            "AIMessage",
             "[Supervisor] agent='vector_search_agent' done=False description='사용자가
요청한 HYBE와 JYP 비교 책의 목차 작성을 위한 정보 확보가 필요하므로, 벡터 DB를 검색하여 필요한 정
보를 수집한다.' done_at=''"
        ],
   (... 생략 ...)
    "references": {
        "queries": [
            "HYBE company overview",
            "JYP company overview",
            "Comparison between HYBE and JYP in business strategies",
            "HYBE and JYP financial performance overview",
            "Artists and music style differences between HYBE and JYP"
        ],
        "docs": [
            {
                        "source": "https://www.hri.co.kr/upload/board/2887010266_WZ-
R5c0kj_20241210123438.pdf",
```

```
            "title": "[PDF] 2025년 한국경제 수정전망"
        },
        {
                    "source": "https://eiec.kdi.re.kr/policy/domesticView.
do?ac=0000191361",
            "title": "2025년 거시경제 전망 | 국내연구자료 | KDI 경제교육·정보센터"
        },
        (... 생략 ...)
```

14-4 부족한 정보를 검색하는 웹 검색 에이전트

벡터 검색 에이전트를 보완하는 웹 검색 에이전트를 만들고 목차 작성에 웹 검색 결과를 활용해 보겠습니다.

부족한 정보를 찾아 주는 웹 검색 에이전트

14-3절에서 벡터 검색을 통해 벡터 DB의 문서를 찾는 에이전트는 만들었지만 벡터 DB에 저장된 내용이 적어서 실용성이 떨어졌습니다. 벡터 DB에 정보가 부족하다면 인터넷에 검색해 벡터 DB에 추가해야 합니다. 예전에는 사람이 직접 검색해야 했지만 이제는 AI 에이전트를 활용할 수 있습니다. 웹 검색을 통해 벡터 DB에 내용을 채워 주는 웹 검색 에이전트 web_search_agent를 만들어 봅시다.

필요한 함수는 14-3절에서 대부분 만들어 두었으므로 이번 절에서는 웹 검색 후 웹 페이지 문서를 벡터 DB에 자동으로 저장하고 벡터 검색 에이전트 vector_search_agent에서 벡터 검색을 하는 경로를 추가하는 작업해 보겠습니다.

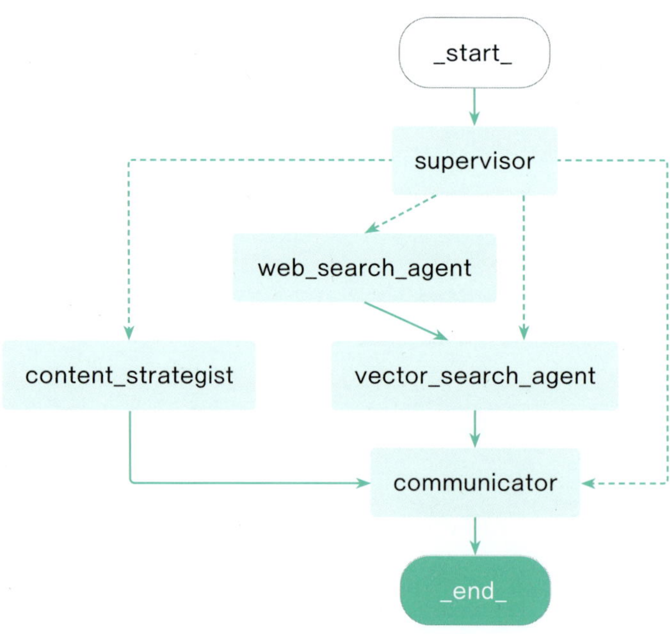

벡터 검색 전에 web_search_agent로 벡터 DB 자료를 확보하는 그래프의 구조

Do it! 실습 웹 검색 에이전트 web_search_agent 만들기

결과 파일: sec04/book_writer_0.py, models.py

웹 검색 에이전트 web_search_agent을 만들어 보겠습니다. book_writer.py 파일에 이어서 작성하세요.

1. web_search_agent의 구조는 14-3절에서 만든 vector_search_agent와 거의 동일합니다. 앞서 tools.py 파일에 작성한 web_search에는 @tool 데코레이터를 사용하여 랭체인과 랭그래프에서 바로 활용할 수 있도록 설정해두었습니다. 이를 .bind_tools()를 이용해 언어 모델에 연결하여 필요에 따라 웹 검색을 여러 번 할 수 있게 합니다. 그 결과는 add_web_pages_json_to_chroma 함수를 통해 벡터 DB에 저장합니다.

웹 검색 에이전트 노드 만들기 book_writer.py

```
(... 생략 ...)

from utils import save_state, get_outline, save_outline
from models import Task
from tools import retrieve, web_search, add_web_pages_json_to_chroma ⑩

from datetime import datetime
(... 생략 ...)

# 목차를 작성하는 노드(agent)
def content_strategist(state: State):
    print("\n\n============ CONTENT STRATEGIST ============")
    (... 생략 ...)

    return {
        "messages": messages,
        "task_history": task_history
    }

def web_search_agent(state: State): ①
    print("\n\n============ WEB SEARCH AGENT ============")

    tasks = state.get("task_history", [])
    task = tasks[-1]

    if task.agent != "web_search_agent":
        raise ValueError(f"Web Search Agent가 아닌 agent가 Web Search Agent를 시도하고
있습니다.\n {task}") ②
```

```
web_search_system_prompt = PromptTemplate.from_template(
    """
    너는 다른 AI Agent 들이 수행한 작업을 바탕으로,
    목차(outline) 작성에 필요한 정보를 웹 검색을 통해 찾아내는 Web Search Agent이다.

    현재 부족한 정보를 검색하고, 복합적인 질문은 나눠서 검색하라.

    - 검색 목적: {mission}
    --------------------------------
    - 과거 검색 내용: {references}
    --------------------------------
    - 이전 대화 내용: {messages}
    --------------------------------
    - 목차(outline): {outline}
    --------------------------------
    - 현재 시각 : {current_time}
    """
)                                                              ❸

messages = state.get("messages", [])  ❹

inputs = {
    "mission": task.description,
    "references": state.get("references", {"queries": [], "docs": []}),
    "messages": messages,
    "outline": get_outline(current_path),
    "current_time": datetime.now().strftime('%Y-%m-%d %H:%M:%S')
}                                                              ❺

llm_with_web_search = llm.bind_tools([web_search])  ❻

web_search_chain = web_search_system_prompt | llm_with_web_search  ❼

search_plans = web_search_chain.invoke(inputs)  ❽

queries = []  ❾

for tool_call in search_plans.tool_calls:
    print('-------- web search --------', tool_call)
    args = tool_call["args"]                                   ❿

    queries.append(args["query"])
```

```
        # 검색 결과 JSON 파일 경로 가져오기
        _, json_path = web_search.invoke(args)
        print('json_path:', json_path)

        # JSON 파일을 크로마DB에 추가
        add_web_pages_json_to_chroma(json_path)

    tasks[-1].done = True
    tasks[-1].done_at = datetime.now().strftime('%Y-%m-%d %H:%M:%S')

    task_desc = "AI팀이 쓸 책의 세부 목차를 결정하기 위한 정보를 벡터 검색을 통해 찾아낸다."
    task_desc += f" 다음 항목이 새로 추가되었다\n: {queries}"

    new_task = Task(
        agent="vector_search_agent",
        done=False,
        description=task_desc,
        done_at=""
    )

    tasks.append(new_task)

    msg_str = f"[WEB SEARCH AGENT] 다음 질문에 대한 검색 완료: {queries}"
    messages.append(AIMessage(msg_str))

    return {
        "messages": messages,
        "task_history": tasks
    }
(... 생략 ...)
```

11 12 13

❶ web_search_agent 함수를 만듭니다. 이는 웹 검색을 하는 새로운 에이전트 노드입니다.

❷ 작업 목록에서 최근 작업(task)을 확인하고 web_search_agent가 처리할 작업이 맞는지 확인합니다.

❸ 시스템 프롬프트를 정의합니다. web_search_agent의 주요 임무는 목차를 생성하는 데 필요하지만 벡터 DB에는 부족한 정보를 찾아서 보강하는 것입니다. 따라서 목차(outline)뿐만 아니라 state에서 관리하는 references도 입력값으로 받습니다. 현재 시각(current_time)을 추가한 이유는 언어 모델이 최신 자료를 검색할 때 검색어에 해당 언어 모델이 생성된 연도를 입력하는 문제가 있었기 때문입니다. 이렇게 하면 현재 시각을 활용해 최신 정보를 제대로 검색할 수 있습니다. 검색 목적(mission)은 supervisor에서 Task를 생성할 때 description에 채워 줬던 내용을 사용합니다. 그리고 프롬프트에 여러 가지 키워드를 합치지 않고 개별 키워드로 나눠서 검색하도록 프롬프트를 작성합니다. 예를 들어 'JYP와 HYBE의 연혁' 보다 'JYP의 연혁', 'HYBE의 연혁' 처럼 따로 검색해야 자료가 많을 테니까요.

❹ 이전 대화를 가져와 messages에 담습니다. 이 messages는 inputs에 활용하기도 하지만 나중에 web_search_agent의 작업 후기도 추가할 예정이므로 따로 저장해 두었습니다.

⑤ 인풋 자료를 준비합니다. ③에서 정의한 시스템 프롬프트에 들어가야 할 내용들을 딕셔너리 형태로 만듭니다.
⑥ 언어 모델 llm과 전에 만들어 둔 web_search 도구를 .bind_tools로 연결합니다.
⑦ 시스템 프롬프트와 결합하여 web_search_chain을 만듭니다.
⑧ web_search_chain.invoke로 언어 모델이 판단해 검색할 리스트를 받아 옵니다.
⑨ web_search_agent 에서 어떤 작업을 했는지 메시지로 남기기 위해 queries를 빈 리스트로 만들어 놓고 검색 결과를 계속 추가합니다.
⑩ GPT가 원하는 검색어가 args에 담겨 있으므로 앞서 만들었던 web_search로 검색 후 그 결과가 담긴 JSON 파일을 add_web_pages_json_to_chroma 함수를 이용해 크로마 DB에 저장합니다.
⑪ 가장 최근의 작업을 done=True로 처리하고 새로운 Task를 추가합니다. 새로 만들 Task는 vector_search_agent로 지정하고 필요한 메시지를 description에 넣습니다. 이때 description에 들어갈 메시지에 앞서 모아 두었던 queries의 값을 넣어 줍니다. 그래야 그 항목에 대해 벡터 검색을 집중적으로 할 수 있으니까요.
⑫ messages에도 web_search_agent 작업 후기에 해당하는 메시지를 추가합니다.
⑬ 마지막으로 상태를 업데이트하기 위해 messages와 task_history를 반환합니다.

2. supervisor가 web_search_agent도 선택할 수 있도록 프롬프트 메시지에 web_search_agent에 대한 설명을 추가합니다. 이 부분만 수정하는 것으로는 충분하지 않으며 models.py 파일의 Task에 새로운 항목을 추가해야 합니다. 이는 뒤에서 구현하겠습니다.

웹 검색 에이전트를 supervisor에 등록하기 book_writer.py

```
(... 생략 ...)

def supervisor(state: State):
    print("\n\n============ SUPERVISOR ============")

    # 시스템 프롬프트 정의
    supervisor_system_prompt = PromptTemplate.from_template(
        """
        너는 AI 팀의 supervisor로서 AI 팀의 작업을 관리하고 지도한다.
        사용자가 원하는 책을 써야 한다는 최종 목표를 염두에 두고,
        사용자의 요구를 달성하기 위해 현재 해야 할 일이 무엇인지 결정한다.

        supervisor가 활용할 수 있는 agent는 다음과 같다.
         - content_strategist: 사용자의 요구 사항이 명확해졌을 때 사용한다. AI 팀의 콘텐츠 전략을 결정하고, 전체 책의 목차(outline)를 작성한다.
         - communicator: AI 팀에서 해야 할 일을 스스로 판단할 수 없을 때 사용한다. 사용자에게 진행 상황을 보고하고, 다음 지시를 물어본다.
        - web_search_agent: 웹 검색을 통해 목차(outline) 작성에 필요한 정보를 확보한다.
        - vector_search_agent: 벡터 DB 검색을 통해 목차(outline) 작성에 필요한 정보를 확보한다.

         아래 내용을 고려하여, 현재 해야할 일이 무엇인지, 사용할 수 있는 agent가 무엇인지 단답으로 말하라.
```

```
    ----------------------------------------
    previous_outline: {outline}
    ----------------------------------------
    messages:
    {messages}
    """
)

(... 생략 ...)
```

3. 새로 만든 web_search_agent를 그래프에 추가합니다. 노드를 추가하고 supervisor의 프롬프트 메시지에도 web_search_agent를 추가했으므로 conditional_edge에도 이를 추가합니다. 또한 web_search_agent 이후에는 바로 vector_search_agent로 이어지도록 연결합니다.

그래프 수정하기 book_writer.py

```
(... 생략 ...)

# 상태 그래프 정의
graph_builder = StateGraph(State)

# 노드
graph_builder.add_node("supervisor", supervisor)
graph_builder.add_node("communicator", communicator)
graph_builder.add_node("content_strategist", content_strategist)
graph_builder.add_node("vector_search_agent", vector_search_agent)
graph_builder.add_node("web_search_agent", web_search_agent)

# 엣지
graph_builder.add_edge(START, "supervisor")
graph_builder.add_conditional_edges(
    "supervisor",
    supervisor_router,
    {
        "content_strategist": "content_strategist",
        "communicator": "communicator",
        "vector_search_agent": "vector_search_agent",
        "web_search_agent": "web_search_agent"
    }
```

```
)

graph_builder.add_edge("content_strategist", "communicator")
graph_builder.add_edge("web_search_agent", "vector_search_agent")
graph_builder.add_edge("vector_search_agent", "communicator")
graph_builder.add_edge("communicator", END)

graph = graph_builder.compile()

(... 생략 ...)
```

4. 마지막으로 models.py 파일에 Task 모델의 새로운 노드인 web_search_agent가 선택지로 추가될 수 있도록 agent에 추가합니다. description에도 web_search_agent를 언제 활용하면 좋은지 설명을 추가하여, 해당 AI 에이전트의 사용 목적과 상황을 명확하게 정의했습니다.

Task 모델에 새 에이전트 web_search_agent 선택지 추가 — models.py

```
class Task(BaseModel):
    agent: Literal[
        "content_strategist",
        "communicator",
        "web_search_agent",
        "vector_search_agent",
    ] = Field(
        ...,
        description="""
        작업을 수행하는 agent의 종류.
        - content_strategist: 콘텐츠 전략을 수립하는 작업을 수행한다. 사용자의 요구 사항이 명확해졌을 때 사용한다. AI 팀의 콘텐츠 전략을 결정하고, 전체 책의 목차(outline)를 작성한다.
        - communicator: AI 팀에서 해야 할 일을 스스로 판단할 수 없을 때 사용한다. 사용자에게 진행 상황을 보고하고, 다음 지시를 물어본다.
        - web_search_agent: 웹 검색을 통해 목차(outline) 작성에 필요한 정보를 확보한다.
        - vector_search_agent: 벡터 DB 검색을 통해 목차(outline) 작성에 필요한 정보를 확보한다.
        """
    )

(... 생략 ...)
```

현재 상태에서 실행하면 AI 에이전트가 자신이 필요하다고 판단하는 정보들을 웹에서 검색한 후 벡터 DB에서 검색해서 활용합니다. 현재는 웹 검색을 먼저 진행하지만 벡터 DB가 충분히 커지면 벡터 DB에서 우선 검색하고 필요한 정보가 없을 때 웹 검색을 하도록 설정할 수도 있겠죠.

```
User: HYBE와 JYP 비교하는 책 쓰자. 우선 검색부터 해

============ SUPERVISOR ============
[Supervisor] agent='web_search_agent' done=False description='HYBE와 JYP 비교에 필요한 정보를 웹 검색을 통해 확보한다.' done_at=''

============ WEB SEARCH AGENT ============
-------- web search -------- {'name': 'web_search', 'args': {'query': 'HYBE 회사 정보 2024'}, 'id': 'call_zzWTYfRF1RbKnkOwVmnsSnaF', 'type': 'tool_call'}
json_path: c:\github\gpt_agent_2024_book\chapter14/data/resources_2024_1210_220038.json
Documents를 Chroma DB에 저장합니다.
(... 생략 ...)
'https://themusicnetwork.com/hybe-corporation-kpop-2024/'}
Splitting documents...
5개의 문서를 1000자 크기로 중첩 100자로 분할합니다.

총 52개의 문서로 분할되었습니다.
-------- web search -------- {'name': 'web_search', 'args': {'query': 'JYP 회사 정보 2024'}, 'id': 'call_c2lm7iAOTl9bhOMEQVap20Zi', 'type': 'tool_call'}
json_path: c:\github\gpt_agent_2024_book\chapter14/data/resources_2024_1210_220048.json
Documents를 Chroma DB에 저장합니다.
{'title': 'JYP Ent., 2024년 3분기 실적 발표: 견고한 성장세 지속', 'source': 'https://dartgpt.ai/filings/20241113000443'}
(... 생략 ...)
총 11개의 문서로 분할되었습니다.


============ VECTOR SEARCH AGENT ============
-------------- {'name': 'retrieve', 'args': {'query': 'HYBE 회사 정보 2024'}, 'id': 'call_W77EJUdTxqTi89MvcgznnqNL', 'type': 'tool_call'}
(... 생략 ...)
----------------------------------- {'name': 'retrieve', 'args': {'query': 'HYBE와 JYP의 주식 시장 성과 2024'}, 'id': 'call_YpJL64OdHfTO2MfFwZkl5R1d', 'type': 'tool_call'}
Queries:--------------------------
HYBE 회사 정보 2024
JYP 회사 정보 2024
```

```
HYBE 엔터테인먼트 아티스트 목록 2024
JYP 엔터테인먼트 아티스트 목록 2024
HYBE와 JYP의 수익 비교 2024
HYBE와 JYP의 주식 시장 성과 2024
References:--------------------------
하이브영문 명칭HYBE Co., Ltd.국가 대한민국 행정구 속령설립일2005년 2월 4일 (19주년)[1]업종명음악
및 기타 오디오물 출판업창업주방시혁총수최대 주주 임원진이사회
--------------------------
(... 생략 ...)
--------------------------
[VECTOR SEARCH AGENT] 다음 질문에 대한 검색 완료: ['HYBE 회사 정보 2024', 'JYP 회사 정보
2024', 'HYBE 엔터테인먼트 아티스트 목록 2024', 'JYP 엔터테인먼트 아티스트 목록 2024', 'HYBE와
JYP의 수익 비교 2024', 'HYBE와 JYP의 주식 시장 성과 2024']


============ COMMUNICATOR ============

AI: 안녕하세요! 현재 AI팀은 HYBE와 JYP를 비교하는 책을 집필 중에 있습니다. 최근 진행 상황으로는
HYBE와 JYP의 2024년 회사 정보, 엔터테인먼트 아티스트 목록, 수익 비교, 주식 시장 성과 등을 조사했습
니다. 이제 사용자의 의견을 바탕으로 내용을 구체화해 나가고자 합니다.

혹시 이 책에 포함되었으면 하는 구체적인 주제나 추가로 알고 싶으신 부분이 있으신가요? 또는 다른 의견
이 있으시면 말씀해 주세요!
```

Do it! 실습 목차에 검색 결과 활용하기

결과 파일: sec04/book_writer.py

벡터 DB에서 필요한 자료를 검색하고 부족한 자료는 웹에서 검색하는 기능은 갖추었지만 아직 목차에는 이 정보가 반영되지 않습니다. 그 이유는 목차를 작성하는 content_strategist의 프롬프트에 관련 문서가 제공되지 않기 때문입니다. 이 문제를 해결하기 위해 content_strategist를 수정해 보겠습니다.

프롬프트에 참고 자료를 활용하라는 문구를 추가하고 인풋 자료에도 references로 포함시켜 관련 자료들이 목차 작성에 반영될 수 있도록 합니다.

목차를 작성할 때 참고 자료를 활용하도록 수정하기 book_writer.py

```
def content_strategist(state: State):
    print("\n\n============ CONTENT STRATEGIST ============")

    # 시스템 프롬프트 정의
    content_strategist_system_prompt = PromptTemplate.from_template(
        """
        너는 책을 쓰는 AI팀의 콘텐츠 전략가(Content Strategist)로서,
        이전 대화 내용을 바탕으로 사용자의 요구사항을 분석하고, AI팀이 쓸 책의 세부 목차를 결정한다.

        지난 목차가 있다면 그 버전을 사용자의 요구에 맞게 수정하고, 없다면 새로운 목차를 제안한다.
        목차를 작성하는 데 필요한 정보는 "참고 자료"에 있으므로 활용한다.

        --------------------------------
        - 지난 목차: {outline}
        --------------------------------
        - 이전 대화 내용: {messages}
        --------------------------------
        - 참고 자료: {references}
        """
    )

    # 시스템 프롬프트와 모델 연결
    content_strategist_chain = content_strategist_system_prompt | llm | StrOutputPars-
er()

    messages = state["messages"]        # 상태에서 메시지 가져오기
    outline = get_outline(current_path) # 저장된 목차 가져오기

    # 입력값 정의
    inputs = {
        "messages": messages,
        "outline": outline,
        "references": state.get("references", {"queries": [], "docs": []})
    }
```

이 코드를 실행해 보면 참고 자료를 활용해 목차를 작성할 때도 있고 그렇지 않은 경우도 있습니다. 벡터 검색과 목차 작성을 상황에 따라 자동으로 처리하면 좋겠지만 현재 상태에서는 사용자가 일일이 지시를 내려야만 합니다. 이를 해결하려면 근본적인 변화가 필요할 것 같습니다. 사람이 상황을 판단하고 다음 작업을 지시하는 과정을 인공지능에게 넘길 수 있으면 좋겠다는 생각이 들지 않나요? 이 내용은 다음 장에서 다루겠습니다.

15장

스스로 판단하고 작업하는 멀티에이전트 만들기

지금까지 만든 멀티에이전트는 작업 하나가 끝날 때마다 이어서 무슨 작업을 해야 할지 사용자에게 물어봐야 했습니다. 이 장에서는 에이전트들이 공유할 수 있는 공동 목표를 설정하고 에이전트마다 그 목표를 달성하고 있는지 스스로 평가해서 다음 작업을 진행하도록 개선하겠습니다. 목표를 달성했거나 에이전트가 스스로 판단하기 어려운 상황일 때는 사용자에게 질문하는 방식으로 프로그램을 발전시키겠습니다.

15-1 에이전트의 공동 목표 만들기
15-2 템플릿으로 더 명확한 가이드 세우기
15-3 스스로 리뷰하고 수정하는 에이전트로 발전시키기

15-1 에이전트의 공동 목표 만들기

목표를 점검하는 비즈니스 분석가 에이전트 business_analyst를 만들고, 사용자의 의도를 파악해 에이전트의 공동 목표를 설정해 보겠습니다.

목표를 점검하는 비즈니스 분석가 에이전트

지금까지 각 AI 에이전트는 작업을 완료한 후 자신의 작업 내용을 다른 AI 에이전트들에게 공유했지만 현재 멀티에이전트 시스템은 공동 목표가 모호하고 다음 작업을 위한 판단 기준도 애매합니다. 이런 상황은 여러 사람이 함께 일을 할 때 종종 일어납니다. 각자 맡은 일이 왜 중요한지, 잘 진행되고 있는지, 수정이 필요한지 등의 목표를 점검하는 기준이 없다면 조직의 힘은 분산되고 시너지가 나지 않습니다. 책의 목차를 만드는 프로그램에서도 이와 같은 문제가 있습니다. 이번 실습에서는 이 문제를 해결하기 위해 supervisor가 일을 분배하기 전에 목표를 세우는 비즈니스 분석가 에이전트 business_analyst를 만들겠습니다. business_analyst는 사용자의 요구 사항과 작업의 진행 상황을 분석하여 현재 작업의 목표와 방법을 제시하는 역할을 합니다.

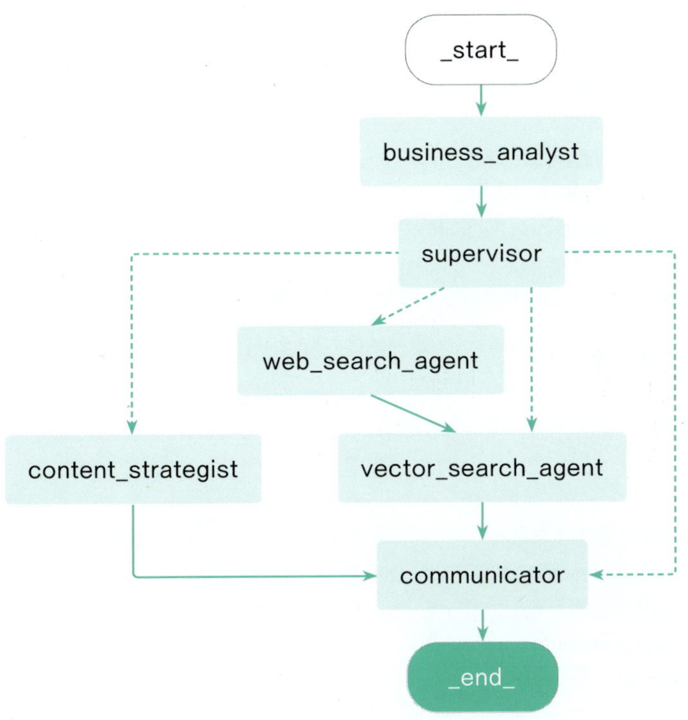

비즈니스 분석가 에이전트인 business_analyst의 그래프 구조

Do it! 실습 사용자의 의도를 파악하는 에이전트 business_analysist 만들기

결과 파일: sec01/book_writer.py, models.py

비즈니스 분석가 에이전트 business_analyst에게 사용자가 입력한 내용을 바탕으로 사용자의 의도를 1차로 분석하는 역할을 맡기겠습니다. 이전까지는 슈퍼바이저 에이전트 supervisor가 이 역할까지 수행했지만 이제 supervisor는 일 분배에 집중하고 business_analysist가 현재 사용자의 요구 사항을 파악하는 데 집중하도록 만들겠습니다.

1. State에 사용자의 요구 사항이 무엇인지 담아 둘 user_request를 마련합니다. 이 값은 business_anaylist가 사용자와 대화한 내용과 현재의 진행 상황(목차, 참고 자료)을 바탕으로 분석하여 채울 것입니다.

사용자의 요구 사항을 분석하는 business_analysist 추가하기 book_writer.py

```
(... 생략 ...)
class State(TypedDict):
    messages: List[AnyMessage | str]
    task_history: List[Task]
    references: dict   # vector search agent에서 검색한 정보를 저장하는 변수
    user_request: str  # 사용자의 요구 사항을 저장하는 변수

def business_analyst(state: State):──❶
    print("\n\n============ BUSINESS ANALYST ============")

    business_analyst_system_prompt = PromptTemplate.from_template(
        """
        너는 책을 쓰는 AI 팀의 비즈니스 애널리스트로서,
        AI 팀의 진행상황과 "사용자 요구 사항"을 토대로,
        현 시점에서 '지난 요구 사항(previous_user_request)'과 최근 사용자의 발언을 
바탕으로 요구사항이 무엇인지 판단한다.
        지난 요구 사항이 달성되었는지 판단하고, 현 시점에서 어떤 작업을 해야 하는지 결정한다.

        다음과 같은 템플릿 형태로 반환한다.
        ```
        - 목표: 0000 \n 방법: 0000
        ```

        -----------------------------------
        *지난 요구 사항(previous_user_request)* : {previous_user_request}
        -----------------------------------
        사용자 최근 발언: {user_last_comment}
        -----------------------------------
```
❷

```
        참고자료: {references}
        ------------------------------------
        목차 (outline): {outline}
        ------------------------------------
        "messages": {messages}
        """
    )

    ba_chain = business_analyst_system_prompt | llm | StrOutputParser() ③

    #상태에서 메시지 가져오기
    messages = state["messages"]

    #사용자의 마지막 발언 가져오기
    user_last_comment = None
    for m in messages[::-1]:
        if isinstance(m, HumanMessage):
            user_last_comment = m.content
            break

    #입력 자료 준비
    inputs = {
        "previous_user_request": state.get("user_request", None),
        "references": state.get("references", {"queries": [], "docs": []}),
        "outline": get_outline(current_path),
        "messages": messages,
        "user_last_comment": user_last_comment
    }

    user_request = ba_chain.invoke(inputs) ⑤

    business_analyst_message = f"[Business Analyst] {user_request}"
    print(business_analyst_message)
    messages.append(AIMessage(business_analyst_message))

    save_state(current_path, state) ⑦

    return {
        "messages": messages,
        "user_request": user_request
    }
(... 생략 ...)
```

❶ business_anaylist라는 노드를 추가하기 위해 함수를 만듭니다.

❷ 시스템 프롬프트를 작성합니다. business_anaylist는 목표를 위해 현 시점에서 어떤 작업을 해야 하는지 판단하는 역할입니다. 이 역할에 대해 자세히 설명하고 어떤 방식으로 답변을 생성할지 구체적으로 표현합니다. 이 판단에 사용할 자료는 지난 요구 사항, 사용자의 최근 발언, 참고 자료(벡터 검색한 결과), 현재 목차, 대화 기록입니다.

❸ 프롬프트를 언어 모델과 연결하고 문자열로 최종 출력되도록 StrOutputParser를 사용해서 ba_chain을 만듭니다.

❹ 이 체인에 입력할 인풋값을 설정합니다. 사용자의 마지막 발언을 가져오기 위해 기존 대화 내역(messages) 중에서 가장 뒤에 있는 HumanMessage을 user_last_comment로 정합니다.

❺ ba_chain을 이용해 목표와 방법을 프롬프트 템플릿대로 생성하는 부분입니다. 이를 통해 사용자의 요청이 무엇인지 파악해 user_request 변수에 담습니다.

❻ business_analysis가 분석해서 도출한 user_request를 AIMessage로 만들어 기존 대화 내용을 담고 있는 messages에 추가합니다.

❼ 현재 state를 저장합니다. 원래는 사용자가 메시지를 입력한 직후에 저장했지만 앞으로는 사용자가 입력하지 않아도 알아서 루프를 여러 번 돌 수 있으므로 여기에서도 state를 저장하도록 합니다.

2. 그래프에 business_analyst 노드와 엣지를 추가합니다. 이전에는 사용자의 입력 내용이 supervisor에서 처음으로 처리되었지만, 이제는 business_analyst가 먼저 사용자의 입력을 받아서 목표가 무엇인지 판단하는 구조로 변경했습니다. 초기 state 설정도 user_request가 포함되도록 수정합니다.

그래프에 business_analysist 추가하고, State 초깃값에 user_request 추가하기 book_writer.py

```
(... 생략 ...)
# 상태 그래프 정의
graph_builder = StateGraph(State)

# 노드
graph_builder.add_node("business_analyst", business_analyst)
graph_builder.add_node("supervisor", supervisor)
graph_builder.add_node("communicator", communicator)
graph_builder.add_node("content_strategist", content_strategist)
graph_builder.add_node("vector_search_agent", vector_search_agent)
graph_builder.add_node("web_search_agent", web_search_agent)

# 엣지
graph_builder.add_edge(START, "business_analyst")
graph_builder.add_edge("business_analyst", "supervisor")
graph_builder.add_conditional_edges(
    "supervisor",
```

```
    supervisor_router,
    {
        "content_strategist": "content_strategist",
        "communicator": "communicator",
        "vector_search_agent": "vector_search_agent",
        "web_search_agent": "web_search_agent"
    }
)
(... 생략 ...)
# 상태 초기화
state = State(
    messages = [
        SystemMessage(
                f"""
            너희 AI들은 사용자의 요구에 맞는 책을 쓰는 작가 팀이다.
            사용자가 사용하는 언어로 대화하라.

            현재 시각은 {datetime.now().strftime('%Y-%m-%d %H:%M:%S')}이다.

            """
        )
    ],
    task_history=[],
    references={"queries": [], "docs": []},
    user_request=""
)
```

변경한 코드를 실행해 봅시다. 어떤 책을 쓰고 싶은지 이야기를 하자 Business_analyst가 수행 해야 할 작업의 목표와 방법을 작성해 줍니다. 그리고 그 결과를 supervisor가 받아서 목차를 작성하는 content_strategist에게 작업을 지시합니다. 상황에 따라 Business_analyst가 어떤 목표를 설정하고 supervisor가 어떤 작업을 지시할지가 달라집니다.

```
User: HYBE와 JYP 비교하는 책 쓰자. CEO와 경영전략에 대해 써줘.

============ BUSINESS ANALYST ============
[Business Analyst] ```
- 목표: HYBE와 JYP를 비교하는 책 작성
  방법: 두 회사의 CEO와 경영전략에 대한 심층 분석 및 비교
```
```
```

```
============ SUPERVISOR ============
[Supervisor] agent='content_strategist' done=False description='HYBE와 JYP를 비교하는 책의 콘텐츠 전략을 수립하고, CEO와 경영전략에 대한 전체 책의 목차를 작성합니다.' done_at=''

============ CONTENT STRATEGIST ============
책의 세부 목차를 구성하기 위해 사용자의 요구사항과 이전 대화 내용을 바탕으로 HYBE와 JYP를 비교하는 책의 목차를 제안하겠습니다. 이 책은 두 엔터테인먼트 대기업의 CEO와 경영전략을 중심으로 비교 분석하는 내용을 담고 있습니다.
### 목차 제안

1. **서문**
   - 책의 목적 및 개요
   - HYBE와 JYP 소개

2. **HYBE의 CEO와 경영전략**
   - CEO 소개: 방시혁
   - 경영철학과 리더십 스타일
   - 주요 경영전략 및 성공 사례
   - 글로벌 확장 전략

(... 생략 ...)
```

15-2 템플릿으로 더 명확한 가이드 세우기

AI 에이전트가 사용자가 원하는 대로 일을 하지 않는다면 AI 에이전트 자체의 한계일 수도 있지만 가이드가 구체적이지 않기 때문일 수 있습니다. 이번 절에서는 목차 작성을 담당하는 content_strategist의 프롬프트를 구체화하고 그 결과를 AI 에이전트가 분석하도록 수정하겠습니다.

문서 양식을 정의하고 답변 형식을 유도하는 템플릿

템플릿은 언어 모델의 행동을 우리가 원하는 방식으로 유도하기 위해 구체적인 가이드를 제공하는 문서입니다. 이 템플릿을 활용해 언어 모델이 작성해야 하는 문서의 양식을 정의하고 답변 형식을 유도할 수 있습니다. 템플릿은 다음 3단계로 구성하겠습니다.

1. 목표 정의: 어떤 의도로 목차를 작성할 것인지 결정합니다.
2. 간략한 목차 작성: 간단한 목차를 작성합니다.
3. 상세한 목차 작성: 목차를 상세하게 만듭니다.

이렇게 단계를 나누는 이유는 언어 모델이 자세한 목차를 한 번에 잘 만들지 못하기 때문입니다. 언어 모델에게 처음부터 자세한 목차를 만들라고 하면 대부분 짧고 단순한 구조로 작성합니다. 반면 간단한 목차를 먼저 만들고 그걸 발전시키는 방식으로 작업하도록 유도하면 언어 모델이 제대로 작업을 완료할 가능성이 훨씬 높아집니다. 첫 번째 단계에서 어떤 의도로 목차를 작성할 것인지 먼저 결정하도록 한 것도 같은 맥락입니다. 의도가 설정되면 그에 맞춰서 뒤에 작성하는 내용도 영향을 받습니다.

물론 더 효율적인 방법이 있을 수 있습니다. 언어 모델을 비롯한 여러 생성형 AI 모델들이 급속도로도 발전하고 있으므로 점차 이런 복잡한 단계없이도 자세한 요구를 문제없이 처리할 수 있을 것입니다. 이번 실습에서 만들 템플릿은 명확한 가이드를 위한 하나의 예시로 참고하기를 바랍니다.

Do it! 실습 목차 작성을 위한 템플릿 만들기

결과 파일: sec02/templates/outline_template.md

이제 목차 작성 템플릿을 만들어 보겠습니다. 언어 모델이 작성해야 하는 문서의 양식을 정의하고 답변 형식을 유도할 수 있도록 앞서 살펴본 3단계로 나눠 작성합니다. 템플릿의 마지막에 있는 `-----: DONE :-----`이라는 구분자로 목차를 작성한 후 콘텐츠 전략가 에이전트가 후기를 작성하도록 유도합니다.

./templates/outline_template.md

```
# 1. 목표 정의
# 기획 의도 및 제시하고자 하는 메시지
## 책의 기획 의도와 독자들에게 전달하고자 하는 메시지를 더욱 구체적으로 서술합니다.
  1. ~~~~~~~~
  2. ~~~~~~~~
  3.
  ......

## 지난 목차(previous_outline)에 비해 이번 목차 작성 시 달성하려는 목표
  1. ~~~~~~~~
  2. ~~~~~~~~
  3.
  ......

--------------------------------------------------------------------------------
---
# 2. 간략한 목차 작성
# 보고서 제목
## 보고서 부제목: 독자들이 읽고 싶도록 hook의 역할을 할 수 있는 문구로 적는다.

# chapter 제목 및 내용 간략 소개
## Chapter 1: 제목
- 내용
## Chapter 2: 제목
- 내용
..... (전체 구성을 고려하여 끝까지 작성하세요.)

---
# 3. 상세한 목차 작성
# 세부 목차
--------------------------------------------------------------------------------

:---OUTLINE STARTS HERE:---:

## Chapter 1: 제목
```

```
- **Chapter 목적:** Chapter 1의 전체 목표를 구체적으로 서술합니다.
- **Chapter 내용:** Chapter에 포함될 주제를 상세히 나열합니다.

### Section 1.1: 제목
- **Section 목적:** Section 1.1에서 전달할 구체적인 목표와 이유를 설명합니다.
- **Section 내용:** 다룰 구체적인 내용을 상세히 나열합니다.
- **주요 내용:**
  - 구체적인 설명과 논점 작성.
  - 필요한 세부 사례나 추가 설명 포함.
  - ...주요 내용 개수는 필요한만큼 추가할 수 있다.
- **참고 문헌:**
  1. [관련 문서 제목](https://example.com):인용하려는 내용 요약
  2. [관련 문서 제목](https://example.com):인용하려는 내용 요약
  3. [관련 문서 제목](https://example.com):인용하려는 내용 요약
  4. ...참고 문헌은 필요한 만큼 추가할 수 있으며 다다익선이다.

### Section 1.2: 제목
- **Section 목적:** Section 1.2에서 전달할 구체적인 목표와 이유를 설명합니다.
- **Section 내용:** 다룰 구체적인 내용을 상세히 나열합니다.
- **주요 내용:**
  - 구체적인 설명과 논점 작성.
  - 필요한 세부 사례나 추가 설명 포함.
  - ...주요 내용 개수는 필요한 만큼 추가할 수 있다.
- **참고 문헌:**
  1. [관련 문서 제목](https://example.com):인용하려는 내용 요약
  2. [관련 문서 제목](https://example.com):인용하려는 내용 요약
  3. [관련 문서 제목](https://example.com):인용하려는 내용 요약
  4. ...참고 문헌은 필요한 만큼 추가할 수 있으며 다다익선이다.

... 위와 같은 방식으로 섹션을 추가해 나가야 한다.

:---CHAPTER DIVIDER---:

## Chapter 2: 제목
......

:---CHAPTER DIVIDER---:

## Chapter 3: 제목
......

-----: DONE :-----

+ 목차 작성 후기
- 사용자의 요구 사항이 적절히 반영되었는지 쓴다.
- 개선할 점이 있는지 판단한다.
```

이 내용은 파이썬을 사용하지 않은 마크다운 문서입니다. 마치 신입 직원에게 '이런 식으로 작업해'라고 알려 주는 가이드 문서와 비슷한 역할입니다. 그럼 콘텐츠 전략가 에이전트가 이 문서를 활용해 작업할 수 있도록 수정해 봅시다.

Do it! 실습 목차 작성 템플릿을 활용해 시스템 프롬프트 발전시키기

결과 파일: sec02/book_writer_0.py

앞선 실습에서 만든 목차 작성 템플릿을 이용해 AI 에이전트에게 업무를 명확하게 지시하는 코드를 작성해 봅시다.

목차를 작성하는 데 필요한 구체적인 규칙들을 프롬프트로 추가합니다. 그리고 business_analyst가 설정한 user_request를 잘 준수하도록 프롬프트에 이를 반영합니다. user_request에는 business_analyst가 사용자의 의도를 파악하여 적어 둔 내용이 담겨 있습니다.

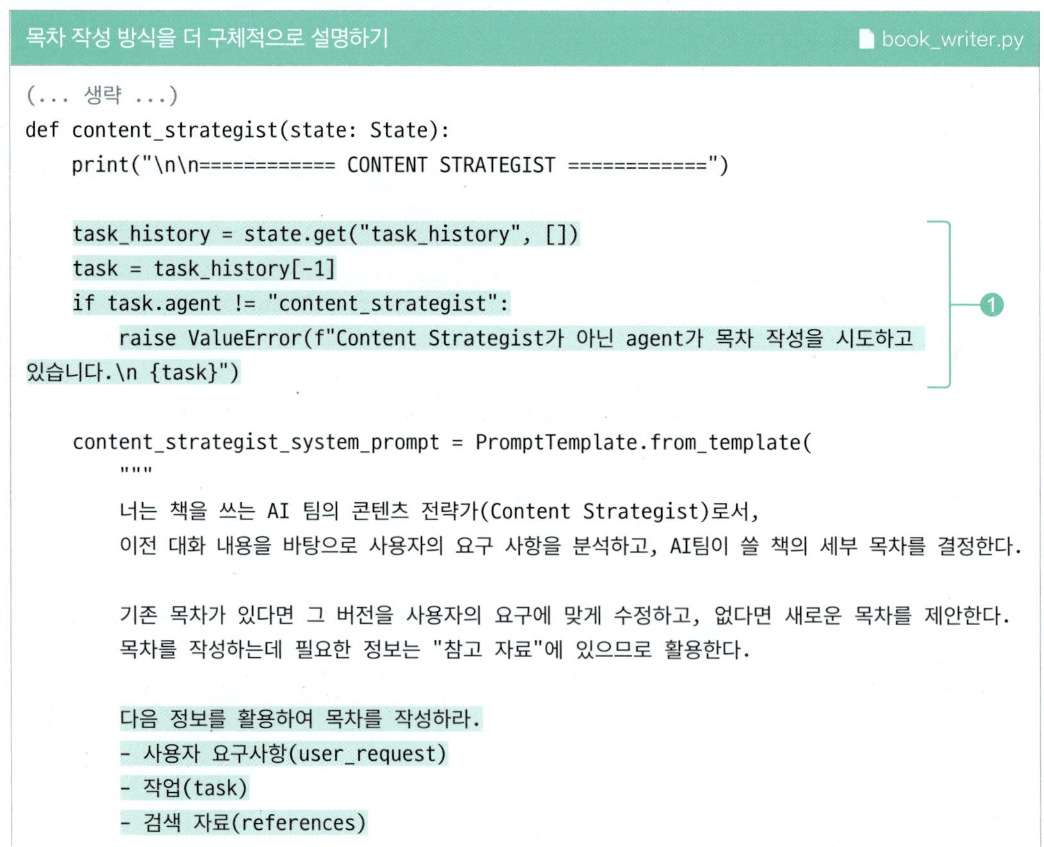

목차 작성 방식을 더 구체적으로 설명하기 — book_writer.py

```
(... 생략 ...)
def content_strategist(state: State):
    print("\n\n============ CONTENT STRATEGIST ============")

    task_history = state.get("task_history", [])
    task = task_history[-1]
    if task.agent != "content_strategist":
        raise ValueError(f"Content Strategist가 아닌 agent가 목차 작성을 시도하고
있습니다.\n {task}")

    content_strategist_system_prompt = PromptTemplate.from_template(
        """
        너는 책을 쓰는 AI 팀의 콘텐츠 전략가(Content Strategist)로서,
        이전 대화 내용을 바탕으로 사용자의 요구 사항을 분석하고, AI팀이 쓸 책의 세부 목차를 결정한다.

        기존 목차가 있다면 그 버전을 사용자의 요구에 맞게 수정하고, 없다면 새로운 목차를 제안한다.
        목차를 작성하는데 필요한 정보는 "참고 자료"에 있으므로 활용한다.

        다음 정보를 활용하여 목차를 작성하라.
        - 사용자 요구사항(user_request)
        - 작업(task)
        - 검색 자료(references)
```

①

```
- 기존 목차(previous_outline)
- 이전 대화 내용(messages)

너의 작업 목표는 다음과 같다:
1. 만약 "기존 목차 구조(previous_outline)"이 존재한다면, 사용자의 요구 사항을 토대로 "
기존 목차 구조"에서 어떤 부분을 수정하거나 추가할지 결정한다.
 - "이번 목차 작성의 주안점"에 사용자 요구사항(user_request)을 충족시키는 것을 명시해야
한다.
2. 책의 전반적인 구조(chapter, section)를 설계하고, 각 chpater와 section의 제목을 정
한다.
 3. 책의 전반적인 세부 구조(chapter, section, sub-section)를 설계하고, sub-section
하부의 주요 내용을 리스트 형태로 정리한다.
4. 목차의 논리적인 흐름이 사용자 요구를 충족시키는지 확인한다.
5. 참고 자료(references)를 적극 활용하여 근거에 기반한 목차를 작성한다.
6. 참고 문헌은 반드시 참고 자료(references) 자료를 근거로 작성해야 하며, 최대한 풍부하게
준비한다. URL은 전체 주소를 적어야 한다.
7. 추가 자료나 리서치가 필요한 부분을 파악하여 supervisor에게 요청한다.

사용자 요구사항(user_request)을 최우선으로 반영하는 목차로 만들어야 한다.

--------------------------------
- 사용자 요구사항(user_request):
{user_request}
--------------------------------
- 작업(task):
{task}
--------------------------------
- 참고 자료(references)
{references}
--------------------------------
- 기존 목차(previous_outline)
{outline}
--------------------------------
- 이전 대화 내용(messages)
{messages}
--------------------------------

작성 형식 아래 양식을 지키되 하부 항목으로 더 세분화해도 좋다. 목차(outline) 양식의 챕터,
섹션 등 항목의 개수는 필요한 만큼 추가하라.
섹션 개수는 최소 2개 이상이어야 하며, 더 많으면 좋다.

outline_template은 예시로 앞부분만 제시한 것이다. 각 장은 ':---CHAPTER DIVIDER---:'
로 구분한다.
outline_template:
{outline_template}
```
❷

```
        사용자가 피드백을 추가로 제공할 수 있도록 논리적인 흐름과 주요 목차 아이디어를 제안하라.

        """
    )


    # 시스템 프롬프트와 모델 연결
    content_strategist_chain = content_strategist_system_prompt | llm | StrOutputPars-
er()

    user_request = state.get("user_request", "") ③
    messages = state["messages"]         # 상태에서 메시지 가져오기
    outline = get_outline(current_path)  # 저장된 목차 가져오기
    # 템플릿 이용하기
    with open(f"{current_path}/templates/outline_template.md", "r", encoding='utf-8')
as f:
        outline_template = f.read()

    # 입력값 정의
    inputs = {
        "user_request": user_request,
        "task": task,                  ③
        "messages": messages,
        "outline": outline,
        "references": state.get("references", {"queries": [], "docs": []}),
        "outline_template": outline_template ④
    }

    # 목차 작성
    gathered = ''
    for chunk in content_strategist_chain.stream(inputs):
        gathered += chunk
        print(chunk, end='')

    print()

    save_outline(current_path, gathered) # 목차 저장


    if '-----: DONE :-----' in gathered:
        review = gathered.split('-----: DONE :-----')[1]
    else:
        review = gathered[-200:]
```

```
    # 메시지 추가
    content_strategist_message = f"[Content Strategist] 목차 작성 완료: outline 
작성 완료\n {review}"
    print(content_strategist_message)
    messages.append(AIMessage(content_strategist_message))

    # task_history = state.get("task_history", [])
    # # 최근 task 작업 완료(done) 처리하기
    # if task_history[-1].agent != "content_strategist":
    #     raise ValueError(f"Content Strategist가 아닌 agent가 목차 작성을 시도하고 있습니다.
\n {task_history[-1]}")

    task_history[-1].done = True
    task_history[-1].done_at = datetime.now().strftime('%Y-%m-%d %H:%M:%S')

    new_task = Task(
        agent="communicator",
        description="AI 팀의 진행 상황을 사용자에게 보고하고, 사용자의 의견을 파악하기 위해 대화
를 나눈다."
    )

    task_history.append(new_task)
    print(new_task)

    return {
        "messages": messages,
        "task_history": task_history
    }
(... 생략 ...)
```

❶ content_strategist 함수 아래쪽에 있던 작업 이력을 가져오는 코드를 위쪽으로 옮깁니다. if task_history[-1].agent를 task = task_history[-1]로 수정하고 if task.agent로 변경합니다. 이렇게 수정하면 이 노드가 실행되자마자 마지막 작업이 content_strategist인지 확인하여 의도하지 않은 노드가 실행된 경우를 확인할 수 있습니다. 그리고 현재 해야 할 작업에 대한 설명이 포함된 task 객체를 활용하도록 content_strategist_system_prompt를 수정할 예정입니다.

❷ 기존의 시스템 프롬프트에 요구 사항을 더 구체적으로 추가합니다. 앞서 작성한 템플릿을 이용하고, 출력 방식도 자세하게 설명합니다.

❸ 사용자 요구 사항인 user_request를 state에서 가져옵니다. user_request는 목차를 생성하는 content_strategist가 현재 사용자의 요구 사항을 염두에 두고 작업하도록 유도하는 장치로 business_analyst가 생성합니다.

❹ 프롬프트에 앞서 만든 마크다운 형식의 템플릿인 outline_template.md 파일을 활용합니다. 목차를 작성할 때 지켜야 할 사항과 템플릿을 마크다운 문서로 적어 놓았습니다. 이 템플릿 파일을 읽어서 프롬프트에 포함시킵니다.

⑤ 목차를 작성하는 템플릿 파일에는 목차를 작성하고 그 후기를 적으라는 내용이 포함되어 있습니다. 이 값을 가져와서 작업 후기를 `messages`에 추가합니다. 이렇게 하면 `content_strategist`가 작업한 후기를 대화 기록(`messages`)에 추가해서 다른 에이전트들이 지금 무슨 일을 어떻게 진행하는지를 파악할 수 있습니다.

스스로 판단하고 작업하는 멀티에이전트

지금까지는 각 에이전트가 작업을 마칠 때마다 커뮤니케이터 에이전트인 communicator와 연결되어 사용자에게 진행 상황을 보고하고 다음 작업을 물어보았습니다. 이제 사용자에게 다음 작업을 물어보기 전에 비즈니스 분석가 에이전트 business_analyst가 현재 상태를 파악하고, 확인이 필요한 경우에만 사용자에게 문의하도록 시스템을 수정하겠습니다. 이제 멀티에이전트 구조가 다음 그림과 같이 변경됩니다.

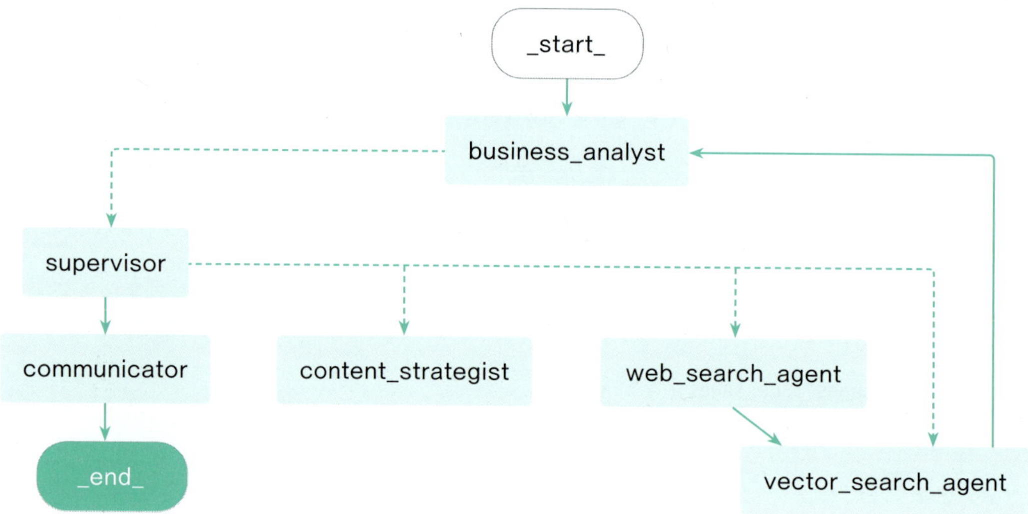

현재 상황을 파악하고 작업을 판단하는 멀티에이전트의 그래프 구조

Do it! 실습 스스로 판단하고 작업하는 멀티에이전트 시스템 만들기

결과 파일: sec02/book_writer.py, models.py

1. business_analyst가 현재 상황을 파악해 이후 작업을 판단하도록 엣지의 연결 구조를 수정합니다. content_strategist와 vector_search_agent의 작업이 종료되면 결과가 다시 business_analyst로 돌아갑니다. 연결 구조를 이렇게 구성하면 각 AI 에이전트가 작업을 마친 후에 business_analyst가 전체 흐름을 파악하고 필요한 작업을 계속 이어 나갈 수 있습니다.

목차 작성 혹은 벡터 검색 후 business_analyst 노드로 연결하기 — book_writer.py

```
# 엣지
graph_builder.add_edge(START, "business_analyst")
graph_builder.add_edge("business_analyst", "supervisor")
graph_builder.add_conditional_edges(
    "supervisor",
    supervisor_router,
    {
        "content_strategist": "content_strategist",
        "communicator": "communicator",
        "vector_search_agent": "vector_search_agent",
        "web_search_agent": "web_search_agent"
    }
)
graph_builder.add_edge("content_strategist", "business_analyst")
graph_builder.add_edge("web_search_agent", "vector_search_agent")
graph_builder.add_edge("vector_search_agent", "business_analyst")
graph_builder.add_edge("communicator", END)

graph = graph_builder.compile()
```

2. 이전에는 목차를 작성하는 content_strategist 뒤에 communicator가 연결되었지만 이제는 작업을 이어가기 위해 business_analyst가 연결됩니다. 따라서 content_strategist에서 새로운 작업을 만드는 코드를 삭제합니다.

content_strategist에서 task 생성 없애기 — book_writer.py

```
(... 생략 ...)
def content_strategist(state: State):
    (... 생략 ...)
```

삭제

```
    # # 다음 작업이 communicator로 사용자와 대화하는 것이므로 새 작업 추가
    # new_task = Task(
    #     agent="communicator",
    #     done=False,
    #     description="AI 팀의 진행 상황을 사용자에게 보고하고, 사용자의 의견을 파악하기 위해 대화를 나눈다.",
    #     done_at=""
    # )
    # task_history.append(new_task)
    # print(new_task)

    # 현재 state를 업데이트
    return {
        "messages": messages,
        "task_history": task_history
    }
```

3. 지금까지는 supervisor가 벡터 검색을 먼저 수행한 뒤 웹 검색으로 검색 결과를 보강하도록 관리하는 개념이 없었습니다. supervisor가 벡터 검색을 먼저 지시하고 그 결과가 부족할 경우에만 웹 검색을 진행하게 하는 내용을 프롬프트에 추가합니다.

벡터 검색 결과가 만족스럽지 않을 때 웹 검색을 하도록 수정하기 book_writer.py

```
(... 생략 ...)
def supervisor(state: State):
    print("\n\n============ SUPERVISOR ============")

    # 시스템 프롬프트 정의
    supervisor_system_prompt = PromptTemplate.from_template(
        """
        너는 AI 팀의 supervisor로서 AI 팀의 작업을 관리하고 지도한다.
        사용자가 원하는 책을 써야 한다는 최종 목표를 염두에 두고,
        사용자의 요구를 달성하기 위해 현재 해야 할 일이 무엇인지 결정한다.

        supervisor가 활용할 수 있는 agent는 다음과 같다.
        - content_strategist: 사용자의 요구 사항이 명확해졌을 때 사용한다. AI 팀의 콘텐츠 전략을 결정하고, 전체 책의 목차(outline)를 작성한다.
        - communicator: AI 팀에서 해야 할 일을 스스로 판단할 수 없을 때 사용한다. 사용자에게 진행 상황을 사용자에게 보고하고, 다음 지시를 물어본다.
        - web_search_agent: vector_search_agent를 시도하고, 검색 결과(references)에 필요한 정보가 부족한 경우 사용한다. 웹 검색을 통해 해당 정보를 벡터 DB에 보강한다.
        - vector_search_agent: 목차 작성에 필요한 자료를 확보하기 위해 벡터 DB 검색을 한다.
```

```
        아래 내용을 고려하여, 현재 해야 할 일이 무엇인지, 사용할 수 있는 agent가 무엇인지 단답으로 
말하라.

        ------------------------------------------
        previous_outline: {outline}
        ------------------------------------------
        messages:
        {messages}
        """
    )

(... 생략 ...)
```

4. 멀티에이전트 시스템은 Task에 영향을 받으므로 models.py 파일에 있는 Task의 Field 설명을 변경 사항에 맞게 수정합니다.

Task의 agent 설명 수정하기 models.py

```
(... 생략 ...)

class Task(BaseModel):
    agent: Literal[
        "content_strategist",
        "communicator",
        "web_search_agent",
        "vector_search_agent",
    ] = Field(
        ...,
        description="""
        작업을 수행하는 agent의 종류.
        - content_strategist: 콘텐츠 전략을 수립하는 작업을 수행한다. 사용자의 요구 사항이 명확
해졌을 때 사용한다. AI 팀의 콘텐츠 전략을 결정하고, 전체 책의 목차(outline)를 작성한다.
        - communicator: AI 팀에서 해야 할 일을 스스로 판단할 수 없을 때 사용한다. 사용자에게 진
행 상황을 보고하고, 다음 지시를 물어본다.
        - web_search_agent: 웹 검색으로 목차(outline) 작성에 필요한 정보를 확보한다.
        - vector_search_agent: 벡터 DB 검색으로 목차(outline) 작성에 필요한 정보를 확보한다.
        """
    )

(... 생략 ...)
```

이 코드를 실행해 보면 사용자의 요구 사항에 맞춰 멀티에이전트가 자동으로 목차 생성을 진행합니다. 다음은 'HYBE와 JYP의 CEO, 경영 전략, 기업 문화에 대해 비교하는 내용으로 목차를 써줘.'라고 요청했을 때 멀티에이전트가 독립적으로 작업을 진행해 실제 자료를 활용하여 생성한 결과물입니다.

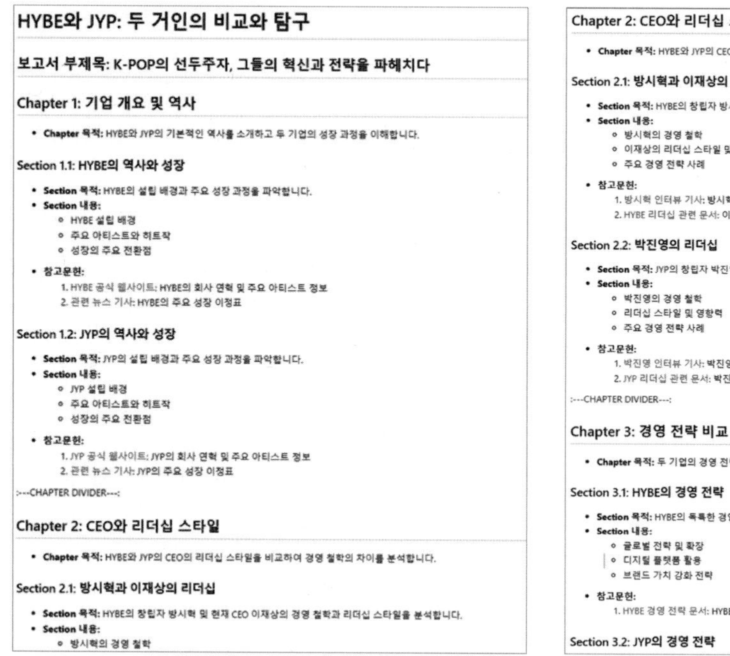

HYBE와 JYP: 두 거인의 비교와 탐구

보고서 부제목: K-POP의 선두주자, 그들의 혁신과 전략을 파헤치다

Chapter 1: 기업 개요 및 역사

- **Chapter 목적:** HYBE와 JYP의 기본적인 역사를 소개하고 두 기업의 성장 과정을 이해합니다.

Section 1.1: HYBE의 역사와 성장

- **Section 목적:** HYBE의 설립 배경과 주요 성장 과정을 파악합니다.
- **Section 내용:**
  - HYBE 설립 배경
  - 주요 아티스트와 히트작
  - 성장의 주요 전환점
- **참고문헌:**
  1. HYBE 공식 웹사이트: HYBE의 회사 연혁 및 주요 아티스트 정보
  2. 관련 뉴스 기사: HYBE의 주요 성장 이정표

Section 1.2: JYP의 역사와 성장

- **Section 목적:** JYP의 설립 배경과 주요 성장 과정을 파악합니다.
- **Section 내용:**
  - JYP 설립 배경
  - 주요 아티스트와 히트작
  - 성장의 주요 전환점
- **참고문헌:**
  1. JYP 공식 웹사이트: JYP의 회사 연혁 및 주요 아티스트 정보
  2. 관련 뉴스 기사: JYP의 주요 성장 이정표

:---CHAPTER DIVIDER---:

Chapter 2: CEO와 리더십 스타일

- **Chapter 목적:** HYBE와 JYP의 CEO의 리더십 스타일을 비교하여 경영 철학의 차이를 분석합니다.

Section 2.1: 방시혁과 이재상의 리더십

- **Section 목적:** HYBE의 창립자 방시혁 및 현재 CEO 이재상의 경영 철학과 리더십 스타일을 분석합니다.
- **Section 내용:**
  - 방시혁의 경영 철학

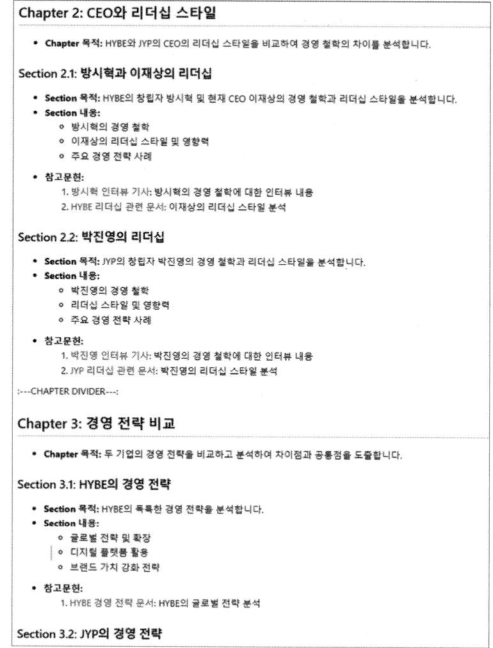

Chapter 2: CEO와 리더십 스타일

- **Chapter 목적:** HYBE와 JYP의 CEO의 리더십 스타일을 비교하여 경영 철학의 차이를 분석합니다.

Section 2.1: 방시혁과 이재상의 리더십

- **Section 목적:** HYBE의 창립자 방시혁 및 현재 CEO 이재상의 경영 철학과 리더십 스타일을 분석합니다.
- **Section 내용:**
  - 방시혁의 경영 철학
  - 이재상의 리더십 스타일 및 영향력
  - 주요 경영 전략 사례
- **참고문헌:**
  1. 방시혁 인터뷰 기사: 방시혁의 경영 철학에 대한 인터뷰 내용
  2. HYBE 리더십 관련 문서: 이재상의 리더십 스타일 분석

Section 2.2: 박진영의 리더십

- **Section 목적:** JYP의 창립자 박진영의 경영 철학과 리더십 스타일을 분석합니다.
- **Section 내용:**
  - 박진영의 경영 철학
  - 리더십 스타일 및 영향력
  - 주요 경영 전략 사례
- **참고문헌:**
  1. 박진영 인터뷰 기사: 박진영의 경영 철학에 대한 인터뷰 내용
  2. JYP 리더십 관련 문서: 박진영의 리더십 스타일 분석

:---CHAPTER DIVIDER---:

Chapter 3: 경영 전략 비교

- **Chapter 목적:** 두 기업의 경영 전략을 비교하고 분석하여 차이점과 공통점을 도출합니다.

Section 3.1: HYBE의 경영 전략

- **Section 목적:** HYBE의 독특한 경영 전략을 분석합니다.
- **Section 내용:**
  - 글로벌 전략 및 확장
  - 디지털 플랫폼 활용
  - 브랜드 가치 강화 전략
- **참고문헌:**
  1. HYBE 경영 전략 문서: HYBE의 글로벌 전략 분석

Section 3.2: JYP의 경영 전략

현재 코드는 AI 에이전트들이 목차를 끊임없이 개선하려고 할 수도 있습니다. 슈퍼바이저 에이전트가 커뮤니케이터 에이전트에게 일을 주지 않으면 작업이 계속되기 때문입니다. 이렇게 되면 결과물의 품질을 개선하지 못하는데도 오픈AI의 API 토큰을 불필요하게 소모합니다. 이런 경우 다음과 같은 오류 메시지와 함께 자동으로 중단되기도 하지만 Ctrl + C를 눌러 중간에 작업을 중단시킬 수도 있습니다.

✦ 무한 루프를 방지하는 코드는 15-3절에서 배울 예정입니다.

```
langgraph.errors.GraphRecursionError: Recursion limit of 25 reached without hitting a stop condition. You can increase the limit by setting the `recursion_limit` config key. For troubleshooting, visit: https://python.langchain.com/docs/troubleshooting/errors/GRAPH_RECURSION_LIMIT
```

15-3 스스로 리뷰하고 수정하는 에이전트로 발전시키기

이제 AI 에이전트들이 회의하여 작성한 목차를 보면서 사람이 검토하고 수정 방향을 알려 줄 수 있습니다. 그런데 인공지능이 스스로 내용을 검토하고 수정할 수 있다면 더욱 편리하겠죠? 작업한 결과를 확인하는 목차 리뷰 에이전트를 만들어 사람이 확인하지 않아도 AI 에이전트가 파악할 수 있는 문제점은 스스로 해결하고 더 발전된 결과를 제공할 수 있도록 만들어 보겠습니다.

목차 리뷰 에이전트

콘텐츠 전략가 에이전트 content_strategist가 목차를 잘 작성했는지 판단하는 역할을 하는 목차 검토 에이전트 outline_reviewer를 만들겠습니다. outline_reviewer가 목차를 보고 '이런 부분은 이렇게 수정하면 좋겠다'고 조언하면 business_analyst가 어떤 작업을 할지 판단해서 다시 작업을 진행하는 방식입니다.

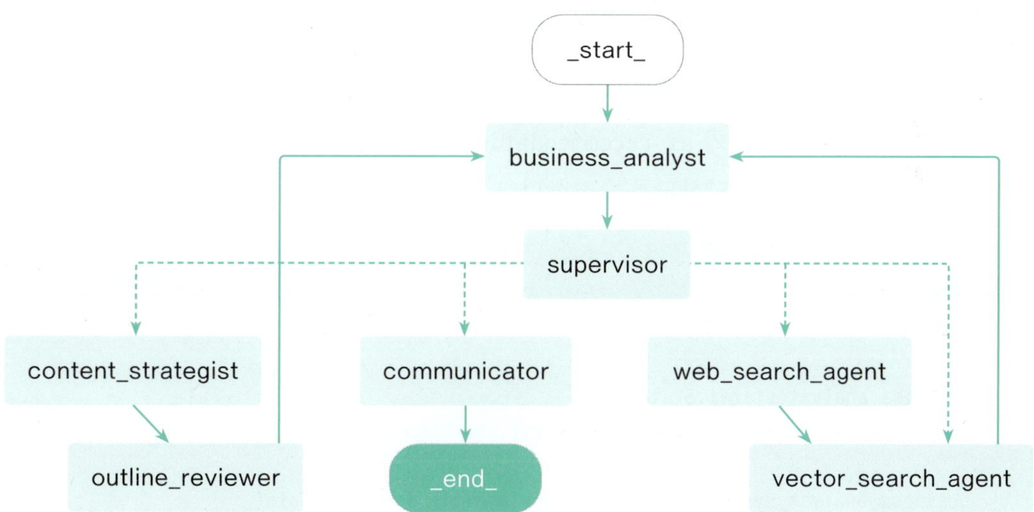

목차를 분석하는 outline_reviewer 에이전트

Do it! 실습 목차 조언 항목 추가하고 business_analyst에 반영하기

결과 파일: sec03/book_writer_0.py

목차 검토 에이전트 outline_reviewer가 목차를 분석하고 조언하는 내용을 상태에 담아 비즈니스 분석가 에이전트 business_analyst가 활용할 수 있도록 만들어 보겠습니다. 지금까지 계속 작업했던 book_writer.py 파일을 수정하면 됩니다.

1. 목차를 리뷰하는 에이전트를 만들기 전에, `State`에 이 에이전트가 목차를 분석해 조언한 내용을 담아 둘 `ai_recommendation` 변수를 새로 만듭니다.

State에 AI의 조언을 담아 둘 변수 추가하기 — book_writer.py

```
(... 생략 ...)

# 상태 정의
class State(TypedDict):
    messages: List[AnyMessage | str]
    task_history: List[Task]
    references: dict          # RAG 에이전트에서 검색한 정보를 저장하는 변수
    user_request: str         # 사용자의 요구 사항을 저장하는 변수
    ai_recommendation: str    # AI의 추천을 저장하는 변수

(... 생략 ...)
```

2. 이제 `outline_reviewer`가 `ai_recommendation`을 채워 놓았다고 가정하고 그 값을 이용해 `business_analyst`가 판단하도록 수정합니다.

outline_reviewer의 조언을 받아들일 수 있도록 business_analyst 수정하기 — book_writer.py

```
(... 생략 ...)

def business_analyst(state: State):
    print("\n\n============ BUSINESS ANALYST ============")

    business_analyst_system_prompt = PromptTemplate.from_template(
        """
        너는 책을 쓰는 AI 팀의 비즈니스 애널리스트로서,
        AI 팀의 진행 상황과 "사용자 요구 사항"을 토대로,
        현 시점에서 'ai_recommendation'과 최근 사용자의 발언을 바탕으로 요구 사항이 무엇인지 판단
한다. ——①
        지난 요구 사항이 달성되었는지 판단하고, 현 시점에서 어떤 작업을 해야 하는지 결정한다.
```

```
        다음과 같은 템플릿 형태로 반환한다.
        ```
        - 목표: 0000 \n 방법: 0000
        ```


        ------------------------------------
        *AI 추천(ai_recommendation)* : {ai_recommendation} ①
        ------------------------------------
        사용자 최근 발언: {user_last_comment}
        ------------------------------------
        참고 자료: {references}
        ------------------------------------
        목차 (outline): {outline}
        ------------------------------------
        "messages": {messages}
        """
    )
    (... 생략 ...)
    inputs = {
        "ai_recommendation": state.get("ai_recommendation", None), ②
        "references": state.get("references", {"queries": [], "docs": []}),
        "outline": get_outline(current_path),
        "messages": messages,
        "user_last_comment": user_last_comment
    }

    (... 생략 ...)

    return {
        "messages": messages,
        "user_request": user_request,
        "ai_recommendation": "" ③
    }

(... 생략 ...)
```

① '사용자의 이전 요구 사항'을 이용해서 판단하라고 되어 있던 시스템 프롬프트를 `ai_recommendation`을 바탕으로 판단하도록 수정합니다.

② 프롬프트가 수정되었으므로 이에 맞춰 `inputs`도 수정합니다. `State`에 `ai_recommendation`을 추가했으므로 이 값을 이용합니다.

③ ai_recommendation은 business_analyst가 사용자의 의도와 현재 상황을 바탕으로 무엇을 해야 할지 판단하는 데만 필요하므로 다른 부분에 실수로 영향을 끼치지 않도록 처리합니다. state에서 ai_recommendation을 빈 값으로 만들기 위해 ""로 업데이트합니다.

Do it! 실습 목차를 검토하는 outline_reviewer 만들기

결과 파일: sec03/book_writer_1.py

이제 목차를 리뷰하는 에이전트 outline_reviewer를 만들겠습니다. outline_reviewer는 content_strategist가 목차를 생성한 뒤 자동으로 실행될 예정입니다.

outline_reviewer 만들기 book_writer.py

```
# 목차를 작성하는 노드(agent)
def content_strategist(state: State):
    (... 생략 ...)

def outline_reviewer(state: State):
    print("\n\n============ OUTLINE REVIEWER ============")

    outline_reviewer_system_prompt = PromptTemplate.from_template(
        """
        너는 AI팀의 목차 리뷰어로서, AI팀이 작성한 목차(outline)를 검토하고 문제점을 지적한다.

        - outline이 사용자의 요구사항을 충족시키는지 여부
        - outline의 논리적인 흐름이 적절한지 여부
        - 근거에 기반하지 않은 내용이 있는지 여부
        - 주어진 참고자료(references)를 충분히 활용했는지 여부
        - 참고자료가 충분한지, 혹은 잘못된 참고자료가 있는지 여부
        - example.com 같은 더미 URL이 있는지 여부:
        - 실제 페이지 URL이 아닌 대표 URL로 되어 있는 경우 삭제 해야 함: 어떤 URL이 
삭제되어야 하는지 명시하라.
        - 기타 리뷰 사항

        그 분석 결과를 설명하고, 다음에 어떤 작업을 하면 좋을지 제안하라.

        - 분석 결과: outline이 사용자의 요구사항을 충족시키는지 여부
        - 제안 사항: (vector_search_agent, communicator 중 어떤 agent를 호출할지)

        ------------------------------------------
        user_request: {user_request}
        ------------------------------------------
        references: {references}
```

①

```
        ------------------------------------------
        outline: {outline}
        ------------------------------------------
        messages: {messages}
        """
    )

    user_request = state.get("user_request", None)
    outline = get_outline(current_path)
    references = state.get("references", {"queries": [], "docs": []})
    messages = state.get("messages", [])

    inputs = {
        "user_request": user_request,
        "outline": outline,
        "references": references,
        "messages": messages
    }

    # 시스템 프롬프트와 모델을 연결
    outline_reviewer_chain = outline_reviewer_system_prompt | llm

    review = outline_reviewer_chain.stream(inputs)

    gathered = None

    for chunk in review:
        print(chunk.content, end='')

        if gathered is None:
            gathered = chunk
        else:
            gathered += chunk
    if '[OUTLINE REVIEW AGENT]' not in gathered.content:
        gathered.content = f"[OUTLINE REVIEW AGENT] {gathered.content}"

    print(gathered.content)
    messages.append(gathered)

    ai_recommendation = gathered.content

    return {"messages": messages, "ai_recommendation": ai_recommendation}
```

① outline_reviewer의 시스템 프롬프트는 지금까지 content_strategist가 만든 목차의 문제점이 무엇인지 파악하는데 초점을 맞춰야 합니다. 목차 구성이 사용자의 요구 사항에 맞는지, 근거 없이 작성하지 않았는지, 참고 자료를 충분히 활용했는지 등을 체크리스트로 확인하도록 합니다. 예를 들어 목차를 만들 때 참고하는 웹 페이지 중 'example.com' 같은 더미 URL이나 가짜 URL이 남아 있는지 확인합니다.
② outline_reviewer의 프롬프트에 맞게 inputs를 설정합니다. content_strategist에서 생성된 목차와 관련 정보를 전달해야 합니다.
③ 목차 리뷰가 길어질 수 있으므로 출력 방식을 .invoke가 아닌 .stream 방식으로 설정하여 리뷰 결과를 터미널 창에서 스트림 방식으로 확인할 수 있게 합니다.
④ 목차 리뷰가 완료되면 이 내용을 기존 대화 목록인 messages에 outline_reviewer의 작업 후기로 추가합니다.
⑤ 리뷰 결과는 ai_recommendation의 값으로도 활용합니다.
⑥ 수정한 state를 업데이트하기 위해 이 값을 반환합니다.

Do it! 실습 벡터 검색 에이전트도 비즈니스 분석가 에이전트에게 조언하도록 구성하기

결과 파일: sec03/book_writer_2.py

벡터 검색 에이전트 vector_search_agent도 비즈니스 분석가 에이전트 business_analyzer에게 조언할 수 있게 수정해 보겠습니다. 앞에서 설계한 그래프를 떠올려 보면 벡터 DB에서 관련 문서를 검색하는 vector_search_agent도 작업이 종료되면 business_analyzer로 연결됩니다. 따라서 기존 코드에서 작업을 종료한 후 커뮤니케이터 에이전트 communicator로 연결되는 작업을 생성하는 대신 정보를 business_analyzer로 전달할 수 있도록 수정해 보겠습니다.

1. book_writer.py에서 목차 작성이 종료된 후 communicator로 연결되는 작업을 생성하는 코드를 삭제합니다. 그 대신 ai_recommendation을 작성할 수 있도록 수정합니다. 벡터 검색 결과로 자료가 충분히 모였다면 목차를 수정하거나 개선할 수 있도록 content_strategist를 추천하는 메시지를 작성합니다. 만약 벡터 검색으로 자료를 충분히 찾지 못했다면 AI 에이전트들이 알아서 다음 업무를 선택할 것입니다.

vector_search_agent도 ai_recommendation를 쓸 수 있도록 수정하기 book_writer.py

```
(... 생략 ...)

def vector_search_agent(state: State):
    print("\n\n============ VECTOR SEARCH AGENT ============")

    (... 생략 ...)
    # task 완료
    tasks[-1].done = True
    tasks[-1].done_at = datetime.now().strftime('%Y-%m-%d %H:%M:%S')

    # communicator로 보내는 Task 생성 코드 삭제
    # new_task = Task(
    #     agent="communicator",
    #     done=False,
    #     description="AI팀의 진행상황을 사용자에게 보고하고, 사용자의 의견을 파악하기 위한 대화를 나눈다"
    #     done_at="",
    # )

    # tasks.append(new_task)

    msg_str = f"[VECTOR SEARCH AGENT] 다음 질문에 대한 검색 완료: {queries}"
    message = AIMessage(msg_str)
    print(msg_str)

    messages.append(message)
    # communicator
    ai_recommendation = "현재 참고자료(references)가 목차(outline)를 개선하는 데 충분한지 확인하라. 충분하다면 content_strategist로 목차 작성을 하라."

    return {
        "messages": messages,
        "task_history": tasks,
        "references": references,
        "ai_recommendation": ai_recommendation
    }
```

삭제

2. 새로 만든 목차 리뷰 에이전트 outline_reviewer를 노드로 추가하고 edge를 시스템의 흐름에 맞게 설정합니다. content_strategist의 작업이 종료되면 곧바로 outline_reviewer로 작업이 넘어갑니다. 그리고 outline_reivewer의 작업이 종료되면 business_analyst로 전달되어 후속 작업이 진행되도록 처리합니다.

그래프 수정하기 book_writer.py

```
(... 생략 ...)
# 상태 그래프 정의
graph_builder = StateGraph(State)

# 노드
graph_builder.add_node("business_analyst", business_analyst)
graph_builder.add_node("supervisor", supervisor)
graph_builder.add_node("communicator", communicator)
graph_builder.add_node("content_strategist", content_strategist)
graph_builder.add_node("outline_reviewer", outline_reviewer)
graph_builder.add_node("vector_search_agent", vector_search_agent)
graph_builder.add_node("web_search_agent", web_search_agent)

# 엣지
graph_builder.add_edge(START, "business_analyst")
graph_builder.add_edge("business_analyst", "supervisor")
graph_builder.add_conditional_edges(
    "supervisor",
    supervisor_router,
    {
        "content_strategist": "content_strategist",
        "communicator": "communicator",
        "vector_search_agent": "vector_search_agent",
        "web_search_agent": "web_search_agent"
    }
)
graph_builder.add_edge("content_strategist", "outline_reviewer")
graph_builder.add_edge("outline_reviewer", "business_analyst")
graph_builder.add_edge("web_search_agent", "vector_search_agent")
graph_builder.add_edge("vector_search_agent", "business_analyst")
graph_builder.add_edge("communicator", END)

graph = graph_builder.compile()
(... 생략 ...)
```

현재 상태에서 목차가 더 잘 생성되는지 확인하기 위해 기존의 outline.md 파일을 삭제하고 다시 실행합니다. 터미널 창에 출력되는 로그가 많아서 다 발췌할 수는 없지만 다음과 같이 적절하게 분석하면서 다음 작업을 잘 선택함을 확인할 수 있습니다.

```
============ OUTLINE REVIEWER ============
### 분석 결과:

1. **사용자 요구사항 충족 여부:**
   - 사용자의 요구사항은 HYBE와 JYP를 비교하는 책을 작성하는 것으로, CEO, 경영 전략, 기업 문화, 실적에 대한 심도 있는 분석을 포함해야 합니다. 현재 목차는 이러한 요구사항을 충실히 반영하고 있습니다. 각 챕터는 사용자가 원하는 주요 분석 영역을 잘 다루고 있습니다.

2. **논리적 흐름의 적절성:**
   - 목차는 CEO와 리더십에서 시작하여 경영 전략, 기업 문화, 실적 분석으로 이어지는 구조로, 논리적인 흐름이 적절합니다. 각 섹션이 명확한 분석 목표를 가지고 있어 독자가 두 기업을 심도 있게 비교할 수 있도록 구성되어 있습니다.

3. **근거에 기반하지 않은 내용 여부:**
   - 현재 목차에서는 구체적인 근거가 제시되어 있지 않으며, 각 섹션에 대한 세부적인 연구와 데이터를 활용해야 할 필요가 있습니다.

4. **참고자료 활용 여부 및 충분성:**
   - 제공된 목차에서는 'example.com'과 같은 더미 URL이 사용되고 있어 참고자료가 실제로 활용되지 않았습니다. 이는 삭제되어야 합니다. 현재 문서에서는 참고자료가 전혀 없으므로 추가적인 자료 수집이 반드시 필요합니다.

5. **추가 개선점:**
   - 목차 작성 후기에 언급된 바와 같이, 각 챕터의 세부 참고자료를 보다 풍부하게 준비할 필요가 있습니다. 이를 위해 추가적인 자료 수집이 필요하며, 이는 책의 신뢰성을 높이는 데 필수적입니다.

### 제안 사항:

- **Agent 호출 제안:**
  - `vector_search_agent`: 이 에이전트를 호출하여 HYBE와 JYP에 대한 더 많은 참고 자료를 수집하고, 각 섹션의 분석에 필요한 구체적인 데이터와 연구를 확보합니다. 이를 통해 목차의 각 챕터가 보다 구체적이고 근거 기반의 내용을 갖출 수 있도록 지원합니다.
(... 생략 ...)
```

현재 코드는 멀티에이전트가 더 이상 어떻게 해야 할지 모르는 상황에서 사용자에게 질문을 하도록 되어 있지만, 스스로 해결을 해보려고 사용자에게 물어보지 않는 경우가 자주 있습니다. 이런 상황에서는 결과물의 품질은 높아지지 않으므로 중간에 Ctrl + C를 눌러 종료하기 바랍니다. 이 문제의 해결 방법은 다음 실습 예제에서 다룹니다.

Do it! 실습 무한 루프 방지하기

결과 파일: sec03/book_writer.py

현재 구조에서는 AI 종종 에이전트끼리 계속 작업을 주고받으면서 무한히 개선하려 하는 경우가 있습니다. 이런 경우 크게 개선되는 요소는 없이 GPT 토큰과 타빌리 검색 쿼리만 소모하게 됩니다. 시간도 오래 걸리고 사용자의 의견을 추가로 반영할 시간도 주지 않는 문제가 있습니다.

결국에는 재귀 한계recursion limit에 걸려 다음과 같이 오류를 뱉습니다. 이 오류는 토큰을 무한히 소모하는 사람들을 위해 랭그래프에서 만들어 둔 안전 장치입니다. 최대 25바퀴 이상 돌지 못하게 기본으로 설정되어 있고, 필요하다면 시도 횟수를 더 늘릴 수 있는 옵션도 제공합니다.

```
File "C:\github\gpt_agent_2024_book\venv\Lib\site-packages\langgraph\pregel\__init__.
py", line 1632, in stream
    raise GraphRecursionError(msg)
langgraph.errors.GraphRecursionError: Recursion limit of 25 reached without hitting a
stop condition. You can increase the limit by setting the `recursion_limit` config key.
For troubleshooting, visit: https://python.langchain.com/docs/troubleshooting/errors/
GRAPH_RECURSION_LIMIT
```

1. 무한 루프에 빠지지 않도록 supervisor를 몇 번 호출했는지 기록하는 변수를 정수 타입으로 추가합니다.

무한 루프에 빠지지 않도록 supervisor를 호출한 횟수 저장하기 book_writer.py

```
# 상태 정의
class State(TypedDict):
    messages: List[AnyMessage | str]
    task_history: List[Task]
    references: dict            # RAG 에이전트에서 검색한 정보를 저장하는 변수
    user_request: str           # 사용자의 요구사항을 저장하는 변수
    ai_recommendation: str      # AI의 추천을 저장하는 변수
    supervisor_call_count: int  # supervisor 호출 횟수를 저장하는 변수
```

2. supervisor가 2회 이하로 호출되었다면 원래대로 다음 작업을 적절하게 선택하도록 하고 2회를 초과할 경우 사용자와 대화하는 communicator가 다음 작업이 되도록 지정합니다. 그리고 state 값을 반환할 때는 supervisor_call_count에 1을 더한 상태로 업데이트하여 반복 호출을 추적할 수 있도록 합니다.

만약 supervisor를 2회 초과하여 호출했다면 사용자와 대화하기 book_writer.py

```
(... 생략 ...)
def supervisor(state: State):
    print("\n\n============ SUPERVISOR ============")

   (... 생략 ...)

    inputs = {
        "messages": messages,
        "outline": get_outline(current_path)
    }

    supervisor_call_count = state.get("supervisor_call_count", 0)

    if supervisor_call_count > 2:
        print("Supervisor 호출 횟수 초과: Communicator 호출")
        task = Task(
            agent="communicator",
            done=False,
            description="supervisor 호출 횟수를 초과했으므로, 현재까지의 진행 상황을 사용자에게 
보고한다. ",
            done_at="",
        )
    else:
        task = supervisor_chain.invoke(inputs)

    task_history = state.get("task_history", [])  # 작업 이력 가져오기
    task_history.append(task)                     # 작업 이력에 추가

    supervisor_message = AIMessage(f"[Supervisor] {task}")
    messages.append(supervisor_message)
    print(supervisor_message.content)

    return {
        "messages": messages,
        "task_history": task_history,
        "supervisor_call_count": supervisor_call_count + 1
    }
(... 생략 ...)
```

3. 사용자에게 진행 상황을 보고하는 커뮤니티케이터 에이전트 communicator가 작동되었을 때는 supervisor_call_count를 0으로 리셋해야 합니다. 그래야 또다시 supervisor의 호출이 2회를 초과할 때까지는 AI 에이전트들끼리 알아서 작업할 수 있으니까요.

커뮤니케이터가 사용자에게 보고하면 supervisor_call_count를 0으로 리셋하기 — book_writer.py

```
(... 생략 ...)
# 사용자와 대화할 노드(agent): communicator
def communicator(state: State):
    print("\n\n============ COMMUNICATOR ============")

    (... 생략 ...)

    return {
        "messages": messages,
        "task_history": task_history,
        "supervisor_call_count": 0
    }
(... 생략 ...)
```

이 코드를 실행을 해보니 작업을 열심히 진행하다가 가끔씩 사용자에게 돌아와 진행 상황을 묻는 형태로 개선되었습니다. 다음은 'HYBE와 JYP를 비교하는 목차를 써줘. CEO, 경영 전략, 기업 문화, 특성에 대해 설명해 줘.'라고만 입력한 결과입니다.

출력된 마크다운 파일에서 오른쪽 상단의 마크다운 렌더링 버튼을 클릭하면 마크다운 문서가 보기 좋게 렌더링되어서 나옵니다.

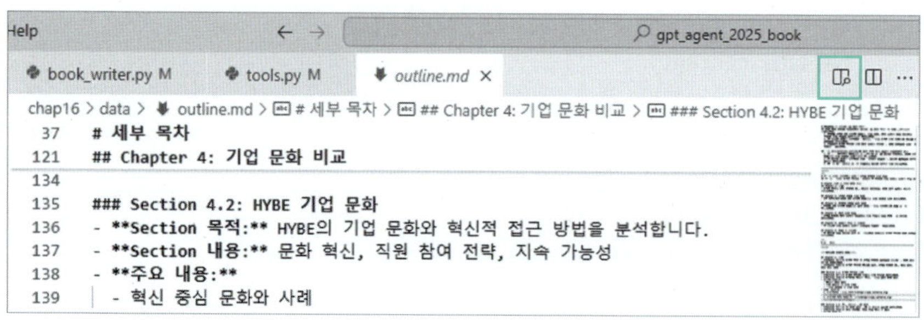

Chapter 1: 서론

- **Chapter 목적:** K-POP 산업 내 JYP와 HYBE의 중요성을 소개하고, 책의 분석 목적을 정의합니다.
- **Chapter 내용:** K-POP 산업의 역사와 성장, JYP와 HYBE의 현재 위치 설명, 분석 목표 설정

Section 1.1: K-POP 산업의 개요

- **Section 목적:** K-POP 산업의 발전과 주요 특징을 설명합니다.
- **Section 내용:** K-POP의 역사적 배경, 글로벌 성장 동향 분석
- **주요 내용:**
  - 역사적 맥락 설명
  - 주요 트렌드 및 시장 규모
  - 글로벌 영향력 및 팬덤 문화
- **참고문헌:**
  1. "K-POP의 글로벌 확산"
  2. "K-POP 산업 동향 보고서"

결과를 살펴보면 목차가 그럴싸하게 만들어졌습니다. 이 시스템에 벡터 검색한 결과를 리뷰하는 AI 에이전트를 추가하거나 작성된 목차를 바탕으로 실제 책 내용을 작성하는 AI 에이전트를 추가할 수도 있습니다. 어떤 방식으로 멀티에이전트 시스템을 개선할지 상상하고 직접 구현해 보세요.

16장

인공지능 더 안전하게 활용하기

지금까지 언어 모델에 기반한 인공지능 프로그램을 개발하는 기술에 대해 배웠습니다. 하지만 이 기술을 어떻게 사용하느냐에 따라 우리를 돕는 도구가 될 수도 있고 해를 끼칠 위험 요소가 될 수도 있습니다. 이번 장에서는 인공지능에 기반한 프로그램을 개발할 때 주의해야 할 요소를 알아보고 로컬에서 언어 모델을 활용하는 방법도 살펴보겠습니다

16-1 로컬에서 라마와 임베딩 모델 사용하기

대규모 언어 모델의 API를 활용하면 해당 기업의 서버에서 계산을 처리하고 결과만 받아 개인 컴퓨터에서 실행됩니다. 그래서 고성능 컴퓨터가 없어도 인터넷만 연결되면 어디서든 대규모 언어 모델을 활용할 수 있습니다. 하지만 API를 활용하는 방식이 적합하지 않은 상황도 있습니다. 인터넷이 연결되지 않는 환경에서도 실행되는 언어 모델 기반 프로그램을 개발해야 할 수도 있고, API 호출 비용이 부담스러울 수도 있습니다. 또한 RAG 기반 프로그램을 개발할 때 회사의 기밀 문서를 다룰 경우 문제가 발생할 수도 있습니다. 오픈AI의 임베딩 모델을 사용하면 해당 문서가 인터넷을 통해 오픈AI의 서버로 전송됩니다. 비록 오픈AI가 사용자의 데이터를 사용하지 않는다고 하더라도 회사의 보안 규정상 자료를 외부로 전송하는 것을 금지하고 있다면 그에 따른 문제가 발생할 수 있습니다. 이런 경우 로컬 환경에서 언어 모델을 구동할 수 있다면 좋겠죠.

API를 사용하지 않고 로컬 컴퓨터에서 챗봇이나 RAG 기반 프로그램을 개발하는 방법을 알아 보겠습니다. 여기서는 소규모 언어 모델로 자주 활용되는 메타의 라마 모델을 사용합니다.

Do it! 실습 메타의 라마 모델을 로컬에서 구동하기

메타는 API로 활용할 수 있는 대규모 언어 모델과 로컬에서 구동할 수 있는 소규모 언어 모델을 모두 제공합니다. 이 책에서는 로컬에 설치하여 사용할 수 있는 소규모 언어 모델의 구동법을 알아보겠습니다.

✦ 라마 API 사용법은 공식 문서(https://docs.llama-api.com/quickstart)에서 확인하세요.

메타의 라마 언어 모델을 로컬 환경에 설치하는 방법은 여러 가지 있습니다. 허깅페이스에서 모델을 직접 내려받거나 메타에서 제공하는 올라마[Ollama]를 통해 내려받을 수 있습니다. 여기에서는 올라마를 활용해 설치하겠습니다.

✦ 올라마를 아직 설치하지 않았다면 11-1절을 참고하세요.

1. 올라마 웹 사이트(https://ollama.com)에 접속해 상단의 [Models] 버튼을 클릭하고 사용할 모델을 선택합니다. 최신 모델은 llama 3.3인데, 이 모델은 43GB의 저장 공간과 24GB 이상의 메모리, 최신 그래픽 카드가 필요하므로 이번 실습에서는 llama 3.2의 3b 모델을 사용하겠습니다. 여기서 3b는 이 모델의 매개변수를 의미합니다. 같은 모델이라도 매개변수가 많을수록 성능이 좋고 계산 자원이 많이 필요합니다. llama 3.2의 3b 모델은 2GB로 용량이 비교적 작아서 개인 컴퓨터에서도 구동할 수 있습니다.

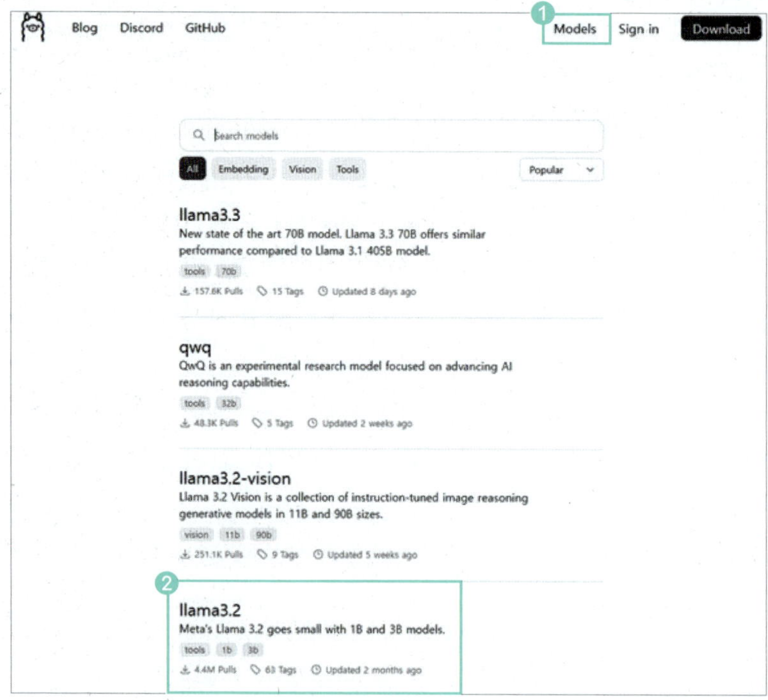

2. 매개변수는 [3b]로 선택하고 ⧉ 아이콘을 클릭해 설치 명령어를 복사합니다.

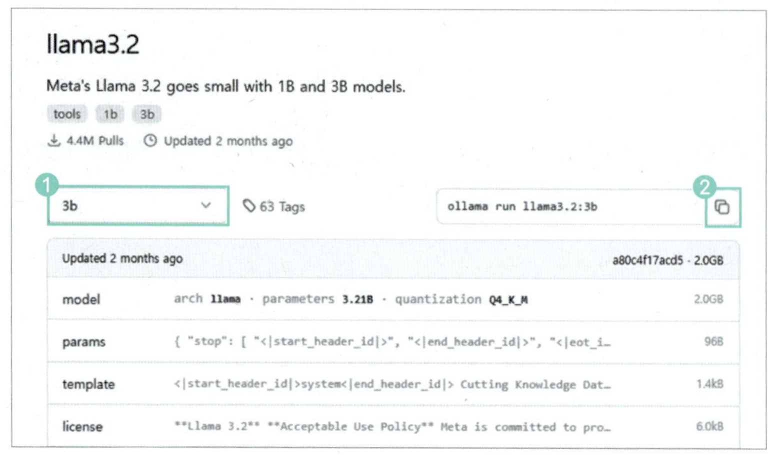

3. 복사한 명령어를 VS Code의 터미널 창에 붙여 넣고 실행합니다. 설치가 완료되면 >>>로 시작하는 프롬프트가 나타납니다.

```
(venv) > ollama run llama3.2:3b—입력
pulling manifest
verifying sha256 digest
writing manifest
success
>>> Send a message (/? for help)
```

이제 라마와 터미널 창에서 대화할 수 있습니다. 이 모델은 영어에서는 유창하게 작동하지만 한국어는 일본어, 태국어, 중국어가 섞인 형태로 나오기도 하고 질문에 잘못된 대답을 하는 환각 현상이 나타나는 등 일부 한계가 있습니다. 당분간은 영어를 기반으로 하는 프로그램에 사용하는 것이 좋겠네요. 하지만 시간이 흐름에 따라 라마 모델의 한국어 실력도 유창해질 테니 사용 방법을 익혀 두면 좋겠죠?

```
>>> Hello. Nice to meet you. I'm SungYong Lee.
Nice to meet you too, SungYong Lee! I'm an AI designed to assist and chat with users
like you. I don't have a personal name, but I'm here to help answer any questions or
topics you'd like to discuss. How's your day going so far?
(... 생략 ...)
>>> OK. Can you tell me about JYP and HYBE?
You're likely referring to two major entertainment companies in the K-pop industry.
(... 생략 ...)
Both JYP and HYBE are major players in the K-pop industry, and they've played a significant
role in shaping the global popularity of Korean pop music. Which one would you like to know
more about?

>>> 나 영어 못하니까 한국어로 설명해줘.
한국의 엔터테인먼트 회사입니다.

JYP 엔터테인먼트는 1997년 박진영によって 설립되어 있습니다. 이 회사는 많은 성공적한 K-pop 그룹을
발견하고 관리하는 데 bekannt합니다. 예를 들어, 위원 girlㅅ, 2PM, 2AM, Day6, ITZY, TWICE와 같
은 그룹들이 있습니다.
(... 생략 ...)
JYP 엔터테인먼트와 HYBE는 한국 поп 음악의 전통적인 산업이며, 글로벌 인기를 구축하는 데 큰 역할
을 했습니다. 어떤 회사에 더 많이 알고 싶은가?
```

4. 테스트가 끝나면 '/bye'라고 입력하거나 Ctrl + D를 눌러 대화를 종료합니다.

```
>>> /bye
(venv) >
```

Do it! 실습 라마 기반으로 간단한 챗봇 만들기

결과 파일: sec01/llama_simple_chatbot.py

랭체인을 사용하면 언어 모델을 간단히 교체할 수 있습니다. 랭체인을 이용해 라마 기반으로 간단한 챗봇을 만들어 보겠습니다.

1. 먼저 라마를 챗봇에 활용하기 위해 패키지를 설치합니다. VS Code의 터미널 창에 다음 명령어를 입력합니다.

✦ 랭체인에서 제공하는 ChatOllama를 자세히 설명한 문서는 https://python.langchain.com/docs/integrations/chat/ollama/ 링크를 참고하세요.

```
venv > pip install langchain-ollama
```

2. 랭체인을 이용해 간단한 챗봇을 만듭니다. 08-1절에서 챗봇을 만들 때 사용했던 코드(langchain_multiturn.py)에서 `llm`을 `ChatOllama`로 변경합니다. 그리고 `ChatOllama`에 사용할 모델명을 입력하면 설정이 완료됩니다. 여기서는 `llama3.2:3b` 모델을 사용합니다.

✦ 자신의 컴퓨터 사양과 이 책을 읽는 시점에 맞춰 적절한 모델을 선택하세요.

라마로 구현한 간단한 챗봇 llama_simple_chatbot.py

```
# from langchain_openai import ChatOpenAI
from langchain_ollama import ChatOllama
from langchain_core.messages import SystemMessage, HumanMessage, AIMessage

# 모델 초기화
# llm = ChatOpenAI(model="gpt-4o-mini")
llm = ChatOllama(model="llama3.2:3b")

messages = [
    SystemMessage("You are a helpful assistant."),
]
```

```
while True:
    user_input = input("You\t: ").strip()

    if user_input in ["exit", "quit", "q"]:
        print("Goodbye!")
        break

    messages.append(HumanMessage(user_input))

    response = llm.invoke(messages)
    print("Bot\t: ", response.content)

    messages.append(AIMessage(response.content))
```

이 코드를 실행하고 영어로 질문하면 챗봇이 잘 작동합니다.

```
사용자: Hello. How are you?
AI: I'm just a computer program, so I don't have feelings like humans do, but thank you for asking! I'm here to help answer any questions or concerns you may have, so please feel free to share what's on your mind. Is there something specific you'd like to talk about or ask?
사용자: What is the biggest problem of Korea do you think?
AI: Korea, as a country, faces various challenges, and it's difficult to identify a single biggest problem. However, some of the key issues that are widely discussed include:

1. **Aging population**: South Korea has one of the highest aging populations in the world, with over 14% of its population above 65 years old. This puts pressure on the pension system, healthcare services, and social security.
(... 생략 ...)
However, if I had to identify one area that's particularly pressing, it would be **the aging population**. The rapid aging of the Korean population has significant implications for the country's social security systems, pension funds, and overall economic stability.

What do you think? Would you like me to elaborate on any of these issues or discuss other aspects of Korea's challenges?
```

다만 llama 3.2:3b 모델에서는 아직 한국어를 깔끔하게 처리하지 못합니다.

```
You: 안녕?
Bot:  안녕하세요! (Hello!) How can I assist you today?
You: 한국어로만 대답해
Bot:  안녕하세요! 한국에서 어떤 ┌┌┌이 필요하신가요?
You: ┌┌┌이 어느 나라 말이야 무슨 뜻이야?
Bot:  "┌┌┌┌"는 아랍어와 페르시아어의 영향을 받은 한국어로 "help"나 "assist"를 의미합니다. 일반적
으로 " ┌┌┌이"라고 발음하여 "┌助"과 같은 의미를 가지고 있습니다.
You:
```

곧 라마의 소규모 언어 모델도 한국어를 잘하게 될 것이고 허깅페이스에서 받을 수 있는 다른 모델의 성능도 크게 향상될 것입니다. 시기에 따라 발전된 모델을 선택해서 사용하길 바랍니다.

Do it! 실습 로컬 임베딩 모델 사용하기

결과 파일: sec01/embedding_bge_m3.ipynb

09장과 13장에서 RAG를 개발할 때 임베딩 모델로 오픈AI의 text-embedding-3-large를 API로 사용했습니다. 그런데 사용할 PDF 파일을 외부로 반출할 수 없거나 인터넷이 연결되지 않는 환경에서도 실행되는 프로그램을 개발한다면 이 방식을 사용할 수 없습니다. 여기서는 로컬 환경에서 인터넷이 연결되지 않아도 실행할 수 있는 프로그램을 만들어 보겠습니다.

로컬에서 사용할 수 있는 언어 모델이 있는 것처럼 로컬에서 사용할 수 있는 임베딩 모델도 여러 가지가 있습니다. 하지만 아직 대부분의 모델이 영어로 학습되어 있어서 한국어 문서에 사용할 때 동일한 성능을 보장하기는 어렵습니다. 여기서는 BAAI/bge-m3 모델을 사용하겠습니다. 이 모델 역시 모든 한국어 문서에서 최적의 성능을 보장하지는 않지만 초보자도 활용하기 쉽고 성능도 괜찮습니다. 여러분이 이 책으로 공부하는 시점에는 성능이 더 좋은 모델이 출시되었을 수 있습니다. 몇 가지 모델을 골라 사용해 보고 문서별로 가장 적합한 모델을 사용하길 바랍니다.

1. 새로운 주피터 노트북 파일 embedding_bge_m3.ipynb와 data 폴더를 만들고 사용할 PDF 파일들을 넣습니다. 09장에서 사용한 도시 계획 문서들을 활용해 임베딩해 보겠습니다. 여러분이 원하는 PDF 문서를 활용해도 좋습니다.

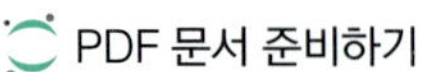

PDF 문서 준비하기 — embedding_bge_m3.ipynb (1)

```
from glob import glob
```

```
for g in glob('../data/*.pdf'):
    print(g)
```

이 셀을 실행하면 다음과 같이 ./data 폴더 내의 PDF 파일들이 출력됩니다.

```
../data\2040_seoul_plan.pdf
../data\OneNYC_2050_Strategic_Plan.pdf
```

2. 13장에서 만든 파일(rag_with_langgraph.ipynb)에서 PDF 파일 경로를 입력하면 청크 사이즈가 1000, 오버랩이 100이 되도록 분할하는 코드를 복사해 셀에 붙여 넣습니다.

청크 분할하기 embedding_bge_m3.ipynb (2)

```
from langchain_community.document_loaders import PyPDFLoader
from langchain_text_splitters import RecursiveCharacterTextSplitter

def read_pdf_and_split_text(pdf_path, chunk_size=1000, chunk_overlap=100):
    """
    주어진 PDF 파일을 읽고 텍스트를 분할합니다.
    매개변수:
        pdf_path (str): PDF 파일의 경로.
        chunk_size (int, 선택적): 각 텍스트 청크의 크기. 기본값은 1000입니다.
        chunk_overlap (int, 선택적): 청크 간의 중첩 크기. 기본값은 100입니다.
    반환값:
        list: 분할된 텍스트 청크의 리스트.
    """
    print(f"PDF: {pdf_path} -----------------------------")

    pdf_loader = PyPDFLoader(pdf_path)
    data_from_pdf = pdf_loader.load()

    text_splitter = RecursiveCharacterTextSplitter(
        chunk_size=chunk_size, chunk_overlap=chunk_overlap
    )

    splits = text_splitter.split_documents(data_from_pdf)

    print(f"Number of splits: {len(splits)}\n")
    return splits
```

3. 이제 임베딩 모델을 설치하겠습니다. BAAI/bge-m3 모델을 허깅페이스에서 내려받습니다(https://huggingface.co/BAAI/bge-m3). 이 모델은 중국에서 개발한 임베딩 모델로 다국어를 지원합니다.

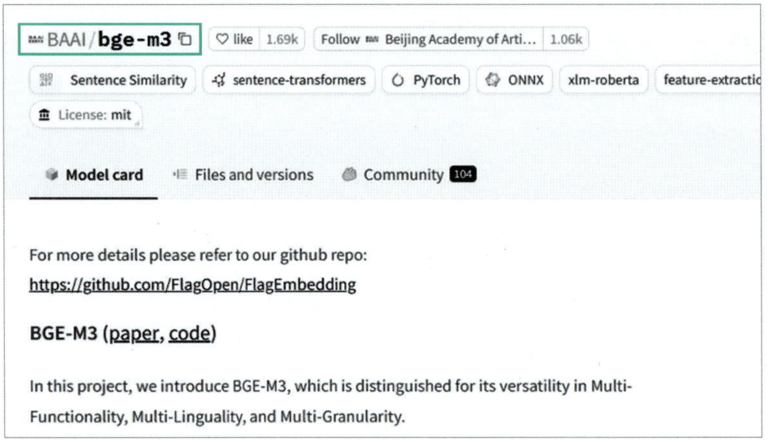

4. 허깅페이스에서 모델을 쉽게 내려받기 위해 다음 명령어를 입력해 `langchain_huggingface`를 설치합니다.

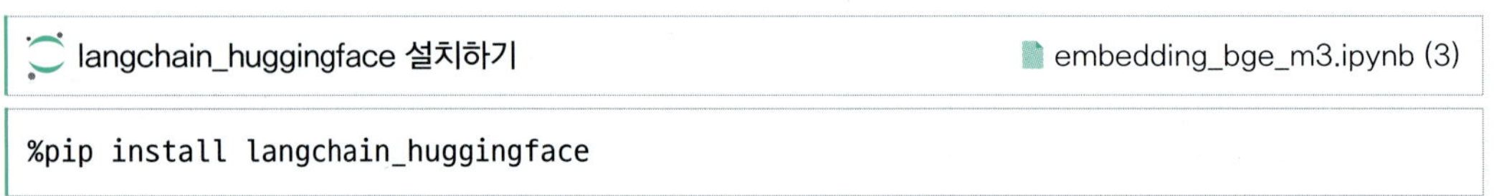


```
%pip install langchain_huggingface
```

5. 만약 CUDA를 지원하는 NVIDIA 그래픽 카드를 갖고 있다면 파이토치를 설치합니다. GPU를 활용해 빠르게 임베딩할 수 있어서 유용합니다. 파이토치 웹 사이트에서 환경에 맞는 명령어를 복사해 설치하세요(https://pytorch.org/get-started/locally/).

✦ 파이토치 설치는 05-2절 '위스퍼 모델을 내려받아 로컬에서 사용하기' 실습을 참고하세요.

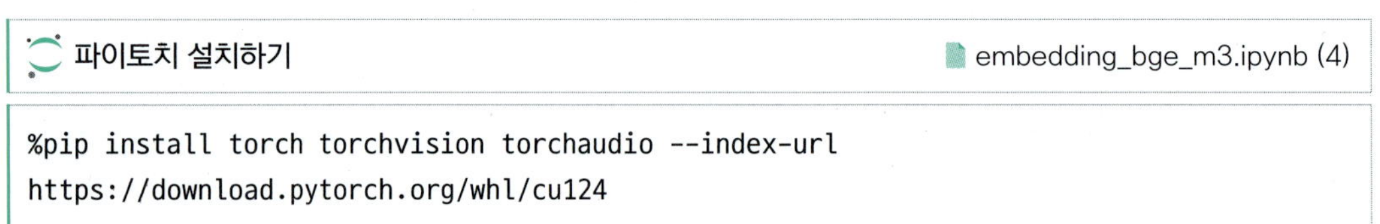


```
%pip install torch torchvision torchaudio --index-url
https://download.pytorch.org/whl/cu124
```

6. 임베딩 모델을 선언합니다. 저는 `device`를 `cuda`로 설정했지만 CUDA를 지원하지 않는 컴퓨터라면 이 부분에 `cpu`라고 입력합니다. `normalize_embeddings`를 `True`로 설정하면 임베딩한 벡터값을 정규화해 줍니다.

임베딩 모델 선언하기 embedding_bge_m3.ipynb (5)

```
from langchain_huggingface import HuggingFaceEmbeddings

embeddings = HuggingFaceEmbeddings(
    model_name="BAAI/bge-m3",
    model_kwargs = {'device': 'cuda'},                  # cuda 지원하면 cuda, 아닌 경우 cpu
    encode_kwargs = {'normalize_embeddings': True},   # 임베딩 정규화
)
```

7. 임베딩 모델이 잘 작동하는지 확인하기 위해 다음처럼 입력해 실행합니다.

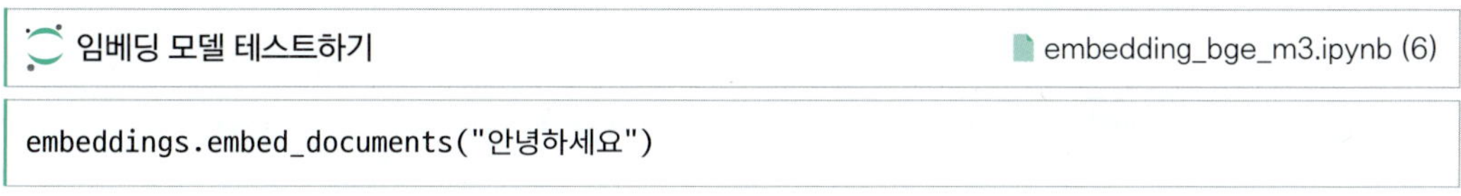

임베딩 모델 테스트하기 embedding_bge_m3.ipynb (6)

```
embeddings.embed_documents("안녕하세요")
```

다음처럼 벡터로 잘 변환되면 성공입니다.

```
[[0.0024569211527705193,
  0.03226257115602493,
  -0.007424186449497938,
  0.005268432199954987,
….
(... 생략 ...)
```

8. 준비한 PDF 파일을 읽어 텍스트를 임베딩하겠습니다. 다음은 09장과 13장에서 사용했던 코드와 동일합니다. 현재 작업 중인 폴더에 chroma_store 폴더가 없다면 새 크로마 DB를 생성합니다. `Chroma.documents`의 `embeddings`을 이전 셀에서 `bge-m3`로 선언했으므로 해당 모델로 임베딩됩니다. chroma_store 폴더가 이미 존재하면 임베딩을 완료한 상태라는 의미이므로 새로 임베딩하지 않습니다. 만약 앞에서 실습한 오픈AI의 임베딩 모델로 생성된 크로마 DB가 남아 있다면 오류가 발생하므로 기존 DB를 삭제하고 이 셀을 실행하세요.

PDF 파일 읽고 텍스트 임베딩하기 embedding_bge_m3.ipynb (7)

```
from langchain_chroma import Chroma

import os
persist_directory='../chroma_store'

if os.path.exists(persist_directory):
    print("Loading existing Chroma store")
    vectorstore = Chroma(
        persist_directory=persist_directory,
        embedding_function=embeddings
    )
else:
    print("Creating new Chroma store")

    all_splits = []
    for g in glob('../data/*.pdf'):
        all_splits.extend(read_pdf_and_split_text(g))

    print(f"Total number of splits: {len(all_splits)}")

    vectorstore = Chroma.from_documents(
        documents=all_splits,
        embedding=embeddings,
        persist_directory=persist_directory
    )
```

9. 청크를 잘 가져오는지 리트리버를 테스트해 봅시다. 다음 코드는 13-1절에서 사용한 것과 동일합니다.

리트리버 테스트하기 embedding_bge_m3.ipynb (8)

```
retriever = vectorstore.as_retriever(search_kwargs={"k": 5})

chunks = retriever.invoke("서울시 온실가스 저감 정책")

for chunk in chunks:
    print(chunk.metadata)
    print(chunk.page_content)
```

청크 5개 중에서 2~3개 정도가 관련 있는 내용이었고 다른 도시의 계획이 나오기도 했습니다. 서울시 도시 계획에 관한 쓰레기 저감 정책은 부족한 부분이 있지만 이 정도면 충분히 활용할 수 있는 리트리버가 된 것 같습니다.

```
{'page': 65, 'page_label': '66', 'source': '../data\\2040_seoul_plan.pdf'}
제3절 2040 서울도시기본계획 7대 목표 57
┌ 특히, 서울시는 현재 온실가스 배출량의 90%를 차지하고 있는 건물과 수송 부문 감축을 위해 적극적인 대책을 마련하고 있다.
(... 생략 ...)
{'page': 556, 'page_label': '557', 'source': '../data\\2040_busan_plan.pdf'}
517
(... 생략 ...)
```

이제 인터넷 연결 없이 오픈AI에 비용을 지불하지 않고도 임베딩을 할 수 있습니다. 하지만 여러분이 활용해야 하는 자료에 대해 임베딩과 벡터 검색이 잘 되는지 반드시 검토해 보고 적절한 모델을 선택해야 함을 잊지 마세요.

한 걸음 더! 임베딩 모델을 어디에서 찾을 수 있나요?

허깅페이스에 임베딩 모델의 성능을 순위로 매겨 놓은 웹 페이지(https://huggingface.co/spaces/mteb/leaderboard)가 있습니다. 이 웹 페이지는 MTEB라는 지표를 바탕으로 순위를 산정한 결과를 보여 줍니다. 여기에서 자신이 주로 사용할 언어와 용도를 결정하면 해당 조건에 맞춰 순위를 보여 줍니다.

MTEB는 Massive Text Embedding Benchmark의 줄임말로 다양한 임베딩 작업에서 텍스트 임베딩 모델의 성능을 평가하는 대규모 벤치마크입니다. MTEB는 8가지 임베딩 작업에 걸쳐 총 58개의 데이터셋과 112개의 언어를 포함하고 있습니다.

그러나 이 지표를 절대적으로 믿을 수는 없으므로 내가 사용하려는 데이터에 실제로 적용해 보고 결과를 확인하는 과정이 필요합니다.

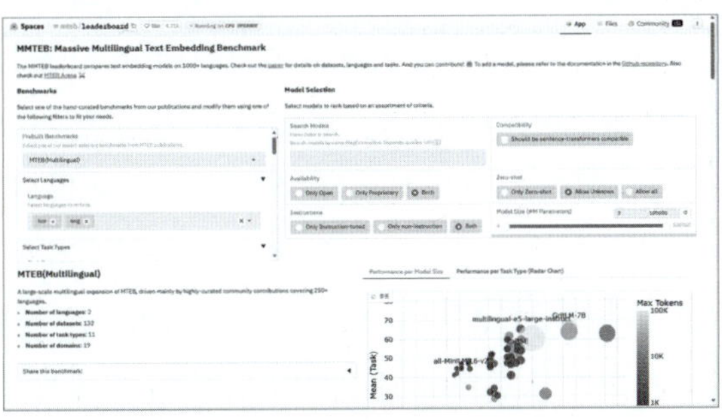

16-2 LLM에 기반한 서비스 발전시키기

빠른 답변 vs 사용자가 원하는 답변

GPT에 기반한 인공지능 프로그램을 개발할 때 답변을 빠르게 제공하는 것이 중요할지 사용자가 원하는 답변을 제공하기 위해 답변 내용 생성 과정을 더 구조화해야 할지 고민하는 경우가 종종 있습니다. 이런 경우 상황을 고려한 개발이 필요합니다.

예를 들어 GPT를 활용해 게임 속 NPC를 만드는 경우를 생각해 봅시다. 게임에서는 2~3초만 반응이 지연되어도 사용자가 어색하게 느낄 수 있습니다. 또한 NPC가 너무 긴 문장을 말하면 부자연스럽게 보일 수 있습니다. 이런 경우에는 반응 속도를 고려해 짧고 즉각적인 답변을 생성하는 것이 더 적합합니다. 반면 책이나 보고서를 작성하는 프로그램처럼 시간이 걸리더라도 GPT가 정확하고 구조화된 답변을 제공해야 할 때도 있습니다. 이럴 때는 랭그래프를 활용해 언어 모델의 출력 방식을 구조화함으로써 고품질의 답변을 생성할 수 있습니다. 이를 통해 언어 모델이 단순히 텍스트를 생성하는 것에 그치지 않고 사용자가 원하는 방식으로 작업하도록 유도해야 합니다. 다만 이 방식은 과정마다 판단이 필요하므로 답변 시간이 길어질 수 있습니다. 이때 사용자가 지루함을 덜 느끼도록 GPT가 현재 어떤 작업을 하고 있는지 표시하거나, 완성된 문장을 스트림 방식으로 출력하거나, 답변이 나올 때까지 로딩 아이콘을 띄우는 등 다양한 방법으로 대기 시간을 관리해야 합니다.

특히 고객의 의뢰를 받아 프로그램을 개발하는 경우 GPT가 어떤 단계에서 작업을 하고 있는지 그 과정을 고객에게 공유하는 것도 중요합니다. GPT가 답변을 만들어 가는 과정을 이해시키고 공감을 얻을 수 있도록 노력해야 합니다.

기능 개발이 끝났으면 그때부터 시작이다

GPT 같은 언어 모델에 기반한 프로그램이나 서비스는 기능 개발을 위한 코딩이 끝났다고 해서 모든 작업이 완료된 것은 아닙니다. 사실 그 시점이 진짜 시작이라고 할 수 있습니다.

사용자는 언어 모델을 사용할 때 항상 정확한 답변을 받을 것이라고 기대합니다. 그러나 GPT를 비롯한 언어 모델은 완벽하지 않으므로 오류를 줄이려면 지속적으로 사용자의 질의와 언어 모델이 생성한 답변을 모니터링해 서비스를 개선하고 조정해야 합니다. 예를 들어 언어 모델의 환각 현상 문제를 해결하기 위해 이 책에서는 RAG 기술을 활용하거나 웹 검색, 유튜브 검색 기능을 추가하는 방법, 랭그래프를 사용해 답변을 검토하는 방법을 소개했습니다. 이러한 기술들을 적절히 조합함으로써 더 나은 성능을 발휘하는 AI 에이전트로 발전시킬 수 있습니다. 또한 항상 최신 기술을 적극적으로 학습하고 적용하려고 노력해야 합니다.

언어 모델에 기반한 프로그램을 개발할 때에는 사용자와 반드시 소통해야 합니다. 언어 모델에서는 오류를 완전히 없애기 어려우므로 이 부분을 사용자에게 미리 안내하고 공감을 얻어야 합니다. 또한 문제가 발생했을 때 개발자와 사용자가 함께 해결 방안을 찾아 나가는 과정이 중요합니다. 이를 통해 언어 모델의 한계를 극복하고 더 나은 성능과 신뢰를 갖춘 결과물로 발전시킬 수 있습니다.

기존의 프로그래밍은 명확한 코드 규칙에 따라 설계되므로 기능을 모두 개발하면 완성된 것으로 여겼습니다. 하지만 언어 모델에 기반한 프로그램이나 서비스는 다릅니다. 기능 개발이 완료된 시점은 단지 시작에 불과하며 수많은 테스트와 피드백을 거쳐 개선해 나가야 함을 잊지 말아야 합니다.

찾아보기

한글

영문

AI & Data Analysis Course

인공지능 & 데이터 분석 코스

인공지능, 데이터 분석도 Do it! 시리즈와 함께!
주어진 순서대로 차근차근 독파해 보세요!

Do it!
LLM을 활용한
AI 에이전트
개발 입문
GPT API + 딥시크 + 라마 + 랭체인 + 랭그래프 + RAG

이성용 | 504쪽

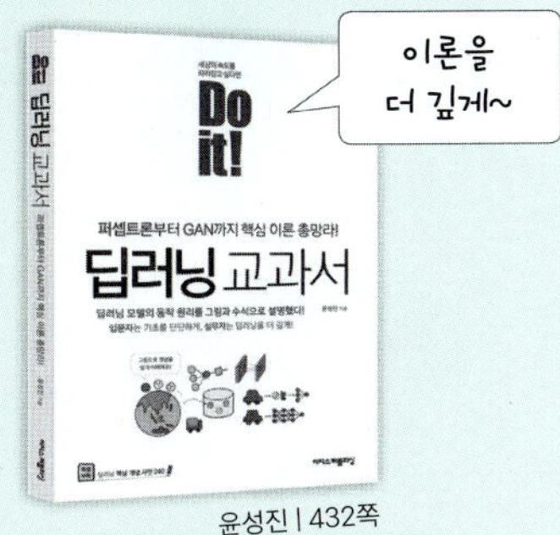

윤성진 | 432쪽

이기창 | 256쪽

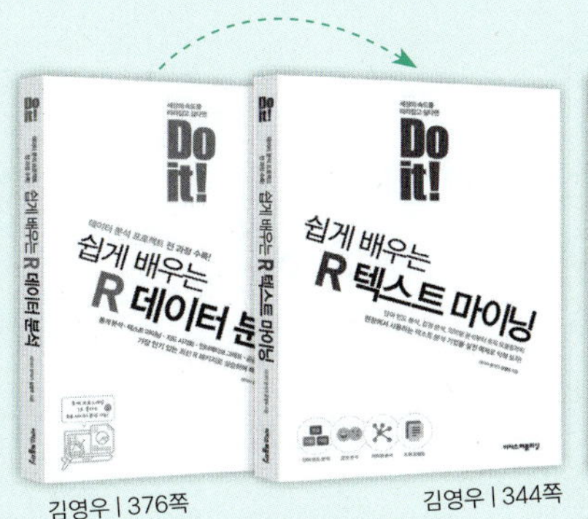

김영우 | 376쪽

김영우 | 344쪽

김영우 | 472쪽

다니엘 첸 | 시진 | 400쪽

나는 어떤
코스가
적합할까?

A 인공지능 개발자가 되고 싶은 사람

- Do it! 점프 투 파이썬
- Do it! LLM을 활용한 AI 에이전트 개발 입문
- Do it! 딥러닝 교과서
- Do it! BERT와 GPT로 배우는 자연어 처리

B 데이터 분석가가 되고 싶은 사람

- Do it! 쉽게 배우는 파이썬 데이터 분석
- Do it! 쉽게 배우는 R 데이터 분석
- Do it! 쉽게 배우는 R 텍스트 마이닝
- Do it! 데이터 분석을 위한 판다스 입문
- Do it! R 데이터 분석 with 샤이니
- Do it! 첫 통계 with 베이즈

Basic Programming Course

기초 프로그래밍 코스

파이썬, C 언어, 자바로 시작하는 프로그래밍!
기초 단계를 독파한 후 응용 단계로 넘어가세요!

박응용 | 432쪽

김성엽 | 576쪽

박은종 | 632쪽

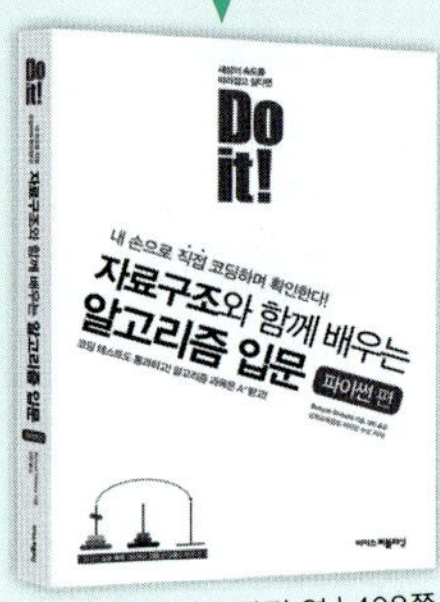

시바타 보요 저, 강민 역 | 408쪽

시바타 보요 저, 강민 역 | 452쪽

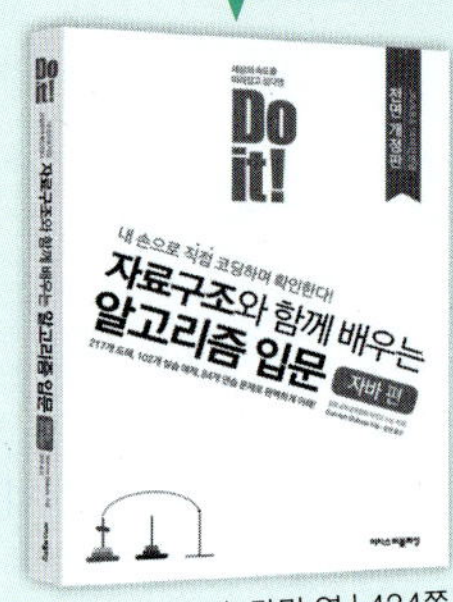

시바타 보요 저, 강민 역 | 424쪽

김창현 | 384쪽

강성윤 | 740쪽

김종관 | 564쪽

나는 어떤
코스가
적합할까?

A 파이썬 개발자가 되고 싶은 사람

- Do it! 점프 투 파이썬
- Do it! 점프 투 파이썬 — 라이브러리 예제 편
- Do it! 파이썬 생활 프로그래밍 with 챗GPT
- Do it! 장고 + 부트스트랩 파이썬 웹 개발의 정석
- Do it! LLM을 활용한 AI 에이전트 개발 입문

B 자바 개발자가 되고 싶은 사람

- Do it! 자바 프로그래밍 입문
- Do it! 점프 투 스프링 부트 3
- Do it! 점프 투 자바
- Do it! 자바 완전 정복

Web Programming Course

웹 프로그래밍 코스

웹 기술의 기본은 HTML, CSS, 자바스크립트!
기초 단계를 독파한 후 응용 단계로 넘어가세요!

기초 단계

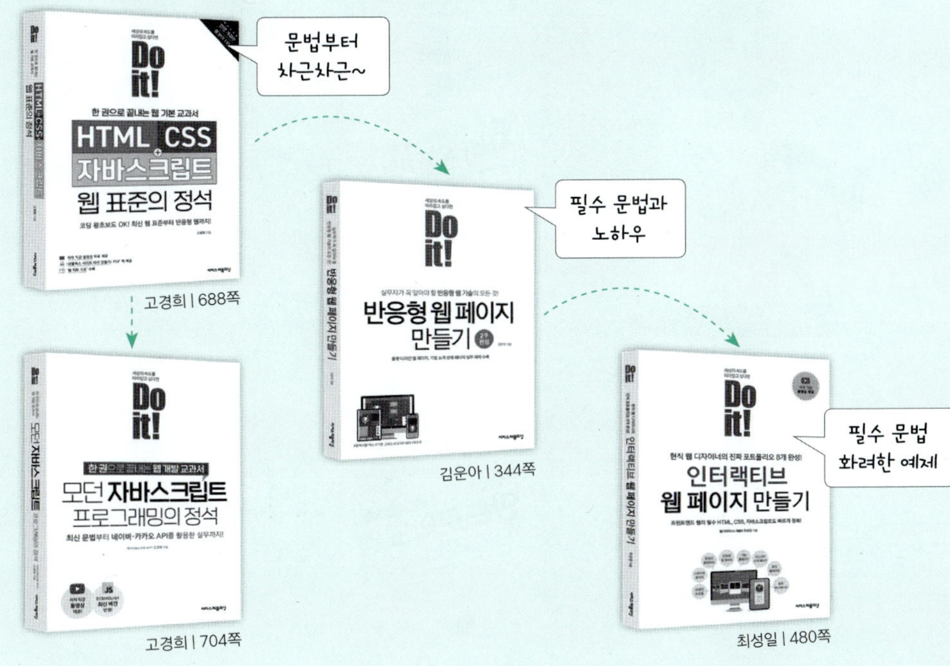

고경희 | 688쪽

고경희 | 704쪽

김운아 | 344쪽

최성일 | 480쪽

응용 단계

고경희 | 560쪽

박응용 | 408쪽

이성용, 김태곤 | 640쪽

나는 어떤 코스가 적합할까?

A 프런트엔드 개발자가 되고 싶은 사람

- Do it! HTML + CSS + 자바스크립트 웹 표준의 정석
- Do it! 모던 자바스크립트 프로그래밍의 정석
- Do it! 반응형 웹 페이지 만들기
- Do it! 인터랙티브 웹 페이지 만들기
- Do it! 자바스크립트 + 제이쿼리 입문
- Do it! Vue.js 입문

B 백엔드 개발자가 되고 싶은 사람

- Do it! HTML + CSS + 자바스크립트 웹 표준의 정석
- Do it! 모던 자바스크립트 프로그래밍의 정석
- Do it! Node.js 프로그래밍 입문
- Do it! 점프 투 스프링 부트 3
- Do it! 장고 + 부트스트랩 파이썬 웹 개발의 정석

Application Programming Course

앱 프로그래밍 코스

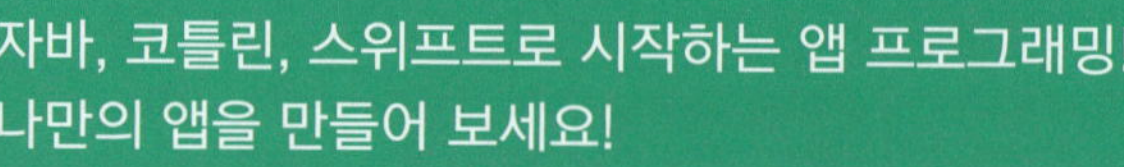

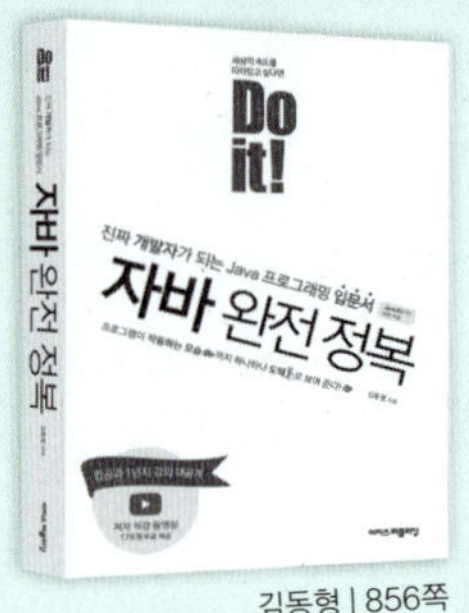

김동형 | 856쪽

Do it! 안드로이드 앱 프로그래밍

정재곤 | 800쪽

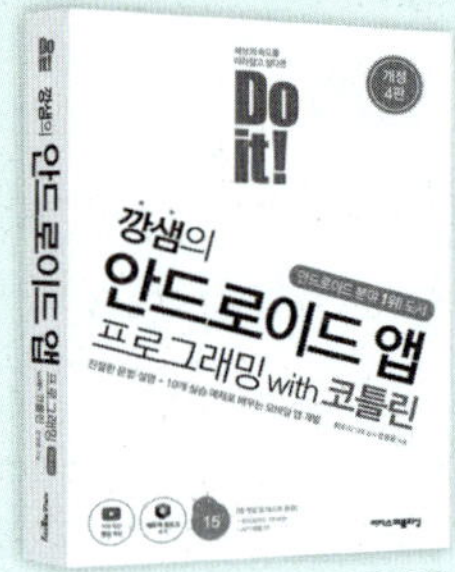

강성윤 | 740쪽

강성윤 | 712쪽

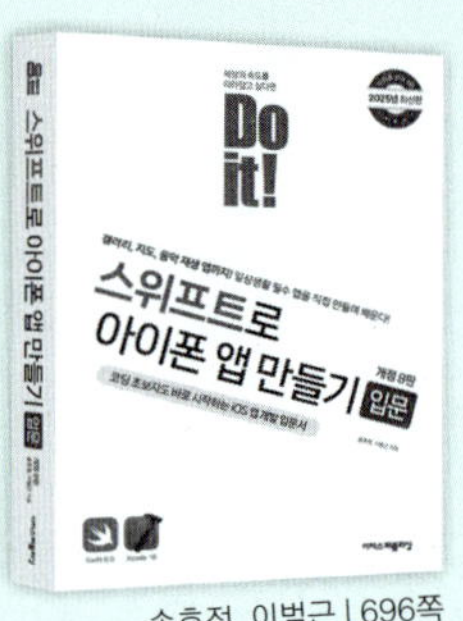

송호정, 이범근 | 696쪽

조준수 | 488쪽

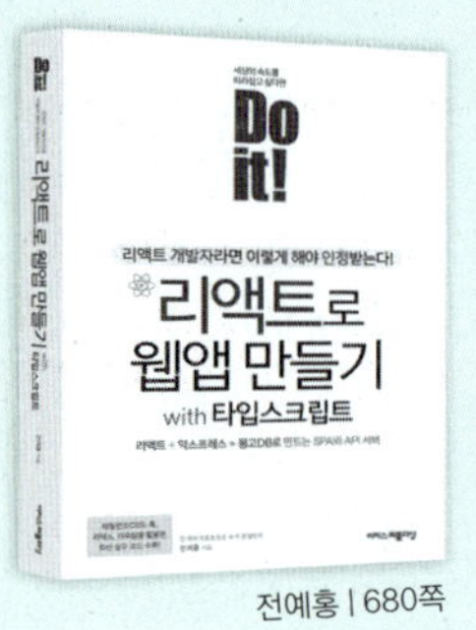

전예홍 | 680쪽

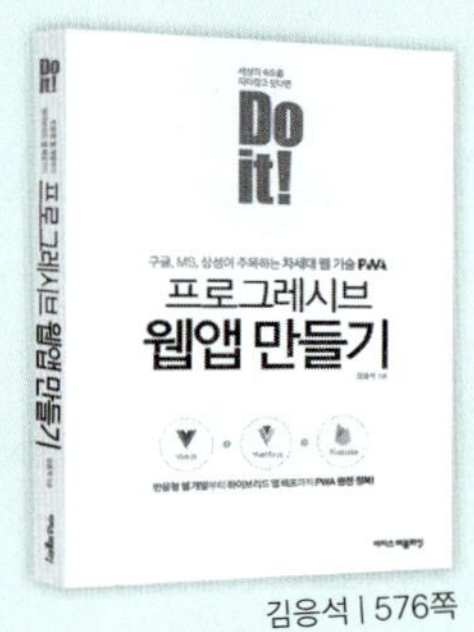

김응석 | 576쪽

나는 어떤
코스가
적합할까?

A 빠르게 앱을 만들고 싶은 사람

- Do it! 안드로이드 앱 프로그래밍
- Do it! 깡샘의 안드로이드 앱 프로그래밍 with 코틀린
- Do it! 스위프트로 아이폰 앱 만들기 입문
- Do it! 플러터 앱 개발&출시하기

B 앱 개발 실력을 더 키우고 싶은 사람

- Do it! 자바 완전 정복
- Do it! 리액트로 웹앱 만들기 with 타입스크립트
- Do it! 프로그레시브 웹앱 만들기
- Do it! 깡샘의 플러터&다트 프로그래밍

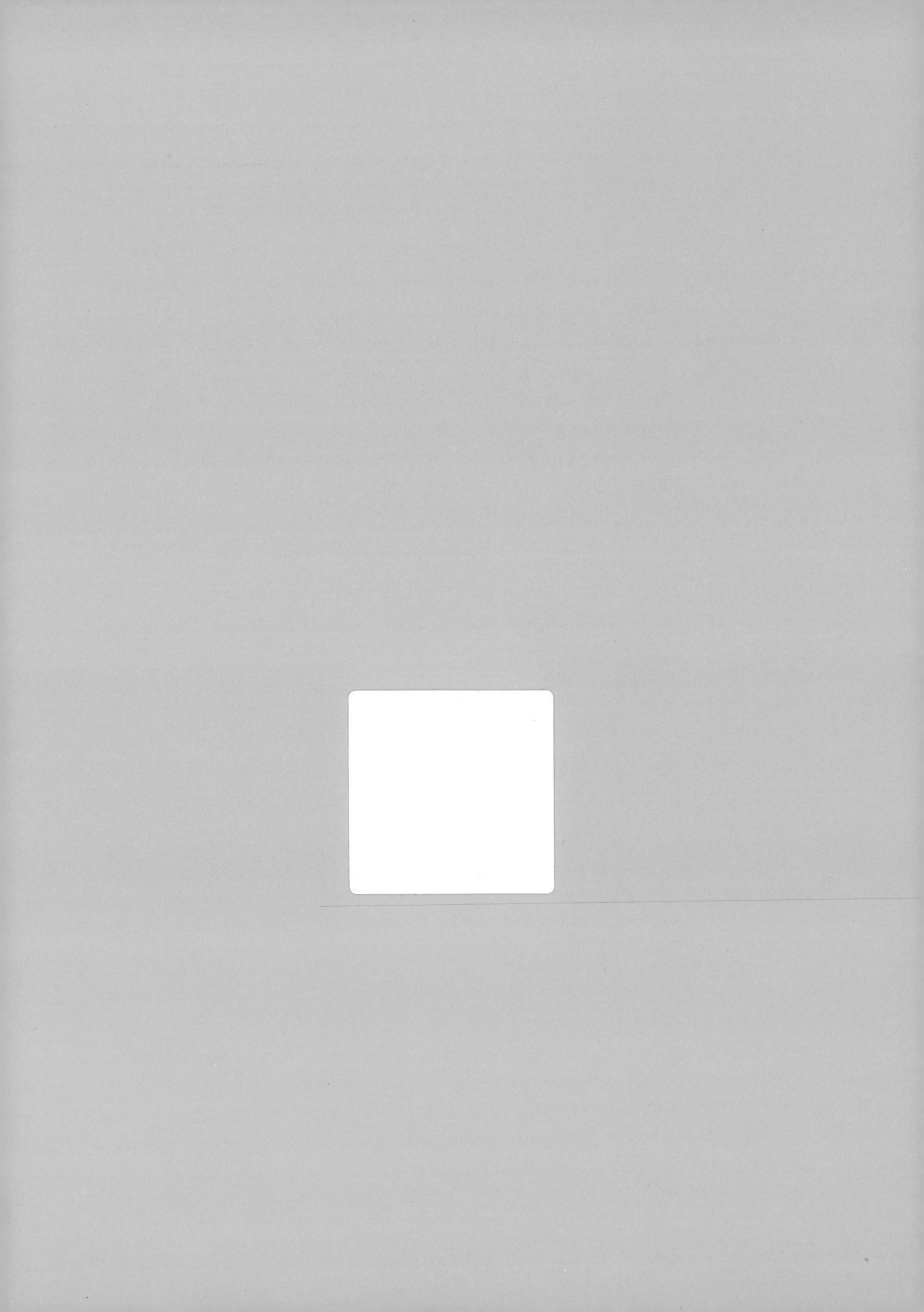